프랑스사

HISTOIRE DE LA FRANCE
By André MAUROIS

프랑스사

1판 1쇄 발행 2016. 6. 10.
1판 8쇄 발행 2023. 9. 1.

지은이 앙드레 모루아
옮긴이 신용석

발행인 고세규
편집 임지숙 · 김지용
발행처 김영사
등록 1979년 5월 17일(제406-2003-036호)
주소 경기도 파주시 문발로 197(문발동) 우편번호 10881
전화 마케팅부 031)955-3100, 편집부 031)955-3200 | 팩스 031)955-3111

값은 뒤표지에 있습니다.   ISBN 978-89-349-7474-1 03900

홈페이지 www.gimmyoung.com   블로그 blog.naver.com/gybook
인스타그램 instagram.com/gimmyoung 이메일 bestbook@gimmyoung.com

좋은 독자가 좋은 책을 만듭니다.
김영사는 독자 여러분의 의견에 항상 귀 기울이고 있습니다.

이 도서의 국립중앙도서관 출판시도서목록(CIP)은 서지정보유통지원시스템 홈페이지 (http://seoji.nl.go.kr)와
국가자료공동목록시스템(http://www.nl.go.kr/kolisnet)에서 이용하실 수 있습니다.(CIP제어번호 : CIP 2016013382)

프랑스사

HISTOIRE DE LA FRANCE

앙드레 모루아

신용석 해제·옮김

김영사

앙드레 모루아가 《프랑스사》를 집필한 것은 그의 불후의 명역사서인 《영국사》(1937년)와 《미국사》(1943년)를 집필한 후인 1947년도였다. 영국과 미국의 출판사 편집자들은 그에게 《영국사》와 《미국사》가 전세계의 많은 독자들로부터 성원을 받았으니 다음으로는 《프랑스사》를 집필해 달라고 간청했다. 모루아의 독특한 필치와 역사에 등장하는 수많은 사람들의 인간적인 모습 그리고 그들의 행동과 그들이 남긴 말을 프랑스 최고의 지성이자 전기작가답게 다각적으로 묘사하고 인용한 새로운 경지의 역사서에 감명을 받은 출판 편집자들로서는 당연한 요청이었다.

그러나 앙드레 모루아는 이미 나와 있는 프랑스 역사서는 수없이 많으며 자신이 프랑스인이기는 하지만 프랑스 역사를 객관적으로 서술하고 특히 현대사를 기술하는 데는 많은 제약이 따른다고 응답했다. 그러나 앵글로색슨 문화권의 출판 편집자들은 이미 《영국사》와

《미국사》를 집필했으니 《프랑스사》를 추가해 세계의 대표적인 3대 자유민주국가의 역사서를 3부작으로 완성하자고 설득했으며 결국 그는 집필을 결심하기에 이른다.

《프랑스사》를 집필하면서 그는 객관성과 냉철함을 스스로 지키기 위해 저서의 첫 부분은 미국에서, 중반부는 아프리카에서 그리고 마지막 제3공화국부터는 프랑스의 페리고르와 뇌이에서 집필했다. 그는 프랑스라는 나라가 어떻게 그리고 어떤 과정을 거쳐서 오늘날의 모습이 되었으며 영국과는 이웃 나라이면서 왜 두 나라의 특징과 제도가 그토록 다른가를 서술하는 데 역점을 두었다. 저자는 또 이 책을 통해 두 세기가 지난 미국 독립전쟁 당시 프랑스의 역할과 미국의 독립이 프랑스 혁명에 미친 영향을 담담하게 그러나 세밀하게 묘사함으로써 프랑스와 미국이라는 두 나라의 끈끈한 유대가 영국과 미국의 관계와는 근본적으로 다르다는 것을 밝혔다. 영국과 미국이 식민지 종주국과 식민지 관계로 같은 문화와 전통을 공유한 애증의 관계임에 비해 프랑스와 미국은 독립전쟁을 통해서 맺어진 독립과 자유라는 가치를 공유하면서 프랑스 대혁명에 이르기까지 자유정신을 함께 발전시킨 관계라는 것을 역설한다. 벤저민 프랭클린에 대한 저자의 애착을 다각적인 자료를 바탕으로 하는 서술과 묘사는 그의 축약된 자서전을 읽는 듯하다.

◇

저자 앙드레 모루아는 "프랑스 인종이란 것이 존재했던 적은 없다.

현재 프랑스를 구성하는 지역은 유럽대륙의 서쪽 끝이라 침략을 마무리하거나 침략자가 정착하는 곳이었다"라고 이 책의 제1장 〈골 지방의 로마화〉에서 담담하게 밝히고 있다. 그러나 국가가 형성되고 백년전쟁을 겪는 과정에서 '프랑스 국민은 정당한 일이라고 믿으면 그것을 쟁취하기 위해 어떠한 희생이든 감수했다'라고 국가가 형성된 후 프랑스 국민정신을 정의한다. 프랑스 인종이라는 것이 존재하지 않았던 국토에서 정당한 일이라면 어떠한 희생이라도 감수하는 프랑스 국민이 형성되었고 이는 앞으로 닥쳐올 대혁명을 예고한 것이다.

프랑스의 절대왕정 시대의 기초를 공고히 했던 명재상 아르망 장 뒤 리슐리외의 명언들도 명료하게 집약해 서술하고 있다. "복수심 강한 사람에게 권력을 주는 것은 미친 사람에게 칼을 쥐어주는 것과 같다" 또는 "모욕에 조금도 신경 쓸 필요가 없다. 욕설은 그것을 받는 사람에게 훈련 기회와 영예를 준다"는 그의 말은 400여 년이 지난 오늘날에도 실감 나는 경구다. "내 첫 번째 목표는 국왕의 존엄성 확립이고 두 번째는 왕국의 위대성을 유지하는 일이다"라고 말하며 이 목표를 단계적으로 성취하는 데 성공한 재상 리슐리외가 죽음을 앞두고 "당신은 적을 용서하시겠습니까?"라고 묻는 사제에게 "내겐 국가의 적 외에는 어떠한 적도 없다"라고 대답하는 장면은 일반 역사서에서는 찾기 어려운 저자 특유의 역사서술법이다.

저자는 이 같은 명재상의 명언을 인용하는 데 그치지 않고 "리슐리외는 실제로 프랑스 국민에게 사고에서는 명철한 논리를, 실천에서는 확고한 신념을 가르치려 노력했다. 프랑스 국민이 이성보다 감정이 앞서는 동시에 성급하고 우둔해 다스리기가 어렵다고 판단했기 때문이다"라고 했다. 태양왕 루이 14세로 대표되는 절대왕정 시대의 추기경 겸 재상 리슐리외를 부각시킨 저자의 역사관과 작가로서의 위상이 엿보이는 대목이다. 그의 《프랑스사》가 다른 어떤 프랑스 역사책보다 특이하고 생동감 있으며 재미있는 것은 바로 이 때문이다.

"프랑스 혁명은 폭동이 아니라 목가적인 분위기로 시작되었다"로 시작되는 제4장은 그동안 수많은 학자들과 역사가들이 쓴 그 어떤 프랑스 혁명 역사보다 극적이고 현실감이 물씬 풍기는 소설 같은 느낌을 준다.

7월 14일 온종일 사냥을 하느라 고단하게 잠들었던 국왕은 다음 날 아침 리앙쿠르 공에게 이 소식을 전해 들었다. "반란인가?"라는 루이 16세의 물음에 그는 "혁명"이라고 대답했다.

이렇게 시작된 프랑스 혁명이 혁명과 반혁명을 반복하는 동안 등장하는 막시밀리앵 드 로베스피에르, 조르주 자크 당통, 마담 드 라파예트, 마리 앙투아네트, 루이16세 같은 인물들뿐 아니라 이름 없는 대중의 외침과 실상을 담담하게 그러나 박진감 있게 서술한다. 특히 당통이 단두대의 이슬로 사라지는 장면은 저자 자신의 아쉬운 심경을 바탕으로 다음과 같이 극적으로 기술되어 있다.

나는 사람들을 단두대로 보내는 것보다 차라리 내가 단두대에 오르는 편이 좋다. (…) 내 목을 민중에게 보여주어라. 그럴 만한 가치가 있느니라.

나폴레옹 1세가 등장하여 "나는 어떠한 당파에도 속해 있지 않다. 나는 프랑스 국민이라는 커다란 당파에만 속한다"라고 선언하고 로마 황제로부터 샤를마뉴의 왕관을 받는 제관식을 거쳐 유럽 전역을 정복하고 1815년 워털루 전쟁에서 패해 세인트헬레나로 유폐될 때까지의 과정도 그 어떤 나폴레옹 전기보다 생동감 있고 그의 인간성과 위대함을 가감 없이 묘사한 명작이다. 저자는 프랑스 혁명을 자신의 역사관으로 명확하게 결론짓고 있다.

원자의 분열이 거대한 에너지를 방출하는 연쇄반응을 일으키듯 1789년 파리와 베르사유에서 발생한 일련의 사건이 프랑스와 전 세계에 연쇄폭발을 일으켰다. 프랑스 혁명의 성과 중 가장 중요하고 긍정적인 것은 18세기부터 인간생활에 점차 침투하던 사회적 평등이란 개념을 법률로 성문화했다는 사실이다.

◇◇

역자는 1969년 봄 샤를 드 골 전 대통령이 자신의 진퇴와는 무관한 상원과 지방제도 개혁의 국민투표가 부결되자 이를 스스로에 대한 불신임으로 받아들이고 프랑스 대통령직을 사임하던 시기에 〈조선일보〉의 초대 파리 특파원으로 프랑스에 부임했다. 국제부 기자 시절, 1년에도 몇 번씩 내각이 바뀌는 불안정했던 제4공화국을 청산하고 제5공화국의 초대 대통령으로 취임한 드 골 장군에게서 미국과 소련과의 냉전 기간에 대서양부터 우랄 산맥까지 프랑스의 영광을 되찾겠다는 그의 의지를 읽을 수 있었다. 그에 대한 흠모는 유럽경제공동체를 창건하고 역사적 숙적인 독일과의 영구적인 화해와 협력을 도모하는 불독협력조약을 체결하는 과정을 지켜보면서 지도자로서의 비전으로 더욱 확고하게 젊은 언론인의 가슴에 자리 잡게 되었다. 드 골 전 대통령에 대한 이 같은 마음은 그와 프랑스라는 나라에 대한 관심으로 변했고 이 때문에 회사 내의 경쟁을 통해 프랑스 특파원으로 부임할 수 있었다. 그러나 부임 직후 국민투표 결과가 발표될 당일 밤 12시에 긴급 연설을 통해 "본인은 오늘 자정을 기해서 프랑스 공화국 대통령직에서 사임한다"는 짤막한 성명을 발표하고 다음 날 이른 아침 부인 이본느 여사와 함께 동부 프랑스의 시골 마을 콜롱베레되제글리즈로 떠나는 그를 보면서 군사정권 이후 각가지 이유를 내세우며 집권 연장을 계속하고 있던 조국의 실상이 중첩되고 가슴이 벅차오르던 기억이 새롭다. 드 골 전 대통령의 승용차가 파리에서 250킬로미터 떨어진 콜롱베레되제글리즈로 향하는 것이 생중계되었고, 이를 텔레비전으로 지켜보며 샹젤리제의 카페에서 손수건을 꺼내 눈물을 닦던 프랑스인들을 이해할 수 없었으나 "프랑스 국민만큼 수많은 내각을 갈아치우고 또다시 같은 사람을 불러내 정권을 맡기며, 그들만큼 위대한 인물을 태연히 부당하게 처단하고 또다시 같은 사람을 높은 자리에 앉히는 국민은 별로 없다"는 저자 앙드레 모루아의 지적이 필자의 의문에 명확한 해답으로 다가왔다.

"어느 분야에서든 완벽을 기하려 하는 취향은 프랑스가 영원히 잃지 않는 특성이다. (…) 프랑스의 문학, 예술의 명성과 감미롭고 아름다운 프랑스에 대한 외국인의 애정은 결코 식지 않았다"라고 오늘의 프랑스 가치를 서술한 필자는 저서 말미에서 "프랑스는 앞으로도 세계에서 반드시 중요한 역할을 수행하는 한편 인근 나라와 친밀한 통일을 유지할 것이다. 과거의 적응력이 미래의 성공을 확실히 보장하리라고 믿는다"라고 매듭짓는다. 지극히 국수주의적으로 느껴지는 저자의 조국에 대한 주관적인 역사관이《프랑스사》집필 권유를 여러 차례 사양했던 이유가 될 수 있겠지만 이 같은 확고한 가치관으로 집필된 역사서이기 때문에 무거운 책을 실감나고 재미있게, 의외로 편안하고 즐겁게 읽을 수 있었다. 저자 역시 그가 묘사했던 프랑스인의 한 사람이었고 조국을 사랑하고 자부심을 갖는 프랑스인이었다.

◇◇◇

역자는 프랑스어 전문가도 아니고 더구나 역사학자도 아니다. 그러나 파리에서 40여 년 전 젊은 언론인으로서 앙드레 모루아의 두꺼운《프랑스사》를 감히 번역하기로 결심했던 것은 읽을 만한 프랑스 통사가 없었을 뿐더러 프랑스라는 나라의 역사를 통해 우리의 역사를 재조명하는 보다 밝은 미래를 위한 참고 서적이 될 수 있다는 믿음 때문이었다. 1980년 홍성사 이재철 사장의 용단으로 출간되었다가 1988년 기린원으로 판권이 이양된 후 절판되었던《프랑스사》를 35년 만에 다시 김영사에서 출간하게 된 것을 역자로서 기쁘고 다행으로 생각한다. 30여 년 전의 번역을 다시 손보면서 그동안 서툴렀던 번역을 인내와 관용으로 읽어준 독자들에게 죄송하고 감사한 마음이 솟구쳤다는 것을 솔직히 고백하고 싶다. 프랑스어로 쓰인 20세기 프랑스 최고의 지성이자 문필가의 원저에 대한 성가를 혹시나 훼손시키는 것이 아닌가 하는 의구심이 지속되었던 것도 사실이다. 그렇지만《프랑스사》를 다시 정독하고 번역을 수정하면서, 지난 반세기 동안 그곳에서 언론사 특파원으로 프랑스라는 나라를 취재했고 그 후 프랑스라는 나라에 애정을 가지고 전국 곳곳을 자주 찾아갔으며 작고하신 어머님(이성자 여사)이 기념비적인 아틀리에를 남기신 나라이며 막내딸의 혼인을 통해 가족적 유대관계까지 형성하게 된 프랑스의 역사를 앙드레 모루아를 통해서 다시 만날 수 있었던 것은 역자가 모처럼 향유할 수 있었던 특권이었으며 역자와 가족들에게 부여되었던 운명의 숙제였는지도 모른다.

2016년 여름

신용석

서문

나는 이 개정판을 위해 최근의 프랑스 역사를 다루는 몇 개의 장을 첨가해줄 것을 요청받았다. 비록 상당히 위험한 일이기는 하지만 나는 이것을 수락했다.

수세기 전에 일어난 사건들을 공평무사하게 다루기란 쉬운 일이다. 과거에 있었던 싸움은 이미 해결되었고 논쟁도 식기마련이다. 역사의 무대 위에서 그들의 역할을 해냈던 사람들도 지금은 죽고 없다. 가끔씩 오래 전에 꺼져버렸거니 하고 대수롭지 않게 생각했던 불씨가 갑자기, 잠시 동안 살아나는 경우는 있다. 나는 내가 윌리엄 글래드스톤보다 벤저민 디즈레일리를 더 높게 평가했기 때문에 분노에 불타올랐던 몇몇 초연한 학자들을 알고 있다. 또 나는 영국의 천주교도들이 수도원의 붕괴 사실 같은 것에, 프랑스의 개신교도들이 성 바르텔레미 축일의 학살 같은 것에 화를 참지 못하고 얼굴이 붉으락푸르락해지는 것을 본 적도 있다. 그러나 성의 있는 역사학자라면 그런 일에 있어서는 적어도 남아 있는 역사적 자료라든가 증언들을 통해 사실(혹은 진실)을 확립하려고 애쓸 수는 있다. 당파적인 성향을 피하기가 그리 어렵지 않을 것이다.

그러나 역사가가 그 자신이 직접 관련하고 있는 사건을 다룬다든가 좋든 싫든 어느 한 편을 택해야 했던 논쟁거리를 다룬다고 할 때 감정과 편견에 치우치지 않고 진실에 도달하는 것은 아주 힘들다. 현대를 사는 프랑스인이 루이 아돌프 티에르나 프랑수아 피에르 기욤 기조를 연구할 때처럼 학문적인 거리감을 두고 피에르 망데스-프랑스나 에드가 포르를 언급하는 것은 무척 어렵다.

하지만 바로 그러한 일을 해내는 것이 역사가의 사명이다. 나는 그때 직접 체험하지는 않았지만, 최근의 일 그것도 논쟁과 경쟁의식이 만연했던 최근의 프랑스에서 일어난 일들을 다루려고 애를 썼다.

아직은 아마도 이게 맞겠지 하고 희망할 수 있을 뿐이다. 독자는 이 새로 첨가된 부분 속에서 가치평가가 아닌 사실의 진술만을 발견할 것이다. 오직 미래의 세대만이 이를 판단할 권리가 있다.

최근의 역사를 연구하는 데 내재된 또 하나의 위험은 비록 그 자체로서는 작은 사건이 과도한 중요성을 띠게 된다는 것이다. 프랑스 해방 이후 16년밖에 흐르지 않았다. 하지만 이 시간이 우리에게는 루이 필리프 1세나 루이 14세 통치 시절의 같은 기간보다 부피가 훨씬 커 보인다. 그렇다면 우리 시대의 이 16년의 세월에 대해서 19세기의 같은 기간 동안의 사건이 차지하는 만큼만의 지면을 할애해야 하는 것일까? 나는 그렇게 생각하지 않는다. 독자가 그 증인이었고 독자가 그것에 대해 토론했으며 독자가 자신에게 일상적이고 중요한 결과를 초래했던 어떤 일에 대해 좀 더 자세히 설명 듣기를 바라는 것은 당연한 일이다. 그리고 지난 16년 동안 프랑스에서는 거의 혁명에 가까운 변혁이 생겨났고 우리나라 역사상 가장 극적이었던, 어느 시대에도 뒤지지 않을 만큼 변화가 심했던 기간이었다는 사실을 잊어서도 안 된다.

이러한 모든 이유로 독자들은 이 책을 친절하고 호의적으로 대하고 있지만 두 개의 새로운 장을 첨가하는 것이 정당할 것이라고 생각했다. 일반적인 결론들은 아직도 수정되지 않은 상태지만 그것들은 앞으로도 계속 진실일 것이라 나는 믿는다.

앙드레 모루아

차례

제1장

—

프랑스의 기원에서
중세기까지

HISTOIRE DE LA FRANCE

—

골 지방의 로마화

—

1. 세계에서 프랑스의 페리고르 지방을 흐르는 베제르 강 유역만큼
사람들의 흥미를 끄는 곳도 드물다. 검푸른 강물은 두 암벽 사이를 흐
르고 높은 절벽에는 동굴 또는 피신처의 출입구인 컴컴한 구멍들이
뚫려 있다. 오랜 세월 자리를 지켜온 동굴은 숲 속의 토끼 구멍만큼이
나 많은데 그곳은 선사시대 취락지였다. 그 많은 동굴에서는 석기시
대의 무기, 도구, 동물의 뼈, 인류의 두개골 등이 발견되었다. 약 3만
년 전 한 인종이 그곳에 거주했고 그들은 좁은 오솔길이나 칡넝쿨 사
다리 같은 것을 이용해 출입했다. 근접하기 어렵다는 점과 불이 야수
로부터 그들을 보호해준 것이다. 그들은 수렵과 낚시로 생활했고 동
굴 내벽에 '오랫동안 함께 생활하면서 생긴 자연스러운 친근감'을 담
아 사슴과 야생소의 그림을 남겨놓았다.

   이들의 역사가 프랑스사에 속한다고 볼 수는 없다. 당시에는 아직
국민이란 개념이 형성되지 않았기 때문이다. 아무튼 프랑스 문명도

기타 모든 문명처럼 심오하고 신비한 기반에서 연유한 것만은 사실이다. 프랑스에는 지금도 혈거민穴居民의 촌락이 존재한다. 또한 프랑스의 여러 농촌 지역에는 원시종교에서 비롯된 요정, 주문, 마술사 등의 신앙이 남아 있다. 기하학적 문양과 동물의 생태를 주제로 하는 민간예술도 나무토막에 조각을 하는 목자牧者와 촌락의 도공陶工이 계승하고 있다. 선사시대 말기는 보통 지중해 문명이란 이름 아래 비교적 동질적인 교역, 상인의 왕래, 호숫가에 건설한 도읍, 원시농업, 최초의 가축 등으로 표현한다. 선사시대의 많은 생활 유적을 유사有史시대의 얇은 외피가 뒤덮고 있는 셈이다. 석기, 마석기, 청동기, 고인돌, 기념거석, 고분, 오솔길과 샘터 외에 거의 자취를 남기지 않고 경과한 몇 세대는 역사의 맥락 탐구에 없어서는 안 될 언어, 제도, 기술 등의 유산을 인간에게 남겨놓았다.

2. 프랑스 인종이란 것이 존재했던 적은 없다. 현재 프랑스를 구성하는 지역은 유럽대륙의 서쪽 끝이라 침략을 마무리하거나 침략자가 정착하는 곳이었다. 기원전 10세기경 알프스 산중에는 리구리아인, 피레네 산중에는 바스크인의 선조로 추정되는 이베리아인이 살고 있었다. 지중해를 건넌 페니키아인의 선원들도 와 있었는데 모나코라는 지명은 페니키아어로 휴식 또는 정지를 뜻한다. 당시 셈족 상인들이 진주, 토기, 화려한 색깔의 직물 및 노예를 교역했다. 그 뒤를 이어 그리스 항해자들이 해안지대에 식민지를 건설하고 동방 문명, 종교사상, 신비주의, 화폐, 올리브 재배법, 비교적 완전한 언어 등을 들여왔다. 기원전 6세기경 이오니아의 포카이아에서 건너온 항해자들이 건

설한 마살리아는 그리스 상인들이 브리튼(잉글랜드, 웨일스, 스코틀랜드)에서 구입한 주석을 게르마니아 지방의 육로와 하천을 통해 들여와 수출하는 무역항이었다. 그리고 마르세유를 중심으로 그리스인이 건설한 식민 도시 니카에아(니스), 이가테 튜케(아그데), 앙티폴리스(앙티브) 등이 남프랑스 해안지대에 산재했다. 프로방스 지방의 풍물은 그리스인의 풍습으로 바뀌었고 이 지방에 올리브나무뿐 아니라 삼나무, 무화과, 포도, 석류 등이 들어왔다. 니스를 비롯해 리비에라 지방의 여러 도시에서 연중행사로 열리는 '꽃 싸움'은 그리스 시대부터 있었던 것으로 그 기원은 데메테르, 아도니스, 페르세포네 등 그리스의 신 숭배와 결부된 듯하다. 페르시아로부터 그리스를 통해 들어온 장미는 이탈리아를 거쳐 프로방스로 전해졌다. 현재 그라스 지방에서 생산하는 장미 향수는 그리스 상인과 로마 군인의 덕택이라고 할 수 있다.

3. 기원전 수 세기의 청동기시대 말기부터 또 다른 켈트 문명이 라인 강과 론 강 유역으로 침투해 들어왔다. 생업이 전투와 목축이고 언어와 습관으로 보아 인도-유럽계에 속하는 켈트족이 다뉴브 강 유역으로부터 들어온 것이다. 사실 켈트라는 민족 단위가 정말로 존재했는가에 대해서는 확실한 정설이 없다. 고대 그리스 학자들은 북쪽 지방에 사는 야만족, 즉 알프스 산 너머에 있는 키가 크고 백색 피부에 금발인 종족을 통칭해 켈트인이라고 불렀다. 모발이 밤색인 켈트인도 있었는데 로마의 개선장군은 켈트인 포로를 로마 시내에 행진시킬 때 금발이란 기존 관념에 따르기 위해 그들의 모발을 염색했다고 한다. 동질적 요소로 보이는 것은 켈트인이라는 인종이 아니라 켈트어

와 그들의 문명이다. 이들은 당시 최강 무기인 쌍날 강철 장검을 만들 줄 알았는데 이는 라테느와 할슈타트 지방에서 발굴된 무기 제조 중심지가 잘 보여준다. 켈트인은 취향이 다양했고 보석과 도검을 치장하는 데 그리스식 장식 기법을 사용했다. 4세기에 이르자 그들은 우수한 무기와 용맹성으로 인근 지방을 정복해 제국을 건설했다. 소아시아를 침략한 그들은 라인 강과 알프스를 넘어 북부 이탈리아를 식민지로 삼고 로마를 불태웠으나 그곳에 머물지 않고 현재의 프랑스와 스페인 지방의 토착민을 지배했다. 켈트인이 리구리아인과 이베리아인을 전멸시키고 그 자리를 차지했다고 생각하는 것은 잘못이다. 오히려 그들의 호전적인 귀족계급이 토착민을 예속시킴으로써 서서히 동화가 일어나 켈트인의 언어가 라인 강과 알프스 서부 지방의 모든 부족에 전파되는 완만한 침투였다. 프랑스인의 혈관에는 리구리아인과 이베리아인의 혈액에 켈트인, 로마인을 비롯한 기타 수많은 인종의 혈액이 혼합되어 흐르고 있다. 골루아(Gaulois, 골 지방에 사는 사람이란 뜻)라는 이름은 로마인이 켈트인을 지칭할 때 쓰던 이름이다.

4. 켈트제국은 오래 지속되지 못했다. 4세기 말부터 북부 이탈리아의 골족은 모두 로마와 굳게 융합했고 알프스 이북 지방에 사는 사람도 골족으로 불렸는데 여기에는 현재의 벨기에 지방까지 포함된다. 로마는 켈트인이 브리튼과 아일랜드를 점령하고 골족이 안개로 뒤덮인 이 섬들과 교역하고 있음을 알고 있었다. 기원전 2세기경 로마인의 관점에서 골 지방은 흡사 1880년경 알제리인에게 비친 모로코처럼 미개하고 불안스러운 인접국가에 불과했을 것이다. 그러다가 군사

적 필요성이 이들의 정치적 병합을 촉진했다. 카르타고와의 전쟁을 앞둔 로마에서는 장군들이 이탈리아에서 스페인에 이르는 지중해 해안지대의 교통을 확보해야 한다고 주장했다. 결국 기원전 2세기 말에 이르러 마르세유를 비롯해 이 지대 전역이 로마의 영토, 특히 하나의 주가 되었고 그곳은 지금까지도 프로방스Provence로 불린다. 로마의 관료 가이우스 플리니우스Gaius Plinius는 지방의 주라기보다 오히려 이탈리아 본토와 같다고 말했다. 자연, 식물, 기후가 이탈리아와 흡사했기 때문이다. 로마인 특유의 공중욕장, 광장, 투기장을 갖춘 아름다운 도시 아를르, 니므, 오랑주 등은 급속히 발전했다. 독립한 골족은 곧 동쪽으로는 라인 강 너머로 집결한 호전적이고 탐욕스러운 게르만족의 위협을 받고 남쪽으로는 로마인의 압박을 받았다. 로마 시민 중에서도 군인과 투기업자 두 부류가 골 지방의 정복을 요구했다. 골 지방에서 노예, 영지, 광산을 기대한 투기업자들과 명예 및 통치권을 기대한 군인들이 이탈리아의 측면에서 대치하는 골 지방을 점령함으로써 게르만의 위협을 저지해 안전을 보장해야 한다고 주장한 것이다. 정치가이자 문인인 줄리우스 카이사르Julius Caesar 장군 덕택에 우리는 기원전 50년경 골 지방의 상황을 대충 알고 있다. 이것은 당시 잘 알려지지 않은 부족에 관한 정보이므로 어쩔 수 없이 약간의 오류가 있음을 고려해야 한다. 그러나 카이사르는 젊은 시절에 골 지방 출신인 교사 안티폰에게 가르침을 받았고 훗날 그가 지휘한 전쟁으로 인해 이 지방을 동분서주하기도 했다. 따라서 그는 골 지방에 관한 한 로마의 장군이 알 수 있던 최고 수준의 지식을 갖추고 있었을 것이다.

5. 카이사르의 기록에 따르면 켈트인은 골 지방에서든 브리튼에서 든 모두 씨족으로 나뉘어 있었다. 몇 개의 씨족이 부족을, 몇 개의 부족이 하나의 민족을 형성했다. 정복 당시에는 대략 72개 민족이 있었고 부족의 수는 400~500명에 달한 것으로 보인다. 그 부족들은 프랑스 도시 곳곳에 그들의 이름을 남겨놓았다. 가령 파리시족은 파리, 비투리게스족은 부르주Bourges, 렉소비족은 리지외Lisieux, 에브로키 Ebroicii족은 에브뢰Evreux라는 도시 이름을 남겼다. 그러나 카이사르 시대에 골족에게는 진정한 의미의 도시가 없었다. 카이사르 시대에 부족의 요새지는 통나무로 둘러싼 땅의 한 구역으로 평상시에는 장이 섰고 전시에는 피난처로 쓰였다. 이곳에서 대토지 소유자로 구성된 원로회의가 열렸다. 어떤 부족은 왕을 또 다른 부족은 폭군을 받드는 과두정치였다. 일부 부족은 동맹을 맺었고 거의 모든 부족이 이웃 부족을 경계해 주위에 삼림이나 황무지를 두었다. 카이사르 시대의 골족 인구는 역사가에 따라 500~1300만 명이라는 격차를 보인다. 촌락은 개간지의 중심에 어설프게 세워져 있었고 현재 중부 아프리카의 토인 부락과 흡사했을 것으로 예측된다. 그들은 초가지붕에 흙벽인 오두막집 안에서 갈대 단 위에 앉아 토속주인 맥주를 마시며 담소를 나눴다. 복장은 기후가 이탈리아보다 추운 탓에 긴 망토 대신 바지와 사슴가죽으로 만든 저고리를 입었다. 로마인은 알프스 이남의 골족을 로마인처럼 긴 토가를 입는다고 해서 토가 골족Gallia togata이라 부르고 알프스 이북의 골족을 장발의 골족Gallia comata, 바지를 입은 골족Gallia bracata이라 불렀다. 로마인은 골족의 나무 신발이 신기했던지 여기에 갈리케Gallicae라는 이름을 붙였다. 프랑스어의 갈로슈

(Galoche, 나무창을 댄 신발), 영어의 갈로시(Galoshe, 방수용 오버 슈즈)는 이 말에서 유래했다. 생업이 수렵과 목축이던 골족은 야생동물의 고기와 돼지, 꿀을 먹으며 살았다. 이는 골 지방 원정 기간에 로마 군인들이 병참부에서 주는 급식에 고기가 적다고 불평하던 로마의 식사와는 전혀 다른 것이었다.

6. 골족의 종교는 알려져 있지 않다. 이것은 이방인인 카이사르가 그 진상을 알아내기가 가장 곤란한 문제였을 것이다. 물론 골족이 지방마다 토지의 신령을 숭상했다는 것은 잘 알려져 있다. 예를 들면 온천의 신 보르보Borvo는 많은 온천장에 이름이 남아 있다. 부르본느Bourbonne, 부르봉-랑시Bourbon-Lancy, 부르봉-라르샹보Bourbon-l'Archambault 등이 대표적이며 부르봉 왕가의 가명도 여기에서 유래했다. 강의 여신 디바Diva는 디브 강, 디본느 레 뱅의 어원이다. 또한 그들에게는 신비스러운 종교가 있었고 교리는 드루이드 승려들의 종교단체에서 가르쳤다. 종교단체의 중심지가 브르타뉴 지방이었던 듯 젊은 승려들이 그곳으로 공부를 하러 다녔다. 드루이드의 신앙과 동양의 종교 간에는 뚜렷한 연관성이 있었다. 드루이드는 사후에 영혼이 극락정토에서 새로운 육체에 들어가 영생한다고 가르쳤다. 드루이드 승려들은 약간의 마술, 천문학, 의학을 알았고 동짓날 참나무에 공생하는 겨우살이를 거둬들이거나 하짓날 불을 지펴 희생을 바치는 상징적 의식을 거행했다. 이러한 의식의 유풍은 지금도 프랑스에 남아 있다. 신년에 집집마다 겨우살이를 내걸어 만복을 축원하는가 하면 6월 24일 성 요한제 밤에는 언덕 위에서 불을 지핀다. 드루이드 승려들

은 신자들에게 정신적으로 권위가 있었으나 골족 지방을 통일할 만한 영향력을 갖추지는 못했다. 카이사르의《갈리아 전기Commentarii de Bello Gallico》를 봐도 이 성직자들은 협상 때 단 한 번도 유용한 발언을 하는 일이 없었다.

7. 골족 사회는 미개했지만 야만 상태는 아니었다. 총명하고 언어의 심미 감각이 예민하며 로마인의 생활에 호기심이 많던 골족은 재주 있는 장인과 용감한 군인의 자질을 보여주었다. 그러나 공정한 관찰자라면 누구나 기원전 1세기 초 골족이 독립적인 자유를 누리기는 힘들다고 예견했을 것이다. 로마의 가이우스 마리우스Gaius Marius 장군은 골족이 골 지방으로 침입하는 킴브리족과 튜턴족을 저지하기 위해 엑상프로방스에서 시작한 전쟁에 간섭할 수밖에 없었다. 강국은 으레 국경에 인접한 무정부 상태의 약소국으로 쉽게 외국의 침략을 받는 존재를 방관하지 못하는 법이다. 골족은 용감하긴 했지만 규율을 지키거나 인내할 능력은 없었다. 그들은 씨족과 부족뿐 아니라 가족끼리도 서로 분열되어 싸우고 있었다. 부족 간의 증오심이 어찌나 강한지 때로는 같은 혈통의 다른 부족과 대항하기 위해 로마인을 불러들이는 귀족계급도 있었다. 로마인이 내란으로 황폐하고 국경도 제대로 방비하지 못하는 사람들의 땅을 빼앗는 일을 주저할 이유는 없었다. 마르쿠스 키케로Marcus Cicero는 골족을 멸시하며 말했다.

"그들의 도시처럼 더러운 곳이 어디 있으며 그들의 농토처럼 거친 땅이 또 어디 있겠는가?"

로마인은 그들을 교화하는 것은 정당하고 찬양받을 일이라고 생각했다. 로마의 어떤 장군이든 골 지방을 정복하려 하면 손쉽게 여론의 지지를 받을 수 있는 상황이었다.

8. 기원전 58년 야심만만한 정치가인 마흔여섯 살의 카이사르가 알프스 이남과 이북 골 지방의 총독으로 임명되었다. 교양이 있고 예의가 바르며 활달하고 다정다감한 성격에 잔인하지도 않은 카이사르는 로마공화국의 쇠퇴를 주시하고 있었다. 그는 공화주의적 귀족 정치가 막을 내리고 누군가 한 사람이 로마의 정권을 장악해야 한다고 믿고 있었다. 그는 자신이 그 한 사람이 되기를 원했고 이러한 야심을 추진하려면 권위와 군대가 필요했다. 골 지방 점령은 이 두 가지 목표를 충족시켜줄 먹잇감이었다. 더구나 기원전 59년 초 골족 간의 분쟁이 그에게 원정의 길을 터주었다. 에뒤엔족과 싸우던 세퀴안족이 수에비족(게르만족)의 수령 아리오비스투스에게 지원을 요청했는데, 그는 원정 후 그대로 잔류했다. 그때 에뒤엔족도 로마군에게 지원을 요청했다. 동시에 헬베티아족(스위스인)도 게르만의 압박을 받아 골 지방을 넘보고 있었다. 그곳에 나타난 카이사르는 그들을 정복했고 만족의 침입을 저지하기 위해 라인 강변에 군사적 방벽을 구축했다. 그의 최종 목적은 골족 정복에 있었다. 그의 병력은 5,000명으로 편성된 11개 군단과 약간의 보조부대뿐이었고 토착 병력이 훨씬 더 우세했다. 하지만 골족의 부대는 하나로 통합되지 않았고 훈련도 미숙했다. 카이사르군은 잘 훈련받은 군대로 장비도 발사기, 투석기, 스페인 투석수, 아프리카 기병 등을 갖춰 비교가 되지 않을 만큼 강했다. 로마군의 진지는 깊은 도랑, 성토, 방책으로 완벽하게 방비를 갖췄다.

이미 스페인에서 약간의 전투 경험을 얻은 카이사르는 우수한 전술가는 아니었으나 유능한 조직가였다. 더불어 그는 통치자에게 필요한 과단성을 지녔고 계획은 은밀하되 행동은 전격적이었으며 공격은 사람의 의표를 찌를 만큼 당돌했다. 결국 그는 골족의 분열과 친로마적인 부족 덕택에 수년 내에 골 지방 전역을 정복했다.

9. 카이사르는 로마에서도 감히 시행하지 않던 방법으로 골족을 가혹하게 다뤘다. 그는 부족 대표들을 체포해 재물을 몰수했고 수천 명의 포로를 무자비하게 팔아치웠다. 이 막대한 전리품 덕분에 그는 로마에서 가장 부유한 권력자로 올라섰다.

"그는 로마의 무기로 골족을 정복하고 골족의 재물로 로마인을 정복했다."

지나친 학정이 이어지자 로마군에게 지원을 요청한 골족의 귀족들은 자신의 경솔함을 뉘우치고 반란을 일으켰다. 조국의 자유와 독립을 위해 반란군의 지휘자가 된 아르베르느(오베르뉴) 족장의 아들 베르생제토릭스는 북부 로마군의 연락로를 차단하려 했다. 그는 때마침 눈이 쌓인 세벤느 산맥을 이용하면 카이사르군과 대전할 수 있으리라 믿었다. 그러나 카이사르는 2만 명의 군대를 거느리고 하루 만에 48마일이나 진격해 요지에 당도했다. 로마군의 진지를 공격할 만한 무기가 없던 베르생제토릭스는 진지 근방에 있는 수확물과 촌락을 불태워 기아 전술을 감행했다. 그는 세계 최강 부대와 대치하며 수개월 간 유격전과 후방 교란전을 펼쳤지만 패배는 피할 수 없는 결말이었다. 결국 그는 골 지방의 아름다운 도시 중 하나인 아바리쿰(부르

㈜을 빼앗기고 주민이 모조리 학살되면서 다시 한 번 멸망을 자초했다. 기원전 52년 9월 알레지아에서 포위당한 베르생제토릭스는 드디어 항복했고 카이사르는 그를 4년간 감금했다가 처형했다. 독립전쟁은 1, 2년간 계속되었지만 카이사르는 이를 참혹하게 진압했다. 100만 명이 넘는 포로가 형을 받거나 팔려 나갔고 수많은 사람이 오른팔을 잘렸다. 골족의 전쟁은 10년간 이어졌고

인도차이나의 프랑스 식민지화를 완성한 프랑스 육군장관 루이 리요테

이는 유럽의 양상과 미래에 커다란 변화를 불러왔다. 만약 골 지방이 라틴화하지 않았다면 로마제국은 동방제국이 되었을지도 모른다. 라틴화한 골 지방은 서방에서 유력한 완충지대로 남았다.

10. 가혹한 압정에도 불구하고 골 지방은 로마에 급속히 동화되었다. 로마를 다스릴 야심을 품은 카이사르는 배후에 있을 골 지방의 평화를 원했고 그는 억압하는 것만큼 회유하는 데도 능숙했다. 예를 들어 그는 전쟁을 좋아하는 골족에게 군단을 개방해 전원 골족으로 편성한 종달새 군단을 창설했다. 시간이 흐르면서 골 지방의 귀족들은 로마의 훈장과 작위를 갈망하게 되었다. 카이사르는 19세기 말기에 프랑스의 장군 루이 리요테(Louis Lyautey, 1854~1934)가 모로코에서 실시

한 정책을 그 시대에 이미 채택했던 것이다. 이는 정복자가 정복지의 지도자를 이용해 통치하는 방식이다. 로마는 합병한 민족에게 간단한 시민권을 부여하며 말했다.

"당신들은 우리 군대를 지휘하고 우리의 영토를 관리할 수 있다. 당신과 우리 사이에는 아무런 거리도 장벽도 없다."

천성적으로 웅변가인 골족의 자손들은 곧 로마 광장에서 광채를 드러냈다. 귀족계급은 로마를 추종했고 줄리아노, 카이사르, 아우구스투스 등은 골 지방에 유행하는 이름이 되었다. 오래된 명문가도 골족의 선조를 자랑하지 않고 비너스나 헤라클레스의 후손이라고 자칭했다. 모든 도시에서 시 원로회의가 그들에게 로마인의 이름을 짓도록 허용했다. 남프랑스의 프랑스인 이름 중에는 로마 이주민에게서 전승된 것도 있다. 가령 탈라토리우스Talatorius에서 탈라두아예Taladoyer가, 말라마테르Malamater에서 말라메르Malamaire가 전승되었다. 세련되고 교양 있는 원로회의 의원들은 라틴어 사용을 자랑으로 삼았고 현학적 취미로 수사학 논의를 오락으로 즐겼다. 비엔(로마 도시의 하나로 발전한 도시), 리옹(로마인이 속주로 삼고 수도로 건설한 도시), 루테시아(파리의 옛 이름—역자주) 등 극장과 시청 및 집회소로 사용하는 사원 바실리카basilica를 구비한 로마식 도시가 수없이 건설되었다. 로마식 수도는 도시에 물을 공급했고 로마식 복장을 한 여인들이 백색 대리석으로 지은 시장에 출입했다. 심지어 로마에서도 바지를 입은 골족이 연단에 나타나자 키케로는 이를 개탄했다. 민중 사이에 동화 현상이 완만하게 일어났던 것이다. 마르쿠스 마르티알리스(Marcus Martialis, 1세기의 로마의 시인)가 골 지방에 독자가 있다고 자랑을 했으나 이는 1940년에 폴 발레리

Paul Valéry가 투니시아(튀니지)에 독자가 있다고 해서 투니시아인이 프랑스어를 사용한다고 볼 수 없는 것과 같다. 한 민족의 언어가 변화하는 데는 수 세기가 필요한 법이다. 골족의 농민은 로마 이주민과 대화하고 세무 관리와 협상하며 군대에서 근무하기 위해 라틴어를 배워야 했다. 제대한 병사는 로마 문명을 농촌에 전파했고 군용도로와 교통 발달이 골 지방의 통일을 촉진했다. 또한 모든 사람이 지방도시의 관리 당국을 지배하는 권력, 즉 국가권력이 지방도시 상층에 존재한다는 것을 인식하고 있었다. 매년 론 강과 센 강의 합류점에서 아우구스투스를 예배하는 의식을 거행하기 위해 일종의 국민회의가 열렸고 모두가 순전히 로마인의 사상인 '법'이라는 새로운 관념을 존중했다.

11. 골 지방은 5세기 동안 로마의 일개 주에 불과했다. 그것은 백년전쟁부터 1870년 보불전쟁에 이르는 기간에 해당하는 긴 세월이었다. 5세기 동안 제국의 행정기구는 외견상 많이 바뀌었으나 근본적인 특성은 조금도 달라지지 않았다. 초기에는 아키텐, 리옹, 벨기에 세 곳에 골 정부가 있었고 총독은 리옹에 주재했다. 후일 만족의 위협을 받게 된 국경 지방 트레브(트리어), 엑스라샤펠(아헨) 등에 지방총독이 주재했다. 골족을 사랑한 율리아누스 황제는 루테시아에 자주 체류했다. 로마의 행정조직은 지나치게 광범위하고 복잡했다. 지방총독은 한 사람의 기록주임, 전령사, 간수, 비서관, 재무관 그리고 다수의 서기를 보조원으로 거느렸다. 총독은 황금과 현물로 봉급을 받았고 요리사를 두었으며 결혼하지 않았지만 여인을 생활필수품처럼 들일 수 있었다. 행정은 시참사회市參事會와 시민옹호관의 견제를 받았으나

골족은 시 행정에 참여하기를 두려워했다. 특히 시참사원은 자기 재산을 담보로 징세 책임을 졌기 때문에 이 직책을 모면하는 것이 오히려 일종의 특권처럼 여겨졌다. 과중한 과세와 가혹한 징수 방법은 로마제국의 멸망을 초래한 하나의 원인이다.

12. 골 지방에서 시행한 로마제국의 재정제도는 프랑스의 조세제도에 지속적으로 영향을 미쳤다. 4세기에 직접세로는 15년에 한 번씩 재평가하는 토지대장 가격에 따라 부동산세인 토지세tributum soli와 주민세에 해당하는 인두세tributum capitis를 징수했는데 이것은 대혁명 전인 봉건시대에 프랑스에 있던 토지세taille와 인두세capitation에 해당한다. 간접세로는 보호가 아닌 수입만을 위한 관세, 통행세, 소금 전매세, 1퍼센트의 판매세, 기타 수많은 잡세를 부과했다. 이 제도에는 조세가 과중하고 불공평하다는 두 가지 결점이 있었다. 대지주들은 정실관계로 감세 특혜를 받았으며 과세 책임자인 시참사원들은 정직하지 않았다. 살비아누스 신부는 시참사원의 수만큼 압제자가 있다고 말했고 시인 아우소니우스Ausonius는 세무원을 부정의 화신이라 불렀다. 시민이 선출한 시민옹호관이 있었지만 조세에 관한 처벌은 잔인했고 납세자의 신고를 확인하기 위해 고문까지 자행했다. 이에 따라 부유한 시민들은 원로회의 내에 비호자를 만들어 대비했다. 사실상 옹호를 받으려면 세력 있는 보호자가 한 사람쯤 있어야 했다. 이처럼 골 지방에서는 이미 로마시대에 봉건제도가 그 윤곽을 드러냈다.

13. 로마 정복 초기부터 골 지방은 크게 번성했다. 당시 농업을 향한 의욕과 토지에 대한 애착이 싹트기 시작했는데 갈로-로마인은 이것을 프랑스인에게 물려주었다. 로마가 보장하는 평화Pax Romana에 따라 무정부 상태에서 해방된 초기 세대의 삶의 즐거움은 충분히 상상이 간다. 드디어 도로 구축, 국경 확정, 보안경찰 정비가 이뤄진 것이다. 로마식 도로에 따라 지중해 양식의 주택, 원주회랑, 대리석 또는 도제 조각상으로 장식한 로마식 주택이 들어섰다. 도시 주민은 공중욕장, 여러 가지 흥행물 등 새로운 사치를 향유했다. 몇 십 년 전만해도 골족은 숲 속의 흙벽 오두막집에서 살았는데 말이다. 이제 갈로-로마인은 토지를 개간하고 경작해 얻은 산물을 로마에 팔아 부유해졌다. 로마는 골 지방의 곡물과 낙농 제품을 필요로 했고 로마제국의 관점에서 골 지방은 북방의 이집트나 마찬가지였다.

14. 도시의 빈민과 농촌의 농민에게는 별다른 변화가 없었다. 농촌에서는 여전히 켈트인의 전통을 충실히 지켜 나갔다. 프랑스어 이교도Païen, 농민Paysan은 라틴어 시골사람Pagánus과 동일한 단어다. 민중이 고집하던 신화는 정복자의 신과 대립했지만 보다 대중적인 새로운 종교가 지중해 방면으로 전파되기 시작했다. 마르세유에서는 1세기부터 동방에서 건너온 복음주의자들이 그리스도의 이야기를 전파하고 있었다. 그리스도교가 리옹에 도달하는 데는 1세기가 걸렸다. 로마에서는 어떤 종교든 황제를 숭배하는 한 허용되었다. 그러나 그리스도교도는 자신들의 신 이외의 신에게 예배하거나 카이사르에게 희생을 바치는 것을 거부했다. 그들은 재산 분배를 역설하며 쇠망치

로 비너스와 주피터의 조상彫像을 파괴했다. 결국 그들은 트라야누스 황제 때부터 탄압을 받았다. 리옹의 대주교 성 이레네우스, 성녀 블란디나, 파리 대주교 성 드니 등 순교자의 피가 사람들의 가슴속에 종교의 씨를 뿌렸다. 후일 이들의 이름을 딴 대성당이 건립되었고 리무쟁의 마르샬 주교, 투르의 가티앙 주교, 툴루즈의 사투르니우스 주교 등이 여러 도시에 복음을 전했다. 이후 콘스탄티누스 황제 때부터 로마제국이 그리스도교화하면서 로마인이 종교적 건물로 생각하지 않던 사원을 교회로 개조했고 주교의 권세가 강해졌다. 초기에는 신자가 사제를 직접 선출했지만 나중에 이 선거가 많은 분쟁을 야기하자 민중은 성직자 선임을 신성한 한 사람에게 위탁했다. 훗날 로마제국이 쇠퇴하면서 교회만 유일한 권력체제로 남았다. 대중은 교회가 정의를 대표한다고 여겼고 일부 특권층은 교회가 그들의 문화를 보존해주는 것을 고맙게 생각했다.

골 지방에는 평범하면서도 화려한 문화가 있었다. 4세기에는 보르도, 오툉, 마르세유, 툴루즈, 리옹 등에서 수천 명의 젊은이가 문법과 수사 학교에서 강의를 들었는데 교사는 로마제국의 관리들이었다. 그라티아누스 황제가 골 총독에게 보낸 서신이 지금도 남아 있다.

"유능한 자격자를 발견하면 수사학 교사에게는 소맥 30명분, 라틴어 교사에게는 20명분, 그리스어 교사에게는 12명분을 주었으면 한다."

켈트인 기질은 라틴식의 웅변술 전통에 쉽게 적응했고 그리스어에도 친밀감을 느꼈다. 보르도의 귀족이자 시인이던 아우소니우스는 손자에게 호메로스와 메난드로스를 따라 문학 공부를 시작하라고 했다. 그런데 이런 문화는 불행히도 형식적인 것으로 그치고 말았다.

15. 4세기 말에는 골족 중에서도 약간의 권세와 명예를 거머쥔 인물이 생겨났고 그들은 오랫동안 국가의 요직을 차지했다. 아무 선입관도 없던 그들은 반은 이교도적이고 반은 그리스도교적인, 말하자면 종교적인 문제에 확실한 입장을 취하지 않는 사람들이었다. 그들은 학문과 지성적인 오락에 대한 취미, 기지, 지식, 철학에 많은 관심을 기울이며 부유하고 호화로운 생활을 누렸다. 로마화한 골족 대영주들은 쾌적하고 안락한 생활을 즐기면서 지성적, 문학적인 소일을 하고 있었다. 5세기경 사교계의 인물이자 수사학자인 시도니우스 아폴리나리스Sidonius Apollinaris 주교는 다음과 같은 기록을 남겼다.

"종교의식을 마친 후 성직자와 일반인이 함께 나무그늘 아래 잔디밭에 누워 문학과 취미에 관한 담소를 나눴다. 얼마 후 주교가 공놀이를 제안하자 모두들 한참 동안 승부를 즐긴 뒤 속요를 짓고 소일을 했다."

서기 360년 성 마르탱이 최초로 수도원을 창설한 후 푸아티에와 투르 근방에 수도원이 건립되자 엄격한 그리스도교 신자들이 이곳에서 은둔생활을 했다. 서구의 수도사는 이전부터 있던 근동(Ancient Near East, 오늘날의 중동)의 수도사와는 다른 점이 많았다. 근동에서 태베사막으로 간 사람들은 현세의 유혹을 피하고 홀로 준엄한 금욕생활에 몰입하기를 희망한 것이다. 골 지방에서는 수도원이 현세를 떠나 공동으로 영적생활을 하려는 사람들을 모았다. 남부 골 지방의 수도원 중에서도 특히 칸 근방의 외딴 섬에 성 오노라가 창설한 레랑 수도원은 새로운 사상의 발상지가 된 후 주교 양성소가 되었고, 힙포의 성 아우구스티누스나 베들레헴의 성 제롬과 교리 및 예배식에 관한 문제를 활발히 교류했다. 학문하는 수도사는 공부에 전력하고 일반 수도사는 여행하며 주서註書를 교환한 덕분에 로마제국은 멸망했어도 그리스도교는 생기를 잃지 않고 살아남았다.

16. 정복 후 3세기 동안 로마는 골 지방의 안전을 보장했다. 특히 다뉴브 강과 라인 강을 따라 설치한 변경지대, 즉 비무장지대가 야만족의 접근을 막아주었다. 길가에 호를 파고 6~9마일마다 방비탑을 구축한 군용도로는 흡사 마지노선 같았고 이것은 주로 골족 부대가 경비를 맡았다. 그리고 이 후방에서 돌발적으로 반란을 일으킬 가능성이 있는 골족 부대를 방어하기 위해 1세기에는 8군단, 2세기에는 4군단으로 편성한 기동군단을 유지했다. 그 외에 라인 강에 소함대를 배치해 경계했고 제대 병사의 식민지를 콜로니아(쾰른)와 아우크스부르크에 설치했다. 275년 로마제국의 병사가 급격히 줄어들면서 라인 강 방면의 수비는 로마인의 손을 벗어났다. 시민들은 병역을 기피했고 돈을 지불하고 대리 입대자를 구했다. 황제는 토지를 분양해주는 특전을 주고 야만인을 병적에 편입해 국경지대에 배치했다. 이것이 바로 만족 왕국의 발단이다. 이 새로운 군대에 애국심 같은 것은 추호도 없었다. 로마제국은 때로 즉위에 따르는 축하금을 얻기 위해 황제를 만들어내기도 했고 정치적 분란은 군사적 무질서를 초래했다. 보르도 같은 먼 거리에 있는 도시마저 성벽을 쌓기 위해 사원을 파괴할 정도였다. 골 지방은 야만족의 방화와 살육으로 황폐해졌고 여기에 로마 관리들의 가렴주구가 더해져 멸망할 지경에 이르렀다. 세금에 짓눌린 소지주들은 시참사원이 되지 않기 위해 토지를 처분했다.

과다한 유지비가 필요한 로마의 행정이 과세 대상을 파괴하고 만 것이다. 율리아누스 황제 시대(363년)에 골 지방은 숨 가쁘게 허덕거렸다. 그 후 1세기 동안 로마제국은 간신히 체면을 유지했으나 이미 기진맥진한 상태였다. 그러나 제국의 모든 통치가 끝장난 뒤에도 골 지방은 여전히 라틴어 문화권의 일부로 남았다. 이렇게 게르만 또는 발칸 민족과 갈로-로마인은 진정으로 로마와 동화되었다. 그들에게 처음 통합을 상징하는 갈리아(로마제국 멸망 이전까지 현재의 프랑스, 벨기에, 스위스 서부, 라인강 서쪽의 독일을 포함한 지방)라는 이름을 지어 국명으로 삼게 한 것도 로마였고 도로 구축, 부족 간의 교섭, 고대세계의 문화 등을 전해주고 정의와 법률을 존중하는 법을 가르친 것도 로마였다. 오랫동안 골족은 로마제국에 대해 향수를 느꼈지만 언젠가는 제국을 재건할 터였다.

—

chapter 2

갈로-로마인과 야만족의 혼합

—

1. 라인 강 건너 게르마니아의 삼림, 평원, 산악지대에는 단일국가를 형성하지는 않았으나 동일한 언어와 공통적인 관습을 유지하는 수많은 부족이 살고 있었다. 로마의 역사가 푸블리우스 타키투스Publius Tacitus는 유명한 저서에서 그들의 미덕을 문명사회의 퇴폐한 악덕과 대조하며 서술했다. 타키투스가 묘사한 게르만족과 실제 게르만족은 훗날 장 자크 루소Jean-Jacques Rousseau의 '선량한 야만인'과 아프리카 식인종과의 관계와 흡사하다. 당시 그는 로마를 증오한 나머지 잔인한 이웃나라 사람을 이상화했다. 전쟁과 수렵을 선호한 그들은 용기와 수령에 대한 충성 같은 미덕은 갖췄을지 모르나 이방인에게는 포악하고 간교하며 잔인했다. 가령 군인 대표자회의에서 왕을 선출한 뒤 커다란 방패에 태워 경의를 표시했지만 이 군주는 어디까지나 귀족의 제1인자에 불과했다. 이 왕은 불손한 전사들이 거만하게 권위를 따지고 드는《일리아드Iliade》속의 왕과 흡사했다. 전쟁이 나면 게

르만족은 왕이든 아니든 부대의 지휘자인 수령에게 공통적으로 닥치는 위해를 막기 위해 맹종했으나 수령과 추종자 사이에 로마군처럼 엄격한 규제는 존재하지 않았다. 다만 부족과 군인집단이라는 막연한 두 개념이 게르만족의 정치 및 군대 생활을 지배했을 뿐이다. 부족의 개념에는 왕 선출과 군인 대표자회의의 권위가 포함되어 있었고 군단이란 개념은 전사와 지휘자 간의 신비적인 유대를 기본으로 했다. 게르만의 여러 부족은 동일 혈통에 속하는 사람들의 무질서한 집단으로 가령 동고트, 서고트, 앵글로색슨-튜턴, 반달 등이 있었다. 그들은 항상 서쪽과 남쪽으로 이동하려는 욕망을 품고 있었다. 그들에게는 딸린 식구가 많고 농사가 서툴러 무작정 지력地力을 소모하는 상황이라 새로운 토지와 목초지대가 필요했을 뿐 아니라 로마제국 영토의 기후와 재부財富에 탐욕을 느꼈기 때문이다. 더구나 동부아시아의 호전적인 몽고계 흉노가 끊임없이 그들을 압박하고 있었다.

2. 야만족은 대규모로 조직한 군대로 골 지방이나 이탈리아로 침입한 것이 아니다. 게르만족에게는 그들이 동경하던 로마제국을 정복하거나 파괴할 의도가 없었다. 다만 병사 부족으로 고민하던 로마제국이 모든 부족을 군대에 받아들여 보조부대를 편성한 후 국경 경비를 일임한 것이다. 국경지대에서는 만족에게도 로마 군대처럼 군사특전으로 토지와 주거를 요구할 권리가 있었다. 그들이 점차 자기 존재의 중요성을 인식하는 것은 당연한 일이었다. 그중 황제의 친위대에 속한 무리는 황제의 폐위와 옹립을 마음대로 자행했다. 3세기 후 국가의 힘이 약해지자 무장한 군단이 골 지방으로 침입하기 시작했

다. 그들은 대부분 대수롭지 않은 5,000~6,000명의 무리에 불과했다. 그들은 한 지방을 약탈한 뒤 수확물을 불태웠고 부녀자를 납치했으며 그 지방에 집단 정착했다. 그러다가 특정 지역을 점령한 후 마침내 같은 부족에 속하는 군단이 왕국을 수립했다. 5세기에는 서고트족이 아퀴타니아(아키텐)를, 부르군트족이 손 강과 론 강 유역을, 알라만족이 알자스를, 프랑크족이 북부 골 지방을 점령했다. 그들은 그곳에서 이렇다 할 조직적인 저항을 받지 않았다.

3. 야만족이 정착한 지방에서도 여전히 갈로-로마인의 수가 침입자의 수보다 많았다. 하지만 이들은 내부 분열과 제국의 힘 약화로 침입자의 제물이 되고 말았다. 그들은 도시로 도주해 성벽을 쌓고 견뎠고 게르만족은 농촌의 황폐한 주택지에 진을 쳤다. 한동안 그들은 따로 살면서 제각각 자기 언어를 사용했으나 점점 교역관계, 남녀관계, 결혼관계가 생기기 시작했다. 야만족이 갈로-로마인 여성과 결혼하면 자녀는 모친의 언어를 따랐다. 점차 라틴어가 게르만어를 압도했고 게르만어는 군대용어 몇 개가 민간용어로 남았을 뿐이다. 투구 heaume, 휴전trêve, 성읍bourg, 돌파구brèche 등이 그것이다. 얼마 후 프랑크족과 갈로-로마인은 새로운 침략을 저지하기 위해 결속하지 않을 수 없었다. 437년 흉노가 부르군트족을 공격해《니벨룽겐의 노래 Das Nibelungenlied》의 주제가 된 전투가 벌어졌을 때 갈로-로마 지방에서는 부르군트족 피난민을 손님으로 대접했다. 451년 골족, 프랑크족, 로마인은 서로마제국의 장군 아에티우스의 지휘 아래 파리의 수호신 주느비에브 같은 그리스도교 성자들의 정신적 지원을 얻어 카

탈로니아 평원에서 아틸라의 훈노군을 격파했다. 바로 이 승리가 서유럽을 구출했다. 부르군트족, 고트족, 프랑크족은 훈노와 달리 여전히 로마를 진정 존경했던 것이다. 그들은 로마 귀족의 딸과 결혼하는 것을 큰 영광으로 여겼고 로마화한 민족을 지배하려면 라틴어와 로마법을 알아야 한다고 생각했다. 5세기 동안은 야만족이 존재했어도 론 강 남쪽에서의 생활이 참을 수 없을 만큼 비참하지는 않았다. 그리스의 신학자 시도니우스 아폴리나리스Sidonius Apollinaris처럼 교양있는 사람들은 로마가 멸망 직전에 있음을 믿지 않았다. 그들은 가죽과 짧은 바지를 입고 머리에서는 쉰 버터 냄새를, 몸에서는 마늘 냄새를 풍기며 회의장에 나타나는 고트족, 프랑크족과 협상하려 노력했다. 다시 말해 그들은 야만족들을 개화하려 했다. 로마의 행정계통은 최후의 순간까지 어느 정도 기능을 발휘하고 있었다. 아폴리나리스는 여전히 리옹에서 로마까지 기마여행을 할 수 있었지만 얼마 지나지 않아 통신마저 끊어져 중앙으로부터 명령이 전혀 내려오지 않았다. 오랫동안 갈로-로마식으로 남은 도시생활 외에 움직이는 것은 아무것도 없었다. 476년 기어코 서로마제국은 멸망했고 동로마 황제가 서유럽의 권위를 억지로 유지하려 했다. 황제는 서구의 권력을 동고트의 왕 테오도리크Theodoric에게 위임했다. 일설에 따르면 로마 주교에게 위임했다고 하는데 이것은 훗날 교황이 세습적 권리를 주장하는 법적 근거로 작용했다.

4. 로마제국 멸망 후 골 지방에는 조직적인 국가가 하나도 없었고 무장 군단만 존재했다. 이 군단의 대장이 부하 군인인 백작 혹은 공작

에게 지방권력을 위탁해 통치했다. 초기에는 게르만족의 관습을 따라 재판 집행을 위해 자유인의 모임을 소집했으나 군단이 포상 혹은 경비를 위해 분양한 영지로 제각각 흩어지면서 왕은 평상시에 왕의 영지나 농지에서 사는 사람들과 상의했다. 얼마 지나지 않아 프랑크족의 수장 클로비스(Clovis, 466~511)가 골 지방에 거주하던 모든 게르만족을 제압했고 이 지역에서 점차 가톨릭교회의 세력이 강해졌다. 프랑스의 지도를 자세히 들여다보면 4,400개의 촌락이 성인의 이름을 따르고 있음을 발견할 수 있다. 프랑스의 지도상에는 '700개의 생마르탱Saint-Martin, 461개의 생페테르Saint-Peter, 444개의 생장Saint-Jean, 247개의 생제르맹Saint-Germain, 185개의 생폴Sant-Paul, 148개의 생토뱅Saint-Aubin'이 있다.

그리스도교는 골 지방에서 일종의 지속적인 통일을 유지했다. 클로비스는 이교도였지만 그리스도교를 신봉하면서도 삼위일체의 부자 관계에 뚜렷이 다른 두 가지 본성이 있다고 주장하는 아리우스파 교리를 믿는 부르군트족과 서고트족의 왕보다 오히려 교회와 쉽게 융화가 가능했다. 아리우스파는 그리스도가 신도 인간도 아니라는 위험한 이단설을 믿었는데, 이처럼 그리스도를 반신으로 본 까닭에 일신교의 명목을 내세웠으나 다신교를 숭상하는 셈이었다. 가톨릭 신자인 클로틸다와 결혼한 클로비스는 아내의 권유로 영세를 받아 삼위일체파 주교들의 전적인 지지를 확보했다. 주교들은 골 지방의 아리우스파를 제압해 삼위일체를 받아들이도록 하는 것을 가장 중요시했다. 반면 클로비스에게 삼위일체(삼자통합)란 군사적, 정치적 사업이자 계속해서 성공할 수 있는 사업이었다.

무자비한 현실주의자인 클로비스는 전투를 비롯해 음모와 암살로 권세를 확장했다. 역사가 그레고아르 드 투르는 순진하게 다음과 같이 기록했다.

"매일같이 신이 클로비스의 적을 그의 수중에 떨어지게 하고 그의 왕국을 확장해주셨다. 클로비스는 결백한 마음으로 신 앞에 나서서 신이 기뻐하실 일만 했기 때문이다."

적과 동지를 살육하면서 왕국을 피레네 산맥까지 확장한 클로비스는 이렇게 외쳤다.

"오오, 슬프도다. 나는 이방인 사이에 낀 나그네 신세가 되었고 나를 불행에서 구원해줄 동족이 한 사람도 없다."

그레고아르의 기록에 따르면 아직도 죽여야 할 사람이 남아 있는지 알아보려는 수단이었다고 한다. 아무튼 이 무법왕은 자기 왕국에 커다란 공적을 남겼다. 로마제국 멸망 후 그는 프랑크의 토지라고 해서 훗날 프랑스로 명명될 골 지방의 지역적 통일을 달성한 것이다. 이로써 그는 국가의 정신적 통일의 전제조건인 왕권과 교회의 통합을 이뤘다. 나아가 그는 거만한 자세로 아나스타시우스 교황으로부터 로마 집정관이란 칭호를 승낙받음으로써 왕권의 영속성을 확보했다.

5. 군사들에게는 게르만의 관습에 따라 일정한 가문에서 왕을 선정할 권리가 있었다. 이때 왕의 권위를 확립하는 조건은 영웅의 후손이거나 군단의 수장 같은 혈통, 자격 그리고 교회의 지지 등으로 이뤄졌다. 왕권의 상징은 태양 숭배 신화의 잔재로 인해 태양광선을 연상케 하는 장발이었다. 왕은 부하들과 드넓은 농원에 살며 그곳의 생산

물을 독점했다. 왕의 거처는 하나의 촌락을 구성했고 금은공, 직포공 등 온갖 직업과 기술을 갖춘 가족이 공동생활을 했다. 프랑크 왕은 시종과 막료를 거느리고 화폐, 귀중한 기물, 보석 등 재물이 담겨 있고 삼중 자물쇠가 달린 큰 궤짝을 가지고 농원을 순행했다. 그는 사냥과 고기잡이를 즐겼고 때로는 부하의 딸 중에서 미인을 골라 후궁으로 삼았다. 후궁이 총애를 받으면 정실 또는 왕비로 승진하고 전 왕비는 이혼당해 수도원에 유폐되었다. 가족 간의 분쟁은 프랑크 왕에게 즐거운 소일거리였다. '로마의 평화'로 번성하던 국토는 이제 완전히 황폐해졌다. 학교는 점차 폐쇄되었고 라틴적 문화는 교회와 라틴광이라 할 만한 힐페리히 1세(Chilpéric, 539~584)에게만 남아 있었다. 라틴어 학자, 신학자로 자처한 왕은 게르만어 특유의 몇 개 음을 표시하기 위해 새로운 글자를 로마 알파벳에 첨가하려 했다. 초기에는 주교의 보호로 도시가 유지되었으나 도시도 점차 멸망했다. 살아남은 유일한 권력자는 토지 소유자인 무인 귀족뿐이었다. 반은 강도이고 반은 경찰관이던 토지 귀족은 자신에게 예속된 농민을 다른 강도로부터 보호했다. 교회는 불가침적인 피신처로 이곳에 들어간 도망자는 외부에서 생활필수품을 전달받아 가질 권리가 있었다. 왕과 중신들은 영겁의 형벌을 두려워했기 때문에 종교는 여전히 권위를 유지했다. 탈주자가 되어 투르까지 도망친 메로베Mérovée는 생마르탱의 묘소 근처에서 행운을 기원하며 성서를 읽다가 "네가 너의 신인 주님을 버렸기 때문에 주님께서 너를 적수에게 넘기시었느니라"라는 구절에서 오랫동안 울음을 그치지 못했다. 교회는 이런 덕행을 내세워 로마법으로 야만족의 포악성을 교정하려 했으나 야수 같은 인간을 길들이는 데는 전혀 새로운 문명이 필요했다.

6. 메로빙거 왕조(Mérovingiens, 클로비스 창건)는 발루아 왕조(Valois, 1328~1589, 시조 필리프 6세)보다 긴 300년간 프랑스를 통치했다. 메로빙거 왕조의 역사는 갈로-로마의 주교 그레고아르를 통해, 훨씬 근대에 와서는 역사가 오귀스탱 티에리(Augustin Thierry, 1795~1856)가 저술한 역사를 통해 알 수 있다. 티에리는 재치 있게 잘 썼으나 타키투스의 《게르마니아Germanie》처럼 정치적 열정에 치우쳤다. 자유주의자인 티에리는 자신을 갈로-로마인의 후손으로 믿고 싶어 하는 프랑스의 일반 민중을 프랑크족 후손인 이기적인 귀족계급과 대립시키고 있다. 그러나 이 대립은 전적으로 인위적인 것이다. 갈로-로마인의 대지주들은 중신, 특히 메로빙거 왕의 주위를 둘러싼 주교들과 함께 지냈다. 물론 그들의 야만성은 조금도 바뀌지 않았다. 그레고아르는 반야수적인 전제자들의 폭력이 자신의 처자와 고위 성직자에게까지 미치는 장면을 기록하고 있다. 프레데공드 왕비와 브룬힐데 왕비 사이의 투쟁은 30여 년 동안 이어졌다. 이것은 아트레우스 가문의 비극(트로이 전쟁 당시 그리스군의 총사령관 아가멤논을 주인공으로 하는 그리스의 전설적 비극)에 비할 만한 일이었다. 힐페리히 왕의 마음을 사로잡은 미모의 시녀 프레데공드는 모략 끝에 왕비가 되어 경쟁자들을 교살하고 그 소생들까지 박해한 역사상 매우 간악한 여자 중 하나였다. 스페인 서고트 왕국 출신으로 벼락출세한 프레데공드와 동서지간인 브룬힐데는 프레데공드보다 16년을 더 살았으나 프레데공드는 아들인 클로타르 2세(Clothaire II, 584~629)를 통해 사후 승리를 거두었다. 늙은 브룬힐데는 신하의 배반으로 클로

타르 2세에게 붙잡혀 달리는 말에 매달려 죽는 참혹한 처형을 받았다.

7. 메로빙거 궁전의 생활은 터키의 할렘과 노예시장을 방불케 했다. 할렘에 득실거리던 수많은 여인은 왕비가 되려고 온갖 음모를 꾸몄다. 국왕이 사망하면 왕자들이 왕국을 분할 상속하는 불행한 관습으로 인해 왕위를 계승할 때마다 형제간에 불화가 일어났다. 아들들은 아버지에게, 형제들은 다른 형제에게 음모를 꾸몄고 패자는 처형되거나 폐위의 표시로 삭발한 후 수도원에 들어가 일생을 마쳤다. 전사들은 고함을 지르며 회의 중인 교회에 침입했고 어떤 주교는 제단 아래에서 살해당했다. 다고베르트 1세(Dagobert I, 629~639) 왕의 치세는 메로빙거 문명의 절정기로 이탈리아, 스페인, 게르마니아까지 관여했으나 이후로 메로빙거 왕조는 멸망의 길을 걸었다.

8. 하나의 구질서가 사라질 때의 모든 시대처럼 이 시대는 사람들이 제멋대로 활개 치는 암흑의 시대였다. 갈로-로마인은 이미 로마식 행정의 지배를 받지 않았다. 야만족은 법질서를 파괴하고 모두 자신들의 관습을 주장했다. 국가재정 관념마저 없던 메로빙거 왕조는 총신들에게 재물을 하사함으로써 국가의 재원을 탕진했다. 이들이 국가 재판 관념까지 파기하는 바람에 귀족과 교회가 제각각 재판의 권리를 요구했다. 대신 야만족은 무엇을 성취했을까? 그들이 자유를 추구한 것은 아니었다. 게르만족은 타키투스가 말한 미덕을 갖추고 있었으나 그것은 부유하고 육감적인 문명과 접촉하면서 녹아 없어졌다. 그토록 칭찬을 받은 충성심은 어찌 되었는가? 그레고아르의 이야기

에는 배신밖에 나오지 않는다.

"메로빙거 궁정은 창녀굴이고 프레데공드는 굉장한 요녀다."

왕들은 모두 처자를 살해했고 누구나 얼마 되지 않는 금전에 매매되었다. 다고베르트 왕처럼 명망 있는 군주도 수많은 처첩으로 인해 심신을 소모한 나머지 서른네 살에 사망했다. 이런 상황에서 사회가 존속되기는 어렵다.

9. 그러나 하나의 문명이 사멸하면 또 다른 문명이 탄생하게 마련이다. 게르만의 왕위는 선거제였으나 갈로-로마 지방은 세습제로 이는 로마제국의 제도를 본뜬 것이었다. 메로빙거 왕조의 왕들은 무식하긴 했어도 문화에 대한 향수와 존경이 남아 비잔틴의 미술작품, 모자이크, 동양의 직물 등을 소유하려 애썼다. 그리고 왕의 주변에는 토지 귀족이나 무사 귀족이 형성되기 시작했다. 일부 갈로-로마의 대지주는 왕과 친선관계를 맺음으로써, 또한 게르만의 군단 간부는 공포에 떨던 농민들이 보호를 바라고 스스로 예속됨으로써 두 귀족계급이 형성되었던 것이다. 그렇지만 아직 봉건주의라고 말하기에는 시기상조였다. 원로로 불리는 대지주와 보호자는 여전히 국왕과 국민 사이에 개입하지 못했기 때문이다. 왕이 사망하면 왕자들이 왕국을 분할 상속하는 제도 때문에 왕의 권력은 약해지고 국토는 여러 갈래로 나뉘었다. 이에 따라 부르군트, 아퀴타니아, 네우스트리아, 아우스트라시아 등은 강력한 지방색을 띠게 되었지만 통일된 골족의 추억만은 남아 있었다. 흉노와 사라센족 등 새로운 유목민이 국경을 침탈하자 이 추억은 한층 더 새로워졌고 교회의 통일이 이것을 유지해 나갔다.

10. 교회의 통일은 주목할 만한 현상이다. 정치적 혼란이라는 공포시대에도 그리스도교회는 전 지역에 걸쳐 교리 통일과 권위 및 계율의 보편성을 단일적으로 유지했다. 4세기부터 8세기까지 근동에서 전체 종교회의를 여섯 번 열었고 서유럽은 이 결의사항을 그대로 받아들였다. 6세기에는 골 지방에 54명의 회의 대표자가 있었다. 이때는 이미 성직자의 계급제도를 확립했고 모든 왕국의 영토는 한 사람의 주교가 관장하는 주교 관구로 분할되었다. 골 지방 수석 대주교와 리옹 대주교는 근동의 대주교처럼 독립적인 대주교가 되려고 했으나 다른 도시 아를과 상스의 시기로 실패했다. 교회 재산은 주교가 관리했는데 신자의 기부와 10분의 1세로 교회 재산은 급격히 늘어갔다. 10분의 1세는 가톨릭이 부활시킨 유대인의 제도로 신자가 수입의 10분의 1을 납부하는 것이다.

"아브라함의 교훈에 따라 전 재산의 10분의 1을 하느님께 바치고 나머지 10분의 9를 보존하는 것을 명심하기 바랍니다."

주교는 스스로 민중을 보호했기에 그들의 존경을 받았고 왕과 영주들은 주교를 두려워했다. 주교에게는 파문과 성직 금지령을 내릴 권한이 있었고 파문당한 영주와 성직 금지를 당한 왕국은 인류 사회에서 추방당한 것이나 마찬가지였기 때문이다. 이러한 처벌에 대항하려면 아주 강력한 이유가 필요했다.

11. 당시에는 수도사가 매우 중요한 역할을 담당했다. 6세기 초 이탈리아의 몬테카시노에 수도원을 건립하고 유명한 '베네딕트 계율'을 제정한 성 베네딕트Saint Benedict는 수도원제도를 개혁했다. 특히

그는 금욕과 복종, 노동을 가르쳤는데 이 계율에는 신기한 매력이 있었다. 근동의 수도사들은 명상적인 은자였고 노동을 하지 않았지만 베네딕트파의 수도사는 유럽의 개척자가 되었다. 성 모르Saint Maur 는 온화하고 상식적이며 절제가 있는 베네딕트 계율을 프랑스로 도입했고 이는 수도원의 일반적인 계율이 되었다. 초기에 성직자가 아니었던 수도사들은 나중에 성직자가 되면서 주교의 감독을 받게 되자 직접 왕과 교황에게 구원을 요청했다. 중세기 들어 대종단이 교황에게만 예속되면서 국내 교회와 충돌했다. 이처럼 혼란과 암흑으로 가득하던 시대에 수도사는 주교와 더불어 야만적인 사회가 약간이나마 인간성을 회복하는 데 기여했다. 아무튼 로마제국 멸망과 행정조직 해체는 무서운 진공 상태를 형성했고 그 공간은 주교제도, 봉건제도, 군주제도가 서서히 메워 나갔다.

chapter 3

—

카롤링거 왕조의 프랑크 제국 재건

—

1. 다고베르트 왕이 사망한 후 메로빙거 왕조는 몰락의 길을 걸었고 아무리 명군이라도 재건할 방법이 없었다. 도덕적 퇴폐로 국왕들은 방탕에 빠졌으며 심지어 미친 짓을 하는 일도 있었다. 그들은 절제 없는 생활로 심신이 쇠약해져 모두가 젊은 나이에 세상을 떠났다. 그리고 사망한 왕의 침실에 몸을 바친 비妃들이 집권하기도 했다. 권세 있는 귀족의 힘에 눌려 마지못해 허용한 조세 면제와 이슬람교도의 진출로 커다란 재원이던 중동 무역이 끊기면서 국가재정은 고갈되었다. 지중해 지방에서는 아랍인이 빠른 속도로 침입했다. 마호메트Maho-met는 632년에 사망했으나 이슬람군은 635년 다마스쿠스, 641년 알렉산드리아, 713년 톨레도까지 진출했다. 725년에는 론 강 유역을 거슬러 올라가 오툉에 이르렀다. 이 새로운 아랍 정복자들에게는 게르만족 같은 동화 능력이 없었다. 프랑크족은 로마제국을 찬미하고 그리스도교를 신봉했으나 이슬람교도들은 자신의 관습과 종교에 충실

했다. 8세기 초 그들은 지중해의 실질적인 지배자가 되었고 스페인 전 지역과 랑그도크의 일부까지 점령했다. 이들이 남프랑스 프로방스 지방에서 남자를 학살하고 여자를 겁탈하거나 납치하는 바람에 주민들은 그리말디와 에즈의 돌산봉우리에 있는 동굴로 피신했다. 남프랑스 농촌지대에 정착한 사라센족은 사라시노sarrasino라는 다마스쿠스의 장미, 음료수를 차게 담는 토기항아리, 대추야자, 사프란 등을 들여왔다. 사프란이 없었다면 현재 남프랑스의 명물인 생선요리 부야베스는 존재하지 않았을 것이다. 사라센족은 남프랑스에 무어식 건축과 독특한 무용을 비롯해 귀족들에게 문학 및 과학에 관한 교양을 전수했다. 하지만 이 이교도가 중간에 개입하는 바람에 프랑스 국왕은 고전문화 계승자인 중동과 차단되었다. 무지와 몽매가 널리 퍼졌고 라틴어는 촌락의 방언으로 전락했다. 완전히 무기력한 왕에게 남아 있는 것이라곤 왕의 칭호와 긴 머리, 기다란 수염뿐이었다. 왕국의 실질적인 주인은 궁전 행정관이었다.

2. 궁전 행정관은 처음에는 왕실의 집사에 불과했으나 나중에는 왕과 귀족들의 중간 역할을 맡았다. 국왕이 계속해서 무능력하고 무기력한 모습을 보이자 아우스트라시아 왕국의 행정관은 하나의 독립된 귀족계급의 우두머리가 되었다. 1세기 동안 이 관직은 뮤즈 강변 출신인 페팽Pépin 가문이 대대로 계승했다(이 가문의 이름은 벨기에의 페펀스터 Pepinster라는 도시 이름으로 남아 있다). 페팽 폰 란덴, 페팽 데리스탈, 샤를 마르텔(Charles Martel, 688~741)이 대대로 이 가문과 왕국의 군주가 되었다. 샤를 마르텔은 사실상 아우스트라시아와 네우스트리아를 26년간 통치

했다. 강력한 프랑크족 보병부대를 편성한 그는 732년 푸아티에 근방에서 스페인의 사라센 총독이 파견한 침공부대를 완벽히 격파했다. 그러나 사라센의 침략이 그것으로 끝난 것은 아니었다. 프랑스의 남부 해안지대에는 방위 함대가 없었기 때문에 이후 2세기 동안 계속해서 침략을 당했다. 그렇지만 유럽대륙과 그리스도교권만은 살아남았다. 로마에서 롬바르드족의 협박을 받은 교황 그레고리우스 8세는 샤를 마르텔에게 성 베드로의 묘소 열쇠를 보내며 너무 멀리 떨어져 있는 동로마 황제를 대신해 그가 로마교회의 보호자가 되어주기를 당부했다. 교황으로서는 현명한 외교적 절충이었다. 우상 파괴주의를 신봉하는 동로마제국에 기대할 것은 아무것도 없었고 로마와 가까운 곳에 수도 파비아가 있던 롬바르드족은 여러 가지로 두려워할 이유가 있었던 것이다. 알프스 산 너머에 있는 성실한 가톨릭 신자 샤를 마르텔이 적당한 보호자로 보이는 것은 당연했다. 하지만 이미 중대한 군사적 부담을 안고 있던 그는 그 명예로운 부탁을 거절했다. 이후에도 로마교회는 프랑크족 외에는 교회를 보호할 만한 힘을 갖춘 사람이 없다는 사실을 잊지 않았다.

3. 8세기의 혼란스런 서유럽에는 페팽 가문의 프랑크군과 교황권 두 세력만 존재했다. 로마 교황의 권력은 성 베드로의 후계자라는 위신 덕분에 나날이 커지고 있었다. 그는 광대한 영지를 소유했고 서로마제국이 멸망한 후부터는 국가 주권에 예속되지 않았다. 교황의 권위는 브리튼의 개종으로 더욱 강화되었다. 이탈리아와 스페인, 골 지방은 독립적인 전도단이 복음을 전파했으나 브리튼은 로마교회가 직

접 개종하고 그곳 수도원의 사도使徒가 해협 건너편에 있는 게르만족을 개종했기 때문이다. 그 사도 중 하나로 샤를 마르텔의 아들 페팽 르 브레프(Pepin le Bref, 페팽 3세)의 친구인 성 보니파스Saint Boniface가 국왕이 되고 싶어 하는 궁전 행정관과 주변의 적에 대비해 군사적 지원을 갈망하던 교황 사이에서 협상을 주선했다. 로마교회는 왕조 교체를 정당화하고 페팽이 왕위에 오르는 것을 인준했다. 페팽은 메로빙거 왕조 최후의 왕인 힐페리히 3세를 수도원에 유폐하고 그의 아내 베르트라다(Bertrada of Laon, 별명 '큰 발')와 함께 성 보니파스 주관 아래 대관식을 치렀다. 이는 두 사람 사이에 탄생할 아들이 이중으로 정통성을 주장할 수 있는 현명한 책략이었다. 754년 교황 스테파노 2세는 생드니 대성당에서 페팽에게 세례를 집행하고 새로운 왕과 두 아들에게 '로마의 귀족'이란 칭호를 수여했다. 더불어 프랑크족에게 페팽 가문에서만 국왕을 선출하도록 지시했다. 이로써 프랑스 왕은 성서에 나오는 국왕과 동일한 종교적 권위를 획득했다. 그 대가로 페팽은 교황의 영지에서 롬바르드족을 축출했고 그 영토를 정당한 주권자인 동로마 황제에게 돌려준 것이 아니라 로마공화국에 넘겼다. 이것이 바로 교황청의 탄생 배경이다.

4. 페팽의 아들 샤를(훗날 카를루스 마그누스 또는 샤를마뉴라는 별호로 불렸다)은 페팽 가문에서 제일가는 우수한 군주였다. 부왕에게 프랑크 왕국과 로마교회와의 동맹을 계승한 그는 43년간 통치하는 행운을 누렸다. 이러한 장기 통치는 시운의 영향도 있었지만 그의 인격 역시 행운만큼 숭고했다.

서부, 중부 유럽의 대부분을 차지하며 프랑크 왕국을 제국으로 확장한 2대 국왕 샤를마뉴

"메로빙거 왕조는 모든 도덕적 감각을 상실했다. 샤를마뉴는 정신 고양과 미덕을 널리 전파하는 것을 자신의 사명으로 여겼다."

그는 천성적인 위엄으로 존경을, 인자한 인품으로 애정을 한 몸에 받았다. 물론 공식 전기작가 라인하르트가 기록한 그의 모든 미덕을 그대로 믿을 수는 없다. 로마 제정기의 전기작가 수에토니우스가 쓴 《황제전De Vita Caesarum》을 숙독한 그가 자기 책의 주인공 샤를마뉴에게 로마 황제의 미덕을 모조리 부여했기 때문이다. 샤를마뉴는 5명의 정실과 4명의 후궁을 거느렸는데 교회는 이것을 방종한 처사로 보았다. 그의 지배욕이 어찌나 강했던지 딸들의 결혼까지 금지하는 바람에 궁정에 추문이 나돌기도 했다. 하지만 그는 독실한 신자로 선량하고 근면했다. 그의 건장한 체구, 긴 수염, 대단한 정력, 성실한 행정 능력은 전설처럼 전해지고 있다. 그는 프랑크족 언어와 가요를 사랑했고 그들처럼 아마로 짠 속옷, 빨간 바지, 가죽 각반, 수달피 조끼 그리고 흰색 또는 청색 외투를 입었다. 의식을 거행할 때만 황금과 보석으로 치장했다.

정복전쟁에서 이교도 개종은 표면상의 목표였고 당시에는 성직자의 계급제도가 유일한 행정계통이라 로마교회와의 동맹은 점차 그의 정치적 이익에 기여했다. 733년 교황 하드리아누스는 페팽이 수복한 도시를 롬바르드족이 재점령하자 그에게 다시 구원을 요청했다. 샤를마뉴는 무적부대를 이끌고 출정해 롬바르드족을 축출한 뒤 파비아에서 유명한 철관을 썼고 774년 로마를 방문했다. 그곳에서 그는 그리스도의 피, 그리스도의 옷, 최후의 만찬에 쓴 식탁 등 성물을 보고 탄복했다. 교회는 화려하고 성가는 청순했으며 의식은 보다 장엄했다. 그곳에는 아직도 로마제국의 영예를 상징하는 여러 가지 기념물이 있었다. 샤를마뉴는 경탄한 나머지 자기 왕국을 문화와 미술의 중심지로 만들 계획을 세웠다. 교황은 그를 프랑크족의 왕, 롬바르드족의 왕으로 인준하고 로마 귀족으로 서임했다. 이때부터 그는 그리스도교권의 보호자가 되었고 '신의 은총에 따른 국왕'이라는 칭호를 얻었다. 프랑크족에게는 완전히 새로운 칭호였다.

5. 샤를마뉴는 43년간 전쟁을 지속했지만 그것은 메로빙거 왕조의 왕들처럼 개인의 이익을 위한 집안 다툼이 아니었다. 그에게는 이교도를 상대로 로마제국을 방위한다는 위대한 명분이 있었다. 1단계 작전은 로마제국의 일부였던 롬바르드와 아키텐 왕국을 수복하는 것이고 2단계는 제국에 침입한 야만족, 즉 색슨족, 슬라브족, 아바르족, 사라센족 그리고 얼마 후 영국해협의 해안지대에 정착한 노르망디의 해적 소탕전이었다. 778년 샤를마뉴는 스페인을 정복하기 위해 팜플로나와 사라고사까지 진격했다가 색슨족이 북방을 침공하는 바람에

하는 수 없이 후퇴했으나 론세스바예스 계곡에서 후방부대와 조카인 롤랑을 잃었다. 이 사건은 군사적 중요성은 없었지만 대서사시 〈롤랑의 노래La Chanson de Roland〉로 유명세를 탔다. 이는 시와 노래가 역사를 초월해 넘나드는 대표적인 사례다. 샤를마뉴는 모든 위험의 근원인 게르마니아를 차단하고자 로마 황제 디오클레티아누스, 율리아누스처럼 라인 강변에 사령부를 설치했다. 그는 오랫동안 색슨족과 싸웠고 그들이 게르마니아의 신인 악마에게 인간을 희생으로 바치는 것을 금하는 한편, 이를 어기면 사형에 처했다. 또한 그는 색슨족 1만 가구를 플랑드르 지방으로 강제 이주시켜 일하게 했다. 가혹한 방법으로 그들이 이교를 버리고 개종하게 만든 것이다.

"그리스도가 아니면 결국 죽음이었다."

프랑크 왕국은 라인 강에서 비스와 강에 이르기까지 확장되었다.

반대파에게 공격, 비난, 고발, 중상을 받은 교황 레오 3세는 유럽의 주인공 샤를마뉴에게 지원을 간청했다. 이에 매우 감동한 프랑크 왕은 그리스도교권의 조정자 역할을 승낙했다. 800년 그는 성 베드로 성당에서 교황은 결백하다고 선언했고 레오 3세는 교황의 위신을 회복하고자 천재적인 연극을 연출했다. 성탄절에 성 베드로 성당에서 샤를마뉴를 샤를 아우구스투스Charles Augustus라는 이름으로 로마인의 황제로 임명한 것이다. 로마인은 환호성을 올렸다.

"신께서 재관하신 샤를 아우구스투스 (…) 로마인의 위대하고 평화적인 황제 만세!"

이것은 서로마제국을 재건하고 교황이 교회를 보호해주는 군인을 황제로 임명할 권리를 확보하는, 말하자면 일석이조의 조치였다. 라인하르트는 샤를마뉴가 황제의 칭호에 불만을 품었다고 했지만 그게 사실이라면 예고 없이 대관식을 치르지는 않았을 것이다. 그는 로마 황제의 후계자로 자인하던 동로마 황제의 반응을 살폈던 것 같다. 심지어 그는 당장 그날부터 '로마제국을 통치하는 황제'라는 칭호를 행사했다. 하지만 그는 로마제국을 재건하기보다 그리스도교 제국을 창설하려 했다. 이 새로운 권위는 샤를마뉴의 권세에 별다른 도움을 주지는 않았으나 과거 로마제국이 여러 민족의 의식 속에 심어놓은 문명세계의 통일이란 관념을 되살렸다. 동로마제국은 처음에는 분개했지만 812년 화해가 이뤄져 다시 한 번 동서 로마제국에 2명의 황제가 군림했다.

6. 제국이란 개념은 로마적이었으나 샤를마뉴의 행정은 전혀 그렇지 않았다. 로마 황제는 관리의 계급제도를 통해 권력을 행사하고 조세수입으로 재정을 운영했다. 반면 샤를마뉴는 관료제도를 조직하지 못했고 이슬람교도의 봉쇄 때문에 국가 수입도 매우 빈약했다. 유대인만 이교도와 교역할 수 있었던 까닭에 엑스라샤펠의 궁정에는 유대인의 거주구역이 따로 있었고 이들에 대한 위해는 벌금으로 금지했다. 그들의 알선으로 샤를마뉴는 이슬람 왕 하룬 알 라시드와 만났는데 이슬람 왕은 그에게 코끼리 한 마리와 시계 하나를 선물했다. 이슬람교도의 봉쇄로 근동은 여전히 신기루 같은 존재에 불과했으며 금이 없던 서유럽에서는 은이 유일한 화폐였다.

샤를마뉴는 자신의 영지에서 나오는 수입 외에는 재원이 없었고 제국을 관리할 관리도 부족했다. 궁정에서는 개인적으로 사역하는 집사, 가신, 마구 관리인 등이 정무를 보좌했으며 서신과 문서 작성은 성직자인 상서가 맡았다. 그에게는 국내에 두 가지 조직, 즉 성직자와 군대조직이 있었다. 토지를 하사받은 군대 출신의 영주는 한 사람의 공작, 백작 또는 국경지대의 대장인 후작에게 예속되었고 공작 등은 국왕에게 종속되었다. 사실상 거의 자립한 지방 행정관은 임의로 조세를 징수해 경비를 충당했다. 황제는 이들을 감독하기 위해 '왕의 사자들missi dominici'인 감찰관으로 주교와 백작 두 사람을 한 조로 해서 지방에 파견했다. 귀환한 감찰관은 모든 사태를 궁금해하는 황제에게 순방 결과를 상세히 보고했다. 여러 가지 곤란한 사태를 처리하기 위해 샤를마뉴는 '신의 영감에 따라' 칙령이라고 부르는 법령을 스스로 기안해 인민집회에 제출했다.

7. 인민집회는 매년 두 번 열렸는데 한 번은 총회로 봄에, 또 한 번은 황제와 고문관이 의안을 작성하기 위해 가을에 열렸다. 한 연대기 작가가 총회, 특히 '샹드메Champ de Mai' 광경에 관해 기록을 남겼다. 총회는 엑스라샤펠, 라티스본(레겐스부르크) 또는 기타 도시의 궁정 근방에서 열렸다. 토론에는 대귀족만 참여했는데 그들은 총회에 앞서 자기 거처에서 심복들과 미리 방침을 의논한 뒤 결정을 했다. 당시 수많은 전령이 총회와 황제 사이를 왕래했다. 황제는 원할 경우 직접 총회에 임석했고 총회에 참석한 사람들은 솔직하게 자기 의견을 발표했다. 샤를마뉴는 샹드메에 참석해 제국의 각 지방에서 온 사람들에게 질문하기를 좋아했다. 특히 그는 어느 지방 사람들에게 불만이 있는지 그 불만의 원인이 무엇인지 알고자 노력했다. 그가 총회에 내놓는

칙령에는 법률뿐 아니라 질문도 있었다.

"제국을 방위해야 하는 사건이 발생했을 때 무엇 때문에 국경지대 주민과 군대의 협조가 이뤄지지 않는가? 주교와 수도원장에게 그들이 항상 사용하는 '현세를 버리라'는 말이 무슨 뜻인지 물어보라. 매일같이 자신의 재산을 늘리려고 애쓰는 사람들이 현세를 버린 것인지 아닌지도 물어보라."

이는 샤를마뉴가 교훈에 풍자를 가미했음을 보여준다. 칙령에 행정적 재능이 드러나지도 않고 여건이 그런 재능 발휘를 허용하지도 않았지만 양식 및 호기심과 지방적 관습, 그중에서도 피정복자의 관습에 대한 존중은 내포되어 있다.

8. 메로빙거 왕조의 지적 퇴보를 떠안은 샤를마뉴는 그 나름대로 문화적 부흥을 성취했다. 그는 식사 중에도《성 아우구스티누스전Saint Augustin》이나《성 제롬전Saint Jérôme》을 소리 내어 읽게 했다. 특히 그는 이탈리아와 개종한 이후 해협의 보호로 대륙보다 침략을 덜 받은 영국에서 학식 있는 사람을 구했다. 영국은 종교서적과 아리스토텔레스의 저서 등을 포함해 비종교 서적을 많이 보존하고 있었다. 저명한 영국 신학자 앨퀸Alcuin이 가르치던 요크의 학교는 대륙의 학교보다 우수했다. 이탈리아에서 앨퀸을 만난 샤를마뉴는 그를 자기 궁정으로 초빙하려고 백방으로 손을 썼다. 마침내 초빙에 성공한 그는 자신과 아름답고 재치 있는 왕녀들 그리고 고문관을 위한 궁정 학원을 비롯해 샤를마뉴를 다비드, 앨퀸을 플라쿠스라고 부르던 한림원을 창설했다. 라인하르트는 황제가 밤에 잠이 오지 않을 때 글을 쓰기 위해

머리맡에 서판을 놓아두었다고 기록했다. 문교 고문관 앨퀸의 과업은 학문 부흥과 수도사 및 주교를 위한 학교 설립, 옛 문서 복원, 문화 재건에 있었다. 황제는 지원을 아끼지 않았고 연락관에게 각 지방에서 고문서를 수집하도록 명해 수도원의 서고를 풍부하게 만들었다. 당시 서적 필사는 신성한 작업이었다. 칙령에는 다음과 같은 말이 있다.

"신성한 의식을 거행하려고 신성한 구절을 읽을 때 잘못된 어구가 나오는 것처럼 참을 수 없는 일은 없다."

샤를마뉴는 어느 수도원장에게 이런 서신을 보내기도 했다.

"일부 수도원에서 수도사들이 나를 위해 기도한다는 서한을 보내왔는데 그 마음은 갸륵하나 서면 내용 중 무식한 용어가 쓰였음을 발견했다. (…) 따라서 나는 귀하에게 문학 공부를 게을리하지 않기를 권고하는 바이다."

초기의 문예부흥에는 순박한 점이 적지 않았다. 당시 성행한 토론 주제 중에는 무의미해 보이는 것이 많았고 앨퀸의 저술은 현학적이며 유치했다. 라인하르트가 기록한 샤를마뉴의 전기 외에는 이렇다 할 작품이 남아 있지 않다. 학술활동은 널리 보급되었지만 말이다. 앨퀸 자신도 이 약점을 인식했는지 황제에게 다음과 같은 서신을 올렸다.

"이 몸은 젊었을 때 영국에 지식의 씨앗을 뿌렸습니다. 지금 노경에 이르러 몸의 피가 식었지만 같은 씨앗을 프랑스에 쉬지 않고 뿌리고 있습니다. 바라건대 신의 은총으로 그 씨앗이 두 나라에서 번성했으면 합니다."

그 씨앗의 결실로 훗날 윌리엄 셰익스피어William Shakespeare와 미셸 드 몽테뉴Michel de Montaigne가 나타난다.

9. 샤를마뉴가 죽음에 가까워졌을 때는 전사나 황제라기보다 경건한 학자의 면모가 더욱 짙게 나타났다. 814년 기도, 자선, 복음서 교정에만 몰두하던 그가 별세하자 그의 제국도 함께 멸망하고 말았다. 카롤링거 왕조(Carolingien, 751~987, 페팽 창건)는 해적과 만족의 침입, 형제간의 암투, 계속되는 분열 등 메로빙거 왕조의 망국사를 그대로 따라갔다. 샤를마뉴의 자손들에게 능력이 부족하기도 했지만 제국 자체가 유지하기 힘든 상황이었다. 통신 수단에 비해 국토가 너무 광대하고 함선과 병력 부족으로 방위 능력이 충분치 못한 데다 가족 간의 불화로 제국은 분열되었다.

샤를마뉴의 아들 루이 르 데보네르(Louis le Debonnaire, 루이 1세)는 아들 삼형제를 두었는데 서로 격렬하게 싸운 후 843년 국토를 나누기 위해 베르됭에서 협정을 체결했다. 샤를 르 쇼브(Charles le Chauve, 샤를 2세)는 네우스트리아와 아퀴타니아 그리고 스페인 국경지대, 즉 론 강과 손 강의 서부를 얻었다. 루이 르 제르마니크(Louis le Germanique, 루트비히 2세)는 아우스트라시아, 바이에른, 슈바벤, 작센을 차지했다. 끝으로 로테르(Lothaire, 로테르 1세)는 뮤즈 강, 라인 강, 론 강 유역을 비롯해 북해부터 남부 이탈리아 칼라브리아에 이르는 좁고 기다란 지역을 장악했다. 이 왕자의 이름을 본떠 로타링기아, 즉 현재의 로렌이라는 지명이 생겼다. 베르됭 조약으로 근대 유럽 국가 중 두 나라인 독일과 프랑스가 창설된 것이다. 그리고 두 나라 사이에 문명 쟁탈전이 벌어질 로타링기아라는 회랑지대(폴란드 회랑. 제1차 세계대전 이후 베르사유 조약에 따라 신생국 폴란드령이 된 좁고 긴 지역)가 생기면서 분쟁의 씨앗도 뿌려졌다. 샤를마뉴의 제국은 빨리 해체되었지만 그는 라틴 문화 부흥에 기여하고 서

유럽에 통일이라는 관념을 부여함으로써 서유럽을 창조한 위대한 인물로 남았다.

10. 이슬람교도는 결과적으로 샤를마뉴의 서유럽 창조에 협조한 셈이었다. 지중해가 개방되어 있을 때 야만족과 그리스도교 왕국은 그리스도교의 발상지인 근동과 로마제국 전통의 계승자인 동로마제국에 주의를 기울였다. 하지만 이슬람교도의 군대와 함선으로 중동 길이 차단되자 그들은 새로운 중심을 찾기 시작했다. 그때 그들이 교황과 황제, 즉 로마의 주교와 프랑크 왕의 통합에 기대를 걸면서 과거의 정치체제와 완전히 단절되었다. 샤를마뉴의 사망과 함께 훗날 중세기라 불리는 시대가 시작되었는데, 그 본질적 특징은 우선 교회의 정치권력이었다. 교황과 주교가 왕에게 왕관을 내리면서부터 왕은 군단의 대장이 아니라 신권자로서 통치했다. 무지한 대중은 모든 문화를 점유한 성직자에게 세속적 기원을 위임했다. 둘째는 영지를 소유한 상설적, 군사적 귀족의 존재였다. 메로빙거 왕조 때도 대영주가 통치권을 행사했으나 샤를마뉴 이전까지 이 지방적 통치권은 왕의 일방적인 의사에 따라 당사자 또는 가문이 바뀔 수 있었다. 그러다가 황제 통치의 장기화로 공작령, 백작령, 후작령이 공고하게 뿌리를 내리면서 지방 관직은 세습제가 되었다. 중앙권력이 약해지자 영주들은 독립적으로 행동했고 왕은 영주 중에서 수위를 차지하는 존재에 불과했다. 하지만 그리스도교를 토대로 한 통일에 대한 소망은 샤를마뉴보다 오래 지속되었다. 교회의 계급제도와 영주들의 과두정치는 사람들을 분리시켰으나 모든 사람의 가슴속에는 로마제국과 프랑크제

국의 위업에 대한 추억이 끈질기게 남아 있었다. 이것이 바로 카롤링거 왕조의 유산이다.

"샤를마뉴가 사망하고 나서 30년 만에 통일은 해체되었다. 그러나 프랑크제국의 인상이 워낙 강렬해 하나의 유럽 문명이 신생국가의 정신, 제도, 법률, 성직자의 조직 속에 중세기까지 살아남을 공통 요소로 존재하고 있었다."

—

chapter 4

봉건제도의 발전과 카페 왕조 창건

—

1. 843년에 체결된 베르됭 조약 후에도 샤를마뉴 제국 해체 작업은 계속 이어졌다. 888년부터 이미 프랑스, 나바르, 프로방스, 부르고뉴, 로렌, 독일, 이탈리아 같은 7개 왕국이 생겼다. 역사에 정통한 극소수의 학식 있는 사람들은 또 한 번 로마제국 붕괴를 목격하는 듯한 느낌이었다. 가톨릭 사제인 플로루스는 프랑크 국민은 전 세계 사람들에게 빛나는 존재였다고 기록하고 있다.

"위대한 권좌에서 밀려난 프랑크 국민은 영예와 제국을 동시에 상실했다. (…) 인민집회도 법률도 자취를 감추었다. 궁정이 없는 곳에 외국 사신이 온들 무슨 소용인가. 다뉴브 강, 라인 강, 론 강, 루아르 강, 포 강 유역의 여러 민족은 장차 어찌 될 것인가? 과거에는 모든 민족이 친선관계를 맺고 있었는데 이제 동맹이 해체되면서 비참한 분쟁으로 고난을 겪게 되었다. 이 죄악으로 대노한 신께서 어떤 형벌을 내리실 것인가? 그럼에도 불구하고 진지한 자세로 이 문제를 검토하고 앞으로 벌어질 사태를 숙고하며 비애를 느끼는 사람은 찾아볼 수 없다. 도리어 제국의 내분을 환영하면서 평화의 혜택이라곤 조금도 없는 사태를 평화라 부르고 있다."

이처럼 의식 있는 엘리트들은 프랑크제국의 해체를 개탄했다. 반면 일반 민중은 이 사태를 묵과했을 뿐 아니라 오히려 희망적이었다. 그 이유는 다음과 같다.

첫째, 국민적 특성이 형성되어 다른 민족을 통합해 단일국가를 구성하기가 어려웠다. 물론 프랑크족과 색슨족은 과거에 같은 게르만족이었다. 그러나 4세기 동안 라인 강 서안에 거주한 프랑크족은 갈로-로마인과 융합했고 9세기에는 완전한 융합이 이루어져 이제 프랑스인과 독일인이라고 구별해서 말하는 것이 당연해졌다. 이것은 인종 문제가 아니라 관습, 언어, 감정 등의 문제였다.

둘째, 모든 민족이 제국이 그들을 보호할 수 없음을 실감하게 되었다. 당시 새로운 침략이 농촌을 위협했고 샤를마뉴 자신도 북방인인 노르만족의 침략으로 불안을 느끼고 있었다. 그들은 한 배에 40~60명씩 타고 덴마크와 노르웨이에서 바다를 건너 유럽 서부의 강을 거슬러 올라온 뒤, 센 강 유역과 칼바도스 지방에 노르망디공국이라는 독립국가를 건설했다. 남부에서는 사라센족이 계속 침략해 도시마다 주민들을 쫓아내고 젊은 여자들을 노비로 끌고 갔다. 그들이 휩쓸고 지나가면 수도원은 잿더미로 변하고 농토는 황무지가 되었다. 그뿐 아니라 도처에서 사람이 부족해 삼림이 농토를 뒤덮고 야수가 촌락에 출몰했다. 소지주 농민은 이제 대제국을 로마식으로 통치하는 일은 불가능하다는 것을 알고 지방정권에 강도와 해적을 방어해줄 것을 요청했다.

2. 지방정권은 이미 그 기반을 다진 상태였다. 하사받은 땅이나 영지를 얻은 군인 출신 공작, 백작, 후작 등이 그 기반을 구축했던 것이다. 이들은 침략자에 대항해 적어도 자기 영지만큼은 방위할 수 있었다. 그들은 봉토나 선서로 소유하게 된 토지를 자신에게 협조하는 신하에게 나눠주었다. 그 신하들도 자기 나름대로 부하인 가신을 두고 있었다. 무장을 정비하고 기마와 사병을 준비할 재력이 없는 사람들은 3~6명이 한 조를 이뤄 기사 1명을 차출했다. 이 제도는 상위부터 하위까지 각 영주가 대영주의 명령에 따라 신하를 소집하면 적어도 이론상으로는 국민의 총력을 집결해 군대를 편성할 수 있었다. 요컨대 미국 대통령이 한 군사령관을 오스트리아의 군정관으로 임명하고 군정관직을 세습제로 했다면, 그 군사령관이 자신의 토지를 연대장에게 나눠주고 연대장이 자기 영지를 중대장에게 나눠주는 식이다. 무질서를 두려워한 주민들은 이 제도를 받아들였고 만사가 그런 방식으로 돌아갔다. 이러한 봉건제도는 약자가 강자의 보호 밑으로 들어가기를 희망하면서 서서히 서유럽 전체로 퍼져 나갔다. 물론 이 제도는 지방에 따라 많은 차이가 있었다. 봉토 세습제는 자동적인 것이 아니었으나 왕도, 대영주도 충실한 신하의 자제를 계속해서 서임하는 것을 거부하지 않았다.

3. 봉건적인 토지 소유 형태는 점차 어느 곳에서나 동일한 본질적 특성을 보이기 시작했다. 토지 소유자는 자기 영지 내에서 이전에 국

가가 보유하던 재판권, 징세권, 면역세 부과 등을 행사했다. 로마시대의 토지세와 인두세는 소작농이 생명과 농토를 방위하기 위해 지불한 세금이었다. 어느 토지든 방위가 필요했기 때문에 대영주에게 토지를 받아 소유한 영주는 대영주에게 협력하고 봉사할 의무가 있었다. 협력은 무엇보다 전쟁에 참여하는 일이었는데 신하들은 기마로 참전했고 요새 수비도 교대로 담당했다. 왕에게는 신하의 집에 숙박할 권리가 있었다. 평화 시에 신하는 집회와 협의를 위해 궁정을 출입했고, 영주의 아들이 기사가 되거나 딸이 출가할 때 왕은 영주에게 금전적 지원을 했다. 또한 왕에게는 영주가 포로로 잡혔을 때 몸값을 지불할 의무가 있었다. 주인 없는 토지는 자유지라고 불렸는데 이 자유지는 빠른 속도로 줄어들었다. 자작농은 불안한 마음에 영주에게 면역세免役稅나 부역을 제공하고 그 대가로 보호를 받았다. 봉건제도가 로마와 갈로-로마에서 시행한 보호제도의 연장선상은 아니다. 농노 villein는 '촌락villanus의 주민'이란 뜻 외에 아무것도 아니었다. 농민 manant은 라틴어 '살다manere'에서 유래한 말로 영주의 토지에 예속되지 않은 사람을 말하며 토지에 대한 권리를 포기하면 이들은 그곳을 떠날 수 있었다. 재산권은 없었고 9세기 심지어 12세기까지도 매매가 가능한 재산, 즉 소유권 이전 개념은 등장하지 않았다. 그뿐 아니라 재산에 대한 관습과 규제도 확고하지 않았고 그 정의조차 없었다. 사회라는 것이 기하학적 도형이 아닌 만큼 봉건제도도 정확히 정비된 제도가 아니라 영주와 영민이 산재한 군락을 제멋대로 통합해 수백만의 인간을 거느리는 형태였다.

4. 이는 게르만적 부족과 군단이라는 두 가지 개념 중 군단만 존속했기 때문이다. 자유인은 부족 내의 집회에서 자신의 사건을 처리했고, 전사의 규율을 따르는 군단은 군주에 대한 충성을 기반으로 했다. 봉건제도란 군주 주변의 영지에 항구적으로 정착해 농사를 짓다가 유사시 언제든 전투태세를 갖추는 집단을 의미했다. 장군은 사병에게 토지를 나눠주었지만 그 토지가 위험해질 때는 언제든 사병을 소집할 권리가 있었다. 이 방식은 무정부 상태보다 개선된 것이라 서구의 모든 민족이 받아들인 것이다. 과거에 갈로-로마인의 주택은 기둥회랑이 있는 쾌적하고 아름다운 가옥이었으나 방위가 불가능했다. 봉건영주는 언덕이나 축토 위에 처음엔 목조로 나중에는 석조로 성을 건립했다. 촌락민은 양들이 양치기의 발밑에 모여들듯 성 밑에 모여 살다가 위기가 닥치면 성벽 안으로 피신해 보호를 받았다. 프랑스의 일부 지방에서는 알비의 대성당처럼 교회까지도 성처럼 방비했다. 이로써 토지를 소유하고 주민을 보호하는 군인계급이 형성되었고 이들이 다음 세대에는 귀족이 되었다. 전쟁을 제외한 모든 노동을 멸시한 그들은 여유롭고 한가로운 생활을 했으며 가문에 대한 자부심이 매우 강했다. 귀족들은 성에 고립되어 있었으므로 축제와 의식으로 자신의 우월한 생활에 활기를 불어넣으려고 애썼다. 결국 영주의 생활은 소궁정처럼 변모했다. 신하들은 아들들을 시동으로 보냈고 시동들은 영주 부인을 공경했다. 영주가 사망하면 그의 아들, 아들이 없으면 딸이 영지를 상속했다. 서임식에서 신하는 대영주 앞에 무릎을 꿇고 맞잡은 손을 대영주의 손에 올려놓은 자세로 다음과 같이 선서했다.

"소신은 오늘부터 생명과 육체가 살아 있는 동안 각하의 신하가 되겠습니다."

이 행위가 의미하는 '충성'이란 말은 충성을 받는 사람이 오늘날까지도 '내 부하'라고 하듯 타인에게 소속된다는 것을 뜻한다. 봉건제도는 가족제도처럼 도의적인 의무를 기반으로 하는 개인적인 결연으로 이뤄졌고 로마법처럼 비인간적인 법조항으로 구성되지 않았다. 따라서 이 개인적인 결연을 부인하는 것이 가장 중대한 죄악이었다.

5. 봉건질서에는 그 자체로 과오와 폐단이 있었으나 적어도 하나의 질서이기는 했다. 10~11세기의 봉건제도는 무정부 상태를 보완하고 불안과 공포를 해소했으나 곧 군사적 경찰제도의 잔인성이 위험한 지경에 이르렀다. 중앙정권의 무력함으로 인해 지방 군인들이 무엇이든 마음대로 해도 좋다고 생각했던 것이다. 이때 교회가 봉건 영주들을 제어하기 위해 종교적 수련을 부과했고 그들은 기사가 되었다. 초창기 기사도 의식은 주로 무사를 새로 서임하는 것이었다. 모든 원시사회에는 이러한 입단식이 있었고 그것은 오늘날에도 존재한다. 특히 교회는 이 의식에 도의적 성격을 부여했다. 서임식을 앞둔 젊은 이는 목욕 후 흰색 속옷으로 갈아입고 단식, 철야기도, 고해, 영성체를 하고 나서 영주에게 무기와 칼을 받았다. 영주는 "신과 성 미카엘, 성 조르주의 이름으로 너를 기사에 서임한다"라고 말했다. 그러면 신임 기사는 11~14세기에 약간 변화했지만 대략 다음과 같은 뜻의 명확한 구절에 따라 선서를 했다.

"소신은 신과 주군께 봉사하겠습니다. 소신은 약자의 권리를 옹호하겠습니다. 소신은 보상, 소득, 이익을 위해서가 아니라 영광과 미덕만을 위해 싸우겠습니다."

끝으로 이렇게 서약했다.

"무슨 일이 있든 소신은 성실하게 행동하고 예절과 겸양을 지킬 것이며 소신에게 위해와 손실이 닥치더라도 절대 약속을 위반하지 않겠습니다."

이 숭고한 규칙은 자질이 있는 몇 안 되는 사람만 그대로 지켰을 뿐이다. 일반적으로 기사들의 행실은 기사도의 이상과는 동떨어졌다. 하지만 원칙이란 것이 원칙에 불과할 때도 어느 정도 실효를 거두는 법이다. 기사도의 영향력은 개화를 가능케 했고 교회는 매주 며칠을 전투를 금하는 '신의 휴전날'로 정하는 데 성공했다. 이것은 걸핏하면 토지가 전장으로 변해 고통을 받던 가엾은 농민들에게 커다란 위안이었다.

6. 봉건적 계급제도는 일관성 있는 계획 아래 수립된 것이 아니다. 그것은 거목의 가지처럼 자연스럽게 뻗어 나간 것이었다. 대영주들은 군주 영주인 페리고르, 샹파뉴, 아키텐에 종속되어 있었다. 처음에는 군주 영주도 정의의 집행자인 카롤링거 왕에 종속되었으나 이 프랑크족 왕조가 약해지자 '주권 마비'로 봉건제도가 탄생했다. 국가의 모든 기능은 지방 영주에게로 넘어갔고 왕은 자신의 개인 영지만 소유했다. 당시 왕정은 프랑스에서의 2대 가문 쟁탈전으로 더욱 쇠약해졌다. 앙주Anjou 백작과 블루아Blois 백작을 겸하던 로베르Robert 가가 정통 카롤링거 왕조에 저항한 것이다. 로베르 가는 강자 로베르의 후손으로 센 강과 루아르 강 사이에 있는 프랑스의 심장부 지방을 장악

한 대영주였다. 9~10세기에 걸친 150년 동안 로베르 가는 위대한 군인과 유능한 정치가를 많이 배출했다. 그중 외드Eudes, 로베르 1세, 라울Raoul 등 몇 사람은 국왕으로 선임되어 카롤링거 왕과 교대로 통치를 맡았다. 외드는 노르망디 침략 때 파리를 방위했는데 이것은 로베르 가에 찬란한 영광을 남겼다. 그 외의 사람들은 프랑크 공이라는 칭호에 만족했으나 그들의 영지는 카롤링거 왕보다 훨씬 넓었다. 카롤링거 왕조가 약해져 교회를 보호할 수 없음을 알게 된 프랑스의 성직자들은 카롤링거 가문을 버리고 로베르 가를 지지했다.

7. 따라서 위그 카페Hugues Capet가 국왕으로 선출된 시점을 프랑스 3차 왕조의 출발점으로 보는 오래전 견해는 잘못된 것이다. 로베르 가 출신은 이보다 앞서 군림하고 있었다. 로베르 가의 영지가 오를레앙, 블루아 그리고 파리와의 중간에 위치했다는 점은 그들의 활동에 유리하게 작용했다. 987년 프랑스의 영주들은 국왕을 선출하기 위해 모였는데 후보자는 샤를 드 프랑스, 남쪽 로렌 공, 카롤링거 가 출신 그리고 위그 카페였다. 루앙 대주교가 위그를 위해 유리한 발언을 했다.

"왕좌를 세습권으로 얻어서는 안 된다. 고귀한 가문 출신이라는 것뿐 아니라 인격적으로 탁월한 예지가 있는 사람을 선출해야 한다. 따라서 왕위는 마땅히 로베르 공에게……."

위그 카페의 국왕 선출은 찬탈은 아니었지만 기정사실을 정식으로 승인하는 데 불과했다. 그러나 카페 왕조는 초기에 많은 곤란을 겪었다. 그들의 주위에는 왕보다 유력하다고 자부하던 경쟁자로 제후인 플랑드르 백작, 블루아 백작, 노르망디 공, 앙주 공, 아키텐 공 등이 있었다. 그들이 결속하면 왕위를 무력화하는 것은 쉬운 일이었다. 남부 프랑스의 왕위는 알려지지 않았다. 누가 왕국의 통일을 완성할 것인가? 일드프랑스île-de-France의 카페 가일까, 아니면 아키텐의 툴루즈 백작일까? 아무도 결과를 예측할 수 없는 상황에서 선출된 왕은 선거인에게 의존하고 있었다. 힘이 몹시 약했던 왕은 코르베이 백작, 물랭 백작 같은 소제후까지도 두려워했다. 그가 오를레앙에서 파리로 행차할 때는 도중에 있는 몽레리 탑까지도 겁낼 정도였다. '샤를마뉴의 후계자들은 아예 자기 거처에서 떠나지 않으려 했다'는 말까지 있었다. 그에게는 자신의 영지에서 얻는 수입밖에 없었고 생활을 하려면 과거 야만족 시대의 왕처럼 농원을 순행해야 했다. 그의 주위에서는 그를 선출한 사람들이 웅장한 성안에 자리 잡고 그에게 도전하고 있었다. 프랑스에서 성은 봉건 세포의 핵심적인 요소로 작용하는 하나의 조직체였다. 그러나 두뇌와 중요기관은 아직 미완성 상태였다.

8. 카페 왕조는 몇 가지 유리한 조건을 갖추고 있었다. 우선 카페 왕은 프랑스의 중심부에 있었고 경쟁자들은 지리적으로 분산되어 있었다. 또한 그는 교회의 지지를 받았다. 대주교는 장중한 대관식에서 왕의 머리뿐 아니라 신체 여러 곳에 성유를 발라주었다. 서임식에서 사용한 성유병은 클로비스가 세례를 받을 때 비둘기가 프랑스 대주교 성 레미에게 바친 것이라는 소문이 있어서 신성함이 더해졌는데 이것이 그의 권위를 높여주었다. 의식이 끝난 후 왕이 거행한 미사는 신앙심 깊은 국민에게 왕은 다른 제후들과 달리 신으로부터 여러

권력을 위임받고 있다는 확신을 주었다. 훗날 왕이 기적을 행해 '국민병'으로 불린 연주창(결핵성 경부임파선염)을 고칠 수 있다는 소문까지 돌았다. 훨씬 훗날인 루이 15세 때는 성유식 날에 수천 명의 병자가 왕의 손이 닿기를 기대하며 모여들었다고 한다. 왕은 왕비와 왕검 때문에 수도사로 볼 수 없었으나 그렇다고 순전히 세속인이라고 할 수도 없었다. 신권을 부여받은 왕, 기적을 행하는 왕인 프랑스 왕은 민간의 전통에 따라 로마 황제의 계승자이기도 했다. 《묵시록L'Apocalypse》에 따라 시대의 종말로 간주하던 서기 1천년이 다가오자 '공포의 물결'이 일었다. 이 갈등 시대에 민중은 위대한 지배자가 평화를 보장해주던 지나간 황금시대의 '행복한 프랑스'를 갈망했다. 즉, 샤를마뉴 황제의 전설은 통일국가에 대한 감정을 불러일으키고 있었다.

'들장미 가까이에 서 있는 소나무 아래에 순금 용상이 마련되어 있다. 행복한 프랑스를 다스리는 왕이 거기에 앉아 있다. 수염은 새하얗고 머리는 보기 좋게 손질되어 있다. 신의 보호와 사랑을 받는 그는 현명하고 부인들에게는 예의가 바르지만 이교도에게는 용서가 없다.'

이것이 프랑스 국민에게 기억도 생생한 국왕의 이미지이자 그들이 소망하는 국왕이었다. 설령 국토는 봉토로 나뉘었으나 통일의 기억은 사라진 것이 아니라 그저 잠들어 있을 뿐이었다.

9. 초기 카페 왕조 시절에는 세력이 강한 신하에다 재정적 빈약함, 협소한 영지는 물론 무법천지가 된 언어로 인해 왕의 권위가 더욱 서지 않았다. 루앙과 캉에서는 노르망어, 브르타뉴에서는 켈트어, 프로방스와 아키텐에서는 랑그도크어를 사용하고 있었다. 왕국의 봉건

적 성격 때문에 왕국은 항상 위기에 직면해 있었다. 왕의 영지가 유산 상속과 지참지라는 불안한 우연에 지배를 받았기 때문이다. 영지 이동이 어찌나 심한지 프랑스의 봉토를 정비하는 일은 불가능에 가까웠고 세대마다 봉토의 판도가 달라졌다. 또 다른 위험은 왕의 선거제로 왕이 사망하면 그가 완성한 과업을 다시 문제 삼는 일이 허다했다는 것이다. 카페 왕조는 부왕이 살아 있는 동안 장남에게 왕위를 전수함으로써 이런 위험을 제거하려 했고 마침내 이 일에 성공했다. 위그 카페는 996년 성탄절에 아들 로베르 르 피유Robert le Pieux를 왕으로 내세웠다. 그리고 다음 해에 로베르를 플랑드르 백작의 미망인과 전략적으로 결혼을 시켰다. 여기에는 당시의 풍습을 보여주는 로맨틱한 일화가 있다. 로베르는 사촌 누이동생인 부르고뉴 왕의 딸 베르타를 사랑하고 있었다. 강제로 결혼한 연상의 아내를 싫어한 그는 왕이 되자마자 그녀와 이혼하고 베르타와 결혼했다. 교황은 이 결혼이 금지사항인 종친관계에 해당한다는 이유로 이혼을 명령했다. 이때 로베르가 완강히 거부하는 바람에 왕국은 성무聖務 금지를 당했다. 결국 1001년 교회의 권한이 애정을 능가했다. 베르타와 이혼은 했어도 사랑하는 여인과 떨어지기 싫었던 로베르는 1011년 교황에게 재혼을 간청하기 위해 로마로 갔지만 교황은 완강했고 로베르는 굴복했다. 이 이야기는 매우 흥미롭다. 얼마 전까지만 해도 자신과 동등하던 귀족들로부터 존경이 아닌 관용만 받고 있는 상황이라 권위 유지에 교회의 지원이 절실했던 카페 왕조 초기 왕들의 약점이 그대로 드러나는 일화이기 때문이다.

—

chapter 5

왕조의 영토 확장과 프랑스 왕국의 건립

—

1. 11세기에는 세 가지 중요한 사건이 있었다.

첫째는 노르만족의 영국 정복이다. 캉, 바이외, 루앙을 차지한 덴마크인과 노르웨이인으로 구성된 북방인들은 놀랄 정도로 빠르게 라틴화했다. 로마의 전통과 바이킹의 생기발랄한 정신이 융합하면서 경이적인 성과를 이룬 것이다. 대대로 명철한 정신과 강인한 성격을 보여준 노르망디 공은 프랑스 왕보다 훨씬 더 근대적이었다. 그들은 세금을 징수했고 재정을 기술적으로 관리했으며 캉과 바이외에 아름다운 교회를 건립해 전 세계의 학식 있는 수도사를 초빙했다. 1066년 기욤르 바타르Guillaume le Bâtard 공이 외교적·군사적·종교적 종합작전으로 영국을 점령해 정복왕이라는 별호를 얻었다. 그는 영국의 토착민을 통치하고 토지를 휘하 기사들에게 하사했으며 교회체제를 정비했다. 그리고 지배계급에게 프랑스어인 노르망어를 강요하고 자신은 노르망디 공과 영국 왕을 겸하겠다고 선언했다. 이후 프랑스 왕은 내내 자신의 왕국 내에 강대한 국왕이자 신하인 인물이 존재한다는 사실에 위협을 느꼈다. 이것은 프랑스 왕이 노르망디의 주인이 되거나 영국 왕이 프랑스의 지배권을 장악하기 전에는 해결할 수 없는 문제였다.

2. 둘째는 교회가 봉건 무사의 호전적 기질을 그리스도교권에 대한 봉사로 전환하려 한 십자군이다. 당시에는 성지순례가 그리스도교 초기처럼 하나의 독실한 신앙 형식이었다. 수천 명의 순례자가 로마, 스페인의 산티아고 데 콤포스텔라와 예루살렘을 왕래했다. 637년 이래 예수의 무덤은 이교도의 수중에 있었으나 관대한 이슬람교도는 오랫동안 순례자를 환대했다. 이슬람 왕 하룬 알 라시드는 샤를마뉴에게 성지 수호권을 허용한 것이다. 그러나 1071년 예루살렘이 셀주크 왕조의 터키인 수중으로 넘어간 이후 성지순례가 전면 금지되자 성지에서 터키인을 축출할 계획을 논의하기 시작했다. 영리한 교황들은 이 성전이 교회의 위신을 높이는 동시에 기사도를 함양할 것이라고 생각했다. 호전적인 충동은 억압하기보다 다른 길로 유도하는 것이 훨씬 수월한 일이기도 했다. 회개와 전투의 결합은 맹렬한 칼싸움을 좋아하면서도 영겁의 처벌을 두려워하는 기사들에게 만족을 줄 것이었다. 그뿐 아니라 여기에는 비종교적인 동기도 숨어 있었다. 이탈리아의 상인들은 근동과의 교역 재개를 바랐고 영주들은 새로운 영지 정복을 원했던 것이다. 제1차 십자군은 주로 프랑스군이 작전을 담당했다. 당시 교황 우르바누스 2세는 프랑스인이었고 프랑스는 기사도의 요람지로 귀족들은 이 숭고한 모험에 전력을 다해 참가했다.

3. 제1차 십자군은 1095년 우르바누스 2세가 클레르몽 공회의에서 역설한 결과였다. 당시 은자隱者 피에르가 당나귀를 타고 전국을 순행하며 일반 서민에게 십자군에 참가할 것을 호소했다. 한데 이 가난한 사람들의 십자군은 비참한 운명을 겪었다. 그들은 대대수가 예루살렘에 당도하기 전에 목숨을 잃었다. 기사 십자군은 보다 효율적으로 조직되었고 이탈리아 상인의 지원으로 해상에서 보급을 받을 수 있었다. 3개 군대가 3개 방면으로 유럽을 횡단했는데 군사 기율은 열정만큼 높지 않았다. 제후들은 신의 영광 못지않게 영토를 갈망했으나 순례자인 동시에 모험가인 병사들은 불평할 이유만 있으면 지휘자를 갈아치웠다. 동로마제국 황제 알렉시우스 1세 콤네누스는 군단이 밀려오자 공포를 느꼈으나 나중에 지휘자들과 양해가 이뤄져 그들을 원조했다. 십자군은 소아시아를 점령한 후 1099년 예루살렘을 수복했다. 이로써 봉건국가 예루살렘 왕국이 세워졌는데 왕과 귀족이 프랑스인이라 프랑스어와 프랑스 문명이 근동에서 특권적 지위를 차지했다.

십자군과 이교도 간의 관계는 예상 외로 원만했고 나중에는 우호관계가 성립되었다. 두 문명의 접촉은 양쪽 모두에게 이익을 주었는데, 특히 새삼스레 독창성을 인식한 서유럽 정신은 새로운 활력을 흡수했다. 페르시아와의 전쟁이 그리스 사상의 황금시대와 부합한 것처럼 십자군도 유럽의 부흥과 때를 같이했다. 3세기 동안 십자군은 뜻하지 않게 상업과 해운의 세계적 중심지를 결정했다. 십자군의 출발 장소가 된 마르세유, 제노바, 베네치아는 대도시로 발전했고 순례자를 위한 여관이 수없이 들어섰다. 지중해의 경비는 무장한 기사 교단이 담당했는데 성전 기사단과 예루살렘을 방위한 성 요한 기사단, 그리스도교권 대함대 등 처음으로 국제적인 병력조직을 갖췄다. 12세기에 창설된 성전 기사단은 프로방스 지방의 사라센족 침략을 방어했다. 지금도 프로방스 지방에는 성전 기사단의 성채 유적들이 남아 있다. 십자군이 프랑스에 미친 직접적인 영향은 봉건 제후와 영주들의 희생으로 왕정이 강화되었다는 점이다. 영주들은 성지 출정으로 거의 파산했고 또한 많은 사람이 사망했다. 이렇듯 기사계급이 몰락하면서 국왕뿐 아니라 도시의 주민도 여러 혜택을 받았다.

4. 셋째는 도시 재건과 프랑스에서 제3신분이 형성되었다는 점이다. 로마시대의 도시는 무정부 상태를 겪었으나 전부 소실되지는 않았고 단지 중요성과 독립성만 상실했다. 도시제도는 기능을 잃었지만 일부 주교가 옛 도시를 복구해 그곳에 세속적인 영주가 되었다. 11세기에는 시장 상인을 보호하기 위해 무장을 갖춘 도시가 탄생했고 이러한 도시bourg의 주민을 부르주아bourgeois라고 불렀다. 성벽을 둘러 보호체계를 갖춘 과거의 '장원莊園'이 상인들의 거주 도시가 된 것이다. 영주는 처음에 그들을 농노와 같은 서민으로 취급했다. 그러나 토지를 경작하는 농노보다 집단행동에 유리했던 그들은 종교단체와 동업조합인 길드를 조직했다. 또한 혼란기에는 집단행동을 하지 않으면 무력하다는 것을 인식하고 소선대小船隊와 대상隊商을 편성해 해적 및 야적에 대비하고 통상을 위한 여행을 했다. 이러한 대상정신은 필연적으로 협동정신을 촉진했다.

도시는 규약을 제정하고 수장을 선임했으며 도시의 특권을 보장하는 헌장과 자유를 얻기 위해 노력했다. 이러한 경향은 그 시대의 유럽 전역으로 전파되었고 특히 다른 지방의 도시보다 부유하고 번영을 이룬 이탈리아와 독일의 도시가 이 운동의 선두에 섰다. 프랑스 남부에서는 도시가 과거의 자치제도를 되찾았고 북부에서는 도시의 상인들이 주교나 영주에 대항해 선서宣誓 자치단체를 수립했다. 때로는 자유를 요구하는 운동이 리옹에서처럼 혁명의 양상을 띠기도 했으나 이런 일은 예외적이었다. 도시의 상인들은 봉건제도 운영에 대한 참여와 도시 자체가 한 집단의 영주처럼 행세하도록 해줄 것을 요구했고, 시장권이 수입의 원천이던 왕은 이 운동을 지지했다. 유럽의 상업 부흥은 동양과의 교역 중심지인 플랑드르에서 시작되었다. 베네치아와 플랑드르의 중간 지점에서 중계 교역을 위해 샹파뉴 박람회가 열렸고 덕분에 다른 프랑스 도시도 부유해졌다. 대다수 주교와 영주는 면역세를 지불하고 민병대에 입대할 수 있는 시민들이 자신의 영지에 모여들기를 바라며 그들에게 여러 가지 특전을 제공했다.

5. 자치단체는 다른 나라에서 더 빛나는 성과를 거두었다. 독일에서는 한자동맹(상인들의 대규모 연합 공동체)에 가입한 도시가 이탈리아의 피렌체, 밀라노, 베네치아처럼 독립공화국이 되었다. 영국에서는 부르주아계급이 기사와 공동전선을 결성해 의회를 구성했고 얼마 후 귀족과 더불어 국가를 통치했다. 프랑스에서는 재산이 늘어난 부르주아계급이 왕후에게는 고문관, 법정에는 법관, 문학에는 인재를 공여했으나 그들은 귀족과 교회가 멸시하는 별개의 계급으로 남았다. 1789년 대혁명이 일어난 계기는 이 제3신분의 불만에 있었다. 하지

만 10~20세기에 이 시민계급(부르주아)은 국왕에 의존했고 국왕과 봉건 제후가 대립하면 국왕을 지지했다.

비만왕 루이 6세(Louis VI, 1081~1137)는 국왕 직할도시와 주교 관할도시 간의 자유로운 연락을 위해 많은 노력을 기울였다. 그는 큰 도로에 낸 검문 성채를 철거했으며 성인을 약탈하고 수도원을 공략하는 일드프랑스의 폭도들을 소탕했다. 특히 루이 6세는 영주들의 찬탈을 프랑스인의 관습에 따라 엄중히 처단했다. 그의 대신 쉬제 수도원장은 왕이 교회를 보호하고 가난한 사람과 불행한 사람을 구제하며 왕국의 평화를 염려한다고 칭찬했다. 그는 "왕의 권력이 강대하다는 것은 널리 알려진 사실이다"라고 말했는데 카페 왕조 초기에 왕의 권력이 강하다고 생각하는 사람은 별로 없었으므로 그의 견해는 기이하게 보였다. 새로운 왕정은 영지 내에서 영주의 독립은 존중했으나 국내의 질서, 정의, 평화를 유지하는 데는 왕권을 지방권력보다 우위에 두었다. 쉬제는 다음과 같이 말했다.

"왕이 법을 위반하는 것은 수치스러운 일이다. 왕과 법의 권위는 동일한 근원에서 연유하기 때문이다."

프랑스 왕은 전국적으로 부정의 교정자임을 자처했다. 그는 여전히 봉건 영주의 제1인자, 대영주 중의 대영주, 신의 은총을 받은 왕이었다. 이제 곧 왕은 자신의 권력을 정당화하기 위해 국민에게 신성한 권위의 가호를 빌 필요가 없었다. 새로운 왕정의 진정한 기반은 법률 옹호였다. 부르주아계급은 관리자의 횡포를 피하기 위해 점차 국왕의 직접적인 지배를 요청하기 시작했다. 국왕 역시 헌장을 교부할 때, 도시와 영주 사이를 조정할 때, 집행관을 임명할 때 부르주아계급과 협조했다.

6. 호색가에다 식도락을 즐긴 루이 6세는 '기름기로 생명을 재촉할 만큼 먹는 데 전념한'이라는 말 그대로 젊어서 세상을 떠났다. 그는 부왕의 권세로 아들을 아키텐의 알리에노르와 결혼시켰는데 그녀는 피레네 산맥에 이르는 서남부 지방 전역을 지참금으로 가져왔다. 그러나 이 결혼은 오래가지 않았다. 용감하고 신앙심이 경건하면서도 소박해서 모든 사람의 호감을 산 루이 7세(Louis VII, 1120~1180)는 한 영국인에게 명랑하게 말했다.

"영국 왕에게는 없는 것이 없다고 한다. 금은보석, 견포 등 무엇이든 풍족하다고 한다. 프랑스에서 내가 가지고 있는 것은 빵과 포도주 그리고 근심 없이 유족한 생활뿐이다."

왕비는 그런 생활에 만족하지 않았다. 아키텐의 음유시인들을 그리워한 그녀는 신앙심이 경건한 루이 7세를 가리켜 "나는 국왕이 아니라 신부하고 결혼했다"라며 멸시했다. 왕은 제2차 십자군에 참가할 때 왕비와 동행하는 실수를 범했다. 그녀는 여행 중에 여러 가지 부적절한 행동을 했고 미모의 사라센 노예를 가까이하다가 안타키아(터키 남동부)로 송환되었다. 쉬제 수도원장은 국왕에게 인내하라고 권고했다.

"왕비의 문제에 관해서는 이렇게 생각합니다. 본국에 돌아가 다른 여러 문제와 함께 냉정히 판단할 수 있을 때까지 왕비로 인한 모든 불만을 참는 것이 좋겠습니다."

그러나 쉬제가 죽자 이혼은 불가피했다. 과격한 기질의 왕비 알리에노르는 앙주 백작 앙리 플랑타주네(Henri Plantagenêt: 영국식으로 '헨리 플랜태저넷')를 사랑하게 되었다. 그는 황소처럼 굵은 목과 짧게 깎은 붉은 머리카락의 건장한 젊은이로 화산 같은 정력으로 사람을 끌어당기는 매력이 있었다. 앙리와 결혼한 알리에노르는 리무쟁, 가스코뉴, 페리고르, 아키텐을 그에게 지참금으로 바쳤다. 이 일은 개인 간에 일어난 봉건적이고 불합리한 처사였다. 한 여자의 변덕으로 제국이 또다시 분열되었으니 말이다. 이미 어머니 마틸다에게 노르망디공국을, 아버지에게 멘과 앙주를 상속받은 앙리는 결혼 후 프랑스에서 프랑스 왕보다 더 넓은 영지를 소유한 실력자가 되었다. 1154년 그가 영국 왕이 되었을 때 앙주제국은 프랑스를 병합할 기세였다.

7. 루이 7세와 세 번째로 결혼한 상파뉴 출신 아델르와의 소생인 아들 필리프 아우구스트(Philippe Augusts, 1165~1223), 즉 필리프 2세Philip II는 부왕처럼 43년간 통치했다. 어려운 환경 속에서 열다섯 살에 왕위를 계승한 그는 장기 통치를 잘 활용했다. 12세기에 이 프랑스 왕은 플랑타주네 가문의 앙주제국과 롬바르드의 왕을 겸하는 전통으로 이탈리아의 일부까지 통합한 독일제국의 루이 르 제르마니아크Louis le Germanique 황제 사이에 눌려 보잘것없어 보였다. 그러나 필리프 2세는 앙리를 제압하고 플랑타주네 가를 프랑스에서 축출했다. 붉은 얼굴에 농부처럼 건강하며 난폭하면서도 이기적이고 합리적인 그는 봉건적인 국왕과는 성격이 정반대였다. 그의 이상은 기사도가 아니라 인내심이 강하고 술책에 능숙한 정치가가 되는 것이었다. 모든 사태를 능란하게 처리한 그는 세력가는 가혹하게, 하류계급은 교묘하게 이용해 도시민의 지지를 얻었고 통치 초기부터 제후의 동맹을 압도했다. 영국과의 투쟁에서는 캔터베리의 대주교 토마스 베켓Thomas Becket의 살해로 인한 교황청의 원한 그리고 헨리 2세(Henry II, 1133~1189)와

무도한 자식들과의 분쟁으로 많은 이득을 보았다.

만약 플랑타주네 가가 단결했다면 프랑스를 손쉽게 정복했을 테지만 그들은 부자간, 형제간의 내분으로 프랑스 왕에게 이로움을 제공했다. 헨리 2세의 뒤를 이은 사자왕 리처드 1세(Richard I, 1157~1199)와 필리프 2세는 처음에는 사이가 매우 좋았다. 두 사람은 십자군에 함께 참가했지만 중간에 불화가 생겼고 귀국한 필리프는 리처드의 영지를 탈취할 계획을 세웠다. 1199년 리처드 1세가 사망하고 반미치광이 실지失地왕 존(John, 1167~1216)이 그 뒤를 이어받자 필리프는 여러 살인 혐의를 씌워 영지를 몰수했다. 봉건적인 법률이 필리프 2세에게 유리하게 판정된 덕분에 그는 전쟁도 하지 않고 노르망디, 멘, 앙주, 투렌, 푸아투를 탈환했다. 프랑스로서는 기적적인 횡재를 한 셈이었다. 이 지방이 쉽게 지배자를 바꾼 것은 프랑스가 통일되기 이전에 이미 민심이 그렇게 움직였기 때문이다. 그렇다고 위기가 완전히 사라진 것은 아니었다. 프랑스 왕을 배척하는 영국 왕 존, 독일 황제 오토 4세(Otto IV, 1175~1218), 플랑드르 백작 페랑, 기타 대영주들이 플랑드르 지방으로 병력을 집결했다. 이 동맹군에 대항해 싸우는 필리프 2세에게는 교회와 부르주아의 지지가 있었다. 1214년 부빈에서 당시로서는 대단히 신기하게도 그는 2만 명의 시민군 보병대의 지원을 받아 봉건부대와 외국 침략부대를 격파했다. 카페 왕조의 왕권을 견고하게 다져준 이 승리는 통일을 의식하게 된 한 국가의 해방이라는 환희와 함께 전 프랑스인의 환영을 받았다. 사람들은 도처에서 춤을 추고 성직자는 노래를 불렀으며 교회에서는 화려한 태피스트리를 내걸었다. 도로가 꽃과 나뭇가지로 뒤덮인 가운데 파리의 학생들은 7일간 주야로 노래를 부르며 춤을 추었다. 왕은 반역을 도모한 죄인에게까지 대사면령을 내렸고 이로써 국민공동체 개념이 탄생했다.

8. 필리프 2세는 유능한 조직자, 능숙한 외교가, 우수한 기술자를 겸한 근대적인 국왕이었다. 영주 중의 영주이자 정부의 수반인 그는 경제 문제의 중요성을 인식해 프랑스 상인이 해외 채권을 회수하는 데 많은 지원을 했다. 그는 늘 국민이 고생하면 안 된다고 말했고 프랑스 시장을 찾아오는 외국 상인들도 잘 보호했다. 특히 그는 세 가지의 통치기구, 즉 관리, 재정, 군대를 프랑스 왕정이 소유하도록 만들었다. 봉건제도에서 국가제도로 이행하려면 중앙권력을 구축할 필요가 있었다. 필리프 2세는 지방 집정관제도를 창설했는데 그들은 1년에 세 번 파리로 와서 자기 관할구의 현황을 보고하고 회계를 청산해야 했다. 그의 치세 동안 왕실의 수입은 12만 8,000리브르에서 43만 8,000리브로로 늘어났다. 봉건제도 아래서는 모든 봉사와 마찬가지로 조세도 개인적인 성격을 띤다. 앞으로 왕정의 방침은 로마적 국가 관념을 회복하는 데 중점을 둘 터였다. 필리프 2세 시대에는 아직 이러한 정책이 초창기 상태를 벗어나지 못했다. 국왕은 봉건 영주로서 영지의 수입, 인두세, 무역과 시장의 권리금, 기타 봉건적 조세를 자신의 개인 수입으로 삼았다. 그러나 왕실 수입은 여전히 겨우 경비를 충당할 정도에 불과했다. 면역세, 영지 소유권 이동에 따르는 상속세 또는 이전세, 불운한 유대인에게 정기적으로 뜯는 수탈(이 금액이 막대해 1198년 국왕과 샹파뉴 백작이 자기 영지에 있는 유대인의 전 재산을 서로 보장하도록 협정을 맺을 정도였다), 눈에 띄게 부유한 성직자에 대한 과세 등이 왕실 수입의 전

부였다. 필리프 2세 시대에는 무사 겸 금융 수도사인 성전 기사단이 왕실 재무관 직책을 담당했다. 기사단 중 프랑스 담당 지휘관인 아이마르 수도사는 통화 문제를 전담했다.

9. 필리프 2세는 최초의 도시 애호가였다. 특히 수도 파리에 공을 들인 그는 시테 섬 궁전 근방의 더러운 수렁 도로 2개를 포장했다. 이로써 시테 섬을 향해 오른쪽에는 상업 중심지인 파리 시, 왼쪽에는 파리의 대학생들이 모이는 라틴지구가 탄생했다. 그는 3부로 구성한 이 구역을 성벽으로 둘러싸고 방비를 위해 서쪽 성벽에 루브르 탑을 건립했다. 또한 그는 왕실 경비를 위해 기병 20명, 보병 40명으로 편성한 경찰을 창설했다.

십자군에 참가했을 때 그는 국고 열쇠와 국새를 6명의 파리 상인에게 보관하게 했다. 그때까지만 해도 프랑스 왕은 행차할 때마다 얼마 되지 않는 중요서류를 가지고 다녔다. 그런데 복병을 만나 귀중한 고문서류를 잃은 적이 있던 필리프 2세는 왕실문서보관소를 창설했다. 그는 신앙심이 깊었으나 교회의 권리 주장에 맞서 국가의 권한을 유지하는 방법을 잘 알고 있었다. 교황 인노켄티우스 3세Innocentius III는 국왕들을 자기 신하처럼 여겼지만 필리프 2세는 거기에 승복하지 않았다. 그는 시몽 드 몽포르Simon de Montfort에게 이단적인 알비주아파를 척결하기 위해 십자군을 조직하게 했으나 자신은 협력하기를 거부했다. 알비주아파가 패전한 후 툴루즈 백작 레이몽 7세와 그의 신하인 베지에 자작, 푸아 백작의 영지를 병합할 때만 간섭했다. 결과적으로 교회는 십자군의 폭행에 대한 책임을 져야 했고 왕정은 전리품만 차지했다.

10. 978년과 1223년의 판도를 놓고 보면 2세기 동안 일드프랑스 공이 프랑스를 확실히 지배했음을 확인할 수 있다. 카페 왕조가 왕권과 국민의 복지를 긴밀히 융합하자 시기심을 품은 소수의 유력한 신하를 제외하면 아무도 감히 왕권의 정통성에 이의를 제기하지 못했다. 총회에서 국왕을 선출한다는 생각은 어림없는 일이었다. 필리프 2세는 생전에 아들을 후계자로 내세우지 않고도 사후에 물의를 일으키지 않은 최초의 카페 왕이었다. 그의 아들 루이 8세(Louis VIII, 1187~1226)는 아무 문제없이 왕위에 올랐다. 랭스에서 대관식을 올린 그는 장엄한 파리 입성식을 거행했는데 이는 부빈의 승리 축하행렬을 상기시킬 만한 시민 축제였다. 학교와 재판소는 문을 닫았고 젊은 이들은 기타, 현악기, 북의 합주에 맞춰 길거리에서 춤을 추었다. 축제만큼 민족을 단결시키는 일도 없다. 이처럼 무정부 상태의 혼란 이후 왕정의 전통이 자리를 잡았다.

—

chapter 6

루이 9세와 4세 시대의 치적

—

1. 루이 8세는 부왕 필리프 2세처럼 냉정하고 야망이 컸으며 정력적이고 강직한 성격에다 신앙심이 경건했다. 그는 스페인 출신의 왕비 블랑슈 드 카스티유의 착실한 내조를 받아 위대한 왕이 될 조건이 충분했으나 불행히도 즉위한 지 3년 만에 어린 네 아들과 섭정을 맡게 된 왕비를 남겨둔 채 세상을 떠났다. 그는 유언으로 장자 이외의 아들들에게 왕국 내의 아르투아, 앙주, 멘, 푸아투, 오베르뉴 등의 지역을 왕자령으로 남겼다. 권세 있는 제후들을 견제하기 위한 이 일은 도리어 왕자령 봉건제로 복귀할 위험성을 안고 있었다. 루이 8세는 왕자령도 없이 모든 권리를 박탈당하면 왕자들이 국왕과 대립해 왕실에 피해를 주리라고 생각한 듯했다.

2. 이처럼 관대한 예우를 받았음에도 불구하고 루이 8세가 사망하자 카페 왕조의 미미한 방계에 불과한 브르타뉴 공 피에르 모클레르

Pierre Mauclerc는 왕비의 섭정을 반대하는 동맹을 조직했다. 그때까지 강력한 왕에게 눌려 있던 제후들은 눈앞에 별로 인기도 없는 한 외국 여성과 어린이밖에 없는 것을 보고 5년 동안이나 프랑스를 혼란으로 몰아넣었다. 그들은 국왕의 선거권 부활을 요구했다. 국민적 군주제에서 봉건적 군주제로 복귀하려 한 것이다. 왕비 블랑슈는 자신의 힘이 약하다는 것을 알고 파리 시민이 무장하고 자신을 데리러 올 때까지 어린 왕과 함께 몽레리 성에 머물렀다. 그녀는 무엇보다 아들의 왕위를 수호하고 아들이 기사다운 국왕으로 성장하도록 가르쳤다. 아들을 위해 헌신한 그녀는 왕의 일에 광적으로 간섭했다. 왕이 프로방스의 마르그리트와 결혼하자 부부생활에 지나칠 정도로 간섭하는 바람에 루이 9세(Louis IX, 1214~1270)와 젊은 왕비는 위아래 층으로 나뉜 다른 방에 거처해야 했고 모후의 감시를 피해 계단에서 만날 수밖에 없었다. 그래도 마르그리트는 11남매의 자녀를 낳았다. 국왕은 강압적인 모후를 사랑했고 별세할 때까지 진심으로 존경했으며 별세한 뒤에는 장례식을 장엄하게 거행했다.

3. 루이 9세(후일 성인 서열에 올라 성 루이가 되었다)는 부모에게서 경건한 신앙심과 격렬한 성격을 모두 물려받았다. 그는 결코 사이비 신자가 아니었고 명랑한 성격에 훌륭한 기사였으며 가까운 신하들을 침대 아래에 앉게 하고는 그들과 농담하는 것을 좋아했다. 그에게는 종교적 겸양성이 있었으나 수달가죽으로 장식한 도홍색 코트를 서슴지 않고 입는 왕자다움도 지니고 있었다. 그는 늘 이렇게 말했다.

"점잖은 사람들에게는 지나치게 화려하다는 말을 듣지 않고 젊은 이에게는 너무 쩨쩨하다는 말을 듣지 않도록 몸치장을 해야 한다."

그는 매일 아침 미사를 올리고 점심 휴식 후에는 세상을 떠난 이들을 위한 기도를 드렸다. 어느 날 친구이자 집사인 주앵빌Joinville에게 나병에 걸리는 것과 죄악을 범하는 것 중 어느 편이 좋으냐고 물은 왕은 그가 죄악을 택하자 책망했다. 매년 '성 목요일'에는 빈민의 발을

정의에 입각한 평화는 물론 덕과 정치의 일치를 추구한 루이 9세

씻어주는 의식이 있었는데 주앵빌은 솔직하게 말했다.

"폐하, 소신은 절대 저런 천민들의 발을 씻어주지는 못하겠습니다."

왕은 좋지 않은 생각이라 타이르면서 그에게 빈민들의 발을 씻어주도록 했다. 그는 아들에게 왕국의 미풍양속 존중, 신에 대한 경애, 빈자와 약자 부조, 욕심이 없고 청렴한 사람을 측근으로 두기, 사실을 정확히 알기 전에는 결정하지 않기, 유능한 지방 집정관과 도시 집정관 등용하기, 원칙에 합당한 지출만 집행하기 등을 가르쳤다. 이것이 바로 완전무결한 프랑스 왕국의 교본이었다. 뱅센의 느티나무 회합은 그가 느티나무 그늘에서 친지들과 함께 카펫에 앉아 재판한 것인데 그것은 지금까지도 사람들에게 널리 알려져 있다. 판결을 내릴 때 그는 소송인 편을 든 일이 한 번도 없었고 과감히 교회에 대한 국민의

권리를 옹호했다.

4. 성 루이는 용감한 군인으로 십자군 원정에 두 번 참가했다. 첫 번째는 6년에 걸쳐 재난이 겹친 1248년의 제7차 십자군이고 두 번째는 페스트에 걸려 튀니스에서 별세하는 것으로 결말을 본 1270년의 제8차 십자군이었다. 국왕을 수행한 주앵빌 후작이 원정 기록을 남겨 놓았는데, 이들은 초기 십자군보다 훨씬 우수한 조직이었다. 배에 말을 실을 때는 뱃전을 직접 오르내릴 수 있도록 만들었다.

"출범 때 전 십자군 병사들은 갑판 위에서 찬송가를 부르면서 멀리 고국산천을 바라보며 떠났다. (…) 어리석다고 할 만큼 대담무쌍했다. 내일 아침에는 바닷속으로 빠지게 될지도 모르는 판국에 밤이 오면 모두 깊은 잠에 빠졌다."

실제로 여러 척의 배가 가라앉았다. 성 루이는 한때 키프로스에서 배가 침수되었을 때 부하들이 배를 갈아타도록 권하자 함께 탄 병사들이 불안해한다고 거절했다고 한다. 제7차 십자군에서 돌아온 뒤 국내 제후와 영국 왕이 새로운 동맹을 체결했음을 알게 된 그는 이를 격파했다. 하지만 영국에 푸아투, 가스코뉴, 귀엔을 반환해 모두를 놀라게 했다. 그는 말했다.

"우리는 동서지간이고 아이들은 종형제간이니 양국 간에 평화가 깃들어야 한다."

대신 그는 영국 왕이 자신에게 신도臣道의 예를 선서할 것과 대륙에 대한 기타의 요구조건을 철회하도록 요구했다. 놀랄 만큼 관대한 성 루이는 무엇보다 공정을 원했던 것이다. 그의 대외정책은 그리스도교도 간에는 평화를 유지하고 이교도와는 싸워야 한다는 것이 전부였다. 이에 따라 그는 언제든 다른 나라와 협상하고 화해할 심산이었다. 스페인과의 평화를 유지하기 위해 카탈루냐를 포기할 생각까지 하고 있었다. 특히 그는 교황과 독일 황제 간의 협상을 주선했다. 이러한 유화정책을 통해 그는 프랑스의 왕위를 최고로 권위 있는 자리로 만들었다. 1264년 성 루이는 영국 왕 헨리 3세(Henry III, 1207~1272)와 영국 귀족들이 그들의 분쟁을 조정해달라고 요청했을 때 최고의 도의적 영예를 차지했다. 폭력이 득세하던 세상에서 이러한 평화주의자가 존중받았다는 것은 참으로 기이한 일이다. 이때만큼 통일 그리스도교권이란 개념이 완전히 이해받은 적은 없었다.

5. 국내 정치에서 루이 9세는 필리프 2세의 사업을 계승했다. 그는 봉건제도의 합법성은 인정했으나 폐단은 과감히 제거했다. 특히 빈민에게 피해를 끼치는 개인 간의 전투를 금지했다. 사법 관리의 중심은 여전히 왕궁, 즉 왕실 법정이었고 성 루이는 최고 법관으로서 뱅센의 느티나무 아래 또는 이동하는 궁정에서 소송인의 호소를 들었다. 동물이 진화하면 새로운 기관이 발달하듯 왕국도 발전과 더불어 궁정의 세포가 성장, 분화해 정무를 담당하는 최고회의, 회계 감사원, 상설 법정 등 전문기구가 생겼다. 프랑스의 중추신경계가 형성된 셈이었다. 파리에 설치한 최고법원은 같은 시기에 설립한 영국 의회와는 아무런 공통점이 없었다. 이것은 공소법원으로 전국 최고법원이었으며 대의기관인 의회가 아니었다. 지방에는 국민을 보호하기 위해 법령으로 지방 집정관을 배치했는데 임기가 끝나도 자기 일에 책임을

지도록 40일간 관할 지구에 머물게 했다. 통치 기간 내내 재정 상태는 건실했고 국고 수입은 지출을 충당하고도 남았다.

6. 1270년에 사망한 루이 9세는 자신이 조상에게 상속받은 권위보다 훨씬 더 위대한 왕권을 아들에게 물려주었다. 이때부터 카페 왕조의 왕은 세습군주로 인정받았고 자신의 의사에 따라 최고회의를 거치지 않고 무엇이든 집행할 수 있는 신의 대표자가 되었다. 루이 9세의 신성한 순결성은 그의 왕국이 이전의 프랑크 왕들이 생각조차 하지 못했던 절대군주제로 나아가도록 만들었다. 또한 프랑스는 루이 9세 덕택에 여러 국가 사이에서 도의적 권위라는 새로운 위신을 확보했다. 1297년 그가 성인 대열에 올라 성 루이가 된 것은 당연한 일이었다. 그가 세상을 떠나자 프랑스의 시인들은 이렇게 찬송했다.

> 명군 루이 왕이시여,
> 당신은 귀족과 서민이 다 같이 잘살도록 이 나라를 다스리셨습니다.
> 이제 그들을 깊이 사랑하던 님께서 이 세상을 버리셨으니
> 가난한 사람들은 누구를 믿고 슬픔에 울어야만 합니까?

7. 성자의 아들 노릇을 하는 것은 참으로 어려운 일이다. 무적왕 필리프 3세(Philippe III, 1245~1285)는 신앙심이 경건하고 용감한 전형적인 기사였으나 선왕에 대한 숭배로 인해 정신이 마비되다시피 하여 무력한 군주가 되고 말았다. 그와 그의 후계자인 미남왕 필리프 4세(Philippe IV, 1268~1314) 치세에는 국왕이 아니라 오늘날의 정부 관료라

할 수 있는 국왕의 가신들이 통치를 했다. 필리프 3세는 부왕의 십자
군을 정리하고 다시 한 번 출정하겠다고 예고했으나 실천하지 못했
다. 그의 숙부인 시칠리아 왕 샤를 드 앙주가 루이 9세 같은 명군이
될 것으로 믿고 그에게 시칠리아 왕국을 주었던 것이다. 샤를은 필리
프가 원치 않은 아라곤과의 무익한 전쟁에 그를 끌어들였다. 그는 부
왕이 자신에게 남긴 유훈 속에서 이런 글을 읽었다.

"나는 너에게 다음을 가르치노라. 왕의 권력을 자각할 것, 그리스도
교도와는 전쟁하지 말 것, 손해를 보거든 전쟁을 일으키기 전에 회복
할 여러 방안을 시도할 것, (…) 동기가 아무리 정당해도 전쟁을 치르
기 전에 많은 사람의 충고를 듣고 가해자의 말도 들어보며 가급적 오
랫동안 기다려라."

그런데 1282년 샤를 드 앙주의 프랑스 주둔부대가 팔레르모에서
저녁예배 시간에 학살당했다(이 사건으로 '시칠리아의 저녁기도'라는 말이 생겼다).
시칠리아는 아라곤의 수중으로 넘어갔고 교황은 필리프에게 성전聖戰
이란 대의명분을 내세워 아라곤과의 전쟁을 하나의 십자군이라고 말
했다. 필리프는 이 전쟁에서 비참하게 패했지만 그의 치세 동안 프랑
스 왕국은 계속 강해졌다. 일단 툴루즈 백작의 광대한 영지가 프랑스
왕의 소유가 되었고, 왕의 아들이 나바르 왕국과 샹파뉴 백작 영지의
상속자와 결혼했다. 왕실의 신하들은 성직자로서의 법률적 특권을 내
세워 방탕한 생활로 전국을 누비던 삭발한 일당을 법적으로 단속했
다. 필리프 3세 때도 왕조의 업적은 꾸준히 늘었으나 필리프 2세와
성 루이 다음으로 카페 왕조의 삼위일체를 완성한 군주는 그의 후계
자인 필리프 4세였다. 왕의 계보를 보면 두 사람의 유능한 정치가 사

이에 한 사람의 성자가 존재하는 격이었다.

8. 신비적이고 과묵하며 겸손했던 필리프 4세는 고행대苦行帶를 착용할 만큼 독실한 신자였다. 그럼에도 불구하고 그는 교황과 대립했는데 그는 과연 명군인가, 아니면 신하들에게 이용당한 무능하고 연약한 왕인가? 이 문제는 그리 중요하지 않다. 왜냐하면 그의 업적이 위대했기 때문이다. 그는 강력한 정부를 계승해 이를 더욱 강화하는 데 성공했다. 필리프 4세 시대의 왕실 가신은 제국과 로마의 법률에 정통한 남부 프랑스와 노르망디 출신의 법률가들이었다. 그들의 이상은 성 루이의 그리스도교적 군주제가 아니라 샤를마뉴 또는 카이사르 시대의 제국이었다. 그들의 가장 중요한 관심사는 왕국 통일이었고 소송 사건은 그들이 가장 매력을 느끼는 처리 대상이었다. 필리프 4세는 영국 왕 에드워드 1세(Edward I, 1239~1307)에게 다음의 구절이 적힌 서신을 보냈다.

"항상 합리적이기를 바라는 이 사람은……."

이 합리성은 모든 요구를 정당화하는 하나의 법적 관례만 있으면 충분하다는 정도였다. 프랑스의 법률가에게는 봉건적 법률이든 로마법이든 국왕의 이익을 정당화할 수 있으면 그것으로 충분했다. 그들은 파리 고등법원을 설립하고 상설 유급 관리를 두었다. 정의를 표방하는 왕의 강력한 권위만큼 봉건제도를 약화하는 데 도움이 되는 것은 없었다. 불만이 생긴 소송인은 영주 재판을 피해 지방 집정관 또는 왕실 법정에 상소했다. 어느 촌락에서나 지방 법관은 감시를 받는 듯한 위협을 느꼈다. 국왕의 영지는 결혼, 상속, 협상 등으로 팽창해 현존하는 프랑스의 95개 도 중에서 59개 도를 차지했고, 이것을 38명의 지방 집정관과 집사가 관리했다. 이에 따라 관리비가 급증하면서 필리프 2세 시대에 비해 관리비가 여섯 배에 달했다.

9. 왕 중에서 지출이 가장 많았던 필리프 4세의 단 한 가지 재정 원칙은 모든 수단을 동원해 자금을 끌어모으는 것이었다. 그는 새로운 조세를 창안했다. 영업 총액에 부과하는 전시세, 국토방위를 명목으로 한 소득세(50분의 1세 또는 100분의 1세), 특수 국고 수입인 보증채권 그리고 몰수가 그것이었다. 1306년에는 모든 유대인을 체포하고 재산을 몰수했다. 그다음은 롬바르드족 대금업자 차례였다. 프랑스 국민을 고리로 착취했다는 것이 죄목이었다. 프랑스는 그들을 알몸으로 추방했다가 얼마 후 돈을 짜내기 위해 다시 불러들였다. 국왕에게 이득만 있으면 국민이 착취당하는 것쯤은 문제가 아니었다. 그러다가 결국 화폐가치 하락으로 평가절하를 단행했다. 당시 왕은 이렇게 말했다.

"선조들이 만든 화폐보다 금의 비율과 중량이 약간 부족한 화폐를 발행하지 않을 수 없다."

민간에도 화폐법이 있었으나 이를 따르다 잡히면 끓는 물에 처형되었다. 오로지 국가만 범죄를 감행해도 무죄였다. 왕실의 행정조직 확대에 따른 꾸준한 지출 증대는 정치적 파탄을 초래했다. 더불어 교황청과의 대립, 금전 지불로 이루어진 농노 해방, 관직 매매, 징세 승인 및 배정을 위한 성직자, 귀족, 시민으로 구성된 자문회의의 빈번한 소집 등 여러 가지 부조리가 나타났다. 한마디로 재정이 정치를 지배했다. 필리프 4세 시대에 프랑스는 역사상 처음 전제적 행정이냐 건전한 재정이냐 하는 모순과 고민에 봉착했다. 강력한 정부는 언제나 비싼 대가를 치르며 너무 비싼 대가를 치르는 정부는 약해지는 법이다.

10. 영국과 프랑스 간의 문제는 아직 미해결 상태로 남아 있었다. 영국 왕이 귀엔 지방을 영유하는 한 근본적인 해결은 불가능했다.

"당시 영국인은 보르도에 자리 잡고 있는 것을 현재 인도의 뭄바이에 있는 것처럼 당연시했다. 그러나 보르도 사람들은 뭄바이 사람들처럼 그것을 부당한 일이라고 생각했다."

수많은 사건이 발생하면서 드디어 전쟁이 시작되었다. 이 전쟁에서 프랑스는 스코틀랜드, 영국은 플랑드르 백작과 서로 동맹을 맺었다. 필리프 왕은 도버 해협을 제압하기 위해 루앙에 함대 건조를 명령했다. 결과적으로 영국 왕은 귀엔 지방을 그대로 영유했다. 프랑스 왕에게 승복한 그는 필리프 왕의 누이 마르그리트와 결혼했고 영국왕의 왕자 에드워드 2세(Edward II, 1284~1327)와 필리프 왕의 공주 이사벨라가 결혼했다. 이는 필리프 왕의 커다란 실책으로 이후 백년전쟁의 원인이 되었다. 이사벨라의 아들인 영국 왕 에드워드 3세(Edward III, 1312~1377)가 이 결혼으로 프랑스 왕위 계승권을 주장했던 것이다. 수세기 동안 플랑드르 지방은 프랑스와 영국 사이를 오갔다. 부유하고 독립심이 강한 플랑드르의 시민계급은 플랑드르 백작의 명목상 통치에 반대하고 나섰다. 그런데 이것이 외국의 탐욕을 유발하고 말았다. 필리프 4세는 성공과 실패를 되풀이하면서 오랫동안 싸워야 했다. 플랑드르 직조공들은 여러 번이나 프랑스의 기병대를 격퇴했고 브뤼주(브뤼헤)의 아침예배 시간 학살은 시칠리아군 저녁예배 시간 학살에 못지않은 처참한 패배였다. 1305년 필리프 왕은 현재 프랑스의 가장 부유한 지방인 릴, 두에, 오르시 등을 획득하는 조약을 체결했다.

11. 그의 치세 동안 가장 심각한 투쟁은 왕과 교황의 대립이었다. 3세기 동안 교황청은 성직자의 특권을 강화하기 위해 독일제국과 영국에 계속 투쟁했다. 만약 세속군주가 주교를 임명하고 교회의 재산에 과세하며 성직자의 지위가 책략과 부정에 좌우된다면 교회의 자립 및 순결은 요원한 일이 될 터였다. 신의 제도를 속인의 권력에 예속시키는 것은 신앙을 포기하고 절연하는 것이나 다름없었다. 따라서 역대 유능한 교황들은 파문과 성무 금지를 무기로 세속의 간섭에 맞서왔다. 그렇게 해서 제국은 제압했지만 성장하는 국민사상만은 억제할 수 없었다. 과연 교황이 강력하게 구축한 왕국 내 교황청에만 종속하는 성직자를 보유할 수 있을까 하는 의문이 대두되었다. 특히 자주적인 권력을 열망한 카페 왕조는 조만간 로마와 충돌하지 않을 수 없었다. 두 사람의 주인을 섬길 수는 없다. 전투적이고 철저한 교황 보니파키우스 8세는 모든 인간은 교회에 종속해야 한다고 믿었다. 1296년 그는 칙령 〈클레리키스 라이코스Clericis laïcos〉를 공포해 세속인이 성직자에게 과세하는 것을 금지하고 과세자와 납세하는 성직자를 함께 파문으로 처벌하겠다고 선언했다. 필리프 4세가 그 보복으로 화폐의 국외 반출을 금지하자 수입이 차단된 교황은 양보했다. 1300년 로마에서 새로운 세기를 경축하는 행사가 열리자 전 그리스도교권에서 백만 명의 순례자가 모여들었다. 자신의 권위에 대한 엄청난 반응에 고무된 보니파키우스 8세는 칙서 〈나의 아들아 들어라

Auscultā Fīlī〉를 통해 필리프 왕에게 화폐 주조에 대한 책임을 지라고 했다. 이처럼 세속적인 문제에 관해 법관 같은 태도를 취함으로써 교황은 전 세계를 통치하는 듯 보였다. 1302년 귀족과 시민의 회의를 소집한 필리프 왕은 그들이 자신을 지지하고 있음을 확인한 뒤 교황에게 대항했다. 교황의 칙서 〈우남 상탐(Unam Sanctam, 하나의 거룩한 교회)〉은 다음과 같이 교황의 견해를 명시하고 있다.

"사람은 두 가지 측면으로 살아간다. 하나는 정신적인 면이고 또 하나는 세속적인 면이다. 세속적인 권력이 정도를 벗어나면 정신적인 권력의 판결을 받아야 한다."

결국 프랑스 왕은 교황권에 도전했다. 왕의 보좌관 기욤 드 노가레는 이탈리아로 가서 상상할 수 없는 난폭한 장면을 연출하며 보니파키우스를 퇴위시키려 했다. 이에 굴복하지 않은 교황은 대주교의 예복을 입고 퇴위하느니 차라리 죽음을 택하겠다고 선언했다. 노가레의 책동은 실패했으나 고령인 보니파키우스 8세는 정신적 충격으로 세상을 떠났다. 그의 후계자도 서임되자마자 사망했는데 독살이란 소문도 있었다.

12. 1305년 프랑스가 영향력을 행사해 보르도 주교 베르트랑 드 고트를 교황으로 선임했는데 그가 바로 클레멘스 5세Clemens V다. 로마가 안전하지 않다는 것을 깨달은 그는 한동안 여러 도시를 순행한 뒤 1309년 아비뇽에 있는 프레르 프레쉬르Frères Prêcheurs 수도원에 정착했다. 아비뇽이 있는 브나스크 백작령Le Comtat Venaissin 지역은 교황청 소유지로 얼마 후 교황은 아비뇽을 매입했다. 프랑스 국왕의

권세에 완전히 굴복한 교황들은 1309년에서 1377년까지 그곳에서 살았는데 그동안 아비뇽은 급격한 변화를 겪었다. 주교관은 미술품으로 가득한 웅장한 저택으로 변모했고 교황은 행정조직과 재정체계를 완전히 구축했다. 가령 교황은 성직자가 이동할 때마다 교회 영지의 1년분 수입을 바치는 '봉납금'을 부과했고, 교황의 위신을 떨어뜨리는 여러 세금을 징수했다. 국민주의가 고양되고 국가재정이 팽창하는 시대에 납세자의 세금을 두고 서로 다투는 두 세력 간에 갈등이 생기는 것은 당연한 일이었다. 1377년 이 '바빌론의 포로 생활'은 끝이 났고 교황은 로마로 돌아갔다. 그러나 서로 다투던 프랑스와 이탈리아의 국민주의는 결국 두 사람의 교황을 선출했다. 아비뇽과 로마는 병존했고 그리스도교권은 완전히 2개로 분열되고 말았다.

13. 필리프 4세 시대에 프랑스와 로마 사이의 갈등이 빚어낸 가장 참혹한 일화는 성전 기사단 사건이다. 붉은 십자표가 붙은 흰색 제복을 착용한 기사단은 십자군 시대에 성지 수호를 위해 창설되었다. 성지 수호는 실패했지만 1291년 터키인 마멜루크Mameluks 기병대가 시리아까지 탈환했다. 성전 기사단은 프랑스에 막대한 재산이 있었고 그들의 영지는 여러 지방에서 가장 번성했다. 여러 사업을 경영한 기사들은 국왕에게도 자금을 빌려주었다. 그들을 축출하면 여러모로 유리했고 그들에게 뒤집어씌울 만한 죄과도 있었다. 일부에서는 그들이 역모를 꾸민다거나 사라센과 내통한다고 비난했다. 또 일부는 그들의 방종한 생활과 이단적인 신앙을 비난했다. 그들이 파렴치하고 미친 듯이 날뛴다는 소문도 자자했다. 성전 기사단의 기사처럼 술을 마

신다는 말이 유행어가 될 정도였다. 사실 그들의 규율이 엄격해도 그 중 몇 사람은 순결자로서 결점이 있었을 테고 그들의 입국절차가 모호해 반대파에게 이용당했을 수도 있다. 아무튼 법무장관 격인 무시무시한 기욤 드 노가레가 성전 기사단을 파멸시킬 계획을 세웠고 드디어 성공했다.

기사들은 고문 때문에 일방적으로 작성된 자백서에 서명했다. 교황 클레멘스 5세는 잔인한 처사에 겁을 먹고 오랫동안 처벌을 인준하지 않았으나 결국 간청과 협박에 굴복해 54명의 기사가 화형을 당했다. 기사단은 재산 몰수와 종단 해산을 선고받았으며 단장 자크 드 몰레는 화형을 당하고 전 재산을 빼앗겼다. 몰레가 화형대에서 왕에게 1년 후 신의 법정에 출두하도록 명령하면서 죽었다는 소문이 떠돌았다. 그 날이 1314년 3월 11일이었는데 필리프 4세는 그해가 가기 전에 세상을 떠났다. 이 비극은 영속적인 불행한 선례를 조성했다. 성전 기사단 사건으로 중죄에 관한 재판절차가 확립되었고 나중에 이것을 마녀 단속에 적용하면서 잔인무도한 고문 수단을 묵인하는 결과를 낳았다.

14. 이 모든 분쟁에서 여론의 지지를 얻기 위해 필리프 4세는 1308년 투르에서 삼부회三部會를 소집했다. 이때 성직자와 귀족뿐 아니라 250개 도시의 대표자들도 참석했다. 그러나 이 회의는 프랑스가 영국처럼 의회제도를 도입하려는 움직임은 아니었다. 영국은 일찌감치 상원과 하원을 구성해 기사와 시민이 함께 하원을 조직했지만 프랑스는 여전히 세 가지 신분을 명확히 구분하는 바람에 국민의 대표라는 개념이 존재할 수 없었다. 삼부회는 토론도 제안도 하지 않고 그

저 연설을 듣고 승인할 뿐이었다. 삼부회는 조세 징수에 따른 여론 악화를 무마하려 소집한 것으로 국왕에게만 이익이 되는 일이었다. 당시 프랑스 내에는 적지 않은 불만이 퍼져 있었고 이런 형식적인 지지나마 절실한 형편이었다. 사실 필리프 4세는 별세 후 증오의 대상이 되었다. 왜 그는 증오를 받았을까? 그는 왕의 절대권력을 강화했고 봉건권력과 교회권력에 맞섰으며 개인의 이익을 공중의 이익으로 전환했다. 이 모든 일은 그 자체로는 유용했지만 그의 신하인 법률가들이 부당한 수단을 행사하지 않고는 수행하기 어려웠다. 만약 루이 9세였다면 그처럼 고통스러운 수단을 사용하지 않고도 같은 성과를 거두었을 것이다.

왕실의 위신은 필리프 4세의 세 왕자비 추문으로 다시 한 번 추락했다. 루이 10세(Louis X, 1289~1316)의 아내 부르고뉴의 마르그리트, 필리프 5세(Philippe V, 1292~1322)의 아내 부르고뉴의 잔 2세, 샤를 4세(Charles IV, 1294~1328)의 아내 부르고뉴의 블랑슈 이 세 여성이 모두 간통을 범했다. 잔 2세는 고등법원에서 무죄선고를 받았고 블랑슈와 마르그리트는 시종들을 애인으로 삼았다는 것이 밝혀지면서 시종들이 사형을 당했다. 두 왕자의 아내들은 가이야르 성에 유폐되었고 나중에 블랑슈는 모비송 수녀원으로 들어갔다. 왕위에 오른 루이 10세는 헝가리 왕의 딸 클레망스와 결혼하려 했으나 유폐된 마르그리트가 아직 살아 있었다. 이혼은 아무리 왕실이라도 절차가 필요한 힘든 일이었다. 루이 10세는 로마와의 지루하고 복잡한 협상을 피하기 위해 간통을 범한 아내를 계획적으로 처치했다. 마르그리트는 감방에서 2개의 요 사이에 끼어 질식사했다.

—

chapter 7

중세기 프랑스 문명의 형성

—

1. 중세기는 고대 문명과 르네상스라는 찬란한 두 시대 사이에 끼어 있었으나 그렇다고 참담한 암흑시대는 아니었다. 오히려 중세기 문명은 상당한 수준에 이르렀고 인간에게 도덕적, 사회적 평등을 부여하는 한편 서유럽의 위대한 예술작품을 낳았다. 물론 아테네, 로마, 비잔틴, 알렉산드리아가 과거에 성취한 문명은 12세기의 파리에 비견할 수 없을 만한 수준이었으나 고대 문명이 계속 발전하려면 새로운 접목이 필요했다. 프랑스 중세기 문명의 독창성은 지중해적 요소와 야만족의 요소를 융합해 새롭게 빚어낸 데 있었다. 프랑스 문명은 주변 문명이다. 인류의 새로운 개화 현상은 여러 가지 영향을 널리 받아들일 수 있는 이런 지역에서 성장하는 법이다. 고대 문명도 유럽과 아시아의 주변 지역인 그리스에서 개화했다. 프랑스는 지중해 해안에서, 그리스·로마·비잔틴 세계와 대서양 해안에서, 스칸디나비아의 바이킹과 피레네 산맥 지방에서, 이슬람교도와 라인 강 유역에서 야

만족과 접촉했다. 미술사가 앙리 포시옹Henri Focillon이 지적한 것처럼 이 같은 혼합을 통해 프랑스는 유럽 중앙의 영구적인 한 지방으로 머물 운명을 모면했다. 프랑스의 르네상스는 일찍이 10세기에 태동해 12세기에 두각을 나타내기 시작했는데 그 사상과 예술은 전 유럽에 널리 전파될 기세였다.

2. 당시 교회는 라틴어를 공통어로 강요함으로써 일종의 민족적 공동체를 형성했고 모든 사람에게 확고한 단일 신앙을 부여했기 때문에 하나의 문화가 침투하기에 대단히 용이했다. 프랑스도 영국, 독일, 스페인, 이탈리아처럼 중세기는 그리스도교 시대였다. 12세기의 프랑스인은 신앙적인 삶에 대해 조금도 회의를 느끼지 않았다. 프랑스인은 성서의 기록처럼 신이 이 세상을 창조하셨고 사람은 구원받기 위해 태어났으며 최후 심판의 날에 어떤 사람은 지옥으로 떨어지고 나머지 사람은 구원받는다고 믿었다. 영겁의 처벌을 두려워한 그들은 이를 피하기 위해 충실하게 종교를 신봉하고 순례를 했으며 헌금을 아끼지 않았다. 도시가 부유해지자 사람들은 향토애와 단결된 종교정신으로 신의 영광에 걸맞은 성당을 건립해 실력과 위용을 과시했다. 모든 도시의 빈약한 인구와 보잘것없는 주택을 웅장하고 화려한 대성당과 비교해보면 종교적 열성이 얼마나 대단했는지 짐작할 수 있다.

3. 당시에는 누구도 앞으로 철학자들이 신의 계시에 이의를 제기하리라고 생각지 못했다. 오히려 회의하는 사람은 파문, 성무 금지,

고문 등의 벌을 받았으며 그리스도교 공동체에서의 이러한 추방은 일상생활에서의 사형을 뜻했다. 이 원칙에는 하나의 예외가 있었는데 그것은 유대인이었다. 그들은 성서의 증인이자 이교도와의 통상을 중개하는 사람으로서 관대한 예우를 받았고 이자를 받는 대금업에 종사해도 특별한 단속을 받지 않았다. 그들에게는 일정한 거주구역이 있었지만 자기들의 교회에 다니면서 유대교 신학을 연구할 수도 있었다. 그들을 통해 아라비아 문화가 프랑스로 침투했다. 다른 모든 생활은 가톨릭교회의 영향을 받고 있었다.

종단의 화려한 기치를 앞세운 행렬은 달마다, 해마다 늘어났다. 교회는 금은보석 등의 제작 기술과 거래로 부유해진 길드의 상인들이 바친 태피스트리로 장식되었고 성직자들은 금줄로 수놓은 제복을 입었다. 20세기에 출세한 미국인 부호가 출신 대학에 여러 가지를 기증했듯 13세기에는 부유한 상인들이 자기가 다니는 교회에 모든 것을 바쳤다.

4. 교육기관을 만든 것도 교회였다. 촌락에서는 사제가 상류계급 자녀들에게 교리문답, 글 읽기, 글쓰기 그리고 간단한 산술을 가르쳤다. 주교가 관리하는 학교에는 교육자의 자격을 수여할 권리가 있었다. 카페 왕조시대에는 왕실의 행정조직이 발전해 신학자를 겸하는 사무관과 법률가가 필요해졌다. 이 필요에 따라 교수와 학생의 길드 또는 공동체로서 대학이 설립되었다. 대학은 문법, 논리학, 수사학, 수학, 기하학, 천문학, 음악의 일곱 가지 학문을 가르치는 주교 성당 부속학교로부터 시작된 것이다. 파리는 이미 12세기부터 전 유럽에서

가장 유명한 교육의 중심지였다. 다른 모든 학자처럼 피에르 아벨라르Pierre Abélard의 꿈도 파리에서 교수가 되는 것이었는데 시테 섬에서 자리를 얻지 못하자 그 앞쪽의 성 주느비에브 언덕에 정착했는데 이것이 후일 파리대학으로 발전했다. 프랑스 왕은 여러 나라의 많은 젊은이가 가톨릭 신앙의 샘터인 파리로 물을 마시러 모여들면 국가와 국왕의 권위를 선양할 수 있음을 알아챘다. 과거 아테네와 알렉산드리아에서도 이토록 많은 학생은 볼 수 없었다. 교황은 정통 교리를 널리 보급하기 위해 파리대학을 이용했다. 1255년 교황 알렉산드로 4세는 다음과 같이 말했다.

"신성한 교회에 있는 파리대학은 신의 손에 있는 찬란한 등불과도 같다."

그런데 학생들은 품행이 좋지 않았다. 상인들을 조롱하는가 하면 그들의 아내를 유혹하려 했고 식탁에서는 폭식했으며 미사 때는 경건하지 않았다. 한 학생이 가족에게 보낸 이런 편지가 남아 있다.

"이 편지를 가져가는 사람에게 양피지, 잉크, 책상, 기타 필요한 물건을 살 돈을 보내주시기 바랍니다. 제발 고생하지 않도록 해주시기를."

유머작가이자 풍자시인인 프랑수아 라블레François Rabelais의 작품에 등장하는 건달 파뉘르즈가 이 전통을 이은 모양이다.

5. 대학에는 집회 장소도 예산도 없었다. 가정에서 교육받던 귀족들은 대학을 교육의 중심지로 생각하지 않았다. 문학의 실태를 고대와 비교해보면 그리스와 로마의 엘리트는 무사와 학자를 겸했으나 중세기에는 기능이 분화되어 성직자는 교육, 성무, 행정을 담당하고

전쟁은 기사가 맡았다. 1253년 성 루이 왕의 근시주교 로베르 드 소르본Robert de Sorbon이 파리대학에 처음 콜레주collège를 창설했는데 이것은 가난한 교사와 학생들의 공동체였다. 이 대학은 학예학사, 학예석사, 법학박사, 신학박사, 의학박사 등의 학위를 수여했다. 오늘날 미국의 대학들은 영국을 통해 이러한 프랑스의 중세기적 칭호를 받아들여 전통을 계승, 보존하고 있다. 파리대학에서는 고전적인 인문 연구보다 종교가 기본을 이뤘고 교과는 성서와 아리스토텔레스의 원전 해석 강의였다. 프랑스어는 그렇지 않지만 영어의 교과lesson 또는 강의lecture란 단어는 당시의 뜻을 그대로 보존하고 있다. 교사가 제시한 문제를 놓고 공개적인 질의문답이나 토론을 수일간 지속하는 경우도 있었다. 스콜라 철학은 처음에 모두 학교와 관계가 있었고 앨퀸 시대에는 교사를 '스콜라스티쿠스'라고 불렀다. 중요한 학문은 논리학 연구였다. 신이 창조한 인간의 이성은 진실하므로 정당한 일련의 추리로 세계의 비밀을 밝힐 수 있을 거라고 믿었기 때문이다. 프랑스에서는 이폴리트 텐Hippolyte Taine이 17~18세기 고전주의에 부여한 추상적 이성과 논리적 명철에 대한 존경 및 애착이 이미 중세기에 탄생했던 것이다.

6. 그 시대 교사들의 논문과 문제, 예를 들어 신학자 아벨라르의 《긍정과 부정Sic et Non》을 읽어보면 그들의 연구 내용에 놀라지 않을 수 없다.

"아담은 구제되었을까? (…) 사도들에게는 아내가 있었는가?"

스콜라적 방법을 적용하려 한 아벨라르는 문제를 제기함으로써 정신을 각성시키려 했다. 진리는 성서에 계시되어 있으므로 중세기 학자들은 단지 원전을 번역하면 그만이었다. 그러나 비종교적인 서적도 읽고 플라톤과 아리스토텔레스에도 심취한 그들은 아리스토텔레스의 논리학에 현혹되어 이성과 신앙을 결합하려 했다. 중세기 철학자의 중요한 논쟁 주제는 일반적인 관념의 본질에 관한 것이었다. 관념은 하나의 실재, 즉 플라톤이 가르친 것처럼 유일한 실재인가, 아니면 언어에 지나지 않는 것인가? 현실이란 특수한 사실인가? 현실주의자와 명목론자는 대단히 민감하게 논쟁했고 이러한 토론을 통해 정신을 연마하고 어휘의 정확성을 높였다. 아벨라르에 대해 신앙이 분명치 않고 난해하다고 비난한 성 베르나르는 "신의 인식은 직관으로 얻어지는 것이며 영혼의 진정한 양식을 맛본 사람은 이성론자가 약간 알고 있는 인식 같은 것은 경멸한다"라고 했다. 아벨라르는 여기에 승복하지 않고 이렇게 말했다.

"자신은 물론 누구도 지성적으로 이해하지 못하는 것을 타인에게 설명하는 것은 우스운 일이다."

이 말에서 그는 르네 데카르트René Descartes의 출현을 예고했다.

7. 성 토마스 아퀴나스Saint Thomas Aquinas의 저서는 아리스토텔레스와 성서, 지성과 신앙의 조화가 가능하다고 명시함으로써 신자에게 안도감을 주는 것을 목적으로 하고 있다. 그는 다음과 같이 말했다.

"진리는 하나다. 따라서 학문에 따른 진리와 신앙에 따른 진리는 일치해야 한다."

아리스토텔레스의 논리에 결함이 없다면 계시된 진리도 확인이 가능해야 하며 적어도 진리의 일부라도 밝혀져야 한다.

"예컨대 신은 삼위일체라는 진리처럼 이성의 한계를 초월하는 것도 있으나 신이 존재한다는 진리는 자연적 이성으로도 이해할 수 있다."

이에 따라 12세기의 안정을 전복할 뻔하던 지적 위기는 해소되었다. 성 토마스 덕분에 신앙은 공고해지고 동시에 과학적 연구도 용인되었다. 신앙과 지식, 정신과 세계, 이상과 현실이 필연적으로 일치하는 한 인간에게는 신비한 일 외에 성서뿐 아니라 현실세계에서도 진리를 탐구할 권리가 있는 것이다. 인간은 감각과 경험으로 현실을 탐구할 수 있고 추리의 목적은 경험한 사실과 계시된 전통의 조화를 꾀하는 데 있다. 결과적으로 성 토마스는 근대사회로의 길을 열어놓은 셈이다. 20세기의 과학자조차 자신의 힘으로 세계상을 알아내는 것은 불가능한 일이며 몇 개의 기초를 추정했을 뿐 전체 설계를 파악할 수 없다고 믿는 데 반해, 성 토마스는 자신의 정신 속에 계시에 따른 신의 최고 진리를 이성의 첨탑처럼 구축하고 있었다.

8. 철학자와 신학자는 라틴어를 썼다. 하지만 프랑스에는 일찍이 11세기부터 순회 악사, 음유시인이 성과 거리의 광장을 돌아다니며 처음에는 짧은 시를 나중에는 긴 무훈시를 읊었다. 그때는 십자군 시대로 기사들은 얼마든지 실제 모험을 할 수 있었으나 그들은 과거를 회상하는 데 더욱 흥미를 보였다. 그들은 샤를마뉴와 알렉산드로스에게까지 향수를 느꼈다. 결과적으로 여러 가지 〈롤랑의 노래〉가 생겼고 수도사들은 자세한 역사 자료를 제공했으며 음유시인들은 그것을 자기 나름대로 각색했다. 음정과 리듬에 따라 사람들에게 깊은 감명

을 준 이야기들이 한없이 되풀이되면서 관습과 풍습에 많은 영향을 미쳤다. 12세기 말에는 후세의 연인들이 생 프뢰(루소 작품의 등장인물)와 베르테르(괴테 작품의 주인공)를 모방하듯 진짜 기사들까지 서사시에 등장하는 기사를 모방했다. 무용을 찬양한 무훈시가 어찌나 개인의 용기를 뛰어나게 숭상했던지 기사들이 도움과 구원을 거부할 정도였다. 롤랑은 샤를마뉴의 부대가 구원하러 되돌아오도록 할 수 있는 나팔 연락을 일부러 거부해 자신과 부하들의 생명을 잃었다. 백년전쟁 전투 중의 하나인 크레시Crécy 전투에서 패배한 것도 부조리할 만큼 지나치게 영웅적인 프랑스의 기사도 때문이었다. 주군에게 충성을 바치는 기사의 모든 미담은 충성을 위한 갈등에서 비롯되었다.

'기사는 재물에는 결백하나 명예에는 민감하고 열정적이다. 기사는 어떤 모욕에도 상대를 죽임으로써 보복한다. 기사는 약속을 절대 어기지 않으며 그것은 적과의 약속도 마찬가지다.'

기사의 왕 성 루이는 사라센이나 영국 왕에게도 성실하게 약속을 지켰고 조약을 위반하느니 차라리 한 지방을 잃는 편이 낫다고 생각했다. 그레고아르가 기록한 프랑크 왕들의 불의를 생각하면 무훈시의 도의는 굉장히 진보한 것이라고 할 수 있다. 애국심, 즉 행복한 프랑스(아마 프랑스 전체가 아닌 일드프랑스를 말하는 것이겠지만 그렇다 해도 상관없다)에 대한 애정은 〈롤랑의 노래〉에 처음 등장했다. 이 영웅적인 문학은 프랑스 정신 형성에 큰 공헌을 했고 현대의 프랑스 영웅에게서 볼 수 있는 일종의 반사적이고 도전적이며 거만한 태도를 떠올리게 한다.

9. 무훈시와 함께 여성을 중심으로 애정을 주제로 한 또 하나의 문

학이 성장했다. 어떻게 여성에게 새로운 권위가 생겼을까? 봉건시대 초기에는 여성을 몹시 거칠게 대우했다. 성관城館의 젊은 여성들은 기사의 무구를 벗기고 잠자리를 마련하며 목욕을 시킬 뿐 아니라 잠이 잘 들도록 안마까지 해야 했다. 봉건시대의 결혼은 애정이 아니라 이해와 정략관계로 이루어졌다. 부부간에 뜻이 맞지 않는 일이 많아 성직자와 공모해 이혼의 구실을 만들기도 했다. 이혼은 비교적 간단해서 서너 번 재혼한 여성도 있었다. 왕은 왕비에게 상냥하지 않았으며 영국 왕 헨리 2세의 왕비 알리에노르와 필리프 2세의 왕비 잉게보르그는 일생의 대부분을 옥에서 보냈다. 십자군 시대에는 영주가 장기간 성을 떠나면서 영주 부인의 권세가 커졌다. 성관에 남아 있는 사람은 젊은 시동과 학식 있는 성직자뿐이었다. 여성에 대한 존경과 욕망이 뒤섞인 시동과 성직자는 감히 말할 수 없는 연정을 시편으로 승화시켰다. 과거보다 부유해진 사회는 부인들에게 음악을 즐길 여유를 보다 많이 제공했다. 리무쟁, 페리고르, 푸아투, 아키텐 등의 화려한 소궁정에서는 음유시인들이 반주에 맞춰 시편을 읊었다. 그들이 표현하는 애정은 하인의 애정, 존경을 겸한 애정으로 대부분 종교적인 것이었다. 그들은 고대 로마의 시인 푸블리우스 오비디우스 나소Publius Ovidius Naso의《연애법 L'Art d'aimer》을 읽었다.

때로는 우아하고 플라토닉한 혼례를 거행했는데 이것은 이론적으로 마음과 마음만의 결합관계인 모호한 결혼으로 더러는 성직자가 예식을 진행하기도 했다. 귀부인들에게는 남편 외에 애인이 있었고 이는 여성숭배 전통의 시초가 되었다. '애정의 법정'이라는 별칭으로 불린 소일거리가 생기면서 영주와 부인들은 '보다 좋은 애인은 성직자냐, 기사냐?'라는 문제까지 공공연하게 토론했다. 알리에노르는 이러한 풍류 예절을 프랑스 궁정과 멀리 영국 궁정에까지 도입했다. 당대의 대시인 크레티앵 드 트루아Chrétien de Troyes는 알리에노르의 딸 마리 백작부인이 살던 샹파뉴 궁정에 머물렀는데, 백작부인은 그에게 사랑하는 귀부인에게 몸을 바치는 기사를 주제로 한 란슬롯(중세기 기사담의 주인공) 이야기를 기술하게 했다. 중세기 프랑스 여성이 여성해방운동의 전위적인 활동을 한 셈이다. 이 풍류 예절은 여러 가지 좋은 결과를 널리 전파했다. 이것은 연가와 《장미 이야기Roman de la Rose》뿐 아니라 예의범절을 가르쳐 문화 발전이 가능하게 했다. 이때부터 프랑스의 특징 중 하나인 여성의 영향과 애정을 중시하는 경향이 형성되었다.

노래를 불러도 그 노래가
마음속에서 우러난 것이 아니면 아무런 가치도 없다.
마음속에 아름답고 깊은 애정이 없으면
노래는 마음속에서 생겨나지 않는다.

10. 풍류 예절이 17세기에 궁전과 성관에서 절정을 이룰 귀족문화를 준비하는 동안 도시에서는 시민과 성직자들이 사람을 멸시하는 듯한 기사들의 우월감에 반감을 느끼기 시작했다. 그들은 학생 혹은 상인의 자제들이라 시편을 통해 그 반감을 드러냈는데 내용은 조소적이고 반항적인 성향을 보였다. 여성에 대해서는 이런 식으로 표현했다.

"낙원에는 신과 아담 외에 1명의 여자밖에 없었다. 그녀는 남편을 쾌락의 낙원에서 추방하고 그리스도에게 십자가의 고통을 주기까지 휴식을 취할 여유가 없었다."

또 다른 설교자는 여성들이 양쪽 어깨와 앞가슴을 드러내고 파리의 거리를 활보하는 모습을 기록하고 있다. 무명인의 글 〈여성의 몸단장에 관한 이야기〉를 보면 여성이 남성의 마음을 끌려고 무던히 애쓰는 모습이 연상된다. 또한 〈모발 치장〉, 〈얼굴 화장〉, 〈탈모제〉, 〈치아의 미화〉, 〈입김을 감미롭게 하는 방법〉, 〈피부 미용법〉 등의 제목도 있다. 글에서는 여성의 매력을 찬양하고 권위를 높이 평가했으나 남성들은 상점 혹은 시장에서 여성의 가치를 정확히 파악했고 술집 같은 곳에서 여성에 관해 기탄없이 속 이야기를 주고받았다. 그들을 즐겁게 해주는 시인은 여성과 잘난 체하기, 기사와 거만한 태도 나아가 교회(야심가인 주교, 교회의 영지에만 정신이 팔려 있는 신학자, 예수 그리스도의 계율을 잊은 신자)마저 야유했다. 무훈시와 정반대로 혁명적 에너지가 담긴 프랑스적이고 풍자적인 영웅시 같은 도덕문학이 탄생한 것이다. 아마도 이 두 가지 조류의 혼합이 프랑스라는 나라의 균형을 유지해온 것 같다. 이 관점에서 2부작 《장미 이야기》만큼 흥미로운 작품도 없다. 제1부는 기욤 드 로리스Guillaume de Lorris의 작품이라 전해지고 있으며 여기에는 연애의 기교가 망라되어 있다. 제2부는 장 드 묑Jean de Meung의 작품인데 완전히 교훈적이고 풍자적이며 혁명적이기도 하다.

나(신)는 사람을 태어날 때부터 똑같게 만들었다.
내 덕으로 그들은 똑같이 알몸으로

강하거나 약하게, 살찌거나 마르게 세상에 태어난다.

신분에 관한 한 모든 인간에게 똑같이 평등한 지위를 주었다.

모든 사람은 평등하고 이제 귀족의 특권은 사라졌다. 진정한 귀족은 오로지 고귀한 정신에서만 나온다. 개인적인 장점이 없는 사람은 평민에 불과하다. 국왕도 국가를 방위하기 위해 선출된 위대한 평민에 지나지 않는다. 애정은 동물과 마찬가지로 사람에게 주어진 자연적 욕구에 불과하며 비난할 것도, 찬양할 것도 아니다. '사람이 먹는다고 해서 그것이 찬양받을 영광스런 일은 아니다.'

11. 중세기의 도덕문학은 몇 가지 특징으로 독자의 주의를 끈다.

첫째, 어떤 시대에든 인간은 본질적으로 동일하다고 주장한다. 사건과 의복의 차이, 즉 전투복과 평상복의 차이일 뿐 그 안의 병사는 똑같은 사람이다. 윗옷 속의 여인의 몸은 오비디우스가 본 여인이나 오노레 드 발자크Honoré de Balzac가 보게 될 여인이나 다 같다. 13세기의 도덕론은 지금 봐도 타당한 점이 적지 않다. 〈학식 있는 야만인Le Doctrinal Sauvage〉이란 글에는 다음과 같은 구절이 나온다.

"어느 한 사람을 숭배하고 있거든 대단치 않은 일로 그 사람을 노하게 하지 마라. 그 사람을 좋지 않게 말하는 사람이 있거든 그것을 믿지 말고 진상이 밝혀질 때까지 기다려라. 왜냐하면 부당하게 비난받는 사람도 많기 때문이다. (…) 정신착란 증세를 보이는 광인을 만나면 사람들 앞에서 그에게 도발하지 마라. 그가 틀림없이 욕설을 퍼부을 것이다."

이 글에는 솔로몬의 잠언이나 복음서의 구절 같은 고대 도덕가의 지혜와 몽테뉴 혹은 알랭 샤르티에Alain Chartier 등 근대 도덕가의 지혜가 모두 들어 있어 시대를 초월한 위대한 타당성을 보여준다.

둘째, 문체가 평이하다. 아직 프랑스어가 확고부동하지는 않으나 저자의 학식과 판단의 정확성으로 원문을 이해하기가 아주 쉽다. 장 드 라 퐁텐Jean de La Fontaine과 프랑수아 드 라 로슈푸코François de la Rochefoucauld 같은 근대 우화작가의 재능은 이미 중세기 프랑스에 잠재되어 있었다.

셋째, 장 드 주앵빌Jean de Joinville, 조프루아 드 빌라르두앵Geoffroi de Villehardouin 등 역사가의 매력적인 통속성이 그들의 위대성을 변질시키지 않는다. 이처럼 통속성과 위대성이 혼연일체되는 경향은 후일 인상파 화가 에드가 드가Edgar De Gas와 에두아르 마네Edouard Manet 의 작품을 비롯해 당시의 대성당 조각 작품에서도 엿볼 수 있다. 예술에서 소박한 사실주의와 장엄함의 융합이 프랑스적으로 조화를 이루고 있는 것이다.

12. 중세기에는 종교가 모든 사상의 중심이었기 때문에 종교와 관련된 건축물과 그 부속물인 조각이 시대적으로 특출한 예술로 빛났다. 전 유럽에서 백색의 석조 대성당을 건립했는데 그 시범을 보인 나라가 프랑스였다. 영국과 독일의 그리스도교 신자들이 프랑스 교회를 모방했다는 것은 부인할 수 없는 사실이다. 카페 왕조가 그리스도교권 내에서 상당한 위신을 차지하고 있었기 때문이다. 그 위신은 전 유럽에 명성을 떨치던 프랑스의 클뤼니와 시토 교단, 성 루이 왕과 근

동의 귀족 기사단의 권위, 유명한 파리대학 덕택으로 조성된 것이다. 로마의 사원과 유사한 아치형 천장으로 지은 로마네스크식 대성당은 수도원과 왕후가 건설했다. 매우 명쾌하고 질서정연한 노르망디 정신으로 설계한 캉의 수도원과 수녀원은 순수한 로마네스크 건축미의 최고 수준에 도달해 있다. 12세기부터는 도시에 거주하는 전 시민이 대성당을 건립했다. 대성당은 장서 없는 대중의 도서관으로 벽과 출입구에는 교리의 진리를 조각으로 해설해놓았고 기둥에는 일상생활의 도덕과 죄인에 대한 형벌을 묘사하고 있다. 프랑스의 극작가 빅토르 위고Victor Hugo는 다음과 같이 말했다.

"중세기에는 돌에 새겨지지 않은 인간의 위대한 재능이란 없었다."

중세기 예술은 감각적이 아니라 교훈적이었고 대성당은 한편의 신학 논문이었다. 음악 작곡가는 미사곡, 진혼곡, 천주 찬송가처럼 교회를 위해 작곡을 했고 오로지 더 깊은 신앙심을 목적으로만 성당을 지은 건축가와 마찬가지로 익명이었다. 그 무렵에는 모든 예술이 종교의 한 기능을 담당했으며 그것은 신과의 신성한 협동 작업이었다. 신의 신비, 천사, 성자, 악마를 표현하거나 상징적인 방법으로 교리를 상기시키려 했기 때문이다. 이 모든 것은 본질적인 종교 문명에 공통적으로 나타나는 경향이며 이는 다른 세계에 속하는 불교 예술도 마찬가지다.

13. 야만족 '고트Goth'를 뜻하는 고딕Gothic이라는 말을 웅장한 대성당의 건축 양식을 표현하는 용어로 사용한 것은 잘못이다. 중세기에는 고딕 양식이란 말이 없었고 훗날 서유럽에서 가장 미려한 이 건

축물을 야만적이라며 배척한 사람들이 고의로 지어낸 것에 불과하다. 아마 아치형 건축이라고 불러야 옳을 것이다. 물론 아치형은 절단한 원을 의미하는 것이 아니며 절단한 원은 고딕의 절대적인 특성이 아니다. 프랑스 건축가들은 로마·아라비아·비잔틴 건축에서 영감을 얻어 아치형 원형 천장을 건립하는 기술적 난점을 조금씩 극복했고 12세기까지는 고대적, 13~14세기에는 고전적, 15세기에는 화려하고 감각적인 프랑스 특유의 종교적 건축 양식을 창작했다. 기술상으로는 보조기둥을 세워 외부기둥과 천장지주가 원 천장의 압력을 받아내면서 벽면이 압력을 지탱하지 않아도 되어 벽면의 석재를 제거하고 스테인드글라스로 광선을 받게 했다. 이에 따라 성당의 중심부가 수직적인 비약성을 나타내면서 성당 전체가 영혼이 승천하는 듯한 모습을 보여주고 있다. 전 세계에서 샤르트르 대성당만큼 순수하게 영적인 사원은 없다. 이에 못지않게 아름다운 아미앵 대성당은 보다 서민적인 인상을 풍기며 이것은 우화적인 프랑스인과 십자군 프랑스인의 융합을 표현하고 있다.

　때로는 첨탑 건립 자금이 부족해 파리의 노트르담처럼 탑의 정상에 관망대를 남기는 경우도 있었다. 노트르담이란 명칭은 주목할 만한 중요성을 내포하고 있다. 성모숭배는 신앙과 풍류 예절, 신과 성모가 결합한 것이므로 당시 특별한 호감을 느끼게 했다. 성모숭배와 성자숭배는 종교에 인간미를 부여함으로써 사람들을 감동케 했고 이는 대성당 건립에 많은 사람의 열성을 집결하는 데 매우 효과적이었다. 당시의 겸손한 천재적인 조각가는 그 이름조차 알려져 있지 않다. 그들은 그저 건축 현장에서 지정된 벽면, 정면 입구 등을 조각물로 매우는 작업을 수행했을 뿐이다. 때로는 인물을 영적으로 표현하기 위해 키를 늘리고 얼굴을 신성하게 만들었으며, 악마와 죄인을 표현할 때는 난폭하고 풍자적인 이미지를 구현했다. 하지만 그들은 언제나 전체를 통솔하는 건축가에게 일방적으로 봉사했다. 조각이 건물과 분리된 것은 14세기에 이르러서였다.

14. 대성당은 종교시대의 신앙과 도시 또는 길드의 애향심을 표현했는데 그 경비는 상인들의 동업조합이 부담했다. 중세기에 상인과 장인은 협조적이었고 교역이 부활한 초기에는 더욱더 협력해야 했다. 영주와 투쟁하고 도적을 방비하려면 집단적으로 행동할 수밖에 없었던 것이다. 덕분에 교회는 상인들에게 개인의 이해관계보다 집단 규율을 따르는 협동정신을 납득시키기가 훨씬 수월했다. 중세기의 통제경제 아래서는 상품 매점이나 협정 가격 이하로 판매하는 행위를 엄중히 단속했다. 이 규율은 매우 효과적이었고 상인들은 규율을 적극 이행했다. 교통이 발달하지 않아 시장이 제한적인 소규모 경제를 통제하는 것은 그리 어려운 일이 아니었다.

성 토마스는 개인의 소유권은 공동체의 이익을 위해서만 개개인에게 부여해야 한다고 가르쳤다. 모든 물품에는 정당한 가격이 있었고 과도한 이익을 취하는 것은 범죄행위로 간주했다. 이자를 받는 대금업은 교회가 금지했다. 이자는 불로소득이기 때문이다. 하지만 어느 때든 자금은 필요했으므로 처음에는 가톨릭의 계율을 준수할 필요가 없는 유대인에게, 그다음에는 이자가 아니라 상환할 때 연체에 따른 손해보상 명목으로 이 난점을 해결한 롬바르드족에게 의존했다. 도의

적, 사회적 의무를 진 중세기의 상인과 장인은 기사도와 같은 의미에서 하나의 종단을 구성했다. 그들에게 인생의 목적은 재산 형성이 아니라 신을 숭상하고 법률을 지키는 데 있었다. 파리 상인의 회장은 국왕의 자문을 받는 거물이었다. 길드에 가입한 시민은 모피로 장식한 옷을 입고 왕실 관리에 못지않은 위엄을 갖췄다. 배고픈 신학생들은 양쪽 모두를 부러워했다.

15. 농민의 형편도 조금씩 개선되기 시작했다. 음유시인들이 읊은 무훈시에서 농민은 미개하고 우매하며 열등한 존재로 묘사되었다. 봉건정치 초기에 영주는 자기 소유의 직영지를 경작하기 위해 로마시대의 유물인 노예와 일주일에 사흘까지 부역으로 부릴 수 있는 소작농을 거느리고 있었다. 노예는 중세기에 이르러 사라졌다. 무엇보다 그리스도교가 노예제도를 허용하지 않았고 멍에가 발명되어 소와 말이 노동을 대신하면서 노예의 노역이 비생산적이었기 때문이다. 주민은 자유인이었으며 약간의 의무는 있었지만 이것도 점차 줄어들었다. 12세기 말 일부 영지에서는 부역이 1년에 열흘로 줄었다. 영주의 직영지는 점점 줄어들었고 그 토지는 소작농에게 대여했다. 농산물 판매가 어려웠던 탓에 영주는 소작료를 현금으로 받기를 원했다. 이에 따라 군단장과 군사들은 토지에 의존하는 금리 생활자가 되었다. 이제 장원은 촌락이 되었고 촌락민 가정은 오두막집의 한방에서 온 가족이 소, 돼지, 닭과 함께 살았다. 농민의 생활은 대략 현대의 농민과 유사했다. 다만 지금보다 아이들이 학교에 가는 비율이 낮았고, 어른들이 교회에 가는 비율은 높았다. 촌락에서는 지금도 거의 그대로 남

아 있는 정기적인 장이 섰고 그날은 순회극단이나 광대 등이 모여들었다. 때로는 수도사가 설교를 하러 나타났는데 그 외에는 외부사회와의 접촉이 거의 없었다. 물건은 대부분 영지 내에서 생산했으나 쟁기와 기타 농구, 맷돌, 칼은 상인에게 구입했다. 12세기 이후에는 농노의 자식도 야심과 실력만 있으면 도시로 나가거나 종단에 들어가 자유인이 될 수 있었다.

16. 12~13세기에 프랑스는 거의 기적을 이룬 것이나 마찬가지였다. 이 무렵 알프스 산맥과 피레네 산맥, 대서양과 지중해 사이에는 새로운 생활방식이 등장했다. 이것은 고대 문명, 유대-그리스도교적 문명 그리고 일부 야만족 문화의 영향을 받았다. 다시 말해 중세기의 프랑스는 서로 떨어져 있던 개별적인 요소를 융합해 완전히 독자적인 문명을 창조했다. 대성당, 무훈시, 기사도, 풍류 예절 등은 모두 참신하고 찬양할 만한 창작이다. 고대세계에서는 철학자, 근동세계에서는 여러 종교로 순화된 인간이 로마제국 멸망 이후 다시 한 번 잔인성을 드러내며 세상을 떠들썩하게 했다. 이들에게는 새로운 계율, 신앙, 정치제도, 예절, 취미를 부여할 필요가 있었다. 10~13세기 동안 프랑스는 인생의 목표나 가족, 결혼, 상업, 예술 등의 목적을 규정하는 문화적 요소를 광범위하게 제시함으로써 행복까지는 아니어도 구제는 받게 했으며 이는 전 그리스도교권에 지대한 영향을 주었다.

chapter 8

백년전쟁 Ⅰ

1. 프랑스는 서서히 국민의식이 형성되는 과정을 걷기 시작했다. 비로소 예술, 관습, 언어에서 프랑스인 고유의 특징이 명료하게 나타났던 것이다. 그러나 프랑스 왕국과 영국 왕실 간의 미묘한 관계에는 혼란과 위험이 잠재되어 있었다. 노르망디 정복 이후 플랑타주네 가가 영국의 왕위를 계승하자 영국의 상류계급은 완전히 프랑스화했다. 영국의 시인들은 프랑스어로 시를 지었고 알리에노르는 영국 궁정에 프랑스식 풍류 예절을 도입했다. 영국의 제왕은 장 프루아사르Jean Froissart가 기록하고 있듯 귀부인 앞에서 프랑스의 기사처럼 행동했다. 그렇다고 프랑스인이 귀엔과 기타 지방을 영유하는 그들의 행동을 타당하게 여긴 것은 아니다. 사태를 수습하려면 한 국왕이 두 왕국을 통합하거나 대담한 결단으로 유대를 단절해야 했다. 1328년 영국과 프랑스 간의 문제가 긴박해졌다. 샤를 4세 별세 이후 후계자와 형제가 없는 상황에서 3명의 후보자가 왕위를 요구할 수 있었다. 프랑

스의 공주 이사벨라의 아들이자 필리프 4세의 손자인 영국 왕 에드워드 3세, 잔 드 나바르의 남편이자 루이 10세의 사위인 필리프 데브루Philippe d'Evreux, 필리프 3세의 손자인 필리프 드 발루아Philippe de Valois가 그들이다. 그들 중 선왕의 사촌에 불과한 필리프 드 발루아가 프랑스 왕국에서 출생했다는 이유만으로 승리를 거두었다. 삼부회는 나바르

십자군 실패, 백년전쟁, 흑사병 등으로 재위 내내 곤혹을 치러야 했던 필리프 6세

의 필리프와 영국인을 기피했던 것이다. 후일 이 선정을 정당화하기 위해 법률가들은 여성이 왕위를 계승할 수도, 전달할 수도 없다는 프랑크족의 옛 법인《살리크 법전Loi Salique》을 원용했다. 사실 살리크 법전은 구실에 불과했고 모두가 프랑스인 국왕을 원했다.

결국 카페 직계 왕조는 끝이 나고 발루아 왕조가 시작되었다. 프랑스 입장에서 왕조 교체에 따른 이득은 별로 없었다. 오랫동안 정치 경험을 계승해 유능하고 신중한 카페 왕조는 왕권을 꾸준히 강화해왔다. 당시 멸시하는 뜻에서 '주워온 왕'이라 불리던 벼락왕 초대 발루아 왕은 봉건적인 위엄에만 관심을 기울였다. 발루아 가 출신인 필리프 6세(Philippe VI, 1293~1350)는 총명했지만 충동적이었고 주위에 유능한 사람이 없었다. 더욱이 그는 전쟁을 승리에 목적을 두는 것이 아니라 경기규칙을 지켜가며 용기를 과시하는 야전경기로 여기고 있었다.

2. 그는 젊은 영국 왕 에드워드 3세가 자신을 적대시한다는 것을 알았다. 영국 왕 역시 기사도와 풍류 예절을 자랑으로 삼았으나 그는 굉장히 현실적이고 냉혹하게 행동했다(그의 슬로건은 '현실만이 진실이다'였다). 어쩌면 이것은 카페 왕조의 조상에게 물려받은 것인지도 모른다. 그는 현명하게도 발루아의 왕위 계승 승인을 그대로 받아들였고 귀엔 영지를 지키기 위해 신하의 선서까지도 이행했다. 하지만 복종은 표면적인 것에 불과했고 그는 중대한 시기가 지나기를 기다리며 준비를 서둘렀다. 그 준비란 근대적인 장비와 병력 증강이었다. 봉건 귀족 기마대의 공격을 분쇄하기 위해 에드워드 3세는 석궁과 사수를 앞세우는 새로운 전술을 채택했다. 그때까지 사용해온 활은 사정거리와 관통력이 약해 무장한 기사를 막아낼 수 없었다. 석궁은 화살을 가는 일에 시간이 너무 많이 들었다. 에드워드 1세는 전쟁 중에 160미터 거리에서 갑옷을 입은 기사의 허벅다리를 꿰뚫는 웨일스인의 장궁을 발명했다. 그는 노인과 신체적 결함이 있는 사람을 제외한 모든 국민에게 장궁 사술을 유일한 스포츠로 권장하고 40실링 이상의 수입을 올리는 토지 소유자에게 활과 화살을 상비할 것을 법으로 규정했다. 이에 따라 용병을 모집하기가 아주 쉬웠고 에드워드 3세는 전 유럽에서 가장 근대적인 군비를 갖추고 있었다.

3. 전쟁의 근본 원인은 에드워드 3세가 프랑스의 왕위를 노린 데 있었다. 직접적인 원인은 프랑스에서 망명한 사람의 반역적인 선동, 토지를 약탈하는 전쟁의 매력 그리고 무엇보다 영불관계의 초점인 플랑드르 지방의 귀속 문제였다. 영국의 주요 산업은 양모 생산이었

고 플랑드르 지방의 주요 산업은 양모방직이었다. 이처럼 농업적인 영국과 공업적인 플랑드르 지방은 밀접한 관계에 있었다. 플랑드르 백작 루이 드 네베는 프랑스 왕의 지지를 받고 있었지만 시민들은 영국을 열렬히 지지했다. 1337년 전쟁 준비를 마친 에드워드 3세는 필리프 6세의 왕위 정통성을 부인하며 왕위 이양을 요구했다. 그는 필요불가결한 플랑드르 지방이 프랑스 수중으로 넘어가는 것을 두려워하던 런던 시티(금융상업지구)의 적극적인 지원도 이미 확보해두었다.

"국왕의 관심사는 프랑스의 왕위 계승 문제였고 국민에게 긴요한 문제는 통상 자유였다. 하원의원들은 의장석에 모여 자발적으로 전쟁 비용 지출을 가결했다. 산업주의와 기사도의 결합이 전쟁 계획에 미묘한 양상을 부여하고 있었다. (…) 이 시대에는 이미 십자군의 순수성은 찾아볼 수 없었고 기사들의 위치도 런던과 겐트 상인들의 외판원 정도로 추락했다."

이것은 두 나라의 왕관을 한 몸에 차지하려는 영국 왕의 욕심이 아니었다면 백년전쟁은 일어나지 않았을 것이라는 점을 부인하지 않는 한 비교적 정확한 견해다. 플랑드르 지방의 상인들은 에드워드 3세가 침략의 의도를 명백히 하도록 유도했다. 그들은 군주인 프랑스 왕에게 전쟁을 선포한 후 반역을 시도할 경우 교황에게 200만 플로린(florin, 피렌체에서 발행한 6실링에 해당하는 금화—역자주)의 벌금을 지불하겠다고 서약한 바 있어 심각한 불안감을 느꼈던 것이다. 그때 플랑드르인 야코프 아르테벨더Jacques Artevelde는 이 조약을 준수하는 것과 침략을 동시에 해결할 방법을 찾아냈다. 그는 영국 왕에게 영국 문장紋章과 프랑스 문장을 하나로 통합하도록 권고했다. 그러면 프랑스의 정통 왕이자 선서의 대상은 플랑드르인의 적이 아니라 동맹자가 되는 셈이었다.

4. 백년전쟁은 왕조 간의 전쟁, 봉건적인 전쟁, 국민적인 전쟁, 무엇보다 제국주의적인 전쟁이었다. 영국 상인이 전비 조달을 위해 국왕에게 양모 2만 포대를 헌납한 목적은 그들의 통상에 필요한 두 지방을 확보하려는 데 있었다. 두 지방이란 양모를 구입하는 플랑드르 지방과 포도주를 생산하는 보르도 지방을 말한다. 브뤼주와 겐트에서 받는 양모 대금은 곧 보르도의 포도주 대금으로 지출했다. 결국 이 전쟁은 영국인에게 평판이 좋았다. 이 전쟁을 계기로 영국 군대가 서부 프랑스 지방에서 막대한 전리품을 약탈할 수 있었기 때문이다. 프랑스의 연대기 작가 장 프루아사르의 기록을 보면 그 참상을 짐작할 수 있을 것이다.

"에드워드 3세와 귀족들은 기사도의 모범이었으나 그들의 문장이 붙어 있는 방패는 약탈행위를 권장하는 약탈조직처럼 행세했다. 영국 군은 캉에서 통치권을 장악한 사흘 동안 전리품으로 모직, 보석, 장신구, 금은제 식기, 기타 귀중품을 여러 척의 거룻배로 함대에 옮겨 실었다. (…) 생로에서 영국인이 발견한 모직의 양은 믿을 수 없을 만큼 많았다. (…) 노르망디의 루비에는 모직업으로 번영을 이룬 통상이 활발한 도시로 성벽이 없어서 철저하게 약탈을 당했다. (…) 프랑스에서 약탈해온 전리품이 영국의 전국에 범람했다. 여성이면 누구나 캉이나 칼레에서 온 장신구, 복지(옷감), 그릇을 쓰지 않는 사람이 없었다."

5. 역사의 흐름 속에서 영국의 정책적 특징이 이토록 일찌감치 완

성되고 지리적 위치로 그 정책을 강행했다는 것은 대단히 흥미로운 일이다. 첫째, 영국에는 제해권이 필요했다. 제해권이 없으면 통상을 지속할 수도, 대륙에 군대를 파견 및 유지할 수도 없었다. 전쟁이 시작되자 영국 해군이 프랑스보다 우세해 슬로이스 해전(1340년)에서 승리를 거두었다. 해전에 우세한 영국이 승리한 것이다. 후일 에드워드 3세가 해군을 등한시하고 프랑스와 스페인의 함대가 연합하면서 영국은 패퇴했다. 둘째, 영국은 대륙으로 소수의 병력밖에 파견할 수 없었기 때문에 동맹군을 조직해 자금을 원조함으로써 전쟁을 지원하게 했다. 백년전쟁 초기 에드워드 3세는 프랑스에 대항해 플랑드르 지방의 자유도시뿐 아니라 독일의 신성로마 황제와도 동맹을 시도했다.

"이 목적을 위해 영국 왕은 금은을 아끼지 않았고 영주, 부인 그리고 그 자녀들에게까지 서슴지 않고 진귀한 선물을 보냈다."

6. 귀엔에 교두보를 구축한 에드워드 3세는 프랑스인 배신자에게 노르망디가 무방비 상태에 있다는 정보를 얻었다. 이에 따라 1346년 1,000척의 군선에 4,000명의 기사, 1만 명의 잉글랜드 및 웨일스의 사수가 라오그에 상륙했다. 수 세대 동안 전쟁을 모르고 지내온 노르망디 지방에는 이렇다 할 방비시설이 없었고 그들은 쉽사리 약탈을 당했다. 당시 영국 왕의 작전은 북부 프랑스로 진격해 마음껏 약탈한 뒤 플랑드르 지방으로 후퇴하는 것이었다. 그런데 전진을 하다 보니 센 강의 다리가 끊겨버려 푸아시까지 되돌아가야 했다. 덕분에 시간적 여유를 얻은 필리프는 신하들을 소집했다.

결국 양쪽 군은 크레시의 아브빌에서 대결하게 되었다. 이 전투에는 중대한 의의가 있는데 그것은 이를 계기로 유럽의 계급관계를 전복하는 중요한 군사적 변화가 생겼다는 점이다. 앞선 역사에서 야만족 기병대의 승리는 로마제국 멸망과 봉건제도 탄생을 예고했다. 기사는 그때와 마찬가지로 같은 말에 같은 사람이었다. 크레시 전투는 프랑스의 가장 우수한 봉건 기사가 웨일스의 사수로 편성된 보병대에 완패한 획기적인 사건이었다. 필리프 6세의 기사들은 용감하게 싸웠다. 그들은 보병대의 무장이 대단치 않자 새로운 장비를 갖춘 적군의 보병대를 가볍게 여겨 무모하게 접근했고 승리보다 명예를, 집단행동보다 용감한 개인행동을 중시하다가 패전하고 말았다.

"그들은 자부심과 경쟁심만으로 질서정연하고 적절하게 3열 편대를 취한 영국군에게 무질서한 공격을 개시했다."

결과는 학살이었다. 필리프는 하나의 혁명을 예시하는 이 패전의 심각한 뜻을 이해하지 못했다. 다음 해에 에드워드 3세가 칼레를 포위했을 때 프랑스 왕은 재차 기사를 동원한 후 방축으로 방비한 영국군에게 사자를 보내 양군이 동등한 조건으로 싸울 수 있는 장소를 선정하라고 제의했다. 그러나 에드워드 3세는 전쟁을 원했지 기사들의 경기 시합을 볼 생각은 없었다. 그는 필리프의 제의를 거절하고 칼레를 점령했다. 이때부터 엘리자베스 시대까지 영국은 도버 해협 지배권을 완전히 확보해 전 시민을 축출하고 대신 영국인이 거주하게 했다.

7. 교황이 나서서 휴전 협상에 성공했다. 이후 전투가 재발했을 때 프랑스는 선대왕처럼 변변치 못한 데다 '생각은 느리고 일단 결정한 것은 고치기 힘든' 새로운 왕 장 2세(Jean II, 1319~1364)를 맞이했다. 에드

워드 3세의 장남 흑태자 에드워드
는 보르도와 노르망디를 연결할 계
획을 세웠다. 그는 랑그도크를 점
령하고 푸아티에 방면으로 진격해
병력이 네 배나 많은 프랑스군을
격파했다. 그럼에도 불구하고 기사
계급은 여전히 신식 전술의 필요성
을 인정하려 하지 않았다. 결국 프
랑스 왕이 포로로 잡히면서 왕태자
샤를이 섭정을 했다. 그는 도팽Dau-
phin의 칭호로 불리는 제1추정 상속
인으로, 도팽이란 프랑스에서 국왕

부왕 필리프 6세와 달리 소통하는 군주로서
의 면모를 보여주었던 장 2세

또는 왕세자가 갖는 조건으로 1349년 도피네Dauphiné의 영주 앙베르
2세가 영지 도피네 지방을 필리프 6세에게 매각하면서 생긴 것이다.

승전해도 비싼 대가를 치러야 하지만 패전은 언제나 국내 정치에
심각한 영향을 미친다. 정부는 자원 개발과 전비 조달을 위해 국민에
게 양보해야 한다. 여기에다 물가가 상승하고 화폐가치가 하락하는
인플레이션으로 국민의 불만은 커진다. 결과적으로 반란이 일어날 가
능성이 높고 군대에 붙어 다니는 열병, 페스트 등 전염병이 농촌을 휩
쓸면서 노동력이 감소하며 재산 소유자가 바뀐다. 전쟁으로 인한 이
모든 폐단이 프랑스 전국을 뒤덮었다. 한마디로 패전은 군주제의 권
위를 추락시켰다.

영국에서 실지왕 존이 대헌장을 승인할 수밖에 없었던 것처럼 섭정

왕세자 샤를은 패전으로 왕실의 권위가 약해지면서 헌장에 따른 제한과 국민의 자발적인 동의 없이는 과세할 수 없다는 조건을 승인해야 할 처지로 내몰렸다. 당시 영국에서는 귀족들이 제한군주제를 창안했지만 프랑스의 귀족계급은 정치 감각이 없었던 탓에 이 문제를 제3신분에게 넘겼다. 1356년 소집된 삼부회에서 랑 지역의 주교 로베르 르 코크Robert Le Coq와 파리의 상인 회장 에티엔 마르셀Etienne Marcel 두 사람이 오늘날의 민주주의라고 부를 만한 개혁을 제안했다. 이에 따르면 왕세자는 세 가지 신분으로 구성된 3개 평의회의 보좌를 받고 삼부회가 기피하는 관리는 해직해야 했다. 삼부회는 3년간 전례 없이 왕의 소집 명령을 받지 않고 빈번히 회합해 세금 문제를 결정했다. 그러나 주교 코크의 계획은 실패로 돌아갔다. 그가 프랑스 왕위 기득권자인 왕세자 샤를의 신하였고 성격이 너무 공격적이었기 때문이다. 그뿐 아니라 프랑스는 국토가 영국보다 광대하고 교통이 불편해 삼부회의 대의원들이 잦은 회의소집을 꺼려했다. 패전 후 국민적 혁명을 도모하면 언제나 실패하게 마련이다. 포로가 된 왕은 위대한 왕은 아니지만 그래도 그는 왕이고 포로였다.

8. 새로운 방법이나 극단적 수단을 두려워하지 않는 마르셀에게는 한 가지 해결책이 남아 있었다. 그는 플랑드르 지방처럼 파리 자치도시가 지방도시와 연합해 왕국을 통치하는 구상을 했다. 그는 파리에 한 당파를 창립하고 기장으로 파리의 기장색인 청홍색 두건을 착용하도록 했는데, 이 청홍색에 왕실을 상징하는 백색을 추가해 이때부터 프랑스의 삼색기가 탄생한 듯하다. 다른 도시도 이를 따랐다.

하지만 마르셀 역시 지나친 행동으로 결국 실패하고 말았다. 그는 시민들이 궁정에 침입해 왕세자 앞에서 두 사람의 원수를 살해하는 것을 묵인했다. 크게 놀란 왕세자는 지방에 의존할 생각으로 파리를 탈출했다. 이는 1871년 역사가 오귀스탱 티에리가 파리를 탈출한 것과 같으며 파리는 당분간 과격파에게 넘어갔다. 마르셀은 나바르의 샤를과 긴밀한 제휴를 맺었고 프랑스의 서부 전역을 점령하고 있던 영국인과도 내통했다.

때마침 수도 근방에서 농민들이 반란을 일으켰다. 전쟁 초기부터 끊임없이 고난을 겪어온 그들은 무장 폭도로 변해 농촌을 공포의 도가니로 몰아넣었다. 파리에서는 선량한 시민들이 영국군과 내통한 상인 회장에게 격분해 그를 규탄한 후 암살했다. 다시 파리로 귀환한 샤를은 현명하게도 파리 시민을 사면했고 마침내 브르타뉴에서 평화조약을 체결했다. 영국 왕은 프랑스 왕위에 대한 청구권을 포기하고 귀엔 지방 외에 푸아투, 페리고르, 리무쟁 기타 지방을 획득했다. 이것은 일종의 휴전에 불과할 뿐 근본적인 해결은 아니었다. 비록 양보는 했으나 이것으로 단념할 프랑스인은 아니었다. 그들은 말했다.

"우리는 입으로는 영국인을 인정하나 마음만은 절대 움직이지 않는다."

이미 한 사람의 지도자를 따라 지방이 움직이는 시대는 지났다. 프랑스와 영국은 완전히 통합하거나 분리되지 않으면 안 되었다.

9. 1364년 샤를 5세(Charles V, 1338~1380)로 왕위에 오른 왕세자만큼 이 사실을 잘 아는 사람은 없었다. 그는 브르타뉴 조약을 수정할 생각

왕국 내 평화와 문화적, 학문적 발전에 크게 기여한 샤를 5세

이었지만 우선 왕국을 정비하고 군대를 재건해야 했다. 그에게는 충분한 능력이 있었다. 샤를 5세는 허약하고 체구가 작았으나 경건하고 박식한 위대한 국왕이었다. 그는 냉정해 보였는데 이는 정력이 부족한 사람이 흔히 그렇듯 절제 때문이었다. 사실 열정적이면서도 성실한 그는 학자를 널리 구하고 고문서를 수집했으며 전문가의 자문을 받아 행동했다. 또한 그는 마르셀의 입헌사상을 물리치고 현명한 절대군주로서 통치했다. 또 계급을 불문하고 시민이든 귀족이든 가장 우수한 사람을 등용하는 데 조금도 주저하지 않았다. 그는 군대의 재건을 브르타뉴의 귀족 베르트랑 뒤 게클랭Bertrand du Guesclin에게 일임했다. 뒤 게클랭은 영국군과 싸웠을 뿐 아니라 농촌을 약탈하던 무장 강도와 나바르파를 물리친 유명한 군인이었다. 그는 랑그도크 지방에서 각종 행패를 자행하는 일단의 군인을 스페인으로 몰아내고 그 지방의 질서를 회복하기도 했다. 특히 그는 프랑스의 군비가 영국보다 열세임을 인정하고 정면 공격을 피해 그들의 힘이 쇠진해지도록 한 뒤 도시를 하나씩 탈환하는 작전을 펼쳤다. 샤를은 곧 그를 파리로 불러 총사령관으로 임명했다. 동시에 국왕은 루앙에 있는 조병창에서 군함을 건조하고 근대적인 포병창을 창설했다. 1380년 그가 사망했을 때는 이렇다

할 전투를 치르지 않고도 영국으로부터 국토의 대부분을 탈환했다.

  10. 하지만 과오를 범하지 않는 위인은 없다. 샤를 5세의 동생 필리프는 선왕으로부터 프랑스에서 가장 아름답고 부유한 지방인 부르고뉴를 왕자령으로 받았다. 왕자령이란 원칙 자체부터 그릇된 것으로 이 원칙에서 탄생한 대영주는 왕실과 혈연관계가 있는 만큼 왕국에 심각한 분열을 조성하는 일이 적지 않았다. 부르고뉴의 증여는 샤를 5세의 책임이 아니지만 그는 필리프 왕자와 플랑드르 백작의 상속자인 공주와의 결혼을 권함으로써 북부와 동부의 국경지대를 하나의 왕국으로 통합하는 실수를 저질렀다. 그러나 그는 현명한 처사라고 믿었다. 만약 필리프 왕자가 플랑드르 백작의 공주와 결혼하지 않았다면 영국 왕 에드워드 3세가 자기 아들과의 결혼을 요청했을 테고, 그러면 또다시 영국인을 파리 성문 가까운 곳으로 끌어들이는 꼴이 되었을 것이다. 샤를 5세는 디종에 있는 왕제이자 신하인 부르고뉴 공이 부유한 플랑드르 지방과 도시에 애착을 보이고 브뤼셀의 군주가 된 이후 자신을 적대시하리라고는 미처 예견하지 못했다. 부르고뉴 공은 자녀의 결혼으로 네덜란드를 통치하던 비텔스바흐Wittelsbach 가문과 결연을 맺자 한층 더 심각한 위협을 느꼈다. 부르고뉴 공의 통치 중심은 점점 플랑드르 지방으로 이동했다. 통일된 지 얼마 지나지 않은 프랑스가 이처럼 중대한 분열 위기를 맞이한 적은 없었다. 봉건제도는 한 가문과 지방의 개인적인 결합을 허용한 탓에 사적 권리가 공적 권리를 유린해 내란의 원인이 되는 일이 빈번했다. 프랑스는 역사상 가장 불행한 시기에 이러한 사실을 체험하게 되었다.

—

chapter 9

백년전쟁 II

—

1. 군주제의 장점은 아무도 감히 이의를 제기할 수 없는 국가원수가 군림하는 데 있다. 하지만 국왕의 정통성이 명확하지 않으면 통치 기반이 흔들리고 만다. 영국과의 관계가 가장 긴박한 시점에 정통성과 권위에 대해 이의를 제기받는 국왕이 등장했다는 것은 프랑스에 커다란 불행이었다. 샤를 5세가 별세했을 때 샤를 6세(Charles VI, 1368~1422)는 열두 살의 어린 나이였다. 예부터 미성년 왕은 언제든 섭정과 후견, 분쟁을 불러오게 마련이다. 국왕의 숙부들, 특히 부르고뉴 공 필리프는 자신의 영내를 철저히 수탈했고 가렴주구로 인한 폭동까지 일어났다. 성년이 되자 국왕은 선량한 의도로 선왕의 노고문관들을 다시 불러들였다. 이상하게 쭈글쭈글한 그들의 얼굴이 문고리에 달린 조각과 같다고 해서 그들은 기면奇面이라 불렸다. 왕비는 육감적이고 방종한 외국 여성 바이에른 왕국의 이자보였다. 왕은 그녀를 사랑했으나 환락적인 생활도 마다하지 않아 그녀의 질투를 초래했다. 결

국 본래 허약한 혈통에다 번민과 피로가 지나쳐 그는 광기를 드러냈다. 그런 그를 국왕으로 모시는 것부터가 국가의 불행이지만 그것이 간헐적으로 나타나는 바람에 불행은 더욱 커졌다. 왕을 대체할 수도, 그대로 추대할 수도 없었기 때문이다. 불행한 샤를 6세를 사이에 두고 숙부 부르고뉴 공과 오를레앙 공이 서로 권력을 다퉜다. 젊고 교양이 있는 오를레앙 공은 밀라노 비스콘티 공의 공주 발렌티나를 아내로 맞이해 이탈리아 예술에 심취했다. 하지만 그의 광적인 환락으로 추문이 퍼졌고 그가 왕비 이자보의 애인이라는 소문까지 퍼졌다.

1404년 필리프가 사망한 후 부르고뉴 공이 된 장Jean은 1407년 그의 종형인 오를레앙 공을 암살했다. 결국 프랑스를 여러 차례 분열시킨 치열하고 무익한 내란의 막이 열리면서 오를레앙당과 부르고뉴당이 대립했다. 오를레앙당은 새로 서임된 오를레앙 공 샤를의 장인 베르나르 아르마냐크가 이끌었고, 부르고뉴 공 장은 파리의 지지를 확보했다. 파리에서는 기묘한 인연으로 대학생과 도살업자가 부르고뉴당에 가담했다. 소르본대학은 교황의 분열 사건에서 부르고뉴 공이 대학의 주장과 마찬가지로 아비뇽에 반대해 로마 교황을 지지했고 부르고뉴 공의 편에 섰다. 부르고뉴당은 선물과 특혜 조치로 도살업자들을 회유했다. 그러나 젊은 부르고뉴 공은 곧 자신의 힘으로 조종할 수 없는 민중의 과격한 행동을 유발한 것을 후회했다. 과격한 행동은 당연한 결과를 초래했다. 시민과 대학생은 폭력적인 동맹자에게 혐오를 느끼고 오를레앙당의 아르마냐크에게로 넘어갔다. 이제 내란은 국내 문제의 선을 넘어섰다.

2. 적개심으로 서로 분열된 국가는 외적에게 유린당하기 쉽다. 1415년 영국 왕 헨리 5세(Henry V, 1387~1422)는 프랑스가 오를레앙당과 부르고뉴당으로 분열되어 있고 광기를 드러내는 국왕의 이름으로 지지자도 없는 왕세자가 통치한다는 것을 알고 나서 뻔뻔하게도 프랑스의 왕위를 요구했다. 그는 플랑타주네 가문의 먼 친척에 불과해 왕위 청구자에 속하지 않았으나 샤를 6세의 딸 공주 카트린 드 발루아와의 결혼과 지참금으로 프랑스의 풍요로운 지방을 요구한 것이다. 당시 프랑스가 아무리 무력할지라도 이런 요구는 도저히 수긍할 수 없는 부당한 것이었다. 또다시 전쟁이 불가피해졌다. 일종의 강박관념이 헨리 5세에게 증조부의 전쟁을 모방하게 한 것인지도 모른다. 그는 2,500명의 중무장한 전사와 사병, 8,000명의 사수 그리고 노복 및 수송 노무자 등 총 3만 명에 불과한 군대를 인솔하고 선대왕들처럼 노르망디에 상륙했다. 그는 견고한 방위선을 물리치고 서부의 군사 요지인 아르플뢰르Harfleur를 점령한 뒤 왕세자에게 도전장을 보낸 다음, 크레시의 블랑쉬 타쉬에서 솜 강을 건너 칼레로 진격할 계획이었다.

이것은 대담한 작전이었으나 프랑스 귀족들이 분열되어 있었으므로 영국군이 칼레에 도착하는 데 필요한 8일의 시간을 벌 수 있으리라 판단한 것이다. 가장 중요한 일은 진격하는 도중 주민들이 봉기하지 않도록 하는 것이었다. 그는 리처드 2세(Richard II, 1367~1400)의 준엄한 군율과 명령을 글자 그대로 강행했다. 강간과 교회 약탈은 교수형, 폭행을 선동하는 자는 참수형, 일반 상인 또는 상점의 물건을 도둑질하는 자도 참수형, 대장의 명령에 복종하지 않거나 지정한 숙사에서

자지 않으면 투옥과 기마 몰수 등을 엄격하게 시행했다. 도하점渡河點에 방비가 되어 있는 것을 알고 영국군은 상류 지점으로 이동했다가 아쟁쿠르에서 프랑스의 귀족부대와 대결했다. 프랑스의 귀족부대에게는 참으로 비참한 전쟁이었다. 프랑스의 기사들은 용감했으나 뒤 게클랭의 교훈을 따르지 않고 도리어 무시한 탓에 영국군의 사수와 화살, 무사에 무너졌다. 1415년에 벌어진 이 전투는 1만 명의 프랑스인이 전사한 중세기의 매우 처참한 전투 중 하나였다.

3. 헨리 5세는 승리했으나 그 정도의 빈약한 병력으로는 프랑스 측의 내통 없이 프랑스를 정복할 수 없었다. 1417년 영국군이 노르망디로 침공하자 주민들이 프랑스 왕에게 구원을 요청했는데 아르마냐크는 부르고뉴당과 전쟁 중이었으므로 여력이 없다고 대답했다. 부르고뉴 공 장은 루앙 시민에게 자기 영토인 플랑드르 지방 시민의 이해관계 때문에 동맹하고 있던 영국과 협상하라고까지 권했다. 파리는 수천 명의 희생자를 낸 폭동을 겪은 후 부르고뉴당으로 넘어갔다. 왕세자는 파리를 탈출했고 1419년 왕실과 부르고뉴 가가 화해할 가능성이 엿보였지만, 공교롭게도 왕세자의 친구인 샤텔Tanneguy du Châtel이 부르고뉴 공 장을 몽트로 다리에서 살해했다. 아르마냐크파와 부르고뉴파의 대립은 더욱 악화되었다. 후일 디종의 한 수도사가 프랑수아 1세(François I, 1494~1547)에게 구멍이 뚫린 장의 두개골을 보여주며 말했다.

"폐하, 이것이 바로 영국군이 프랑스로 침입하게 된 구멍입니다."

파리와 부르고뉴당은 왕세자를 인정하지 않겠다고 맹세했다. 1420년에 체결한 트로야 조약에서 부르고뉴당의 공모자였던 왕비 이자보는

르네상스 시대를 열며 문화적 진보를 이룩한 프랑수아 1세

정신병자 국왕을 강요해 공주 카트린을 영국 왕 헨리 5세에게 주고 헨리 5세를 프랑스의 섭정, 즉 후계자로 결정했다. 폐위된 왕세자는 무일푼으로 추방되어 센 강과 루아르 강 사이에서 생존할 수밖에 없었다. 프랑스의 정세는 참담했고 늑대가 도시의 거리에까지 출몰했다. 프랑스의 철학자 알랭은 다음과 같이 말했다.

"전 농촌지대는 각자 자신의 실력에 맞는 지배권을 가질 수밖에 없는 바다와도 같다."

프랑스인은 영국인이 되기를 거부했다. 1422년 헨리 5세와 샤를 6세가 3개월의 간격을 두고 각각 세상을 떠났을 때 프랑스의 선구자는 생드니에서 큰 소리로 외쳤다.

"신이여, 은총을 내리시어 프랑스와 영국의 왕인 헨리 6세의 만수무강을 주시옵소서."

그러나 국민은 비록 대단치 않았으나 독립국가의 상징이던 가엾은 정신병자 국왕의 명복을 빌면서 눈물을 흘렸다.

4. 그때까지 국가 정세가 그처럼 비참했던 적은 없었다. 프랑스는 이제 독립국가라고 보기도 어려웠다. 영국인 베드포드 공이 섭정을 하고 2개의 왕당파가 프랑스를 양분하고 있었다. 하나는 생후 6개월

밖에 되지 않은 프랑스인이 아닌 헨리 6세(Henry VI, 1421~1471)이고 또 하나는 축성을 받지 못해 여전히 왕세자 또는 부르제 왕이라고 불린 신왕 샤를 7세(Charles VII, 1403~1461)였다. 샤를 7세는 독실한 신자였으나 우유부단한 인물이었다. 더구나 자신이 진정 프랑스 왕실의 후계자인가 하는 의혹을 품고 있던 그는 왕위 계승권을 위해 투쟁할 용기마저 상실했다. 그 의혹은 모후인 이자보의 부정 때문

백년전쟁 이후 국가의 부흥과 왕권 강화를 위해 노력한 샤를 7세

이었다. 그에게는 재력도 병력도 없었지만 프랑스 국민은 그를 왕으로 받들었다. 프랑스 국민은 정당한 일이라고 믿으면 그것을 쟁취하기 위해 어떠한 희생이든 감수했다. 그 정의는 프랑스의 모든 촌락에서 숨어 있는 동지들을 발견했다. 베드포드는 품행이 단정한 유능한 행정관으로 프랑스인의 민심을 수습하려고 많이 노력했으나 별로 성과가 없었다. 아무리 좋은 일을 해도 그는 어디까지나 영국인이었다. 프랑스인은 프랑스인 국왕을 열렬히 갈망했지만 아무런 방안이 없었다. 북부 프랑스의 지배자인 베드포드는 중부 지방을 점령하기 위해 오를레앙을 포위했다. 오를레앙 시의 영주인 오를레앙 공 샤를은 영국의 포로였고 봉건시대의 규율에 따르면 영주 없는 영지를 공격하는 것은 죄악이었기 때문에 시민들은 한층 더 영웅적인 방어전에 전

력을 다했다. 오를레앙의 시민들은 신의 심판이 자신들에게 유리하게 내려질 것을 믿으며 포위에서 해방되기를 기대하고 있었다. 과연 해방자는 누구일까? 때마침 나타난 인물은 바로 잔 다르크(Jeanne d'Arc, 1412~1431)였다.

5. 1429년 3월 로렌에서 시농에 당도한 한 젊은 처녀가 왕세자를 뵙겠다고 간청했다. 몸이 건장하고 살갗이 노란 그녀는 힘이 장사였으나 음성은 곱고 태도도 얌전했다. 농부의 딸로 양치기 소녀인 그녀는 촌락 동레미라퓌셀에서 밤낮으로 외국인에게 침략당한 프랑스 왕국의 비참한 이야기를 들었다. 패전은 했어도 프랑스인은 모두 희망을 품었고 비록 왕비 이자보 때문에 나라를 빼앗겼으나 한 처녀가 구원할 거라는 풍문이 떠돌았다. 독실한 신자였던 잔 다르크는 양떼를 지키다가 하느님의 말씀을 들었고 찬란한 빛 속에서 대천사 미카엘, 성 카테리나, 성 마르가레타가 나타나는 것을 보았다. 그들은 그녀에게 왕세자를 만나 뵙고 오를레앙을 해방하라고 분부했다. 그녀는 신이 명령하신 것이니 그대로 순종해야 한다고 믿었다. 그녀는 제일 가까운 곳에 있는 보쿨뢰르의 왕군 수비대장 로베르에게 요청해 남자의 갑주로 무장한 뒤 왕세자가 머무는 시농까지 동행해줄 것을 부탁했다. 시골 소녀가 군인을 설득했다는 것부터가 이미 평범한 일은 아니었고 잔 다르크의 이야기는 경이적인 기적의 연속인 동시에 합리적인 정치활동의 연속이었다. 이 로렌의 양치기 소녀가 제안한 목표는 현실적이고 긴급을 요하는 일이었다. 그녀는 왕세자에게 고귀한 출생에 대한 자신감을 회복하고 오를레앙을 해방할 것을 요망했다.

그녀는 왕세자가 독실한 신자임을 알고 그가 하느님의 말씀을 믿음으로써 모든 일에서 성공하리라고 기대했다. 그리고 그 성공은 프랑스 국민에게 자신감을 줄 터였다. 그녀는 왕세자에게 랭스에서 대관식을 거행하라고 했는데, 이 신성한 의식은 모든 신자에게 왕권의 정통성을 확증해줄 것이었다.

6. 성안으로 안내받은 그녀가 신하인 귀족들 사이에 숨어 있던 왕세자를 곧바로 알아보고 그에게 고귀한 왕세자라는 칭호를 올리며 배알했다는 이야기는 아주 유명하다. 독실한 신자인 왕세자가 예언을 받아들였고 잔 다르크가 그의 출생을 인정했을 때 크게 감동했다는 것을 잊어서는 안 된다.

"소녀는 하느님을 대신해 폐하가 프랑스의 진정한 왕위 계승자이며 선왕의 왕자이신 것을 분명히 말씀드립니다."

이때부터 샤를은 잔 다르크의 사명을 믿었다. 자신을 믿으려면 그녀를 믿어야만 했기 때문이다. 잔은 조금도 자신의 말을 의심한 적이 없었다. 그녀는 연약한 처녀의 몸으로 당당하게 강대한 영국군에게 프랑스에서 철수할 것을 요구했다.

"영국 왕과 프랑스의 섭정을 자칭하는 베드포드 공은 신이 보내신 처녀에게 귀하들이 점령하고 공략한 모든 아름답고 선량한 도시의 열쇠를 반환하기 바란다. (…) 영국 왕이여, 귀하가 내 지시를 따르지 않는다면 나는 군사령관으로서 프랑스의 어느 곳에서든 귀하의 부대를 보면 그들의 뜻과 상관없이 축출할 것이다."

왕세자가 내준 소규모 군대와 함께 오를레앙에 입성한 그녀는 찬송가를 부르며 그 도시를 해방했다. 그녀는 홍색군기에 성모 마리아라는 문자와 흰색 백합꽃을 수놓게 했다. 잔은 본능적으로 프랑스 통일에 기여한 흰 백합꽃과 그리스도교의 힘에 의존했던 것이다. 그녀는 선량한 그리스도교 신자였기에 영국인을 미워하지 않았다.

"나는 영국인이 남아 있다가 죽는 사람 외에는 프랑스에서 물러갈 것이라고 자신합니다."

그녀는 영국인을 미워하기는커녕 함께 십자군을 조직하자고 권고했다. 하지만 영국인 섭정은 한 성녀가 영국의 계획을 방해하도록 내버려두지 않았다. 베드포드는 그녀를 마녀라고 불렀고 실제로 그렇게 믿고 있었다. 물론 잔은 현명한 프랑스 여성으로서 행동했을 뿐이다. 그녀는 프랑스의 모든 불행은 서로 용서하지 않는 원한 때문임을 깨닫고 프랑스인 간의 진정한 화해를 요망했다. 그녀는 부르고뉴 공에게 이런 서신을 보냈다.

"전쟁이 그렇게도 하고 싶거든 사라센을 공격하십시오."

항상 망설이기만 하고 공포에 떨던 왕세자에게도 서신을 올렸다.

"왕세자 폐하, 이제 그 지루한 회의를 거듭하지 마십시오. 소녀와 함께 랭스로 가시어 폐하의 신성한 왕관을 차지하십시오. (…) 무엇 때문에 의심하고 계십니까?"

그러나 왕세자는 태평세월로 시간을 낭비했다. 잔에게 적의를 품고 있던 직업군인 장 드 라 트레모이유Jean de la Trémoille는 샤를이 그녀를 기피하게 하려고 갖은 모략을 꾸미고 그녀의 모든 계획을 방해했다. 그녀는 자신의 생명은 1년밖에 남지 않았으니 모든 일을 서둘러야 한다는 말을 되풀이했다. 그녀의 랭스 진격은 트로야 점령으로 시작되었고 이 작전은 군사연습처럼 간단히 성공했다.

드디어 7월 17일 대관식을 거행하는 동안 그녀는 한 손에 군기를 든 채 국왕 옆에 시립했다. 그녀는 5개월 내에 자신의 모든 사명을 완수했던 것이다. 그녀는 말했다.

"마음이 선하신 신왕 폐하, 폐하께서는 이제 랭스에서 신성한 대관식을 마쳤으니 진정한 국왕이시며 왕국의 주인이 되길 소망하신 하느님을 즐겁게 해드렸습니다."

이 승리의 날에 잔은 깊은 비애에 잠겼다.

"만물을 창조하신 하느님께서 허락하신다면 나는 지금이라도 무기를 버리고 집으로 돌아가 동생들과 함께 양떼를 지키며 부모님을 공경하고 싶다."

7. 영국인과 부르고뉴파의 눈에 잔은 마녀이자 이단자였다. 그녀의 몸에 악마가 붙어 있지 않고서야 어찌 무력도 없이 짧은 기간에 이런 승리를 거둘 수 있겠는가? 이제 그녀는 왕을 수도 파리로 인도하려 했다. 하지만 그녀는 1429년 9월의 전투에서 대퇴부에 부상을 입었다. 여기에다 라 트레모이유가 입궁을 연기하자고 권하자 우유부단한 샤를 7세는 그녀의 말에 응하지 않았다. 잔은 다시 종군했다가 콩피에뉴 근방에서 포로가 되었다. 적군과 내통하던 자가 성문을 닫고 열어주지 않았기 때문이다. 1430년 5월 23일 그녀는 부르고뉴파의 뤽상부르 백작에게 잡혔다가 영국인에게 팔렸고, 영국인은 그녀를 종교재판에 회부했다. 그녀는 미리 유죄가 결정되어 있었으나 재판에 5개월이라는 긴 시일이 걸렸다. 재판을 담당한 보베 주교 피에르 코숑

Pierre Cauchon은 한 사람의 부심문관으로 루앙의 고위 성직자 그리고 12명의 교회재판소 변호사를 보좌관으로 임명했다. 파리대학의 몇몇 교사가 배석판사 역할을 담당했다. 당시 75명의 재판관이 참석해 결박당한 처녀의 정신을 혼란케 했는데, 역사가 알프레드 코빌Alfred Coville은 다음과 같이 기록했다.

"영국인은 이 재판을 정치적인 중대성과 결부시켰다. 교회가 유죄 판결을 내리면 그녀가 정복한 공적은 신을 모독한 행위가 되고, 영국인의 정복행위는 교회가 인정하는 정당한 행위가 된다."

참석한 성직자와 속인, 영국인, 프랑스인은 모두 그녀를 화형에 처하는 것에 찬동했다. 국가의 방침이 유죄선고를 원했던 탓에 판결은 재판을 시작하기 이전부터 이미 명백했다. 선입관 없는 재판관이라면 법정 심문에서 나온 그녀의 존경할 만한 답변을 통해 잔 다르크의 숭고한 신념과 애국심을 확인했을 것이다. 교육도 받지 않은 어린 처녀가 고귀하고 순결한 답변을 하자 그 음흉한 법정도 여러 번 당혹스러워했다. 잔 다르크는 기어코 화형 선고를 받고 1431년 5월 30일 루앙 구시장에서 산 채로 화형당했다. 그때 그녀는 열아홉 살로 샤를 7세는 그녀를 구출할 아무런 수단도 강구하지 않았다. 그가 그녀의 명예를 회복해주는 데는 무려 15년이란 긴 세월이 필요했다.

8. 타인의 노력으로 높은 자리에 앉은 고귀한 사람들은 자신의 능력으로 성사된 것이라고 생각하기 십상이다. 망은忘恩은 왕자의 미덕이기도 했다. 잔 다르크가 죽은 뒤 샤를 7세는 그녀 외에 프랑스를 해방할 유능한 군인 리쉬몽, 라 이르, 생트라유, 오를레앙 공의 서

자 장 뒤노아 등을 얻었다. 그러나 이들도 잔 다르크가 아니었다면 활약할 기회를 얻지 못했을 것이다. 잔은 프랑스의 정신적 통일을 완수했다. 1435년 부르고뉴 공 필리프가 항복하면서 내란은 종식되었다. 1436년 왕은 장엄하게 파리에 입성했으나 그곳에 머물지 않았다. 샤를 7세는 불쾌한 기억을 남긴 그 도시를 좋아하지 않았다. 뒤이어 여러 지방도 차례로 되찾았다. 1450년에 노르망디, 1453년에 귀엔을 되찾았고 가스코뉴 지방에는 영국인이 한 명도 남아 있지 않았다. 칼레에만 영국인이 남아 있었을 뿐 그 밖의 다른 프랑스 지역에서는 완전히 축출되었다.

9. 잔 다르크는 프랑스인에게 애국심의 상징으로 길이 남아 있다. 모든 것이 그녀를 특별한 존재로 만드는 데 기여했다. 젊음, 용기, 신념, 조국의 절망적인 상태, 기적 같은 성공, 강적을 격파한 양치기 소녀의 무훈, 화형과 순교 등은 모두 그녀에게 찬란한 영광을 안겨주었다. 부당한 고통을 치른 그녀는 민중의 의식 속에서 그리스도교의 성자로 승화되었다. 그녀는 성자처럼 신이 보낸 사람이었고 신이 프랑스 땅에 내린 분명한 보호의 표시였다. 나폴레옹이 말한 것처럼 그녀는 국가의 독립이 위협받을 때 프랑스인 천재가 기적을 성취하고야 만다는 것을 입증했다. 이후 그녀는 완전히 프랑스 국민의 영웅으로 떠올랐고 훗날 새로운 아르마냑파와 부르고뉴파의 분열이 재발했을 때 양쪽에서 서로 그녀의 후광을 끌어들이려 쟁탈전을 벌였다. 좌파는 그녀가 하류계급 딸이었다는 이유에서였고, 우파는 그녀의 깃발에 흰 백합꽃이 있었다는 이유에서였다. 잔 다르크를 환각 증상이 있

는 신경쇠약자와 성직자들에게 교묘히 조종당한 단순한 성격의 여성으로 인식한 반종교적 자유주의 사상가 아나톨 프랑스Anatole France도 이렇게 서술했다.

"그녀는 왕세자를 국왕으로 추대하려 했고 그 신념을 위해 일생을 바쳤다. 그녀는 자신의 신념을 위해 생명을 바쳤으며 그 헌신은 불멸의 공적으로 남았다. 그것 없이는 인간이 이 세상에서 위대하고 유용한 일을 할 수 없다는 순교정신마저 있었다. 도시와 제국, 공화국 등 모든 것은 희생 위에 존재한다. 따라서 잔 다르크가 무장한 조국의 상징이 된 것은 비합리적이거나 부당한 일이 절대 아니다."

그녀는 신앙과 의지가 성취해낸 기적의 가장 놀랄 만한 실례였다.

chapter 10

—

백년전쟁 이후 프랑스의 부흥

—

1. 백년전쟁은 프랑스의 국토를 철저히 파괴했고 국왕의 권위를 떨어뜨렸으며 국가 내부에서 또 다른 국가를 구성하고 있던 대영주들의 야망을 자극했다. 샤를 7세의 성격은 프랑스인의 재건을 담당할 만큼 강인하지 않았으나 지성적이기는 했다. 그가 유능한 신하를 거느린 것을 보면 적어도 신하를 선별하는 능력은 인정할 만하다. 무엇보다 군비와 재정을 재건하는 것이 급선무였다. 농촌 지방을 약탈하고 다니는 무장 강도 무리도 소탕해야 했다. 국왕의 유급제 근위부대를 창설했기 때문에 이제 봉건 영주의 기사단은 예비부대에 불과했다. 영국의 선례를 따라 50세대에서 한 명씩 공출한 사수로 보병대를 편성한 것이다. 이 사수들은 인두세를 면제받았으나 정기적인 군사훈련을 받을 의무가 있었다. 이들 면세 사수가 제2예비부대를 형성했다. 포병대가 완전히 국왕에게 소속되면서 국왕은 유력한 영주들의 아성을 제압할 만한 실력을 갖추었다. 1439년 샤를 7세는 이들 상

비군을 유지하기 위해 삼부회에서 120만 리브르의 항구적인 인두세를 확보했다. 이것은 영국과 프랑스의 정치 노선에서 하나의 분기점이 되었다. 해양에 둘러싸여 방위가 용이하고 자유에 과감했던 영국 국민은 대헌장 시대부터 국왕에게 '대표권 없는 곳에 과세는 없다'고 선언한 바 있다. 반면 늘 위험에 직면해 있었던 프랑스 국민은 간신히 멸망을 모면한 시기라 국왕이 요구하는 상비군과 항구적인 과세를 인정할 수밖에 없었고 사실 거절할 상황도 아니었다. 무엇보다 프랑스 자체를 방어해야 했다.

샤를 7세는 개인적인 결점이 적지 않았다. 그는 프로망토의 보테 부인으로 불리는 아네스 소렐Agnès Sorel이란 아름다운 여인을 정부로 두었고 그녀와의 사이에서 네 명의 딸을 얻었는데, 아네스가 죽은 후에도 음란한 노인의 광태를 지속했다. 그는 유능한 조언자들의 은혜를 잊었으나 행복하고 강대한 프랑스를 남겨놓았다.

2. 부르제 왕에 지나지 않던 인물이 프랑스 왕뿐 아니라 유럽에서 제일 강대한 군주로 거듭난 신속한 과정만큼 경이적인 일도 없다. 기회가 하나 주어지자마자 드러난 프랑스의 정력과 활기는 전 세계를 놀라게 했다. 몇 년 후 샤를 7세는 독일, 사부아 왕국, 이탈리아 등에서 조정자로 활약했다. 헝가리의 왕 라디슬라스는 그를 그리스도교권의 대지주라 했고 베네치아 총독은 그가 왕 중의 왕이며 그가 없으면 되는 일이 없다고 말했다. 무일푼으로 시작해 귀금속 거래로 거부가 되어 동부 지중해 일대를 장악한 부르제의 상인 자크 쾨르Jacques Coeur의 입김으로 동부 지중해 해상에서 돛대에 백합꽃 문장을 달지

않은 배를 볼 수 없을 정도였다. 십자군 기사단은 성지 보호에 실패했으나 상인들은 성공했다. 자본가이자 투기가인 쾨르는 재무관과 대사로서 눈부신 활약을 했지만 중상적인 비난에다 지나치게 돈이 많아 실각했다.

혈연관계에 있는 대영주들과의 투쟁이 계속 이어지자 샤를 7세는 결국 외국과의 동맹으로 왕권을 강화했다. 왕실 다음가는 대영주 부르고뉴 공, 앙주 백작, 부르봉 공, 브르타뉴 공, 알베르 공 등은 왕권을 무시했다. 부르고뉴 공 같은 서유럽의 공작들은 어엿한 왕국을 다스렸으나 국왕의 칭호만은 없었던 것이다. 부르고뉴 공은 장 2세에게 상속받은 부르고뉴 지방 외에 결혼으로 플랑드르 지방과 솜 강까지 얻어 네덜란드의 전 국토를 영유했다. 부르고뉴의 수도 디종에는 궁정이 있었고 파리보다 문화가 더 발달했다. 특히 부르고뉴의 조각품은 아주 우수했다. 한마디로 하나의 새로운 국가 로타링기아가 프랑스 바로 옆에 형성되고 있었던 셈이다. 1429년 부르고뉴 공은 전 유럽에 이름을 떨친 기사의 결사단체를 창설했다. 샤를 7세에게 프랑스의 대귀족으로 참석하라는 소명을 받은 부르고뉴 공이 4만 명의 부하를 거느리고 가겠다고 대답했을 때 국왕은 고심 끝에 파리로의 소명을 면제했고 이웃은 더욱 위험해졌다. 1440년 대영주들이 훗날 루이 11세가 될 왕세자까지 끌어들여 프라하에서 일어난 후스파의 반란을 인용해 '프라하 반란'이라고 부른 반란을 공모했다. 왕위와 부왕의 권위에 반항적이던 왕세자 루이는 부르고뉴 공에게 은신하고 있었다. 샤를 7세는 이렇게 독설을 퍼부었다.

"내 사촌인 부르고뉴 공은 자신의 그릇된 처사를 모르고 있다. 그는 자신의 암탉을 잡아먹을 여우를 기르고 있다."

부왕은 자기 아들인 왕세자를 잘 알고 있었다. 그는 왕세자가 자신의 애첩 아네스 소렐을 독살했다고 의심하고, 존속살인을 할 만한 인물임을 알면서도 그에게 전 재산을 물려주었다. 국왕으로서 그의 인격이 인간으로서의 원한을 초월한 것이다.

3. 루이 11세(Louis XI, 1423~1483)는 두 가지 이유로 아주 유명하다. 첫째, 역사가와 소설가이자 극작가 특히 월터 스콧Walter Scott, 카시미르 들라비뉴Casimir Delavigne, 테오도르 드 방빌Théodore de Banville 등에게 풍부한 창작 자료를 줄 만큼 상식에서 벗어난 이색적인 인물이었다. 둘째, 여러 결점이 있었음에도 불구하고 유능하고 위대하며 현실적인 국왕이었다. 그에게는 기사적·봉건적 기질이 전혀 없었고 약속을 지키지 않았을 뿐 아니라 남의 서약도 믿지 않았다. 또한 그는 사람은 누구에게나 자기만의 값어치가 있다고 믿었으며 필요하면 그 값을 지불하는 데 인색하지 않았다. 가령 주치의가 자기 생명을 적극 보호하도록 매월 1만 에퀴écu라는 거금을 지불했다. 영국이 프랑스와의 전쟁을 재개하려 하자 그는 영국과 부르고뉴의 동맹을 저지하기 위해 영국 왕에게 5만 에퀴, 대신들에게 1만 6,000에퀴씩 그리고 은기를 공물로 바치겠다고 약속하기도 했다. 1475년 루이 11세는 금품 공세로 피퀴니 조약을 체결함으로써 아직 꺼지지 않은 백년전쟁의 잔재를 완전히 제거했다. 또한 영국의 에드워드 4세가 프랑스 왕이란 칭호를 계속 사용하는 것을 참아가며 그는 영국 왕에게 보내는 서신에 왕자 루이라는 칭호를 사용했다. 그는 약할 때는 굉장히 겸손하게

처신했지만 일단 강하다고 생각하면 철저하게 복수하는 사람이었다. 포로가 되면 복종을 약속하고 자유의 몸이 되면 상대방에게 복종을 강요했다. 그는 능력 있는 사람을 선호했고 모든 일에서 정확한 정보를 알려고 했으며 판단력이 탁월했다. 특히 귀족을 경원시하고 시민과 하류계급인 올리비에 르 댕Olivier le Daim, 트리스탕 레르미트Tristan L'Hermite 같은 인물을 곁에 두고 중용했다. 하지만 그는 항쟁하던 제후는 물론 국민에

왕권을 중심으로 강력하게 통합된 프랑스 왕국을 구축한 루이 11세

게 과중한 인두세를 징수함으로써 대중의 원성을 샀다. 말기에는 포병대의 기타 군사비로 인두세가 470만 리브르에 달했다. 그래도 그는 징수한 세금을 왕실 재정에 한 푼도 넣지 않고 오로지 도시와 요새를 방비하는 방대한 건설공사를 위해 지출했다.

"쉬는 동안에도 그의 머리는 쉬지 않았다. (…) 전쟁을 치를 때는 평화를 원했고 평화로울 때는 답답함을 느꼈다. (…) 이것이 그의 성격이었고 그는 성격대로 살았다."

사람들은 그를 두고 거미 같다고 말했다. 사실 그는 파리 또는 투렌의 플레시레투르라는 거미줄의 중심점에서 철없는 파리를 잡기 위해 움직일 태세를 갖추고 있었고 공격이 끝나면 언제나 다시 거미줄 가

운데로 돌아왔다.

4. 그는 왕위에 오르자마자 선왕의 고문관들을 무참하게 축출해 많은 적을 만들었다. 국내 귀족들은 국왕에게 대항해 질서를 세우고 빈민을 보호하겠다며 자칭 대중을 위한 연맹을 조직했다. 이러한 조직은 겉보기에 그럴싸하지만 사실은 보호자가 되어주는 사람만 보호하게 마련이다. 부르고뉴 공, 브르타뉴 공, 베리 공이 동맹하고 여기에 영국이 가담하면 프랑스는 위기에 직면하고 만다.

하지만 영국은 내란으로 혼란스러웠고 루이 11세는 부왕에게 강력한 상비군을 상속받았다. 반란자들은 국왕이 완벽하게 방비를 갖추었다고 투덜거렸다. 그러나 간신히 파리를 지킬 정도에 불과하다는 것을 알고 있던 루이 11세는 타협하기로 했다. 그는 적에게 여러 가지 약속을 한 다음 이를 파기하고자 상대방을 분열시키려 했다. 대영주 중에서 가장 위험한 존재는 부르고뉴 공 샤를 르 테메레르였다. 루이 11세는 교활한 상대를 잡아들이기 위해 페론에서의 회담에 응했다가 오히려 자신이 덫에 걸렸다. 부르고뉴 공의 포로가 된 루이 11세는 상대방의 요구를 모조리 승인했다. 그러나 그는 서약 따위에 구애받는 인물이 아니었다. 그는 항상 말했다.

"이기면 충신이고 지면 역적이다."

5. 그는 술책과 요행으로 성공했다. 부르고뉴 공은 그랑송에서 벌어진 스위스군과의 전투에서 패했고 다음 해에 낭시에서 전사했다. 당시 스무 살이 된 공주 마리 드 부르고뉴가 제국의 영지와 개인 재

산을 상속받았지만, 왕자령이던 영지는 남자 상속인이 없어서 왕령으로 환수되었다. 이 행운으로 1477년 루이 11세는 부르고뉴와 피카르디를 손에 넣었다. 그는 나머지 영지까지 얻기 위해 당시 일곱 살인 왕자와 부르고뉴의 마리를 결혼시키려 했다가 실패했다. 그녀는 부르고뉴를 지원한 오스트리아의 막시밀리안 1세와 결혼했다. 이때부터 부르고뉴는 더 이상 프랑스 왕국에 저항하는 별개의 왕국이 아니었다. 이제 프랑스는 자기 옆에 로타링기아라는 새로운 국가가 수립되는 불안에서 완전히 해방되었다. 그러나 이 사건 후에도 또 다른 문제가 플랑드르 지방에 남아 있었다. 부르고뉴 공은 브뤼셀을 중심으로 플랑드르 지방의 일부를 프랑스화하고 있었다. 그런데 마리가 막시밀리안에게 이 영지를 지참금으로 가져가는 바람에 프랑스와 오스트리아 사이에 적대관계가 생겼다. 프랑스의 이 북부 국경은 지금도 유럽에 위기가 닥칠 때마다 프랑스의 중요한 급소로 작용하고 있다. 프랑스는 이쪽 방면의 국경이 가장 취약해서, 독일은 이곳이 라인 강의 하류 지점이라서, 영국은 앙베르(앤트워프) 항이 영국과 가까운 거리에 있어서 탐을 냈다. 이 지방을 기준으로 서로 대립하는 이해관계가 위험한 소용돌이를 형성했던 것이다.

1482년 마리는 아들 필리프와 딸 마르그리트를 남겨두고 낙마로 사망했다. 루이 11세는 왕세자 샤를(샤를 9세)과 마르그리트의 혼약에 성공했고 그녀는 지참금으로 프랑슈콩테와 아르투아를 가져왔다. 이는 대단한 성공이었다. 이후 싸우지 않고 또 하나의 승리를 거두었다. 1480년 르네 왕과 그의 조카 샤를 앙주가 사망하면서 멘과 앙주가 프랑스 왕실로 돌아온 것이다. 루이 11세는 경쟁자를 차례로 매장했는데 이것이야말로 그들을 이기는 가장 확실한 방법이었다. 그는 자기 정원에서 잘 익어 떨어진 과실을 차례로 바구니에 주워 담았던 것이다.

6. 그는 권력을 장악했으면서도 불안감을 느끼며 사망했다. 연대기 작가 필리프 드 코미느Philippe de Commynes가 기록한 그의 만년 모습이 전 생애의 색조를 결정하는 바람에 그는 우리에게 음울한 인상으로 남아 있다. 소설가는 그가 플레시레투르 성안에서 두툼하고 거친 옷에 납 메달이 달린 모피 모자를 쓰고 궁수나 사수들과 함께 지내는 모습과 정원의 나뭇가지에 교수당한 시체가 매달려 이리저리 흔들리는 루이 왕의 과수원 장면을 즐겨 묘사했다. 그는 종종 자신의 원수들이 갇힌 옥을 방문했는데, 사실은 그 자신이 불안의 포로로서 마음의 옥에 유폐되어 있었다. 어째서 그토록 의심이 많았던 것일까? 양심의 가책 때문이었을까? 그는 국민을 착취했으나 그것은 국민을 보호하기 위해서였다. 그는 영주들에게 가혹했지만 그것은 프랑스의 국토를 재통합하기 위해서였다. 그는 여러 근대적 제도를 창안했다. 도량형제도의 통일을 권장했고 통행세를 폐지했으며 20킬로미터마다 우편 역을 설치했다. 또한 상업을 장려하고 영국에서처럼 귀족들이 상업을 귀족에게 맞지 않는 천업으로 멸시하지 않기를 원했으나 귀족들의 자부심 때문에 실패했다. 요컨대 그는 정신은 위대했지만 수단은 졸렬했다. 신학자 자크-베니뉴 보쉬에Jacques-Bénigne Bossuet는 그를 "저열하고 왕자답지 않은 인물"이라고 말했다. 반면 그를 보다 잘 알고 있던 코미느가 기록한 인상은 그것과 판이하다. 그는 깊은 생각에 잠겨 있지 않거나 걱정하지 않는 왕을 본 적이 없다고 했다. 일이

없을 때는 일부러 일을 만들어서 몰두했고 날씨와 상관없이 지칠 때까지 사슴을 쫓다가 돌아와 모두에게 신경질을 부리던 모습도 기록하고 있다. 이러한 격정은 성격이 저열해서라기보다 오히려 이상 증후로 볼 수 있다. 부왕과의 대립과 부르고뉴 공과의 투쟁을 통해 불신과 증오를 배운 그는 기사적 국왕의 후손인 자신에 대해 혐오를 느꼈던 모양이다. 그는 시민

여러 차례 이탈리아 원정을 계획했던 샤를 8세

의 모든 결점과 장점을 갖추고 국가 경영이란 사업을 완수한 사업가적 국왕이었다. 코미느에 따르면 그는 누구보다 깨끗하고 인자한 임종을 거두었다고 한다. 그는 임종 전 왕위를 이어받은 아들을 불러 성장할 때까지 왕국의 평화 유지를 명령했다.

7. 새로 왕위에 오른 샤를 8세(Charles VIII, 1470~1498)는 겨우 열세 살이었다. 허약하고 머리가 보기 싫을 만큼 컸던 그는 머릿속이 기사도 이야기로 꽉 차 있었다. 그는 부왕과 멀리 떨어져 앙부아즈 성에서 자랐다. 부왕이 총애한 사람은 피에르 드 보주와 결혼한 딸 안 드 보주 Anne de Beaujeu였는데 루이 11세가 보주 부처를 섭정으로 임명하자 여론이 들끓었고 안이 여기에 눌려 선왕의 고문관들을 숙청하려 하

어린 나이에 즉위한 샤를 8세를 대신해 국정을
운영한 누이 안 드 보주

자 비난이 더욱 거세졌다. 연대기 작가 코민느까지도 죄수의 맛을 보았다. 대중연맹이 다시 조직되었으나 이번에는 민중이 귀족들의 전쟁을 무의미한 것으로 여겨 전혀 관심을 보이지 않았다. 시대의 조류는 이미 민중이 봉건 영주에게 염증을 느끼고 국왕에게는 호의를 보이는 단계로 넘어가고 있었다. 오를레앙 공 루이, 브르타뉴 공 프랑수아 2세가 반란을 이끌었지만 안 드 보주는 반란군을 군사적, 정치적 양면에서 제압했다.

그녀는 국민이 자신을 지지한다는 것을 입증하기 위해 삼부회를 소집했다. 삼부회는 그녀를 지지하면서 샤를 7세 시대의 자유를 요구했다. 언제나 과거는 황금시대로 보이는 법이다. 삼부회는 불만에 관한 건의서를 접수하고 부르고뉴 지방 라로슈의 영주인 필리프 포Philippe Pot 대의원의 명철하고 혁명적인 연설을 들었다.

"국가의 주인은 국민이다. (…) 주권자인 국민이 선거를 통해 국왕을 만들었다. (…) 따라서 국왕은 국민을 이용하거나 희생해서 자신의 재화를 늘리면 안 되며 개인적인 이해관계를 버리고 국민을 부유하고 행복하게 만들어야 한다. 간혹 국왕이 이와 반대되는 일을 하려고 하는데 이런 국왕은 폭군이다."

삼부회는 2년에 한 번씩 소집을 요구했으나 다음 날 벽보와 집기가 말끔히 사라지고 말았다. 주권자인 국민이 굴복한 셈이다.

8. 브르타뉴 공 프랑수아 2세가 사망하자 갑자기 급한 문제가 발생했다. 그의 딸 안이 상속을 받았기 때문에 이제 그녀와 결혼하는 사람이 브르타뉴의 주인이 될 터였다. 후보자 중에는 마리 드 부르고뉴의 사망으로 홀아비가 된 막시밀리안 1세도 있었다. 이미 딸 마르그리트를 통해 플랑드르 지방의 주인이 된 그가 또다시 브르타뉴를 손에 넣으면 프랑스는 그에게 완전히 포위되는 꼴이었다. 안 드 보주는 신속하게 움직여 자기 동생을 추천하는 청혼장을 4만 명의 군대와 함께 브르타뉴 공주에게 전달했다. 이처럼 예의에 벗어난 행동을 할 만큼 절박했던 것이다. 브르타뉴의 안은 프랑스 왕이 이미 오스트리아의 공주 마르그리트와 약혼했다는 것을 이유로 거절했다. 보주는 어린아이들의 약혼은 이미 파기된 지 오래라고 답했다. 안은 마지못해 결혼했으나 곧 못생긴 남편을 사랑하게 되었다. 그녀도 바짝 마른 데다 예쁘지도 않은 절름발이였으나 순수한 브르타뉴인으로 교양이 풍부했고 예술을 사랑했다. 그녀는 브르타뉴인을 거느리고 앙부아즈에서 살았으나 고국인 브르타뉴는 그녀에게 끝까지 충성을 바쳤다. 브르타뉴는 오랫동안 경애하는 공주의 상속자로서만 프랑스의 주권을 인정한다는 원칙을 견지했다. 결혼 후 보주는 과업을 완성했고 섭정 안은 은퇴했다. 그녀는 자기 동생을 아무도 두려워할 사람이 없는 아름다운 왕국의 주인으로 만들었던 것이다.

—

chapter 11

14~15세기에 이뤄진
중세기에서 근세기로의 이행

—

1. 서구 유럽이 중세기라고 부르는 사회가 르네상스 시대로 비약한 것처럼 기술하는 것은 커다란 잘못이다. 이러한 시대 구분은 훗날 기술상의 편의를 위해 등장한 것뿐이다. 진실한 역사는 개인과 행동으로 구성되는 것이지 시대 구분으로 이뤄지는 것이 아니다. 틀림없는 사실은 14~15세기 동안 그리스도교권 내에 서서히 합리적이고 풍요로운 문명이 성장하고 프랑스에서 봉건 영주의 권력이 몰락했다는 점이다. 샤를 7세와 루이 11세가 상비군을 창설하고 보병과 포병으로 편성한 막강한 군사력이 봉건 기사의 정치권력을 약화시킨 과정은 앞서 말한 바와 같다. 제도는 일정한 결과를 거쳐 그것이 기능을 상실한 후에야 비로소 새로운 제도로 이행하는 법이다. 프랑스 왕은 전쟁을 거듭할 때마다 왕권을 강화했고, 이제 국왕은 명실공히 국가의 방위자이자 지배자로 우뚝 섰다.

사수는 기사의 전진을 저지했고 대포는 영주의 성탑을 무너뜨렸다.

개인적·국민적·종교적 기반 위에 확고하게 구축된 프랑스의 아들, 신의 축성을 받은 사람, 기적을 행하는 사람 그리고 총사령관인 국왕은 그 어느 권력보다 강대한 초월적인 존재가 되었다. 그때까지 최고 권력은 여러 형태를 취해왔다. 성 루이 왕의 정신적 권위, 샤를 5세와 샤를 7세의 계몽적 전제주의, 루이 11세의 교활한 현실주의 등이 그것이다. 이후 이 지배권에 대해 아무도 이의를 제기하지 않았다. 봉건 제도, 삼부회도 이 지배권의 강화를 반대할 수 없었다. 프랑스의 군주제는 원만했으나 절대주의를 향해 착실하게 전진하고 있었다. 그러나 프랑스 국민은 아무런 위협을 느끼지 않았고 오히려 국왕의 보호를 고맙게 여겼다. 코민느는 다음과 같이 말했다.

"프랑스 국왕은 세상에서 자기 뜻대로 국민에게 과세할 수 있는 유일한 군주라는 말을 할 필요조차 없다. 프랑스 국왕은 물론 아무에게도 이 특권은 허용되지 않으며 자신이 위대하게 보이도록 하기 위해 이러한 특권을 과시하는 사람은 도리어 명예에 손상을 입는다. 나아가 이러한 통치를 거부하는 사람은 인근 국가의 증오와 공포를 사게 된다."

왕에게는 물론 아무에게도 그러한 특권이 없다는 구절은 아주 중요한 말이다. 코민느에 따르면 루이 11세는 자신에게도 규율을 적용했고 자신의 권력에 프랑스의 관습에 따른 제한을 가했다. 루이 11세와 샤를 8세는 자신의 권력에 대한 개념이 루이 14세와는 완전히 달랐던 것이다.

2. 프랑스의 신분은 세 가지로 뚜렷이 나뉘었다. 귀족은 면세권, 귀

족에 의한 특별재판권, 사회적인 최고 지위 등의 특권을 보장받았다. 하지만 백년전쟁 동안 귀족이 군사적, 정치적으로 매우 무력하다는 사실이 드러났다. 기사도에 몰두한 그들은 비현실적이었고 도리어 현실적인 활동을 치욕으로 생각했다. 어린아이 같은 허영심, 야전野戰 시합에 대한 유치한 집착, 연회와 무기에 관한 과장, 개인을 향한 완고한 충성 등에만 정신을 집중하는 그들은 국민감정과 완전히 동떨어져 있었다. 그들의 감정이 격렬했다는 것은 부르고뉴 공의 궁정에서 흔히 볼 수 있던 보복행위가 충분히 설명해준다. 이제 종교 감정마저 그들을 제어할 힘을 상실했다. 프루아사르와 몽스트렐레 같은 역사가는 그들이 입으로만 기사도에 충실했지 아무도 기사의 과부와 고아를 돕지 않았다고 말했다. 풍류 예절에 따른 연애도 일종의 공허한 의식처럼 되고 말았다. 기사들은 야전시합에 앞서 마음에 둔 귀부인 앞을 행진하고 그녀가 좋아하는 색 혹은 그녀의 베일을 착용하거나 심지어 속옷까지 입었다가 선혈을 묻힌 채 돌려주었지만 진실한 열정은 없었다. 물론 더러는 자식에게 명예의 계율을 가르치는 피에르 바야르Pierre Bayard의 아버지 같은 진정한 기사도 있었다.

"신을 받들어라. 고귀한 사람들에게 친절하고 예의를 지켜라. 모든 사람에게 겸손하고 봉사하라. 아첨쟁이나 수다쟁이가 되지 마라. 언행일치를 실천하고 반드시 약속을 지켜라."

바야르 같은 사람이 찬양을 받는 이유는 그가 예외적이었기 때문이다. 바야르 자신도 야전시합에서 창을 꺾는 것을 좋아했으나 현실주의적인 군인이 이런 말을 하는 시대가 다가오고 있었다.

"공연히 창을 꺾지 말고 무기를 잘 손질했다가 적병을 무찌르도록 하시오."

영웅과 병사의 좋은 대조였다.

3. 중세기에는 성직자 역시 봉건적인 습성에 젖어 있었다. 야전시합의 호화로운 분위기가 예배 형식까지 호화찬란하게 만들었다. 민중은 호화로운 의식은 좋아했으나 주교들의 개인생활이 호화로운 것은 비난했다. 특히 두 교황이 그리스도교권 지배를 놓고 싸운 대분열은 교회의 위신을 완전히 추락시켰다. 파문을 명하는 사람끼리 서로 파문하는 판국에 파문을 두려워할 사람이 있을 리 없었다. 프랑스 국민은 여전히 경건한 신자였으나 성직자의 지위 남용과 면죄부 판매, 일부 성직자의 비행 등은 비난했다. 성직자의 애인들은 대중의 미움을 샀고 많은 사람이 교회개혁의 필요성을 얘기했다. 1438년 프랑스의 성직자와 샤를 7세는 교황청의 재정 규제를 거부하며 그때까지 교황에게 상납하던 수입의 일부를 국왕에게 바치도록 규정한 부르제의 국무칙서를 교황에게 강요했다. 정신적 측면에서는 새로운 신비주의가 그리스도교적 영혼의 필요를 대신하고 있었다. 1430년경에 나온 《예수 그리스도의 교서L'Imitation de Jésus-christ》는 자비와 애정을 중심으로 하는 독실한 신앙을 계몽했다. 이러한 개선이 없었다면 가톨릭교회는 다음 세기에 발생할 종교개혁에 전혀 대비할 수 없었을 것이다.

4. 활동적인 제3신분은 주로 부르주아계급으로 이뤄졌다. 이들은 일반 서민과 달리 일종의 특권을 가진 계급으로 일정한 조건을 충족하고 가입금을 지불하면 누구나 이 계급에 속할 수 있었다. 대도시의

자치제도는 그 권위가 완전히 봉건적이었다. 파리 시민은 거의 30만 명에 달했고 왕국 내 제2의 도시는 랭스였다. 많은 시민이 귀족의 영지를 매수해 귀족처럼 절반 소작제를 통해 소작인을 고용했고, 동업 조합의 규칙은 날이 갈수록 엄격해졌다. 장인들은 도시의 특정지구에서 살았으며 모든 직업이 세습제였다. 농촌에서는 농노가 줄어들고 있었으나 농노에 관한 전통적인 관습은 남아 있었다. 가령 소작인의 딸이 결혼할 때 영주의 허가를 받는 관습은 교회가 금지했지만 영주의 초야권初夜權을 상징해 신부의 침상에 다리를 얹는 각입권脚入權 전통은 그대로 남았다. 근면하고 검소한 프랑스 농민은 전쟁과 세금만 없으면 언제든 번영할 수 있었다. 하지만 군인과 무장 강도가 농민을 약탈하고 인두세가 너무 과중했다.

5. 중세기 말에는 프랑스의 예술에 변화가 일어났다. 백년전쟁 중에 파리가 몹시 빈곤해지면서 감히 대건축물을 축성할 여유가 없었던 것이다. 예술가는 전쟁의 영향에서 벗어나기 위해 부르고뉴, 이탈리아, 플랑드르 지방으로 떠났다. 그들에게 강렬한 영감을 주는 것은 여전히 종교적인 주제였다. 잔 다르크 이야기는 15세기 신앙이 얼마나 강렬했는지 잘 보여준다. 교회에 대한 비판도 신앙에서 우러난 것이었다. 만약 사람들이 경건한 신자가 아니었다면 종교개혁에 그토록 깊이 몰두하지는 않았을 것이다. 그러나 새로운 종교예술은 12~13세기의 그것처럼 교훈적이 아니라 정서적이었다. 예술가들은 이미 하느님의 나라를 떠나 현실세계에 눈을 돌리고 있었다. 즉, 감각적으로 관찰한 사물이 정신으로 창조한 구상을 대체했다. 성당의 정면 입구를

장식한 조각은 중세기에는 천사의 비구상적인 육체로 이상주의를 표현했으나 15세기에는 특히 플랑드르 지방의 영향을 받아 사실적인 그리스도의 수난 장면으로 바뀌었다. 세밀화 작가는 고뇌하는 사람처럼 가학적 취미로 순교자 묘사를 즐겼고 결국 고뇌하는 미덕을 창조했다. 죽음의 관념이 한 조각가에게 '죽음의 무도Danses Macabres'를 제작하게 했듯 그것은 시인 프랑수아 비용François Villon을 일생 동안 따라다녔다.

파리 시민은 성 이노센트 가의 납골당을 구경하러 모여들었다. 부르고뉴 지방에는 묘비를 제작하는 우수한 조각가 일파가 있었다. 어떤 묘비는 죽은 이를 흑색으로 된 개전자改悔者들이 떠받드는 장면을 묘사한 굉장히 절묘한 조각품이었다. 네덜란드의 조각가 클라우스 슬뤼터르Claus Sluter는 필리프 3세의 묘소를 완성했고 현재 필리프 포의 작품은 시토 대성당에서 루브르 박물관으로, 퐁드 곤토의 작품은 메트로폴리탄 미술관으로 옮겨갔다. 12세기에 이르러 프랑스의 석공들은 하늘만 바라보던 눈을 자연으로 돌리기 시작했다. 이제 예술가들은 스스로 자연 관찰자가 되었다. 이탈리아와 달리 당시 프랑스에는 벽화가 거의 없었다. 고딕 대성당의 벽이 스테인드글라스 창으로 발전하는 바람에 채색할 벽면이 없었기 때문이다. 프랑스의 채색공과 세밀화 작가로는 장 푸케Jean Fouquet 같은 천재가 이탈리아 르네상스 화가에게 영향을 주었다. 그들이 제작한 세밀화는 점차 회화로 발전했다. 그 배경은 훌륭한 풍경화이고 수렵과 행렬 장면은 비토레 카르파초Vittore Carpaccio나 베노초 고촐리Benozzo Gozzoli의 그림과 비등하다.

6. 13세기에는 세속적, 즉 비종교적 예술은 종루나 시청사를 건립하는 부유한 자치도시에서만 겨우 보호를 받았다. 14~15세기에는 부유한 권력자가 직접 예술가를 고용했다. 샤를 5세는 대저택과 성관을 많이 건축했는데 특히 필리프 2세는 루브르를 건축가 레이몽 뒤 탕플Raymond du Temple에게 거주하는 성으로 개조하게 한 뒤 공식 왕궁으로 지정했다. 장 2세의 아들들은 예술의 보호자였고 앙주 공 루이는 앙주의 태피스트리, 베리 공 장은 유명한 태피스트리 '시도Grandes Heures'를 제작했다. 자크 쾨르 같은 거상은 조각으로 장식한 궁전 같은 대저택을 건립했다. 이 시대에는 초상화, 수렵, 행렬 등의 장면이 흥미의 대상이었다. 이제 예술작품은 보물로 성당에 바치는 것이 아니라 개인의 수집 대상이 되었다. 대영주와 대은행가들은 전 세계의 보물을 자기 집 안에 모아두려 애썼고 수집가들은 호화롭고 관능적인 작품을 권장했다. 이와 더불어 옷을 벗은 여성의 육체를 널리 묘사하기 시작했다. 가령 종교적인 기조에 세속적 관능미를 융합한 장 푸케의 〈성모 마리아와 아기 예수Vierge à l'Enfant〉는 샤를 7세의 애첩 아녜스 소렐을 모델로 해서 그녀의 아름다운 젖가슴을 묘사하고 있다. 당시 시민적인 건축예술도 장족의 진보를 거듭했고 실내조명과 난방도 발달했다. 아브빌의 상인들은 주택의 계단과 창가를 기괴하고 해학적인 목각물로 장식했다. 익명으로 성당 건축에 참여했던 예술가들은 15세기 이후, 특히 16세기에 그 이름이 널리 알려지면서 존경을 받았지만 그만큼 정신적으로는 타락했다.

7. 문학도 같은 특징을 보였다. 문학작품도 점점 익명이 아니라 개

인적인 것이 되었다. 특히 무
훈시는 여러 시인의 손을 거
쳐 끊임없이 개작되었다. 샤
를 도를레앙Charles d'Orléans
과 프랑수아 비용의 생애는
우리에게 고상하게 알려져
있고 그들의 개성이 작품에
잘 반영되어 있다. 이러한 특
징은 역사가 프루아사르와
코미느에게도 나타난다. 그
들은 역사가뿐 아니라 회고

아네스 소렐을 모델로 한 장 푸케의 〈성모 마리아와
아기 예수〉 © Collection Van Ertborn, Anvers

록 작가로서 자신들의 체험을 생생하게 묘사한 글을 우리에게 남겨
주었다. 이 연대기 작가들의 서술은 뒤이어 등장한 역사가, 즉 아는
것은 많아도 간접적 사료에 의존하는 역사가의 서술이 도저히 따를
수 없는 매력을 풍긴다. 비용이 표현하는 감정은 동시대의 다른 예술
작품이 품은 감정과 조금도 다를 바 없다. 가령 깊은 비애, 슬픈 신앙,
죽음에 대한 공포감 등이 엿보인다. 여기에서는 사람들이 하느님의
나라를 건설하던 13세기의 낙천주의를 볼 수 없다. 전쟁의 공포와 내
란의 무질서가 사람들을 지치게 한 나머지 인생에 회의적이었던 것
이다. 그렇지만 비용은 하느님께 기도를 올릴 줄 알았고 비천한 그리
스도교도인 자기 모친의 이름으로 지은 〈이 세상을 다스리시는 하늘
에 계신 성모 마리아〉란 시에서 감동적인 기도를 하고 있다. 또한 그
는 사회의 구성이 부당하고 치욕과 잔인함이 너무 널리 퍼져 있으며

유일한 구원인 죽음이 도적과 사형집행인, 백합처럼 순결한 태후 블랑슈 그리고 루앙에서 영국인이 화형에 처한 잔 다르크에게까지 이르렀다고 읊고 있다. 그는 이 작품 〈고대 미희전〉의 소재를 성서, 성 베르나르, 이사야, 솔로몬 등에서 얻었다. 현세의 왕후와 귀인을 애도하는 주제는 시가 세상에 등장할 때부터 있었던 오래된 전통이다. 11세기의 찬송가는 '헬레나와 파리스는 어디에 있는가?'라고 불렀다. 이때는 염세의 시대였던 것이다. 외스타슈 데샹Eustache Deschamps의 시는 다음과 같이 절규하고 있다.

> 비애와 유혹의 시대
> 눈물과 불안과 고통의 시기
> 권태와 저주의 시일

희망이 없어 보이는 모든 시대의 표면적 특징 중 하나는 시인들이 난해한 형식의 시 속으로 도피한다는 점이다.

'공허한 천박성은 일종의 폭력이다.'

운율의 복잡성처럼 경박한 일은 없다. 민요ballade, 단시rondeau, 이중운rimes redoublées, 훗날 유배 중이던 조아심 뒤 벨레Joachim Du Bellay와 옥중에 있던 장 카수Jean Cassou가 창작한 14행시 소네트sonnet는 인생의 공포를 은폐하고 걸작을 지어내는 이중의 이점을 지녔다. 민요와 합창, 찬송가의 작가이자 프랑스의 위대한 예술가인 기욤 드 마쇼Guillaume de Machaut는 음악가의 명기와 시인의 천재성을 겸비했다.

8. 연극은 그리스 정신의 가장 완전한 표현으로 라틴 희극은 아리스토파네스와 메난드로스의 전통을 계승하고 있었다. 교회는 도덕적 관점에서 배우들을 배척했으나 10세기부터는 교회 덕분에 연극이 부활했다. 부활제 미사에서 묘소 안에 있는 성녀들의 대화를 상연하는 관습이 생겼기 때문이다. 이어 예배식용 정식 연극을 라틴어로 제작했다. 그러다가 마침내 성자의 전기 및 수난기를 표현한 기적극, 신비극, 일반 연극을 축제일에 교회 앞마당이나 거리의 가설극장에서 상연했다. 민중극은 독일 오버라머가우Oberammergau 수난극처럼 며칠 동안 이어지는 장편 수난 신비극과 이를 보려고 모여든 주민들로 흥미를 더했다. 관중은 침묵의 예절을 지켰고 배우의 수는 많았으나 모두 비전문가였다. 플랑드르 지방 몽스 시의 수난극 출납부에는 '아버지 하느님께 5페니짜리 포도주 한 병'이라는 기록이 남아 있다. 신성한 종교극에도 해학적 요소는 반드시 들어 있었다. 헤롯, 빌라도, 유다, 유대인들이 지옥의 불꽃 속에서 나온 무섭게 생긴 악마의 손으로 넘어가는 장면에서 우스운 연기를 보고 관중은 폭소를 터뜨렸다. 프랑스 연극사의 지속성은 17세기까지도 부르고뉴 공관에서의 상연이 수난극 종단에 소속되어 있었다는 사실이 증명한다. 현재 아를르캥의 망토 또는 무대 막 주위를 둘러싼 붉은 장막은 지난날 종교극에서 지옥의 입구를 둘러싼 붉은색을 계승한 연출이다. 이러한 신비극과 기적극을 오늘날 소르본 또는 노트르담 대성당 앞에서 재연한다면 우리는 그 무대장치에서 소박하고 심미적인 효과를 확인할 수 있을 것이다.

희극적 요소로 인해 이 극은 비난의 대상이 되었고 결국 '종교극 말살'이라는 결과를 낳았다. 1548년 파리 고등법원은 신비극을 불경하다고 판정해 금지령을 내렸다. 그 외에 두 가지 양식의 연극인 교훈극과 소극笑劇이 몇몇 걸작을 남겼다. 〈파틀랭 선생의 소극La Farce de Maître Pathelin〉은 몰리에르Molière의 작품처럼 대화가 경쾌하고 준기계적인 희극적 요소는 있었으나 사적인 요소는 전혀 없었다. 바보나 광대가 연출하는 풍자 소극은 현실에 대한 야유로 조금만 개작하면 현재 우리가 보는 시사성 희극이 된다. 문학도 이 시기의 다른 예술작품처럼 간명한 구성과 신중하면서도 정확한 표현이 두드러진다. 회화와 조각에 대한 연극의 영향도 주목할 만하다. 예술가들은 신비극을 보고 작품의 원형과 착상을 얻는 일이 적지 않았다.

9. 인쇄술은 15세기에 발명되었다는 것이 상식이지만 실은 이집트의 벽돌 문자부터 요하네스 구텐베르크Johannes Gutenberg의 활동에 이르기까지 인쇄 방법은 오래전부터 이어져왔다. 로마제국 말기에 현재의 서적과 모양이 같은 판서板書가 양피지의 권서券書로 대체되기 시작했다. 옛날부터 중국에서는 목판에 새긴 문자로 동일한 원문을 수 부씩 인쇄하는 방법이 알려져 있었다. 물론 15세기에 나타난 여러 여건은 인쇄술에 새로운 중요성을 부여했다. 많은 고문서 발견, 대학 발전, 여행기 보급 등이 그것이다. 인쇄술 발명이란 식자공이 활자를 모았다 부수는 작업과 일시에 다수를 주조하는 금속활자를 결부한 것에 불과했다. 하를럼의 로랑 코스테르와 마인츠의 구텐베르크가 처음 이것을 창안해 유명해진 것이다. 1455년 아름다운 책자가 세상에 나왔고 이 발명은 1470년 파리로 전파되었다. 인쇄술로 여론 형성 및 전달이 용이해지면서 정치활동에 서서히 변화가 일어났다.

10. 15세기는 본질적으로 과도기였다. 대다수 귀족이 농촌지방에 성관이 있으면서도 페리고르, 보르도, 루앙, 디종 등 도시에 조각으로 장식한 도시형 저택을 건립했다. 이러한 이중 주거는 그 시대의 하나의 상징이었다. 즉, 중세기 생활은 성관에서 이뤄지고 도시 저택에서는 새로운 사회생활이 시작된 것이다. 한 문명의 기반이 새로운 문명과 공존한 까닭이다. 중세기 유물은 오늘날까지도 허다하게 남아 있다. 봉건시대의 수많은 성관이 여전히 프랑스 풍경의 중심이며 그중에는 심지어 그것을 창건한 가족의 후손이 계속 거주하는 것도 있다. 라 로슈푸코, 룅스, 위제스, 레비스 미르포아 등 대부분의 지방에는 전과 별로 달라지지 않은 농가가 얼마든지 있다. 가톨릭교회는 여전히 촌락의 중심을 이루고 있으며 주교는 옛날처럼 촌락을 순회한다. 순례자들은 기차로 다니는 것만 다를 뿐 과거에 스페인의 성지 산티아고 데 콤포스텔라로 갔듯 지금은 루르드로 몰려가고 있다. 유배되었던 샤를 도를레앙의 심정은 1945년 프랑스인의 심정과 조금도 다를 바 없었을 것이다. 지방의 주민들은 성례聖禮 숭배, 금욕에 대한 존경, 행복 경시 등의 풍조를 어느 정도 보존하고 있으며 이 때문에 지금도 앵글로-색슨 국가보다 이혼수가 훨씬 적다.

11. 15세기 프랑스인의 생활환경과 사상을 알려면 트로야의 연대기를 펼쳐보면 된다.

1460년: 밀은 잘 영글고 풍작. 과실은 흉작. 포도는 수확이 적지만 포도주는 양질이다. 요컨대 올해는 풍년이다. (…) 파리에서 한 여인이 장물 취득죄로 생매장과 물건 몰수를 선고받았는데 처형을 연기하기 위해 임신 중인 체했다. 산파가 아니라고 증언했다. (…) 센 강과 마른 강이 범람했다.

1461년: 국왕 루이 11세가 파리에 입성했다. 미리 파견한 전령관 루아얄 쿠르가 '파리'라는 5개 문자를 표시할 수 있는 이름을 가진 5명의 귀부인이 국왕을 배알하게 하고 한 사람씩 환영사를 올리도록 했다. 국왕의 기마는 흑담비 모피로 앞을 두른 금 시트, 백담비 모피로 안yarn을 받친 벨벳, 금은 장식을 붙인 다마스커스 섬유로 만든 마장을 하고 있었다. 폰소 ponceau의 샘터에서는 3명의 미녀가 전라의 몸으로 인어처럼 물속에서 놀며 찬송가를 불렀고 그녀들의 터질 것처럼 동그랗고 예쁜 젖가슴은 흥이 나는 구경거리였다. 여기서 몇 리 떨어진 곳에는 사람들이 연출한 예수가 십자가에 누워 있고 좌우 양편에 도적이 엎드려 있는 〈그리스도의 수난 연극〉을 마련했다. (…) 상주 다리에서 샤틀레 광장에 걸쳐 모여든 야생조류 판매인(지금도 그들은 전매권을 가지고 있다)들이 오색찬란한 야조 200수를 날려보냈다. (…) 투르넬 궁으로 들어간 국왕은 곧 부왕의 중신들을 파면하고 새로운 인물을 임명해 심각한 혼란이 일어났다.

프랑스인의 생활은 이렇게 구성되었다. 밀과 포도 수확, 정치적 변화, 연극, 시인과 예술가의 사실주의 등 모든 재료를 구비한 것이다. 이제 이것을 반죽하고 모양을 빚는 문제만 남았다.

—

chapter 12

중세기에 형성된 프랑스의 항구적 특징

—

1. 양쪽으로 뻗은 두 팔처럼 알프스 산맥과 피레네 산맥에 안겨 있는 비옥한 프랑스는 유럽이 형성되는 과정에서 세 가지의 정치적, 영토적 해결 방법이 가능했다. 보다 광대한 통합체에 예속되기, 각기 독립적인 수 개의 국가로 나뉘기, 그 자체로 하나의 통일국가를 수립하기가 그것이다. 프랑스는 초창기에 이 세 가지 상태를 여러 차례 체험했다. 로마제국의 일부이던 때도 있었고 그것이 멸망하면서 야만족의 여러 왕국으로 분열되기도 했다. 또 스스로 샤를마뉴 황제의 제국을 창설하기도 했다. 이 제국이 해체되어 다수의 제후 봉토로 나뉘었다가 봉건 영주 중 하나인 국왕이 영토의 단편을 하나씩 모아 붙였다. 15세기에는 하나의 국왕을 중심으로 프랑스 국민의 통합을 완성했다.

2. 하나의 국민으로 통합하는 해결법은 프랑스뿐 아니라 영국과 스페인에서도 성공했다. 이 세 나라에서는 하나의 국왕이 통일국가를

이뤘다. 신성로마제국이나 교회가 전 유럽을 지배할 수도 있었다. 교황과 황제가 단결했다면 그리스도교권을 하나의 정치체제로 만들었을 것이다. 그러나 제국과 교회는 권력투쟁으로 양쪽 모두 약해져 동질적인 유럽을 형성할 기회를 잃었다. 백년전쟁은 프랑스인과 영국인이 두 나라 국민 간의 차이를 분명히 깨닫게 했다. 봉건시대에는 양국의 체제가 거의 동일했으나 이후 영국과 프랑스의 군주제는 분기점을 지나 다른 길을 걸었다. 15세기 영국의 군주제는 지방귀족과 부유한 상인에게 의존했고 관대한 치안판사가 국내를 통치했으며 매년 의회를 소집해 소요 경비를 확보했다. 반면 프랑스의 군주제는 중앙집권적이고 관료정치적인 로마의 전통을 따랐다. 즉, 프랑스는 관리 통치를 했으나 다행히 국민을 외적 침략과 영주의 횡포로부터 보호한 덕분에 국민의 지지를 받을 수 있었다.

3. 15세기 프랑스의 뚜렷한 특징은 로마제국 시대부터 계승해온 중앙집권제에 대한 본능에 가까운 집념이었다. 프랑스는 애국심이 강렬했는데 이는 샤를마뉴 황제, 성 루이 왕, 잔 다르크 같은 국민적 영웅이 잘 보여준다. 프랑스는 꾸준히 그리스도교, 특히 가톨릭을 수용한 까닭에 종교는 프랑스인의 일상생활에 깊이 침투해 있었다. 중세기에 프랑스가 전 유럽에서 군림한 이유는 종교예술과 종교철학의 진보 때문이다. 클뤼니와 시토가 프랑스 문화를 널리 보급했던 것이다. 영국에서는 기사가 지방 귀족이 되었지만 이탈리아에서는 기사를 여전히 기사도적인 행동으로 이끌었고 여기에 풍류 예절이 뿌리내렸다. 프랑스의 경우 애정 표현 어휘와 봉건시대의 충성 표시 어휘가 흡

사하다. 프랑스 역사에서 여성은 중요한 역할을 수행했다. 잔 다르크는 남성이 감히 하지 못한 일을 성취했고, 블랑슈 드 카스티유는 성루이 왕을 교육하고 미성년을 보호했으며, 안 드 보주는 동생의 왕국을 보존했다. 물론 남성은 때로 여성의 영향력에 반항했다. 15세기에 한 작가는 이렇게 말했다.

"세계에서 가장 현명한 여성도 내가 두 눈 속에 황금이 없는 것처럼 양식良識이 없다."

예절과 기사도는 많은 영향을 미쳤고 프랑스의 기사는 수 세기를 두고 무기, 명예, 연애로 소일을 했다. 이에 따라 17세기의 도덕가와 19세기의 소설가는 감정 분석이라는 오래된 유산에 집념을 보였다.

4. 프랑스는 영국과 이탈리아보다 계급 간의 장벽이 훨씬 높았다. 피렌체에서는 상인이 왕후가 될 수 있었고 영국에서도 부르주아계급이 기사와 함께 하원에 참여했다. 부르주아와 귀족 간의 결혼도 흔했고 부르주아와 귀족에게 평등하게 과세했다. 프랑스에서 상업에 종사한다는 것은 귀족의 위신을 손상시키는 일로 여겨졌고 삼부회에서도 제3신분은 별석에 앉아야 했다. 물론 귀족이 되는 길이 열려 있었으나 부르주아가 귀족계급의 특권을 얻으면 부르주아계급과는 절연해야 했다. 영국에서는 귀족계급의 권위가 그들이 정치적·행정적 통치체제를 담당하고 있는 데서 연유했다. 프랑스에서는 귀족이 전사계급으로 존속하길 고집했으나 화승총과 대포 시대에 이는 시대착오적인 희극이었다. 프랑스의 귀족은 기사도 정신에 충실한 나머지 현실 감각에 어두웠기 때문에 영국 귀족이 권위를 유지하기 위해 취한 공동

참여 같은 것을 수치로 생각했다. 그들은 여전히 인품, 풍채, 예의범절, 문벌 서열 등을 지나치게 중요시했다. 스페인의 귀족들도 프랑스와 대동소이했으나 스페인에는 부르주아계급이 존재하지 않았으므로 계급 간의 투쟁이 프랑스처럼 심각하지 않았다.

5. 15세기에는 적어도 현대적인 유럽의 중요한 기조만큼은 이미 형성되고 있었다. 프랑스, 영국, 스페인 왕국은 거의 완성 단계에 있었다. 프랑스는 아직 북방과 동북의 국경을 확정할 필요가 있었으나 이것은 앞으로 몇 세기가 필요한 과업이었다. 프랑스를 위협한 것은 당시 군소국가로 분열된 무력한 독일이 아니라 봉건적인 상속조건으로 스페인과 네덜란드를 통합해 프랑스를 포위할지도 모를 오스트리아였다. 일정한 토지가 우연히 한 사람에게 통합될 수도 있는 봉건제도의 원칙은 근세에 이르러 사실상 타당성을 잃어가고 있었다. 국민감정이 강화되면서 영주의 가족적인 결연 때문에 한 지방이 통치자를 바꾸는 것은 전적으로 불가능한 일이 되었다. 그래도 봉건사상은 무정부 상태를 보완하는 데 효용이 있었다. 영주의 개인적인 통치권 이동에 관한 원칙도 전혀 원칙이 없는 것보다는 나았기 때문에 피동적으로 용인되었던 것이다. 그러나 개인적 유대에 의존하는 시대는 종말을 고하고 국가를 중심으로 하는 시대가 열렸는데 그 시점에서는 이것이 훨씬 효용적이었다. 15세기에는 이 두 가지 제도가 혼합되어 공존했다. 이후의 프랑스 역사에서 영토 계승은 중대한 역할(많은 경우 불행한 역할이었다)을 하지만 프랑스 국민의 불가항력적 본능은 프랑스를 국가주의, 절대주의의 방향으로 이끌어갔다.

6. 왕국 통합과 국민감정 강화에도 불구하고 병합된 지 얼마 되지 않은 지방은 그 특유의 성격을 계속 유지했다. 특히 프랑스의 북부와 남부는 풍습과 행정제도에 현저한 차이가 있었다. 남부는 북부보다 일찍 로마화하여 로마법, 웅변에 대한 취미, 라틴 문화 등을 계승하고 있었다. 프로방스와 아키텐 지방에는 아랍인 정복과 더불어 시가詩歌와 역사적 소재가 유입되었다. 이 지방은 프랑스의 다른 지방과 달리 어느 정도 동방과 접촉하고 있었다. 알비주아파(카타리파)가 교회를 정화하려고 시도한 곳도 남부지방이었고 위그노파가 기반을 구축한 지역도 이곳이다. 프랑스 역사의 전 과정을 통해 현대에 이르기까지 국민적 통합을 위협할 정도는 아니었으나 북부와 남부에는 정치적 차이가 분명히 존재하고 있었다.

7. 이미 중세기에 프랑스인의 생활에서 근본적인 역할을 담당한 두 가지 특징이 명확히 나타났다. 첫째는 놀랄 만한 회복 능력이다. 백년전쟁 동안 프랑스는 재기 불능에 가까운 재난을 입었다. 그러나 전쟁이 끝나고 수년 후 프랑스는 다시 유럽에서 제일가는 강국이 되었다. 이 회복 능력은 비옥한 토지와 근면한 농민을 비롯해 자신의 운명에 대한 본능적인 자신감과 프랑스인은 프랑스인일 수밖에 없다는 뿌리 깊은 신념에서 우러난 것이다. 둘째는 프랑스의 세계적인 사명에 대한 신념이다. 프랑스인은 주변 문명에 속해서 그런지 한 사상체계의 진리를 모든 사람에게 납득시킬 수 있다고 믿는 경향이 있다. 중세기에 파리대학은 유럽과 로마교회로부터 탁월한 수준을 인정받고 있음을 알고 있었다. 17~18세기에는 이것과 다른 형식으로 동일한

현상이 나타난다. 앞으로 어느 때든 세계 단일사회의 이념이 등장하면 프랑스인은 그 사회에 제일 먼저 정신적 영향을 주는 편에 들 것이다. 프랑스인에게는 이미 12세기에 동질적인 그리스도교권이란 개념이 있었다. 군단의 실력이 아닌 전원일치로 승인하는 진리에 따라 통합된 유럽이란 개념이 성 주느비에브의 산 위에서 탄생한 것이다.

제2장

—

문예부흥과
종교개혁

HISTOIRE DE LA FRANCE

—

chapter 1

문예부흥의 시발점

—

1. 16세기 작가들은 아무도 '부흥'이란 용어를 사용한 적이 없다. 문화라는 것은 생존을 중단하는 일이 없으므로 재생할 필요도 없었던 것이다. 부흥이라기보다 차라리 혁명이라고 하는 편이 옳을 듯하다. 중세기는 이미 여러 분야에서 사물의 확실성을 파악하고 있었다. 무엇보다 이성을 통해 성서의 모든 진리를 발견했다. 또한 중세기는 봉건제도, 지역사회, 협동조합 등 확고한 사회구조 안에서 모두에게 각자의 위치를 부여했다. 유럽 통일은 민중의 꿈, 제국 수립은 국왕들의 꿈, 그리스도교권 확립은 교황들의 꿈이었다. 하지만 14세기를 비롯해 특히 15세기부터 새로운 생활양식이, 탐구정신이 왕성한 사람들에게 관찰과 비판을 할 여유를 제공했다. 항해가와 천문학자의 발견은 세계가 유대인이나 그리스인이 생각했던 것보다 훨씬 더 넓다는 것을 보여주었다. 이제 진리는 성전이 아니라 지상 또는 성좌를 통해 탐구하는 것으로 알려졌다. 아무도 그리스도교의 교의에 대해 공개적

으로 이의를 표시하지는 않았으나 개혁자들은 성직자를 비판하고 풍자가들은 사제를 조롱했다. 훗날 18세기에도 그러했듯 사람들은 시대에 뒤떨어진 미신으로부터 인간을 해방하는 '광명의 시대'에 살고 있다고 믿었다. 프랑수아 라블레는 이렇게 말했다.

"암담한 고딕적 밤에서 해방된 우리의 눈길은 태양이란 유일한 횃불을 향하고 있다."

밤은 암담하거나 고딕적이 아니었다. 다만 여름의 찬란한 햇빛이 봄의 아름다운 정신을 망각하게 만들었을 뿐이다.

2. 어째서 새로운 광명의 최초 불길이 이탈리아에서 점화되었던가. 이탈리아는 고대 문명의 폐허, 대리석 조각, 비명碑銘 등을 통해 고대 세계의 전통을 보존하고 있었기 때문이다. 알리기에리 단테Alighieri Dante와 프란체스코 페트라르카Francesco Petrarca 시대부터 이탈리아는 새로운 고전 언어를 만들었다. 그리고 밀라노, 베네치아, 피렌체, 나폴리 같은 부유한 도시의 거상들은 학자와 예술가를 후원했다. 자본주의가 아직 초창기라 메디치 가 같은 재벌로서는 현재의 재부와 장래의 영광을 동시에 보장받는 수단으로 예술가 집단을 보호하면서 자기 주변에 유치하는 것만큼 유리한 투자는 없었다. 문예부흥은 대학에서가 아니라 왕후와 은행가의 궁전 같은 저택에서 이루어졌다. 이탈리아에서는 밀라노, 피렌체, 로마, 베네치아, 나폴리 등 도시국가의 경쟁 때문에 강력하고 독창적인 개인이 등장했다. 이들 도시에는 봉건적인 사회구조는 물론 종교적 계급제도조차 없었다. 인문주의적인 교황은 로마를 화려하게 장식했다. 중세기의 이상적인 프랑스인은 용

맹하고 독실한 신자인 성 루이 왕이었다. 문예부흥기의 이상적인 이탈리아인은 비수와 장검만큼 화필과 나침반을 능숙하게 다루는 기술자, 외교관, 학자 등이었다. 이들은 술책과 폭력을 가미해 기사의 미덕과 전혀 다른 새로운 미덕을 창조했다. 문예부흥기의 애독서 니콜로 마키아벨리Niccolò Machiavelli의 《군주론Le Prince》은 지극히 현실적인 정치 교본이었다. 프랑스 왕과 이탈리아 공주의 결혼으로 마키아벨리식 권모술수가 발루아 왕조의 궁정으로 침투하고 있었다.

3. 문예부흥기의 개인은 여전히 기독교의 신앙을 내세웠으나 신자로서의 생활은 포기했다. 내세의 구원보다 현세의 쾌락을 바란 것이다. 15세기 이탈리아에서는 그리스도교적 도덕이 쇠퇴하고 있었다. 성생활 개방이 음탕할 정도였고 살인을 해도 살인자가 예술가인 경우 관대하게 처리했다. 피렌체의 조각가 벤베누토 첼리니Benvenuto Cellini는 다음과 같이 말했다.

"존경받을 만한 젊은이란 사람을 많이 살해한 사람을 두고 하는 말이다."

첼리니는 13세기라면 교수대와 지옥감이고 20세기라면 전기의자감이었으나 16세기에는 광적인 행동을 즐기는 왕후의 친구가 될 수 있었다. 교황 비오 2세와 바오로 3세는 인문주의자로서 적어도 이탈리아 문예부흥의 이교적 악취를 중화하려 했다. 그러나 시스티나 예배당의 건립자로 위대한 예술 보호자였던 식스투스 4세는 성 베드로의 사제가 되기보다 로마시대의 예술 보호자 가이우스 클리니우스 마에케나스Gaius Clinius Maecenas의 후계자가 되기를 원한다는 말까지 서슴지 않았다. 기어코 보르지아 가문 출신인 교황 알렉산드로 6세는 바티칸 궁전에 악덕을 도입했다.

이탈리아 문예부흥의 중심인물들은 때로 지독한 악인이었으나 위대한 장점도 갖추고 있었다. 영국의 엘리자베스 여왕과 프랑스의 프랑수아 1세는 이들의 이미지를 본떠 자신을 형성했다. 문무에 뛰어난 주세페 카스틸리오네Giuseppe Castiglione의 저서 《궁전론》의 내용은 아테네의 절정기이던 페리클레스 시대의 그리스를 방불케 한다. 첼리니는 자스민의 꽃향기가 가득한 궁정에서 애인을 동반한 친구들과 함께 식사하며 소크라테스 제자들의 사상을 연상케 하는 대화를 즐겼다. 그 시대 사람들에게는 정열과 진지성, 다채롭고 대담한 실행력, 미에 대한 동경, 예술을 경애하는 마음, 지나칠 정도의 생의 희열 등이 있었다. 다른 한편으로는 몰염치와 허무주의도 있었는데 이것이 앞으로 유럽에서 많은 악덕의 원인이 되었다.

4. 당시에는 학문에 대한 욕구가 끝이 없었다. 이탈리아 문예부흥기의 인문주의자는 고전을 읽고 고대 생활 실태를 연구하는 한편 새로운 사본을 이해했는데 이로써 기독교의 편견이 동요하기 시작했다. 새로운 연구 대상인 문법, 역사, 시, 문학이 인문학을 구성했기 때문이다. 신학의 권위가 약화되고 고대 시인의 작품이 고전의 교본이 되었다. 이교도 사상과의 접촉은 점점 교회의 지적 우월성을 침식하기 시작했다. 이러한 경향이 전 유럽에 전파되자 무엇보다 순수한 국민문학이 타격을 받았다. 그런데 얼마 뒤 라블레가 신현학파의 그리스-라틴어 사용을 조소하자 음률의 장엄성이 내용의 공허함을 수식하는

키케로식 표현이 이후 수 세기 동안 설교단과 법정, 궁정에서 웅변의 교본이 되었다.

17세기부터 유입된 고대 문화는 이제 완전히 흡수 및 동화되고 프랑스인은 왕성한 지적 정력으로 이것을 활용했다. 덕분에 블레즈 파스칼Blaise Pascal, 자크-베니뉴 보쉬에, 장 바티스트 라신Jean-Baptiste Racine 등이 등장했고 이들은 영속성 보장을 위해 형식을 존중하도록 가르쳤다. 문예부흥기에는 고대 작가의 사상 중 중세기의 절대주의적 철학이 아니라 수 세기의 시련을 거쳐 입증된 현명한 철학을 발견했다. 즉, 인문주의가 그리스도교와 융합해 서유럽 문명의 기반을 형성했다.

5. 하지만 16세기에는 학문의 본질적 요소 중 하나인 과학정신이 부족했다. 그리스와 로마의 문화는 경험과 실험을 기반으로 하는 자연법칙 탐구 방법을 대체할 수 없었다. 몽테뉴 시대에도 대부분의 교양인이 이런 연구에 관심이 없었다. 중세기부터 아랍인이 과학의 길을 열어주었고 그들의 영향으로 기하학, 삼각법, 대수학이 학문의 일부를 차지했다. 레오나르도 다빈치Leonardo da Vinci와 미켈란젤로 부오나로티Michelangelo Buonarroti 같은 대예술가는 작품 제작을 위해 기계학, 해석 기하학, 해부학을 연구했다. 1543년 안드레아스 베살리우스Andreas Vesalius는 외과 공부에는 고대 교본을 읽는 것보다 시체를 해부하는 편이 더 효과적이라고 가르쳤다. 16세기 초 프톨레마이오스 클라우디오스Ptolemaios Klaudios의 오류를 지적한 니콜라우스 코페르니쿠스Nicolaus Copernicus는 태양을 중심으로 하는 태양계를 제시했

다. 그러나 천문학의 진보는 귀납적이고 실험적인 연구를 버리고 수학과 연역적인 연구를 권장하는 역행적 경향을 초래했다. 인간의 눈은 태양이 지구의 주변을 순행(천동설)한다고 보았으나 코페르니쿠스는 수학적 계산으로 지구가 태양 주위를 순행(지동설)한다는 것을 증명했다. 코페르니쿠스의 결론은 정당했고 사람들은 감각보다 정신을 믿어야 한다고 생각했다. 이러한 관념은 19세기까지 과학적 대발견의 시대를 지연시키고 말았다.

6. 문예부흥의 기본적인 특징 중 하나는 그 문화가 일부 특권계급의 수중에 있었다는 점이다. 반면 중세기 문명은 민중적이었다. 음유시인과 방랑 연예인은 거리의 광장에서 노래를 불렀고 대성당에서는 신비극을 상연했다. 성당도 도시 전체의 협력을 얻어 무명의 건축가가 건립했다. 이와 반대로 문예부흥기의 예술은 귀족적이었다. 비용은 모든 사람이 이해할 수 있는 민요를 창작했으나 피에르 드 롱사르Pierre de Ronsard와 셰익스피어의 14행시는 민중의 이해 수준을 뛰어넘는 작품이었다. 인문주의는 계급 간에 보다 깊은 도랑을 파놓았다. 건축도 개인 건축이 공공 건축을 대체했다. 건물은 장엄함과 즐거움을 주는 존재였고 이탈리아의 건축가, 화가, 조각가는 전 유럽으로 진출했다. 건축가들은 기둥과 수평선을 채택한 고딕식의 높은 원형 천장과 수직으로 높이 올린 본당 등의 양식을 고전적인 건축 양식으로 대체했다. 회화와 조각에는 그리스도교적 원칙이 명목상으로만 남았다. 화가는 여전히 종교적 주제에 집착했으나 완전히 인간화했다. 틴토레토Tintoretto는 베네치아의 성당을 생동하는 여성의 육체로

가득 채웠다. 베첼리오 티치아노Vecellio Tiziano는 한 화폭에 두 금발 미인, 즉 옷을 입은 얌전하고 순결한 여성과 음탕하고 거만해 보이는 나체 여성을 그려 〈신성한 사랑과 세속적 사랑L'Amour sacré et l'Amour profane〉이라는 제목을 붙였다. 문예부흥기의 미술가는 자신의 신앙을 순진하게 표현한 중세기 미술가의 전통을 효과의 탐구로 대체했다.

7. 앞서 부흥이 아니라 혁명이라고 말한 바 있다. 어쩌면 혁명이라기보다 진화가 더 정확할지도 모른다. 변화가 그다지 급격하지 않았기 때문이다. 프랑스에서는 16세기 동안 봉건정신이나 신앙정신이 소멸되지 않았고 중간계급이 군주체제와 결합하면서 봉건제도가 약해졌을 뿐이다. 인문주의 등장으로 교회는 부득이 교육활동을 확대해야 했고 현실적인 행복 염원이 영생적인 구원 염원보다 강해졌으며 예술가들은 대중과 절연했다. 그러나 새로운 사상이 알프스를 넘어오는 데는 상당한 시일이 걸렸고 이는 독일, 영국, 프랑스에 각각 다른 결과를 낳았다. 이탈리아에서는 인문주의가 특권계급을 이교적인 방향으로 유도했다. 프랑스는 약 1세기 동안 극심한 격동을 겪었으나 청교주의나 이교주의로 기울지는 않았다. 하지만 외국의 영향은 프랑스 문화의 발전 및 성숙에 적잖게 기여했다. 프랑스는 17세기 들어 고유의 발전을 이뤘으나 이 새로운 사상의 최종적 폭발은 18세기까지 지연되었다. 즉, 프랑스 혁명은 문예부흥이 낳은 딸이었다.

chapter 2

이탈리아 원정의 결과

—

1. 루이 11세가 별세했을 때 프랑스 국왕은 두 가지 외교 문제에 신중하게 관심을 기울여야 했다. 하나는 플랑드르 지방 문제로 이곳은 프랑스, 영국, 독일 세 나라가 서로 노리고 있었다. 누구든 한 나라가 그 지방을 점령하면 나머지 두 나라는 위협을 느낄 수밖에 없었기 때문이다. 다른 하나는 이탈리아에 관한 문제였다. 유럽의 군주들은 여전히 로마제국에 대한 과거의 꿈을 버리지 않았고 분열 상태로 투쟁하던 이탈리아의 여러 도시는 제각각 외국 군대의 지원을 요청했다.

선견지명이 있는 프랑스인은 동북쪽이 가장 중요하다고 생각했다. 사실상 프랑스 국경 중에서 이곳이 제일 위험했다. 그런데 샤를 8세는 오스트리아 왕가와의 최초 약혼을 취소하기 위해 프랑슈콩테와 아르투아를 포기한 상태였다. 체면상 이 지방을 공략할 수 없었던 그는 이탈리아를 탐냈다. 이탈리아는 아름다운 여러 도시, 예술가와 시인 등 각 방면에서 좋은 평판을 받았다. 왜소하고 바짝 마른 몸매에 못생긴 젊은 국왕은 절름발이였으나 화사하고 후덕한 브르타뉴 출생의 왕비를 기사도 정신으로 사랑했다. 이 젊은 국왕 내외는 그들이 사는 앙부아즈 성관을 화려하게 장식하려 애썼다. 왕비 안은 벽에 아름다운 태피스트리를 걸고 실내에는 동양 카펫을 깔았다. 샤를 왕은 샤를마뉴 황제의 칼, 성 루이 왕의 긴 칼, 뒤 게클랭의 도끼, 잔 다르크의 붉은 비단을 받친 갑옷 등 수집한 무기를 자랑삼아 전시했다. 그는 자신의 무훈으로 유명해진 도검을 거기에 추가할 꿈을 꾸고 있었다. 당시 프랑스에는 자신들을 추방한 당파를 증오하는 수많은 이탈리아 이민자가 있었다. 남프랑스의 대도시를 비롯해 심지어 파리에서도 이탈리아인 사제가 이탈리아인 거주 지역에서 설교를 했다. 제노바, 롬바르디아, 피렌체의 은행가들은 프랑스에 지점을 냈고 프랑스 귀족들은 이탈리아 귀족들과 통혼을 했다. 수많은 이탈리아인이 궁정과 군대에 봉직했으며 이 이민자들은 자신의 꿈을 이루기 위해 프랑스를 이용하려 애썼다.

2. 출병에 필요한 구실을 마련하기란 간단한 일이었다. 조약상 이탈리아의 5대 공국인 로마, 베네치아, 나폴리, 밀라노, 피렌체는 로디 협정으로 동맹관계를 맺고 있었으나 사실상 서로 음모를 꾸미고 있었고 한 공국도 여러 당파로 분열되어 경합했다. 특히 나폴리 국왕은 2세기 동안 프랑스의 앙주 가문, 스페인의 아라곤 가문과 왕위를 다투고 있었다. 샤를 8세 시대 때 나폴리 왕국의 왕은 아라곤 가의 페르디난드였는데 그는 교황과 밀라노의 섭정 루도비코 마리아 스포르차 Ludovico Maria Sforza와 대립했다. 따라서 프랑스가 나폴리의 왕위를 요구하면 유력한 지지자를 얻을 가능성이 낮았다.

아무런 경험도 없는 군소 정객들에게 둘러싸인 샤를 8세는 이탈리아에 대한 환상과 영광에 이끌려 마음대로 행동했다. 일단 후환을 없애기 위해 영토와 재정 면에서 독일과 영국에 지나치게 양보함으로써 그들을 매수했다. 국왕의 이탈리아 원정 계획은 인기를 끌었고 프랑스는 강국이 되었다는 자신감으로 가득했다. 프랑스는 경이적인 회복 능력으로 백년전쟁에서 입은 상처가 말끔히 아문 상태였다. 샤를 7세와 루이 11세 덕택으로 프랑스는 유럽에서 제일 강대한 육군을 보유했으나 프랑스인보다 외국인 용병이 많아 국내에서 행패를 부리지 않도록 외국 원정이 절실하기도 했다. 군대는 리옹에 집결했고 왕은 3만 명의 군대를 거느리고 1494년 8월 알프스 산맥을 넘었다.

3. 처음에는 오랫동안 꿈에서 그린 그대로 상쾌하게 기마행군을 했다. 피렌체에 입성하자 온 시민이 태피스트리로 장식한 창가에 모여 국왕의 표시인 붉은색과 노란색의 제복을 입은 고수, 나팔수, 쇠뇌수, 사수, 창병 그리고 스위스 보병으로 편성한 군대 행렬을 구경했다. 끝으로 청색 외포로 온몸을 덮다시피 한 흑마에 올라 황금 갑주를 입고 창을 든 국왕이 기수를 앞세우고 나타났다. 이는 기사 이야기에 나오는 것과 같은 광경이었으나 시민은 마음속에 적의와 불신을 품고 있었다. 국왕의 군대는 평판이 좋지 않았다. 그들은 군기가 문란한 무법자로 이탈리아를 찬미하면서 눈에 띄는 대로 모조리 약탈했다. 도미니크파 설교사 사보나롤라는 프랑스로부터 천사의 군대가 나타나 이탈리아를 교회의 학정에서 벗어나게 해줄 거라고 예고했다. 그러나 이탈리아의 정치가 프란체스코 귀차르디니Francesco Guicciardini

의 말에 따르면 천사의 군대가 아니라 화재나 흑사병과 같은 존재였다. 샤를 8세의 원정을 지지하던 교황 알렉산드로 6세는 자기가 고삐를 풀어놓은 일에 겁을 먹고 로마 시내에 성벽을 쌓는 한편 터키 황제에게 구원을 요청했다. 프랑스군이 들이닥치자 나폴리 시민은 계획대로 아라곤 가에 반기를 들고 궐기했다.

1495년 2월 샤를 8세는 나폴리에 입성해 자신의 목적을 달성했다. 한동안 지상낙원을 향락한 그는 왕궁의 정원과 실내장식을 감상한 후 앙부아즈 성관을 그처럼 화려한 모습으로 개조하고자 그곳의 기술자를 고용했다. 샤를 8세가 이탈리아의 문예부흥 정신을 프랑스에 도입했다는 말은 과장이다. 그는 피렌체와 로마의 위대한 작품 중 극히 일부만 보았고 얼마 되지 않는 나폴리의 정원사와 가구 장인이 문예부흥의 전부는 아니기 때문이다. 왕이 나폴리에서 환락에 취해 있는 동안 군대가 해방자라기보다 원정자처럼 행동한 탓에 시민의 원성을 샀다. 점령군에 대한 증오감으로 전 이탈리아가 과거의 대결과 분쟁을 버리고 단결했다. 베네치아, 밀라노를 비롯해 교황과 아라공 가가 샤를 8세에 대한 반대동맹을 조직했다. 그는 자신을 초청한 사람들에게 배반당한 것이다.

4. 이탈리아의 신동맹국가는 신속히 전쟁 준비를 갖췄다. 퇴로를 차단당하기 전에 가급적 빨리 프랑스로 귀환해야 한다는 것을 깨달은 샤를은 나폴리에서 홍색 외포를 착용하고 손에 금공을 든 황제로서 서둘러 입성식을 거행한 후 후퇴하기 시작했다. 그는 아펜니노 산맥을 넘기 위해 포르노보에서 전투를 치러 승리했다. 나폴리에 수비대로 남겨

샤를 8세와 루이 12세의 왕비 안 드 브르타뉴

둔 프랑스군은 왕이 출발한 후 포로가 되었다. 원정의 성과는 없었으나 병사들이 막대한 전리품을 챙긴 덕분에 전쟁에 대한 인기는 여전히 좋았다. 이 외교적, 군사적 향연은 명예의 여운을 풍겼으나 왕은 1498년 스물여덟 살의 나이로 세상을 떠났다. 손질하지 않은 앙부아즈 성관 출입문의 허물어진 돌 모서리에 이마를 다쳐 수 시간 후 급사한 것이다. 안 왕비와의 소생은 모두 허약해 요절하는 바람에 종형인 오를레앙 가의 루이가 왕위를 계승했다. 시인 샤를 오를레앙의 아들인 새로운 왕은 서른여섯 살로 날씬하고 매력적이라 많은 사람의 사랑을 받은 훌륭한 기사였다. 그는 즉위하자마자 개인적인 적수를 포함해 모든 사람이 종전의 지위에 남아 있게 하겠다고 선언했다.

"오를레앙 공으로서 겪은 분쟁을 이제 와 복수하는 것은 프랑스 국왕이 할 만한 일이 아니며 명예롭지도 않다."

오래전부터 그는 선왕비 안 드 브르타뉴Anne de Bretagne를 혼자 연모하고 있었다. 그는 과부가 된 그녀를 위해서나 브르타뉴를 위해 그녀와 결혼하고 싶어 했다. 하지만 공교롭게도 그는 이미 루이 11세의 딸로 키가 작고 가무잡잡하게 생긴 잔 드 프랑스와 결혼한 상태였다. 그때 교황 알렉산드르 6세의 아들 체사레 보르자Cesare Borgia가 많은 돈과 토지를 증여받고 결혼 무효절차를 주선했다. 이 결혼은 루이 11세가 강요한 것이라 무효선언이 가능했던 것이다. 결국 브르타뉴 지방은 프랑스의 땅으로 남았고 얌전한 브르타뉴의 여인은 선왕에 못지않게 신왕의 애정을 받아가며 왕비의 자리를 보존했다.

5. 이탈리아의 신기루는 샤를 8세를 유혹했듯 루이 12세(Louis XII, 1462~1515)도 유인했다. 천국 같은 기후, 풍부한 천연자원, 자연의 미관은 모든 외국인의 마음을 사로잡았다. 루이 11세의 총애를 받은 조르주 앙부아즈Georges d'Amboise 추기경은 교황이 되고자 체사레 보르자를 통해 이탈리아의 지원을 받도록 계획했다. 스포르차에게 축출된 비스콘티 가의 외손인 루이 12세는 정복에 필요한 봉건적인 구실로 밀라노공국의 계승권을 주장했다. 원정 초기 루이 12세는 예상 외로 성공을 거뒀으나 그때까지 밀라노와 적대관계에 있던 이탈리아제국이 프랑스에 대항해 결속하는 바람에 정복했던 밀라노공국마저 잃고 말았다.

루이 12세는 밀라노공국을 확보하기 위해 막시밀리안 황제의 손자인 오스트리아의 카를 대공에게 그의 딸 클로드 드 프랑스를 브르타뉴와 부르고뉴 두 지방을 지참금으로 해서 결혼시키도록 했다. 즉, 그는 루이 11세가 완성해놓은 공적을 수포로 돌릴 뻔했다. 천만다행으로 삼부회가 그의 어리석은 결정에 반대해 그 지방을 양도할 수 없다고 밝혔다. 하지만 그는 여전히 이탈리아에 마음을 빼앗기고 있었다. 나폴리의 왕위 계승 문제가 불거지자 루이 12세는 스페인에 나폴리를 분할 점령하자고 제안했다. 스페인 왕은 일단 승낙한 후 오히려 프랑스를 공격했다. 루이 12세는 그가 두 번이나 배신했다고 격분했으나 스페인 왕 페르난도는 그를 열 번이라도 속이고 싶다고 태연히 대답했다.

마키아벨리에게 자극을 받은 교황 율리우스 2세는 베네치아공화국을 정복하기 위해 그리스도교권의 전 군주를 무장 집결하겠다고 선언했고, 이때 프랑스가 군대를 제공하기로 한 동맹이 체결되었다. 그런데 베네치아가 멸망의 위기에 이르자 교황은 노선을 변경했다. 그는 베네치아 멸망은 또 하나의 베네치아를 초래한다면서 자신이 선동한 프랑스인을 야만족이라 부르며 프랑스에 선전포고했다. 그는 성 바오로의 보검을 들고 프랑스를 공격하기 위해 이번에는 영국, 스페인, 베네치아, 스위스와 신성동맹을 결성했다. 1513년 노바라에서 패전한 후 루이 12세는 영국, 독일, 스위스로부터 프랑스 본토를 방위하기 위해 밀라노를 포기하겠다고 선언하고 평화조약을 체결했다. 결국 이탈리아에 대한 환상은 깨끗이 사라졌다.

6. 프랑스인은 오랫동안 싸웠으나 아무런 성과도 없었다. 하지만 국민은 루이 12세를 원망하지 않았고 삼부회는 그가 수척한 모습으로 자그마한 왕비의 부축을 받아가며 임석하자 갈채를 보냈다. 그 이유 중 하나는 국민이 부유해졌기 때문이다. 샤를 7세 이후 프랑스 국민은 폐허를 정리하고 국토를 재건했다. 그리고 16세기 초부터 유럽 전역에 나타난 물가 상승과 화폐가치 하락 현상은 국민에게 부유하다는 안도감을 주었다. 루이 12세는 영주 귀족에게 대항해 농민을 보호하고 봉건적인 부역과 강제 노역을 개선했으며 인두세를 경감하려 노력했다. 화폐가치 하락은 농민을 부유하게 하고 귀족을 빈곤하게

만들었다. 십자군 때처럼 귀족은 토지를 팔았고 그것을 신흥부자가 된 서민들이 사들였다. 이탈리아 전쟁이 국외에서 진행된 까닭에 프랑스는 오랜만에 평화와 번영을 향유했던 것이다.

루아르 강 유역에는 성관, 일드프랑스 지방에는 성당이 많이 건립되었다. 그것은 아직도 고딕식이었으나 보다 화려했고 장미꽃, 레이스 등 여러 문양의 석각으로 장식한 천장의 채광창과 일광을 직접 받아들이는 주랑 등 새로운 양식을 가미했다. 루앙 대주교 앙부아즈는 법원과 주교관을 건립하도록 지시했다. 국왕은 자신의 출생지이자 부모가 살고 있는 블로아 성을 권위에 알맞게 완전히 개수했다. 왕비 안은 앙부아즈 성에서 아름다운 풍경과 영광에 빛나는 전쟁을 표현한 태피스트리, 금색 침대, 이탈리아에서 빼앗아온 도금의자 등을 가져왔다. 그녀는 시인의 시 낭독과 광대의 재담을 들으며 시녀들과 함께 실뽑기로 소일했다. 이 장면은 '사라져가는 한 문명의 생기 없는 우아함 속에서 새로 일어나는 문명의 첫 햇살을 맞이하는 감미로운 순간' 같았다.

왕비 안이 루이 12세를 사랑했듯 프랑스는 왕비를 사랑했다. 그러나 왕비는 두 공주를 남기고 1514년 운명했다. 첫 공주는 서둘러 프랑스 왕국 후계자의 종형 앙굴렘 백작Comte d'Angoulême에게 시집을 보냈다. 궁전 신하들은 쉰다섯 살에 왕비를 잃고 너무 슬퍼한 나머지 몹시 쇠약해진 왕을 염려해 재혼을 권했다. 그는 여러 후보 중 열일곱 살의 메리 공주를 택했고 영국왕 헨리 8세의 누이인 그녀로 인해 사망하고 말았다. 그녀는 온화한 외모 속에 튜더 가 특유의 지나친 열정을 지니고 있었다. 루이 12세는 병약한 몸으로 되풀이되는 축하연에 왕비의 친절한 동반자로 나섰다가 1515년 1월 1일 서거했다.

—

chapter 3

게르만 세계와의 투쟁

—

1. 허약하고 신경질적이던 루이 12세를 이어 그의 사위이자 조카뻘
인 건장한 프랑수아 1세(François I, 1494~1547)가 왕위에 올랐다. 만약 왕
비 안이 루이 12세보다 오래 살았다면 적지 않은 고통을 받았을 것이
다. 프랑수아 앙굴렘은 코냑과 앙부아즈 지방에서 모친 루이즈 드 사
부아의 교육을 받으며 성장했다. 그녀는 과묵하고 수단이 비상한 과
부로 불행한 생활로 인한 울분과 원한에 가득 차 있었으나 건전한 양
식과 고귀한 인품을 갖춘 여성이었다. 안은 루이즈를 미워해 늘 그들
을 감시했다. 루이 12세가 재혼하자 루이즈는 불안한 눈빛으로 젊은
영국인 왕비 메리를 지켜보고 있었다. 왕비가 아들을 낳으면 자기 아
들이 왕위에서 밀려나기 때문이다. 루이 12세가 너무 병약해 득남할
것 같지는 않았으나 왕비가 총애하는 영국 대사 찰스 브랜던은 위험
한 존재였다(브랜던은 루이 12세가 별세하고 3개월이 지난 뒤 왕비와 결혼했다). 불의의
소생이라 해도 정통 상속자로 인정받으면 모자에게는 위험한 일이었

다. 당시 루이즈와 그녀의 딸 마르그리트는 태아 감독관을 담당했다. 마침내 루이 12세가 별세하고 예정대로 프랑수아 1세가 왕위를 계승했다. 루이 12세는 우울한 표정으로 이렇게 말한 적이 있다.

"우리는 헛수고를 하고 있다. 저 커다란 젊은 놈이 만사를 그르칠 것이다."

그 커다란 젊은 놈은 늠름하고 건장한 청년으로 자랐고 그의 친구인 영국의 헨리 8세처럼 진지하고 열정적이며 강인했다. 그는 연애, 수렵, 전쟁을 비롯해 인생의 모든 것을 사랑했다.

"그는 선왕비 안의 경건하고 검소한 생활과는 동떨어진 생활을 즐겼다. (…) 왕은 플랑드르의 육감적인 금발 미인과 북쪽의 미소녀를 사랑했다. (…) 젊은이들의 모임에서는 늘 명랑하고 떠들썩한 웃음소리가 흘러나왔다."

모친의 보호와 교육에다 누나 마르그리트의 애정까지 받은 그는 버릇없는 젊은이로 성장했다. 시인과 예술가를 사랑한 마르그리트는 동생을 인문학자처럼 키웠다. 그는 진지한 연구에 몰두하는 성품은 아니었으나 시와 노래를 적당히 꾸려 나갈 만한 재주는 있었다. 후세의 신흥재벌이 그러했듯 프랑수아 1세도 애쓰지 않고 얻은 성공이 빚어낸 천진난만한 낙천주의와 청춘, 재화, 미모의 특권을 향유한 왕이었다.

2. 모험심에다 권력에 도취한 프랑수아 1세는 밀라노공국과의 전쟁을 재개하려 했다. 그것도 단순히 즐기기 위해서 말이다. 모든 국경지대는 평온했고 국왕은 청춘, 재부, 권력, 선량한 정신을 갖추고 있었다. 측근들은 전쟁이란 예부터 왕자나 명문세가가 흔히 하는 가장

고상한 활동이라 여겨 굳이 말리려 하지 않았다. 그는 2만 6,000명의 용병을 모집했다. 그중 6,000명은 흑색부대라 불린 최강 부대였고 포신은 1미터 미만이었으나 11발에 50개의 탄환이 터지는 아주 효율적인 대포 200문을 리옹에서 제작해 노새로 운반했다. 원정군을 거느리고 알프스를 넘은 프랑수아 1세는 밀라노공국의 국경을 경비하던 스위스병과 맞닥뜨렸고 1515년 그들을 마리냥에서 격파했다. 이 전장에서 국왕은 바야르 장군을 기사로 서임했다. 젊은 국왕에게 이날은 영광의 순간이었다. 밀라노를 차지한 그는 교황과 화해했고 스위스 지방과의 항구적 평화를 확보하는 빛나는 치세를 시작했다. 스위스 지방에서는 모병의 대가로 연금을 제공하겠다는 약정을 했고 이때부터 스위스 경비대가 프랑스 궁정을 수비했다.

3. 프랑스는 루이 12세 때 교황 율리우스 2세의 배반 이후 교황청과 공공연하게 전쟁 상태에 있었다. 용의주도하다고 알려진 메디치 가문 출신의 교황 레오 10세는 마리냥 전승 이후 프랑수아 1세와 뜻깊고 중대한 공식 회담을 열었다. 교황은 젊은 국왕을 설득해 프랑스 가톨릭교회의 자유헌장인 부르제의 종교 칙령을 폐기하려 했다. 결국 1516년 교황청과 프랑스 왕은 서로에게 유리한 협약을 체결했다. 주교 선정은 왕에게 일임하고(국왕의 승리), 교황은 서임권을 갖게 된(교황의 승리) 것이다. 왕은 성직자의 성록聖祿을 배정하는 권리를 가졌고(국왕의 승리) 대신 교황은 신임 성직자 최초 연도의 세입 취득권, 즉 연수입 봉납을 확보했다(교황의 승리). 교황과 국왕은 모두 프랑스 교회의 희생으로 막대한 수입을 챙겼다. 이 협약은 대혁명 때까지 효력을 발휘했고

이는 프랑스에서 루터파와 칼뱅파의 종교개혁이 실패한 하나의 원인이었다. 이것은 교리가 아니라 재정 문제였기 때문이다. 영국의 헨리 8세는 수도원을 수탈하기 위해 교황과 단절했고 프랑수아 1세는 교황과 협정함으로써 교회를 수탈했다. 파리 고등법원은 이 협약에 맹렬히 반대하며 이렇게 선언했다.

"이 문제에 대한 결정권은 프랑스 가톨릭교회를 대표하는 총교의회에 있다."

소르본대학은 이 협약이 신을 모독하는 것이라고 부언했다. 그러나 협약은 국왕의 의사에 따라 계획대로 체결되었다. 이 논쟁에서 어느 쪽이 정당했을까? 교황인가, 소르본대학인가? 사실인즉 이 협약은 프랑스 교회를 구출했으나 교회를 국가권력에 예속시켰고 이는 성직자의 정신적 패배의 발단이 되었다. 이로써 성직자들은 17세기의 절대군주제, 18세기의 반교회주의가 발전하는 길을 열었다.

4. 젊고 부유한 승리자가 된 프랑수아 1세는 마리냥에서 귀환하자 야심적인 계획에 몰두했다. 신성로마제국 황제가 되려는 야심을 품는 것은 당연한 일이었다. 황제의 지위는 선거제였는데 막시밀리안 1세는 연로했고 선거인은 뇌물로 움직이는 상황이라 프랑수아 1세는 황제 자리를 차지하려 했다. 3명의 대주교, 보헤미아 왕, 색슨 공, 팔라티나 백작, 브란덴부르크 총독이 투표하는 선거는 궐위를 피하고자 황제가 별세하기 전에 시행했고 선출된 후계자는 로마 왕이라는 칭호를 얻었다. 프랑수아 1세의 강력한 경쟁자는 막시밀리안 황제의 손자인 오스트리아의 카를이었다. 영지 상속의 불합리한 우연으로 스페

인의 펠리페 왕을 아버지로, 카스틸의 여왕 이사벨라와 아라곤 왕 페르디난드의 딸인 잔 사이에서 탄생한 이 젊은 카를 왕자에게는 스페인, 네덜란드, 오스트리아 대공국 그리고 나폴리 왕국의 상속권이 있었다. 그는 이미 프랑스를 협공할 수 있었는데 만약 그가 독일 황제가 되면 프랑스를 완전히 포위하는 셈이었다. 그 반대도 진실이었다. 즉, 프랑수아 1세가 황제가 되면 카를의 영토는 분단될 것이었다.

이 두 사람은 굉장히 차이점이 많았다. 프랑수아 1세는 정력과 활기의 상징이었고 카를은 창백한 얼굴, 벌어진 입, 허약한 턱이 특징이었다. 한데 그의 눈빛만큼은 허약한 신체와 딴판으로 탁월한 이지理智와 결단성을 보여주었다. 그는 프랑수아 1세의 황금에 대항해 독일과 앙베르의 지속적인 거래를 갈망했고 아우스부르크의 유력한 은행가들의 지원을 받았다. 막시밀리안 황제는 손자를 위해 15만 4,000플로린으로 선거단의 과반수인 5표를 매수하고 5만 플로린의 중개료를 요구했다. 결국 독일과 플랑드르의 자본이 승리해 카를 5세가 당선되었고 프랑스는 치명적 위기를 맞았다. 프랑스는 플랑드르 지방의 출입구에 독일군이 진주하는 것을 그대로 방관할 수 없었다. 그날부터 프랑스와 게르만인 사이에는 최근의 전쟁이 무색할 만한 전쟁이 시작되었다.

5. 영국의 헨리 8세는 양측에서 유인을 받았다. 그는 프랑스 내에 항구적으로 보유하던 북쪽의 칼레 시에 와 있었고 프랑수아 1세는 그와 회담하기 위해 시의 근교까지 나왔다. 취미가 흡사한 두 국왕은 서로 호화스러움을 경쟁했다. 이 회담은 금란(금색 실로 짠 바탕에 명주실로 봉황이나 꽃무늬를 수놓은 비단)으로 장식한 프랑스 왕의 장막에 빗대 '금란 장막

의 회견'이라고 불렸다. 장막이 햇빛을 받으면 그야말로 장관이었다. 영국 왕은 목재와 유리만으로 건물을 세우고 건물 앞에 향주香酒, 포도주, 맑은 물이 나오는 3개의 분수를 설치했다. 마상에서 서로 포옹한 양국 왕은 매우 친밀한 것처럼 보였지만 서로 간에 신뢰는 없었다. 모험을 즐기는 프랑수아 1세가 호위병 없이 영국 왕을 방문했을 때 신하들은 국왕에게 그처럼 분별없는 행동을 하면 안 된다고 간언했다.

프랑수아 1세를 배반하는 조건으로 카를 5세에게 교황의 삼중관을 제시받은 헨리 8세의 재상이자 추기경인 토머스 울지Thomas Wolsey는 비밀리에 영국 왕과 스페인 왕의 회담을 준비하고 있었다. 프랑스 왕이냐 황제냐의 문제를 신중히 검토한 헨리 8세는 상인들의 요망을 참작해 플랑드르의 주인인 황제를 동맹자로 선택했다. 그러나 경제 문제를 우선시해 외교 문제를 다루는 것이 반드시 최선은 아니다. 영국은 프랑스를 희생해 카를 5세가 유리해지도록 함으로써 세력 균형을 파괴했다. 훗날 영국은 이것을 후회하게 된다.

6. 프랑수아 1세는 선제공격을 결심했다. 카를 5세는 스페인과 독일에서 곤란한 처지였고 이는 그에게 절호의 기회였다. 자신이 우세하다고 생각한 카를 5세는 이 도전을 오히려 환영했다.

"아아! 프랑스 왕이 나를 지금보다 더 위대하게 만들어주려는 것인가? 얼마 후면 내가 보잘것없는 황제가 되든 그가 가엾은 프랑스 왕이 되든 결판이 날 것이다."

헨리 8세, 교황, 베네치아공화국 등 전 유럽이 프랑수아 1세에게 반기를 들었고 심지어 왕위 계승에 불만을 품은 샤를 드 부르봉 원수까지 적과 내통했다. 이런 상황에서 알프스를 넘어 출정하는 것은 무모한 일이었다. 프랑수아 1세는 대담하게도 이를 감행했고 기어이 파비아에서 패전했다. 군대는 이리저리 흩어지고 국왕은 포로로 잡혔다. 그는 모친 루이즈 드 사부아에게 서신을 보냈다.

"모후시여! 소자에게 남은 것은 오로지 명예와 생명뿐입니다."

그가 포로로 있을 때 지은 아름다운 시가 있다.

비록 내 몸은 정복되었으나 정신만은 승리에 빛나고 있다.

기사도의 전통은 프랑스에 그대로 남아 있었던 것이다.

7. 국왕이 포로가 되자 프랑스는 심각한 분열 위기에 놓였다. 프랑스 국민은 장 2세 때부터 국가의 통합을 얼마나 갈망하고 있었던가를 이때 비로소 깨달았다. 존경받을 만한 자격이 있던 섭정 루이즈 드 사부아는 실제로 존경을 받았다. 음모 사건도 없었고 삼부회도 동요하지 않았다. 유일한 반대자는 파리 고등법원으로 이들은 국왕의 궐위를 이용해 사법권을 정치권력으로 전환하려 했다. 프랑스는 재난 중에도 위신을 지켰고 그 정신자세로 프랑스를 구출했다. 프랑스 국내에 분란을 일으키는 데 실패한 카를 5세는 도리어 귀찮은 존재가 되어버린 포로에게 굴욕적인 조약을 강요하려 했다. 노르망디, 귀엔을 영국에 반환하고 스페인에는 샤를 르 테메레르의 영지였던 부르고뉴를, 부르봉 원수에게는 도피네와 프로방스를 양여하라는 것이었다. 프랑수아 1세는 이를 거부하고 우울증으로 죽음을 원하고 있었다.

내 희망은 선망을 품은 채 죽는 것이다.

소망대로 깨끗이 죽는 것은 훌륭한 삶이다.

카를 5세는 두려움을 느꼈다. 왕이 죽으면 다른 사람이 왕위를 계승할 것이고 시체는 갖고 있어 봐야 아무 소용이 없었다. 프랑수아 1세를 헌신적으로 사랑한 누나 마르그리트가 머리맡으로 뛰어와 미사를 올리고 성체를 받게 한 끝에 그가 희망을 되찾으면서 생명을 구했다. 운명의 궤도는 이미 선회하고 있었다. 스페인이 지나치게 강대해졌다고 생각한 헨리 8세는 루이즈 드 사부아에게 200만 파운드를 받고 황제와의 동맹을 파기했다. 이 새로운 배반이 개인적인 이득과 세력 균형 유지에 유리하다고 인정한 울지 추기경도 사례금을 받고 찬동했다.

프랑수아 1세는 탈출이 불가능하다는 것을 알고 어떤 약속이든 지키지 않으리라 결심한 뒤 부르고뉴 문제를 양보하기로 했다. 그는 고문관들에게 미리 강압된 서약은 지킬 필요가 없다는 뜻을 전달했다. 그러나 조약 이행을 보장하기 위해 두 아들을 인질로 인도할 것에 동의함으로써 왕은 왕국을 위해 두 아들을 희생했다. 그가 귀국하고 조약이 공포되자 카를 5세에 대한 분노가 전국으로 퍼져 나갔다. 교황은 스페인을 그리스도교권의 주인으로 하는 조약은 무효라고 선언했다. 프랑스에서는 부르고뉴 지방의회가 국왕이 주민의 동의 없이 왕국의 한 지방을 양도할 권한은 없다고 선언해 개인적 봉건제도에 종말을 고했다. 이후 왕국의 제후들은 프랑스 왕에 대해 권세를 상실했고 이것은 프랑스 왕의 소망이기도 했다.

8. 프랑스와 신성로마제국의 결렬은 가톨릭과 그리스도교의 통합 정책에 종지부를 찍었다. 프랑수아 1세는 오스트리아 왕가를 타도하기 위해 같은 편을 구하는 데 상대를 가릴 여유가 없었다. 협공 태세에 있는 남쪽의 스페인과 북쪽 플랑드르 지방에 대항하려면 동서의 협공이 필요했기에 프랑스는 동유럽에서 동맹자를 얻어야 했다. 파비아에서 패전한 날 밤에 프랑수아 1세는 터키의 장엄한 왕 술레이만에게 밀사를 파견한 바 있다. 그 후 오토만의 제독이 대사로서 파리에 도착했다. 프랑스가 멸망하느냐 존속하느냐 하는 판국이다 보니 정치가 사상, 심지어 종교보다 앞섰던 것이다. 헝가리와 보헤미아도 프랑스처럼 오스트리아보다 터키를 택하려 했던 것 같다. 이탈리아는 스페인의 학정에 반항했고 교황은 프랑스의 보호를 요청했다. 카를 5세는 부르봉 원수에게 로마 공략을 명령했는데 그는 성벽을 공격하다 전사했다. 한 스페인인이 카를 5세에게 다음과 같은 서한을 보냈다.

"폐하를 막기 위해 그리스도교권의 성벽이 세워지고 있습니다."

1529년 탁월한 외교가이기도 했던 루이즈 드 사부아는 카를 황제의 숙모이자 네덜란드 총독의 부인인 마르그리트 대공비와 절충해 '귀부인의 평화'라고 불리는 캉브레 평화조약을 체결하는 데 성공했고, 두 왕자는 몸값 200만 에퀴를 지불한 후 국왕의 품으로 돌아왔다. 스페인에서 왕자를 매우 가혹하게 대했기 때문에 스페인에 대한 왕의 원한은 더욱 가중되었다. 하지만 캉브레 조약의 한 조항이 프랑수아 1세와 카를 5세를 처남 매부 사이로 만들도록 규정하고 있었다. 황제에게는 포르투갈 왕의 과부인 서른두 살의 누나 엘레아노르가 있었는데 그녀는 프랑수아 1세와의 결혼을 승낙했다. 이 온순하고 얌전하

며 절개가 있는 왕비는 17년간 프
랑스 궁정에서 남의 이목을 끌지
않고 지냈다. 그녀는 두 번째 과부
가 되자 오스트리아로 돌아가 카를
5세 가까이에서 여생을 마쳤다.

프랑스 왕비이자 황태후의 삶을 산 카트린 드
메디치

9. 프랑스의 외교가 이때만큼
복잡한 적은 없었다. 모순적인 요
소가 이리저리 엉켜 있었기 때문
이다. 일단 오스트리아와 대결해
서 황제를 제압하려면 터키와 독
일 신교파 제후의 협력이 필요했다. 그런데 이 이교도와의 협력을 놓
고 국민은 신앙이 두터운 국왕을 비난했다. 프랑스, 특히 파리에서는
일반 시민이 종교개혁에 적의를 품고 있었다. 국왕과 그의 누나 마르
그리트는 자상한 품성으로 또 한편으로는 새로운 동맹국의 요망에 따
라 신교에 관용정책을 취했으나 국민은 그들의 정책을 따르지 않았다.
국내정책은 가톨릭국 스페인과 친선을 맺고 대외정책은 오스트리아
와 대립하는 바람에 프랑수와 1세는 여러 가지로 현실적인 타협을 진
행할 수밖에 없었다. 왕세자 앙리 드 프랑스와 교황의 친척인 피렌체
은행가의 딸 카트린 드 메디치Catherine de Médicis의 결혼은 가톨릭국
이탈리아와의 유대를 강화하려 한 프랑수아 1세의 의도를 입증한다.
그러나 별로 효과를 거두지는 못했다. 스페인은 이탈리아를 지배했고
예수회(제수이트파)는 문예부흥의 자유정신을 엄격한 규율로 탄압했다.

프랑스의 이탈리아 침공은 그리스 도교권의 분열만 초래했을 뿐이었다. 1547년 프랑수아 1세가 사망했을 때 현명한 사람들은 프랑스의 긴박한 문제는 이탈리아가 아니라 독일임을 명확히 알고 있었다.

중앙집권체제를 확고히 했으나 개신교의 극심한 탄압을 받은 앙리 2세

10. 새로운 왕 앙리 2세(Henri II, 1519~1559)도 이 문제를 충분히 이해할 만큼 현명했다. 사고 때문에 치세 기간이 짧았던 앙리 2세는 프랑스의 위대한 국왕 중 한 명이었다. 냉정, 총명, 과묵의 미덕을 갖춘 그는 마드리드 유폐에 대한 기억으로 겉으로 내색하지는 않았으나 스페인에 대해 깊은 원한을 품었고 카를 5세도 증오했다.

"앙리 2세는 최악의 적에게 내려지길 바라는 모든 불행이 카를 5세에게 주어지기를 염원했다."

그는 카를 5세와 교묘하게 싸워 나갔다. 앙리의 정책은 이탈리아 정복의 꿈을 포기할 것, 북동 방면에 주력해 국경 방비를 강화할 것 그리고 항구적인 평화를 위한 조약을 체결할 것 등이었다. 이 위대하고 현명한 계획을 완수하기 위해 그는 어디서든 동지를 얻는 데 망설이지 않았다. 그는 영국에서 아직도 강력한 영향력을 보이는 가톨릭의 지지를 얻고자 왕위 계승자인 큰아들 프랑수아와 스코틀랜드의 어린 여왕 메리 스튜어트(Mary Stuart, 1542~1587)를 결혼시켰다. 그 목적은 스코틀랜

드와 잉글랜드의 재통합을 방해하
는 데 있었다. 그는 독일에서 신교
도의 지지를 얻었다. 카를 5세는 선
거제 제국을 세습제 왕국으로 바꿔
독일을 통일하려 했지만 앙리 2세
는 독일의 분열을 의미하는 독일의
자유수호를 위해 애썼다. 가급적
독일의 분열을 획책하는 것이 그
의 정책이었다. 이 정책은 훗날 아
르망 장 뒤 리슐리외Armand-Jean du
Richelieu와 레몽 푸앵카레(Raymond

프랑스 정치가이자 귀족이며 로마 가톨릭 추
기경인 아르망 장 뒤 리슐리외

Poincaré, 1860~1934, 제3공화국 제10대 대통령―역자주)가 계승한다. 그는 프랑스
의 기본적인 이해관계는 라인 강에 있고 무엇보다 숙제로 남아 있는
로렌 지방 귀속 문제를 해결해야 한다는 것을 잘 알고 있었다.

11. 이 문제 해결에 독일 제후가 지원에 나섰다. 카를 5세의 전제
정치가 그들을 괴롭혔기 때문이다. 그들은 프랑스 왕이 그들을 지지
한다면 잠정적으로 메츠, 투르, 베르됭 3개 주교 영지를 제공하겠다고
제안했다. 이는 프랑스의 국경 안전이 보장되는 제안이었으므로 앙리
2세는 즉각 동의했다. 하지만 그가 라인 강까지 진출해 자신의 말에게
강물을 먹이려 하자 그와 손을 잡으려던 독일인이 배반하고 말았다. 그
들에게 포위된 메츠를 구출한 프랑수아 드 기즈François de Guise는 영
웅으로 추대되었다.

실의에 빠진 카를 5세는 숙환인 통풍으로 1556년 양위했다. 여러 질병으로 위독해진 그는 자기 손으로 편지를 뜯어보지 못할 정도였다. 그는 왕위를 왕자 펠리페 2세(Felipe II, 1527~1598)에게 물려주고 싶어 했으나 독일 제후들은 스페인과의 분쟁에 개입하길 원치 않았다. 카를은 하는 수 없이 동생인 페르디난트 1세(Ferdinand I, 1503~1564)를 황제로 선임했고 브뤼셀에서 성대한 양위식을 거행하는 자리에서 왕자 펠리페 2세에게 그 외의 국토를 물려주었다. 그렇게 모든 권력을 이양한 황제는 수도원으로 들어갔다. 권력과의 작별로 그에 대한 개인적인 원한은 해소되었다. 앙리 2세는 스페인 왕 펠리페와 대립할 아무런 이유가 없었고 프랑스의 재정 상태도 평화를 요망하고 있었다. 그러나 '국민의 영웅'이란 명성에 마음이 부푼 프랑수아 드 기즈는 또 한 번 이탈리아를 정복할 계획을 세웠다. 마음이 약한 왕은 이 계획을 승인했고 원정은 비참한 실패로 돌아갔다. 이탈리아 파견군은 완전히 붕괴되었고 프랑스는 사면에서 침공을 받았다. 북쪽에서는 스페인과 영국이, 동쪽에서는 사부아 왕국이 진격을 개시했다. 앙리 2세는 이런 위기 앞에서도 태연자약했다. 스페인 왕 펠리페 2세가 생캉탱을 점령하고 누아용으로 진격했으나 앙리는 파리에서 철수할 것을 거절했다. 그는 말했다.

"이럴 때일수록 용기를 잃지 말고 무슨 일이든 두려워하지 않아야 한다."

경솔한 행동으로 과오를 범한 프랑수아 드 기즈는 용감한 행동으로 속죄했다. 황급히 이탈리아에서 돌아온 그는 콩피에뉴에서 소부대를 지휘해 닥치는 대로 적군을 격퇴했다. 적군이 누아용을 공격할 때 기즈는 수도 파리를 잠시 무방비 상태로 남겨둔 채 적군의 근거지인 칼레를 기습해 점령했다. 이것은 참으로 기적처럼 보였다. 앙리 2세가 기즈 공과 함께 칼레에서 돌아오자 파리는 그들을 열광적으로 환영했고 강화협상이 시작되었다.

12. 오랜 전쟁으로 쇠진한 쌍방은 어떠한 대가를 치르든 평화를 되찾으려 했다. 때마침 영국에서는 남편 펠리페 2세를 열정적으로 사랑하던 메리 튜더의 뒤를 이어 엘리자베스가 왕위에 올랐다. 영국은 스페인과의 인연을 끊었고 스페인도 칼레 문제로 엘리자베스를 지지하지 않았다. 앙리 2세는 프랑스 국경의 안전을 보장하는 메츠, 투르, 베르됭 3개의 주교령만 보유하길 원했으며 페르디난트 1세는 양보했다. 국민의 지지가 없는 데다 다른 한편으로 터키 문제가 긴급했던 것이다. 펠리페 2세는 프랑스가 이탈리아와 사부아에 대한 모든 권리를 포기하면 생캉탱을 반환할 의도가 있었다. 체면을 세우기 위해 앙리 2세의 누이 마르그리트가 사부아 공 마누엘과 결혼하는 지참금으로 사부아와 피에몬테를 반환하기로 하고 펠리페 2세는 앙리 2세의 장녀와 결혼하기로 했다. 이 공주 엘리자베스 드 프랑스는 펠리페 2세의 왕자 돈 카를로스와 약혼한 상태였는데 왕이 상처하는 바람에 열네 살밖에 안 된 이 어린 공주와 결혼한 것이다. 이것이 1559년에 체결한 카토 캉브레지Cateau-Cambresis 조약이다.

13. 이것은 근대 프랑스를 완성한 조약 중 하나지만 그 조인에는 국왕의 비상한 용기가 필요했다. 군인들은 크게 분격하고 비유빌Vieil-

leville 장군은 탄식하며 말했다.

"단 한 시간 만에, 단 한 번 펜의 움직임으로 모든 것을 망쳐버리고 과거의 위대한 승리를 몇 방울 되지 않는 잉크로 지워버리다니. 우리의 정신은 훼손되고 영혼은 짓밟혔다."

하지만 현명한 사람들은 이를 승인했다. 드디어 프랑스는 정복자, 침략자, 점령자 등 원한의 대상만 될 뿐 아무런 이득도 없던 이탈리아에서 완전히 손을 떼고 프랑스 국토의 안전보장에 기여할 메츠, 투르, 베르됭을 수비하는 데 전념하게 되었다. 그뿐 아니라 영국이 점유해 항상 프랑스의 위협이 되고 있던 칼레를 탈환했다. 이것은 성공적인 조약으로 프랑스는 손해를 본 것이 하나도 없었다.

파리에서 평화 회복과 두 공주의 혼례를 경축하는 성대한 축전이 열렸다. 이 축전은 화려하고 환희에 가득 찬 성대한 잔치였다. 스포츠를 좋아한 앙리 2세는 기마경기에 참가했다가 근위대장의 젊고 건장한 아들 가브리엘 드 로르주의 창에 부상을 당해 운명하고 말았다. 창자루가 왕의 안구를 뚫고 뇌를 손상시킨 것이다. 왕은 9일간 혼수상태에 빠졌다가 의식을 회복하지 못한 채 인생의 절정기인 마흔한 살의 나이로 세상을 떠났다. 프랑스로서는 그야말로 막대한 손실이었다. 그는 대외적으로 평화를 확보하고 이제 여러 가지로 복잡한 국내 문제에 전념할 시기를 맞고 있었던 것이다. 그의 뒤에는 어린 왕자들과 외국 출신의 왕비 카트린 드 메디치만 남았다.

chapter 4

—

프랑수아 1세와 앙리 2세 시대의 풍조

—

1. 문예부흥기에는 사람들이 '우리 왕국이 곧 세계다'라고 말하는 것 같았다. 그들은 보석, 비단, 궁전, 정원 등 사치스럽고 아름다운 것을 한없이 사랑했고 세계는 광대하고 화려하며 인생은 무한한 가능성으로 가득하다고 생각했다. 때는 마침 아메리카 대륙을 탐험하던 대항해 시대였다. 디에프의 노르만인, 생말로의 브르타뉴인도 카디즈와 리스본의 스페인 항해자에 못지않게 모험적이라는 것을 입증했다. 프랑스 탐험가들은 뉴펀들랜드와 기네아(현재 말리의 제네)를 탐험했고 자크 카르티에Jacques Cartier는 캐나다에까지 이르렀다. 프랑스, 특히 이탈리아와 플랑드르가 인접한 지방에서는 대규모 상업이 활발하게 일어났으며 1531년 리옹에 최초로 주식거래소가 등장했다. 자본가들은 투기와 중간거래로 일반인들의 저축을 잠식했다. 귀금속이 범람하던 스페인은 금화를 지불하고 프랑스 제품을 수입했다. 새로운 재산, 눈앞에 놓인 기회, 신대륙 등이 경이적인 활동과 호기심을 자극했다.

당시 프랑스인은 모든 규칙을 무시하려 했고 자신만만했을 뿐 아니라 문예부흥의 화신이라 할 만한 젊은 국왕을 자랑으로 삼았다. 활기가 넘쳐흐르고 관능적이며 관용과 교양을 겸비한 프랑수아 1세는 명예로운 왕관에 샤를마뉴 황제와 성 루이 왕 이래 볼 수 없던 찬란한 후광을 더했다. 모후인 루이즈 드 사부아는 프랑수아 1세를 '내 아들, 내 황제'라고 불렀다. 프랑스인은 제국이 로마인에게서 비잔틴인에게로, 그리고 비잔틴인에게서 프랑크인에게로 넘어온 것이라고 생각했다. 프랑스 국민은 프랑수아 1세가 절대군주로 보이는 것을 영광으로 생각했던 것 같다. 한 프랑스 시인이 영국 왕 헨리 8세를 조소하는 시를 지었다.

영국 왕은 국민도, 금은보화도 없이
복종은 받고 있으나 위엄이란 볼 수 없다.
고귀한 프랑스 왕은 통치자이자 황제이며
온 세상과 만민을 다스린다.

2. 당시 국왕의 궁정은 프랑스의 사상, 유행, 예술의 원천이었다. 국왕이 이동할 때 궁정은 1,200필의 말, 장막, 여행용 화물, 태피스트리, 금은 식기 등을 가져갔다. 어느 곳이나 국왕이 거처하는 곳이 곧 수도였고 프랑수아 1세는 파리보다 루아르 강변의 성관을 선호했다. 그는 아무 곳에서나 측근과 고문관뿐 아니라 가족, 친구, 애첩 그리고 가장 신임하는 누나 마르그리트와 함께하길 원했고 늘 이렇게 말했다.
"귀부인이 없는 궁정은 장미꽃이 없는 봄철과 같다."

샹보르와 퐁텐블로 성에서 연일 벌어지던 연회를 눈앞에 그려보면 화려한 의상이 마음을 사로잡는다. 금빛 상의, 명주바지, 새 깃털 장식 모자를 쓴 남자들과 은제 옷을 입은 국왕, 음악과 무도 그리고 남녀 간의 정사 등 황홀한 장면이 선명하게 떠오르기 때문이다. 그때는 예절도 정신도 자유로웠다. 유흥 기분에 들뜬 우아한 생활이 장엄한 궁정 예절로 바뀌었고 궁정은 시인과 예술가를 환영했다. 루이 11세는 학문이란 사람을 우울하게 만드는 것이라고 생각했으나 프랑수아 1세는 지적 호기심이 강했고 뛰어난 문학가와 학자를 사랑했다. 또한 그들에게 지식을 갈고닦을 주제를 제공하는 것을 취미로 삼았다.

"누구든 오기만 하면 환영했다. 하지만 재주가 없거나 수완이 없으면 그만이었다."

국왕의 식탁은 실로 하나의 학교와 같았다. 전술부터 미술에 이르기까지 모든 문제를 토론했고 국왕은 어느 것에든 정통했다.

3. 벤베누토 첼리니의 자서전에서 이 이탈리아 조각가와 국왕의 관계를 더듬어보는 것만큼 흥미로운 일도 드물다. 두 사람은 대등하게 처신했고 국왕은 자신을 즐겁게 해주는 걸작들을 창작하는 첼리니가 궁정에 머물도록 애썼다. 국왕은 그를 극진히 대접했고 예산에 제한을 두지 않고 경비를 지급했다. 프랑수아 1세는 전국에 비축된 금은을 자신이 인정하는 예술가들에게 너그러이 지급했다. 첼리니는 파리에서 무절제하게 생활했다. 국왕의 친지들을 프티-네슬레Petit-Nesle에서 쫓아내고 스튜디오에서는 모델 노릇을 하다가 정부가 된 젊은 여성을 알몸인 채 구타하기 일쑤였으며 샤틀레의 재판관에게

욕설을 퍼붓기도 했다. 그 모든 일은 왕의 총애로 무사히 넘어갔으나 왕의 애인 에탕프 공작부인과 문제를 일으키면서 만사가 끝장났다. 16세기에는 예술이 도덕보다 우위에 있었지만 애정 문제만큼은 능가하지 못했던 것이다.

종교 측면에서는 모순에 가득 찬 시대로 미덕을 갖추고 성실하게 신앙생활을 한 마르그리트 공주조차 《7일간의 이야기Heptaméron》라는 음란한 작품을 저술했다. 국왕은 애첩의 품속에서 빠져나와 그 길로 예배당에 들어가 기도를 올리는 생활을 하고 있었다. 문예부흥기의 남녀는 동물적 격정에 충실했고 정신이 육체를 제어하지 못했다. 그들은 선량한 가톨릭교도이면서도 외출할 때는 허리에 비수를 차고 다녔다. 앙리 2세와 카트린 드 메디치가 결혼하면서 이탈리아 궁정의 모략, 처벌받지 않는 살인, 괴이한 결투, 독물을 품고 있는 장갑 등도 프랑스에 함께 들어왔고 이탈리아식 용병대장 심리와 프랑스식 기사도가 융합하면서 이상한 인간형이 등장했다.

4. 10년간 불임이던 카트린 드 메디치는 이후 내리 임신을 했는데 그녀의 부친은 '피렌체의 환약 상인(가문의 문장에 환약이 들어 있다)'이라고 멸시받던 궁정에서 오랫동안 조용히 지냈다. 그녀의 남편인 왕세자(후일의 앙리 2세)는 1536년부터 자기보다 18년이나 연상인 궁정 주방장의 미망인 디안 드 푸아티에Diane de Poitiers를 열렬히 사랑하고 있었다. 냉정하고 야망적인 그녀는 자기 이름 '달의 신Diana'을 의미하는 초승달을 문장으로 삼고 그 여신이 발밑에 '사랑의 신Eros'을 밟고 선 그림에 '나는 천지만물의 정복자를 정복했다'는 글을 넣게 했다. 그녀

는 루앙 대성당에 죽은 남편의 장엄한 비석을 세우고 흠잡을 데 없는 미망인으로서 늘 흑색 아니면 백색의 옷을 입었다. 그렇다고 그녀가 조각가 장 구종 Jean Goujon이 그녀를 모델로 사슴에 올라탄 수렵의 여신 디아나를 날씬한 다리에 예쁜 젖가슴, 작고 아름다운 얼굴로 표현한 것이나 왕이 선물로 준 성관과 보석관을 사양한 것은 아니

앙리 2세의 애첩으로 잘 알려진 디안 드 푸아티에

다. 앙리 2세는 가는 곳마다 그녀를 동반했고 그렇지 않을 때는 열렬한 편지를 보냈다.

"나는 당신 없이는 살 수 없다. (…) 유일한 신, 유일한 애인에게만 헌신하는 사람을 잊지 말기를 간절히 바란다."

이 때문에 카트린 왕비는 몹시 고민했으나 인내심을 발휘해 발렌티누아 공작부인(왕이 디안 드 푸아티에에게 서임했다)은 덕망이 높은 사람이라고 찬양했다. 디안에 대한 앙리 왕의 로맨틱한 애정은 23년간, 즉 서거하기까지 이어졌다. 1558년 왕은 그녀에게 이런 서신을 전했다.

"나는 당신만을 사랑한다. 앞으로도 당신만을 사랑할 이 몸을 잊지 말기 바란다. 당신이 나를 사랑한다는 표시로 이 반지를 끼기를 염원한다."

1558년은 그가 마흔 번째 탄생일을 맞이한 해였다. 디안은 쉰아홉

살의 할머니가 되었지만 왕에게 그녀는 여전히 에쿠앙 성의 보물로 보존된 구종의 조각처럼 승리의 여신이었고 블루아 성의 계단을 장식해 왕을 즐겁게 해주는 세 명의 여인처럼 아름다운 존재였다. 카트린은 모르는 체했으나 속고 있는 게 아니었다. 몽고메리가 경기 도중 국왕에게 치명상을 입히자 카트린은 "임종이 가까운 왕은 이제 왕비의 것이다"라고 말하며 앙리 왕의 머리맡에서 발렌티누아를 내쫓았다. 자기 저택으로 물러간 발렌티누아 공작부인은 당장 보석관을 내놓고 왕비가 기록해둔 수많은 선물을 반환하라는 엄명을 받았다.

5. 카트린 드 메디치는 아름다운 디안과 달리 못생긴 여인이었다. 그러나 메디치 가에 흐르는 고상한 취미가 있던 그녀는 프랑수아 1세의 전통을 이어 예술가를 보호했다. 그녀는 연회와 화려한 음악회를 즐겼고 오늘날의 프랑스를 빛내는 루브르 궁전의 수많은 재보를 수집했다. 태피스트리, 리모주의 칠보, 보석, 귀한 서적을 비롯해 베르나르 팔리시Bernard Palissy의 도기 등은 프랑스와 이탈리아 예술의 조화를 표현하고 있다. 16세기 프랑스 미술에 미친 두 가지 영향의 비중은 역사가와 미술평론가가 여러 차례 논쟁을 거듭한 문제다. 궁정과 그녀가 초빙한 이탈리아 미술가들은 자신의 기술을 고집하는 프랑스의 석공이나 장인과 충돌한 것 같다. 프랑스인은 이탈리아식 장식을 단순화하고 그들의 대칭감각을 가미했다. 또한 전통 프랑스식 건물 정면에 이탈리아식 옥외 계단과 개방적인 복도를 첨가했다. 이탈리아인 이상으로 고대 건축을 연구하고 로마 건축가 마르쿠스 비트루비우스 폴리오Marcus Vitruvius polio의 건축 논문을 읽은 그들의 예술혁명은 사

실상 고대 부흥이었다. 피에르 레스코Pierre Lescot의 루브르 궁전은 탁월한 고전 미술의 표본이라 할 수 있다. 장 구종의 작품 〈수련〉은 중세기의 비현실적, 신비적 형식을 초월해 고대 조상의 이성적 미를 회상하게 한다.

하지만 새로운 이탈리아 양식이 영향을 미친 지역은 극히 일부에 불과하다는 사실을 기억해야 한다. 주로 궁정 소재지인 파리와 루아르 강변이 이 영향을 많이 받았다. 리옹과 조르주 추기경이 이탈리아식 건축 양식을 도입한 루앙도 다소 영향을 받았으나 투르에 있는 푸케와 미셸 콜롱브Michel Colombe의 스튜디오는 순수한 프랑스 전통을 유지했다. 발루아 궁정의 초상화가들도 프랑스 고유의 순수성과 단순성을 데생으로 남겼다.

6. 16세기 초기 문학은 매력적인 클레망 마로Clément Marot가 비용과 같은 위치를 차지하고 있었다. 그의 유창하고 경쾌한 문체, 평이하고 교묘한 경구 창작, 신랄하고 예리한 풍자는 장 드 라퐁텐과 알프레드 드 뮈세Alfred de Musset 등 프랑스 작가 계보의 시조가 되었다. 조소적인 아취와 종교를 혼합한 작품으로 당시 우상이던 마로는 시편을 프랑스어로 번역해 소르본대학으로부터 신교도 혐의로 고발당한 뒤 제네바로 피신했으나 그곳에서 신교파의 압박을 받았다. 또다시 피신한 그는 토리노에서 빈곤과 고독 속에서 세상을 떠났다. 광신시대에 자유정신을 고집하는 것은 쉬운 일이 아니다. 몽테뉴의 말처럼 구엘프당(교황파)에서는 기벨린당(독일 황제파)이라 불리고, 기벨린당에서는 구엘프당이라고 불리면서 뼈만 남은 비참한 형편이었다. 마로 이후 프

랑스 시인들은 프란체스카 페트라르카를 모방해 고대 형식과 어휘로 복귀했다. 당시 시인들이 외국의 영향을 딛고 '프랑스어 수호와 발전'을 위해 이점을 이끌어냈다는 사실은 놀랄 만한 일이다. 1549년 〈프랑스어 수호와 선양〉이란 제목으로 발표된 조아생 뒤 벨레의 논문은 왕실 시인 롱사르와 플레이아드 시파詩派 동지들의 시사를 받은 것이다. 그는 라틴어가 아닌 프랑스어를 사용해야 하는 이유를 비롯해 선원, 주물사鑄物師, 화가, 조금사彫金師, 기타 노동자와 장인의 기술적 술어를 활용해야 한다고 주장했다. 또한 그리스와 라틴의 우수한 작가를 본받아 고대의 탁월한 양식인 노래, 서간체, 풍자시 등을 재현하면 프랑스어를 풍부하게 할 수 있다는 것과 그렇게 해야 하는 경위를 역설했다. 모방예술은 경이로운 시대적 활기가 없으면 자칫 위험해질 수 있으나 당시 프랑스어는 전무후무할 만큼 신선했고 새 단어 창작이 풍부했으며 용법도 자유로웠다. 모방하기보다 동화된 것이다.

7. 산문에서는 라블레가 이 시대의 선도적인 작가였다. 몽테뉴, 블레즈 드 몽뤼크Blaise de Montluc, 피에르 드 브랑톰 Pierre de Brantôme 등은 얼마 후에 나타났고 그가 이 시대를 전적으로 대표했다. 그는 시대적 풍조에 따라 지식, 새 단어, 독서에 푹 빠져 있었다. 인용, 편집, 평론에 지나치게 열중했고 어휘와 문구를 좋아해 형용사 일람표를 작성했으며 리모주의 학생 용어를 일반 용어로 번역하기도 했다. 그는 분명 그리스도교도였으나 사제를 조소했고 순교에는 전혀 흥미가 없었으며 수도사라기보다 오히려 의사에 가까웠다. 물론 부도덕한 사람은 아니었지만 외설적이었고 의학생다운 호색과 폭로 취미는 있었어

도 음탕하지는 않았다.

그 시대의 실태에 완전히 정통한 그는 훗날의 발자크처럼 모든 일에 호기심을 보였다. 모든 기술에 정통한 작가만큼 위대한 작가는 없다. 그는 법률, 스콜라 철학, 전쟁 등을 연구한 덕분에 법관, 궤변가, 군인 들을 통렬하게 조롱할 수 있었다. 몰리에르 이전의 몰리에르이자 조너선 스위프트Jonathan Swift 이전의 스위프트였다.

그뿐 아니라 그는 명랑하고 활기에 가득 찬 그 시대의 철학을 표현했다. 도덕에 대해 긴장 완화 효과를 낸 팡타그뤼엘(라블레의 작품에 등장하는 쾌락적인 주인공)은 정의를 향한 의욕, 일상생활의 공허한 절차 멸시, 인간적인 사건의 따뜻한 이해, 인간생활의 허무함에 대한 공감 등을 드러내고 있다. 라블레는 인생과 관련해 고귀한 원리를 제시하지 않았는데 텔렘 수도원(라블레의 작품에 나오는 수도원)은 그 시대의 대표적인 트라프와 클레르보의 수도원보다 온정미가 있고 건전한 규율을 지켰다. 그러나 지나치게 합리적이었던 그는 그 시대에는 많은 영향을 미치지 못했다.

8. 모든 개혁자처럼 라블레도 교육에 대해 일가견이 있었다. 그가 포노크라트(라블레의 작품 《가르강튀아》에 등장하는 가정교사)를 통해 내놓은 의견은 매우 과학적이었다. 그는 현학자, 청춘을 억압하는 사람, 추잡한 대학 등을 미워했고 그들을 모두 불태워버리길 원했다. 철학자 피에르 드 라 라메Pierre de la Ramée는 라블레의 의견에 동조했다. 그는 대학이 아리스토텔레스의 논리학 원리에 따라 토론하는 법만 가르치고 자기가 틀렸음을 알면서도 옳다고 우기며 손에 쥔 공은 놓지 않은 채

남의 공을 빼앗으려 한다고 비난했다. 라블레는 《가르강튀아》에서 진지한 신학 박사가 13년 6개월 2주 동안 최악의 중세사 입문서를 끝에서부터 반대로 암송하게 해서 제자를 더욱 바보로 만드는 장면을 묘사하고 있다. 프랑수아 1세가 왕립 교수단을 창설해 그리스어, 라틴어 외에 히브리어와 아랍어를 가르치게 한 데는 이상과 같은 교리 내용을 개선하려는 의도가 있었다. 인문주의자들은 철학이나 신학 쪽의 혁명가가 아니라 문법과 문학을 가르치는 데 타당한 방법을 강조하는 학자였다. 때로 그 타당한 방법에 생각보다 깊이 들어가면서 어떤 인문주의자는 개혁교회에 가까워졌다. 따라서 이 시대의 전반적인 교육을 이해하려면 프랑스에서의 종교개혁의 역할을 연구해야 한다.

—

chapter 5

정치적 색채를 띤 종교개혁 운동

—

1. 프랑스의 종교개혁은 가톨릭과 프로테스탄트교파의 공개적인 투쟁으로 시작된 것이 아니다. 이전에도 이단적인 종파가 여러 번 로마교회를 분열시켰다. 개혁자들은 교회 정화를 주장하긴 했어도 교회의 원칙만큼은 존중했다. 13세기에 신학자 성 토마스는 가톨릭과 아리스토텔레스의 철학을 종합함으로써 당시의 신학자들에게 안정된 신조를 부여했다. 이단 심문을 두려워한 대학은 교리의 통일을 유지했고 오히려 이탈은 민간에서 일어났다. 특히 십자군의 결정적인 실패를 본 선량한 민중은 마호메트가 그리스도보다 강대한 존재가 아닌가 하는 순박한 의문을 품었다. 더욱이 흑사병 유행이 신의 선의를 의심하게 했다. 교회의 경제력은 영주와 군주들에게 시기심을 일으켰고 그들은 교황이 막대한 재부를 장악하는 것에 적의를 품었다. 그리고 하급 사제들은 주교와 수도원장의 탐욕에 반감을 느꼈다. 교회의 정치 세력은 국민국가가 형성되던 시점에 귀찮은 존재로 전락했다.

독자적인 법정 및 예산 집행을 고집한 교회는 국가 안에 존재하는 또 하나의 국가처럼 행세하고 있었던 것이다.

프랑스에서는 필리프 4세가 교황 보니파키우스 8세의 뜻을 제압했을 때 국민적 반항 효과가 분명히 나타났다. 고위 성직자들은 이런 감정을 전환시키기 위해 1438년 부르제 칙령 아래 프랑스 교회에 자주권을 부여함으로써 그들의 특권을 유지했다. 이후 프랑수아 1세는 국가의 이익을 대표해서 추진한 1516년의 협약으로 칙령을 대체했다. 그러나 국왕과 국고에 유리한 해결책도 영혼의 문제까지 해결할 수는 없었다.

2. 16세기 초에는 영혼의 문제가 중요한 이슈였다. 이탈리아 문예부흥의 잠재적 이교주의는 교황에게까지도 영향을 주고 있었다. 보르지아 가문 출신인 교황 알렉산드로 6세는 존경받을 자격을 잃어 민중의 멸시를 받았다. 면죄부 판매와 수도사가 설교하는 저속한 미신이 진지한 신자의 반감을 샀던 것이다. 그리스어와 히브리어를 해득한 인문주의자들은 라틴어 번역 성서에 만족하지 않고 보다 권위 있는 원문으로 성서를 읽으며 무식한 사제들의 권위를 부인했다. 주교들이 교양 있고 관대해 프랑스 교회는 개혁주의로 기울기 시작했다. 여기에다 성서 연구가 이뤄지면서 가톨릭과 상당한 차이가 있는 종교가 등장했다. 그들은 그리스도와 하느님의 자애를 의식, 행동, 연옥, 성자숭배가 아니라 복음서에서 발견했다. 또한 그들은 성서를 통해 최대 관심사인 영혼 구제는 관습으로 형성된 의식과 절차에 예속된 것이 아님을 알아챘다. 1508년, 즉 루터(1517년)보다 9년 앞서 파리대학

의 노교수 자크 르페브르 데타플르Jacque Lefevre d'Etaples는 원본 연구의 필요성을 강조하는 논문을 발표했다.

"원본 연구를 포기하는 바람에 수도원이 몰락하고, 경건한 신앙이 소멸하고, 사람들이 천국의 행복보다도 지상의 재산을 바라게 된 것이다."

그는 대담하게도 구원은 신앙으로 얻는 것이지 헌납으로 얻는 게 아니라는 사실, 성서의 유일한 최고 권위, 미사의 상징적인 본질 등을 가르쳤다. 이와 함께 그는 라틴어로 하는 기도, 사제의 독신제도, 성자숭배 등을 비난했다. 사학가 쥘 미슐레Jules Michelet는 말했다.

"존경하는 르페브르 데타플르는 루터보다 6년 앞서 파리에서 루터주의를 가르쳤다."

르페브르는 용감하게도 프랑스어로 번역한 성서를 간행했다.

3. 1517년 10월 31일 독일인 수도사 마르틴 루터Martin Luther가 비텐베르크 성당 대문에 95개조의 제안을 못질해서 붙여놓았다. 이 제안을 통해 그는 신앙만이 영혼을 구제할 수 있고 순례, 묵주, 암송, 촛불, 헌납, 성물예배 등은 진실한 신앙이 아니라고 주장했다. 과격한 그는 점차 도전의 수위를 높여 로마는 이제 바빌로니아가 되었고 교황은 그리스도의 적이라고 강조했다. 이것은 개혁이 아니라 단절로 1520년 그는 파문당했다. 프랑수아 1세와 그의 누나 마르그리트의 보호가 없었다면 르페브르 데타플르도 신변이 위험했을 것이다. 마르그리트는 자유주의적인 성직자 모Meaux의 주교 브리소네를 고문관 겸 종교 지도자로 데리고 있었다. 브리소네와 마르그리트는 신종교

를 받아들이고 가톨릭을 반대할 생각은 없었다. 그들은 새로운 교리로써 기도를 통해 신과 신비적인 관계를 맺는 가장 좋은 방법을 찾으려 했을 뿐이다. 두 사람은 불안감과 회의감이 감돌던 위기 상황을 무사히 넘겼고 브리소네는 모에 교회 진보파를 규합했다. 그는 르페브르 데타플르를 부주교로 선임하고 그의 교구를 개혁 이론의 본거지로 삼았다. 프랑수아 1세는 누나에 대한 애정으로 르페브르 데타플르를 '착한 사람 파브리'라고 부르며 옹호했다.

"프랑스의 전 궁정은 유행, 신기한 문학, 성서를 원전으로 이해하고 시편을 프랑스어로 노래하는 즐거움을 탐닉해 자칫 자신들도 모르게 루터주의에 빠질 뻔했다."

하지만 루터의 단죄는 충격적이었다. 소르본대학은 시기와 반감으로 르페브르 데타플르를 고발했고 무대는 학술 연구에서 종교재판으로, 법정에서 화형장으로 옮겨갔다.

4. 1525년부터 프랑수아 1세가 파비아에서 포로생활에 들어가자 그들에 대한 보호는 약해졌다. 섭정 루이즈 드 사부아는 자신의 힘이 약하다는 것을 알고 있었으므로 교리 문제로 교황과 소르본을 적대시하려 하지 않았다. 이에 따라 공박은 더욱 거세졌다. 처음에는 인문주의와 신비주의의 문제에 불과했지만 점점 소위 종교개혁 문제로 공박을 받았다. 섭정의 시기에 국왕 없이 질서를 유지하려면 교회의 지지가 필요했기에 궁정은 준엄한 태도를 취하지 않을 수 없었다. 브리소네마저 불안을 느낄 정도였다. 그러나 거의 모든 개혁자가 활동을 시작하면서 이제 통제가 불가능했다. 모 주교 관구에서는 빈민, 세

탁부, 직조공 등이 성모상에 불을 지르고 면죄부 공고를 찢어버렸다. 고등법원의 명령에 따라 그들은 태형, 낙형을 받았고 일부 과격분자는 화형을 당했다. 겁을 먹은 브리소네는 이전에 지시한 교리를 철회하면서 연옥도 있고 성모와 성자의 이름도 불러야 한다고 공포했다. 마르그리트가 포로가 된 동생 프랑수아 1세를 간호하려고 마드리드에 갔을 때 그녀는 용기를 내 '착한 사람 파브리'만은 보호하라는 서한을 얻어왔다. 그러나 고등법원은 이단자의 화형을 계속하고 있었다.

5. 귀국한 프랑수아 1세는 프랑스의 종교적 방향을 결정하려 했다. 가톨릭이긴 하지만 복음주의적이어서 왕의 인자한 천성에 기대를 거는 마르그리트와 국가의 체통을 호소하는 고등법원 사이에 낀 프랑수아 1세는 수년 동안 관용과 준엄함 사이를 오갔다. 브리소네처럼 온화한 개혁주의자는 과오를 뉘우쳤으니 문제될 것이 없었지만 아직도 저항을 계속하던 과격한 사람들이 불경하고 우둔한 행동을 저질렀다. 몇몇 사람은 국왕에게 독립 프랑스 교회의 대표라고 선언하도록 권했다. 국왕이 결단만 내리면 헨리 8세와 독일의 제후가 지지할 것이라고 했다. 그러나 성 루이 왕의 후손에다 독실한 그는 그런 행동을 하면 안 된다고 생각했다. 왕세자와 메디치 가의 결혼으로 왕은 교황권과 정통파 가톨릭을 보장했다. 그러나 마르그리트는 왕세자비를 설득했고 사람들은 새로운 관용의 시대를 기대했다.

너무 격렬한 종파 투쟁은 프랑수아 1세를 강경하게 만들었다. 양쪽은 서로 벽보를 붙였는데 어느 날 왕은 왕궁에 붙어 있는 '교황의 미사가 미치는 피해에 관한 진상'이란 격문을 보았다. 그처럼 가장 신성한 성사聖事를 직접 공격하는 내용을 읽고 왕은 심한 충격을 받았다.

이것은 개혁이 아니라 틀림없는 이단이라고 생각한 왕은 보호를 중지했고 화형대의 불은 가차 없이 많은 희생자를 냈다. 인간의 잔인성은 한이 없는지라 순교자가 보다 오랫동안 고통을 받도록 불을 약하게 했다. 왕 자신이 화형을 구경하는 행렬에 동참하기도 했다. 이단자의 재산은 몰수되고 그 제보자는 보상을 받았다. 1538년 이후 국왕은 국민의 광적인 행동에 완전히 실망해 가톨릭을 지지하면서 스페인 진영으로 투신하기로 결심했다.

6. 온화한 보수주의도 혁명적인 광신주의와 충돌하면 언제든 공포와 원한으로 반동화하며 그 반동은 으레 잔인한 보복을 유발한다. 뒤랑스 강변의 일부 촌락에서는 발덴파 분리주의자들이 중세기의 처벌을 피해 성서를 읽고 미사, 연옥, 교황을 부인하며 살고 있었다. 그들은 교리에 따라 신교도와 접근했다. 1545년 고등법원은 카브리에르와 메랭돌 두 촌락을 이단으로 판결한 뒤 촌락을 파괴하고 주민을 화형 또는 추방하도록 명령했다. 프랑수아 1세는 이 참혹하고 무도한 판결을 여러 차례 결재하지 않았으나 병상에 누웠을 때 하는 수 없이 서명했다. 프로방스 관부 부사령관 오페드 남작이 24개 촌락에 불을 지르고 주민을 학살했다. 당시 300호의 가옥이 불에 타고 3,000명의 촌민이 희생당했다. 프랑수아 1세는 임종의 자리에서 왕세자에게 자신의 명의와 권위를 빌려 이처럼 참혹한 불상사를 감행한 사람들을 지체 없이 처벌하도록 당부했다. 그러나 죄인들은 처벌받지 않았다. 1543년 소르본대학은 전 직원에게 '신앙조항'에 서명할 것을 강요했

고 거절한 사람은 화형대로 끌려갔다. 위대한 인문학자이자 국왕의 친구인 에티엔 돌레가 플라톤의 번역서를 출판했다는 이유로 무신론 자로 처벌받은 것은 정신활동 포기를 상징하는 가장 슬픈 사례였다. 사실 이것은 문예부흥으로 얻은 성과였다. 그는 화형장으로 끌려가면서 나 자신은 슬프지 않으나 경건한 죄인들이 나 때문에 슬퍼할 것이라고 말했다. 경건한 죄인들인 그 군중은 앞으로 오랫동안 고생하고 또한 다른 사람들도 고생시킨다.

7. 프랑수아 1세와 '마르그리트 꽃'이라 불리던 그의 누나는 힘닿는 데까지 종교탄압에서 보호자 노릇을 했다. 보다 근엄한 앙리 2세는 루터파 운동이 확산되자 불안감을 느꼈다. 파리에서까지 비밀집회가 성행했고 명사 부인과 대학교수들이 처형을 각오하고 참석했다. 경제 상태는 이 지성적 반항에 유리한 영향을 주었다. 스페인 식민지에서 유입된 막대한 금은으로 인해 물가가 급격히 상승했던 것이다. 물가 상승기에는 국가 전체적으로는 번영하지만 고정임금을 받는 노동자와 농지를 임대하는 지주는 경제적으로 타격을 받기 때문에 무산계급과 귀족계급 양측에서 이중의 불만이 생긴다. 경제는 정신에 영향을 주고 불만을 품은 사람들은 쉽게 이단을 받아들인다.

불안감을 느낀 앙리 2세는 1549년 파리 고등법원 내에 전국적으로 전염병처럼 만연하는 이단을 심문할 특별 법정을 설치하도록 명령했다. 법령은 참으로 가혹했다. 이단자의 재산 3분의 1은 밀고자에게 보상한다(밀고 장려), 이단적인 서적 판매와 소유를 금지한다(불관용 장려), 모든 이단자를 사형에 처한다(잔인함 장려) 등이 그 내용이었다. 재판관 자신이 독재정치의 불가결한 무기인 숙청을 당하기도 했다. 법관들도 신사상에 물들었고 고등법원 형사부는 유죄선고를 내릴 수가 없었다. 왕족인 나바르, 부르봉, 콩데 가문과 대영주인 콜리니, 샤티옹, 앙들로 가문 등이 가담했기 때문이다. 1559년 고등법원의 엄숙한 석상에서 대담한 법관들이 교회에도 굉장한 부패가 있다고 선언했다. 법관들이 신앙에서 벗어나는 언동을 감행하자 앙리 2세는 격노해 두 눈으로 그들이 화형당하는 것을 보아야겠다고 언명했다. 그러나 그의 눈에 몽고메리의 창이 꽂히는 바람에 그 광경을 직접 볼 수 없었다.

8. 그때까지는 이단자가 가톨릭의 개혁자에 지나지 않았다. 공개적으로 반항을 하려면 교리와 조직이 필요했고 칼뱅파가 교리뿐 아니라 조직까지 제공했다. 프랑스인은 새로운 신학을 신봉하기 전에 그 교리가 명확하길 바랐는데 장 칼뱅John Calvin은 루터가 독일인에게 만족감을 주었듯 프랑스인에게 가장 프랑스적인 교리를 부여했다. 누아용에서 법정 대리인의 아들로 태어난 칼뱅은 1536년《기독교 강요Institutio Christianae religionis》를 출판한 후 자유의 도시 제네바로 피신했다. 제네바는 동맹시인 프라이부르크, 베른과 더불어 개혁주의를 채택했는데 독일어의 동맹Eidgenossen이란 말에서 프랑스어 위그노Huguenot란 말이 생겼다. 제네바에서 루터주의가 다수를 차지하자 가톨릭을 박해하기 시작했다. 신앙은 변해도 열정만은 그대로 살아남는 모양이다. 제네바는 칼뱅을 중심으로 한 프랑스인 개혁자의 망명처가 되었다. 얼마 후 칼뱅은 망명자에서 벗어나 목사가 되었고 마침내 신정新政 정부의 배후 실권자로 거듭났다. 루터는 황제의 권한을 황제에

게 되돌려주었으나 칼뱅은 황제와 그리스도를 통합하려 한 것이다. 그는 장로주의라고 부르게 된 하나의 신교를 새로운 가톨릭으로 만들었다. 신정 정부는 목사와 장로가 선거제라 명목상으로는 민주적이었으나 사실 선거 자체가 자유롭지 않았다. 개인 문제를 심리하는 감독법원이 모든 시민을 감시했고 감독법원 위에 참사회 또 그 위에 최고회의가 있었다. 감독법원은 관습 개혁, 가정 감시를 담당했고 성서가 곧 법률이었으며 제네바의 법관은 모세의 율법을 채택했다. 제네바에서의 위그노파 선전은 프랑스 전국으로 전파되었다. 16세기 제네바의 역할은 규범과 무대 제공으로 20세기 전 세계 공산당원에 대한 모스크바의 역할과 흡사했다고 말하는 사람도 있다.

9. 칼뱅의 교리는 준엄했다. 인간은 아담의 타락으로 죄를 짓고 있고 노老 아담이 모든 인간에게 재생해 악덕과 죄악을 준다고 했다.

'예수는 십자가에 못 박힘으로써 죄를 보상했으나 그것은 전 인류가 아니라 자신의 영혼 속에서 노 아담을 십자가에 처형한 사람만을 위한 것이다. 이러한 신앙을 가지려면 은총이 필요하다. 구원과 지옥행은 미리 결정된 것이라 근행(勤行, 독경이나 예배)으로 속죄할 수 없으며 근행은 이미 받고 있는 은총의 증거다.'

이러한 교리에는 현실적으로 모순이 있었다. 칼뱅주의자는 행동적인 경향이 강한데 미리 결정된 신의 판정을 변경할 수 없다면 자신의 영혼을 반성할 것이지 무엇 때문에 근행을 하는가? 그들은 근행이 판정을 얻은 실증이기 때문이라고 했다. 칼뱅주의의 이 이색적이고 실천적인 성격은 일부 프랑스 중산계급의 환영을 받았다. 교수, 의사,

법률가, 하급 성직자, 수도사 등 교양 있는 사람들이 칼뱅주의에 감화되었고 1516년 협약으로 재산을 수탈당한 뒤 로마에 적의를 품은 일부 귀족은 위그노파의 행동 전위대가 되었다. 신교운동은 특히 제네바와 관계가 깊던 리옹, 노르망디, 랑그도크 그리고 론 강 유역 지방에서 활발히 일어났다. 파리는 대부분 가톨릭으로 남아 있었다. 군사조직을 종교조직과 결합해 국가 내의 국가가 된 위그노파를 프랑스 왕들이 불안해한 것은 당연한 일이었다.

10. 수 세기를 두고 왕들은 가톨릭교회가 왕국 내에서 지나친 권력을 장악하는 것을 제지해왔다. 이로써 중세기 교황들이 꿈꾸던 지배권에 종지부를 찍었고 성직자 임명 문제에서 왕들은 종교 칙령과 협약으로 승리를 거두었다. 나아가 교회 재산도 나누게 했다. 국왕은 종교개혁이란 명목으로 국가를 정치적으로 분열시키는 것을 용인하지 않았다. 특히 왕국의 절대권력을 부인하는 위그노파의 정치이론가를 억압했다. 열렬한 공화주의자는 플루타르코스Plutarchos의 저서《영웅전Bioi Paralleloi》을 폭군에 대한 반항의 교본으로 삼았다. 민중이 이러한 선전을 지지하면 군주제는 중대한 위협을 받을 것이 분명했다. 그러나 독일의 농민과 달리 프랑스의 농민은 전통 가톨릭에 충실했다. 프랑스에서 신교는 지금도 그렇지만 어느 정도 자유주의적이고 반귀족적인 특정 계층의 종교였다.

—

chapter 6

종교전쟁에 따른 프랑스의 분열과 황폐

—

1. 이단자의 반정부 활동, 재정 파탄 그리고 어린 왕의 불가피한 통치력 부족 등은 위기를 조성했다. 앙리 2세는 폭발 직전의 상황에서 서거했다. 왕국은 이탈리아 전쟁으로 4000만 리브르에 달하는 고금리 채무를 졌다. 이자를 지불하려면 인두세 증액과 관직 매매가 필요했고 두 가지 모두 민폐를 유발하는 일이었다. 국가는 평화와 안정적이고 강력한 정권을 필요로 했으나 통치력이 부족했다. 새 왕 프랑수아 2세(François II, 1544~1560)는 여드름투성이인 열다섯 살 아이로 허약한데다 결핵성 전신병이 있었다. 모후 카트린 드 메디치는 당당한 여장부로 타협적이고 지성적이었으나 책략가, 정치가의 소질은 없었다. 그녀는 딸인 스페인 왕비에게 보낸 서신에서 다음과 같이 탄식했다.

"하느님은 내게 세 아이와 분열된 왕국을 주셨다."

그녀는 왕자들을 위해 전력을 기울여 싸울 결심을 했으나 평범한 가문 출신에다 외국인이란 두 가지 약점 때문에 가급적 신중을 기했다. 당시 3당파가 주도권을 놓고 경쟁하고 있었다. 첫째는 발루아 왕조가 단절되면 왕위를 계승할 왕후인 부르봉 가문의 잔 달베르와 결혼해 나바르 왕이 된 앙투안 드 부르봉과 그의 동생 콩데 공이었다. 둘째는 로렌의 왕후인 기즈 가문인데 한 왕비 마리 드 기즈를 스코틀랜드에, 한 왕비 메리 스튜어트를 프랑스에 그리고 한 영웅 프랑수아 드 기즈를 프랑스군에 보낸 후 두각을 나타내고 있었다. 셋째는 왕조에 충실하며 기즈 가문과 대립하는 몽모랑시 가문이었다. 가톨릭교도 안 드 몽모랑시 원수에게는 위그노파인 세 명의 조카가 있었는데 그중 하나가 침착하고 존경할 만한 가스파르 드 콜리니Gaspard de Coligny 제독이었다. 기즈 가는 광신적이고 비타협적인 가톨릭을 대표했다. 앙투안 드 부르봉은 네라크의 궁정에 위그노파를 포섭해두고 있었다. 부르봉 원수가 실각한 후 부르봉 가는 반대파에 가담했는데 이는 장모인 '마르그리트의 꽃'이라 불리는 마르그리트 드 나바르의 영향력 때문이었다.

2. 조카딸인 메리 스튜어트가 젊은 왕과 결혼하자 기즈 가가 권세를 장악했다. 왕이 자신들 뜻대로 고문관을 선임하도록 하기 위해 그들은 프랑수아 2세가 성년에 달했다고 인정했다. 프랑스 국민은 시대의 조류를 대표하는 사람에게 자신을 떠맡기는 심정으로 기즈 가를 받아들였다. 그들은 곧 가톨릭을 수호하기 위해 신의 소명을 받은 인물처럼 처신했다. 군인 프랑수아 드 기즈가 가장 인기가 있었고 사실상의 수장인 로렌 추기경은 교황과 국왕의 권력을 모두 쥔 독재자로 군림했다. 혈통적으로 제일 가까운 앙투안 드 부르봉에게는 섭정이 될

권리가 있었으나 국민이 모두 기즈파로 기울었음을 알고 죽은 체하는 것이 상책이라고 생각했다. 이 치세 초기 위그노파는 신의 지고한 제국에 손대지만 않으면 순종하는 국민으로 지내려고 했다. 그런데 기즈 가와 과격한 그의 일파는 왕국 내의 이단자를 철저히 숙청하려 했다. 결국 그들의 폭력은 열성적인 개혁파를 반란으로 몰아넣었다.

"공공연하게 이뤄진 기즈 가의 독재정치, 왕국 내의 유력인사 탄압, 왕후와 대영주들의 침묵, 기즈 가가 좌우하는 사법제도의 부패, 관직과 토지로 농단하는 재정 등 폭력적이고 불법적인 정부는 맹렬한 증오와 반감을 불러일으켰다. (…) 각자 자신의 안전보장을 도모해야 하는 상황에 이르자 왕국 본래의 정통 정부를 재건할 시정 방안을 강구하기 위해 많은 사람이 결속하기 시작했다."

3. 당시 정책 방면의 위그노파가 종교 방면의 위그노파와 결속했다. 박해받던 모든 불평가가 기즈 가를 추방하기 위해 궐기했다. 카토 캉브레지 조약 이후 실직한 제대군인이 급증해 병사는 얼마든지 구할 수 있었고 개혁파 신학자들은 왕후의 지지를 받는 반역활동을 시인했다. 성서에는 이런 반역 사례가 꽤 있다. 무장한 일부 부대가 블루아와 앙부아즈에 집결해 궁정을 탈취하기로 합의했다. 하지만 기즈 가가 사전에 음모에 관한 정보를 입수해 주모자 일당을 체포했다. 참혹한 탄압이 이어졌고 앙부아즈 성은 참수당한 머리로 가득 찼다. 그곳을 지나가던 장 도비네Jean d'Aubigné는 여덟 살짜리 아들 아그리파에게 말했다.

"그들은 프랑스를 참수했다. (…) 아들아! 너는 내가 죽은 후라도 이 명예로운 사람들을 위한 보복에 네 목을 아껴서는 안 된다."

결국 여러 세대로 이어진 처참한 증오감이 조성되었다. 콩데 대군도 정세가 급변하자 불안감을 느꼈다. 만성 중이염을 앓고 있던 허약한 프랑수아 2세가 갑자기 고열에 신음했던 것이다. 이것은 기즈 가에게 중대한 타격이었다. 추기경은 국왕의 완쾌를 기원하고자 기도 행렬을 거행했고 프랑수아 드 기즈 장군은 국왕이 사망하면 교수형에 처하겠다고 의사들을 협박했다. 그러나 죽음은 인간처럼 권력을 두려워하지 않는다. 결국 프랑수아 2세는 숨을 거두었고 기즈 가는 1회전에서 패배했다.

4. 신왕 샤를 9세(Charles IX, 1550~1574)는 열 살이었다. 그는 완전한 발루아 혈통으로 허약하고 상냥하며 미술을 애호하는 게으름뱅이였다. 이번에는 섭정이 필요했다. 모후 카트린 드 메디치는 기즈 가는 부르봉 가를, 부르봉 가는 기즈 가를 이용해 협박하면서 모든 당파에 평화를 권장함으로써 그녀가 섭정이 되는 데 성공했다. 그녀는 자기 권위가 아직 무력한 것을 인정하고 양가에 호의를 보였으나 여기에 실패해 교활하다는 악평을 들었다. 만약 성공했다면 역사상 앙리 4세에 필적할 만한 명성을 얻었을 것이다. 1560년 오를레앙에서 1484년 이후 처음으로 왕국의 삼부회를 소집했다. 재상 미셸 드 로피탈Michel de L'Hôpital이 장중한 어조로 양쪽 가문의 화해를 종용했다. 그는 전 프랑스 국민의 공통적인 신앙을 되찾기 위해 국민교리회를 설립할 것을 제안했다.

"유화정책은 강압정책보다 효과적이다. (…) 악마 같은 이름, 즉 당파와 과격파를 비롯해 선동의 이름인 루터파, 위그노파, 교황파 등을 버리고 그리스도교란 이름만 보존하자!"

그런데 카트린 드 메디치가 콜리니와 콩데 가문이 가족과 함께 그들의 종파대로 개인 저택에서 예배하는 것을 허락하자 가톨릭파와 고등법원은 그녀의 유화정책을 비난했고 교황은 국민교리회 설립을 금지했다. 그 대신 카트린은 1564년 포아시에서 종교 토론회를 개최했다. 신앙 문제를 공개 토론으로 해결할 수 있을 거라고 여기는 것을 정상적이라고 보기는 어렵지만 재상 로피탈은 그것을 진지하게 희망했다. 합리적인 사람은 항상 다른 사람이 자신과 생각이 비슷할 거라는, 즉 합리적이지 않게 생각하는 경향이 있으며 그 오류는 삶의 경험으로만 깨닫는 법이다. 재상은 종교 토론회 개회사에서 내란은 국력을 약화하고 양심은 강제할 수 없으며 교회개혁은 전 그리스도교도를 재통합할 것이라고 지적했다. 분명 효과적인 제안이었다. 테오도르 드 베즈Théodore de Béze는 칼뱅의 교리를 온건하게 변호했고 로렌 추기경이 이에 대해 답변했다. 수일 후 타협점을 모색하기 위한 위원회를 지명하도록 결의했으나 타협점을 전혀 찾지 못했고 모든 일에 진전이 없었다.

5. 카트린은 계속해서 그리스도교의 두 가지 신앙 형식을 화해시키려 했다. 그녀는 집념을 발휘해 테오도르 드 베즈와 콜리니를 궁정에 머물게 하고 가톨릭을 자극하지 않으면서 위그노파에게 관대한 정책을 취했다. 1562년 개혁파에게 시외집회를 허락하고 두 파벌에게는 무기 휴대를 금지하는 법령이 공포되었다. 그러나 원칙 문제는

원칙 없는 사람이 해결할 수 없는 법이다. 어떻게 신앙 문제에서 타협을 이끌어낼 것인가? 어떻게 시외의 진리는 시내의 진리가 아니라고 설득할 것인가? 더구나 이 문제는 국내에만 국한된 것이 아니었다. 로마와 제네바가 투쟁하는 상황에서 그녀가 기즈 가와 콜리니의 화해를 기대하는 것은 기적을 바라는 것이나 마찬가지였다. 가톨릭과 프로테스탄트의 대중은 서로 이단에 대한 관용을 죄악으로 여겼다. 파리에서는 가톨릭 군중이 개혁파의 집에 불을 질렀고 남프랑스에서는 격분한 위그노파가 가톨릭교회를 공격했다. 흥분한 가톨릭파 귀족은 카트린에게서 벗어나기 위해 여러 가지 계획을 모의했다. 불안해진 카트린은 콜리니에게 왕조 수호를 위해 위그노파가 병력을 얼마나 동원할 수 있는지 물었고 이것은 내란의 단서가 되었다.

사실 두 파벌은 서로 전쟁을 원했다. 일부는 자신들의 증오감을 충족시키려 했고 또 일부는 약탈의 구실을 찾고 있었다. 그들은 모두 무기를 정비했다. 1562년 3월 기즈 공이 부하 장병과 함께 바시Vassy를 지날 때 우연히 위그노파의 기도회와 맞닥트렸다. 그곳에서 전투가 일어나 23명의 신자가 살해되고 130명이 부상당했다. 가톨릭은 단순한 사고라고 하고 위그노파는 '바시의 학살'이라고 부른 이 사건은 대전의 불씨로 작용했다. 콩데는 위그노파를 동원했고 파리로 진격한 기즈는 시민들에게 '기즈 만세!'라는 환영을 받았다. 그들은 '국왕 만세!'라고 하지 않았다. 생드니 성문에서 파리 시장이 그를 정중히 영접하고 '신앙의 수호자'라고 칭송했다. 유화정책은 완전히 와해되고 말았다.

6. 이제는 내란만 남았다. 양 진영은 제각각 외국의 강력한 지원을 얻어 전투를 개시했다. 스페인의 펠리페 2세는 가톨릭을 격려하며 지원했고 영국의 엘리자베스 여왕은 위그노파를 성원했다. 양측의 지도자들은 오랫동안 외국 군대에 지원을 요청하지 않았다. 그러나 격분 끝에 스위스, 스페인, 독일에서 전투부대를 모집했다. 난폭한 제대군인들로 인해 농촌은 초토화되었고 거리마다 도적이 출몰했으며 정도의 차이는 있었으나 군인들이 전국을 휩쓸었다. 격전을 거듭한 프랑스인은 같은 국민, 같은 계급, 때로는 같은 가족끼리 싸웠다. 그들은 때로 절망에 잠겨 그 내란을 반성했다. 라 누La Noue는 말했다.

"모든 사람이 마음속으로 반성하고 있었다. 쳐들어오는 사람도 프랑스인이고 그중에는 친척도 친구도 있었다. 서로를 죽이는 이 사건은 한 시간도 되지 않아 참으로 비참한 광경을 연출했다."

명문 출신 포로는 정중한 대접을 받았고 양쪽 파벌의 수령인 프랑수아 드 기즈와 콩데는 침상을 함께했다. 그러나 이처럼 점잖은 처우는 수령급에만 국한된 일이었고 전선에서 싸우는 군대는 8,000에서 1만 명에 불과한 소부대로 빨치산처럼 약탈, 살인, 강간 등 모든 악행을 자행했다. 이 시대의 파렴치한 만행을 알려면 블레즈 드 몽뤼크 장군의 저서를 읽으면 된다. 초기에는 신앙을 위해 싸웠을지 모르지만 얼마 지나지 않아 즐기기 위해 싸웠다. 카트린 드 메디치는 양쪽 파벌의 수령이 아주 짧은 기간 내에 모조리 없어지는 것을 지켜보았다. 나바르 왕이자 잔 달베르의 남편인 앙투안 드 부르봉이 전사했고 몽모랑시와 콩데는 포로가 되었으며, 프랑수아 드 기즈를 암살한 위그노파의 귀족 폴트로 드 메레Poltrot de Méré는 제네바 그레브 광장에서 처형되었다. 이 사건은 미래에 대해 불길한 예감을 낳았다. 가톨릭파가 콜리니를 학살의 책임자로 생각했기 때문이다. 콜리니 제독은 무심한 사람이 흔히 그렇듯 언동에 별로 조심하지 않았다. 그는 무죄를 해명하기 위해 모후에게 편지를 보냈다.

"태후시여! 소자가 기즈 공의 죽음을 애석하게 여긴다고 생각지 마십시오. 그의 죽음은 왕국, 신의 교회 그리고 특히 소자를 위해 참으로 다행스런 일입니다."

브랑톰은 침착하고 겸손하기 이를 데 없는 그가 어찌 감히 이런 말을 했을까 하고 많은 사람이 놀랐다고 말했다. 1563년 양쪽 파벌 모두 피폐해진 상태에서 지속된다는 보장이 없는 파격적인 강화를 맺었다. 가톨릭파는 아직도 자신들이 우세하다고 믿었다. 위그노파는 라로셸을 피난처로 확보해두었다. 증오감을 발산하는 쾌락은 전쟁의 고난보다 훨씬 더 강했다.

7. 한동안 혼란과 만행의 시기가 계속되었다. 되풀이된 전투는 전국을 화염과 창검으로 휩쓸었고 사람들은 기아에 허덕였다. 당파에 가입하지 않은 사람은 없었다. 파리에서는 위그노파가 불법화했고 노르망디에서는 가톨릭을 금지했으며 남부에서는 성당과 수도원이 약탈을 당했다. 도처에서 가족 간의 분열이 생겼다. 모든 사람이 환상에 불과한 양심에 순종한다는 광신으로 살인을 합리화했고 비적행위마저 신앙이란 명목으로 용인하면서 국민은 준법정신을 무시하는 습관에 젖어들었다. 당파를 국가보다 우선시하고 복수가 법률을 유린하는 순간부터 문명은 사멸하는 법이다.

카트린은 번갈아가며 스페인과 영국에 추파를 던졌다. 그녀는 그렇게 모든 사람을 만족시키려다 모든 사람에게 배반자라는 비난을 듣고 말았다. 그녀가 바욘으로 가자 스페인의 장군 알바 공을 만난다고 의심한 위그노파의 콜리니는 파리-마드리드 동맹이 성립될 것을 염려해 국왕 납치를 계획했다. 이번에는 콜리니의 모후가 위협을 느끼고 전투를 재개했다. 앙투안과 여장부 잔 달베르의 아들이며 '마르그리트의 꽃'의 손자인 앙리 드 나바르는 콜리니를 정치 수장으로 하는 위그노파의 정통 대표가 되었다. 가톨릭파가 여러 차례의 유혈 전투에서 승리하자 남쪽으로 도피했던 콜리니는 신병을 모집해 파리를 점령한 다음 궁정을 지배했다. 1570년 온건한 신가톨릭파인 폴리티크당의 중재로 생제르맹 평화조약이 체결되었다. 폴리티크당은 독실한 신자들로부터 영혼 구원이 아닌 왕국 구원만 바라는 사람들이라는 멸시를 당했다. 로렌 추기경과 기즈 가문은 궁정을 떠났고 콜리니 제독은 복귀했다. 대법관 에티엔느 파스키에Etienne Pasquier는 이렇게 말했다.

"시작해야 할 때 끝장이 났다."

사실인즉 아무것도 끝난 것은 없었다. 카트린은 평화를 공고히 하고자 자신의 딸 마르그리트를 앙리 드 나바르와, 아들 앙주 공을 영국의 엘리자베스와 결혼시키려고 계획했다. 두 신교국과의 통혼은 매력적인 계획이었다. 그녀는 이 나라에 지금보다 더 안식이 필요한 때는 없었다고 말했다.

8. 하지만 학살이 결혼식을 노리면서 그녀의 소망은 수포로 돌아

갔다. 1572년 가톨릭파의 분노와 증오를 받아가며 마르그리트와 앙리 드 나바르의 결혼이 결정되자 콜리니는 경솔하게도 승리를 자부했다. 그는 동맹을 파기한 다음 스페인은 적대시하고 영국과는 우호 관계를 유지하려 했다. 그러나 엘리자베스는 그다지 적극적이지 않았고 카트린은 스페인 군대를 두려워하는 한편 프랑스는 가톨릭이 대다수이므로 스페인과의 개전을 반대하리라고 여겼다. 무엇보다 그녀는 콜리니 제독이 냉정한 태도로 어린 국왕을 조종할 것을 우려했다. 이미 샤를 9세는 모후 카트린에게 알리지 않고 콜리니와 작전을 세우고 있었다. 카트린은 대노해 콜리니가 사랑하는 아들을 빼앗고 스페인과 희망 없는 전쟁을 시작하려 한다고 생각했다. 자객과 독약이 넘나드는 피렌체에서 성장한 그녀가 콜리니를 없애야겠다고 마음먹는 것은 당연한 일이었다. 그녀는 기즈 가와 공모해 계획을 세웠고 8월 22일 금요일 창밖에서 화승총이 제독을 저격했다. 그러나 팔에만 부상을 입은 그는 프랑스에서는 나 같은 위대한 인물을 이렇게 대접하느냐고 외쳤다. 가톨릭파에서는 생명을 건진 콜리니를 이전보다 더 위험한 사람으로 간주했다. 분노한 국왕은 철저한 수색을 명령했고 수색이 진행되면 기즈 가와 모후의 죄상까지 드러날 판국이었다. 절망에 빠진 카트린은 최후의 결단을 내렸다.

9. 때마침 위그노파의 수령들이 앙리 드 나바르의 결혼 때문에 파리로 모여들고 있었다. 콜리니 저격 사건은 당연히 그들을 격분하게 했고 그들의 흥분한 언사는 파리 시민을 자극했다. 상인들은 가게 문을 닫았고 민병들은 창을 갈았다. 파리 시민들은 결혼이 유혈의식으

로 거행될 것이라고 말했다. 8월 23일 카트린은 아들인 왕에게 자신의 소행을 고백하고 당장 갈 데까지 가지 않으면 자신은 물론 왕까지도 파멸할 것이라고 말했다. 이것은 위그노파의 학살을 의미했다. 샤를 9세는 머뭇거렸다. 타반 장군은 다음과 같이 기록하고 있다.

"몹시 신중하고 모후에게 순종적인 샤를 왕은 사태의 전모를 파악한 후 모후와 한편이 되기로 결심하고 (…) 콜리니를 구할 수 없음을 유감으로 생각하면서 가톨릭파를 이용해 위그노파로부터 일신의 안전을 도모했다."

24일 밤 한 시 반에 학살의 신호로 생제르맹 록세루아 교회의 경종이 울렸다. 아무도 피신하지 못하도록 미리 대상자 명부를 마련해둔 상태였다. 기즈는 직접 콜리니의 처소로 갔고 제독은 영웅답게 생명을 끊었다. 파리에서는 3,000~4,000명에 달하는 위그노파가 참혹한 죽임을 당했다. 지방에서는 더 많은 사람이 죽었고 리옹과 오를레앙에서는 더욱더 극심했다. 최고 지도자들인 라 로슈푸코, 코몽 라 포르스Caumont la Force도 죽음을 면하지 못했다. 타반 장군은 이렇게 기록했다.

"파리는 정복당한 도시와도 같았다. 유혈이 멎자 약탈이 시작되었다. (…) 왕후, 영주, 귀족, 사수, 경비병 등 모든 신분과 직업의 사람들이 민중과 떼를 지어 가로에서 약탈, 살육을 감행했다."

왕통에 속하는 왕후들을 비롯해 앙리 드 나바르와 콩데만 죽음을 면했다. 그러나 그들은 루브르 궁의 포로가 되어 개종을 권고받았다. 외국에서는 엘리자베스가 조의를 표하고 펠리페 2세는 축사를 보내왔다. "내 생애에 가장 기쁜 일 중 하나다."

로마에서는 그레고리우스 13세가 사은 찬송가를 부르게 했다. 정통성이 자비를 유린한 것이다.

10. 학살은 해결 방법이 아니다. 특히 참수한 시체를 대체할 또 다른 머리가 있을 때는 더욱더 그렇다. 종교집단이란 5,000~6,000명의 지도자가 목이 달아나도 여전히 용감한 투사가 생겨나는 그런 존재다. 남부에서 신자와 목사가 저항부대를 조직했다. 1573년 미요 총회에서 신교도들은 행정조직을 완전히 재편했다. 신교동맹원은 한 사람의 호민관이 관장하는 귀족적 평의회인 국가정무총회에 복종할 것을 서약했다. 앙리 드 나바르가 호민관의 자리를 맡았다. 위장 개종한 이후 궁정에 남아 있던 그는 방탕에 빠져 있었다. 어느 날 밤 커튼을 열고 충성을 다하는 신하가 간언했다.

"전하! 하느님의 마음이 아직도 전하의 가슴속에 살아 있고 그 빛을 발하는 것이 사실입니까? 전하께서는 동지가 없다고 탄식하고 계십니다. (…) 전하께서는 눈물만 흘리시지만 동지들은 손에 무기를 들고 있습니다. 그들은 전하의 적과 싸우고 있는데 전하는 그 적을 섬기고 계십니다. (…) 그들은 하느님만 두려워하는데 전하께서는 동지들이 주먹을 쥐고 있는 이때 여인네의 손을 잡고 그들을 두려워하고 계십니다. 그들은 말을 타고 있는데 전하는 무릎을 꿇고 계십니다."

이 질책은 그를 자극했다. 그는 칠흑처럼 어둡고 꽁꽁 얼어붙은 밤에 궁정을 도망쳐 나와 개종을 번복했고 고향인 베아른으로 돌아갔다. 그리고 학살 사건 직후 카트린을 적대시해 프랑스와 단절한 위그노파 신공화국에 가담했다.

운명의 신은 이미 자식을 통해 모후에게 복수를 했다. 성 바르텔레미 축일의 학살 사건 이후 샤를 9세는 우울병으로 고생하면서 각혈했고 의사는 폐병이라고 했다. 1574년 5월 극도로 쇠약해진 왕은 병상에 누웠다. 같은 달 30일 아침 그는 애첩 마리 투셰Marie Touchet의 소생인 어린 왕자의 양육을 부탁하려고 앙리 드 나바르를 불러오라고 명령했다. 그러나 그는 뜻을 이루지 못한 채 31일 카트린 드 메디치의 팔에 안겨 스물네 살의 젊은 나이로 세상을 떠났다. 그의 동생이자 후계자인 앙리 3세(Henri III, 1551~1589)는 카트린이 그를 국왕으로 추대할 때 폴란드에 있었다. 국고가 비어버려 그는 귀국 여비와 샤를 9세의 장례비를 마련하는 데도 많은 곤란을 겪었다.

11. 앙리 3세는 약간 변태적이면서도 불안정한 매력을 지니고 있었다. 마른 편에 장신으로 까다롭기도 했지만 점잖고 거드름을 피웠다. 또 지성적이고 천부적인 자유주의자였으나 사람들에게 존경받지는 못했다. 그의 여성적인 태도, 팔찌와 목걸이, 향수 등은 사람들의 비위를 상하게 했고 수상한 애인들과 주름을 잡은 사치스러운 의상을 차려입은 신사들이 그를 둘러싸고 있어 평판이 더욱 좋지 않았다. 그가 궁정의 어느 행사 때 여장한 것이 알려지자 사람들은 그를 '동성애 전하'라고 부르기 시작했다. 그에 비하면 '칼에 맞은 흉터가 있는 사나이'라는 별명으로 불린 남성적인 앙리 드 기즈가 훨씬 더 가톨릭의 지도자로 유망했다. 이런 감정은 앙리 드 나바르가 도망쳤을 때, 앙리 3세가 위그노파에게 유화정책을 쓰려고 했을 때 더욱 심해졌다. 1576년 왕세자의 강화講和로 신교도의 안전보장, 예배의 자유, 관직에 취업할 권리 등을 보장하기로 했다. 성 바르텔레미 축일의 학

살 사건이 지난 지 4년이 되던 해의 일이었다. 사람들은 어리둥절하기만 했다. 사실인즉 국고는 텅 비었고 아무도 프랑스 왕에게 식비조차 대주지 않았으며 전쟁비용 같은 것은 염두에 두지도 않았다. 왕실은 곤궁한 재정 앞에 하는 수 없이 앙리 드 기즈를 수령으로 하는 동맹을 조직해 교회의 권위를 재건하고자 했다. 1577년부터 1584년까지 가톨릭파와 위그노파는 증오와 불신을 품은 채 서로 대치했다.

12. 1584년 국왕의 살아 있는 유일한 동생이자 가톨릭파 최고의 희망이던 앙주 공(강화를 조정한 왕세자)이 폐렴으로 급사했다. 앙리 3세에게는 자녀가 없었고 가능성도 없었기에 상속 순위에 따라 이단자인 앙리 드 나바르가 후계자가 되었다. 프랑스 왕이 축성받지 못하는 특이한 사태가 발생한 것이다. 정통성을 강력히 지지하던 앙리 3세는 가톨릭으로 개종하길 요망하며 종제인 나바르를 추정 후계자로 승인했으나 그는 개종은 양심의 문제라는 대답만 했다. 기즈 가에서는 자기 가문에서 왕위를 계승할 수 있다며 이미 후보자를 물색하고 있었다. 성 루이 왕의 왕자 후손인 앙리 드 나바르는 앙리 드 발루아와 22촌이 되는 인척이었다. 상상력이 풍부한 계보학자들이 기즈 가의 종가인 로렌 가의 시조 중에 샤를마뉴 황제의 왕자 로테르가 있다고 증명하려 애쓰고 있었다. 다른 사람들은 앙리 드 나바르의 백부인 노추기경 부르봉이 유자격자라며 지지했다. 아직까지도 전국의 여론이 가톨릭동맹을 지지하면서 선전문서가 나돌았고 외국인까지도 이득을 좇아 개입했다. 펠리페 2세는 가톨릭동맹에 파병 지원을 약속했으며 엘리자베스는 칼레와 르아브르를 요구했다. 궁정은 몹시 동요했고

카트린은 사위인 나바르에게 가톨릭으로 복귀하기를 간청했다. 그는 현명하게도 그녀에게 대답을 보류했다. 만약 그녀의 말을 그대로 따르면 동지를 잃고 적의 수중에 떨어질 염려가 있었다.

앙리 3세는 경멸과 혐오를 받아가며 가톨릭동맹과 기즈 가에 굴복했고 1585년 매사를 그들에게 일임했다. 그는 10년 전에 허용한 프로테스탄트를 금지했는데 이는 안전을 보장했다가 다시 취소한 셈이었다. 이 양보는 본의가 아니었으나 그렇게 하지 않으면 전쟁을 피할 수 없었고 전쟁을 치를 돈이 없었다.

13. 이 전쟁은 세 앙리의 전쟁(앙리 3세, 앙리 드 나바르, 앙리 드 기즈)으로 불렸지만 사실 앙리 3세는 가톨릭동맹의 멸시를 받아가며 모후와 함께 아무도 원치 않는 양쪽 파벌의 조정자 역할을 하고 있었다. 카트린은 스페인 주재 프랑스 대사에게 다음과 같은 서신을 보냈다.

"무엇 때문에 이토록 많은 사람이 싫은 내색 없이 이 희극에 참여하는지 도무지 알 수가 없다. 나와 내 아들들은 20~30년간 프랑스에 만연하는 열병을 방지하려 백방으로 노력했으나 그간의 경험으로 어설픈 방지활동은 도리어 열병을 더 만연시킨다는 것을 알게 되었다."

파리에서는 기즈의 누나인 가톨릭동맹의 여장부 몽팡시에 공작부인의 선동으로 설교 수도사가 국왕에 대해 선전포고를 준비하고 있었다. 1588년 5월 앙리 3세는 앙리 드 기즈에게 수도 입성을 금지했다. 하지만 '칼에 맞은 흉터가 있는 사나이'는 불과 8~9명의 부하를 거느리고 입성해 열광적인 환영을 받았다. 군중은 그에게 꽃을 던졌고 여자들은 무릎을 꿇고 그의 옷자락에 입을 맞추었으며 모든 사람이 '기즈 만세!'를 외쳤다. 그는 커다란 모자의 챙을 내리고(사실은 기쁨으로 터져 나오는 웃음을 감추려 한 것인지도 모른다) 겸손한 자세로 이것은 지나친 일이라며 '국왕 만세!'를 불러야 한다고 말했다. 앙리 3세는 격노해 군대를 동원해 대항하려 했다. 그러자 도시에는 방루가 구축되었고 학생들은 루브르 궁 앞으로 진격했으며 여자들은 창문으로 국왕의 병사에게 폭탄을 던졌다. 가톨릭동맹의 수령들은 시국의 주인공이 된 기즈에게 말했다.

"우리가 이렇게 기다리고 있을 게 아니라 루브르 궁으로 쳐들어가 앙리 왕을 찾아냅시다."

나중에 기즈는 머뭇대다가 국왕이 될 기회를 놓친 것을 크게 후회했다.

"드디어 기즈 공은 사람은 황제 아니면 평민이 되어야 한다는 사실을 깨달았으나 때는 이미 늦었다."

14. 앙리 왕은 안전하게 블루아로 피신했으나 기즈가 장악한 파리를 잃었다. 더구나 삼부회를 소집한 뒤 전 프랑스가 그의 적을 지지하고 있음을 알게 되었다. 그는 양보하고 굴복했지만 앞을 내다보는 사람들은 '결단의 날'이 다가왔음을 알고 있었다. 젊고 용감한 45명의 귀족일단이 생명을 걸고 국왕을 수호하며 명령이 내려지기만 기다리고 있었다. 결국 국왕의 왕위와 생명을 위협하는 역적 기즈 공을 살해하라는 명령이 떨어졌다. 기즈파는 기즈에게 위험을 경고했으나 그는 앙리 왕의 나약한 성격을 얕잡아보고 자기를 해칠 만한 위인이 아니라고 장담했다. 왕은 모후와도 의논하지 않고 과감하게 단행했다. 앙

리 드 기즈는 의논할 일이 있다고 호출받은 블루아 성에서 참살되었고, 체포당한 기즈 추기경도 그 이튿날 도끼창의 이슬로 사라졌다. 카트린 드 메디치는 크게 놀라며 큰일을 저질렀다고 탄식했다. 앙리는 이제 나 한 사람만 왕이라고 말했다. 부르봉 추기경은 완곡하게 카트린을 책망하면서 아직도 음모를 꾸미고 있으니 우리 모두가 죽게 될 것이라고 말했다. 그녀는 이번 일에 자신은 아무 관련도 없다고 맹세한 후 슬픈 기색으로 말했다.

"만사가 끝장났습니다. 그저 침상에 들고 싶은 생각뿐입니다."

침상에 누운 그녀는 3주일 후 눈을 감았다. 역사가 자크 오귀스트 드 투Jacques-Auguste de Thou는 말했다.

"한 여성이 사망한 것이 아니라 왕권의 명맥이 끊긴 것이다."

그러나 왕권은 투가 생각하는 것보다 강력했다.

15. 성 바르텔레미 축일의 학살도 위그노파의 정무총회를 해체하지 못했고, 블루아의 암살도 가톨릭동맹을 붕괴하지 못했다. 파리는 폭군 타도를 외치며 궐기했고 설교사들은 '프랑스의 왕 앙리 3세'라고 부르기 시작했다. 가톨릭동맹은 앙리 드 발루아(앙리 3세의 속명)와 교섭하기를 거부했다. 가톨릭 성직자의 분노는 대단했고 파리에서는 10만 명의 촛불 행렬이 거리를 누비다가 하느님께서 발루아 일족을 이렇게 없애실 거라며 신호와 동시에 모든 촛불을 껐다. 이 소동이 아무리 무시무시했을지라도 치명상을 입은 괴물의 최후 몸부림에 지나지 않았다. 기즈 가와 인기를 상실한 가톨릭동맹은 점차 몰락했고 이 무력한 고생 덩어리는 국왕의 무거운 짐일 뿐이었다.

투르에 거처를 정한 앙리 3세는 가톨릭과 단절되었으므로 사촌인 나바르를 불렀다. 두 사촌 사이에 휴전이 성립되면서 둘은 힘을 합쳐 파리를 포위했다. 앙리 드 나바르는 전략에 능숙했고 국왕군이 생클루에 도달하자 동맹 측은 패배를 자인하고 절망한 나머지 불법 행동으로 전환했다. 설교사들은 공공연하게 "블루아의 암살에 복수할 사람은 없는가"라고 선동했다. 이 선동에 응한 도미니크파 수도사 자크 클레망Jacques Clément이 종교를 위해 감행하는 왕의 시역弑逆이 죄가 되는가 하는 문제를 신학자에게 문의했다. 무죄 확증을 받은 그는 1589년 8월 1일 국왕에게 배알을 청한 뒤 비수로 왕을 살해했다. 앙리 3세는 임종에 즈음해 왕국의 장래만을 염려하는 왕으로서 생존 때보다 더 위대한 국왕으로 세상을 떠났다. 그는 앙리 드 나바르에게 이렇게 말했다.

"짐은 자네가 옆에 있으니 마음 놓고 죽을 수 있네. 왕관은 자네의 것이며 모든 장병에게 짐이 세상을 떠난 후부터 자네가 왕이라는 것을 확인하도록 명령한다."

더불어 개종할 것을 간곡하게 권고했다.

"자네가 가톨릭으로 돌아오지 않으면 많이 고생할 것이다. 짐은 다시 한 번 개종하도록 권고한다."

그는 이튿날 아침 3시에 숨을 거뒀다. 가톨릭동맹의 지도위원회는 선전기구를 통해 앙리 3세 살해는 합법적이며 나바르 왕은 파문된 사람이므로 왕위를 계승할 수 없다는 성명을 냈다.

chapter 7

—

앙리 4세의 프랑스 재통일

—

1. 앙리 4세(Henri IV, 1553~1610)는 곤란하게도 가톨릭국가의 통치를 맡은 프로테스탄트 왕이었다. 다행히 그에게는 프랑스인이 가장 좋아하는 인간형이라는 유리한 무기가 있었다. 그들은 국왕이 자신은 국민만을 위해서가 아니라 조국에 봉사하기 위해 태어났다고 말하는 것을 듣고 감사하게 생각했다. 그는 한 당파의 왕이 아닌 전 국민의 왕이 되기를 희망했다. 온정과 관용이 군주의 기본적인 미덕이라 믿고 있던 그는 다음과 같이 말했다.

"정직하게 자기 양심을 따르는 사람은 짐과 종교가 같다. 짐은 용감하고 선량한 사람들의 종교에 가담할 것이다."

군주의 직책은 당파 감정을 북돋우는 것이 아니라고 말하며 그는 늘 국민에게 단결을 호소했다.

"모든 국민이 짐의 활시위에 열정의 화살을 걸어주었으면 한다."

"우리는 모두 프랑스인이며 같은 조국의 동포다. 따라서 우리는 사

종교전쟁을 끝으로 신교와 구교에 종교의 자유를 허락한 앙리 4세

람을 격분시키는 냉혹하고 잔인한 감정을 버리고 이성과 온정으로 화해해야 한다."

또한 그는 용감하고 선량한 군인으로서 국민의 호감을 샀다.

"짐은 도시의 성벽에 뛰어오른 적이 있다. 앞으로 나는 서슴지 않고 시가지의 방루를 뛰어넘을 것이다."

그는 시골의 온정과 가스코뉴 지방의 시정詩情이 함께 빚어내는 쾌활한 문장을 썼다. 항상 연애를 즐긴 그는 애인들에게 열정적인 편지를 보내곤 했다.

"내 진실한 심정, 내 소중한 애정."

하지만 연인은 연인이고 왕은 어디까지나 왕이었다.

"군인으로서의 행동에 관해 여인네에게 자문을 요청하지 않겠다."

그의 빛나는 눈동자, 커다란 매부리코, 반듯하게 깎아 붙인 수염, 가스코뉴 지방의 듣기 좋은 사투리, 명랑한 성격은 물론 심지어 여성과의 애정행각까지도 모든 사람의 인기를 끌었다.

2. 앙리 3세가 운명한 다음 날, 앙리 4세는 왕위에 올랐으나 아무도 인정하지 않았다. 가톨릭파는 모두가 개종하기를 바란다고 했고 그도 그것을 각오하고 있었다. 프랑스를 인체에 비유한다면 심장이라 할 수 있는 파리는 전적으로 가톨릭이었고 그가 훗날 말했듯 파리는 미

사를 올려서라도 장악할 만한 가치가 있었다. 하지만 그의 종교는 교리라기보다 감정이었기 때문에 개종할 수가 없었다. 그가 중요하게 생각한 것은 진실한 그리스도교로서 자신의 위신을 유지하는 일뿐이었다. 그는 자신이 적당한 시기라고 인정할 때까지 개종에 대한 결론을 내리지 않았다.

"짐은 여러 번 개종하라는 요청을 받았다. 어떤 상황에서 해야 하는가? 목에 비수가 겨누어졌을 때 개종하란 말인가? 양심은 버릴 수 있으나 명예가 허락하지 않는다. (…) 서른 살인 지금까지 한 길로 살아온 사람이 왕국을 얻기 위해 개종한다면 다른 사람은 고사하고 경건한 가톨릭 신자들이 짐을 어떻게 생각할 것인가?"

그는 가톨릭의 교육을 받고 지식을 배우겠다고 약속했다. 개종하기까지 기다릴 수 없는 사람은 돌아서도 상관없다고 말했다.

"짐은 가톨릭 신자 중에서 프랑스와 명예를 사랑하는 사람들에게 기대를 걸겠다."

사실 그런 사람들이 있었고 일부 프로테스탄트 군대도 왕을 지지했지만 가톨릭동맹은 국왕 반대파를 조직했다. 앙리 드 기즈의 동생 마이엔느 공은 부르봉 추기경을 샤를 10세라는 왕호로 부르게 하고 그 자신은 국왕 대리를 자청했다. 파리에서는 지구 대표인 분당파가 16인조를 조직한 후 귀족계급에 호소했으나 그들은 응하지 않았다. 왕국을 진압할 수 있다고 자신한 앙리 4세는 1만 명의 병사를 거느리고 이 중대한 과업에 착수했다.

3. 앙리 4세는 랑그도크 지방으로 집결할 수도 있었으나 그러면 파

리를 포기하게 되므로 자신을 지지하는 도시가 있을 만한 노르망디 지방으로 진격했다. 그는 자신을 추격해온 마이엔느 공을 디에프 근방의 아르크에서 격파했고 이 승리를 계기로 본래 국왕을 추종하려던 모든 당파의 국민을 포섭하는 데 성공했다. 가톨릭동맹은 스페인 왕, 사부아 공 등 모든 프랑스의 적과 일당이었던 까닭에 이 비국가적 동맹은 뜻있는 국민의 반감을 샀다. 가톨릭파에 가담했던 파리의 시민계급은 가톨릭동맹이 혁명적 노선으로 전향했음을 알고 놀라는 한편 염증을 느꼈다. 마이엔느 공 자신도 이런 기록을 남겼다.

"부인들은 그들의 사업을 생각해 전쟁을 기피했다. 그들은 평화를 희망했다."

16인조가 처형한 고등법원 판사들은 사실 나바르파였다. 풍자시인 사티르 메니페는 시민계급의 분노를 다음과 같이 묘사했다.

"옛날에는 누구나 광에는 곡식, 지하창고에는 포도주를 저장해두었다. 누구나 은기, 태피스트리, 가구를 갖고 있었다. (…) 지금은 도적놈 외에 3주일을 버텨낼 물자를 갖고 있는 사람이 없다."

그들은 이런 푸념을 늘어놓으며 질서를 갈망했다. 모두가 강력하고 관대한 지배자를 고대했던 것이다. 그러던 차에 국왕이라는 지배자가 나타났다. 더구나 그에 관한 풍문은 모두 만족스러웠다.

"기수를 잃은 사람들은 하얀 깃털 아래로 모여라! 승리, 명예와 더불어 활로를 찾으리라."

어느 날 저녁 전쟁터에서 이런 외침이 들려왔다.

"프랑스인은 짐의 진영으로 들어오라! 외국인에게만 죽음이 있을 뿐이다."

드디어 파리를 포위하자 앙리 4세는 가혹하게 봉쇄하지 않고 성 내로 식량을 반입하는 것을 허용했다.

"짐은 공동묘지를 통치할 생각은 없다."

4. 1593년 파리에서 삼부회를 소집했다. 대의원의 수는 적었으나 국민은 그들의 결정에 기대를 걸었다. 마이엔느는 왕좌에서 가톨릭 국왕을 원한다는 연설을 했는데 그가 말하는 후보자는 바로 자신이었다. 스페인의 펠리페 왕은 앙리 2세의 손녀인 자기 딸 이사벨라 클라라를 왕위에 앉히고 프랑스에 약간의 자치를 허용하는 스페인의 지방 영토로 만들고 싶어 했다. 그러는 동안 앙리 4세는 쉬렌에서 스페인과 화의和議하는 데 성공했다. 그는 이제 개종할 시기가 되었다고 생각했다. 만약 삼부회가 다른 사람을 국왕으로 선정하면 그의 정통성이 끝내 논란거리가 될 테고, 반대로 정통을 이은 그가 가톨릭교도가 되면 오랜 전쟁에 시달린 파리와 프랑스는 그에게 굴복할 것이었다. 그는 주교들에게 말했다.

"짐을 교도하기 바란다. 짐은 고집불통이 아니다. (…) 경들은 신에게 훌륭한 선물, 아름다운 양심의 전리품을 바치게 될 것이다."

그는 진심이었을까?

"그는 일생을 통해 두 번 프로테스탄트가 되고 두 번 가톨릭교도가 되었다. (…) 개종에 익숙했던 그는 몹시 관대하면서도 대단히 진지한 일종의 신앙을 스스로 창안했다."

국민의 의사에 영합하는 것은 가스코뉴의 속담인 '도랑을 한 번 뛰어넘는 것'처럼 아무것도 아니었다. 그러나 그는 적절한 시기를 기다리고 있었다. 그는 주교들에게 질문과 의견을 제시해 혼란스럽게 하고 성직자들의 행적을 야유할 정도에 이르렀다. 드디어 1593년 7월 25일 앙리 4세는 생드니에서 백의를 입고 교회의 품에 안겼다. 이제 가톨릭동맹은 존재 이유를 상실했다. 1594년 3월 앙리 4세는 전면 휴전을 약속한 후 그가 바라던 대수도 파리에 입성해 미사를 올리기 위해 노트르담 대성당으로 행진했다. 그는 휴전조건을 성실히 준수했다. 국왕에게 복수할 의사가 없음을 알게 된 프랑스의 각 지방은 파리의 선례를 따랐다.

5. 앙리 4세가 프랑스의 평화를 위해 바친 인내력은 참으로 칭송할 만하다. 주위에 가득한 적의를 상대하면서 이처럼 중대한 과업을 완수하는 것은 결코 쉽지 않은 일이다. 많은 사람이 그의 유화정책을 비난하자 그는 다음과 같이 설득했다.

"너무 열중한 나머지 자제력을 잃은 사람이 있어도 절제를 되찾고 두 번 다시 그 이야기를 하지 않으면 그만이다."

그는 실력으로 복종시키는 비용의 10분의 1도 들지 않는다며 매수정책으로 많은 사람을 포섭했다. 특히 최대의 적이던 마이엔느 공도 류머티즘 관절염으로 허덕이는 그 뚱뚱보가 자신과 함께 빨리 걷게 해서 고생시키는 정도로 복수를 끝냈다. 그는 스페인과도 친선관계를 완전히 회복했다. 교황청과의 화해만 남아 있었는데 이 협상에서는 매우 강경한 태도를 취했다. 추기경들은 프랑스 교회가 국왕을 지지하고 로마와 단절할 염려가 있었기 때문에 교황에게 양보하도록 진언했다. 결국 1516년의 협약을 기초로 한 협정이 이뤄지면서 프랑스 교회는 자주성을 유지하게 되었다. 국왕은 주교를 선임했고 성직 수입도 상납받았다. 교회는 종교시설과 교육기관 유지비로 프랑스 국토 4분의 1과 10분의 1세 및 기타 수입으로 1,000리브르에 달하는 재원을 확보했다.

그런데 국왕에게 정통 왕자가 탄생하지 않을 경우 왕위 계승자가 될 신교도 콩데 왕후 문제가 남아 있었다. 국왕은 콩데를 가톨릭으로 교육하는 것에 동의했고 교황이 파문을 취소하면서 국왕은 성직자의 봉록표와 교회에 대한 권위를 확보했다. 예수회 교단 문제는 미해결 상태였다. 1540년에 창설된 이 교단은 국내 주교의 감독을 받지 않고 교황에게 직접 봉사하는 정신적 의용군으로 종교전쟁 중에 막중한 역할을 담당했다. 1549년 예수회 교단은 국왕과 국가의 적으로 몰려 프랑스에서 추방되었다. 1603년 앙리 4세는 고등법원의 건의를 무시하고 그들을 다시 불러들였다.

"짐은 그들을 국가에 유용한 인물로 만들 것이다. 관용으로 할 수 없다면 칙령으로 그렇게 하고야 말겠다."

6. 프로테스탄트 측에는 아직 진정한 관용을 베풀 마음이 없었다. 정치사상가 장 보댕Jean Bodin 등을 포함해 일부 양식 있는 사람들은 이미 1577년부터 종교와 국가를 분리해야 한다고 주장했다.

"군주는 주권 행사자로 어느 당파에 가담하면 그 당파의 수령에 불과해 당파 투쟁으로 망신을 당할 우려가 있다. 군주는 어느 종교가 더 낫다고 판정하지 않아야 하고 특히 폭력활동을 포기해야 한다."

그런데 가톨릭과 프로테스탄트의 대다수 신자는 서로 상대방의 완패를 바라고 있었다. 앙리 4세는 많은 신교도가 자신을 뒤따라 개종하길 원했으나 그런 사람은 거의 없었다. 오히려 신교도들은 국왕의 개종을 원통하게 여기며 여전히 가톨릭을 '로마의 야수'라고 불렀다. 국왕이 위그노파로부터 애써 얻은 것은 일종의 휴전 협정인 '낭트 칙령'이었다. 이 협정은 유효적절한 조치를 구비했다. 예를 들면 신교도의 공직 취업권 보장, 일정한 장소 및 조건 하에서 예배할 권리, 유언의 합법성, 신교 성직자 조직체인 최고회의 목사회와 감독법원 승인, 파리 고등법원 내에 칙령재판소 설치, 툴루즈 고등법원에 이분재판소 설치 등을 규정했다. 일부 비밀조항으로 신교도가 150개소의 요새와 성관을 계속 보유하도록 보장함으로써 위험하게도 국가 내에 국가를 둔 격이 되었다. 과거의 고난과 경험에 비춰 그들이 안전보장에 대비하는 것에 반대할 수는 없으나 양분할 의사가 있는 당파가 존재하는 것은 프랑스의 입장에서 위험한 일이었다.

7. 종교전쟁 진압 외에도 많은 난제가 산적해 있었다. 앙리 4세는 루앙의 유지들에게 역설했다.

"짐이 신의 소명으로 왕위에 올랐지만 프랑스는 완전히 황폐하고 국민은 모든 것을 상실한 채 참상에 허덕이고 있다. 경들 역시 희생을 통해 이 비참한 실정을 충분히 이해하고 있을 것이다. (…) 짐은 노력과 고역으로 왕통을 구제했다. 이제 짐은 파괴된 국토를 구제할 것이다."

앞으로 해야 할 일이 너무 많았다. 베니스 대사는 다음과 같이 기록하고 있다.

"가축이 거의 전멸되어 밭갈이가 불가능할 정도다. (…) 사람들은 과거처럼 정직하고 예의바르지 않고 유혈을 경험한 이후 교활하고 거칠고 야만스러워졌다."

농민은 소가 없어서 어깨에 줄을 걸고 우마처럼 가래를 끌며 밭을 갈았다. 도시 인구는 현저하게 감소했고 어떤 곳은 유혈사태 이전의 3분의 2밖에 남지 않았다. 직물업은 폐업 상태였고 재정은 절망적이었다. 아래와 같은 국왕의 기록이 남아 있다.

"짐의 속옷은 해지고 윗옷 팔꿈치에는 구멍이 났다. 오랫동안 손님을 대접한 일이 없을 뿐 아니라 지난 이틀 동안은 이집 저집으로 옮겨 다니며 식사를 했다."

하지만 앙리 4세는 이 나라와 국민에게 잠재력과 풍부한 자원이 있음을 잘 알고 있었다. 그는 프랑스를 재건하고 질서를 확립하는 데 초점을 두었다. 1606년 왕은 이 과업을 달성하기 위해 쉴리 공작으로 서임한 동지이자 친구인 막시밀리앵 드 베튄Maximilien de Bèthune에게 도움을 구했다.

8. 쉴리는 양식, 정직, 능력을 겸비한 천재 이상의 인물로 나폴레옹처럼 정무 보고서를 즐겨 읽었다.

"나는 지금 사무실에 들어앉아 근절해야 할 폐단을 찾기 위해 최대한 주의를 기울이며 문서를 검토하고 있다. 나는 이런 문서 없이 일하는 것은 맹인이나 사기꾼이 하는 일에 불과하다고 믿는다."

그는 새벽 4시에 일어나 6시 반까지 일하고 아침식사를 한 후 정오까지 일했다. 점심식사를 한 뒤에는 또다시 일하고 10시에 잠자리에 들었다. 까다롭고 완고한 그는 왕이 개종한 후에도 자기 방 벽에 칼뱅과 루터의 초상화를 걸어두었다. 앙리 4세는 특히 이처럼 솔직한 그의 성품을 좋아했다. 국왕은 그에게 말했다.

"경이 내게 반대하지 않으면 나를 좋아하지 않는 것으로 생각할 것이네."

근면성실하고 인색하다는 말을 들을 정도로 검소한 쉴리는 국가 업무를 프랑스 농민처럼 처리했다. 그는 늘 이렇게 말했다.

"왕에게 재물이 있다는 것을 사람들에게 알려서는 안 된다."

국가는 신중, 질서, 재보로 발전한다고 확신한 그는 중간에서 횡령을 일삼던 많은 징수관, 경리관을 가차 없이 처단했다. 그는 부정한 소득을 철저히 환수했는데 때로 그것이 불법적일 정도로 가혹했기 때문에 사람들은 그를 재정가가 아니라 군인이라고 혹평했다. 사실 그는 군인이었다. 국왕은 재정을 일임하는 동시에 포병대의 재건까지 그에게 위촉했다. 그는 루브르 궁과 함께 병기고 사이에 있는 대포가 가득 늘어선 광장을 산책하길 즐겼다. 그는 언제나 자신만만하게 말했다.

"포병대는 재무장관이 담당해야 제대로 번쩍인다."

그가 취임했을 때 국가재정은 채무액 3억 리브르에 연수입 2300만 리브르였다. 제반 소요경비를 제한 실수입은 700만 리브르에 불과했고 이것은 전쟁경비, 연금, 하사금으로 전부 들어갔다. 쉴리는 유지들의 찬조금, 가혹한 경비 절약, 교묘한 융통정책, 채무 감액 및 탕감 등으로 채무를 청산해 균형재정을 회복하고 바스티유 궁에 1300만 리브르의 현금을 비축하는 한편 포병대를 크게 확충했다.

9. "토지 경작과 목축은 프랑스의 두 개의 젖줄이며 이는 페루의

금광 및 보물과도 같다."

이 말은 농토가 재부의 유일한 형태고 이것을 경작하는 사람들이 군의 유일한 묘목이라고 믿던 쉴리의 명구다. 그는 전쟁으로 폐허가 된 국토를 재건하면서 기적을 일궈냈다. 우선 국도를 구축해 느릅나무 가로수를 심었고 곳곳의 교량을 개수했다. 1604년에는 센 강에 새로운 퐁네프 다리를 가설하고 운하를 확장했다. 또한 민병의 무장을 해제해 지방의 질서를 회복했다. 가축과 농구 압류를 금지하고 지방 영주에게 3개월마다 한 번씩 늑대, 여우, 살쾡이 등 유해 야생동물을 포살하도록 명령한 것도 그였다. 종마장을 신설하고 삼림 관리를 재정비하는 것은 물론 늪지대를 매립하기도 했다. 근대 프랑스의 도로, 삼림, 산야 등이 아름다운 것은 거의 그의 덕택이라 할 수 있다. 하지만 그는 무역과 식민지에는 전혀 관심이 없었다. 1604년에 건설한 식민지, 캐나다 퀘벡에 대한 보고가 올라와도 별다른 반응을 보이지 않았다.

"외국의 영토와 해양에 가로막혀 본국과 멀리 떨어져 있는 지방은 경비만 들고 소득이 없을 것이다."

앙리 4세도 쉴리처럼 농민에게 관심이 많았고 일요일마다 그들의 냄비 속에 닭이 들어 있기를 원했다. 그는 공업 재건도 희망했으나 쉴리는 그런 사업을 신뢰하지 않았다. 그는 국왕이 권장하는 양잠 사업, 상플랭의 탐험 항해, 사치품 산업, 징세 청부제도, 귀족과 부유한 시민의 통혼, 무위도식하는 향락생활 등을 모조리 반대했다. 만약 국왕이 내버려두었다면 쉴리는 가정관리를 위해 각 행정구마다 가족의 행동을 감시하는 감시관과 교도관으로 편성한 풍기단속반을 조직했을지도 모를 일이었다. 흡사 칼뱅이 포병대장과 재무장관을 겸한 것 같았다. 보다 진보적인 앙리 4세는 적어도 필수물자인 공업제품 생산 만큼은 바라고 있었다. 16세기 초기에는 프랑스의 공업이 영국보다 앞섰기 때문에 충분히 가능한 일이었지만 1600년대 들어 상황은 바뀌었다. 이탈리아 전쟁과 뒤이어 치른 종교전쟁이 개인생활을 완전히 파괴하는 바람에 개인 자본을 구할 수가 없었다. 결국 재건은 국가 자본의 몫이었고 그것도 인두세로 극빈 상태에 빠진 대중에게는 구매력이 없어서 공업이 사치품 생산에 국한되었다. 왕국은 금은사로 혼직한 나사羅紗 카펫, 유리공업 등의 창설을 지원했다. 모든 성과는 전설이 전해주는 만큼 놀랄 정도는 아니었으나 앙리 4세와 쉴리는 프랑스에 10년간의 휴전 기간을 마련했고 이 기간은 프랑스의 황금시대였다.

10. 프랑스 왕조에서 왕세자 문제는 항상 가장 중요한 문젯거리였다. 앙리 4세와 오랫동안 별거한 마르그리트 드 발루아 사이에는 아이가 없었다. 서자를 많이 낳은 것을 보면 이는 국왕의 생산 능력 문제는 아니었다. 그의 여자관계는 복잡했고 역사가는 애인의 이름을 56명 넘게 찾아냈지만 역사의 여신 클리오Clio도 전부를 안다고 장담하지 못할 것이다. 가장 사랑받은 아름다운 가브리엘 데스트레는 3명의 자녀를 낳았고 왕은 그녀와 결혼하길 원했다. 그러나 부왕을 사랑하지 않은 왕비는 결혼 무효를 승낙할 의사가 없었던 것은 아니나 눈엣가시 같은 경쟁자가 왕비가 되도록 정식결혼을 도울 마음은 없었다. 가브리엘은 별안간 사망했는데 일부에서는 독살이라고 했지만 공

문서에는 임신중독증으로 기록되어 있다. 1600년 앙리 4세는 투스카니 대공의 채무를 상쇄하기 위해 대공의 질녀 마리 드 메디치와 결혼했다. 스물여덟 살인 이 피렌체의 왕비는 몹시 뚱뚱했다. 궁정에서는 '은행가의 뚱뚱보 딸'이란 별명으로 불렸다. 폐위된 왕비 마르그리트는 파리에 살면서 국왕 부처와 친숙하게 지냈다. 1601년 마리 드 메디치는 훗날 루이 13세가 될 왕자를 낳았고 그 후 매년 임신해 왕비의 지위를 굳혔다.

쉴리는 왕자들 때문에 왕실 재정이 문란해질 것이라고 투덜거렸다. 하지만 왕은 약간 어리석고 질투심 강한 왕비에게만 마음을 두지는 않았다. 그는 샤를 9세의 애인이던 투셰의 딸 앙리에트 드 발자크 당트라그를 열렬히 사랑했다. 앙리에트는 결혼하겠다는 왕의 친필과 10만 에퀴로 왕에게 몸을 허락했는데, 결혼 약속을 어기는 바람에 앙리 4세는 막대한 금액으로 친필을 회수해야 했다. 앙리에트의 소생도 가브리엘의 자녀와 더불어 작위를 받았고 앙리에트는 베르누이 후작부인으로 서임되었다. 늙어가는 왕의 방종한 생활은 국민과 왕비에게 불만을 샀다. 영웅에게는 매력적으로 보이던 정사도 백발이 성성한 늙은 왕에게는 비난거리가 되었던 것이다. 치세 말기에는 비난이 공공연하게 확산되었다. 앙리 왕은 말했다.

"하느님께 맹세코 짐은 파리에서 죽을 것이다. 파리 사람들은 짐을 들볶아 죽이려 하지만 말이다."

쉰여섯 살이 된 왕은 열다섯 살에 불과한 샤를로트 드 몽모랑시에게 애정을 느꼈다. 그녀의 남편 콩데 공은 그녀를 보호하기 위해 브뤼셀로 함께 피신했다. 앙리 4세는 그녀를 요구하면서 불응하면 군대를 거느리고 출격하겠다고 알베르 대공을 위협했다. 노년의 정사는 이처럼 추악하다. 이제 앙리 왕은 젊었을 때처럼 현명하고 유쾌하지 못했다.

11. 대외정책에서는 오스트리아와 끝까지 대립했다. 오스트리아가 신교국이라서가 아니라 프랑스에 위험한 존재라고 판단했기 때문이다. 쉴리는《왕실 재정Economies Royals》이란 저서에서 유럽 통치를 위해 선거제로 임명한 60명의 위원회로 구성된 그리스도교 국가연맹을 창설하자고 국왕에게 건의했다. 후일 루이 드 루브루아 생시몽이 그 계획에 대해 다음과 같이 논평했다.

"우리는 신성로마제국에서 약간 유사한 형태를 찾아볼 수 있다. 추밀원, 최고재판소, 의회 그리고 때로 황제 자신이 나서서 분쟁을 조정한다. 그러나 강국은 물론 약국까지도 이의를 제기하고 복종하려 하지 않는다. 실력 행사가 있어야 결말이 난다. (…) 결정사항은 시행되지 않고 판결에는 집행력이 없다."

이 계획은 쉴리만의 생각으로 그쳤고 국왕은 관심을 보이지 않았다. 오히려 국왕은 1610년 별세할 때까지도 클레브와 줄리에의 대단치도 않은 불화 사건을 이용해 합스부르크 가문과 전쟁을 치를 생각을 하고 있었다. 그는 출정하기에 앞서 마리 드 메디치를 섭정으로 임명하고 생드니에서 축성받게 했다. 섭정 왕비의 축성 때 전 왕비 마르그리트 드 발루아는 국왕의 외포자락을 손수 들었다. 심성이 인자한 마르그리트는 이탈리아 출신의 왕비를 좋아했다. 또한 출산한 적 없이 예순 살에 이른 그녀는 왕의 소생, 즉 방돔 가의 3명, 베르누이 가의 3명, 왕비의 다섯 왕자를 모두 고루 사랑했다.

1610년 5월 14일 앙리 4세의 마차가 페롱네리 거리를 통과할 때 한 사나이가 마차의 디딤대에 뛰어올라 편지를 읽고 있던 왕의 대동맥을 비수로 찔렀다. 왕은 그 자리에서 목숨을 잃었다. 암살자 프랑수아 라바야크는 공범도 없는 정신병자였다고 하나 당시 여러 가지 음모가 있었다는 사실이 입증되었다. 앙리 4세는 아무 당파에도 가담하지 않아 모든 당파에게 공격받고 있었던 것이다. 희생자의 죽음은 생전에 그를 지지하지 않던 사람들까지 위대성을 환기하게 만드는 법이다. 가톨릭파와 프로테스탄트파는 다 같이 그토록 심하게 공격하던 국왕의 명복을 빌며 그를 크게 찬양했다. 프로테스탄트의 지도자 앙리 드 로앙Henri de Rohan은 말했다.

"행복한 프랑스가 치르게 된 이 막대한 손실을 원통해하지 않는 사람은 프랑스인이 아니다."

그 후 10세대에 걸쳐 모든 사람이 이 판단을 시인했고 앙리 4세는 샤를마뉴 황제, 잔 다르크, 성 루이 왕과 함께 프랑스의 영웅 반열에 올라 있다. 그는 프랑스의 신비적인 면은 물론 용기, 양식, 즐거움 같은 위대성도 대표한다.

chapter 8

—

앙리 4세 이후의 통치

—

1. 앙리 4세는 별세하기 반년 전 레디기에르Lesdiguières 원수와의 대담에서 이런 의견을 밝힌 일이 있다.

"나는 프랑스의 기초가 왕세자의 권위에 달려 있음을 잘 알고 있다. 따라서 왕세자가 선왕들처럼 모든 공권력을 장악하는 중심이 되길 바란다. (…) 왕세자를 절대군주로 양육해 복종하지 않는 사람이 하나도 없는 왕국과 진정 본질적인 왕권의 표본을 물려주려는 것이다."

그는 과연 절대군주였다. 거듭된 분열로 내란의 공포에 시달린 국민은 그의 뒤를 따라 프랑스를 통일했다. 그는 국왕의 권위를 권력이 아닌 인간적인 매력과 애정을 기반으로 확립했다. 앞으로 1세기 동안 프랑스는 부르봉 왕조에 매혹될 것이다. 1610년부터 국민과 국왕은 강제가 아니라 본능으로 일체가 되었다. 무질서에 따른 고난과 평화를 이룬 유능한 왕의 업적이 국민의 자발적 복종심을 조성한 까닭이다. 국민은 복수적인 지방분권제도를 버리고 전국을 하나로 통치하는 중앙집권제도 채택에 동의했을 뿐 아니라 자발적으로 희망했다.

2. 그러나 절대군주제도 다양한 특권, 면제 조치, 관습 등의 제한을 받았다. 왕국 통합은 결혼, 상속, 법적 취득, 지방 병합, 국왕과 직할 계약을 맺은 자치도시 등 여러 복잡한 과정을 통해 이뤄졌음을 잊어서는 안 된다. 최종적으로 병합된 브르타뉴 지방은 병합으로 얻는 평화가 병합을 거부했을 경우 겪어야 할 고난보다 훨씬 바람직하다는 이유에서 브르타뉴 지방의회가 자발적으로 병합을 결의했다. 이 병합으로 지방, 영지, 도시 등이 특권 또는 면제라는 국왕의 특혜를 보장받았다. 중세기의 특권은 분할주권과 강대한 민주국가에 필적하는 중앙집권의 중간단계로 분할주권을 잃은 사람들이 중앙집권제도를 수락하게 하는 하나의 방편이었다. 국왕의 입장에서는 일종의 합법적인 권리 계승이었다. 왕권은 이 계약을 존중해 프랑스 전국에 통일적인 법률을 적용하지 않았다. 각 지방은 고유의 관습법으로 관리하고 독자적인 지방의회를 유지했다.

법학자들은 오랫동안 국민총회 또는 삼부회가 왕국에서 제일 오래된 존중할 만한 기관이라고 생각했다. 16세기에는 삼부회가 국내의 무질서를 틈타 영국 의회와 유사한 권한을 가지려 했다. 그러나 세 가지 신분, 즉 시민(제3신분), 귀족, 성직자로 구성된 삼부회는 신분별 투표제라는 졸렬한 규정 때문에 언제나 그 기능을 효율적으로 발휘하지 못했다. 신분별로 대의원을 선출하는 바람에 항상 특권계급이 2 대 1의 과반수를 차지했던 것이다. 이와 반대로 영국 의회에서는 소영주가 귀족계급에서 벗어나 시민과 같은 위치에서 투표했고 더욱이 투표를 개인별로 시행했다. 앙리 4세 시대에는 여론이 삼부회를 전혀 신뢰하지 않았다.

"장관들이 전국을 대표하는 대의원들에게 정부의 그럴듯한 계획을 약속하면 삼부회 회의는 약간의 연설과 경례 후 폐회하고 만다."

삼부회가 지나치게 의견을 진술하면 왕은 태피스트리를 걷어치우고 회의장을 폐쇄하라고 명령했다. 그러면 대의원들은 집으로 돌아가는 수밖에 없었지만 그렇다고 별로 심각한 불평도 없었다.

3. 대체 누가 왕국의 관습법을 보존하도록 감독하는가? 이론상으로는 고등법원이다. 우리는 일반 법정이 서서히 왕실 법정에서 분리되는 과정을 보아왔다. 17세기 초에는 파리, 툴루즈, 보르도, 루앙, 엑스, 그르노블, 디종, 렌 등에 고등법원이 있었고 모두 권위가 있는 강력한 기관이었다. 파리 고등법원장은 왕국의 최고 인물로 왕후와 재상 이외의 사람이 취임하는 일이 없었다. 법관은 왕을 대신하므로 왕의 정복인 붉은 의복과 흰 담비 외투를 착용했고 모든 사건의 최종판결을 내렸다. 그들은 국왕의 칙령을 기록하는 한편 그것이 왕국의 기본법에 위배될 경우 직간直諫할 권한을 갖고 있었다. 실제로 강력한 국왕에게는 간언이 아무 효력도 없었다. 우선 기본법을 확실히 아는 사람이 없었고 그다음으로 국왕은 '정의의 좌'라는 옥좌에 앉아 법정을 지배했는데 이 경우 왕의 의사를 따라야 했다. 즉, 국왕의 의사에 반대하면 되는 일이 없었다. 앙리 4세는 고등법원을 기사식으로 취급했다.

"경들은 짐의 칙령이 국가재정에 과중한 부담을 준다고 말한다. 그러나 경들은 대안도 강구하지 않고 군대 유지비조차 배려하지 않는다. 만약 경들이 각자 2,000~3,000에퀴를 상납하거나 경들과 재무관들의 봉급을 국고에 반납한다는 말이라도 내비친다면 칙령을 철회할 수도 있다. 경들은 넉넉한 봉급을 바라고 미사여구로 가득한 간언을 하면서 마치 큰일이라도 한 것처럼 난로 앞에서 손을 녹이며 자기 볼 일만 본다."

당시 법관들은 고등법원을 일종의 대법원으로 간주해 프랑스 왕정의 독주를 충분히 견제할 수 있다고 봤다. 그러나 행정부의 구속을 받는 사법부는 무엇 하나 독자적으로 보장하지 못했다.

4. 왕은 왕국 관리에 어느 정도 법관을 활용했다. 후일 감찰관제도를 창설하기 전까지는 수령과 집사가 법관뿐 아니라 행정관의 역할을 맡고 있었다. 지방 고등법원장은 필요에 따라 지방장관의 직책을 대행했다. 왕의 지령은 재상, 재무장관 그리고 기타 국무장관으로 구성된 고문관회의에 하달되었으나 앙리 4세 때까지도 직책의 범위에 관한 규정은 명확치 않았다. 재상은 종신 법무장관이자 옥새 보관자였다. 국방에서는 샤를 7세 이래 국왕이 군대를 유지하고 스스로 총사령관이 되었다. 군은 귀족의 핵심인 기병 및 보병으로 편성한 프랑스인 부대와 스위스, 스코틀랜드, 독일 출신의 용병부대로 조직했다.

"선왕 앙리 4세는 평소 프랑스에는 군사훈련을 받은 우수한 현역 및 퇴역 군인이 30만에 이른다고 말씀하셨다. 군대의 북만 울리면 즉각 8만 명의 병사를 소집해 무장을 완비할 수 있다. (…) 그리고 국왕은 전 요새에 풍부한 무기와 대포를 비축했다. 파리의 성벽과 성문에는 100문에 달하는 대포가 설치되어 있다. (…) 대포 외에도 병기고에 5만 명의 보병과 1,500명의 기병에게 필요한 충분한 장비가 있다. 국왕은 화약, 포탄, 기타 군수물자도 필요한 만큼 넉넉히 확보했다."

전 유럽은 이 위압적인 숫자를 감탄의 눈으로 바라보았다. 영국 대사 커루의 다음과 같은 기록이 남아 있다.

"프랑스 왕은 농사와 상공업에 조금도 지장을 주지 않고 5만 명의 기병과 20만 명의 보병을 소집할 수 있다고 말했다."

프랑스에서는 침략을 방비한다는 것만으로도 군대에 특별한 권한이 있었고 또한 이 사실은 국왕에게 절대적인 권위를 부여했다.

5. 프랑스 왕정의 제일 심각한 문제는 늘 재정이었다. 유능한 재무장관 쉴리는 많은 고난을 겪어가며 일시적이나마 국가재정을 균형 상태로 돌려놓았다. 1610년에는 세입이 약 3000만 리브르였고 이로써 군사비를 포함한 세출을 빠듯하게나마 충당했다. 세제도 약간 개선했고 국왕은 연체된 인두세를 전부 면제했다. 앙리 4세는 말했다.

"적선해서 후세에 국민의 아버지란 이름을 얻는 편이 그럴듯한 칭호로 남는 것보다 훨씬 좋다."

대신 간접세가 가중되었다. 그중 가장 유명하고 훗날 프랑스 역사에서 중요한 역할을 한 세금은 관직세Paulette다. 세금 명은 창안자 샤를 폴레Charles Paulet의 이름에서 유래한 것으로 이는 관직 판매가의 1퍼센트를 세금으로 납부하는 연세年歲였다. 이를 통해 재판관 및 기타 관리는 연세를 지불하고 직위를 자손에게 상속할 권리를 확보했다. 이 관직세가 정부 관리의 세습제를 확립하면서 실질적인 법조法曹

귀족을 형성했다. 이 세금을 창설한 순간부터 왕정은 그 권위를 부르주아계급에게 매도한 것이나 다름없었다. 하지만 왕정이 그런 결과를 인식하는 데는 향후 2세기의 세월이 필요했다. 1560년 이후 성직자는 매년 교회 수입의 일부를 국왕에게 상납했는데 이것은 '무상 증여'라고 불리긴 했으나 명목상 무상일 뿐 반대급부가 있었다.

6. 17세기 초 프랑스의 사회구조를 수평적 단면으로 살펴보면 대략 다음과 같다. 정상에는 발루아 왕조 말기까지 엄숙한 의식에 둘러싸인 국왕이 있었다. 물론 앙리 4세 때는 약간 명랑하고 인간적인 분위기도 섞였다. 역사가들의 악평을 받아온 왕의 애첩들도 아첨만 받는 왕의 곁에서 보통 인간처럼 살아 있는 이야기를 나눴다는 점에서 중요한 역할을 담당했다고 본다. 규방에서의 사적인 행동은 고귀한 사람들에게 긴장 해소 효과를 주었을 것이다. 하지만 이 규방들은 사실상 현실사회와 엄격히 격리되었고 세상 물정을 전혀 몰랐던 터라 긍정적 효과는 상쇄되었다. 예외적으로 아네스 소렐, 디안 드 푸아티에, 마리 투세, 가브리엘 데스트레 등은 지성적이고 정계 소식에도 정통한 여성들이었다.

왕 다음으로 대귀족이 있었다. 최고 귀족계급은 왕가 혈통인 종친들로 지위가 너무 높아 대적할 사람이 없었고 권력 행세로 부패가 만연했다. 프랑스에 속하긴 했으나 군주권을 보유한 로렌 가문처럼 외국 왕후도 있었다. 대귀족 층에는 지방장관도 포함되는데 이들은 원칙적으로 3년이 임기였으나 사실상은 종신제였다. 국왕은 임지任地에서 가장 유력한 그들의 지지를 얻기 위해 그들을 회유했다. 물론 그들은 국왕의 뜻에 좌우되었고 국왕이 임명하는 관리에 불과했다. 중세기의 계급제도가 파괴되면서 종친은 반역을 꾀하고 싶어도 군대를 조직할 만한 신하가 없었다. 프랑스가 아직은 반역을 경계해야 한다는 것을 일깨워주는 실례는 있으나 1560년 이후 대귀족은 전적으로 왕에게 복종했다.

7. 다음 계층은 약 7만 개의 영지에 책봉된 중소귀족이다. 반농반병半農半兵인 이들 귀족은 대다수가 지금도 오르내리는 다리와 전탑을 갖춘 성관에 거주했다. 그런데 그들은 화폐가치 하락으로 거의 파산 상태에 있었고 생계를 유지하는 유일한 방법은 관직과 연금을 제공하는 국왕의 비호에 의존하는 길밖에 없었다. 국왕은 선대들을 몹시 괴롭힌 이 난폭한 귀족들을 뜻대로 조종하기 위해 궁정으로 모이게 했다. 요컨대 만사가 국왕이 귀족들에게 말하는 대로 진행되었다.

"아무도 부활시킬 수 없는 지나간 봉건적 유산을 버려라. 재판을 하고 세금을 징수하던 권리를 버려라. 특히 개인적인 분쟁과 내전을 끝내라. 대신 식탁에서 남는 여러 찌꺼기(닭뼈, 비둘기뼈 그리고 어여쁜 여자까지)를 봉급으로 줄 것이다."

그들은 모두 국왕의 전우로 궁정에서 국왕은 그들을 우대했다. 그런데 궁정생활을 따르자면 많은 비용이 필요했다. 놀음 돈도 많이 들고 의상도 호화스러워야 했기 때문이다. 얼마 지나지 않아 귀족들은 농원, 소작지, 목장, 물방앗간 등을 모조리 팔아 없애고 왕의 배려만 기다리는 신세가 되고 말았다. 앙리 4세 치하에서는 세출 3분의 1을 연금으로 지출했는데 이것은 귀족에게 충성의 대가로 준 것이었다.

귀족정치 대신 민주정치가 들어서도 수익자와 특혜의 형식은 다를지 모르지만 수익자의 수효는 줄지 않을 것이다. 어떤 정부든 동조자와 지지자 없이는 존속할 수 없기 때문이다. 또 어떤 정부든 귀족은 영국의 귀족처럼 위신과 권세를 보전하는 재주를 갖추지 못했다. 프랑스 귀족의 몰락 원인은 국왕에게 예속되었다는 것뿐 아니라 지방에 대한 의무 무시, 상업 거부 그리고 국정과 관련해 기타 신분과의 교류 단절 등에 있었다.

8. 성직자는 교황청은 물론 국왕에게도 예속되어 있었다. 주교는 국왕이 임명했다. 주교 관구가 공석일 경우 그 수입은 국왕의 소유였고 교회 영지의 서류는 국왕이 보관했다. 프랑스 교회가 왕정을 지지하도록 국왕은 성직자가 국내에서 특권적 지위를 누리도록 허용했다. 주교와 대주교에게는 명예직을 제공했고 여러 회의에서 그들에게 좌석을 배정해주었다. 귀족과 마찬가지로 성직자들도 인두세, 염세, 기타 여러 조세를 면제받았다. 성직자들은 수시로 '무상 증여'를 의결하기 위해 회의를 개최했다. 그리고 이 회의를 이용해 프랑스 교회의 특권을 지켰다. 교회와 왕정의 긴밀한 유대는 프랑스의 안정을 위해 불가결한 하나의 근본 요소였다. 영국도 그러했고 후일 미국에서도 신교 교회와 국가의 융합이 국가 안정에 큰 도움을 주었다. 정치권력과 종교권력의 장기적인 투쟁은 어떤 정권이든 힘을 약화하게 마련이다.

9. 흔히 프랑스의 귀족을 하나의 폐쇄계급이라고 말하지만 이것은 잘못된 견해다. 부유한 부르주아는 아들을 교육하고 관직을 사주어

귀족으로 만들 수 있었다. 법관복과 고문관복은 귀족의 표시였고 관직세를 납부하면 귀족 신분을 세습적으로 확보했다. 법관도 귀족처럼 인두세와 기타 부과금을 면제받았다. 부유한 상인과 의사는 자식에게 라틴어를 가르쳐 관리로 만들었다. 국왕은 부르주아계급의 야심을 충족시키기 위해 관직을 늘렸고 17세기에는 지방 촌락까지도 관리의 수가 현재보다 많았다. 유럽의 어느 나라도 프랑스처럼 법률가와 재무관리들을 우대한 나라는 없었다. 상류 부르주아계급은 모피로 몸을 휘감고 '백합꽃 문장이 붙은 모든 좌석'에 홍색 또는 흑색의 관복을 펼쳤다. 과거에는 귀족이 되려면 전쟁이란 수단을 택했는데 이제 부르주아계급은 행정과 사법 분야를 이용해 귀족이 되었다. 이들 부르주아계급은 그들 특유의 질서와 재산을 모으는 열의, 해박한 지식, 때로 가톨릭동맹에 도전한 고등법원장 아를리의 경우처럼 용기를 귀족사회에 도입했다. 그러나 몰리에르 이후에는 발자크의 작품에서 볼 수 있듯 부르주아계급의 결점인 허영, 탐욕, 질투 등이 귀족사회에 스며들었다.

10. 당시의 제3신분인 부르주아계급을 진정한 민중의 대표라고 생각하는 것은 큰 오산이다. 상류 부르주아계급이 제3신분에 속해 있던 것은 그들의 교묘한 술책이었다. 사실 인구 피라미드의 저변에는 아무 특전도 없이 인두세를 지불하는 민중이 있었다. 당시 프랑스의 도시에는 절제 있고 근면하며 세심한 소상인집단이 살고 있었다. 그들에게는 이탈리아나 영국에 흔하던 적극적인 경영 의욕은 별로 없었다. 검소한 생활에 만족한 프랑스의 상인들은 재산을 저축해서 시의

회 위원이 된 다음 은퇴하는 것이 꿈이었다. 가능하면 자식을 관리로 만들었고 그것이 여의치 않으면 자기 직업을 물려주었다. 이들의 이러한 전통은 17세기부터 19세기까지 거의 변하지 않았다. 장인들은 한 사람의 우두머리와 몇 명의 도제徒弟집단을 구성해서 일했다. 그들은 직업상 동업조합에 가입했고 함께 놀러다니는 친목단체도 조직했다. 나아가 같은 직업에 종사하는 노동자들은 비밀공제조합을 조직했으며 그들끼리만 통하는 은어와 표찰이 있었다. 정부는 이들의 선동으로 많은 분란과 폭동이 일어난다며 이들을 탄압했다. 일반 소시민은 동업조합을 싫어했지만 상인과 장인들은 중세기의 봉건제도처럼 동업조합을 자기 방위에 효율적으로 이용했다. 그러다가 동업조합의 존재 이유였던 사회적 위험이 점차 사라지자 권위주의적이고 강압적인 기구로만 남았고 우두머리들은 부당한 착취 권한을 보유했다. 17세기에는 일반 시민이 동업조합의 권한을 규제하기 위해 국왕의 개입을 요망했다.

11. 농민의 생활상을 정확히 기술하는 일은 매우 어렵다. 이 시대의 부유한 농민이 황금시대를 누렸다고 하는 전설은 내란시대의 비참한 생활에 비해 모두가 닭고기를 먹을 수 있었기에 그런 것 같다. 프랑스 민중은 여전히 과세와 수탈로 허덕였다고 말한 영국 대사의 다음과 같은 견해는 전설과는 정반대다.

"이렇게 수탈한 것을 성직자, 궁정 귀족, 지방 귀족, 법관 등이 나눠먹는다."

프랑스인 추기경 자크 다비 뒤 페롱Jacques Davy du perron도 이런 기록을 남기고 있다.

"영국에서는 모든 농민이 제대로 빚은 맥주를 마시고 좋은 쇠고기를 먹으며, 말끔한 의복과 은잔 하나쯤은 가지고 있다. 프랑스의 농민들은 모두 가난하고 초췌하다. 왕은 반성해야 할 것이다."

세월이 가면서 토지는 보다 세분화했고 인구는 증가했다. 이미 포도주, 과실, 밀, 버터, 치즈 등의 농산물로 유명해진 프랑스는 소금과 식용유를 수출했다. 근면하고 낙천적인 농민들은 국왕에게 봉건제도 잔재에서의 해방을 기대했다. 하지만 17~18세기의 여러 왕이 귀족계급에 대해 확고한 결단을 내리지 못한 것은 앞으로 있을 대혁명의 주요 원인 중 하나로 작용했다.

—

chapter 9

문예부흥과 종교개혁에 따른 프랑스의 변화

—

1. 문예부흥과 종교개혁이 프랑스에 어떤 영향을 미쳤을까? 1610년
의 프랑스를 표면적으로 관찰하면 두 가지 혁명이 미친 영향의 깊이
를 의심할 수밖에 없다. 16세기 말에는 루이 11세 때보다 왕권이 강
했고 중앙집권과 절대왕정을 지향하는 활동이 보다 활발했으며 가톨
릭교회의 지배권도 부활하고 있었다. 신교도가 낭트 칙령을 확보한
것은 사실이지만 종교개혁 반대운동도 적극적이라 낭트 칙령은 폐기
될 운명에 놓여 있었다. 문예부흥 역시 종교개혁처럼 후퇴한 것처럼
보였다.

17세기는 첫날부터 그리스도교의 신앙과 도덕의 시대로 출발했고
전대의 작가들이 누리던 자유는 자취를 감추었다. 시인 프랑수아 드
말레르브François de Malherbe는 궁정시인 피에르 드 롱사르의 뒤를 이
었다. 《7일간의 이야기L'Heptaméon》부터 《클레브 공작부인La Princesse
De Clèves》에 이르는 기간은 불과 3세대에 지나지 않는데 그 기조와

풍습의 차이는 참으로 놀랄 만하다. 극작가이자 시인인 피에르 코르네유Pierre Corneille의 주인공들은 라블레의 주인공 파뉘르즈나 수도사 장보다 훨씬 더 중세기 무훈시의 주인공과 흡사하다. 프랑스에서는 문예부흥이 연극의 기본 진행에 아무 영향도 주지 않은 막간극에 불과한 게 아니었을까 싶을지도 모른다.

2. 그렇지 않다. 표면적인 모습과 달리 중세기와의 연결은 완전히 단절되었다. 먼저 대성당 건축가들의 확고한 신념이 유동적인 전진을 위해 동요하기 시작했다. 신은 천문학자가 확대한 우주에서 더욱 위대한 존재가 되었으나 인간과의 거리도 그만큼 멀어졌다. 이제 인간은 스스로 자유인이 되었다. 몽테뉴는 《수상록Essais》에서 인간을 위한 철학을 재정비함으로써 프랑스인의 기억 속에 영원히 남았다. 파스칼처럼 그와 대항하려던 사람들은 자기들끼리 심하게 다퉜다. 몽테뉴가 모든 프랑스인의 정신 기반을 이루고 있었기 때문이다. 몽테뉴는 신을 부인한 것이 아니라 오히려 장엄하게 고고한 왕좌에 모셔놓았다. 물론 몽테뉴 자신은 신이 존재하지 않는 것처럼 생활했다. 그런 의미에서 몽테뉴를 "신의 은총을 받지 않은 완전한 자연인"이라고 표현한 비평가 샤를 오귀스탱 생트뵈브Charles Augustin Sainte-Beuve의 논평은 적절하다. 몽테뉴는 이미 바뤼흐 스피노자Baruch Spinoza와 그의 추상적인 신을 예고하고 있었다. 몽테뉴에게 성 아우구스티누스나 성 토마스 같은 사람은 사상의 교사가 아니었고 그가 인용한 것은 모두 그리스도교 이전의 라틴과 그리스의 고전이었다. 이름과 영세로 보아 그는 그리스도교도였고 관례에 따라 미사에도 참석했으나 그리스도

교는 그의 내적 생활에 아무런 영향도 미치지 않았던 것이다. 만약 그에게 그리스도교의 흔적이 남아 있다면 그것은 언어와 행동 습관뿐이었다. 몽테뉴는 볼테르Voltaire 정도의 그리스도교도였고 앙드레 지드Andre Gide보다는 불신적이었다.

3. 결국 문예부흥은 하나의 정신혁명이라 할 수 있다. 이 정신혁명이 스스로 고대 철학과 스콜라 철학 간의 사상적 타협점을 찾고 있다고 믿는 동안 사실은 그 속에 국가주의, 프랑스 혁명, 근대 과학, 심지어 세계대전의 싹까지 잉태되고 있었다. 18세기 사람들은 국왕이 옥좌에 있고 영주가 성관에 있으며 사제가 성당에 있는 것을 보고 본질적으로 변화된 것은 아무것도 없다고 생각했다. 그들은 그때부터 국왕이 군대를 보유했고 봉건 귀족 없이 그것을 유지하기 위해 은행과 금광에 의존하게 되었다는 사실을 모르고 있었다. 그들은 얼마 후면 전쟁까지도 신앙의 승리가 아니라 부르주아계급, 나아가 민중의 독립을 위해 감행될 거라는 사실도 미처 인식하지 못했다. 그들은 인문주의가 과학적 불가지론에 도달하게 된다는 것도 알지 못했다.

문예부흥에 따르는 지적혁명은 종교개혁과 아무런 공통점이 없었다. 문예부흥의 기본적인 본질은 계시된 진리라는 관념과의 절연이었다. 사실은 신교도 계시를 전혀 부인하지 않았고 단지 계시의 한계를 성서의 권위로 제한하려 했을 뿐이다. 20세기에 인문주의혁명은 가톨릭과 같은 정도로 신교도를 위협했다. 이 관점에서 신구교 간 종교전쟁은 형제간의 전쟁이라 할 수 있다. 문예부흥과 종교개혁은 실제로는 대립하는 운동이었다. 나중에 프랑스의 신교도는 기타 소수파와 마찬가지로 자유주의적이었고 문예부흥의 조류와 사실상 합류했다. 물론 16세기에는 위그노파의 어느 누구도 신교도의 이러한 변모를 예상하지 못했다. 칼뱅은 브리소네 주교보다 자유주의적이지 않았다.

4. 정치 분야에서는 국가 간 투쟁이 봉건적인 투쟁의 자리를 빼앗았다. 왕가 간의 결혼은 루이 필리프 시대까지 국가적 중요성을 유지했으나 이미 개인적인 유대로만 존속했다. 중세기에는 경제권 규모가 왜소해 장원과 촌락, 기껏해야 시장과 도시의 범위를 벗어나지 못했으므로 동양 무역 분야를 제외하고는 경제전쟁이란 생각할 수조차 없었다. 근대의 국가 경제는 처음에는 귀금속, 그다음에는 원자재가 풍부한 식민지를 정복하는 것을 의미했다.

오래전부터 프랑스에는 애국심이 생겨났고 백년전쟁 이후 더욱 강화되었으며 앙리 4세 때부터는 프랑스인의 감정 중 가장 강렬한 것으로 자리 잡았다. '프롱드 난' 때 귀족이 외국과 내통한 것이 드러나자 즉각 인민의 반란이 일어났다. 앙리 4세에 대한 국민의 인기가 대단했던 것은 파당으로 인한 국가의 분열을 방지하는 데 쏟은 그의 애국심 때문이다. 16세기만 해도 국왕 고문관인 위그노파의 필리프 드 모르네Philippe de Mornay와 가톨릭동맹의 급진파들 때문에 물의가 많았던 절대군주제는 17세기에 이르러 확고부동해졌다. 이는 앙리 4세가 국가 통합을 구체화한 덕분이었다.

5. 이 통합에 기여한 근본 요소가 위대한 문학작품 탄생과 프랑스어 보존 및 발전이다. 프랑스의 최고 지식인들은 인문주의자의 업적

을 흡수한 뒤 고대의 완벽한 형식을 모방하려 노력했다. 어느 근대 국민도 프랑스인만큼 문체, 웅변, 어휘 선택에 대한 중요성을 인정하지 않았다. 프랑스에서는 설교사까지도 문인 수준에 이르렀고 그들의 기록에 따르면 프랑수아 1세, 앙리 4세 그리고 그들의 후계자들도 훌륭한 고전작가였다. 오랜 기간 함께 누린 창검의 무훈과 애국심의 승리로 얻은 영광은 프랑스인을 통합하기에 충분했다. 프랑스인은 자국이 아름답고 강대한 것에 만족해 2세기 동안 문예부흥의 진출을 망각했을 정도였다. 앙리 4세와 더불어 프랑스의 문화는 발전을 거듭했다.

프랑스의 인문주의자 자크 아미요Jacques Amyot의 번역으로 일반에게 보급된《플루타크 영웅전Bioi Paralēloi》의 공화주의는 라블레의 성실이 라 퐁텐에게 계승되었듯 코르네유에게도 그 자취를 남기고 있다. 그러나 17세기의 평범한 프랑스인은 일요일이면 성당에 다니고 진심으로 '국왕 만세!'를 부르면서 귀족과 성직자에게 특권을 허용했다. 그들은 부친의 시대에 이미 인간정신의 일대 혁명이 완성된 것도 모르고 지냈다.

6. 도대체 무슨 일이 일어난 것인가? 16세기에 이르러 프랑스를 비롯한 유럽 일대에서는 감각적 경합을 기반으로 하는 문명이 계시된 진리를 기반으로 하는 문명을 대체했다. 로마제국이 멸망했을 때 고대철학은 동면에 들어갔고 그리스도교 철학이 서유럽 세계를 구제했다. 문예부흥은 그리스 철학자가 남겨놓은 발자취를 토대로 정신사를 재발족한 것이다. 프랑스에서는 기념물과 시詩의 양식을 제외하고 외형적으로 이렇다 할 변화가 일어나지 않았다. 하지만 일격은 이미 가

해졌고 근대인은 성서보다 자연을 더 탐구했다. 좋든 아니든 이 혁명은 지금까지도 해결되지 않았다. 이 혁명은 세계적인 재난, 새로운 형태의 세계 정부, 이성적이고 과학적이며 인문적인 그리스도교, 그리고 하느님 나라로의 복귀로 끝날 것이다. 역사가의 역할은 판정을 내리는 것이 아니라 16세기부터 이어 내려온 증상을 이해하고 그것을 명백히 하는 데 있다.

제3장

–

절대왕정의
시대

HISTOIRE DE LA FRANCE

—

chapter 1

앙리 4세의 과업을 강화한 루이 13세와 리슐리외

—

1. 군주제의 커다란 폐단 중 하나는 미성년자를 국왕으로 옹립하는 것이었다. 앙리 4세는 섭정권을 왕비 마리 드 메디치에게 주었다. 성격이 과격한 이 이탈리아 여인은 금발의 뚱뚱보로 페테르 루벤스Peter Rubens가 초상화를 그릴 때만 해도 상당히 미인이었고 자신만만하게 권위를 내세웠으나 그 권위를 뒷받침할 만한 인품이 없었다. 새 왕은 아홉 살밖에 되지 않았고 기마 교사, 종복, 요리인들 사이에서 성장한 불평불만이 많은 어린이였다. 어린 왕의 어머니는 고의로 교육을 소홀히함으로써 미성년 기간을 연장하려 한 것처럼 보이기도 했다. 그녀는 피렌체에서 데려온 소꿉동무로 검은머리에 욕심이 많은 레오노라 갈리가이에게 농락당하고 있었다. 콘치노 콘치니라는 멋쟁이 건달과 결혼생활을 하고 있던 레오노라는 수년간 모후를 조종했고 나아가 모후를 통해 프랑스를 농락했다. 콘치니가 당크르 후작에 서임되고 원수 칭호까지 받자 앙리 4세 서거 이후 프랑스를 다시 과두정치

로 돌릴 수 있을 거라는 희망을 품었던 대귀족들이 항의했다. 그들은 말했다.

"국왕의 시대는 가고 이제 종친인 왕후와 대귀족의 시대가 왔다."

앙리 4세는 모두가 내란에 지쳐버린 기회를 활용해 기적, 매력, 책략으로 국왕의 권위를 확립했다. 그러나 개인적인 매력이 정부정책은 아니고 그의 수완과 재주도 죽음과 함께 사라지는 것이라 누구에게도 물려줄 수 없었다.

2. 콘치니 일당은 영악하게도 모든 사람의 미움을 사고 있던 쉴리를 제외하고 앙리 4세의 옛 장관과 퇴물들을 그대로 유임했다. 다행히 이들은 섭정이 무력하다는 것을 알고 전쟁을 회피할 만큼은 현명했다. 마리 드 메디치는 선왕이 도발한 합스부르크 가문과의 전쟁을 단념하고 평화를 보장하기 위해 국왕과 스페인 왕 펠리페 3세(Felipe III, 1578~1621)의 딸이자 카를 5세(합스부르크 가문)의 증손녀인 안 도트리슈의 결혼을 추진했다. 이 결혼을 놓고 신교도는 자신들에 대한 위협이라고 비난했고 가톨릭파 귀족들도 호감을 보이지 않았다. 결국 양쪽 파벌의 대귀족들은 섭정체제의 실정을 규탄하는 동맹을 조직했는데 국민은 대귀족과 국왕을 모두 배척했다. 여러 정세로 보아 1614년 삼부회를 소집한 것은 적절한 조치였다.

때마침 성년이 된 루이 13세(Louis XIII, 1601~1643)가 백색 왕복 차림으로 연약하면서도 우아한 모습으로 삼부회에 나타나자 열렬한 갈채가 쏟아졌다. 당시 삼부회의 대표의원들은 국가의 이익에는 별다른 관심을 보이지 않고 각기 자기 신분의 이익만 토의하려 했다. 기사도 귀족은 법조계 귀족의 책임을 추궁하고 관직세 폐지, 즉 관직 세습제 폐지를 요구했다. 성직자의 권익은 뤼송의 젊은 주교 리슐리외가 전적으로 대표했는데 그의 완벽한 웅변은 많은 사람의 칭송을 받았다. 그는 매부리코, 얇은 입술, 기사형 수염에 날씬하면서도 짜임새 있는 풍채를 지니고 있었다. 그는 성직자가 정권과 보다 긴밀하게 결합할 것을 요구하면서 이렇게 역설했다.

국가체제를 정비하며 절대주의의 기반을 닦은 루이 13세

"당연한 일이지만 성직자는 공무를 집행할 때 다른 사람들처럼 개인의 이득을 취하는 더러운 짓을 하지 않습니다. 독신생활을 하는 성직자들은 세상에 영혼 외에 남길 것이 없으므로 지상에서 국왕과 조국을 위한 봉사에 전념한 뒤 멀리 천국에서 영예롭고 완전한 보상을 받으려고 합니다."

이 연설은 리슐리외에게 출세할 기회를 안겨주었다. 이 해맑고 자신만만한 젊은 성직자에게 탄복한 마리 드 메디치는 그의 이름을 마음속에 새겨두었다. 극렬한 논쟁을 거듭한 삼부회는 의례적 절차로 태피스트리를 걷어치움으로써 폐회되었고 대의원들은 아무 소득 없이 집으로 돌아갔다. 그러나 섭정은 삼부회가 유물로 남긴 리슐리외를 고문관회의에 참석하게 했고 그는 콘치니와 친해졌다. 명문가 출신인 이 위대한 주교는 야망이 컸고 멀리 떨어진 주교 관구에서도 늘 궁정의 동정을 살피며 성공을 위해 자기계발에 몰두했다. 그는 장차 국정을 관장할 젊은 정치인들에게 침묵과 위장을 활용하고 '병사와 장비를 버리지 않고 손해 없이 후퇴하는 군대' 같이 신중한 답변을 하도록 권장했다. 앙리 4세가 서거했을 때부터 리슐리외는 섭정이 자신을 도울 것이라 짐작하고 그녀의 주의를 끌기 위해 미리 일을 꾸민 것이다. 이제 그는 '늙어가는 아름다움과 열렬한 마음'만 자기 수중에 넣으면 그만이었다. 결국 누구도 물리칠 수 없는 눈빛으로 섭정의 마음을 사로잡은 그는 주교의 품위를 잃지 않고 섭정을 지배하게 되었다.

3. 하지만 여러 가지 문제 중에서 섭정과 콘치니, 리슐리외가 무심히 방치한 중대한 문제가 하나 있었는데 그것은 바로 젊은 국왕이었다. 루이 13세는 종복들을 비롯해 국왕처럼 기마와 수렵을 좋아하는 절친한 친구 뤼느 성의 샤를 달베르라는 미소년과 지내고 있었다. 국왕이 이제 성년이 되었다는 사실에 아무도 주목하지 않았지만 그는 자기 권리를 자각했고 필요할 때면 언제든 준엄하면서도 무자비할 수 있었다. 물론 루이 13세는 몽상가에다 비사교적이었고 놀이에 푹 빠져 있었다. 샤를 달베르를 좋아하고 여자를 무서워한 그는 결혼한 지 5년 만에 그것도 샤를 달베르의 안내로 왕비의 침실에 처음 들어갔을 정도였다. 다른 한편으로 그는 과감히 결단하고 단호히 명령하거나 사람을 미워할 줄도 알았다. 실제로 당크르 원수로 서임된 콘치니가 지나치게 권력을 휘두르자 국왕은 비밀리에 근위대장에게 명령해 그를

암살했다. 열여섯 살이 되었을 때 루이 13세는 태연히 선포했다.

"그렇다, 이제 짐이 국왕이니라."

날벼락을 맞은 격인 궁정과 직업상 비열한 궁중 신하들은 드디어 새로운 왕에게로 머리를 돌렸다. 콘치니와 가까웠던 리슐리외는 주교 관구로 피신했고 마리 드 메디치는 블루아 성관으로 망명했으며 마녀 레오노라 갈리가이는 그레브 광장에서 화형을 당했다. 샤를 달베르에게 통솔력이 있었다면 수반되었을 테지만 그는 나약했고 유럽의 정세가 가장 세련된 지성인을 요구하는 그때 국정 지식이 너무 없었다. 가톨릭과 신교도는 여전히 독일에서 종교전쟁을 이어갔고 보헤미아와 헝가리는 황제에 대항해 반란을 일으켰다. 황제는 가톨릭을 옹호한다는 명목으로 프랑스의 지원을 요청했고 독일의 신교도는 오스트리아의 책동을 방지하기 위해 프랑스의 개입을 요망했다. 유럽을 상대로 자유롭게 활동하려면 프랑스 국왕은 먼저 국내에 평화를 정착시켜야 했는데 모후 일파가 여전히 강력한 탓에 국왕은 마음을 놓지 못했다. 리슐리외는 마리 드 메디치의 심복이 되어 여러 차례 모자 간의 화해를 시도했으나 실패했다. 1621년 뤼느 공작 샤를 달베르가 전투 중에 열병으로 사망했다. 국왕은 별로 슬퍼하지 않았다. 하긴 그는 눈물을 흘려본 적이 없는 사람이었다. 샤를 달베르가 사망한 뒤 한 사람의 적에게서 해방된 리슐리외는 추기경에 서임되었다. 물론 그의 눈에는 추기경의 홍색 모자가 재상 옷만큼 가치 있게 보이지 않았다.

4. 그때까지 루이 13세는 리슐리외를 '왕국의 사방에 불을 지르려는' 음흉한 성직자로 간주했고 그와 접촉할 의사가 없었다. 그는 이렇

게 말한 적이 있다.

"여기 몹시 짐의 고문관이 되고 싶어 하는 사나이가 있다. 그러나 그가 지금껏 짐에게 거역한 일을 생각하면 짐은 마음을 풀 수가 없다."

1624년 루이 13세는 결국 마리 드 메디치의 압력과 다른 고문관에게서 볼 수 없던 추기경의 뛰어난 능력 때문에 굴복했다. 어느 수수께끼 같은 조정자가 국왕과 추기경의 비밀 회견을 마련한 것이다. 그 조정자는 바로 카푸친회 수도사 조제프로 리슐리외에게 흠뻑 빠진 그는 견식이 넓고 현실적인 능력을 갖춘 천재였다. 리슐리외는 암흑과 비밀 속에 파묻힌 조제프에게 말하곤 했다.

"당신은 내가 영예로운 지위에 오르도록 하느님이 보내신 특사다."

고문관이 된 리슐리외는 자신의 역할이 나날이 커져가는 것을 알고 한없는 기쁨을 느꼈다. 얼마 지나지 않아 그에게 자신이 원하는 재상의 자질이 있음을 알게 된 국왕은 기존의 선입관을 버리고 그에게 국사를 전적으로 일임했다.

끈덕진 하나의 전설이 두 사람의 관계를 왜곡하고 있다. 많은 소설가, 극작가, 역사가가 루이 13세를 지방 소귀족의 속성을 모조리 갖춘, 즉 군주의 자질이 전혀 없는 무능한 국왕으로 묘사한다. 반면 추기경은 왕국의 2인자이자 유럽에서 첫손에 꼽히는 거물이라며 리슐리외를 초인 또는 무자비한 천재적 독재자로 묘사한다. 몽테스키외 Montesquieu는 다음과 같이 말했다.

"그는 국왕을 지지하면서도 왕국에 영예를 안겨주었다."

항상 그렇듯 진상은 그리 단순하지 않다. 루이 13세는 하인 근성은 커녕 국왕의 권리와 의무에 대해 누구보다 심오한 견해를 갖춘 엄정한 군주였다. 그는 자신의 위신을 세우기 위해 리슐리외에게도 가혹한 굴욕을 안겨주었고 고등법원도 가차 없이 다뤘다. 그는 고등법원장 르 제이에게 이렇게 말한 적이 있다.

"경들은 피에르 선생과 장 선생 간의 분쟁을 재판하고 있다. 경들이 계속 제멋대로 한다면 살이 묻어 나오도록 손톱을 벗겨버리겠다."

"짐은 신하나 관리들과는 타협하지 않는다. (…) 짐은 군주이며 누구든 복종하기만 원한다. (…) 짐은 보르도 고등법원 법관들의 머리통을 북북 문질러주었다. (…) 그런 놈들은 너그럽게 대할수록 기어오르기 때문이다."

사형을 고집한 것은 국왕이지 추기경이 아니었다. 가능하면 사면하려 하는 리슐리외에게 국왕은 아래의 칙서를 보냈다.

"사건과 관련된 제후들은 주인의 은혜를 망각한 자들이다. 짐은 경에게 자비심으로 그들을 동정하거나 관대하게 처리하지 않도록 명령한다."

국왕의 문제 해결 방식은 이처럼 평범하면서도 선명했다. 루이 13세는 말을 더듬었으나 해야 할 말을 잘 알았고 명석했으며 의지가 강했다. 다만 건강이 좋지 않았는데 이는 병약한 재상과 서로 통하는 점이었고 질병과 약품은 그들을 더욱 친밀하게 만들었다.

5. 리슐리외도 병자로 종종 신열에 들떴다. 몹시 신경질적인 데다 눈물이 헤픈 그는 툭하면 화를 내고 참을성이 없었다. 마리 드 메디치는 그를 울고 싶을 때면 언제든 울 수 있는 사람이라고 평했다. 어려서부터 심한 우울증의 특질을 드러낸 그는 정말로 눈물을 잘 흘렸다.

그는 재상이 된 후에도 혼자 조촐하게 식사했고 샤요 궁 또는 뤼에유 궁의 정원에서 침묵과 고독을 즐겼다. 때로 그는 불같이 분노를 터뜨렸다. 그가 "귀하시여, 이 비천한 하인의 몸이"라는 말로 얘기를 시작하면 조심성 있는 방문객은 돌아갈 준비를 했다고 한다. 그런데 이 신경질적인 사람은 의지가 매우 강했다. 그는 모든 비판에 대해 마치 귀를 막고 있는 사람처럼 못 들은 체하며 자기 의지를 꺾지 않았다. 물론 그의 고집은 신념에서 나온 것이지 좁은 속내 때문이 아니었다. 그는 항상 말했다.

"이성이 만사를 규제하고 지시해야 한다."

그는 요점으로 직행했고 한눈에 사물의 진상을 파악하는 안목이 있었다. 그는 명석함 다음으로 비밀 유지를 가장 중요한 정치가의 자질로 봤다. 실제로 최고 지위에 있던 그는 최고 비밀 유지자이기도 했다. 그의 정적들은 그를 이렇게 평했다.

"그는 미리 말한 것을 실천한 적이 없고, 실천할 일을 미리 말한 적도 없다."

그는 엄정했지만 복수에는 별로 관심이 없었다.

"복수심 강한 사람에게 권력을 주는 것은 미친 사람에게 칼을 쥐어주는 것과 같다."

사실 리슐리외만큼 공격과 비난을 많이 받은 재상도 없다. 그러나 그는 조용히 참아 넘기는 수양도 쌓았다.

"모욕에 조금도 신경 쓸 필요가 없다. 욕설은 그것을 받는 사람에게 훈련 기회와 영예를 준다."

그가 재상으로서, 인간으로서 위대했던 것은 사실이지만 프랑스식 정치를 창시했다는 말은 잘못이다. 그보다 훨씬 이전에 대귀족의 권력 제거와 프랑스의 자연적인 국경 확보 그리고 오스트리아 왕가 견제를 위해 최선을 다한 국왕이 한둘이 아니었다. 리슐리외는 늘 자신이 기존 계획을 따를 뿐이라고 말했다. 실제로 그에게 원대한 계획이 있었던 것은 아니며 단지 방법만 있었을 뿐이다.

"정치는 미리 계획한 의사보다 사태의 진전에 따라 필연적으로 움직인다."

이것은 거의 모든 행동가가 말하는 최고의 예지다.

6. "내 첫 번째 목표는 국왕의 존엄성 확립이고 두 번째는 왕국의 위대성을 유지하는 일이다."

그는 이 목표를 단계적으로 성취했다. 단 하나 장애물은 아직도 프랑스 내에 신교도의 성채와 위그노파의 군대가 남아 있다는 사실이었다. 추기경 리슐리외는 관대했으나 재상 리슐리외는 국가를 분단하는 존재를 용인하지 않았다. 그는 신교도에 대해 다음과 같이 말했다.

"어떻게 해서든 그들이 다른 국민처럼 왕국과 분리된 별개의 집단을 만들지 못하게 하고 국왕의 뜻에 복종하도록 해야겠다."

그가 신교도에게 요구한 것은 충성스런 프랑스 국민이 되라는 것이었다. 그는 스페인의 가톨릭교도보다 프랑스의 신교도를 더 좋아했다. 유감스럽게도 당시 일부 위그노파는 프랑스의 가톨릭교도보다 영국의 신교도를 더 좋아했다. 따라서 라로셸과 기타 보호지구의 만성적인 위협에 종지부를 찍을 필요가 있었다. 과거에 영국 왕의 총애를 받은 신하 버킹엄 경은 칼레의 성채를 방비하기 위해 군대를 거느리고 라로셸의 앞바다에 있는 레 섬에 상륙했다. 추기경은 라로셸을 포위해 승리를 거두었고 1628년 루이 13세는 이 도시에 입성했다. 이때 리슐리외는 신중하게 유화정책을 폈다. 그는 정복자이면서도 전면 휴전, 예배의 자유, 재산 보호라는 놀랄 만큼 유화적인 강화를 제의했다. 그리고 수개월 후 알레의 평화와 은사령恩赦令으로 종교전쟁에 종지부를 찍었다. 신교도는 군사적 안전보장을 단념한 대가로 정신적인 모든 것을 보장받았다. 리슐리외는 종파가 아니라 당파와 싸운 것이고 이단자의 개종은 "폭력 행사가 아니라 하늘을 바라봐야 하는 과업"이라고 말했다.

7. 대귀족의 음모도 위그노파 못지않게 위험했으나 국왕과 추기경은 그들의 발톱을 잘라버렸다. 한때 두 왕비가 리슐리외에 관해 음모를 꾸몄는데 이 사건에는 왕의 동생이자 왕위 계승권 소유자인 오를레앙 공작 가스통, 왕비 안 도트리슈의 친구로 루이 13세의 총신인 뤼느 공작과 스물한 살에 사별한 마리 드 로앙 그리고 앙리 4세의 서자들이 가담했다. 왕비와 왕의 동생은 처벌할 수 없었으나 그 밑에서 움직인 자들이 주인의 죗값을 치르면서 샬레, 몽모랑시, 생 마르 등 유명인의 머리가 날아갔다. 마리 드 메디치의 음모 사건에 사소한 관련이 있다는 이유로 바스티유에 투옥된 국민 영웅 프랑수아 드 바송피에르 원수는 1642년 리슐리외가 사망할 때까지 갇혀 있었다. 그는 항변했다.

"나는 아무런 죄가 없다. 처벌이 아니라 포상받을 행동밖에 한 일이 없다."

리슐리외는 귀족 출신이었으나 전쟁이 사라지자 귀족의 존재가 오히려 국가에 위험하다고 생각했다. 그들이 무사 기질을 발휘해 국내 문제에 집중했기 때문이다. 리슐리외는 칙령으로 결투를 금지했고 위반자는 사형으로 다스렸다. 이때부터 스스로 비극을 만들 수 없었던 귀족은 성적 쾌락에 몰두했다. 추기경은 민중에 대해 모든 정치가가 찬동하는 말을 했다.

"민중이 너무 부유해지면 그들이 자신의 신분을 망각하기 때문에 의무와 규칙 안에 잡아둘 수 없다. 그들이 무거운 짐에 익숙해진 노새처럼 노역하지 않고 오랫동안 쉬면 몸이 망가진다고 생각하게 해야 한다."

그의 관점에서 정부의 목적은 민중의 행복이 아니라 국가의 안정에 있으며 이것 없이는 행복도 국가도 없었다.

8. 그가 생각한 국가 안정의 첫 번째 조건은 현실 본위의 대외정책이다. 유럽에서 신교도와 구교도는 여전히 대치했고 반종교 개혁운동의 지도권은 오스트리아와 스페인에 있었다. 오스트리아 황제는 독일의 자유를 파괴해 그들의 통일 및 재건을 자신에게 유리하게 이끌려고 했고, 독일의 신교도 제후는 황제에게 대항했다. 프랑스는 어떤 태도를 취할 것인가? 리슐리외의 유일한 친구 프랑수아 르 클레르 뒤 트랑블레, 즉 수도사 조제프는 십자군 같은 것을 조직해 그리스도교적인 로마제국을 재건하도록 제안했으나 명철한 추기경은 현실 정세를 잘 파악했다. 오스트리아는 신앙을 위해 싸우는 척했지만 사실은 자국의 이익을 추구하고 있었다. 만약 오스트리아의 합스부르크 가문

이 독일 제후를 제압하면 독일, 보헤미아, 네덜란드, 스페인, 이탈리아를 지배할 가능성이 컸다. 그러면 전 유럽을 장악하는 셈이므로 프랑스에 심각한 위협이 될 터였다.

'가톨릭교에 유럽적 성격을 부여한 것은 프랑스 문명이다. 그러니 십자군과 대성당, 잔 다르크, 성 루이 왕을 배출한 프랑스를 강력한 국가로 보전하는 것은 프랑스 재상의 의무이자 로마 주교의 임무다.'

이처럼 이론적으로 파고든 리슐리외는 궤변가가 되었고 종교보다 애국을 앞세웠다. 결국 그는 프랑스를 구하고 스페인이 들고 있는 묵주의 실을 빼기 위해 신교파 제후와 동맹하기로 결정하고 조제프를 설득했다.

"세계에서 누구보다 탁월한 그에게는 악과 최악, 선과 최선을 구별하는 능력이 있었다."

9. 1624년에서 1635년까지 리슐리외는 프랑스가 참전하는 일 없이 오스트리아에 대항하는 국가들이 궐기하도록 하기 위해 온갖 비책을 총동원했다. 그의 선동정책으로 덴마크와 스웨덴이 독일 제후들을 구원하기 위해 참전했다. 스웨덴의 루터파 국왕 구스타브 아돌프 Gustav Adolf는 전쟁을 지속하기 위해 리슐리외에게 지원금을 받았고 이것은 조제프도 환영했다. 그는 말했다.

"독약도 소량이면 해독제, 다량이면 치사제가 되는데 때론 이런 방법도 써야 한다."

여기서 '다량'이란 신교제국이 가톨릭제국을 제압하게 된다는 뜻이었다. 리슐리외는 이미 만약의 경우를 대비해 알자스 방면으로 병력을 동원했다. 1632년 바이에른의 가톨릭파와 협상하고 있을 때 돌연 구스타브 아돌프가 사망했고 이로써 스웨덴의 패권은 소멸했다. 1633년 황제군은 알브레히트 폰 발렌슈타인Albrecht Wenzel Eusebius von Wallenstein 장군의 모반으로 해체될 것처럼 보였다. 그는 자신의 이익을 위해 모든 종교가 자유롭게 공존하는 하나의 제국을 수립하고자 했다. 이 반란을 이용해 리슐리외는 프랑스의 자연적 국경인 라인 강까지 아무런 저항 없이 진출하려 했다. 리슐리외 부대는 비밀리에 알자스로 침입했다. 그러나 2년도 되지 않아 발렌슈타인은 암살되었고 스웨덴군은 무너졌으며 신교파 제후는 뇌르틀링겐에서 전멸했다. 스페인은 오스트리아로 지원부대를 파견했다. 만약 프랑스가 태도를 분명히 하지 않았다면 오스트리아는 승리를 거뒀을 것이다. 리슐리외는 조금도 주저하지 않았다. 오스트리아의 패권을 제압하려면 독일의 신교파에 가담할 수밖에 없었다.

10. 이 전쟁에도 위험이 따랐다. 리슐리외는 10년 전부터 프랑스의 육해군을 재건하려 노력했으나 재정난 때문에 뜻대로 이뤄지지 않았다. 한편 스페인의 보병은 유럽에서 최강부대였다. 1636년 스페인군은 코르비까지 침입했고 전초부대는 퐁투아즈에 이르렀다. 위기에 맞설 만한 용기가 없었다면 만사가 파멸로 돌아갈 상황이었다. 그때 조제프는 반격하라는 신의 섭리를 받았다는 절대적인 신념을 가지고 국왕과 추기경을 고무하면서 그들이 친히 파리 거리에 나서도록 했다. 이를 본 국민은 스스로 병사와 전비를 공출했다. 그해에 처음 〈르시드 Le Cid〉(프랑스 극작가 피에르 코르네유가 지은 비극)가 상연되면서 숭고한 정

신과 위대한 무훈의식을 고취했다. 결국 스페인을 격퇴한 프랑스는 자신감을 회복했고 리슐리외의 정적들은 자취를 감추었다. 작가 뱅상 부아튀르Vincent Voiture는 '통치자를 증오한 나머지 국가를 증오하고 한 사람을 파멸시키기 위해 프랑스의 멸망을 바라는 사람들'을 조소하는 서한을 보내며 이런 말로 끝을 맺었다.

"행운을 타고나 적군에게 보복한 사람을 미워하지 말아야 한다. 스스로 버림받기 전에 쓸데없는 계획을 버리도록 하라."

1636년 이후 리슐리외는 성공의 길만 걸었다. 그의 군대는 피카르디와 아르투아 방면으로 진격했고 남부에서는 카탈루냐, 사부아, 토리노, 루시용 지방을 점령했다. 1642년 프랑스는 에스코와 라인 강을 비롯해 피레네와 알프스 산맥, 즉 프랑스의 자연적인 국경까지 진출했고 또 하나의 경축할 만한 일이 생겼다. 1638년 9월 5일 결혼한 지 23년 만에 왕비 안 도트리슈가 드디어 왕세자를 출산한 것이다. 리슐리외의 숙적인 오를레앙 공작 가스통은 이제 왕위 계승의 희망을 완전히 상실했다. 2년 후 마흔 살이 된 왕비는 두 번째 왕자를 출산했다.

"루이 13세는 왕세자 탄생 때보다 더 크게 기뻐했다. 자신에게 생산 능력이 없다고 여겨 염려하던 왕이 둘째 왕자 탄생 같은 행운은 전혀 바라지 않았기 때문이다."

그런데 1642년 11월 오랫동안 병석에 누워 있던 추기경은 그토록 애써온 프랑스의 평화를 보지 못한 채 임종을 맞이했다.

11. 최후의 유언을 하는 자리에서 사제가 물었다.

"당신은 적을 용서하시겠습니까?"

"내겐 국가의 적 외에는 어떠한 적도 없다."

국가의 이익을 위해 만사를 희생한 그에게 이것은 진실한 신념이었을 것이다. 리슐리외와 더불어 국가주의는 큰 성과를 거뒀다. 성 루이 왕은 한 사상을 위해 한 지방을 희생해도 관계없다고 여겼으나 루이 13세와 리슐리외에게는 프랑스의 융성(물론 국왕의 권력과 일체였지만)만이 유일한 근본사상이었다. 어디까지나 융성이지 패권은 아니었다. 그들의 소망은 유럽에 프랑스의 패권을 수립하는 것이 아니라 다른 나라가 유럽의 패권을 장악하는 것을 저지하면서 프랑스의 생존을 확보하는 일이었다. 특별히 증오해서가 아니라 단지 이 이유 때문에 리슐리외는 오스트리아 왕가라는 거목을 쓰러뜨리려 애를 썼다. 또한 국내 통일 없이는 대외 안전을 보장할 수 없었으므로 어떤 종류의 이견이든 엄중하게 처단했다.

역사가들이 이구동성으로 널리 찬양하는 그의 대외정책은 지금도 프랑스의 사표師表가 되고 있다. 그의 대내정책은 평가가 상당히 엇갈린다. 일부에서는 그가 지방권력과 자유를 철저히 탄압해 과도하게 중앙집권제도를 수립한 것이 대혁명의 원인 중 하나라고 비난한다. 그들은 다음과 같이 평한다.

"프랑스 왕조는 국왕과 귀족, 고등법원, 지방의회의 협력을 기반으로 수립되었다. 리슐리외는 왕권은 기하학의 점처럼 불가분의 존재라고 주장하면서 국왕에게는 법률제정 권리와 함께 이것을 유린할 권리도 있다고 강조했다. 즉, 역대 국왕이 구축한 제도를 파괴해 발전성 없는 새로운 정치체제를 창조했다."

또한 일부에서는 절대주의는 리슐리외가 창안한 것이 아니며 루이

13세의 왕권은 앙리 4세의 그것과 별로 차이가 없었다고 반론한다.

12. 리슐리외가 국왕뿐 아니라 자신을 위해서도 절대 권위를 원한 것만은 틀림없는 사실이다. 그는 권력의 진수를 음미했고 도의보다 영예를 지나치게 선호했다. 1635년 프랑스 학술원Academie Française을 창립할 때도 그는 문단에서 언어와 정신적인 작품에 대한 자신의 권위를 인정해주길 바랐다. 물론 이것은 어느 정도 합당한 일이긴 했지만 말이다. 일부에서는 그를 프랑스 국민의 스승이라고 평한다. 그는 실제로 프랑스 국민에게 사고에서는 명철한 논리를, 실천에서는 확고한 신념을 가르치려 노력했다. 프랑스 국민이 이성보다 감정이 앞서는 동시에 성급하고 우둔해 다스리기가 어렵다고 판단했기 때문이다. 그는 프랑스 국민의 무관심을 진심으로 탄식했다. 하지만 그는 코르비에서 스페인과 싸울 때 프랑스 국민의 회복력이 얼마나 신속하고 우수한지 충분히 알아챘다. 왜 역사가는 전통적이고 단순한 국가사상의 책임을 다른 사람이 아닌 그에게 지웠을까? 그가 이 사상을 구체적으로 실현했기 때문이다. 리슐리외는 위대한 재상이자 위대한 저술가였다. 프랑스에서 완전한 형식만큼 오래 지속되는 것은 없다. 사물에 대한 명철한 인식과 그가 남긴 격언의 완전한 형식으로 보아 그는 본질적인 프랑스인이었다. 그의 사후 프랑스인은 그토록 미워하던 그에게서 미덕을 발견하고 그의 가치를 재평가했다.

—

chapter 2

하나의 혁명이던 프롱드 난

—

1. 루이 13세는 리슐리외보다 그리 장수하지 못했다. 두 사람의 별세는 프랑스의 국가체제와 절대왕정에 다시 한 번 문제를 제기했다. 추기경에게 천대를 받아오던 고등법원은 그제야 쓰라린 과거를 복수하게 된 것을 공공연히 기뻐하며 기회를 엿보던 중 권위를 회복할 기회를 잡았다. 루이 13세는 유언으로 추기경의 유해를 그대로 권좌에 앉혀놓았다. 즉, 리슐리외가 선임한 고문관회의에 어린 왕의 섭정을 맡은 안 도트리슈와 육군중장 오를레앙 공 가스통을 경계하라는 임무를 위임한 것이다. 아버지의 냉대로 온정미가 시들어버린 거만한 스페인 여성 안 도트리슈는 모두에게 친절하다는 말을 듣고 있었던 만큼 고약한 성미는 아니었으나, 뚱뚱한 스위스 여자처럼 침착해 보이는 외모에도 불구하고 성급해서 화가 나면 찢어지는 듯한 목소리로 떠들어대기 일쑤였다. 그녀는 어린 왕을 고등법원으로 데리고 나가 유언을 파기하고 섭정권의 부수조건을 취소하도록 요구했다. 고등법원은 권위를 과시

할 절호의 기회라 여겨 "섭정에 부가된 제한은 원칙과 왕조의 통일에 위배된다"라고 선언했다. 안은 고문관을 임명할 권한을 얻었고 법관들은 그녀가 리슐리외의 유해를 일소하는 데 고등법원의 힘을 빌릴 거라고 자신했다. 그러나 그녀는 고등법원을 무시하고 리슐리외가 인정한 카르디날 쥘 마자랭Cardinal Jules Mazarin을 재상으로 임명해 많은 사람을 놀라게 했다.

2. 그는 이탈리아의 소귀족 출신으로 비천한 사람은 아니었다. 보병대위로 복무한 그는 주교의 우정 덕분에 성직을 거치지 않고 로마에서 성당 평의원이 되었고 그다음에 교황의 사절로 서임되어 프랑스 특사로 내임했다. 리슐리외는 그를 '사람을 잘 관리하고 그들에게 막연하나마 그럴듯한 희망을 주는 대단한 수완과 지혜'가 있는 현명한 인물로 평가했다. 그의 특기는 사람을 감언이설로 농락하고 매수, 기만하는 것이었다. 리슐리외는 완고하고 준엄했으나 마자랭은 유연했고 은혜도 모욕도 개의치 않았다. 추기경 카르디날 드 레츠Cardinal de Retz는 다음과 같이 기록하고 있다.

"지난날 추기경 리슐리외는 왕좌 앞 단상에서 두렵고 엄한 모습으로 사람을 다스리는 것이 아니라 천둥 번개처럼 몰아쳤다. 이제 그 자리에 들어선 유순하고 온화한 후임자는 사람들에게 자신을 마음껏 비천하게 보일 수도 없는 추기경이란 지위를 도리어 슬퍼하고 있는 듯한 모습이다."

이것은 겉모습에 불과했으나 고등법원과 대귀족은 자기들 세상이 온 것처럼 착각하고 있었다.

"자신들을 멸시하던 추기경 리슐리외에게서 벗어난 고등법원은 신임 재상이 매일같이 '왕비는 고등법원의 권고만을 바란다'는 말을 듣고 황금시대가 열렸다고 생각했다. 성직자로서 세상에 겸양의 모범을 보이려는 그의 태도를 그들은 복종이라며 찬양한 것이다. 얼마 지나지 않아 사람들은 모두 마자랭의 지지자가 되었다."

절대주의의 완성에 공헌한 재상 카르디날 쥘 마자랭

그중에서도 특히 모후가 그러했다. 오랫동안 사랑받지 못한 채 부왕에게 눌려 사느라 정절과 부덕을 지켜왔으나 원래 스페인 기질의 능란한 교태를 지니고 있던 왕비는 여자로서 성숙한 나이에 별안간 미남자와 만난 셈이었다. 마자랭의 검은 눈동자에 비친 애무, 생기 넘치는 겸손한 태도, 세련되고 공손한 언행을 접한 그녀는 대단히 기뻐했다. 두 사람의 관계는 어떠했을까? 왕비는 비밀리에 그와 결혼했을까? 서로 교환한 서신에는 친절한 감정 이상의 사연이 남아 있다. 아무튼 그녀는 마자랭 없이는 아무 일도 하지 못했고 루아얄 궁전에서나 궁정의 정식 이동 때 그를 꼭 신변 가까이에 두었다. 사태의 진전은 그녀의 선택이 옳았음을 입증했다. 마자랭은 리슐리외보다 형식에 구애받지 않았고 방법도 직선적이지는 않았으나 같은 계획을 똑같이 강인하게 추진해 이때까지 보지 못한 강대한 왕국을 루이 14세

중앙집권화에 힘쓰며 봉건제도의 잔재를 없 앤 루이 14세

(Louis XIV, 1638~1715)에게 남겨주고 1661년 세상을 떠났다.

3. 오랜 전쟁의 결말을 지을 시점에 협상을 담당하는 유능한 외교관이 프랑스에 있었다는 것은 커다란 행운이었다. 군사적 승리는 이미 확정된 상황이었다. 1643년 로크로이에서 젊은 앙기엥 공작(훗날 대 콩데Grand Conde)이 스페인의 무적 보병대대를 격파했다. 이탈리아 전쟁의 공훈으로 원수의 지위에 오른 튀렌 원수는 독일로 진격하고 있었다. 이제는 전과를 수확할 일만 남은 셈이었다. 1644년 앞으로 아마도 몇 세기 동안 유럽의 운명을 결정할 평화회의가 열렸다. 1648년에야 간신히 독일 베스트팔렌의 도시 오스나브뤼크와 뮌스터에서 두 개의 조약을 별개로 심의한 끝에 가톨릭과 신교 열강이 같은 날짜에 서명을 했다. 이 조약은 프랑스와 리슐리외 정책의 커다란 승리였다.

이로써 신성로마제국의 힘은 약해졌고 사실상 무력한 존재로 남았다. 독일은 자주적인 군비와 외교정책을 보유한 350개의 독립연방국가로 분할되었다. 게르만이 자유를 회복하는 동시에 프랑스의 안전도 보장된 것이다. 그토록 많은 연방국가가 결속해 프랑스에 도전할 수도 없고 설령 도전할지라도 프랑스가 그중에서 동맹국을 찾을 수 있

을 것이었다. 제국의회는 잔존했으나 만장일치 채택제라 이는 앞으로
아무것도 결의할 수 없는 것이나 마찬가지였다.

프랑스는 알자스 지방을 완전히 영유했다. '개인의 종교는 그가 속한
주권자의 종교에 따라야 한다'는 원칙은 칼뱅파에게도 적용되었고 이
제 주민들은 그 지방 또는 군주의 종교를 따라야 했다. 만약 자신이 거
주하는 지방의 종교가 마음에 들지 않으면 재산을 가지고 이주할 권리
가 있었다. 황제는 오스트리아, 보헤미아, 헝가리에서만 실권이 있었다.
스위스와 네덜란드는 사실상 독립한 상태였다. 스페인은 더 이상 유럽
의 강국이 아니었고 독일은 아직 하나의 나라가 되지 못했다. 베스트팔
렌 조약은 프랑스를 유럽의 절대적인 지배자로 만들었다.

4. 외교정책에 대해 전혀 알지 못하는 무지한 일반 국민도 마자랭
이 성취한 외교적 승리 덕분에 그가 굉장한 영예를 얻었을 거라 생각
하겠지만 사실은 전혀 그렇지 않았다. 도리어 마자랭만큼 중상과 비
난을 받은 사람도 없었다. 아주 더럽고 터무니없는 중상이 떠돌았고
그것은 마자랭도 잘 알고 있었다. 그는 말했다.

"나를 중상모략하는 라틴어 책자가 돌아다니고 있는데 요지는 내
가 터키와 공모하고 있고 그것을 그대로 두면 내가 유럽을 그들에게
팔아먹을 것이라는 얘기다. (…) 오늘 아침 한 상인이 내게 말하기를
창피하게도 내가 오스트리아로부터 2900만 리브르를 받았다는 것을
고등법원이 밝혀냈다고 했다."

1648년 파리에는 반란의 분위기가 감돌고 있었다. 그 이유는 꽤 여
러 가지였다. 한 스페인인과 한 이탈리아인이 프랑스를 지배한다, 이

제 추기경이 재상이 되는 것은 지긋지긋하다, 재정이 악화되고 세금이 과중하다, 정부공채가 미지불 상태에 있다는 것 등이다. 여기에다 당시 나폴리 시민이 국왕을 제압하는 데 성공하고 영국인 역시 국왕을 참형하려던 때라 혁명의 기운이 감돌고 있었다. 모방은 국민생활을 좌우하는 하나의 요소로 폭동도 암살처럼 유행하는 법이다. 언어마저 이런 영향력을 발휘한다. 파리 고등법원은 세습 법관 조직체이고 영국 의회는 국민대표 구성체라 성격이 근본적으로 다르지만, 두 명칭의 발음이 비슷해 고등법원 법관과 원장은 영국 의회의 기능을 연상케 했다. 법관에게는 성실, 용기, 교양 등의 장점이 있었다. 고전문화를 배운 그들은 공화주의적 자유에 관해 유창하게 담론했으나 지위, 재산 그리고 법관으로서의 권세에 집착하는 보수적인 혁명주의자였다. 중요인물로 불리는 사람들도 비슷했다. 공상적 혁명은 이들 대영주와 귀부인에게 로맨스의 자극제에 불과했다. 추기경 레츠는 이렇게 말했다.

"보포르 영주는 자기 종복만도 못한 능력을 가지고 국가를 통치할 생각을 품고 있었다."

라 로슈푸코도 같은 말을 했다.

"중요인물의 음모라고 불리는 도당이 조직되었다. (…) 그들 모두 마자랭 추기경의 적이었고 보포르 백작의 미덕을 선전하며 자신들이 마음대로 배정한 허위 작위를 내세웠다."

이보다 훨씬 더 공격적인 것은 자신의 역량을 자각한 파리 시민의 태도였다. 그들은 마자랭을 리슐리외만큼 두려워하지 않았고 선동가인 주교 폴 드 공디(Paul de Gondi, 후일의 레츠 추기경)를 지도자로 추대했다.

그는 우수한 저술가이자 성격이 꼬인 야심가로 특히 마자랭에게 대단한 적의를 품고 있었다. 공디는 말했다.

"비천한 사람과 어울리는 일이 위대한 사람과 어깨를 나란히 하는 가장 확실한 방법이다."

그는 백부인 파리 대주교의 보좌역을 맡고 있었는데 이미 대주교가 연로한 까닭에 정상으로 오르는 데 유리한 위치에 있었다.

5. 이 모든 세력이 합세해 왕권을 위태롭게 했다. 장기 반란은 추기경 겸 재상인 마자랭의 창문에 돌을 던짐으로써 시작되었기에 투석기fronde에 비유해 '프롱드 난'으로 불리게 되었다

"투석기에서 날아가는 돌 바람 소리가 오늘 아침에도 들렸다. 아마도 마자랭을 노리는 것 같다."

왕실은 파리를 떠나야만 했는데 이는 어찌 보면 프랑스 혁명의 전초전 같다. 괴문서가 왕비와 추기경의 추문을 유포했고 민중은 왕궁에 침입해 섭정에게 침대에 누워 있는 어린 왕을 보여 달라고 협박했다. 루이 14세는 이 광경을 절대 잊지 않았는데 이것은 이상하게도 부르봉 왕가가 멸망할 때의 광경과 아주 흡사했다. 여러 번 충돌이 있었고 불완전하나마 강화도 거듭되었다. 두 번의 중요한 반란은 1648~1649년 고등법원 프롱드와 1649~1653년의 대귀족 프롱드였다. 전자는 신념을 위한 궐기로 고등법원은 법관의 자주성을 옹호하는 것이 근본적인 의무라며 정당한 주장을 내세웠다. 존경받는 법관 피에르 드 브루셀Pierre de Broussel이 체포되어 생제르맹으로 끌려가자 마자랭 반대파의 선동을 받은 파리 시민이 봉기했다. 순간적으로 격

분한 민중은 본업을 팽개치고 큰 소리를 외치며 거리를 활보했다. 공디는 "브루셀! 브루셀!"이라 외치는 군중을 거느리고 감격한 나머지 자신도 모르게 루아얄 왕궁으로 뛰어들었다. 왕비는 태연하고도 몹시 날카로운 태도를 보였고 마자랭은 온순하면서도 당혹스런 표정이었다. 그때 한 재치 있는 측근이 말했다.

"왕비 폐하께서는 병환 중이십니다. 보좌주교가 임종 성유를 가져왔습니다."

보좌주교 공디는 재상이 되어 그곳을 나갔으면 했는데 마술사의 제자들처럼 헛바람만 일으킨 것을 곧 후회했다. 공디도 용기 있는 고등법원장 마티유 몰레도 민중의 환영을 받지 못했다. 폭도가 파리를 장악하면서 결국 브루셀은 그들에게 돌아갔다. 이 가엾은 늙은이는 자신이 받은 갈채와 주위의 소란에 겁을 먹고 파리 시민에게 무기를 버리라고 권고했다.

6. 하지만 민중은 용납하지 않았고 마자랭의 추방을 요구했다. 궁정은 뤼에유로 피난을 갔는데 이때 반국왕파가 단결했다면 왕실은 위기에 봉착했을 것이다. 당시 반국왕파는 사상이 통일되지 않았다. 고등법원 법관들은 왕국의 전통적인 자유와 조세 감독을 요구했고, 프롱드 난에 참가한 귀족은 그들의 특권을 탈환하는 한편 리슐리외가 제정한 귀족 단속법을 없애고자 했다. 민중은 대귀족과 민중의 아버지인 법관들의 선동을 받았으나 그들을 신뢰하지는 않았다. 섭정 안 도트리슈의 심복 슈브뢰즈 공작부인은 애인을 즐겁게 하는 재주밖에 없었다. 군인 중에서 콩데는 궁정을 지지했고 롱그빌 공작부

인의 아름다운 눈매에 현혹된 튀렌은 국왕의 반대편에 서서 스페인 군과 협상을 시작했다. 스페인군 개입은 아직도 애국심과 양식이 있던 사람들에게 공포감을 주었다. 공디도 이 일은 가톨릭동맹의 냄새가 난다며 반대했고 튀렌의 군대는 주인을 버렸다. 고등법원은 매국적 냄새를 풍기는 스페인과의 동맹 소식을 듣고 충격을 받은 나머지 궁정과 협상하기로 결정했다. 민중은 여전히 마자랭이 추방되기 전에 궁정과 협상하려는 사람을 죽이겠다고 협박했다. 이때 마티유 몰레의 확고부동한 태도가 비상사태를 수습했다. 그는 궁정은 도망가지 않을 것이라며 폭도들 사이를 걸어 나가 민중 앞에 섰고 뤼에유말메종의 협상에서 합의가 이뤄졌다. 이때 마자랭은 자기 생각을 반영할 수도 있었으나 다시 복귀할 마음으로 일부를 양보하고 협력을 얻는 편을 택했다. 이처럼 1차 프롱드 난은 철저하게 지루한 만우절에 불과했다.

7. 뤼에유말메종의 협상은 아무런 평화도 가져오지 않았다. 두 당파는 여전히 강력했고 '도둑놈, 대도 상인, 장물아비, 이탈리아 사기꾼'이라고 욕을 먹던 마자랭에 대한 불만의 씨앗은 법관과 일반 민중 사이에 끈질기게 남아 있었다. 민중은 마자랭과 아무 상관도 없는 밀 가격 상승을 놓고도 그를 비난했다. 더 중대한 사건이 발생했는데 이는 궁정을 지지하던 콩데가 돌연 배반한 것이다. 이 자부심 강한 인물은 자신이 아니면 멸망할 뻔한 마자랭이 자기를 환대하지 않는다며 몹시 섭섭하게 생각했다. 여장부인 롱그빌과 슈브뢰즈 공작부인도 새로운 음모를 꾸미고 있었다. 공디는 이들과 긴밀히 결속하기 위해 자기 모친과의 합의 아래 슈브뢰즈의 딸을 정부로 삼았다. 그는 말했다.

"여자도 성직자처럼 애인의 지위에 따라 정사에서 품위를 유지할 수 있다."

공디와 두 부인은 마자랭을 교묘히 실각시키기 위해 표면상 더욱 친근한 체했고 무례한 콩데와 대귀족들을 체포하자고 선동했다. 로크 로이와 랭스의 개선장군을 체포한다는 것은 가혹한 처사였고 이로써 전국이 크게 동요했다. 고등법원과 제후가 단결했다면 마자랭은 완전히 멸망했을 것이다. 1651년 마자랭은 콩데를 석방한 후 잠시 은퇴하기로 했다. 안 도트리슈는 비상한 술책으로 공디를 추기경으로 서임해 궁정으로 끌어들였고 콩데와 대항할 수 있는 유일한 장군인 튀렌의 지지를 확보했다. '처녀 여장부'로 불리는 몽팡시에는 자신이 종형인 루이 14세와 결혼해 왕비가 되리라고 믿고 있었다. 일군을 거느린 이 여걸은 갑주를 입고 콩데와 합류할 결심을 했다. 그녀는 대귀족들의 군대를 위해 파리의 성문을 열었다. 마자랭은 자신이 의지할 수 있는 유일한 인물을 알고 있었는데 그는 바로 마자랭과 대립하던 콩데였다. 콩데는 인품이 하도 오만불손해 파리 시민들도 그보다는 마자랭 자신을 택할 것이라고 믿었던 것이다. 애국심 강한 일반 민중은 프롱드군에 스페인군이 참가했음을 알고 도리어 그들을 선동한 사람들에게 총부리를 돌렸다. 유혈이 낭자했고 시청사가 불에 탔다. 생앙투안 야외지구에서 전투 중이던 처녀 여장부는 콩데군의 후퇴를 엄호하기 위해 국왕군을 향하여 바스티유의 포문을 열었다. 이것을 본 마자랭은 그녀가 왕비가 될 기회는 영영 사라졌다고 말했다.

"이 포격이 그녀의 남편을 죽였다."

중간파, 즉 소란이 시작될 때는 꼼짝하지 않다가 끝판에야 모든 일을 할 수 있다며 나서는 사람들이 시국에 뛰어들 때가 가까워졌다. 상인 대표단은 눈물을 글썽거리며 국왕에게 파리로 돌아오라고 애원했다. 한때 인기가 대단해 파리 시장에 선출된 브루셀은 축출되었고 아무도 거들떠보지 않았다. 민중의 인기란 언제나 이처럼 허무한 것이다. 1652년 10월 루이 14세는 군대를 거느리고 위풍당당하게 파리에 입성했다. 시내의 모든 유지가 국왕을 배알하기 위해 루아얄 왕궁 회랑에 운집했고 프롱드 난은 막을 내렸다.

8. 마자랭은 귀환하는 데 수개월을 기다렸다. 시민 발리에는 추방된 사람, 공중의 안녕을 교란한 사람, 지독한 악당으로 불리던 인민의 적이 이렇다 할 비난과 욕설도 듣지 않고 개선장군처럼 영광스럽게 돌아왔다고 기록하고 있다. 얼마 전까지만 해도 시청에서 마자랭을 당대에 제일 더러운 인물이라고 욕설을 퍼붓던 이자생활자조합은 추기경 겸 재상인 마자랭에게 머리를 조아렸다. 실각했을 때 가장 먼저 지독한 욕설을 퍼부은 사람들이 그가 다시 득세하자 제일 빨리 머리를 숙였다. 프롱드 난에서 일생을 두고 잊지 못할 교훈을 얻은 국왕은 친히 추기경을 맞아들였다. 그는 역모를 품은 귀족과 권력에 도취한 고등법원의 지지를 받은 군중이 궁전을 유린하는 것을 친히 목격했고, 권세가 너무 강한 재상 한 사람이 증오를 받으면 왕국이 동란에 휩싸일 수 있다는 것도 충분히 체험했다. 이때부터 친정親政을 결심한 국왕은 재상을 두지 않았고 귀족을 회유하는 한편 고등법원 법관들이 본래의 직책인 사법 집행에만 집중하도록 했다. 마자랭은 죽을 때까지 그 자리에 머물렀는데 나중에 국왕은 이렇게 말했다.

나폴레옹을 정계에 등장시킨 샤를 모리스 드 탈레랑 페리고르

"그는 짐을 사랑했고 짐도 그를 사랑했다."

국왕은 자신에게 정치 원리를 가르쳐준 과묵하고 겸손한 계부의 진가를 인정했다. 어쩌면 그의 귀환을 프롱드 난에 대한 국왕의 승리의 상징으로 여겨 인정상 그를 파면하지 못했을지도 모른다.

왜 프롱드 난은 실패했을까? 그 이유는 자기본위의 모순적인 이해관계로 구성된 막연한 집단이 주동한 탓에 일정한 원칙과 주장이 결여되어 있었기 때문이다. 이 것은 1789년 대혁명의 예행연습이었다. 브루셀은 장 실뱅 바이(Jean Sylvain Bailly, 천문학자이자 정치가, 혁명 당시 파리 시장)를, 레츠는 샤를 모리스 드 탈레랑 페리고르(Charles Maurice de Talleyrand-Périgord, 재상, 외교관)를 연상케 한다. 마자랭에 관한 비방문서는 〈뒤셴 아저씨Père Duchesne〉(프랑스 혁명 당시의 정치 팸플릿)의 교본이라고 말하는 사람이 적지 않다. 1789년에는 국민의 의견을 따랐고 대표도 선출했으나 프롱드는 하나의 도당에 불과했다. 프롱드 난이 남긴 물심양면의 피해는 종교전쟁에 못지않게 비참했고 결국 프랑스 국민은 초기 부르봉 왕조가 창시한 절대군주제의 지속을 원했다. 즉, 동란은 자유에 대한 불신을 초래했다.

9. 1661년까지 생존한 마자랭은 만년에 프랑스를 위해 위대한 업

적을 남겼다. 스페인은 베스트팔렌 조약으로 약해졌지만 여전히 프랑스 국내에 분쟁이 있을 때마다 부당하게 개입했기에 근본적인 해결책이 필요했다. 마자랭은 조금도 주저하지 않고 카탈루냐, 포르투갈, 나폴리에서 반란군을 조직해 이를 지원했고 스페인 타도를 위해 국왕을 시해한 영국의 신교도 올리버 크롬웰Oliver Cromwell과 동맹하는 것도 불사했다. 그는 전쟁에는 종교가 없다는 리슐리외의 교훈을 따른 것이다. 이 동맹과 튀렌의 천재적인 전술 덕분에 프랑스는 뒤누Dunes 전투에서 스페인을 대파했다. 이후 스페인은 군사적인 경쟁권 내에서 탈락했으나 그래도 평화를 보장하기 위해 프랑스 왕은 스페인의 왕녀와 결혼을 했다. 루이 14세는 마자랭의 질녀 마리 만치니Marie Mancini를 열렬히 사랑했지만 국왕은 결혼할 때 마음이 아니라 왕관의 이익을 따라야 했다. 마자랭은 국왕에게 열정을 억제하라고 애원했다.

"폐하의 영광과 명예, 신에 대한 봉사와 왕국의 안녕을 위해 (…) 황공하오나 자제하시기를 간절히 비나이다."

결국 국왕은 양보했다. 피레네 강화는 프랑스 국경을 공고하게 만들었고 루시용, 세르다뉴, 아르투아를 영유하게 되었으며 카탈루냐는 스페인에 반환했다. 이 지방은 이베리아 반도의 자연적인 일부였으므로 당연한 귀결이었다. 펠리페 4세와 프랑스의 엘리자베스 공주 사이에서 태어난 장녀 마리 테레즈 도트리슈가 루이 14세와 결혼했다. 50만 에퀴의 지참금을 가져오는 대가로 그녀는 부왕의 계승권을 포기했다. 그러나 스페인의 재정이 몹시 핍박해 지참금을 지불하지 못하는 바람에 왕위 계승권은 효력을 유지했고 펠리페 4세에게는 그때까지 후사가 없었으므로 앞으로 두 왕조가 통합될 희망이 남아 있었다. 마자랭은 리슐리외의 업적 이상의 과업을 완성한 것이다. 1661년 마자랭은 신임하는 서기인 장 바티스티 콜베르Jean-Baptiste Cilbert와 임종의 병상에서 재정 문제를 의논한 후 세상을 떠났고 루이 14세의 완전한 친정이 시작되었다.

—

chapter 3

루이 14세의 절대왕정

—

1. 볼테르는 많은 사람이 세계사에서 페리클레스 시대, 아우구스투스 시대, 메디치 시대 그리고 루이 14세 시대의 네 시대만 높이 평가한다며 다음과 같이 서술하고 있다.

"유럽은 사회생활 예절과 정신을 루이 14세의 궁정에서 배웠다."

볼테르는 그 시대의 일반적인 견해처럼 중세기 프랑스 문명의 영향을 지나치게 경시했으나 이 말은 타당하다고 볼 수 있다. 18세기의 세련된 예절은 13세기의 우아한 풍류 예절을 계승한 것이다. 이 시대의 특징은 국왕이 자신의 교양과 취향을 국가적 차원으로 승화시켰다는 점이다. 루이 14세는 단독으로 친정을 베풀었고 프랑스 국민은 이를 승인했을 뿐 아니라 처음 20년간은 진심으로 환영했다. 볼테르는 말했다.

"그의 치하에서는 만사가 평온했다."

내란도 프롱드 난도 없었고 폭도의 함성은 성대한 의식으로 바뀌었다. 국내에서는 문학과 예술이 만개했으며 국외에서는 말기에 약간 쇠퇴하긴 했어도 프랑스의 국위를 높이 선양했다. 전 유럽에서 프랑스 왕은 대왕이었고 그의 치세는 위대한 세기로 남았다.

2. 그 시대에는 모든 것이 위대했고 특히 루이 14세 자신이 누구보다 위대한 존재였다. 그는 다음과 같은 기록을 남기고 있다.

"국왕의 본분은 위대하고 고귀하며 스스로 계획한 일을 실천했을 때의 보람만큼 즐거운 일은 없다."

마자랭의 교훈을 잊지 않은 그는 스스로 재상이 되었고 고문관회의에 성직자를 임명하지 않았다. 그는 스스로 고문관회의를 주재하는 한편 매일 6시간씩 정무를 보았고 사소한 국비 지출도 서류에 직접 서명하게 했다. 프랑스 정부는 회계장부라고 할 수 있는 비망록을 비치해두었다. 생시몽은 국왕을 싫어하는 사람이었으나 그를 이렇게 평하고 있다.

"국왕은 수준 이하의 지능을 갖고 태어난 것으로 알려져 있으나 국왕의 친서를 보면 그건 사실이 아니다. 스스로 인격을 도야한 그는 모든 것이 세련되었고 단순히 타인의 장점을 모방하는 것이 아니라 본질을 파악하는 능력을 갖추고 있었다. 루이 왕은 완벽한 예절을 지켰고 아무리 부드럽고 악의가 없는 험담도 삼갔으며 모자를 벗지 않고 여자 앞을 지나는 일이 없었다. 그 여자가 시녀라는 것을 알고도 그대로 지켰다. 그는 일상 대화에서도 천성에서 풍기는 위엄이 저절로 묻어났다."

천성이 온순하고 참을성이 많은 국왕의 약점은 아첨을 좋아하고 흔한 찬사도 좋게 받아들이는 일이었다. 이 때문에 진상 파악이 흐려져 자신의 영광과 국가의 이해관계를 혼동하기도 했다. 즉, 경건하게 하느님을 믿으면서도 궁정에서 자신을 하느님처럼 숭상하는 것을 묵인했다. 그는 점차 당당한 자기본위의 인물이 되어갔고 사람을 판단할 때 자신에게 바친 헌신으로만 평가했다. 그렇지만 오랫동안 이어진 혼란으로 인해 프랑스가 권위를 갈망하던 때라 모든 일이 참을 만했고 때로는 환영할 만한 일로 보였다.

3. 왕정을 파리에서 베르사유로 이전한 것은 여론과 거리를 둠으로써 국왕의 전제정치를 강화하는 데 도움을 주었다. 궁정을 이전한 데는 여러 가지 이유가 있었다. 미성년 시절의 혼란스런 기억이 젊은 국왕에게 심각한 충격을 주었다는 것, 루브르 궁은 사람의 출입이 빈번해 호기심 가득한 방문객으로부터 국왕을 경호하기가 곤란하다는 것, 루브르 궁에서는 궁녀들과 재미를 보기가 거북할 뿐 아니라 파리 시민에게 추문이 퍼져 나간다는 것 등이었다. 루이즈 드 라 발리에르와의 관계가 아직 비밀이었을 때 루이 왕은 부왕이 건립한 베르사유의 작은 성관에서 처음 그녀와 함께 지냈다. 그는 점차 수많은 건물을 증축했고 1682년부터는 이곳을 주로 왕정으로 사용했다. 5,000명의 권세 있는 귀족이 궁정에 거주했고 기타 5,000명은 그 인근에서 살았다. 결과적으로 영지를 떠난 프랑스 귀족은 지방에서의 세력을 상실했고 반대로 궁정에 거주하지 않는 대귀족은 특혜, 관직, 연금, 이권과 단절되었다. 국왕의 "짐이 본 적 없는 자"라는 말은 항변할 수 없는 유죄선고나 다름없었다. 베르사유에서의 생활에는 파산할 정도로

막대한 경비가 들었는데 이것은 국왕의 정책 중 하나였다. 그는 정책적으로 모든 사람에게 사치를 강요하다시피 했다. 사치를 명예로 알게 함으로써 모든 사람의 재력을 소모시켜 귀족들이 생활하기 위해 국왕의 배려에 의존할 수밖에 없도록 만든 것이다. 궁녀, 서자, 의사, 종복 등 국왕의 측근에서 후의를 애원할 수 있는 사람만 권세를 잡았다. 국왕은 사랑하는 여자일지라도 여자의 말에는 귀를 기울이지 않는다는 것을 자랑으로 삼았다.

"여자는 타고난 성격적 약점 때문에 항상 중요한 문제보다 대단치 않은 일에 흥미를 갖는 법이다."

물론 그의 행동은 말과 전혀 달랐다. 그는 루이즈 드 라 발리에르의 서자, 몽테스팡 후작부인과의 이중 간통으로 얻은 서자들을 왕후에 책봉하려고 많이 애를 썼다. 만년에 왕은 맹트농 부인의 경건한 정신을 따랐다.

궁정에서는 의례 준칙을 세부적으로 규제했고 혹시라도 국무대신 부인이 대공비보다 먼저 좌석에 앉으면 크게 질책을 당했다. 생시몽은 국왕의 천성이 너무 꼼꼼해서 그렇기도 했지만 한편으로는 나눠 줄 만한 은전이 별로 없어서 하나의 술책으로 이런 관념적 은전을 내세웠을 수도 있다고 말했다. 그는 초대, 친절한 말 한마디, 따뜻한 시선 등 사소한 호의 표시가 얼마나 가치 있는지 잘 알고 있었다. 장엄하게 꾸민 경박한 행동은 전제정치의 효과적인 수단 중 하나였다.

4. 루이 14세가 '짐이 곧 국가다'라고 말한 적은 없으나 그는 그런 신념을 늘 염두에 두고 있었다. 그의 치세 중에는 삼부회를 한 번도

소집하지 않았고 장관은 주임서기 정도로 격하되었으며 고등법원은 본래의 법정 업무만 담당했다. 음모 사건은 극히 드물었으며 있어도 대단치 않은 것이었다. 그렇지만 왕국의 관습과 국왕의 신앙심 및 양식은 종교적인 사건을 제외하고 절대주의가 폭정으로 타락하는 것을 견제하고 있었다. 왕정은 여전히 전통적인 관습법을 인정했다. 루이 14세가 대법관 피에르 세귀에의 영지를 공작령으로 책봉하려 했을 때 고등법원은 법관이 궁정으로부터 포상받을 권리는 없다는 이유로 칙서를 반려했다. 국왕의 군대는 파리 시내 대부분의 지역에 주둔할 수 없도록 규제를 받았고 수도 파리의 중심지에 있던 바스티유 요새에는 상이군인만 수비병으로 상주했다. 그런데 한 사람의 장관이 서명하고 옥새로 봉인한 국왕의 명령서 하나로 누구든 바스티유에 투옥될 수 있었다.

이 봉인영장은 다음의 경우에 행사했다. 첫째, 국사범으로 해당자는 몇 천 명이 아니라 몇 십 명에 불과했다. 둘째, 가정사범으로 프랑스에서는 각 가정을 스스로 다스리는 공동체로 여겨 왕정이 가정의 관리권을 가장에게 위임한 까닭에 가부 또는 남편의 요구에 따라 영장을 발부했다. 셋째, 경찰사범으로 상류계급의 개인이나 가정의 추문을 덮어주기 위해 공개재판을 면제해줄 경우 발부했다. 봉인영장은 완전히 전제적인 조치로 대상자나 희생자에게는 아무런 법적 보호장치가 없었다. 하지만 루이 14세 시대에는 커다란 재난과 불필요한 추문을 피할 수 있는 조치라고 여겨져 여기에 별다른 불평이 없었다. 다음 세기에야 비로소 여론이 이 제도를 반대했다.

5. 루이 14세는 고문관회의를 통해 프랑스를 통치했는데 이론상 그 회의에서는 국왕에게만 결정권이 있었다. 당시에는 최고회의, 정무회의, 재무회의, 종교 사건에 관한 신앙회의 등이 있었다. 장관은 몇 명에 불과했다. 대법관, 재무장관, 육군장관, 해군장관 그리고 궁내장관이 전부로 국왕은 좀처럼 그들을 경질하지 않았다. 그는 54년에 이르는 친정 기간 중에 단 17명만 임명했고 그들을 완전히 장악하기 위해 하류계급에서 등용했다. 친정 초기 그는 재무장관 니콜라 푸케 Nicolas Fouquet를 체포해 재판에 회부한 뒤 종신 금고형에 처했다. 푸케는 예술 보호자로 여류작가 세비녜 부인과 라 퐁텐의 숭배를 받았지만 국가재정과 자신의 개인 재정을 혼동하는 위험한 습성이 있었다. 푸케가 국왕을 위해 베푼 보-르-비콩트 성관에서의 지나친 호화판 연회, 특히 국왕의 애첩 루이즈 드 라 발리에르에 대한 관심이 실각의 원인이었다. 그는 다른 재무장관과 별로 차이가 없었고 그의 부정도 관례에 따른 것이었다. 그가 보통 이상의 지성과 용기를 갖춘 것으로 보아 그의 실각은 부당하다고 할 수도 있었다. 소송절차도 비합법적이었고 피고에게 아무런 증거서류도 제시하는 일 없이 소송 진행 중에 재판장을 경질해 법정을 그의 적대자로 구성했다. 말하자면 정의란 전혀 없었다. 푸케는 1664년 피네롤에 유폐되었다가 1680년 옥사했다. 사건 전체가 하나의 수수께끼였고 이로써 왕정은 평가에 많은 손상을 입었다.

6. 차기 장관들은 직위에 적합한 인물이었다. 콜베르와 미셸 르 텔리에 Michel Le Tellier 그리고 그의 아들 루부아 Louvois는 주무장관으로

서 누구 못지않게 직책을 잘 수행했다. 재정 방면에서 콜베르는 국왕의 낭비벽 때문에 애로가 많았다. 전문가로서 보기 드문 양식을 갖춘 콜베르는 예산의 균형을 맞추기 위해 수입을 늘리고 지출을 줄이는 원리를 고수했고 국왕에게도 간언을 서슴지 않았다.

"폐하께 감히 아뢰오니 용서하여 주시옵소서. 폐하께서는 전쟁 때든 평화 시든 지출을 결정할 때 재정 상태를 고려하신 적이 없었습니다. 불필요한 일에는 단 1상팀(centime, 1프랑의 100분의 1)도 아껴야 합니다. 소신이 생각하기에 별로 효용도 없는 연회에 2,000프랑이나 지출하는 것은 커다란 고통이라는 것을 폐하께 감히 말씀드리는 바입니다."

그는 국가 회계에 명확한 질서를 세웠고 인두세를 감액해 징세원의 가혹한 부과와 강압적인 징수 방법을 완화하려 했다. 그러나 그의 계획은 항상 과다 지출하는 전쟁 경비 때문에 결실을 보지 못했다. 국왕의 마음속에서는 늘 영예에 대한 욕망이 재정을 건전화하려는 소망을 초월했다.

7. 통제 경제를 절대적으로 신봉한 콜베르는 항상 이렇게 말했다.
"그들의 마음이 어떻든 그들을 위한 정치를 해야 한다."

그의 목적은 국부의 유일한 상징인 금은을 취하는 수단으로 다음의 정책을 도입하는 데 있었다. 첫째는 정신적, 물질적 이득의 근원인 근로정책이다. 프랑스에서는 처음으로 농업과 공업 생산자가 관리나 불로소득자보다 우대를 받았다. 둘째는 경제정책이다. 프랑스는 보호 관세를 채택했는데 이는 필수물자 수입에도 금은 유출을 방지하려는 중상주의였다. 셋째는 통제정책이다.

"국가는 일반 국민의 산업을 정부관서의 사무 관리처럼 통제해야 한다."

콜베르는 오늘날까지도 남아 있는 국영공장과 전매제도를 창안했다. 고블랭 태피스트리 공장, 조폐 공장, 연초 공장, 왕립 인쇄 공장, 화약 및 초석 공장 등이 그것이다. 개인 사업에도 보조금과 국가 매입 등의 지원을 했고 광업, 유리공업 특히 견직 및 모직공업을 장려했다. 이 모든 운영은 상공업자 지구위원회와 공장 감독관이 담당했다. 협동조합제도를 강화하고 독점과 파업은 금지했으며 원료, 제조방법, 노동정책을 관리하는 통제기관을 설치해 전체주의적인 제도를 정착시켰다.

농업 분야에서는 공업 원료, 즉 천초, 아마, 대마, 뽕나무 재배를 장려했다. 국내 통상에서는 지역세와 관세처럼 프랑스를 분단하는 제도를 폐지해야 한다는 사실을 알고 있었지만 실시하지는 않았다. 대외무역과 식민지 통상에서는 캐나다에 관심을 기울였고 성과는 대단치 않았으나 동서 두 개의 인도 회사를 설립했다. 막대한 노력을 들인 모든 정책은 빛나는 성과를 거둬야 했고 또 그렇게 될 수 있었으나 유감스럽게도 콜베르는 결실을 보지 못한 채 별세했다. 더구나 후계자가 그의 정책을 계승하지 않아 영국이 프랑스의 식민정책을 제압했다.

8. 콜베르의 경쟁상대이던 텔리에의 아들 루부아도 국왕의 영예를 위해 많은 과업을 성취했다. 고집이 센 그는 거만하고 안하무인이었으나 처음 근대식 상비군을 창설했다. 과거에 연대와 중대는 각기 대령과 대위에게 예속되었고 그들이 모병해 봉급을 지불했으므로 서류

상으로만 유령부대를 유지하는 폐단이 나타났다. 루부아는 명예직인 대령, 대위와 더불어 실질적인 지휘관인 중령과 중위를 임명함으로써 이 조직의 결함을 시정했다. 일반 사관은 연공서열을 명기한 지휘관 명부를 작성해 전장에서의 추악한 권력투쟁을 일소했다. 병사는 4년 복무하는 지원병으로 루부아는 1670년부터 그들에게 제복과 엄격한 군율, 나아가 유럽의 어느 나라보다 우수한 무기를 제공했다. 1687년부터 병사는 세바스티앵 르 프르스트르 드 보방Sébastien Le Prestre de Vauban이 발명한 총검을 장비했고 창병은 폐지되었다. 여기에 기총기병과 척탄병 1개 연대, 포병 12개 중대를 창설했다. 물자의 수급 및 관리를 위해 병참부를 설립했으며 1674년에는 노병의 거처로 사용할 후송병원도 건립했다.

프랑스의 상비군은 30~40만 명에 달했는데 이는 스위스 보초병, 프랑스 근위병, 왕실 연대, 대소 총기부대 등 유명한 연대를 포함한다. 루부아는 유능한 조직가였으나 루이 14세에게는 위험한 고문관이기도 했다. 그는 국왕의 최측근이 되기 위해 그렇지 않아도 영예를 바라는 국왕에게 전쟁을 선동했다. 생시몽은 루부아가 국왕에게 맹렬한 질책을 받은 격렬한 회의 이후 국왕의 신임을 회복하기 위해 의식적으로 도발한 가공할 만한 전쟁의 경위를 전하고 있다.

9. 루이 14세가 친정을 시작한 시기에는 장기적인 평화를 누릴 가능성이 컸다. 1665년 무렵 프랑스는 유럽대륙의 최대 강국이었다. 스페인은 쇠퇴했고 마리 테레즈의 지참금을 지불하지 않아 루이 14세는 언젠가 스페인 왕국을 병합하거나 적어도 스페인령인 네덜란드를

영유할 희망을 품고 있었다. 독일과 이탈리아는 소국으로 분할되어 위험한 존재가 아니었고, 영국은 왕정복고로 스튜어트 왕조의 찰스 2세(Charles II, 1630~1685)가 즉위했는데 루이 14세가 보조금을 내줄 정도로 깊은 우호관계를 맺고 있었다. 프랑스에는 적이 없는 듯했고 프랑스는 무력충돌을 피해가며 북동 국경을 확장 및 정비하는 데 목표를 두었다. 군사 기술가이자 축성가인 보방이 엄호 요새를 구축한 덕분에 2세기 동안 성벽, 중벽, 반월형 보루가 프랑스를 방위하고 장식했다. 보방은 국왕에게 이 석축 방위선에 필요한 도시를 지적했으나 그는 전쟁을 싫어했고 허영심과 정복욕도 그를 움직이지 못했다. 결국 프랑스는 릴, 두에, 스트라스부르, 브장송 등을 영유하지 않아 이 방면의 수비가 취약한 채 그대로 남아 있었다.

1665년 펠리페 4세가 별세하자 영토 귀속 문제와 관련된 전쟁이 시작되었다. 프랑스 왕비 마리 테레즈는 펠리페 4세가 앙리 2세의 딸과 결혼해서 얻은 왕녀로 그녀의 이복동생이 카를로스 2세(Carlos II, 1661~1700)로서 스페인의 왕위를 계승하려 했다. 루이 14세는 전처의 소생에게 우선권이 있는 관습적 유산 귀속에 관한 권리를 내세워 영토의 일부를 요구했다. 이 유산을 확보하기 위해 튀렌 장군이 플랑드르로 진격했다. 그들은 군사적 저항 없이 앙베르(안트베르펜)를 포위했으나 그 이상은 외교적인 이유로 신중을 기했다. 프랑스가 네덜란드 지방으로 침공하면 네덜란드뿐 아니라 영국까지 위협을 받기 때문이다. 아름다운 제수 앙리에트의 주선으로 카를로스 2세의 우호적인 중립을 확보한 루이 14세는 네덜란드, 스웨덴과 일부 독일 제후에게 강력히 지원을 요청했다.

네덜란드의 오렌지 공 윌리엄은 굴복하기보다 제방을 끊어 국토를 침수시키겠다는 결심으로 프랑스와 대전에 나섰고 생존을 수호하기 위해 시민공화국체제를 군사정부체제로 전환했다. 1672~1678년까지 영웅적인 용기로 잘 싸운 그는 제국과 동맹을 체결해 반대로 프랑스를 압박했다. 더구나 1677년 왕실 간의 결연으로 국면은 전환되었다. 영국 왕의 질녀로 추정 왕위 계승자인 메리가 오렌지 공 윌리엄과 결혼한 것이다. 이 결혼과 함께 카를로스 2세가 보인 신교도 신하에 대한 양보는 네덜란드를 고무하고 강화했다. 강화에 응하지 않을 수 없었던 루이 14세는 1678년 네이메헌에서 조약에 서명했고 프랑스는 플랑드르의 일부와 프랑슈콩테를 획득했다. 이로써 현재의 프랑스 국경이 대략 설정되었으나 아직 스트라스부르가 빠져 있었다. 루이 14세는 1681년 법적 판결로 이 지방을 평화적으로 병합했다. 기타 요지도 과거의 조약을 유리하게 확대 해석한 법률가의 건의를 통해 동일한 방법으로 병합했다. 이러한 법적 병합이 유럽제국의 인정을 받았다는 사실만큼 당시 프랑스의 저력을 입증하는 것은 없다.

10. 이때까지 루이 14세의 정책은 근소한 비용으로 매우 유리한 성과를 거뒀다. 그런데 1685년 찰스 2세의 뒤를 그의 아우 제임스 2세(James II, 1633~1701)가 계승했고 1688년에는 휘그당과 신교도의 명예혁명으로 메리와 함께 프랑스의 숙적인 오렌지 공 윌리엄이 왕위에 올랐다. 이후부터 영국과 네덜란드는 서로 협력해 과거에 엘리자베스 여왕이 필리프 2세를 타도했듯 루이 14세를 타도하려 애썼다. 네덜란드와 영국의 상인들은 안트베르펜이 프랑스 수중에 들어가면 결정적

인 파멸이 온다고 확신했다. 이에 따라 윌리엄 3세(William III, 1650~1702)는 영국의 전통적 정책인 플랑드르 지방 방위, 제해권 확보, 대륙의 최강국에 대항하는 동맹조직 등을 계속 추진했다.

루이 14세는 예방 조치로 라인 강 우안을 점령하고 루부아는 좌안에 있는 팔라틴 후작의 영지를 황무지로 만들어 독일제국과 알자스 지방 사이에 무인 완충지대를 만들려고 했다. 국왕은 몇 세대를 두고 원한의 근원이 될 이 가혹한 조치에 반대했다. 프랑스에 대항해 조직된 동맹은 영국, 독일제국, 네덜란드, 스페인, 스웨덴이었다. 이 아우크스부르크 동맹의 목적은 베스트팔렌 조약과 피레네 강화로 규제한 국경까지 프랑스를 철수시키는 데 있었다. 유럽대륙 국가들은 루이 14세의 군사력에 공포를 느꼈고 영국과 네덜란드는 콜베르의 대외정책을 비롯해 프랑스의 해상과 식민지 발전에 민감한 반응을 보였다.

초기에는 투르빌 제독의 지휘 아래 프랑스 함대가 영국과 네덜란드의 연합함대를 격파했다. 그러나 대서양과 지중해, 해상과 대륙을 동시에 확보하는 일은 불가능했고 콜베르마저 세상을 떠나는 바람에 프랑스 함대의 전력은 약해졌다. 프랑스 함대가 라오그에서 패퇴하자 루이 14세는 강화를 희망했다. 그는 리스위크 회담에서 현명하게도 겸손한 태도를 보여 네덜란드 지방을 포기하고 영국의 윌리엄 3세를 승인했다. 국왕은 스페인이 영국의 지원을 얻어 과거처럼 카를로스 5세의 제국을 재건하게 하는 것보다 이편이 훨씬 유리하다고 판단한 것이다. 윌리엄 3세는 독일제국과 프랑스 사이에 대륙의 세력 균형을 수립하는 데 성공했다고 믿었다. 1667년 체결된 리스위크 조약 이후 유럽에는 평화가 보장된 것처럼 보였다.

11. 어지러운 운명 속에서 시대의 액운이 군주들의 지혜를 제압했다. 평화를 위협한 유일한 사건은 여전히 스페인 왕위 계승권 문제였다. 1700년 우매한 스페인 왕 카를로스 2세는 후사도 남기지 않고 임종을 눈앞에 두고 있었다. 누가 그의 왕위를 계승할 것인가? 독일 황제의 아들, 프랑스의 왕후 그리고 바이에른의 제후가 후보자 물망에 올랐다. 독일제국이 이탈리아와 스페인으로 확장되면 프랑스는 또다시 완전히 포위당하고 만다. 평화를 희망한 루이 14세는 스페인을 바이에른 제후에게 양보하고 자신은 마리 테레즈 왕비의 소생인 왕세자에게 나폴리, 시칠리아, 토스카나, 기푸스코아를 영유하게 하며 밀라노를 오스트리아에게 양도할 것을 제의했다. 타당한 해결안이었으나 '죽음이 조약의 서명을 방해했다.' 다섯 살이 되는 어린 공자 바이에른 제후가 사망하면서 협상은 수포로 돌아갔고 프랑스의 왕후와 독일 황제의 왕자만 후보자로 남았다. 루이 14세와 윌리엄 3세는 새로 협상을 진행했고 두 사람은 평화를 위해 스페인을 분할할 생각이었다. 스페인의 장관들은 지리적으로 근접한 프랑스의 지지가 보다 효과적이라 판단하고 임종이 임박한 국왕에게 루이 14세의 손자뻘인 앙주 공 또는 베리 공을 후계자로 지명하는 유언서를 얻어냈다. 두 사람이 거부하면 독일 황제의 왕자로 대체하게 되어 있었기에 루이 14세는 발목을 잡히고 말았다. 카를로스 5세 제국의 재건을 저지하기 위해 자기 손자가 스페인 왕국을 계승하는 것을 거절할 수 없게 된 것이다. 루이 14세는 위험한 영예인 줄 알면서도 1701년 앙주 공을 펠리페 5세(Felipe V, 1683~1746)로서 마드리드로 보냈다. 예상대로 윌리엄 3세는 대노해 대비책으로 독일 황제와 동맹 협상을 시작했고 루

이 14세는 이에 대한 보복으로 리스위크 조약을 위반하고 망명 중인 왕위 계승자 스튜어트 가의 제임스 3세를 영국 왕으로 승인했다.

12. 스페인의 왕위 계승 전쟁은 루이 14세의 치세 말기를 고난으로 빠뜨리면서 1713년까지 이어졌다. 영국인의 목적은 여전히 다르지 않았다. 그것은 유럽의 세력 균형을 유지할 것, 루이 14세가 스페인과 프랑스 통합을 방해할 것 그리고 프랑스 왕이 라인 강의 삼각지대와 플랑드르 지방에서 철수할 것 등이었다. 전쟁 초기 프랑스는 분쟁 지역을 점령할 만한 입장에 있었으나 50년에 걸친 전쟁으로 국력이 피폐해졌고 무엇보다 제해권이 없었다. 연합군의 말버러 장군과 오이겐 공은 프랑스군이 보방의 방위선을 넘어 출격한 기회를 포착해 포위전에서 정통적 전술을 고수하는 군인에게 커다란 충격을 준 기동전으로 전환했다. 양군 모두 화승총과 창으로 무장한 보병부대를 격철총과 총검으로 대체했다. 쌍방의 손해가 막심했다. 말버러 장군은 1704년 블레넘에서 프랑스군과 바이에른군을 격파했고 1706년 라미예 전투에서 승리해 플랑드르 지방을 탈환했다. 그러나 영국의 휘그당은 전쟁에서 이기는 법은 알아도 평화를 수립하는 법은 모르고 있었다. 영국은 이미 1709년에 플랑드르 지방의 불안을 일소하는 조약을 체결할 수도 있었다. 프랑스는 거의 절망 상태에 빠졌고 프랑수아 페늘롱François Fénelon 대주교는 다음과 같은 기록을 남겼다.

"만물이 완전히 파괴되었고 전쟁 중에는 재건할 가망이 전혀 없다. 내 결론은 어떤 대가를 지불해서든 우선 휴전해야 한다는 것이다. (…) 우리는 모두 집시처럼 생활하고 있으며 통치를 받는 사람들의 생활이라고 볼 수 없다."

세금 강제 징수, 부정, 착취 등이 국가를 파멸의 길로 몰아넣고 있었다. 영국의 요구조건이 루이 14세에게 왕손을 스페인 왕좌에서 축출하라는 등 너무 가혹한 것이라 그는 거부하지 않을 수 없었다. 국왕은 각 지방 총독에게 격문을 발송했다.

"국민에 대한 짐의 애정은 친자식들에 대한 것과 조금도 다르지 않다. 짐 역시 충성스런 국민이 치른 전쟁의 재난을 함께 겪었다. 짐은 전 유럽에 평화의 혜택이 미치길 원하나 프랑스의 정의와 명예를 포기하는 조건으로 평화를 수락하는 것은 국민도 다 같이 반대하리라 믿어 의심치 않는다."

빌라르Villars 원수는 방어만 할 것이 아니라 공격을 해야 한다고 국왕을 격려했다.

"공격작전을 감행해야 합니다. 방위선에 의존하는 것은 승전의 방도가 아니라 매일 많은 것을 상실하는 방법에 불과합니다."

루이 14세는 말했다.

"기왕 전쟁을 할 바에는 우리는 자녀들과 싸울 것이 아니라 적군과 싸워야 한다."

플랑드르 지방의 말플라케 전투에서 연합군은 처음 패전했지만 승자도 군병 3분의 1을 잃었다. 그래도 빌라르 원수가 질서정연하게 후퇴한 덕분에 적군의 추격은 완전히 차단했다.

13. 영국의 여론도 전쟁에 염증을 느끼고 있었다. 스위프트는 프랑스에 가혹한 평화조약을 강요하는 사람들을 다음과 같이 비난했다.

"라미예 전투 이후 프랑스군은 막대한 손해를 보고 사기가 떨어져 평화를 갈망했다. 국왕도 합리적이기만 하면 어떤 조건이라도 강화를 체결할 결심이었다. 그러나 우리의 조건이 너무도 가혹하다는 것을 안 프랑스 국민이 국왕의 명예를 생각해 적군에게 굴복하기보다 어떠한 희생을 치르더라도 전쟁을 계속하려고 거국적으로 단결했다."

하나의 예기치 않던 사건으로 영국인은 프랑스와 강화할 희망을 굳혔다. 오스트리아 황제의 사망으로 만약 펠리페 5세를 폐위하면 스페인과 오스트리아의 왕관이 하나가 될 우려가 있었던 것이다. 그러면 또다시 세력 균형이 파괴되어 과거 1세기 동안 그랬던 것처럼 스페인이 플랑드르를 영유하면서 영국을 위협할 터였다. 영국은 시소게임 원칙에 따라 프랑스와 단독 강화를 체결했다. 앤(Anne, 1665~1714) 여왕의 총애는 말버러 공작부인에게서 마샴 부인에게로 옮겨가고 정권은 휘그당에서 토리당으로 넘어갔다. 하지만 네덜란드와 황제군은 프랑스와의 전쟁을 계속했다. 루이 14세는 빌라르에게 말했다.

"만약 귀하의 군대에 불운이 닥치면 짐은 어떻게 해야 하는가? 모든 사람이 권하는 대로 블루아로 후퇴해야 하는가? 물론 프랑스군은 솜 강에서 저지할 수 없을 만큼 타격을 받지는 않을 것이다. 어떤 불행한 사태가 발생하면 즉각 짐에게 상소하기 바란다. 짐은 파리에서 전력을 다해 병사를 모집하고 페론Péronne이 생캉탱으로 진군해 귀하와 함께 멸망하든 프랑스 전체를 구출하든 양단간에 하나를 택할 것이다."

1712년 프랑스는 디낭 전투에서 네덜란드군을 완전히 격퇴했다. 훗날 나폴레옹은 디낭에서 빌라르 원수가 프랑스를 구출했다고 기록했다. 이는 루이 14세가 국왕답게 빌라르를 단호하게 지원해준 덕택이었다. 1713년 위트레흐트 조약이 오래 끌어온 이 전쟁에 종지부를 찍었다. 프랑스는 보방의 방위선을 유지함으로써 대략 현재와 같은 국경선을 지켰다. 그러나 프랑스는 벨기에에서 완전히 축출되었고 영국은 치졸한 조치에 지나지 않는 됭케르크 요새의 철거를 강요했다. 나아가 프랑스는 뉴펀들랜드와 아카디아를 상실했고 오스트리아도 스페인을 단념했다. 네덜란드와 포르투갈은 영국이란 큰 배에 딸린 배가 되었다. 영국은 이때부터 해양의 여왕이 되고 유럽대륙의 안전을 향유했으며 영국의 패권시대를 열었다.

chapter 4

—

루이 14세 왕정의 번영과 쇠락

—

1. 중세기의 국왕은 사제의 임무를 겸했다. 루이 14세와 더불어 국왕은 문자 그대로 살아 있는 우상이었다. 국왕을 위해 남편이 자기 아내를 바치는 일도 있었다.

"주피터 신과 아내를 나눠 갖는 것은 치욕이 아니다."

국왕의 사생활이 곧 국가의 공식적인 기능이었다. 이에 따라 절대왕정에서는 부속실의 일이 입헌정치제의 의회에서 이뤄지는 일처럼 중요했다. 마음씨 고운 왕비 마리 테레즈의 베르사유 궁정생활은 하루도 편안한 날이 없었다. 그녀는 왕실을 위해 왕세자를 출산한 것 외에 아무 일도 하지 않았고 왕세자는 50대의 나이로 1711년에 별세했다. 국왕의 아우는 여자처럼 생긴 남자로 총애하는 슈발리에 드 로렌을 탐닉했고, 그의 아내 영국 왕 찰스 2세의 누이 앙리에트는 시아주버니인 루이 14세의 총애를 받은 발랄하고 매력적인 여자로 프랑스와 영국을 조정하는 역할을 맡았다. 그녀가 젊은 나에게 세상을 떠났을 때 추도사 중 명문구 '왕의 동생 부인이 돌아가셨습니다. 왕제비王弟妃가 돌아가셨습니다'가 남았다. 왕제 전하는 뚱뚱한 독일의 팔라틴 공주와 재혼했는데 어찌나 사내처럼 보였던지 세상에는 '왕제 전하가 국내에서 제일 어리석은 여자인 것처럼 왕제비 전하는 제일 미련한 남자'라는 놀림이 떠돌았다.

그런데 이 두 어리석은 사람들이 뛰어난 자질을 갖춘 아들을 낳았다. 그가 바로 훗날 오를레앙 공이 되어 프랑스의 섭정을 맡은 샤르트르 공이다. 그의 스승 아베 뒤부아가 공에게 역사를 가르쳤다. 그는 예의범절을 싫어하고 영국식 자유를 찬미했으며 대담하게도 신앙을 무시한 채 미사를 올릴 때 라블레의 작품을 탐독했다. 그가 과학자들과 함께 연금술을 연구하고 향수를 증류하자 궁정에는 그에게 악마가 들러붙었다는 소문이 돌았다. 국왕은 자신의 적출과 서출을 연관 짓기 위해 조카인 샤르트르 공을 서출 옹주인 블루아와 결혼시켰다. 세상에서는 이 옹주를 '마녀'라는 별명으로 불렀는데, 그녀를 겁낸 왕제비 전하는 샤르트르 공이 그 결혼 이야기를 했을 때 뺨을 때렸다고 한다. 하지만 국왕이 요구하는 일이라 왕제비 전하는 어찌할 도리가 없었다. 국왕은 국가를 통치했을 뿐 아니라 심지어 가족생활까지 지배했던 것이다.

2. 루이 14세가 공인한 제1후궁은 왕제비 전하의 시녀인 금발의 미소녀 루이즈 드 라 발리에르였다. 세비녜 부인은 그녀를 다음과 같이 묘사했다.

"후궁의 몸으로 왕자의 모친이자 대공비 전하가 된 것을 부끄러이 여기며 풀 사이로 숨어드는 조그만 보랏빛 오랑캐꽃 같은 사람."

그녀는 국왕을 위해 그를 사랑했고 네 왕자를 출산했으며 국왕이 책봉한 고귀한 지위를 도리어 부끄러워했다. 1667년부터 그녀는 거만한 몽테스팡 후작부인에게 국왕의 총애를 잃었는데, 몽테스팡 부인은 그녀가 얌전하게 굴수록 더욱 의기양양하게 굴었다. 국왕은 잠시 그녀들을 '귀부인들의 집'이라고 부르는 건물에서 함께 지내게 했다. 궁정에서 13년을 보낸 라 발리에르는 보쉬에게 감화를 받아 카르멜파 수녀원으로 들어갔고 그곳에서 36년을 지냈다. 그녀는 수녀원에서 루이 14세의 서자인 그녀의 아들 베르망두아 백작이 사망했다는 소식을 듣고 눈물을 흘리며 말했다.

"이 아들이 탄생했을 때 실컷 울었어야 할 것을 이제 와서 죽었다고 울다니."

몽테스팡 후작부인은 국왕과의 사이에서 8명의 아이를 낳았고 그중에는 국왕이 총애하는 멘 공과 툴루즈 백작이 있었다. 교사 스카롱 부인(훗날 맹트농 부인)이 궁정에서 이 서자들의 교육을 담당했다. 국왕은 독실한 신자라 자신의 추행을 후회했으나 후궁들이 국정에 개입하지만 않으면 왕정에 흠이 되진 않을 것이라고 생각했다. 결혼 전 프랑수아즈 도비네라고 불리던 스카롱 부인이 교사로 있다가 몽테스팡 후작부인 다음으로 국왕의 침실에 들어가게 되리라고는 아무도 생각지 못했다. 매일같이 루이 14세와 만나게 된 그녀는 지적이고 정숙한 자세로 국왕의 마음을 사로잡았고 맹트농 후작부인으로 서임되었다. 마리 테레즈가 별세한 후 1684년 12월 그녀는 국왕과 비밀결혼을 했는데 당시 그녀는 마흔아홉 살, 국왕은 마흔여섯 살이었다. 이것은 아름다운 부덕의 개가라고 할 수 있다. 국왕의 고해신부인 제수이트파 신부가 장차 스카롱 부인이 자신들의 유력한 보호자가 될 거라 짐작하고 그녀에게 협조한 것이다. 그녀는 독실한 신자들의 칭송을 받았고 생시르에 재산이 없는 귀족의 딸들을 위한 교육기관을 창설해 많은 존경을 받았다. 그녀를 미워해 '불길하고 더러운 맹트농'이라고 부르던 생시몽도 그녀의 수

정치에 대한 무관심으로 재정 적자에 시달린 루이 15세

완과 전략이 권력을 장악하는 데 충분하다는 것을 인정했다. 1711년 왕세자비가 된 왕손의 부인 부르고뉴 공비는 맹트농 부인의 환심을 사기 위해 '내 고모님'이라고 부르며 아부했다.

부르고뉴 공만큼 왕위 계승자로서 유자격자는 없었다. 페늘롱 대주교는 그를 자유주의적이고 개혁적인 인물로 교육했고 그에게는 왕조를 공고히 할 수 있는 능력이 충분히 있었다. 그런데 1712년 돌연히 이 가문에 연속적인 죽음이 몰아닥쳤다. 얌전한 공비가 먼저 사망하고 그 뒤를 남편이 따르더니 장자인 브르타뉴 공마저 세상을 떠났다. 그뿐 아니라 1714년에는 루이 14세의 셋째 왕손인 베리 공이 사망했다. 단 한 사람 국왕의 증손이자 부르고뉴 공의 아들인 당시 두 살의 앙주 공, 즉 후일의 루이 15세(Louis XV, 1710~1774)만 살아남았다. 이

어진 급사 사건에 세간에는 독살설이 유포되었고 오스트리아 궁정과 특히 섭정인 오를레앙 공이 혐의를 받았다. 국왕은 오를레앙 공을 왕위와 멀리 떨어뜨리기 위해 적자로 만든 두 서자 멘 공과 툴루즈 백작을 두고 "이들의 남자 후손이 영원히 왕통을 이어갈 것이고 그에 합당한 자격, 위계, 특전을 받을 권리와 왕위를 계승할 자격이 있다"라고 선언했다. 오를레앙 공에 대한 혐의는 사실무근이었다. 사실인즉 베리 공은 낙마로 사망했고 나머지 세 사람은 전염병인 성홍열로 사망한 것으로 독살과는 전혀 관계가 없다. 그러나 중상은 사라지지 않았고 이런 일이 흔히 그렇듯 끈질기게 지속되었다.

3. 베르사유 궁이 지금은 음산하게 보이지만 과거에는 그렇지 않았다. 금, 수정, 장밋빛 대리석 계단, 분수, 잔디, 정원 등으로 아름답게 꾸민 이곳에서 수천 명의 남녀가 끊임없이 연회를 벌이며 궁정생활을 즐길 때는 얼마나 찬란하게 빛났을지 충분히 상상이 간다. 보석을 수놓은 의상, 관복, 하인들의 제복, 샹들리에, 마차, 녹색과 불꽃같은 홍색 벨벳 커튼, 금단으로 싼 의자 등이 시시각각으로 찬란한 오색 빛을 발하며 비경을 자아냈다. 그곳에서는 언제나 장 바티스트 륄리 Jean-Baptiste Lully의 음악, 몰리에르의 희극, 방세라드의 발레 등을 상연했다. 세비녜 부인은 이렇게 기록하고 있다.

"저녁 6시가 되면 모두 포장을 걷어 올린 마차를 타고 나가 운하에서 곤돌라에 올라 음악을 들으며 뱃놀이를 한다. 10시가 되어 돌아오면 희극이 시작된다. 밤 12시에 종이 울리면 야식을 먹는다."

치세 초기에는 젊은 루이 14세 자신도 발레와 가장무도회에 참가했는데 그는 코르네유, 라신, 몰리에르의 작품을 좋아했다. 그는 궁정에서의 화려한 생활을 권장했다. 귀족에게 부채가 생기면 그만큼 그들의 약점을 잡을 수 있었기 때문이다. 독실한 신자였던 그는 형식상 매일 미사에 참례했고 매주 두 번씩 성체강림식에 나갔다. 이것이 국왕의 신임을 받을 기회이다 보니 귀부인들도 빠지지 않고 참석했다.

세월이 흐르면서 국왕도 나이가 들고 궁정도 노쇠했다. 국왕은 아직도 공식적으로 발표하지 않은 왕비 맹트농 부인의 거실에서 안락의자에 앉아 소탁자 위에 놓인 《그리스도 학습》이나 《성경시구》와 더불어 평온한 시간을 보냈다. 생시르 학교의 여학생들이 국왕을 즐겁게 해주기 위해 장 바티스트 라신의 〈에스테르〉와 〈아탈리〉를 상연하기도 했다. 임종이 가까워지자 그는 평상시와 다름없는 위엄을 잃지 않고 죽음을 맞이했다. 그는 다섯 살밖에 되지 않은 어린 왕세자(루이 15세)를 불러놓고 말했다.

"너는 위대한 국왕이 될 것이다. 너는 건물을 축성하는 취미, 전쟁을 좋아하는 정신 등 내 소행을 닮아서는 안 된다."

장 바티스트 마시용Jean Baptist Massillon 신부가 읽은 대왕의 조사弔辭는 "형제들이여! 신만이 위대하시다"라는 구절로 시작되었다. 국왕이 운명한 후라 솔직하게 말할 수 있었던 것이다.

4. 루이 14세 치세에도 종교문제는 필리프 4세 때만큼이나 중요한 비중을 차지했다. 사람들은 새로운 정신적 균형을 찾고 있었다. 데카르트는 진실이라고 명백히 증명되지 않는 한 아무것도 믿어서는 안 된다고 가르쳤고 이성과 방법만 사람을 신앙으로 이끈다고 했다. 공

개적인 무신론자는 드물었고 만약 그런 사람이 있으면 시민에게 많은 빈축을 샀다. 장 드 라브뤼예르Jean de La Bruyère는 말했다.

"무신론이란 없다. 무신론자에 가까운 인물도 자기 정신으로 신이 없다고 결론을 내리기엔 너무 나태하다. 이 중요한 문제에서도 영혼의 본성이나 진정한 종교의 해석과 마찬가지로 냉담하고 무관심할 만큼 소극적이다. 그들은 반대도 하지 않지만 찬성하지도 않으며 전혀 생각하려고 하지 않는다."

그러나 피에르 가상디Pierre Gassendi와 샤를 드 생-에브르몽Charles de Saint-Evermond은 자유주의 사상가였고 교회는 신자들을 대하는 것조차 정치적, 지성적인 면에서 어려움에 직면했다. 정치 분야에서는 국가와 교황청의 권한에 관한 과거의 견해 차이가 또다시 불거졌다. 프랑스의 주교들이 신앙 문제에 관한 한 교황의 권위를 인정하지만 교황이 세속 사건에 개입하는 권리는 거부한다는 강경한 주장을 고수하자 교황청이 항의했다. 그들이 프랑스의 신임 주교에 대한 서임을 거부하자 1682년 국왕은 주교구의 책임자를 얻기 위해 양보했다. 그러나 프랑스 교회의 정책, 즉 보쉬에가 지도한 선언정책은 아나톨 프랑스의 작품 《자수정 반지L'Anneau d'améthyste》에서 볼 수 있듯 제3공화국 때까지 프랑스의 국가정책으로 남았다.

5. 가장 심각한 신앙상의 논쟁은 얀센파와 제수이트파의 대립이었다. 이 논쟁을 보며 사람들은 중세기 신학자들을 떠올렸다. 신앙은 또다시 악마의 자유의사 문제와 이단시대에 있었던 의문에 봉착했다. 이프르Ypern의 주교 얀세니우스Jansenius는 성 아우구스티누스에 관

한 논문 〈아우구스티누스Augustinus〉에서 성총의 절대성을 옹호하며 이것이 사람에게 죄를 범하지 않는 필연성을 부여한다고 주장했다. 이것이 칼뱅의 사상과 서로 통한다고 해서 제수이트파의 공격과 교황청의 고발을 받았다. 그러나 프랑스에서는 포르루아얄의 은사들과 파스칼이 〈지방 사람에게 보내는 편지Letters Provinciales〉에서 그를 변호했다. 파스칼은 〈아우구스티누스〉에는 고발당할 만한 명제가 없고 사실을 증명하려는 문제에 권위가 개입할 수는 없다고 주장했다. 제수이트파인 국왕의 고해신부는 고등법원, 심지어 궁정에까지 유력한 집단을 형성한 얀센파를 몹시 미워했다. 제수이트파와 그 동조자들은 '스스로 사도임을 자임하는 국왕'의 호의를 얻기 위해 얀센파를 박해하기만 하면 되었다. 드디어 포르루아얄 수도원은 철거되고 신자들은 추방당했다. 그러나 프랑스에서 그들의 소집단은 비밀리에 19세기까지 잔존했다.

6. 앙리 4세가 낭트 칙령으로 종교의 평화를 이룬 뒤 약 120만에 달하는 신교도가 그들의 지위를 유지했다. 그들은 주로 랑그도크, 도피네 그리고 서해안 지방에 거주했다. 가톨릭 성직자들은 이들 소위 '종교개혁파'를 박해하는 데 전력을 다했다. 루이 14세는 고해신부의 강권에 따라 신교도의 교회 건립을 금지하고 사제에게 신교도가 임종할 때 그 집에 들어가 개종을 권할 권한을 주었다. 1681년 국왕은 일곱 살 미만의 어린이가 가톨릭으로 개종하는 것을 허용했다. 신앙 강요를 합리화하는 데 성 아우구스티누스를 이용한 것이다. 그다음에는 신교도가 공증인, 집행관 심지어 식료품점의 주인이 되는 것까지

금지했다. 고해신부 페르 라 셰즈와 맹트농 부인의 권유에 따라 루이 14세는 '용기병의 박해'를 승인하는 것이 하느님에 대한 의무라고 믿었고 근위대인 용기병은 신교도의 개종을 위해 가혹한 고문을 자행했다. 개혁파 중에서 공포를 느낀 나머지 개종하거나 고문 때문에 개종한 사람이 많은 것만 봐도 탄압이 얼마나 혹독했는지 짐작할 수 있다. 1685년 10월 17일 국왕은 낭트 칙령을 취소하고 신교도의 공개 예배를 금지했다. 여기에는 거국적인 찬동이 있었으나 만장일치란 언제나 강압의 상징이다. 개혁파 중에서 망명할 수 있는 사람은 모두 영국, 네덜란드, 독일 그리고 멀리 아메리카로 탈출해 그곳에서 사실상 존경을 받은 위그노파 공동체를 건설했다. 결과적으로 프랑스는 유능한 육군, 해군, 법관, 상공업자를 약 40만 명이나 잃었다. 이것은 루이 14세 치세에 가장 중대한 실정이었다.

7. 궁정을 베르사유로 이전하면서 궁정과 도시가 분리되었다. 그러나 도시는 애써 궁정생활을 모방했다. 귀족이 자취를 감춘 파리의 사교계는 관리, 의사, 문인, 상인 등이 장악했다. 몰리에르의 희극은 당시 조소의 대상이던 시민계급의 탐욕, 의사의 현학벽衒學癖, 무식하면서도 세련된 체하는 여자, 학식을 내세우는 선구자적인 여성, 독실한 척하는 위선자 등 여러 가지 사회상을 보여주었다. 학식 있는 여성에게는 그 나름대로 단점도 있었으나 독서 취미를 전파하고 언어를 통일하는 데 적지 않은 공헌을 했다. 루이 13세 때부터 시작된 살롱 Salon은 프랑스어를 고전적이고 보편적인 국어로 만드는 데 많은 기여를 했다. 재원인 척하는 부인들과 여기에 동조한 남성들 덕분에 프

랑스는 문법가의 나라가 되었고 문학은 전 국민의 관심사로 자리 잡았다. 볼테르는 "세련된 예절이 구멍가게 안방까지 침투했다"라고 말했다. 고상한 생활양식이 보편화되면서 17세기의 도시 주민은 보다 적은 돈으로 앙리 4세 시대의 대영주 같은 안락한 삶을 누렸다. 이제 파리 시민은 말과 노새를 버리고 크고 작은 마차를 타고 다녔다. 라브뤼예르가 묘사한 전형적인 파리 시민은 〈가제트 드 올랑드Gazette de Hollande〉(1631년 창간)나 〈머큐어 갈랑Le Mercure Galant〉(1672년 창간) 등의 신문을 자세히 읽고 귀부인들의 규방에서 은밀한 몇 시간을 보낸 뒤 열병식이나 희극을 관람했다. 또한 적어도 가극 하나쯤은 대사를 훤히 외웠다. 이들은 직업적 연극관람자이자 구경꾼이고 소식통이며 무엇보다 빈틈없는 도시인이었다. 라브뤼예르는 그의 작품에서 말한다.

 "도시인에게 이야기할 때는 밭갈이, 묘목 기르기, 가지치기, 건초 거두기 등의 소재를 피해야 한다. 이런 말은 그들이 사용하는 언어에 없기 때문에 이해하지 못한다. 그들과는 복지 수준, 시장 시세, 이자 이야기를 비롯해 소송절차·진정절차·소송비용·소송이관 등을 말해야 한다. 그들은 세속적이면서도 별로 요긴하지 않은 너절한 일은 잘 알아도 자연의 기원, 성장, 은총 그리고 혜택에 대해서는 아무것도 모른다."

 다음 세기에 루소가 이런 분위기를 시정할 것이다.

 8. 루이 14세 치세에 프랑스는 모든 분야에서 걸작을 배출했다. 프랑스 문학은 17세기에 유럽의 모범이었고 20세기 프랑스인에게도 완벽의 표본이었다. 발레리는 보쉬에, 라퐁텐, 라신을 찬미하고 소설가

마르셀 프루스트Marcel Proust는 생시몽과 세비네 부인을 사사했다. 몰리에르는 여전히 프랑스의 최고 희극작가이고 코르네유, 파스칼, 라로슈푸코, 라브뤼예르 등은 이름만 들어도 많은 사람의 가슴속에 저절로 빛나는 찬사가 떠오른다. 이 프랑스 고전문학의 정수는 과연 무엇일까? 그리스와 로마문학의 모방일까? 물론 16세기 문학은 그러했다. 데카르트의 영향을 받았을까?

"데카르트는 그 시대 사람들과 사상이 같았을 뿐 그들을 가르치지는 않았다."

이성 존중일까? 하지만 성 토마스 이상으로 이성을 내세운 사람은 없었다. 코르네유 작품의 주인공은 레츠보다 이성적이지 않다. 추상적, 비개성적인 성격 때문일까? 그러나 파스칼과 세비네 부인은 지극히 개성적이었다. 발레리는 다음과 같이 말하고 있다.

"고전작가의 본질은 그들이 새로운 것을 지향하지 않고 불변인 것, 즉 시간과 장소에 구애받지 않는 걸작을 낳으려고 노력한 데 있다."

라 로슈푸코는 자기 자신을 관찰하면서 자신 속에 존재하는 불변의 인간성을 분석하려 했고 라신은 현실의 인간관계를 고대나 성서시대의 비극으로 표현했다. 사실 고전작가는 너무 규범을 존중한다는 비판을 받는다. 그렇지만 아름다운 작품을 창작하는 데 열정을 기울인 그들이 존중한 규범은 궁정생활, 삼위일체, 취미생활뿐이었다. 위대한 고전작가는 절제한 낭만주의자이고 사이비 고전작가는 열정에 휩쓸려 사회의 풍기가 해이해졌을 때 등장했다. 궁정생활의 또 다른 공적은 인간의 감정을 종합 및 분석하는 기술을 고도로 발전시켰다는 점이다. 덕분에 라파예트부터 프루스트까지 프랑스 문학이 선도하는 분석소설의 전통이 확립되었다.

9. 미술은 문학보다 더 앞섰고 프랑스의 고전미술은 자연에 질서를 부여했다. 이 시대의 모든 작품에는 단순하고 이해하기 쉬운 균일성이 있다. 이것은 니콜라 푸생Nicholas Poussin과 클로드 로랭Claude Lorrain의 풍경화, 피에르 퓌제Pierre Puget와 앙투안 쿠아즈보Antoine Coysevox의 조각, 루브르 궁의 기둥과 후송병원의 돔을 보아도 알 수 있다. 사실 루이 14세 치세 자체가 태양왕이란 하나의 중심을 두고 구성된 방대한 예술작품이었다. 건물, 회화, 정원 등은 모두 국왕의 영광을 위해서만 존재했고 삼림, 늪지대, 베르사유, 파리의 고상한 경관은 국왕의 뜻으로 이뤄진 것이었다.

중세기의 성당은 그 주위에 도시가 자리 잡는 것을 허용했으나 고전시대 성당은 고립되어 고고한 사상을 표시했다. 방돔 광장과 보주 광장은 완전한 도시 계획의 걸작이며 특히 베르사유 궁전은 그 시대 균일성의 특출한 상징이다. 그곳의 풍경은 궁전을 위해, 궁전은 국왕을 위해 만들어졌다. 건축가 쥘 아르두앙 망사르Jules Hardouin Mansart, 정원사 앙드레 르 노트르André Le Notre, 화가 샤를 르 브룅Charles Le Brun 그리고 문고리, 난간, 촛대 등을 제작한 수많은 예술가를 지휘한 것은 국왕이었다. 프랑스식 정원은 이탈리아식 유원지를 대체했다. 대칭적, 지적이고 조각과 분수를 규칙적으로 배치한 베르사유 궁 정원은 대운하를 배경으로 안개에 뒤덮인 잔잔한 전원 풍경을 살려 심미감을 고취하고 있다. 18세기에는 일부에서 베르사유를 헐뜯으며 영국식 정원이 자연적 낭만 정서가 더 짙다고 찬양하기도 했다. 하지만 프랑스에서는 영국식 정원도 고전적 양식으로 변모했고 현대 프랑스인은 본능적으로 루이 14세의 규칙적이고 기하학적인 정원의 심미감에 만족하고 있다.

"베르사유 궁전은 높이 평가받아야 한다. 앞으로 모든 사람을 위해 보호해야 한다. 프랑스인은 베르사유와 더불어 살아간다. 아니, 그들은 이미 그 일부다. 프랑스인이 방돔 광장과 콩코르드 광장의 경관, 코르네유 비극의 일부이듯."

10. 중앙집권적 체제하에서 어떻게 여론이 조성될 수 있었을까?
여론은 살아 있었을 뿐 아니라 도처에 파급되었다. 물론 당시 신문은 거의 없었고 있어도 내용이 몹시 빈약했다. 여론은 인쇄물이 아니라 그 시대에 탄생한 '입소문 정보꾼'의 역할이 컸다. 가령 국가와 정치를 전문으로 취급하는 정보꾼, 문단과 문학을 전문으로 하는 정보꾼 등이었다. 그들은 파리에서 최초로 인기 있는 화제를 퍼뜨리는 존재였다. 그들의 야심은 정보를 가장 먼저 던져놓고 그에 대한 해설 및 비판을 하는 데 있었다. 말하자면 그들은 전략가, 외교가, 신학자였다.

그들은 혼자 전 세계를 다스리고 도시를 공략한다.
그들의 의견 없이는 만사가 허사다. 그들의 지혜를 따를 사람은 없다.

앵글로-색슨계 국가에서는 20세기에야 뉴스레터가 널러 퍼졌으나 프랑스에서는 이미 17세기부터 존재했고 정보꾼은 매년 네덜란드 은행가로부터 정부가 공표하지 않은 전쟁 소식까지 미리 알아냈다. 일정 집단이 튈르리 궁의 마로니에 나무 아래 특정 장소에 모였다. 이들은 주식 관계 뉴스를 주고받았고 퇴역 원수가 군사작전에 관해 해설하는 일도 있었다. 공원마다 전문 분야가 있었는데 루아얄 왕궁 광장에서는 국내 정치, 튈르리 궁 광장에서는 외국 정세, 뤽상부르 궁 광장에서는 문단 소식을 전했다. 그리고 개개인의 편지가 중앙의 소식을 지방에 전달했다. 세비녜 부인의 서신은 필사본으로 전 프로방스 지방에 전파되었다. 사실상 프랑스의 여론은 1810년보다 1710년이 더 자유스러웠다.

11. 루이 14세 치세의 농촌생활은 어땠을까? 농민은 전보다 더 빈궁했을까? 증언은 서로 대립된다. 1695년 페늘롱은 국왕에게 바친 서신에서 프랑스를 물자가 부족해서 아무것도 없는 황폐한 병원에 비유하고 있다. 기근으로 여러 번 폭동이 일어났으나 참혹한 탄압을 받고 진압되었다. 세비녜 부인은 서신에 이렇게 적었다.

"브르타뉴 지방의 비적들이 살상과 약탈을 일삼고 있다."

10년간 산업 진흥에 진력한 콜베르는 곡물 수출을 금지해 농민들에게 실망을 안겨주었다. 라브뤼예르가 묘사한 농민의 실태는 유명하다.

"암수 두 마리의 음산한 동물이 (…) 햇볕에 타서 검푸른 것들이 움막 속에서 시커먼 빵, 물, 포도열매로 연명하고 있다."

물론 문학적 효과를 노린 과장도 있을 것이다. 그렇지만 17세기 프랑스 농민은 특권계급이 면제받은 액수까지 합산한 세금을 지불했고 농토 가격은 반감되었다. 볼테르는 그의 저서 《루이 14세의 시대Le Siècle de Louis XIV》에서 이처럼 농민과 관련된 막연한 불만은 농부와 농사 노동자를 구별하지 않았기 때문이라고 주장했다.

"농사 노동자는 자기 품팔이만으로 살아간다. 세계 어느 나라에서든 자기 노동만으로 살아가는 사람은 고생하게 마련이다. 자작농과 소작인이 프랑스에서처럼 잘사는 곳은 없으며 영국 정도만 비견할 만하다. 어느 지방에서는 비례 인두세를 고정 인두세로 바꿔 쟁기, 포도원, 채마밭 등 부대 재산을 형성하는 데 도움을 주었다. 품팔이 노동자는 간신히 연명할 정도라야 일하려 하는 존재로 이것은 인간의 천성이다."

부유한 볼테르는 간단히 낙관적인 체념을 했으나 고난을 겪던 사람들은 불만을 호소했다. 당시 다음과 같은 기도가 널리 퍼져 나갔다.

"베르사유에 계시는 우리 아버지시여! 이제 당신의 이름은 존경을 잃었고 당신의 왕국은 빛을 감추었으며 당신의 뜻은 천지 사방에 통하지 않습니다. 바라건대 굶주리는 무리에게 빵을 주십시오."

아마도 많은 사람이 징세인의 억압에서 벗어나게 해달라는 말을 첨가했을 것이다. 재무 관련 공무원만 부자가 되는 시대였다. 국왕은 저마다 자기가 사랑하던 사람들 사이에 동상을 세웠다. 앙리 4세는 퐁네프 다리의 통행인 속에, 루이 13세는 루아얄 광장의 시끄러운 군중속에 그리고 루이 14세는 정세 관망자들이 모이는 빅토아르 광장에 말이다. 1690년과 1709년 왕국의 재정이 핍박해지자 은제 가구, 금제 장식품 심지어 옥좌의 금은 장식까지 녹여 사용했다.

12. 몇몇 용감한 프랑스인은 근본적인 개혁이 필요하다는 사실을 자각했다. 보방은 콜베르에게 이런 서신을 보냈다.

"소생에게는 오랫동안 골똘히 생각해온 어리석은 집념이 있습니다. 마음이 쏠리는 바를 막지 못하고 기어이 그 유혹에 굴복했습니다."

그 유혹이란《왕국의 십일조La Dîme Royale》라는 책을 내겠다는 것이었고 그는 이 저서를 국왕에게 바치는 비망록 형식으로 완성했다. 보방은 이 책에서 인두세제도가 너무 부패해 이제는 천국의 천사도 시정할 수 없을 지경이고, 왕국에서 가장 빈궁한 계층이자 제일 고난을 겪었고 현재도 겪고 있는 일반 서민에게 국가가 지나치게 무관심하다는 점을 강조했다. 각 지방을 40년간 전전한 그는 기술자라는 직업상 모든 계급과 접촉했고 덕분에 각 방면의 소식에 정통했다. 그는 경험을 통해 면세 특권은 모두 정부의 소산이며 모든 국민은 자신의 재력에 따라 다 같이 세금을 납부해야 한다고 확신했다. 이에 따라 그는 새로운 세금제도를 제창했다. 첫째는 토지 생산물에 대한 10분의 1 현물세, 둘째는 기타 수입에 따른 화폐로 10분의 1세, 셋째는 물품세, 관세, 왕실 재산 수입 등을 집행하고 인두세는 전면 폐지해야 한다는 것이었다. 1700년 그는 이 책을 탈고해 국왕 앞에서 낭독했고 1706년 허가 없이 출판했다. 그는 고문회의 결정으로 유죄선고를 받고 문자 그대로 분사했다. 그의 저서는 그가 제안한 정책 자체보다 목적이 숭고하다는 점에서 주목할 만하다. 특히 국왕의 특별한 총신으로서 자신의 이해관계를 고려하지 않고 일반 서민의 고난에 보다 큰 관심을 기울인 실례로 오늘날까지 유명하다.

13. 볼테르가《루이 14세의 시대》를 저술할 때는 국왕을 찬양하는 데 용기가 필요했다. 루이 14세의 인기와 명성이 이미 사라졌기 때문

이다. 생시몽은 이렇게 말했다.

"국왕이 별세하자 파멸과 황폐로 절망에 허덕이던 지방은 기쁨으로 전율했다. 파산과 압제로 정신을 잃었던 민중은 꿈같은 해방을 맞아 지나칠 정도로 소란을 피우며 하느님께 감사의 기도를 올렸다."

볼테르도 국왕의 실정을 부인하지는 않았다.

"얀센파를 향한 비열하고 가혹한 적개심, 번영기 때 외국인에 대한 지나친 오만, 여자에게 마음을 빼앗기는 약점, 인사 문제에서의 과도한 잔인성, 경솔하게 시작한 빈번한 전쟁, 팔라틴 지방 소각작전, 신교도 탄압 등으로 루이 14세는 비난을 받았지만 그의 위대한 자질과 업적을 저울에 달면 결국 공적이 과오를 훨씬 능가한다. 사람이 정당하게 판단하는 데는 시간이 필요하며 결국 그 시간은 그의 명성을 보증하리라. 그를 비난하는 많은 저서가 있으나 사람들은 경의를 표하지 않고는 국왕의 이름을 부를 수 없을 것이고 또 그의 치세를 기억에 남을 만한 위대한 세기로 생각할 것이다."

사실상 프랑스의 세습재산이 남긴 아름다움의 총액, 많은 사람에게 혜택을 준 지성의 질서 그리고 프랑스가 전 유럽에서 차지하던 위세 등을 생각하면 이 시대는 위대한 세기로 불릴 만하다. 하지만 불행히도 위대하다는 것이 안정을 뜻하지는 않으며 그 시대는 내면에 스스로를 파멸시킬 병균을 품고 있었다. 루이 14세는 귀족들이 베르사유에 머물게 함으로써 그들을 고용인의 처지로 전락시켜 독립적인 지방정권의 기반을 없애버렸다. 한마디로 그는 프랑스의 귀족계급을 완전히 무력하게 만들었다. 그 대신 민중의 지지에 의존했다면 위험한 일은 없었을 테지만 그는 자신을 권력의 유일한 중심으로 만들려고 했다. 발레리는 말했다.

"결과적으로 혁명이 일어날 확률이 높아졌고 혁명을 실현 가능한 대상으로 보이게 했다. 19세기에 일어난 모든 혁명은 중앙집권제도를 필요충분조건으로 만들었는데 이로 인해 혁명을 꾀하는 사람에게 최소한의 기획성, 실력, 열성만 있으면 그의 한마디에 전 국민이 그를 따랐다. 몇몇 건물과 몇 명의 중요인물만 장악하면 전국을 제압할 수 있다는 사실이 명백히 알려진 뒤 단기간의 돌발적인 폭력으로 정치개혁을 성취하는 시대가 열린 것이다."

chapter 5

—

섭정으로 약화된 왕정

—

1. 프랑스에서는 미성년 국왕이 즉위해 섭정을 둔 일이 한두 번이 아니었으나 특히 루이 14세 서거 후의 섭정을 '섭정시대'로 부른다. 이 시대는 우아한 방탕, 세련된 악덕, 추잡한 정사를 연상하게 하는데 그 진실 여부에는 이견이 적지 않다. 섭정에 호의적인 미슐레는 추문 자체를 부인하지는 않지만 추문을 이 시대의 특징으로 보는 것은 인정하지 않는다. 분명 방탕이 성행했으나 그는 이것이 루이 14세 때부터 있었던 것이라고 주장한다. 특히 그는 외부에 잘 드러나지 않던 추문이 맹트농 부인 이후의 회의적이고 자유주의적인 섭정 때 눈에 띄게 언급되었을 뿐이라고 했다.

투기와 재정상의 부정도 있었다. 그렇지만 당시는 존 로John Law의 파산 사건처럼 '남해포말south sea bubble 사건'이 영국을 떠들썩하게 만들던 시대였다. 이 시기에는 열강이 식민지 창업과 투자 사업에 열중했으나 기업과 재정 운영 경험이 부족해 '꿈의 궁전'이 붕괴하기도

했다. 미슐레는 섭정 필리프 오를레앙을 구태의연한 금융제도를 개선하려고 노력한 진보적인 자유주의자이자 얀센파와 신교도를 관대하게 대한 반교권주의자라고 평가했다. 섭정과 친했던 생시몽도 그의 견해에 동의했다.

"그는 자유를 무척 사랑했고 자신에게뿐 아니라 타인에게도 그러했다. 어느 날 그는 내게 영국을 칭찬하면서 그곳에는 추방도 국왕의 영장도 없고, 국왕은 궁전에 출입하는 것만 금지할 뿐 아무나 마음대로 투옥할 수는 없다고 했다."

미슐레도 섭정이 애첩들에게 빠져 지내고 개혁에 실패했음을 부인하지 않았으나 인간정신의 해방이 시작된 것은 섭정시대부터라고 주장했다.

2. 매력과 동정심을 겸비한 필리프 오를레앙(Philippe Charles d'Orléans, 1674~1723)은 총명하고 태도가 우아한 천성적인 웅변가로 기억력이 좋아 정부, 미술, 기술 등 모든 것에 통달한 듯 보였다. 환락을 좋아하는 사람이 으레 그렇듯 그는 게으른 편이었다. 그의 약점 중 하나는 매사에 자신이 앙리 4세와 닮았다고 믿는 것이었는데, 사실 그는 앙리 4세의 미덕보다 비행을 많이 닮으려고 노력한 사람 같았다. 특히 애첩의 수가 100명을 넘어 이 점에서는 그가 앙리 4세를 능가했다. 물론 그는 앙리 4세처럼 천성이 친절하고 인간적이며 동정심이 많았다. 왕실의 급사 사건 이후 여론의 중상모략으로 고독에 쫓기면서 오히려 원숙해지긴 했으나 이 악평으로 섭정이나 권력을 차지했을 때도 입장이 매우 곤란했다. 혈통으로 보면 스페인 왕 펠리페 5세가 어린 왕과

다섯 살의 나이로 왕위에 오른 루이 15세의 섭정이 된 필리프 오를레앙 공작

더 근친관계였지만 그는 스페인 왕에 즉위할 때 프랑스에서의 모든 권리를 포기한 까닭에 필리프 오를레앙이 섭정에 임명된 것이다.

조카이자 사위인 오를레앙 공을 불신한 루이 14세는 섭정평의회를 설치해 이 평의회를 몽테스팡 부인의 생자이자 적출로 인정한 두 서자 멘 공과 툴루즈 백작이 주재하도록 유언을 남겼다. 국왕이 서거하면 고등법원이 선왕의 유언을 무효로 하고 대신 그 조치로 이득을 얻는 사람이 고등법원에 정권 참여와 간언의 권리를 약속하는 것이 전통처럼 자리 잡아 필리프도 단독 섭정이 되었다. 그런데 고등법원과의 약속을 무시하는 것 또한 하나의 전통이 되었고 고등법원은 기억력이 좋지 못해서인지 이번에도 똑같은 실수를 되풀이했다.

3. 섭정시대는 여러 가지 면에서 '위대한 세기'에 대한 반동이었다. 루이 14세는 몇 명의 서기를 거느리고 절대군주로 군림했지만 섭정은 10명으로 구성된 7개의 고문관회의를 두고 귀족의 의견을 중시했다. 루이 14세는 제수이트파를 보호했고 섭정은 신교도를 보호했다. 루이 14세는 자신의 서자들을 적자로 승격시켰으나 섭정은 그들을

멸시하고 왕후의 자격을 박탈했다. 루이 14세는 베르사유 궁전에서 1만 명에 달하는 탐욕스러운 귀족 권속이 숙식하게 했지만 섭정은 이러한 궁정의 경비를 삭감했다.

대외정책 고문관은 족제비 같은 얼굴의 외교관 '악당 뒤부아'로 그는 연약한 군주의 주인 노릇을 했다. 뒤부아 신부는 처음엔 비굴하게 처신하다가 결국 추기경의 자리를 꿰찼다. 영국과 친숙한 뒤부아는 스페인 왕 펠리페 5세가 언젠가 약속을 위반하고 프랑스의 왕위를 요구할지 모른다고 하면서 섭정이 스페인과 동맹하는 것을 저지했다. 뒤부아는 하노버 가문 출신인 조지 1세(George I, 1660~1727)와 필리프 오를레앙은 둘 다 찬탈자라 서로 의기투합하기 쉽다고 비아냥거렸다.

생시몽은 부강하고 제해권이 있으며 프랑스의 절반 이상을 영유하던 때부터 프랑스를 시기한 영국을 항상 강적으로 여기고 있었다. 그는 섭정에게 영국과 협조를 유지하되 그들이 프랑스 함대를 적대시하고 프랑스 식민지를 탐낸다는 것과 프랑스 코밑에 있는 앵글로노르만 섬들의 방비를 강화한다는 사실을 잊지 말라고 조언했다. 나아가 그들을 정중히 대접하면서도 조심해야 하며 함대를 강화하고 스페인과 동맹을 체결해야 한다고 권고했다. 그러나 뒤부아의 책략이 먹히면서 프랑스는 영국, 네덜란드와 우호협력 조약을 체결했고 스페인과의 전쟁이 불가피해졌다. 섭정의 자유주의는 이 정책을 만족스럽게 받아들였고 신교도 조지 1세와 자유주의자 오를레앙 공은 스페인의 가톨릭 왕과 대결했다. 이것은 새로운 정책으로 진보주의자에게는 환영을 받았으나 영국이 스페인 함대를 전멸시키는 것은 프랑스의 입장에서 대단히 위험한 일이었다. 영국이 제해권을 완전히 장악하면 프랑스 식민지의 운명은 어찌 될 것인가? 안타깝게도 섭정과 뒤부아는 식민지나 프랑스의 장래에 대해 아무런 관심도 기울이지 않았다.

4. 그 시대에는 식민지와 크고 작은 섬들이 각광을 받았다. 부르봉(레위니옹) 섬, 마르티니크 섬, 아이티 섬 등 카리브 해의 생도밍고(산토도밍고)에서 들여온 커피가 사람들의 기분을 상쾌하게 해주었기 때문이다. 캐나다에서는 삼림의 방랑자들이 5대호 지방을 답사했으며 북미 원주민 여성이 쓸 만하다는 소문이 떠돌았다. 식민지의 무용담이 성자의 전기와 궁정소설의 자리를 빼앗았고 프란체스코파와 제수이트파의 수도사들이 알곤킨과 이로쿼이족 북미 원주민에게 복음을 전도했다. 개중에 인종 편견이 없는 프랑스 식민지 주민은 원주민 여성과 결혼했다. 이에 앞서 탐험가 로베르 카벨리에 드 라 살Robert Cavelier de La Salle은 처음으로 미시시피 강을 따라 내려가 아메리카의 중심이 될 중서부 지방을 개척했고, 영국인은 이것을 불안하게 지켜보고 있었다. 프랑스의 한 회사가 미시시피 하구에 루이지애나 식민지와 도시 뉴올리언스를 건설하자 영국인과 스페인인은 프랑스의 이 새로운 근거지를 말살하려 했다.

외국인 은행가 존 로가 이 식민지 개척 계획을 계속 담당했다. 생시몽의 기록에 따르면 로는 이런 인물이었다.

"출신이 명확하지 않으나 스코틀랜드인으로 대투기자이며 기획력이 우수해 가는 곳마다 큰 이득을 얻었다. (…) 섭정에게 그를 금융, 무역, 통화 조작, 재정 운영에 정통한 거물로 소개하자 섭정은 그를 만나보고 싶어 했다. 로와 수차례 면담한 섭정은 그를 빛이라도 붙잡을 수 있는 사람이라고 칭찬했다."

그런데 그가 붙잡은 것은 전혀 다른 것이었다.

5. 로는 절대 사기꾼은 아니었다. 금융계의 대다수 바람기 있는 거물들처럼 그도 정중한 태도와 우아한 예절로 많은 사람에게 신임을 받았다. 그는 재치 있는 은행가로 현대 신용제도의 기반인 '화폐'를 인쇄 발행함으로써 가상적 자원을 조성했다. 그는 다음과 같이 기록하고 있다.

"상거래는 통화와 더불어 회전한다. 통화가 많을수록 더 많은 사람을 고용할 수 있다. 신용이 통화를 대신하면 같은 효과를 낼 것이다."

그는 체험을 통해 지불 준비만 충분하면 이 방법이 실행 가능하다는 것을 알고 있었다. 1716년 로는 상업어음을 할인해주는 일반은행을 설립했는데 1718년 이 은행은 국가를 단독 주주로 하는 왕립은행이 되었다. 로의 실패는 루이지애나 회사와 콜베르의 대회사를 인계한 인도 회사의 주권을 은행권 지불 준비로 사용했다는 데 있었다. 불안정한 유가증권을 기반으로 해서 한 국가의 신용을 구축할 수는 없었다. 그러나 정부가 워낙 약체라 세금 징수에 자신이 없었던 섭정은 아무도 괴롭히지 않고 재정을 충당하는 이 사나이를 진심으로 환영했다. 초기에는 상상 외로 주가가 상승해 대성공을 거두었고 로는 승천할 듯한 기세를 보였다. 선전도 활발하고 교묘했다. 전신을 황금으로 뒤덮은 북미 원주민이 파리 거리를 행진했고 루이지애나에 있는 은 광산과 에메랄드 광산 판화를 널리 배포했다.

하지만 그의 실각을 노린 유력한 적대자가 암암리에 계획을 추진하고 있었다. 그들은 프랑스의 식민지 경영이 번성하는 것을 두려워한 영국인과 자신의 업무 및 이윤 상실을 염려한 세금 징수인이었다. 일반 민중은 주권(유가증권)을 사는 편이었고 금융계에서는 파는 편이었다. 수개월 동안 투기는 방임 상태에 있었으며 막대한 재산이 투기로 쏠렸다. 증자가 계속되면서 친주親株는 자주子株, 손주孫株로 늘어났고 손주를 사는 데는 친주 4주와 자주 1주가 필요했다. 청소부, 마부, 영주 등이 수백만 프랑을 벌었다. 은행 사무실이 있는 캥캉푸아 거리에는 진짜 야영 막사가 들어섰고 아름다운 여성이 투기꾼이나 신흥부자들의 돈을 노리고 득실거렸다. 존 로도 그 여성들의 유혹을 받았으나 잘 뿌리쳤다. 비록 좋지 않은 소문이 돌긴 했어도 그는 자기 아내를 사랑했고 행실이 비교적 깨끗했다. 팔라틴 공주는 이런 글을 남겼다.

"어떤 공작부인이 모든 사람 앞에서 로의 손에 입을 맞추었으니 다른 여자들은 어디에 입을 맞추어야 하나요?"

로는 진심으로 아메리카 이민자를 모집했고 그의 유토피아를 현실적인 재부로 만들려고 노력했다. 투기업자들의 어리석은 난동이 전부그의 책임이라고 볼 수는 없다. 아무튼 마땅히 맞닥트릴 수밖에 없었던 폭락이 닥쳤을 때 미치광이들과 함께 그의 조직도 무너졌다. 갑자기 불안해진 주권과 은행권 소유자들은 현금으로 교환하기 위해 은행으로 향했다. 처음에 로는 은행 창구를 열고 지불에 응했다. 그의 친지들이 그를 재무담당으로 임명했으나 그는 이미 최후의 운명을 자각하고 있었다. 그는 적극적인 수습책으로 화폐가치를 방어하기 위해 금은 유통을 금지했지만 폭락은 계속되었다. 은행 문전에서 살인이 발생할 정도였고 1720년 10월 10일 징세 청부인의 압력으로 은행은 폐업했다. 무일푼으로 도주한 로는 벌거벗은 채 옷 한 벌 없이 나왔다고 말했다. 1729년 그는 베네치아에서 '변명만 일삼는 겁에 질린 가엾은 걸인'의 신세로 세상을 떠났다. 세인이 다음과 같은 묘지명을 지었다.

세상에 널리 알려진 스코틀랜드인,
유명한 재정가가 이곳에 잠들어 있다.
그는 정확한 수학적 법칙만으로
프랑스를 수년간 병상에 눕게 했다.

6. 이 파산 사건은 프랑스에 커다란 파문을 일으켰다. 사태의 진상은 단순히 한 금융가의 몰락에 그친 것이 아니라 국가와 섭정이 관련되어 있었다. 더구나 앞으로 섭정을 계승할 부르봉 공이 큰 이익을 취하고 있었다. 은행권 소유자는 파리의 투기업자뿐 아니라 전국에서 약 100만 가족에 달했다. 강제로 은행권을 통용한 까닭에 이는 당연한 일이었다. 존 로가 도주한 뒤 다시 재정 관리권을 장악한 징세 청부인이 청산 업무를 담당했는데, 그들이 사증査證을 거부한 은행권을 상환하지 않겠다고 발표하자 각 가정은 파산의 위협을 받았다. 루브르 궁 1층에서는 서민을 상대로 사증과 상환 사무를 집행하기 위해 1,000명의 서기가 근무했다. 거물급들은 손해를 보지 않고 무사히 넘어갔으나 가난한 사람들은 모든 권리를 상실했고 사증을 받은 것조차 돌려받지 못했다. 민심의 불만과 이탈은 심각했으며 하나의 금융 사건이 몇 백 개의 작은 과오보다 더 크게 국정을 뒤흔들었다. 이미

기울어가던 상황에서 큰 타격을 받은 국정은 치명적 위험을 떠안았다. 영국의 휘그당은 '남해포말 사건'을 극복할 만큼 강력했으나 로 조직의 몰락은 프랑스 왕정의 뿌리를 여지없이 흔들었다. 교환은행계획을 다시 추진하는 데는 1세기의 세월과 나폴레옹의 지혜가 필요했다.

7. 프랑스에는 또 다른 분노의 씨앗도 있었다. 마르세유와 전 프로방스 지방에 흑사병이 맹렬한 기세로 만연하자 프랑스는 파리를 보호하기 위해 무자비하게 파리와의 교통을 차단했다. 당시 섭정의 궁정과 그의 사생활에 관해 음란한 소책자가 나돌았다. 섭정은 자신의 장녀로 매력적인 정신박약자 베리 공비와 근친상간을 했다는 비난을 받았다. 진실 여부는 분명치 않으나 섭정의 비공식 야간 행사는 은밀한 방탕 행락이었고 도덕적 퇴폐는 온갖 중상을 낳았다. 그가 그 딸을 모델로 〈다프니스와 클로에Daphnis et Cholé〉 판화를 그렸다는 소문도 있었다. 그 딸이 비밀리에 감금되었다가 스물네 살에 사망하자 이처럼 좋지 않은 낭설이 유포된 것이다. 이후 섭정은 사브랑 부인과 파라베르 부인 사이를 오갔는데 '조그만 까마귀'라는 별명으로 불린 파라베르 부인은 수완이 대단한 여자였다.

고문관 뒤부아는 밤낮으로 추기경의 직함만 노렸다. 그의 본심은 추기경만 될 수 있다면 국가의 신용을 탕진하고 프랑스의 정책을 완전히 뒤엎어도 상관없다는 것이었다. 이 야망 때문에 그는 스페인 및 교황청과 친선관계를 맺었고 제수이트파에 호의를 보이고자 그들이 고등법원으로 송달한 교황의 칙서를 지지했다. 또한 스페인과의 강화를 위해 스페인 공주 안 도트리슈와 어린 왕의 결혼을 추진했다. 결국 스페인 공주는 교육을 받기 위해 프랑스 궁정으로 왔다.

오랫동안 영국의 심복 노릇을 해온 뒤부아의 표변은 놀랄 만한 일이었으나 항상 그랬던 것처럼 영국의 목적은 스페인과의 교역이 아니었다. 이 방면에서 프랑스는 영국의 경쟁상대가 아니었고 그들은 현실을 위해 대의명분을 희생할 준비가 되어 있었다. 뒤부아는 프랑스의 이익을 미련 없이 포기하고 프랑스, 스페인, 영국의 동맹을 체결했다. 드디어 그는 추기경의 영예를 얻었지만 추기경이 되자마자 세상을 떠났다. 죽으면 그만인 그 권세를 위해 그는 모든 비행과 고난을 바친 것이다. 섭정 필리프 오를레앙 공도 곧 그의 뒤를 따랐다. 오래전부터 중풍 증세가 있어서 주치의들이 방탕한 생활을 삼가도록 주의를 주었지만 그는 무료한 생활로 이어지는 생명보다 쾌락을 택했다. 1723년 12월의 어느 날 그는 어전회의를 앞두고 상대하던 아름다운 여성의 어깨에 머리를 떨어뜨렸다. 그는 방탕자답게 살았고 또 방탕자답게 죽었다.

8. 그 뒤를 이은 루이 앙리 드 부르봉(Louis Henri de Bourbon, 1662~1744, 부르봉 공, 훗날의 콩데 왕자)은 전임자만도 못한 위인이었다. 그는 한 징세 청부인의 딸이자 가난한 대사의 아내인 프리 후작부인에게 정신을 빼앗겼다. 그녀는 천사 같은 얼굴로 몹시 망설이며 수줍어하다가도 별안간 대담해지는 변덕스러운 성격의 점술가였다. 국왕이 이미 열세 살이 되었으므로 부르봉 공은 섭정이 아니라 재상이 되었다. 그의 섭정으로 폭동이 일어나자 그는 무자비하게 진압했다. 프리 부인은 그를 마음대로 조종해 루이 15세의 약혼녀인 스페인 공주를 본국으로 보내

고 대신 지참금도 없는 폴란드 폐왕의 공주 마리 레슈친스카를 선정
하게 했다. 그녀는 미인도 부자도 아니었으나 성실하고 온순했다. 여
기에는 세 가지 의도가 담겨 있었다. 첫째, 프리 부인은 자기에게 신
세를 진 왕비를 모셔다가 처음부터 끝까지 마음대로 지배하길 원했
다. 둘째, 국왕을 어린 동무들과 함께 그대로 두고 결혼시키지 않으면
제2의 앙리 3세가 될 우려가 있었다. 셋째, 마리는 스물두 살이라 그
녀보다 10년이나 어린 스페인 공주보다 빨리 후사를 얻을 수 있었다.
교회 측은 스페인 공주처럼 가톨릭 왕비를 맞이하고 싶어 했다.

　국왕의 궁중교사 플뢰리의 뜻과 호의로 정권을 잡은 부르봉 공이
그를 제거하려 하자 플뢰리는 소란을 피우며 궁정에서 떠나겠다고
협박했다. 궁중교사 없이는 아무 일도 할 수 없었던 국왕은 울면서 옷
장 속에 숨어 부르봉 공을 파면하고 샹티이 성에 가서 살라고 명령했
다. 쿠르브피느Courbépine 영지로 유배된 프리 부인은 실의에 지친 나
머지 다음 해 음독자살했다.

　9. 미성년 국왕을 모신 통치자들의 방탕과 무능으로 국민은 통치
자를 불신하고 멸시했다. 문학마저 경박하고 비방적인 경향을 보였
다. 피에르 드 마리보Pierre de Marivaux의 공상적인 희극은 프랑스에
알프레드 드 뮈세를 낳았으나 알랭 르네 르사주Alain René Lesage의 희
극은 몰리에르를 따르지 못했다. 루이 14세의 조사를 "형제들이여!
신만이 위대하시다"란 문구로 시작한 문필가 마시용을 마지막으로
종교적 명문의 불꽃도 꺼지고 말았다. 베르나르 드 퐁트넬Bernard Le
Bouyer de Fontenelle은 여러 가지 사상을 저속하지 않게 대중적으로 보

급했고 볼테르의 극이 비로소 무대를 장식하기 시작했다. 당시의 거장은 몽테스키외로 그는 1721년에 출판한《페르샤인의 편지Letters Persanes》에서 궁정 사건을 흥미롭고 생생하게 풍자했다. 이 젊은 법관은 저서에서 자신도 모르게 대혁명의 주제를 강조했다.

10. 섭정시대는 짧고 공허했으나 결과적으로 중대한 시대였다. 루이 14세 치세 후의 긴장과 책임이 풀린 듯한 시기이기도 했다. 당시 경박한 문화와 투기 심리가 왕정과 교회에 대한 불신 및 불만을 조성했다. 또한 특수계급이 아닌 일반 여성의 역할이 커졌고 프랑스 정부는 국가의 이익과 관련된 정책을 포기했다. 정부는 제해권 유지를 위한 노력을 등한시해 드 라 살이 개척한 식민지 제국의 밝은 미래를 포기하고 말았다. 국가에 대한 불만과 불신이 팽배했음에도 불구하고 왜 프롱드 난 같은 반란이 일어나지 않았을까? 루이 14세 때부터 군주제가 위대한 권위를 계승한 까닭에 반란을 부정한 행동으로 느꼈기 때문이다. 그러나 선전 책자와 가요가 반항을 선동했고 우상은 동요했다. 루이 14세 때만 해도 불경에 해당하던 이야기가 이제 용기 있는 발언이 되었고 모든 활동은 가요로 이루어졌다.

chapter 6

—

루이 15세의 국위 손상

—

1. 루이 15세는 1726년부터 본격적인 통치를 시작했는데 소녀처럼 생긴 그는 연약하고 침울한 표정이었지만 때로 비정하고 잔인했다. 성품이 비겁하고 게으르며 종종 잔인한 만행을 저지르는 모습은 루이 13세와 비슷했다. 궁중교사들은 누구도 그에게 군주의 대도大道를 가르치지 않았다. 추기경 플뢰리는 그가 어린아이들과 놀면서 나태한 생활을 하도록 내버려둠으로써 그의 애정을 독차지했다. 루이 14세는 프롱드 난 기간 중 불행한 체험을 통해 많은 교훈을 얻었지만 루이 15세는 추종과 아부밖에 몰랐다. 국왕은 집정하자마자 나랏일을 플뢰리에게 일임했는데 생시몽에 따르면 그는 정무에 관해 아는 것이 아무것도 없었다. 미슐레는 추기경을 인내심 있고 온화하며 항상 웃는 얼굴을 하는 '붙임성 있는 엉터리'로 서술하고 있다. 사실인즉 그는 역대 어느 재상들보다 훌륭하게 통치했다. 플뢰리는 사상보다 양식을 택했고 양초 끝까지도 절약하는 재간이 있었다. 궁정의 모든 사

람이 초의 양쪽 끝을 태우는 판국에 이것은 다행한 결점이라 할 수 있었다. 그의 무경험은 콜베르와 루부아의 훈련을 받은 착실한 관료들이 보완해주었다. 그는 관료들의 유능한 진언을 받아들임으로써 이미 1738년에 정부의 재정 적자를 해소했다. 이는 '붙임성 있는 엉터리'의 위대한 업적이었다.

2. 대외정책에서 플뢰리는 평화주의자였고 영국과의 친선을 추구했다. 영국 수상 로버트 월폴Robert Walpole도 그와 마찬가지로 전쟁을 두려워했다. 두 사람 모두 자기 나라의 전쟁을 완전히 막지는 못했으나 전쟁을 지연하고 그 피해를 최소로 억제하기 위해 최선을 다했다. 연약한 추기경과 영국의 완강한 귀족은 소득 없는 영광을 멸시하고 국가 이익을 통찰하는 건전한 사고방식에서 상통하는 점이 있었다. 두 사람 모두 원대한 계획보다 가까운 곳에서 최선의 정책을 택했고 인간정신은 무력하게 타고나기 때문에 가까운 것이 더 잘 보이는 법이라고 말했다. 유럽의 평화가 유지되었다면 두 사람은 전쟁을 하지 않았을 테지만 여러 대를 거쳐온 정치사상과 왕가의 분쟁이 병든 대륙의 신열을 높이고 있었다. 프랑스의 지도이념은 전통적으로 반오스트리아 정책이었는데 때마침 오스트리아 왕가를 제압할 기회가 생겼다. 황제 카를 6세(Karl VI, 1685~1740)에게는 공주만 있었는데 그는 대공주 마리아 테레지아Maria Theresia에게 왕위를 물려주길 간곡히 원했다. 이는 열강이 '국사 조칙詔勅'을 승인해야 가능한 일이었다. 플뢰리가 문제를 회피하자 여론은 그의 연약한 태도를 추궁하며 비난을 퍼부었다. 전쟁을 주장한 측은 고위 군인, 왕궁, 문인 등이었다.

3. 1733년 폴란드 왕 오귀스트 2세(Auguste II, 1670~1733)가 사망하자 동유럽의 정세가 급변하면서 위기가 팽배해졌다. 이에 앞서 러시아를 강국으로 재건한 표트르 1세(Pyotr I, 1672~1725)가 프랑스에 끈질기게 동맹 체결을 요청했다. 프랑스는 기존 동맹국인 폴란드, 스웨덴, 터키에 대한 의리를 앞세워 이를 묵살했다. 분노한 러시아는 오스트리아와 우호관계를 맺고 함께 폴란드를 위협했다. 양국은 폴란드의 왕위 계승 후보자로 두 나라에 충성하리라 믿고 있던 색슨 왕을 지지했고, 폴란드 독립파는 루이 15세의 장인인 스타니슬라스 레친스키Stanislas Leszczynski를 후보자로 추대했다. 프랑스 왕비는 당연히 부친을 지지했고 국왕은 왕비로서 공주도 아닌 여자와 결혼한 것을 수치로 생각하던 차에 자신의 자존심 때문에라도 왕비를 지원했다. 프랑스의 여론은 오스트리아에 대한 증오심으로 무력 개입을 요망했으나 플뢰리는 지정학적 여건상 프랑스가 오스트리아와 러시아 양국 군대로부터 폴란드를 지켜낼 수 없음을 충분히 인식하고 있었다. 하지만 여론이 승리했다.

열광적인 사람들(그들은 직접 참전하지 않았다)을 만족시키기 위해 프랑스는 소부대로 편성한 원정군을 그단스크 지역으로 파견했으나 그들은 러시아군의 포로가 되었다. 이제 오스트리아를 공격하는 최후의 방안만 남았고 이것은 전 국민의 요망이기도 했다. 플뢰리는 이 전쟁을 신속히 끝내려고 전력을 다했다. 1738년 빈 조약이 체결되었는데 마리아 테레지아가 로렌 공 프랑수아와 결혼하고 왕국이 없는 스타니슬라스 레친스키가 로렌공국을 인계하기로 했다. 그리고 그의 사후 로렌공국을 프랑스에 반환한다는 조건으로 마리아 테레지아의 황제 계승권을 승인했다. 이것은 외교사상 매우 훌륭한 타협 중 하나였다. 오스트리아는 만족했고 국왕의 장인은 다시 왕국을 얻었으며 프랑스는 영토를 완전히 확보한 것이다.

4. 그러나 지혜의 승리는 단명하는 법이다. 영국의 평화 애호자인 월폴도 하는 수 없이 전쟁에 개입했다. 상업적 국가주의가 발달한 런던 시티(상업구)는 스페인의 남아메리카 독점 교역권을 탈취하기 위해 스페인과의 전쟁을 촉구했다. 영국의 윌리엄 피트는 월폴의 굴욕적이고 연약한 외교를 공박했다.

"마음대로 하시오, 이 전쟁은 당신의 전쟁이니 마음껏 즐기기를 바라오."

월폴은 이렇게 말하면서 사임했고 그가 정계를 떠나자 영국과 프랑스의 1차 협력관계는 끝이 났다. 그의 후임자는 월폴의 정책과 반대로 유럽 문제에 간섭하기 시작했다.

1740년 카를 6세가 별세하자 상속 문제가 여러 나라의 욕심을 자극했다. 프로이센 왕 프리드리히 2세(Friedrich II, 1712~1786)는 마키아벨리 같은 군주로 종교적, 기사적 원칙이나 일단 합의한 협정 등에 조금도 구애받지 않고 비옥한 슐레지엔 지방을 요구했다. 그가 갖고 있는 것이라곤 신예 부대와 풍부한 재정 그리고 탐욕스러운 정신뿐이었다. 그러나 그는 계몽적인 군주로 통했고 프랑스의 작가, 특히 볼테르의 존경을 받았으며 사정에 어두운 지배계급에게 열렬한 지지를 얻었다. 미슐레도 19세기 초의 저서에서 그를 지지했지만 1871년에 이르자 견해를 달리했다.

공격자는 프로이센의 왕 프리드리히였으나 비난은 오스트리아가 받았다. 도저히 막을 수 없는 흐름이 프로이센과 동맹하고 오스트리아와 개전하도록 프랑스를 몰고 갔다. 1742년 여든여덟 살로 노쇠한 플뢰리는 방관하고 있었다. 아무리 강건해도 80대 노인이 부동자세를 유지할 수는 없었다. 루이 15세도 프랑스 정부와 오스트리아 사이에 아무런 쟁점이 없었으므로 방관자가 되고 싶었을 것이다. 하지만 여론은 웅변적, 강압적, 폭력적으로 굳어갔다. 군의 장군과 애첩들도 전쟁을 희망했고 모두가 국왕에게 영국이 강대해져 프랑스에 위험한 존재가 되었으니 자유주의적인 프로이센 왕을 도와 오스트리아를 격파해야 영국이 손해를 본다고 진언했다. 드디어 국왕이 양보했다. 이 전쟁은 범죄 이상으로 커다란 과오였고 이로 인해 프랑스는 영국에 제해권을, 프로이센에 독일 지배권을 상납했다.

5. 마리아 테레지아는 침착했다. 프리드리히 2세는 오스트리아와 영국의 연합군 병력을 검토한 후 자기를 위해 협조하는 프랑스를 배신했다. 슐레지엔을 얻고 프랑스를 배반한 것이다. 보헤미아에서 고립된 프랑스군은 큰 고난을 겪은 후 간신히 철수했다. 1743년 플뢰리는 노환과 심적 고통으로 별세했다. 월폴의 후계자 존 카터릿John Carteret은 철저한 반프랑스주의자로 프랑스에 대항해 하노버군을 조직하고 오스트리아와 합세했다. 그러자 세기마다 유럽사를 빛낸 프랑스의 부흥이 시작되었다. 프랑스의 전 국민이 정신을 바짝 차린 것이다. 루이 노아유Louis Noailles 원수는 영국의 요지인 플랑드르 지방을 공격하기를 충언했고, 호전적인 애첩들의 격려를 받은 국왕은 친히

출전했다가 메스에서 중병으로 눕고 말았다. 국왕을 중심으로 단결한 국민은 그를 '사랑스러운 임'이라고 불렀다. 볼테르도 다음과 같이 칭송했다.

임은 사랑할 줄도 알고 싸울 줄도 안다.
아름다운 임시 왕궁에서 하는 명령은 앙리 4세에 비길 만한 포고문이다.
군신이자 애신인 루이.

1745년 5월 11일 색스Saxe의 백작 모리스가 영국, 네덜란드, 하노버 연합군을 퐁트누아에서 격파했다. 프랑스군은 플랑드르 지방으로 진격해 안트베르펜과 베르그-옵-줌berg-op-zoom을 점령했다. 그러는 동안 염치없이 이리 붙었다 저리 붙었다 한 프리드리히 2세는 협약을 맺었다 취소하며 무법자처럼 처신했다. 제해권을 확보한 영국은 프랑스 식민지를 공략했고 심지어 브르타뉴 지방까지 위협했다. 결국 서로 양해가 이뤄져 시작하지 말았어야 할 전쟁의 결말을 지었다.

1748년 체결한 엑스라샤펠 조약은 슐레지엔을 얻은 프리드리히를 제외하고 아무도 만족스럽지 않은 것이었다. 파리에서는 시정의 부인들 사이에 '평화조약처럼 바보 같은'이란 말이 유행했다. 예부터 프랑스와 영국 간에 전쟁이 끝나면 항상 그랬듯 양국은 제압하고 있던 상대방의 요지를 내놓아야 했다. 영국은 플랑드르 지방을 제압한 프랑스군을 철수시키기 위해 캐나다의 군사적 요지인 케이프브레턴 섬에서 영국군을 철수시켰다. 인도와 아메리카에서의 프랑스와 영국 간 전투는 결말이 나지 않은 상태였다. 유럽의 강대국은 아무도 현행 세계지도를 인정하려 하지 않았고 동맹관계는 모두 무너졌다. 프랑스와 오스트리아는 현실적인 이해관계상 양국의 전통적인 불화가 타당한지, 프로이센의 팽창이 양국 모두에 공통적으로 위협이 되지는 않는지 의심하기 시작했다. 프랑스와 영국은 제해권 문제와 식민지 문제를 해결하지 않는 한 영속적인 평화는 있을 수 없음을 이해하기 시작했다.

6. 루이 15세 치세 전반기에 국내에서는 자신들을 자유주의의 적이라고 생각한 정부 반대파가 반동사상을 내세웠다. 여기서 '반동적'이란 비난을 받던 정부가 실제로는 진보적이었다는 의미다. 파리의 살롱에서 형성되는 여론은 나날이 강경해졌고 그것은 정보보다 의도가 더 주목할 만했다. 오스트리아 왕위 계승 전쟁이 새로운 재정 적자를 유발하는 바람에 정부는 특권층 재산까지 포함한 모든 재산에 5퍼센트 세금을 부과했다. 국민과 더불어 이 세금을 지불하게 된 고등법원은 재산 등록을 거부하고 괴상한 수탈이라며 비난했다. 문인과 대중은 당파 감정으로 고등법원의 저항을 찬양했다. 비난은 궁정의 낭비에 집중되었으나 사실 비난받아야 할 것은 궁정의 추태이지 낭비가 아니었다.

종교 쪽도 마찬가지였다. 얀센파의 분쟁이 교황의 '우니게니투스 Unigenitus 칙서'로 재현되었는데 이 칙서는 은총의 효력을 무시하는 케넬의 모독적인 101개 항목 명제를 고발한 것이었다. 교회는 칙서를 받아들이지 않는 사람에게 비적秘蹟을 거부했다. 프랑스 교회 독립파인 고등법원은 얀센파 상고인들을 지지했고 결국 얀센파는 정치적

당파가 되었다. 무신론자들은 은총을 무시하는 얀센파에 가담했다. 자유주의자들이 열렬하게 지지한 고등법원이 신의 모독자를 사형에 처한 바로 그 법원임을 생각하면 참으로 아이러니한 일이었다. 이는 불합리한 일이었으나 열정이 앞서는 시기에는 증오감을 불러일으키는 일이면 무엇이든 좋은 법이다.

7. 국왕의 공적 행각과 사생활은 민심을 더욱 혼란스럽게 했다. 루이 15세는 바보가 아니었다. 아르장송 후작Marquis d'Argenson은 그를 이렇게 평가했다.

"그는 군주답게 명령을 내렸고 대신처럼 국사에 정통했다."

하지만 천성이 연약한 그는 대체로 만사가 그럭저럭 흘러가도록 방치했다. 앙리 4세의 수많은 여성관계를 용납했던 프랑스 국민은 루이 왕에게는 그러지 않았다. 루이 왕의 정사는 시일이 지날수록 타락했고 국민은 애정과 방탕을 다르게 봤다. 오직 승리만 추문을 잠재울 수 있었다. 왕비는 국왕을 재치 있게 다루지 못했고 국왕은 왕비에게 다정한 말을 한마디도 하지 않은 채 10명의 자녀를 얻었다. 왕비는 침대에 끌려가 잠만 잤다고 조용히 항변했다. 루이 15세는 1732년부터 연령순에 따라 마이 부인, 뱅티미유 부인, 투르넬 부인 등 3명의 넬 자매와 관계를 맺었고 마지막 부인을 샤토루 공작부인으로 책봉했다. 세 자매는 국왕을 용기 있는 영웅으로 만들려고 노력했으나 허사였다. 그들 다음으로 출세에 눈이 먼 사람들이 국왕이 좋아할 듯한 여자, 사춘기 때부터 그렇게 훈련을 받아온 시민 출신의 여자, 옛 이름이 푸아송인 르노르망 데투알 부인을 공식 후궁으로 추천했다.

"그녀는 여자로 처신하는 데 방해가 되는 예의범절만 빼놓고 모든 것을 교육받았다."

국왕은 그녀를 퐁파두르 후작부인Marquise de Pompadour으로 책봉했는데 그녀는 20년 동안 국왕과 프랑스 그리고 전 유럽을 지배했다. 그녀는 환락으로 국왕을 유혹했고 그의 기분 전환을 위해 볼테르, 엘베티우스, 크레비용, 나티에, 라투르, 부세, 반 루, 부샤르동 등의 문인과 예술가를 동원했다. 애정의 대상에서 멀어지자 그녀는 서슴지 않고 스스로 뚜쟁이 노릇까지 감행했다. '사슴 공원'은 비방책자가 말하는 것처럼 그렇게 퇴폐적이지는 않았으나 국왕이 은밀하게 환락을 즐기기 위해 만든 별장이었고 퐁파두르 부인이 정성껏 국왕의 뒷바라지를 한 것만은 사실이다. 그녀의 묘비명은 이러하다.

이곳에 20년간은 처녀로 15년간은 창녀로
7년간은 뚜쟁이로 지낸 여인이 잠들어 있다.

1764년 그녀가 사망하자 보베르니에라고 불리는 보잘것없는 여자 잔 베퀴가 그 자리에 들어앉았다. 예쁘게 생긴 이 창녀는 정치에는 개입하지 않았으나 비천한 출신 성분 때문에 상류 부인들의 멸시를 받았다. 그녀는 궁정에 출사해 국왕을 알현하기 위해 바리 백작과 결혼하는 데 성공했다. 백작은 그녀 애인의 동생으로 그 애인이 기혼자가 아니었다면 아마 그와 일을 꾸몄을 것이다.

환락에 지출하는 경비가 과다했던 국왕은 세금과 전쟁에 시달리는 민중에게 맹렬한 비난을 받았다. 그는 1750년 퐁텐블로에서 푸대접하는 파리 시내를 통과하지 않고 직접 베르사유로 가는 소위 '반항의 도로'를 건설했다. 이것은 하나의 '시대의 상징'이었다. 1757년 반미치광이 시종 다미앙이 국왕에게 단도를 휘둘렀을 때도 국왕 외에는 아무도 놀라는 사람이 없을 정도였다. 루이 15세는 말했다.

"무엇 때문에 짐을 죽이려 하는가? 짐은 아무에게도 해를 끼친 일이 없다."

그러나 그는 프랑스인을 실망시킴으로써 그들에게 막대한 손해를 끼쳤다.

8. 국왕과 국민의 갈등은 대외정책으로 확대되었다. 식민지에서는 엑스라샤펠 조약을 체결했음에도 불구하고 영국과의 전쟁이 이어졌고 정부에 이것을 끝낼 방법은 없었다. 기후가 나쁠 때는 뉴욕에 가는데 2개월, 캘커타는 6개월이 걸렸다. 정전 명령은 아무것도 중지시키지 못했다. 아메리카에서는 프랑스 총독이 영국의 식민지 배후를 통해 루이지애나와 캐나다, 미시시피 강과 세인트로렌스 강을 연결하려고 전력을 다했다. 여기에 성공하면 영국 식민지는 배후지를 상실한 채 앨러게니 산맥과 바다로 포위될 터였다. 공식적으로는 평화가 성립되었지만 오하이오 강 유역에서는 전투가 벌어졌고 영국 식민지군을 격퇴한 프랑스군은 그곳에 뒤켄 요새를 구축했다. 전쟁은 우세했으나 캐나다에서 프랑스인의 지위는 안전하지 않았다. 찰스 2세 이래 영국 식민지는 해안지대를 따라 동질적, 집단적으로 정착하고 인구가 약 120만 명에 달했으나 프랑스 식민지의 인구는 6만 명에 불과했다. 영국인은 상인의 세력이 강대해 열심히 시장을 확보하려 애쓴 반면

프랑스 정부는 무역에 무관심했기에 그들은 본토에서 감히 생각조차 하지 않는 희생까지 감당할 각오를 다졌다.

9. 식민지군이 조약을 무시하고 세계 각지에서 전투를 계속할 뿐 아니라 해상에서도 해군장관 루이에와 마쇼가 프랑스 함대를 재건하자 불안을 느낀 영국 해군은 선전포고도 없이 프랑스 함선을 공격했다. 이때 루이 15세는 각서를 송달하는 것만으로 만족했다. 7000년의 기록 역사를 통해 이 각서라는 것을 살펴보면 인류가 타인의 재부를 탐한 이래 침략자를 고무하고 격려하는 방법에 불과하다. 사실인즉 1689년 윌리엄 3세가 즉위한 후부터 또다시 새로운 백년전쟁이 시작된다. 이번에는 목적이 앙주제국이나 영불제국이 아니라 세계제국이었다. 이 상금은 서로 적대시하는 영불 양국 중 제해권을 확보하는 나라가 취득할 것이었다. 함대 건설에 전력을 다하려면 프랑스로서는 대륙의 평화가 절대적으로 필요했다. 반면 영국은 전통적으로 대륙에 하나의 동맹군만 있으면 전혀 염려할 일이 없었다. 과거의 수많은 경험상 프랑스가 플랑드르 지방을 점령하면 영국은 해상과 식민지에서의 승리를 내세워 강화조건으로 안트베르펜에서의 프랑스군 철수를 요구해 모든 전과를 와해시켰다. 영국에 남은 문제는 동맹군을 선정하는 것뿐이었다. 1748년까지 영국은 오스트리아에 여유 있게 보조금을 주었지만 프리드리히 2세가 마리아 테레지아보다 적은 금액을 요구하고 전략적으로 보다 우수하자 동맹국을 프로이센으로 바꾸었다.

10. 프랑스 역시 동맹국을 바꾸었다. 프랑수아 1세 이래 외교정책

수립에서 기본은 오스트리아에 대한 증오심이었다. 이 증오심은 모든 프랑스 국민의 가슴속에 아직도 생생히 살아 있었다. 그렇지만 이제 그 정책이 현명했는지, 여전히 타당성이 있는지 검토할 시기가 찾아왔다. 프랑스는 프로이센의 승리에서 무엇을 얻는가? 프로이센의 승리는 독일연방제국의 자주독립에 대해, 즉 베스트팔렌 조약을 기반으로 하는 유럽에 대해 위험성을 내포하고 있지 않은가? 일설에 따르면 프로이센과의 동맹 조약 파기는 여인들의 소행이라고 한다. 여자를 미워한 프리드리히 2세는 마리아 테레지아와 러시아의 여제 엘리자베타, 특히 퐁파두르 부인을 푸아송 양 또는 '2호 부인'이라 부르는 바람에 이들과 사이가 멀어졌다. 오스트리아 여황제 마리아 테레지아는 서신에서 퐁파두르 부인을 '아름다운 아우님'이라고 불러 우의가 깊었다. 어쩌면 퐁파두르 부인의 호의가 오스트리아 왕가를 도왔을지도 모르지만 동맹국을 바꾼 데는 좀 더 깊은 이유가 있었다.

프랑스의 신임 외무장관 프랑수아 조아킴-피에르 베르니François Joachim-Pierre Bernis는 프로이센의 위험성을 이해하고 있었으나 불행히도 국민이 지지하지 않았다. 해상에서의 패배와 캐나다 및 인도 상실도 여론을 거의 움직이지 못했다. 슬프게도 국민은 볼테르의 '몇 에이커밖에 되지 않는 눈 덮인 땅'이란 구절을 기억하고 있었다. 프랑스에서는 로스바흐 전투에서 연합군을 물리친 프로이센의 프리드리히 2세가 큰 환영을 받았다. 적국을 찬양하는 것은 프롱드 난이 남긴 특이한 습성이었다. 전제적인 프랑스 정부와 대립하다 보니 프로이센의 계몽주의 군주가 자유를 대표하는 것처럼 여겨졌던 것이다. 사실 그는 자유의 측면에서 최악의 적이었고 프로이센의 호엔촐레른 가에

비하면 부르봉 가는 성자라고 할 수 있었다. 그러나 여론이 이성을 잃으면 이를 바로잡을 방법은 없다.

11. 로스바흐 전투 이후 외무장관 베르니는 크게 실망했다. 국왕과 궁정이 아무런 반응도 보이지 않았기 때문이다. 베르니는 저승의 외무장관 같다는 말을 들으며 '신과 성자들', 즉 국왕과 측근에게 위기를 설명했으나 허사였다. 간신히 잠시라도 그들을 자극하면 곧 죽은 듯 무기력해졌고 슬픔을 띤 커다란 눈으로 한 번 쳐다보고는 그만이었다. 프랑스 군대는 여전히 용감했으나 무질서했다. 무엇보다 이런 실태를 시정해야 했다. 베르니는 다른 나라 같으면 몇 세기가 걸릴 일이겠지만 프랑스에서는 누구든 하나가 나서기만 하면 1년 내에 성취할 수 있으리라고 생각했다. 하지만 자신이 그 역할을 맡으려 하지는 않았다. 심사숙고 끝에 그는 그 일을 퐁파두르 부인과 프랑스 대사 중가장 유능한 에티엔 프랑수아 드 슈아죌Etienne-François de Choiseul에게 넘겼다.

슈아죌은 스페인과의 친족 협약정책을 추진했는데 이는 양국의 함대를 통합해 해군력의 균형을 확립하려는 상호원조 조약이었다. 그러나 영국의 해군력은 전 해양에서 연합함대를 능가했고 프랑스는 오스트리아가 육상에서 당했듯 해상에서 패전을 거듭했다. 1763년 프랑스는 역사상 몹시 가혹한 조약 중 하나인 파리 강화조약을 체결하면서 패권을 상실했고 영국은 세계제국을 확보했다. 이 7년 전쟁으로 프랑스는 캐나다와 미시시피 강 동부 지역을 비롯해 5개 교역 지역을 제외한 인도, 세네갈, 그라나다 제도를 잃었다. 프리드리히 2세는 슐레지엔을 완전히 확보했다. 패전 직후 슈아죌이 프랑스 함대를 재건함으로써 스타니슬라스 레친스키 사후 로렌 지방을, 그리고 앞으로 프랑스에 충성할 코르시카를 합병한 것은 그의 공적이다.

12. 육해군 재건에는 막대한 자금이 필요했다. 자금을 조성하려면 자금이 있는 곳을 찾아야 했는데 그곳은 바로 특권계급이었다. 당연하게도 특권계급은 완강히 저항했고 성직자들은 우상숭배가 성행하던 암흑시대에도 종교 재산은 존중받았다며 항변했다. 이 정책을 수행하려면 고등법원의 지원이 필요하다고 판단한 슈아죌은 국왕에게 제수이트파를 추방하라는 허락을 받아내면 고등법원이 만족하리라고 믿었다. 이 조치는 계몽주의자들의 찬사를 받았으나 고등법원에서는 양심이 돈주머니에 패했다. 과세에 대한 반대운동은 여전히 극심했고 특히 브르타뉴 지방은 주지사 데기용d'Aiguillon과 지방 고등법원 법관 라 샬로테의 투쟁이 철학적 시론 같은 양상을 띠고 있었다.

"승인해야 한다는 것이 법의 기본이다. (…) 승인하는 권리는 국민에게 있다."

그러나 라 샬로테는 삼부회가 휴회 중일 때는 그 권리를 고등법원만 행사할 수 있다고 주장했다. 물론 당시의 고등법원은 대의제도가 아니었으므로 이론異論의 여지가 허다했다.

1759년 에티엔 드 실루에트Etienne de Silhouette가 재무장관이 되었다. 그는 사상가로 알려져 있었고 볼테르도 실루에트를 '하느님이 우리를 구원하기 위해 보낸 사람'이라고 말했다. 이 신의 사자는 사람이 호흡하는 공기에까지 과세했다는 전설이 생길 정도로 수많은 세금을 제안했다가 맹렬한 반대를 받고 4개월 만에 자취를 감추었다. 그는 프랑스어에 '윤곽만 뚜렷한 그림자 그림'을 뜻하는 '실루에트'라는 새 단어만 남겼다. 볼테르는 '독수리가 변해 거위 새끼가 되었다'는 철학적인 말을 했다. 아무튼 적자는 적자대로 남아 있었다.

13. 1770년 슈아죌은 샹틀루의 영지로 유배를 보낸다는 칙서를 받았다. 영국에 대한 그의 보복정책과 해군 재건 계획이 국왕을 불안하게 했기 때문이다. 실각하기 전 슈아죌은 왕세자와 마리아 테레지아의 대공주 마리 앙투아네트(Marie Antoinette, 1755~1793)의 결혼을 추진해 오스트리아와의 친선정책을 강화했다. 슈아죌의 파면은 부당한 일로 간주되었고 그는 가족과 함께 샹틀루에서 친구들의 환대를 받았다. 슈아죌을 축출한 일당은 대법관 르네 니콜라 드 모푸와 뒤바리 부인이었다. 드 모푸는 법관들의 반대 세력이 국가적 위기를 초래할 것이라며 국왕을 설득했다. 그러나 당시 각지의 고등법원은 특권을 부여받은 세습제 법원으로 선출된 의회가 아니라는 사실을 잊어서는 안된다. 고등법원은 국가에 해독을 끼쳤고 과세를 방해했으며 편견에 치우쳐 고문을 자행했다. 파리 고등법원은 전국의 고등법원을 통합해 국왕의 명령에 반대했다. 볼테르는 이렇게 말하고 있다.

"이처럼 극심한 무정부 상태가 지속될 수는 없다. 왕정이 권위를 회복하든 고등법원이 이기든 결론이 나야 한다."

세습 법관들은 과거에 누리던 특권을 그대로 유지할 새로운 봉건제도를 수립했다. 준엄한 조치가 불가피했다. 1771년 드 모푸는 고등법원을 폐지하고 매관매직제도를 취소했다. 그런 다음 사람들이 '드 모

좌 | 프랑스 혁명 이후 단두대에 올라 처형당한 마지막 절대군주 루이 16세
우 | 프랑스와의 동맹을 위해 루이 16세와 정략결혼한 마리 앙투아네트

푸의 고등법원'이라고 부르는 새로운 재판소를 창설해 적어도 원칙적으로는 무료로 재판을 받게 했다. 재무장관 조제프 마리 테레는 무자비할 정도로 냉엄했으나 유능한 재정가였고 쉴리와 콜베르에 비할 만한 능력을 갖추고 있었다. 그는 연체된 정부 공채를 정리하고 지불기일이 된 공채의 상환을 연기했으며 톤티tontines 연금을 종신 연금으로 전환했다. 더불어 소금세 증액, 곡물거래 통제, 은급제도 개선, 자본 수익에 대한 5퍼센트세와 부동산세 신설 등 과감한 조치를 단행했다. 이 모든 조치는 타당하고 현명한 것이었다. 특히 테레의 조세제도는 불가피한 조치였지만 이를 멸시한 드 모푸의 고등법원은 맹렬히 반대했다.

"사람들은 테레 신부에게는 신앙심이 없으며 우리에게서 희망을 빼앗고 자선에 의지하게 한다고 말한다."

여론이 완전히 오도되어 정부에 반대하는 징세 청부인을 두둔했다. 국왕이 베르사유의 축전을 어떻게 하면 좋겠는가 하고 물었을 때 재무장관 테레는 지불할 돈이 없다고 대답했다. 1774년 아무도 사랑하지 않는 루이 15세가 드디어 운명했을 때 한 사람도 애도의 뜻을 표하지 않았다. 치세 말기 슈아죌, 드 모푸, 테레 등이 선정을 베푼 만큼 좀 더 현명한 국왕이었다면 왕국을 구제할 수 있었을 것이다. 그의 뒤를 이어 루이 16세(Louis XVI, 1754~1793)가 즉위했다. 그가 신이 될지 범인凡人이 될지는 두고 봐야 알 일이었으나 사실 그는 정직한 무능력자에 불과했다.

chapter 7

—

18세기의 정계와 계몽주의의 영향

—

1. 루이 15세 시대의 한 철학가는 "우리는 루이 14세 시대와 그 정신이 유사하다"라고 말했다. 일찍이 17세기에 철학자 피에르 벨Pierre Bayle 같은 자유주의 사상가가 종교문제에 관한 회의론을 제창한 것은 사실이다. 벨은 1692년《역사적 비평적 사전Dictionnaire historique et critique》의 제1부를 출판했는데 그는 교묘하게 주석이나 평범한 항목에서 이성과 신앙은 대립하는 별개의 존재라는 것을 밝혔다. 또한 '사상의 자유'라는 권리를 주장하고 도덕을 종교와 분리하려고 노력했다. 18세기가 이미 17세기 말기에 나타났다면 17세기가 18세기 초기까지 존속했다고 할 수도 있을 것이다. 1715년 무렵에는 여전히 가톨릭과 절대주의적 사상이 만능이었다. 루이 14세 시대에 무신론자가 있었을지라도 그들은 극소수였고 침묵과 비밀을 지켰다. 따라서 1715~1750년에 정치적, 종교적으로 급속히 새로운 철학이 탄생한 이유를 검토해볼 필요가 있다.

2. 그 이유는 여러 가지로 생각할 수 있다. 첫째, 루이 14세 시대의 위엄으로 가득한 속박을 겪은 후라 프랑스는 정신적 휴식이 필요하다고 느꼈다. 사람들은 위대하다는 감정에 염증을 냈고 비극은 자취를 감췄으며 희극은 반항적 색채를 띠고 회화는 자유분방한 양식으로 흘렀다. 아주 심각한 주제도 귀부인들이 이해할 만한 수준이라야 했고 천문학에도 억지로나마 애정 묘사가 섞여야 했다. 전체적인 기분, 일반의 취향, 다루는 주제 등 모든 것이 변했으며 이것은 정치철학도 예외일 수 없었다. 둘째, 영국의 영향력이 커졌다. 영국은 1688년 평화혁명을 성취했고 대체로 성과도 좋았다. 프랑스인은 새로운 제도가 정착하는 모습을 가까이에서 관찰했고 볼테르는 부러운 마음을 감추지 못한 채 말했다.

"이곳에 인간이 노예적 공포에서 해방되어 자유롭고 고상한 사상을 누리는 한 국가가 있다."

프랑스의 제3신분은 조상이 쌓은 재부와 후손이 획득한 지성으로 자신감을 얻으면서 봉건제도의 마지막 잔재에서 벗어나길 원했다. 바로 영국이 그들이 따라야 할 길을 실례로 가르쳐준 것이다. 셋째, 18세기에는 프랑스의 문인 작가들이 중요한 역할을 담당했다. 여전히 두 가지 저항에 가로막힌 그들은 격분했다. 하나는 일부 귀족에게 남아 있는 우수한 재질을 갖춘 서민을 멸시하는 지나친 계급적 자존심이고, 다른 하나는 이미 일반의 관습이나 감정과 거리가 있는 중세기적인 교회의 가혹한 검열제도였다. 당시에 인기가 많던 청년 작가 볼테르도 슈발리에 드 로앙Chevalier de Rohan의 하인들에게 구타당한 후 바스티유에 투옥되었다. 그는 1726~1729년까지 영국으로 망명했다가 그곳에서 전혀 다른 사회를 발견했다. 영국의 교회는 이미 관용을 알고 있었다.

"영국인은 자신이 선택한 길을 통해 천국으로 가고 있다. (…) 만약 영국에 종교가 하나밖에 없었다면 전제정치란 공포가 있었을 테고, 두 개의 종교가 있었다면 서로 목줄을 끊을 때까지 싸웠을 것이다. 영국에는 종파가 20개가 넘는데 이들은 서로 평화롭게 공존하고 있다."

영국에서는 존 로크John Locke가 아이작 뉴턴Issac Newton이 만유인력의 법칙을 정리하듯 자유롭게 인간의 이성에 관한 법칙을 규정했다. 그뿐 아니라 과세도 국민의 승인을 얻어야 했다. 볼테르는 영국에 체류하는 동안 《영국 서간Lettres philosophiques ou Lettres sur les anglais》을 저술했고 영국을 소개하면서 암암리에 프랑스의 정치체제를 비판했다. 몽테스키외도 1688년 혁명으로 성취한 영국의 체제에서 근대 사회의 모범이 될 선례를 발견했다. 물론 이러한 견해는 지나치게 낙관적이고 영국의 실정이 이들 방문객의 생각만큼 완전한 것은 아니었으나 영국이 질서와 자유를 통합하는 방법 및 수단을 발견한 것만은 사실이다. 프랑스인이 영불 해협 건너편에서 실현했다면 이편에서도 실현할 수 있을 것이라고 여기는 것은 당연한 귀결이었다.

3. 1세기 동안 인간정신이 여러 가지 빛나는 개가를 거둔 만큼 프랑스인의 이성적 신념은 더욱 확고해졌다. 뉴턴은 지구와 천체의 복잡한 운동, 물체의 낙하 등이 하나의 단순한 법칙으로 통한다는 것을 증명했다. 이성이 해석 기하학, 수학적 광학에서 개가를 올렸으니 정치와 형이상학에서 실패할 리는 없었다. 스피노자는 이미 윤리학을

이론화했다. 사람들이 보기에 이때까지 이성이 완전한 사회를 수립하지 못한 것은 미신과 전통의 구속을 받은 이성이 인간활동을 지배할 자유를 누리지 못한 탓이었다. 진보를 거듭하려면 속박을 단절하고 여전히 사상과 관습을 좌우하는 중세기적 잔재를 일소해야 했다. 악법이 불행한 사회를 조성했으므로 법만 정당하다면 세계에서 가장 행복한 왕국에서 모두가 행복할 수 있을 터였다. 이를 위해서는 현존하는 전통적인 관습을 단순하고 자연적인 규율로 대체해야 했다. 프랑스 계몽기의 철학자 드니 디드로Denis Diderot는 다음과 같이 선언했다.

"우리 모두가 겪고 있는 고난의 역사를 간략히 소개하면 이러하다. 옛적에 한 자연인이 있었는데 어느 순간 인위적인 인간을 끌어들였더니 그때부터 동굴 안에 내란이 발생해 일생을 두고 계속되었다."

그 인위적인 인간, 즉 전통과 미신을 고수하는 인간을 제거하면 동굴 안에 평화를 재건할 수 있다는 얘기였다.

4. 18세기 사람들은 여러 가지 부조리와 강압적인 제도의 잔재에 지나치게 시달렸다. 그러다 보니 전통이라고 해서 모두가 속박은 아니며 오히려 사회를 구축하는 골격이라는 사실을 미처 깨닫지 못했다. 또한 모든 사회는 정권의 정통성, 즉 하나의 신화에 의존해 존재하며 그 신화를 바꾸는 데는 많은 혼란과 위험이 따른다는 것도 마찬가지다. 영국인이 정치체제 변화에 성공한 것은 그 전환이 완만하게 이뤄졌고 신구新舊 두 가지 신화를 병존했기 때문이다. 프랑스에서는 귀족의 특권과 조세제도 불평등으로 지탱하는 절대왕정제도가 지성

의 발달에 따라 철저히 비판을 받았어도 머리를 집어넣을 또 다른 지붕이 없는 이상 집을 고치되 그 기본구조를 보존하지 않을 수 없었다.

체제 변화에 따르는 위험을 예견한 몽테스키외는 그의 저서《법의 정신De l'esprit des lois》에서 법의 가치는 상대적인 것이고 법은 풍토, 환경, 인간생활의 관습, 재부의 많고 적음 등과 밀접한 관련이 있다고 지적했다. 볼테르도 문필활동 전성기에 이러한 역사관을 보였다. 당시 다른 작가들은 이성이 진공 상태인 인간정신에 작용해 아무것도 없는 그곳에 이상적인 기구를 건설할 수 있으리라고 단순하게 생각했다. 그들의 약점은 영국(훗날 미국)의 정치 사상가들에 비해 지방정치는 물론 국가정치에 관여한 경험이 전혀 없다는 사실이었다. 물론 정부에 참여할 권한을 박탈당해 모든 일을 추상적으로만 고찰할 수밖에 없었던 프랑스인의 상황은 오히려 호감을 주는 하나의 장점이기도 했다. 프랑스인에게도 영국인처럼 제도를 변경할 현실적 수단이 있었다면 그 체제 변화의 성격과 성과에 좀 더 주의를 기울였을 것이다.

아쉽게도 그들은 아무리 적절한 개혁도 이를 실천하려면 으레 기성체제의 반발을 받는다는 것을 염려할 만큼 체험적 지식을 갖추지 못했다. 그들은 정치에 대한 실무 측면을 오해했을 뿐 아니라 그것을 본 일조차 없었다. 또한 작가들만 정치 이론을 전개했기에 프랑스의 일반 시민은 그것을 행동으로 옮겼을 때 정치에 주로 문학적 관념과 이론을 도입했다. 그러나 문학적 관념은 실천적 행동에 적합하지 않았다.

5. 철학가의 영향력이 가장 크게 전국으로 퍼져 나간 시기는 1750년

에서 1770년 사이다. 당시 두 파벌이 궁정과 국왕의 마음을 뒤흔들었는데 하나는 왕비, 왕세자, 공주가 중심이 된 교황 지상주의의 반동파였고 다른 하나는 퐁파두르 부인, 아르장송, 슈아쫼, 말셰르브 등의 철학파였다. 퐁파두르 부인은 시민 출신이라 하여 귀족에게 멸시를, 애첩이라 하여 성직자에게 무시를 받았으므로 자신을 지지하는 여론, 다시 말해 작가들을 필요로 했다. 작가들은 후작부인이 반동파와 싸울 때 그녀를 두둔했고 후작부인은 그들을 지원했다. 1746년 궁정이 볼테르를 옹호하면서 그는 아카데미에 입회했다. 뒤 데팡 부인, 데피네 부인, 드 레스피나스 양 등 정절에 구애받지 않던 여인들이 주재하는 살롱이 여론을 조성했다. 훗날 밝혀지지만 그때는 장관들이 경찰을 견제하면서 《백과전서Encyclopédie》를 보호하던 시기였다. 만약 루이 15세가 프리드리히 2세나 프랑수아 1세만 한 인물이었다면 아마 귀족들의 오만한 종교적 탄압에 반대해 국왕과 철학가의 동맹을 결성했을 것이다. 그러나 연약하고 나태한 루이 15세는 고등법원이 무신론자를 교수형이나 중형에 처하는 것을 허용하고 있었다. 볼테르는 신교도든 유대인이든 자유사상가든 사람에게는 정당한 재판을 받을 권리가 있다고 주장했다. 유명한 장 칼라스, 슈발리에 드 라 바르 사건처럼 '종교재판의 희생자'와 관련해 그는 광신자와 광신자를 지지한 정부를 공박했다. 국왕은 끝까지 철학가를 자기편으로 만들 기회를 상실하고 말았다.

6. 반대로 계몽주의 철학가들은 《백과전서》 덕분에 전 국민을 지지자 내지 동지로 만들었다. 초기에 《백과전서》는 출판사가 시도한 하

나의 영리사업에 불과했으나 빛나는 재능과 착실한 편집 능력을 구비한 디드로가 이 사업을 위임받았다. 그는 협력자로 몽테스키외, 볼테르, 달랑베르 등 기라성 같은 1급 인사들을 포섭했다. 검열 당국은 처음에 《백과전서》를 일종의 사전으로만 간주했으나 명민한 사람들은 곧 이 책이 중세기부터 계승해온 세계상을 뉴턴의 세계상으로 대체하려 한다는 것을 깨달았다. 그 내용에 따르면 우주는 신이 인간을 시험하기 위해 창조한 것이 아니고 권위는 진리의 기초가 아니며 진보는 인간이 자연으로 복귀함으로써 이루어진다. 이 모든 원리는 평범한 일반 지식이란 외피 아래 숨겨져 있었지만 해박한 독자는 충분히 이해할 수 있었다.

정치적인 면에서 《백과전서》는 국왕에게 다음과 같은 원리를 교시했다. 그것은 국민이 행복해지도록 하려면 이성에 기반을 둔 새로운 법을 제정해야 한다는 것, 신분 불평등이 모든 악덕 중 최악이라는 것, 교육은 인간이 자연의 지혜를 배우도록 지도하는 것이라는 내용이다. 《백과전서》의 영향력은 참으로 놀라웠다. 가격이 980리브르에 27권의 방대한 전집이었음에도 불구하고 4,300명이 구매 예약을 했다. 궁정의 귀족과 지방의 상인 등 프랑스의 모든 상류계급이 구독했고 성관의 서재, 몇몇 지방 사제의 가정에서도 볼 수 있었다. 고등법원과 고위 성직자들이 수차례 항의하자 국왕은 서적을 몰수하도록 명령했는데 아이러니하게도 경찰국장과 출판국장 자신이 이 책에 호의를 보였다.

출판국장 말셰르브는 수색이 시작되자 디드로에게 교정판을 자기 사무실에 숨겨두라고 권고했다. 국왕이 화약이나 입술에 바르는 연지 제조법을 알고 싶어 하면 퐁파두르 후작부인은 이 금단의 서적을 가져다 함께 읽었다. 자기가 찾는 항목을 발견한 국왕은 금서 처분을 내린 것을 후회했다. 후작부인은 자기 살롱에서 《백과전서》 저술에 참여한 사람들을 자주 대접했다. 그녀는 루이 15세를 철학가들의 국왕으로 만들려고 애썼으나 실패했다. 유행의 본질은 '변화'에 있음을 모르는 국왕은 침울한 표정으로 프랑스에서는 이런 일이 유행하지 않는다고 고집을 부렸다.

7. 《백과전서》 저술자들이 일심동체의 결사조직을 꾸린 것은 아니다. 위대한 박물학자이자 유력한 협력자인 조르주-루이 르클레르 드 뷔퐁Georges-Louis Leclerc de Buffon은 그들과 함께 있으면 답답하다며 곧 자리를 떴다. 아카데미 회원이던 달랑베르는 그들과 동조한다는 것을 드러낼 정도만 함께 있었다. 무신론자 폴 앙리 돌바흐Paul Henri d'Holbach와 쥘리앵 라 메트리Julien La mettrie는 보수적인 이신론자인 볼테르와 뜻이 맞지 않았다. 볼테르는 스스로 반교권주의, 반가톨릭이라고 말했으나 정치 분야에서는 현실주의·기회주의·행동주의를 도덕의 기준으로 삼고 있었기에 견실한 프랑스 시민계급 출신인 디드로와 협조가 잘 이뤄졌다.

루소는 볼테르보다 더 《백과전서》 저술자들의 무신앙을 마음에 들어 하지 않았다. 그는 18세기 전반의 합리주의와 무궤도 사상을 반대하는 반동파를 대표했다. 디드로와 볼테르처럼 인간지성의 진보에 감복하지 않은 그는 전통과 손을 끊었고 문명과도 이별했다. 루소는 이성이 아닌 감정과 정서를 만들었는데 그것을 드러내는 것을 무엇보다 귀중하게 여겼다. 정치에서는 의도가 선한 사람들이 자연적 도덕에 따라 살겠다고 약속하는 '사회 계약'을 기본으로 한 사회를 희망했다. 그가 《백과전서》 저술가들과 원만히 협조하지 못한 것은 그들은 과학자고 그는 과학자가 아니었기 때문이다. 그러나 루소는 많은 사람에게 감동을 안겨주었다. 자유사상처럼 빨리 싫증나는 것도 없다. 안이한 상태는 무미건조하고 단조로웠으며 살롱의 부인들은 과거의 열정시대를 그리워했다. 루소는 그들에게 《신 엘로이즈》를 제공했고 이성과 재치 대신 감정과 정서를 갖춘 사람을 시대의 주인공으로 만들어 그 시대의 풍습과 도덕을 바꿔놓았다.

8. 1750~1789년에 걸쳐 《백과전서》 저술가들의 이성혁명과 루소의 감정혁명이 나란히 진보를 거듭했다. 새로운 과학도 탄생했고 살롱에는 문인, 철학자뿐 아니라 경제학자들도 모여들었다. 경제학 분야는 프랑수아 케네François Quesnay, 뒤퐁 드 느무르Dupont de Nemours를 선구자로 하는 중농주의 일파가 지배했다. 재산 형성의 원리를 창조한 그들은 이 경제학이 뉴턴의 과학처럼 자연법칙을 발견하는 데 기여할 것이라고 믿었다. 그들은 세 가지의 법칙, 즉 소유권, 안전, 자유를 창안했다. 정부의 역할은 소유권과 자유가 기대하는 성과를 생산할 수 있도록 장벽을 제거하는 데 있다는 얘기였다. '모든 일을 있는 그대로 방임하라'는 것이 그들의 표어였다.

감찰관 안 로베르 자크 튀르고Anne Robert Jacques Turgot는 경제학자이자 관리로 경제학자들의 모임에 참석해 전문가로서의 체험을 피력했다. 당시 프랑스에서 자주 발생한 흉작으로 고민하던 그는 그 원인이 곡물거래에 부여한 여러 가지 제한에 있다고 주장했다. 농민이 자유 판매를 하지 못해 생산하지 않는다는 말이었다. 튀르고는 케네파의 당파적 기풍을 그리 좋아하지 않았으나 그들은 그를 장래의 커다란 희망으로 생각했다. 그들은 튀르고가 장관이 되었으면 했는데 실제로 그는 훗날 장관이 되었다.

9. 18세기에는 미술도 문학과 같은 과정을 밟았다. 화가들은 위대한 세기의 호화로운 위대성에 싫증을 내고 있었다. 어색한 풍류 예절과 열정에 뒤이어 연애가 연극의 주제가 된 이때 회화 역시 환상적으로 진화하는 것은 당연한 일이었다. 무대장치 화가 장 앙투안 와토Jean-Antoine Watteau는 연극과 현실의 간극을 꿈처럼 황홀하게 표현했고 그가 그린 애인들은 셰익스피어를 떠올리게 하는 꿈나라의 화원에 살고 있었다. 우리는 환희의 환상이 오래 지속되지 않는다는 것, 그리하여 감미로운 애수가 뒤따른다는 것을 잘 알고 있다. 장오노레 프라고나르Jean-Honoré Fragonard는 퇴폐와 우수를 종합해 하나의 걸작을 남겼다. 화가 프랑수아 부셰François Boucher는 니콜라 드 라르질리에르Nicolas de Largillière와 이아생트 리고Hyacinthe Rigaud의 장엄성에 대한 대안을 완성했고 그의 작품에는 진지하거나 심각한 것이 전혀 없었다. 그의 애인은 양치기 소녀로 그들은 양떼를 지키는 재주도 없어 보였고 그가 그리는 큐피드는 신이 아니라 토실토실하게 살찐 볼그레한 어린아이였다.

그런데 사람들은 루이 14세 시대의 화풍에 싫증을 냈듯 퐁파두르식 화풍의 우아한 아름다움에도 권태감을 느꼈다. 루소의 감정혁명에

대응해 감성적인 회화가 나타났는데 디드로는 미술평론가로서 회화
가 도의적이기를 희망했다. 장 바티스트 그뢰즈Jean-Baptiste Greuze는
그 희망을 충족시킬 만한 화풍을 창조하고 감동적인 일상생활의 단
면을 화폭에 옮겼다. 다만 의식하지 않던 정숙한 처녀의 육감적인 표
현이 화면의 단순화를 구제했다. 프랑스 화가 중 가장 위대하고 가장
프랑스적인 장 바티스트 시메옹 샤르댕Jean-Baptiste Siméon Chardin은
처음으로 화폭에 하류 시민계급이 등장하는 작품을 제작했다. 그의
화폭에는 평범하고 소박한 사람들의 일상생활에서 볼 수 있는 조화,
평화, 성실이 담겨 있다. 그는 새하얀 식탁보의 주름과 구리냄비의 부
드러운 반사경에 무한한 가치를 부여하는 기법을 선보였다. 퐁파두르
부인과 조프랭 부인이 미술가들을 후원했다. 전자는 장 마르크 나티
에Jean Marc Nattier, 모리스 드 라투르Maurice de La Tour 그리고 부셰를,
후자는 샤르댕과 위베르 로베르Hubert Robert를 후원했다.

10. 정보꾼들은 여전히 뤽상부르, 튈르리, 팔레루아얄 광장에 모여
들었으나 루이 15세 시대에 여론 형성의 중심은 살롱이었다. 프랑스
는 사교적 회합이 역사적 전환기로 작용한 유일한 국가다. 궁정에서
남녀의 정사가 성행한 이후부터 프랑스인은 여성과의 교제와 대화를
즐겼다. 18세기에는 몇 개의 저택이 사상의 증권거래소처럼 유명해
졌고 철학가들은 그곳에서 국내의 남녀 유지有志를 비롯해 외국의 저
명인사들을 만났다. 그중에서도 두 개의 살롱이 가장 유명했는데 그
것은 조프랭 부인과 뒤 데팡 후작부인의 살롱이었다. 이 두 여인은 호
적수로 살롱 창설자답게 제국주의적 공격성이 강했다. 조프랭 부인은

생고뱅 유리공장 지배인의 아내로 부유한 그녀는 탕생 부인의 고객 중 일부를 인계했다. 생토노레 거리에 있는 그녀의 살롱에는 매주 수요일마다 퐁트넬, 몽테스키외, 달랑베르, 갈리아니 등이 모였다.《백과전서》도 일부는 이곳에서 쓰였다. '마마'라는 애칭으로 불리던 그녀가 수양아들인 폴란드 왕 스타니슬라스 오귀스트를 방문하는 유럽여행을 하고 오스트리아의 마리아 테레지아 여황제를 알현하면서 그들에게 정신계의 여왕으로 대접받았을 때 그녀의 영광은 절정에 달했다.

조프랭 부인은 프루스트와 가까웠던 베르뒤랭 부인처럼 약간 거만한 여인이었다. 그녀의 적수인 뒤 데팡 부인은 그녀보다 냉정하고 총명했다. 그녀는 애정과 막연한 상상에 치우치지 않고 장년 시절에는 고등법원장 에노와 애정 없는 미지근한 관계를 맺었다가 나이 들어 맹인이 되자 비로소 애정을 깨닫고 영국인 호레이스 월폴Horace Walpole에게 의지했다. 이런 비애가 서린 공기를 찾아 변함없이 살롱의 고객들이 모여들었다. 볼테르는 뒤 데팡 부인 살롱의 중심인물이었고 그녀는 자신이 성직자와 마찬가지로 멸시하던 계몽주의자들을 제압하도록 볼테르를 격려했다. 이 나이 많은 여인은 염세사상이 농후했으나 영국인과 프랑스인 사이에 가교 역할을 했다. 루이 15세 치세에는 철학적 살롱이 슬며시 묵인을 받은 반대파를 대표했지만 루이 16세 시대에는 네케르 부인의 살롱처럼 살롱이 권력의 자리로 올라가는 부속실이 되었다.

11. 17세기처럼 18세기에도 프랑스 문명이 곧 유럽 문명이었다. 모든 나라에서 귀족은 프랑스어를 사용했고 이 관습은 러시아, 스웨

덴, 발칸 지방, 심지어 독일어가 모국어인 지방에서도 오랫동안 지속되었다. 레프 니콜라예비치 톨스토이Lev Nikolaevich Tolstoi의 역사소설을 보면 등장하는 러시아 인물들이 프랑스어로 대화를 한다. 18세기의 프랑스 작품은 각 나라의 지도계급이 애독했고 그들에게 새로운 사상을 전수했다. 볼테르는 프리드리히 2세의 초청을 받아 프러시아에서 장기간 체류했으며 디드로는 러시아 여황제 예카테리나와 서신을 교환했다. 토머스 제퍼슨(Thomas Jefferson, 1743~1826, 미국 제3대 대통령—역자주) 같은 교양 있는 미국인은 프랑스어 장서를 보유했다.《백과전서》저술가들의 철학이 미국에서 들어온 것은 사실이었고 아메리카 독립은 몽테스키외보다 영국 로크의 영향이 더 컸다. 그러나 유럽 각국에는 영국의 사상이 프랑스화한 형식으로 보급되었다. 한 경제학설은 볼테르의 정신을 통해 비로소 명확해지고 이해하기가 쉬워졌다. 곡물 거래, 세계의 다양성, 궁극적 인과관계 등의 문제도 프랑스 작가가 대화나 우화 형식으로 모든 지성적 독자가 이해할 수 있도록 해설했다. 중세기 철학의 준엄한 시대처럼 이때도 프랑스는 보편성의 경향을 나타냈다.

—

chapter 8

루이 16세의 개혁 실패

—

1. 절대왕정 시대에는 국왕의 인격이 통치의 핵심이다. 정권의 가치는 국왕의 가치에 좌우된다. 앙리 4세 때는 절대왕정이 적법한 것으로 여겨졌으나 루이 16세 때는 용인할 수 없는 불법으로 보였다. 결코 국왕이 무능해서가 아니었다. 그는 경건하고 순결했으며 국민을 애정으로 대하면서 항상 선정을 베풀려고 애썼다. 더군다나 그는 우매하지도 않았다. 그는 역사, 지리, 영어에 어느 정도 능통했으나 정치에는 관심을 보이지 않았다. 부르봉 가문보다 레친스키와 색슨의 혈통을 많이 받아 비만형인 그는 수렵과 자물쇠를 만드는 취미에 빠졌다. 그는 우유부단했고 누구에게나 조언을 요청했다. 국왕이 "나는 어떻게 하면 좋으냐"고 물었을 때 작가 앙투안 드 리바롤Antoine de Rivarol이 국왕답게 하시라고 대답한 적도 있다. 소심한 사람들이 으레 그렇듯 그도 진퇴양난일 경우 사람의 마음을 몹시 상하게 하는 분노를 터뜨렸다. 특히 그는 기마와 철공에 지쳐 늘 정신이 몽롱했다.

슈아죌은 오스트리아와의 동맹을 위해 그가 열여섯 살이었을 때 오스트리아 대공주 마리 앙투아네트와의 결혼을 주선했다. 경제공황으로 인해 파리에서의 결혼 축전은 제대로 거행되지 않았고 그때부터 두 사람 사이에 불안한 공기가 감돌았다. 우아함과 위엄을 겸비한 마리 앙투아네트는 모친 마리아 테레지아 여황제에게 부왕의 마음을 사로잡아 프랑스 정책에 영향을 미치라는 가르침을 받았다. 그녀는 이 우둔한 청년의 마음을 사로잡으려 꾸준히 노력했으나 성공하지 못했다. 하는 수 없이 그녀는 얌전하고 예쁜 랑발르, 그다음에는 마음씨가 좋지 않은 폴리냐크 등 여자의 우정에 마음을 돌렸다가 시아주버니인 젊은 아르투아 백작(샤를 10세)과 가까이 지냈다. 그녀는 왕비가 된 후에도 사생활의 감미로운 분위기를 계속 유지하려 했으나 이것이 그녀와 친하지 않은 사람들의 불만을 사면서 중상과 모략이 터져 나왔다. 우아한 그녀는 치세 초기부터 사랑받을 만한 자격이 충분했지만 도리어 끈질긴 적을 만들고 말았다. 아늑한 처소에서 나오기만 하면 외부세계의 불의와 악의가 자존심을 무너뜨리자 그녀는 그에 대한 반동으로 비열한 소행에 분노하고 모욕 및 중상에 대해 원한을 품었다. 국왕은 지나치게 관대했고 왕비는 지나치게 준엄했다. 그녀는 불쌍한 부왕의 약점을 안 이후 마음이 침울해졌다. 어머니가 파견한 대사 메르시 다르장토를 통해 전달한 그녀의 서신에는 이런 말이 있다.

"분명 내가 상대하지 않으면 안 되는 사람을 알고 있을 것이다. 간신히 어떤 사안을 납득시켰다고 생각하는 순간 한마디 비평이나 이의만 있어도 아무런 분별도 없이 생각했던 일을 포기하고 만다."

겉으로는 부부생활과 통치가 정상적으로 보였으나 담비 모피와 꽃무늬 벨벳 밑에서는 은밀히 왕실이나 국가 간 이혼이 오래전부터 싹트고 있었다.

2. 루이 16세는 부왕과 부르고뉴 공처럼 경건하고 인도주의적인 부르봉 가문 혈통의 품성을 이어받았다. 즉위할 때 그는 "짐은 국민에게 사랑받기를 원한다"라고 말했으나 행복한 왕국을 만들 방책이 모호했다. 그는 귀족계급의 재건이 가능하다고 믿었던 것 같다. 자연히 철학가들 특히 슈아죌, 드 모푸처럼 다소 참신한 정책을 실천하고 특권계급을 규제하려던 사람들과 완전히 사이가 멀어졌다. 루이 16세는 시대적 분위기를 반영해 인간의 우월성에 대한 본능적 신념으로 1차 조각組閣 때 당시 높이 평가받던 개혁자를 몇 명 임명했다. 여건상 불리한 인선이었으나 내각 수반으로 경박하고 회의주의적인 노정객 모르파 백작을 임명하고, 《백과전서》 저술가들의 보호자인 말세르브와 진보주의자들의 희망이었던 튀르고를 장관으로 선임했다. 국왕이 장관들과 회동할 때 튀르고는 말했다.

"소신이 헌신하려는 존재는 국왕이 아니라 영예를 바칠 만한 사람입니다."

"경은 그대의 생각대로 할 수 있을 것이다."

진심으로 감격한 튀르고는 그 자리에서 나온 뒤 자신의 정강정책을 기록한 상서를 국왕에게 올렸다.

"파산, 증세, 기채起債를 회피하려면 생산을 증대하고 세출을 절감해야 합니다. 생산을 자극하기 위해서는 곡물거래를 자유화해야 합니다. 세출을 줄이는 부분에서 소신은 인자한 인간성, 특히 폐하와 폐하께서 가장 친애하시는 분의 후덕한 성품과 싸워 나가야겠습니다."

이 말은 젊은 왕비에 대한 은근한 비난이었다. 튀르고는 자신의 봉급을 14만 2,000리브르에서 8만 2,000리브르로 삭감했는데 이는 훌륭한 행동이긴 했으나 별로 효과가 없었다. 볼테르는 튀르고의 결단을 극구 찬양했다.

"나는 튀르고의 걸작을 읽었다. 천지가 새로 개벽하는 듯한 감동을 느꼈다."

그 감동은 국외에서도 대단했고 요한 볼프강 폰 괴테Johann Wolfgang von Goethe는 다음과 같이 기록했다.

"선정을 원하는 프랑스의 새로운 왕이 허다한 폐습을 일소하고 착실한 성과를 올리며 질서와 정의를 위해 통치하려는 의도로 자신의 권위마저 제한하려 노력하는 것을 보고, 가장 고무적인 희망이 전 세계에 퍼지고 신뢰를 되찾은 청년들은 찬란한 미래를 약속받았다고 자신했다."

의도는 분명 의심할 바 없이 위대했으나 행동이 이를 따르는가는 두고 볼 일이었다.

3. 만일 튀르고가 강력한 국왕 밑에서 통치를 맡았다면 필요한 개혁을 완수하고 프랑스를 위해 하나의 혁명을 회피할 수 있었으리라. 그는 13년 동안 행정을 담당한 리무쟁 지방을 완전히 부흥시킨 인물이었다. 그러나 그는 장관직에 21개월밖에 재임하지 못했고 세 가지 측면에서 공격을 받았다. 첫째, 그에게 경비를 감독받게 된 왕비가 그

녀의 측근이자 친오스트리아파인 슈아죌을 장관 자리에 앉히려 했다. 둘째, 튀르고로 인해 자신의 이득을 위협받게 된 은행가와 징세 청부인의 반발이 잇따랐다. 셋째, 그들이 빈곤한 것은 곡물의 자유거래 때문이라고 정부 대리인들의 선동을 받은 민중의 저항이 있었다. 곡물 독점업자들이 교묘하게 교란작전을 펴면서 기근의 원인이 자유거래로 인한 밀가루 전쟁에 있다며 민심을 현혹시킨 것이다. 불안과 낙심에 가득 찬 국왕은 어리석게도 고등법원의 법관들을 다시 불러들였고 튀르고의 강력한 반대는 허사로 돌아갔다. 마리 장 앙투안 니콜라 드 콩도르세Marie-Jean-Antoine Nicolas de Condorcet는 튀르고에게 이런 서신을 전했다.

"소문에 따르면 횡포, 자만, 편견으로 가득한 과거의 고등법원이 부활할 거라던데 참으로 기막힌 일이다."

고등법원은 부활하자마자 예상대로 모든 개혁을 폐지했다. 1776년 1월 튀르고는 부역을 폐지하고 도로 건설비용을 지주에게 부과하는 한편 특권자에게도 과세하려 계획했다. 그는 다음과 같이 주장했다.

"조세는 재산에 비례해 징수해야 하는데 우리나라는 반대로 부유한 사람이 세금을 면제받고 있다."

그는 폐쇄적인 길드조직과 동업조합제도도 폐지하려 했다.

"일할 권리는 천부의 권리다."

결과적으로 그는 영주부터 식료품상에 이르기까지 모든 사람을 반대파로 만들고 말았다. 적의로 가득한 고등법원은 국왕의 칙령이 아니면 장관의 포고를 등록할 수 없다며 개혁에 반대함으로써 또 한 번 부당하게 인기를 끌었다. 일반 대중은 튀르고를 조롱하면서 콧노래를 불렀다.

"말셰르브는 모든 것을 만들고, 튀르고는 모든 일이 엉클어지게 하고, 모르파는 모든 것을 웃어넘기고 있다."

사랑을 받겠다는 헛된 집념을 굳게 지키던 국왕은 슬픈 얼굴로 말했다.

"튀르고는 모두가 짐을 사랑하지 않게 만든다."

고등법원은 국왕의 신임을 배반한 일이 없다고 철없이 항변하면서 특권자에 대한 과세포고를 인준하지 않았다. 살롱에서는 튀르고의 실각을 예언했다. 튀르고는 마지막 노력을 기울여 국왕에게 솔직히 간언했다.

"폐하께서는 경험이 부족하십니다. 공평한 자세와 습관만이 인간을 정확히 판단할 수 있는 법입니다. 그런 만큼 스물두 살의 나이에 그 자리에 계시는 폐하께서 그런 능력을 갖추지 못한 것은 당연하다고 생각합니다. 그렇다고 1주일 아니 1개월 후에 그런 능력을 갖출 수 있겠습니까? (⋯) 폐하! 소신은 진정 폐하를 이해할 수 없습니다."

그는 파면당했고 그의 계획은 수포로 돌아갔다. 이 인사 조치는 매우 중대한 사건이었으나 국왕도 국민도 별로 관심을 두지 않았다.

4. 국내적 요인이 이처럼 실패를 거듭하는 것도 모자라 외교적으로도 실패가 있었다. 튀르고는 재정을 바로잡기 위해 평화를 갈망했으나 외무대신 베르젠 백작은 영국에 복수하기 위해 전쟁을 시도했다. 1768년 이후 슈아죌은 아메리카의 독립혁명을 보고받고 기쁨을 감춘 채 관망하고 있었다. 재건 계획 완료로 1771년 프랑스 함대는

이미 전함 64척, 순양함 45척을 헤아렸다. 슈아죌의 후계자 베르젠은 1776년 아메리카에서 벌어지는 현실적인 일로 눈을 돌렸다. 반란을 꾀하는 식민지를 지원하되 그것이 영국과의 전쟁으로 비화되지 않도록 피에르 드 보마르셰Pierre de Beaumarchais 같은 중간상인을 내세워 비밀리에 무기를 제공하기로 한 것이다. 독립선언 이후 파리에 온 벤저민 프랭클린Benjamin Franklin은 개인적인 품격과 인기로 사명을 달성하는 데 많은 도움을 받았다. 과학자로서의 영예, 예지에 대한 명성, 소박한 풍채, 재치 있는 화술 등은 모두 그에게 유리하게 작용했다. 프랭클린의 저서 《가난한 리처드의 달력Poor Richard's Almanack》에 담긴 철학은 곧 프랑스 시민의 철학이었다. 특히 번개에 관한 그의 실험은 유명했다. 카르몽텔이 그린 그의 초상화 아래에는 '우리는 그가 폭군의 무장을 해제하는 것을 보았다'라는 찬사가 있고 튀르고는 그를 위해 라틴어로 찬사를 바쳤다.

"그는 하늘로부터 번개를, 폭군으로부터 홀笏을 빼앗았다."

과학아카데미는 그를 회원으로 선임했고 그는 정기적으로 회의에 출석했다. 그곳에서 그는 볼테르와 만났는데 나이 든 두 사람은 열광적인 대중 앞에서 서로 얼싸안았다. 영국 대사관은 그가 본국에서 인망이 없고 대사라기보다 망명객이라는 인상을 유포하려 애썼으나 허사였고 궁정과 시중에는 위대한 프랭클린 이야기만 떠돌았다.

5. 프랭클린에 관한 전설 같은 화제는 프랑스 대중의 지성적, 정서적 요구에 부합했다. 당시는 《신新 엘로이즈La Nouvelle Héloïse》(장 자크 루소의 대표 소설로서 신분 차이로 비극적 결말을 맞는 남녀의 사랑 이야기―역자주)와 트리아

농 궁의 목장이 인기를 끌 만큼 순박한 전원생활에 열정을 바치던 시대였다. 사실 프랭클린에게는 전원적 요소가 하나도 없었고 그는 단순하다기보다 신경이 굉장히 예민한 사람이었다. 자신에게 주어진 임무를 완벽히 완수할 능력을 갖춘 인물이었다. 그는 자신의 모피 모자와 안경이 인기를 모으자 어느 곳이든 그 모자와 안경을 쓰고 나타났다. 실수로 가발을 쓰지 않고 사절단과 만났다가 오히려 좋은 성과를 거둔 것을 알고 우연을 원칙으로 바꿔 그 뒤부터는 가발을 쓰지 않았다. 또 파리 사람들이 자신을 퀘이커교도로 믿고 있음을 알고 이를 부인하지 않도록 조심했다. 고대 공화제를 열망한 여론은 아메리카인을 고대 로마공화국 시대의 카토나 파비우스처럼 생각했다.

프랑스 국왕은 이론상으로는 절대군주였으나 실제로는 권력, 무기, 투표권도 없이 자신의 사상을 장관들에게 강요하는 여론, 즉 소집단의 의견에 좌우되었다. 이 소집단은 프랭클린을 우상으로 받들었다. 청년 귀족들은 볼테르와 루소를 하늘처럼 숭배하듯 프랭클린을 숭배했다. 사상이 활발하게 퍼져 나가던 프랑스에서는 군인 막사에서 독립이, 성관에서 민주주의가, 무도회에서 철학이, 규방에서 미덕이 화제였다. 그들의 눈에는 아메리카가 그들이 희망하는 자유를 약속하는 듯 보였다. 그래서 뉴잉글랜드에는 고대 그리스보다 많은 현인이 있다고 생각했고 대륙회의는 로마시대의 원로원으로 간주했다. 모든 청년이 아메리카의 독립 반란군을 위해 싸우기를 열망했다. 독일의 평론가 프리드리히 멜키오르 폰 그림Friedrich Melchior von Grimm은 청년들이 자유라는 명목 아래 이누이트든 코이코이든 부모형제를 버리고 출전을 지원할 만큼 흥분했다고 말했다. 국가의 이성뿐 아니라 국민의 이성이 베르젠의 행동을 결정했다.

6. 초기에 아메리카 독립전쟁에 참전한 프랑스 군대는 지원병이었다. 베르젠은 독립군의 전과를 알기 전까지는 모험을 감행할 생각이 없었던 것이다. 1777년 존 버고인 John Burgoyne 장군의 항복이 그에게 자신감을 주면서 그해 12월 루이 16세는 아메리카합중국의 독립을 승인하고 동맹 조약을 체결했다. 프랑스는 대가 없이 순수한 태도로 참전했고 승리에 대한 대가도 요구하지 않았다. 신임 재무장관 자크 네케르 Jacques Necker가 전쟁비용 조달을 담당했다. 네케르는 성실한 제네바의 은행가로 직책을 완벽히 수행했으나 이것이 프랑스의 통치도 완벽하게 수행하리라고 보증한 것은 아니었다. 그의 아내의 살롱에는 철학가와 중농주의자가 많이 찾아왔는데 금요일의 식탁에 고기가 있는 것과 없는 것, 두 가지 식사를 마련해 깊은 인상을 주었다. 이살롱이 '네케르 광신자'를 낳는 바람에 은행가가 재무장관에 오른 것이다. 네케르는 베르젠의 아메리카 정책을 지지하기 위해 튀르고가 기피하던 일, 즉 기채를 단행했고 아메리카인의 독립전쟁이 순조로워 그 기채는 성공적이었다. 1776년에서 1781년까지 5년간 그는 약 6억 리브르라는 거액을 융자했다. 1781년 그는 건전한 신규 정책을 시행하지 않는다는 비난을 받자 프랑스에서 최초로 공개한 〈국가재정에 관한 공식문서〉 보고서를 발표했다. 보고서에 대한 평가는 예상 외였고 석공부터 후작에 이르기까지 프랑스 사회의 모든 계급이 이것을 읽었다. 그러나 불행히도 이 보고서는 5000만 리브르의 적자를 1000만 리브르로 기재하는 식의 거짓을 범했다. 네케르는 직책상 국

민에게 경고해야 할 시점에 반대로 국민에게 안도감을 주었던 것이다.

7. 한편 베르젠은 교묘한 대륙정책으로 오스트리아와 프로이센 간에 평화를 성립시켰다. 1780~1781년에 로샹보Rochambeau 백작의 육군부대와 그라스Grasse 제독이 이끄는 함대가 요크타운에서 영국의 항복을 받아냈다. '해상의 폭군'으로 전락한 영국과 달리 자유의 수호자로 전 세계의 칭송을 받은 프랑스는 과거 어느 때보다 강대한 위상을 차지했다. 그러나 국가의 채무가 10억 리브르에 달했고 당시 이것은 너무 막대한 금액이었다. 미슐레는 이렇게 말했다.

"아메리카는 자유를 얻고 스페인은 미시시피와 플로리다를 획득했는데 프랑스는 영예와 파산을 짊어졌다."

이 말이 전적으로 타당한 것은 아니다. 프랑스는 됭케르크를 요새화할 권리, 세네갈 영유권 그리고 극동에서는 인도차이나 반도에 대한 영향력 행사 등을 확보했다. 무엇보다 베르젠, 로샹보, 마르퀴스 드 라파예트Marquis de La Fayette 등이 앞으로 프랑스의 귀중한 재산이 될 미국과의 우호관계의 기초를 구축했다.

8. 승리를 거머쥔 순간 네케르도 튀르고처럼 궁정의 미움을 받아 실각했다. 이제 재정 문제를 해결할 전망은 보이지 않았다. 누구든 세출을 억제하면 베르사유의 미움을 받고 세입 증대를 위한 세제개혁을 시도하면 고등법원과 대립해야 했다. 고등법원이 네케르의 파면을 요구했을 때 국왕과 모르파는 네케르를 위해 그들과 투쟁할 생각이 없었기에 그 요구를 그대로 들어주었다. 왕비와 쥘 백작부인 폴리

냐크는 약간의 시일을 두었다가 그들의 심복인 샤를 드 칼론Charles de Calonne을 재무장관으로 임명했다. 〈피가로의 결혼Le Marriage de Figaro〉에 "회계원이 필요했을 때 그 자리를 맡게 된 사람이 무용 선생인데"라는 대사가 나오는데 이것은 칼론을 비아냥댄 말이라고 한다. 하지만 그는 소문처럼 무능하지 않았고 오히려 완전한 세제개혁안을 작성한 유일한 재무장관이었다. 붙임성이 있고 모든 사람의 호감을 샀던 그가 재무장관이 되자마자 많은 적대감과 비난을 받은 것만 봐도 짐작할 수 있다. 1781~1786년까지 그는 국가의 경제활동을 강화하려 전력을 다했다. 물론 그 기간에 8억 리브르에 달하는 신규 기채를 발행했으나 그 외에 다른 방책이 없었다. 특권계급은 온갖 수단과 방법을 동원해 자신의 이익을 지켰고 일개 재무장관으로서 그는 그들에게 무력했다. 실제로 그들을 공격한 사람은 바로 작가였다.

9. 극작가 보마르셰는 극의 주인공 피가로처럼 손대지 않은 사업이 없었다. 대영주들과 친밀하게 지낸 그는 그들의 경박하고 방탕한 생활을 속속들이 알고 있었고 그들의 생태를 있는 그대로 서술했다. 국왕은 오랫동안 〈피가로의 결혼〉의 상연을 금지했다. 오늘날 우리는 그 이유를 의심하지 않을 수 없다. 대부분 셰익스피어극과 흡사한 이 절묘한 연극이 특권계급에 위해를 끼친다면 이미 특권계급이 그만큼 위신을 잃었기 때문일 것이다. 드디어 〈피가로의 결혼〉을 상연하자 도리어 금지 조치로 인해 관객은 대사의 구절구절에 숨어 있는 명구를 찾아냈다. 알마비바 백작부인은 왕비와 그녀의 행동을 풍자한 것이다. 마리 앙투아네트는 비판의 희생자가 되었고 간소한 생활을 좋

아하는 그녀가 모든 국민과 함께 즐기려고 오페라와 무도회에까지 참석하는 미덕을 발휘해도 그것은 오히려 비난의 소재가 되고 말았다. 다른 왕비였다면 이런 행동으로 국민의 사랑을 받았을 테지만 마리 앙투아네트의 반대파는 이것을 죄악으로 내몰았다. 마침내 그녀가 오랫동안 고대하던 왕세자를 낳자 세인들은 적출이 아니라고 부인했다. 그녀는 순진한 마음에서 하찮은 농담과 가장 무도회에 흥미를 보였는데, 이것을 기화로 일반인이 프랑스 왕비가 루이 드 로앙 추기경과 관계하고 있는 것처럼 생각하도록 '목걸이 사건(라 모트 백작부인이 로앙 추기경에 접근하여 왕비가 원하는 것처럼 꾸며 160만 리브르 상당의 목걸이를 구입하게 한 뒤 가로챈 사건 — 역자주)'이란 놀랄 만한 사기 사건이 조작되었다. 이 사건은 칼론의 재정정책 이상으로 왕정의 권위를 손상시켰다.

왕비의 오빠 요제프 2세(Joseph II, 1741~1790) 황제가 파리를 방문했을 때 그는 왕비에게 남의 입에 오르내릴 만한 방자한 행동을 하지 말라고 주의를 주었다. 그리고 왕비에게 어떤 일이 있어도 오스트리아의 외교정책을 지지하게 하겠다는 약속을 받았는데, 이 일로 인해 그는 왕비에게 치명적인 타격을 안겨주었다. 프랑스 국민은 오스트리아 여자가 국가의 안전보장에 극히 위험한 존재라는 인상을 받았다. 세간에서는 재정 적자가 왕비의 낭비벽 때문이라고 공격했지만 실제로 궁정 경비는 전체 예산의 6퍼센트에 불과했다. 하지만 파리와 런던에서는 비방문서 작가들이 그녀에 대한 낭설을 마음대로 퍼뜨렸다. 반면 국왕은 '가엾은 사람!'으로 부르면서 굉장히 칭송했고 그의 신경과민증을 오히려 미덕으로 숭상했다.

10. 1786년 8월 고등법원의 조직적인 반대운동을 제압하려면 독특한 방법이 필요하다고 자각한 칼론은 유력한 명사 140명으로 구성된 회의를 소집하기로 했다. 험구를 좋아하는 사람들은 명사회의(프랑스어로 assemblé de notables)를 영어와 프랑스어를 섞어 무능자 회의(영어로 assembly of the not able)라고 부르며 야유했다. 과거에 앙리 4세는 이 제도로 성공한 적이 있었다. 이 조치는 감상적인 궁여지책으로 과거에 빛나는 성과를 거둔 왕정의 전통을 답습한 것인데, 유력한 명사 중 한 명인 라파예트는 조지 워싱턴(George Washington, 1732~1799, 미국 초대 대통령─역자주)에게 이 조치를 채택한 국왕과 칼론이 국민에게 감사를 받고 있다고 써 보냈다. 회의는 1787년 2월에 열렸고 칼론은 개회에 즈음해 혁명적이라고 할 만한 연설을 했다.

"종래의 악폐를 일소하는 것만이 우리가 당면한 긴급 문제를 해결하는 유일한 길이다. 오늘날 국민의 공익을 위해 근절해야 할 악폐는 가장 광범위하게 특권을 향유하는 사람들, 가장 깊이 뿌리를 박고 가지를 넓게 뻗고 있는 사람들이다."

칼론은 6개의 안건을 제출했는데 이는 라파예트의 요망과 일치했다. 지방회의제도 창설, 지세물납제도, 성직자 재산에 대한 과세, 인두세 개선, 곡물거래 자유화, 부역을 대체하는 면역세 창설 등이었다. 하지만 1787년 부활절 무렵 자신들의 전통적인 권리를 침해당한 특권계급이 칼론의 파면을 강요했고, 결국 툴루즈의 대주교 로메니 드 브리엔Loménie de Brienne이 수상이 되었다. 이 대주교는 신앙심도 없고 경박한 자유사상가로 칼론보다 훨씬 더 무능했다. 명사회의는 민심을 소란케 한 것 외에는 아무런 성과도 없이 해산되었다. 좋은 성과가 있었다고 자부하면서 지방회의에 기적을 기대하던 라파예트의 서신만 보면 당시의 정확한 진상을 알기 어렵다. 그는 다음과 같은 서한을 남겼다.

"자유사상이 왕국의 구석구석까지 퍼지고 있다."

그는 왕비가 봉변당할 염려가 있어서 감히 파리로 오지 못하는 것을 만족스럽게 여겼다.

"국왕의 전제권력 그리고 궁전신하들의 음흉한 처사나 노예근성, 전국에 널리 보급된 언론 및 비판의 자유 사이에는 현저한 차이가 있다."

11. 브리엔과 고등법원 사이에 프롱드 난과 유사한 투쟁이 벌어졌다. 이 투쟁에서 브리엔은 비교적 자유주의적인 정책을 대표했으나 여론은 여전히 고등법원을 지지했고 어느 때보다 절실히 필요한 과세에 극심하게 반대했는데, 이런 정세는 지방일수록 더 심했다. 노르망디, 브르타뉴, 도피네 지방은 오래전에 폐지한 지방 삼부회 부활을 요구했다. 렌 지역에서는 일종의 폭동이 발생했고 브르타뉴 귀족의 대표가 파리에 올라와 거만한 언사로 난동을 부리다가 바스티유에 투옥되었다. 도피네에서는 영국 하원과 유사한 제3신분 및 귀족연맹을 결성했고 유능하고 중도적인 왕실판사 무니에의 사회로 비지유에서 세 신분이 함께 참석하는 회의를 열었다. 비지유 선언은 타당한 조치를 제의했다. 즉, 삼부회의 승인 없이는 조세와 상납금을 징수할 수 없고 제3신분의 대표자 수를 배로 늘리며 투표는 신분별이 아니라 개인별로 하자는 것이었다. 이로써 제3신분이 삼부회의 과반수를 차지하게 되었다. 1788년 8월 브리엔은 다음 해 5월 1일에 삼부회를 소집

하겠다고 공고했다. 그는 특권계급과 고등법원에 대항해 제3신분에 호소하려고 준비했다. 그러나 여론은 이미 브리엔에게 염증을 느꼈고 국고는 말 그대로 텅 비어 있었다.

"한 사람도 지불하는 사람이 없었고 모두가 지불받기를 바라는 사람뿐이었다."

국왕은 임박한 파산을 모면할 방책이 없음을 깨닫고 많은 세금을 거둬들이면서도 납세자에게 적게 받는 것 같은 환상을 주는 수완을 발휘한 네케르를 다시 불러들였다. 마술사의 복귀는 모든 국민에게 대단한 기대를 안겨주었다. 브리엔의 파면을 계기로 파리에서는 기쁨에 들뜬 군중의 축제가 열렸다. 군중은 왕비에게 '적자를 만드는 부인'이란 별명으로 욕설을 퍼붓고 왕비의 심복 폴리냐크 부인의 인형을 하수구로 끌고 다녔다. 바스티유에 구금되어 있던 브르타뉴의 귀족들은 포악한 정부에 대한 항의의 표시로 옥사의 지붕 위에 축등을 켜 놓았고 이 희가극 같은 옥사는 정치적 상징이 되었다.

12. 네케르도 불가능한 일을 성취할 수는 없었으나 그의 실력은 인기의 기반이었고 그는 자기 재산에서 200만 리브르를 국고에 상납했다. 이 행동을 본 공증인들이 네케르를 신뢰해 600만 리브르를 융자해주자 금융업자와 채권자들도 마음을 놓았다. 국채의 시세는 상승했고 네케르는 자신의 장기인 임기응변 수단으로 삼부회를 소집할 때까지 끌고 나갔다. 국왕은 이 거만한 '마술사'가 싫었지만 만사를 그가 하는 대로 따르겠다고 약속했다. 자신만만했던 네케르는 국왕에게 낙관적인 어조로 모든 일이 잘 해결될 것이라고 말했다. 그런데 그

는 재정 문제가 아닌 다른 난관에 봉착했다. 파리의 겨울은 몹시 추웠고 시민은 혹한과 기아에 떨고 있었다. 고등법원은 1614년의 규정에 따라 삼부회를 소집할 것을 고집했다. 네케르는 아무런 예고도 없이 1789년 1월 1일 '프랑스 국민에게 보내는 신년 선물'로 제3신분의 정원을 두 배 늘린 삼부회를 소집하겠다고 공고했다. 그렇지만 개인별 투표는 언급하지 않아 모든 일이 여전히 미결 상태로 남았다.

chapter 9

—

혁명을 맞은 1789년의 정세

—

1. 혁명이란 지배계급 교체를 의미하며 지나친 부정, 빈곤과 재난, 전쟁에서의 패배 등으로 지배자가 몰락하면서 분위기가 조성된다. 물론 유력한 통치계급이 스스로 자신감과 권위를 잃고 직책을 포기함으로써 발생하는 혁명도 있다. 1788년 프랑스는 여전히 유럽에서 제일 강대한 국가였고 인구는 유럽 총인구의 16퍼센트인 2600만 명이었다. 반면 대영제국은 1500만, 프로이센은 800만에 불과했다. 때마침 프랑스는 아메리카 독립전쟁에서 승리를 거둬 육해군이 어느 때보다 강력했다. 앞으로 있을 혁명군의 승리도 공안위원회의 숭고하고 강력한 행동뿐 아니라 잠재력과 구체제에서 계승한 군사력의 도움으로 이루어진 것이다. 또한 프랑스의 철학가와 예술가의 영향이 전 유럽으로 퍼져 나갔고 1789년 프랑스 왕정은 대외관계에 아무 문제가 없었다. 국내에서도 왕정이 국민을 강압하지 않았으며 법적으로는 절대왕정이었으나 자유주의자들이 15년간이나 집권하고 있었다. 말세

404 —— 프랑스사

르브, 튀르고, 칼론, 네케르, 브리엔은 절대로 폭정자가 아니었다. 그런데 국내는 불만으로 가득 찼고 정부는 권위를 상실하고 있었다. 그 이유는 무엇일까?

2. 무엇보다 성문화하지 않은 왕국의 구헌법이 기능을 상실했다. 국왕은 삼부회를 소집할 수 있었으나 사실상 1614년부터 한 번도 소집하지 않았다. 고등법원은 관습법 수호자라는 위상을 포기하고 특권계급의 수호자로 전락했다. 국민은 왕정에 대해 적의가 아니라 오히려 친근감을 품었다. 과거에 왕정은 악폐를 시정하고 영주의 횡포를 견제했으며 종교전쟁과 프롱드 난 이후의 상처를 보듬었다. 국민은 국왕이 국가를 올바르게 보전한다는 조건 하에 모든 희망과 기대를 국왕에게 걸었다. 그들은 프랑스에서 신망이 있는 정부, 지성과 양식을 갖춘 사람들로 구성한 정부를 수립하는 데 필요한 모든 권한을 국왕에게 이양할 태세를 갖추고 있었다. 또한 국왕이 특권자를 규제하고 포악한 행정기관으로부터 국민을 보호해주기를 기대했다. 아쉽게도 정부의 일선 행정기관은 신망이 없었고 소교구와 촌락에는 차라리 봉건제도가 왕실 감찰관보다 더 많은 자유를 주었다. 소금세, 부과금, 인두세 등은 프랑스 농민이 가장 소중하게 여기는 사활의 비밀을 사찰하는 구실로 작용해 농민의 공포와 원한을 샀다. 모든 프랑스 국민이 진심으로 '국왕 만세!'를 불렀으나 이는 그들의 보호자 국왕에 대한 갈채지 착취자 국왕에 대한 것은 아니었다.

3. 여론은 봉건제도의 잔재를 허용하지 않았다. 과거에는 귀족이

사무를 담당하는 대가로 조세를 면제받았으나 이제 그들은 베르사유 궁정에 거주하면서 영지의 군사적 방비를 포기했을 뿐 아니라 심지어 관리조차 하지 않고 있었다. 1789년 무렵 부유하고 권세 있는 귀족은 자기 영지에서 살지 않았다. 영지에 그대로 머무는 귀족은 빈곤해서 왕실 감찰관의 멸시를 받은 반면 영국에서는 대영주와 정계 지도자들이 시민계급과 서로 협력했다. 프랑스에서는 많은 시민이 일반 귀족보다 부유했고 귀족과 유사한 수준의 교양을 터득했으며 독서도 했다. 따라서 두 계급 모두 같은 용어를 사용했기에 서로 정서와 미덕을 화제로 삼을 수 있었다. 이처럼 모든 사고방식이 동일함에도 불구하고 그들 사이에 계속 차별이 있자 그것이 불만으로 표출되기 시작했다. 귀족은 아무리 개화했어도 여전히 오만했다. 풍자작가 리바롤은 다음과 같이 말했다.

"국민을 분노하게 만든 것은 전제정치가 아니라 귀족들의 계급적 편견이었다."

〈피가로의 결혼〉은 당시 선량한 대영주까지도 무의식중에 무법행위를 저질렀음을 소상히 서술하고 있다. 알마비바 백작에게는 집행해 본 적 없는 재판관 직위, 비둘기 집, 사냥과 고기잡이의 권리, 감상적인 권리만 남아 있었다. 그러나 과세를 면제받았고 이는 법적으로는 당연했으나 사회적으로는 불의로 간주되었다.

"중세기 제도를 일부만 파기하는 바람에 일부 남겨둔 것이 고통을 안겨주었다."

그 증거로 봉건제도를 전적으로 보존하려 애쓴 지방일수록 귀족을 위주로 한 관습이 남았고, 봉건제도에 따르는 관습을 포기하고 특권만 유지하려 한 지방일수록 귀족에 대한 반항운동이 치열했다.

4. 정치구조 못지않게 종교구조도 몹시 동요했다. 대다수 민중은 교회와 교구 사제에게 여전히 충실했으나 사제 자신이 주위에 퍼져 가던 무종교적 풍조에 물들었다. 대부분의 대영주는 종교적 광신을 꺼려했으며 그들 중 한 영주는 이렇게 말했다.

"볼테르는 우리의 이성을 매혹했고 루소는 우리의 감정을 깨우쳐 주었다. 서글픈 일이기는 하나 우리는 그들이 가소롭고 진부한 체제를 공박하는 것을 보며 은밀한 쾌감을 느꼈다."

교회는 세금을 거의 면제받았을 뿐 아니라 수확의 10분의 1을 징수했다. 물론 교회는 교회 유지비와 교육기관의 경비를 부담했지만 실제로 일선의 실무 담당자는 얼마 되지 않는 보수를 받고 흙투성이가 되어 뛰어다니는 교구 사제들이었고 주교와 궁정의 성직자들은 영적인 일은 전혀 하지 않고 막대한 수입을 거둬들여 비속한 사치생활을 즐겼다. 로앙 추기경과 브리엔 대주교는 신자들의 빈축을 샀으며 경건하고 겸양한 주교들보다 많은 비판을 받고 있었다. 부정과 불의에 격분한 하급 성직자들은 《백과전서》를 예약해 애독했다. 농촌의 주민들은 여전히 가톨릭에 충실했지만 성직자의 정치적 특권과 특히 가혹하고 잔인한 종교적 처사에 많은 적의를 품고 있었다.

5. 1788년의 프랑스는 국내 정세가 암담해서라기보다 오히려 전반적으로 비교적 평온한 탓에 일대 변혁을 원했다고 볼 수 있다. 어느 정도 번영하고 있었기에 번영을 불러온 제도의 이점을 잊었던 것

이다. 그들은 이 제도를 보잘것없는 과거의 잔재로만 여기고 그것이 기둥과 벽 노릇을 한다는 사실을 깨닫지 못했다. 어떤 현인이 '위대한 과거의 제도를 파괴하면 위험하다'라고 말하면 네케르는 아마 이렇게 대답했을 것이다.

"우리는 인간의 미덕을 믿어야 합니다."

여행가이자 관찰가인 영국인 아서 영Arthur Young은 그와 전혀 다른 태도를 보였다.

"이토록 풍요로운 유산을 두고 사람들이 왜 주사위를 던져 인류가 무서운 참변을 겪게 한 가장 분별없는 모험가라는 말을 들으려 하는지 도무지 이해할 수가 없다."

기본제도를 갑자기 없애면 군중의 반응이 어떠할지에 대해서는 누구도 생각지 않았다. 아무도 그 반동을 상상하지 못한 것은 프롱드 난 이후 대규모 폭동을 경험해보지 못했기 때문이다. 사람들은 아메리카 혁명이 모든 혁명의 표본이라 믿었고 그것은 추상적 원리 위에 간단히 세워진 자유사회의 실례라고 생각했다. 라파예트와 아메리카 전선에서 돌아온 청년 장교들은 지배계급의 핵심부에 신사상 선전조직체를 결성했다. 그들은 아메리카가 조지 워싱턴의 신중하고 겸손한 태도 덕분에 정치적 파국을 면한 것이라는 사실을 미처 모르고 있었다. 라파예트는 프랑스가 심각한 혼란을 겪지 않고 아메리카를 본받을 수 있으리라고 진심으로 믿었다. 도피네 총독에게 교육에 관한 권고를 요청받았을 때 그는 프랑스 역사를 1787년부터 시작하라고 말할 정도였다. 유혈혁명을 전혀 생각지 않은 그는 오히려 프랑스 국민의 연약성에 대해 불만을 토로했다. 그는 워싱턴에게 이런 서신을 보냈다.

"프랑스 사태는 민중이 극렬 수단에 호소할 준비가 되어 있지 않아 해결하기가 매우 곤란합니다. '자유 아니면 죽음을!'이라는 말은 대서양 이쪽에서는 유행할 수 없는 표어입니다."

몇 해 후 라파예트 자신이 자유를 잃는 것만이 자신의 생명을 구하는 유일한 길이라는 것을 체험할 만큼 이 표어는 프랑스에 널리 유행했다.

6. 진보적인 소수파는 어떤 혁명이든 통제할 수 있으리라고 믿었다. 그들은 자신이 시작한 혁명에 종지부를 찍을 만한 절제력을 갖춘 워싱턴의 사례는 역사상 대단히 희귀한 일이라는 사실을 이해하지 못했다. 즉, 그들은 아메리카 혁명의 전모를 알지 못했다. 새로운 사상이 서적, 팸플릿, 사상단체 등을 통해 시민계급의 마음을 사로잡았다. 이미 파리에는 '보스턴 클럽', '아메리카 클럽' 같은 정치 클럽이 생겨났다. 고등학교에는 루소 사상의 영향을 받으며 성장해 앞으로 혁명기에 활동할 청년으로 루이르그랑 고등학교의 막시밀리앵 드 로베스피에르Maximilien de Robespierre와 카미유 데뮬랭Camille Desmoulins, 트루아대학의 조르주 자크 당통Georges Jacques Danton, 프랑수아 뷔조François Buzot, 수아송Soisson 그리고 오라토리아파의 루이 드 생쥐스트Louis de Saint-Just 등이 있었다.

외국의 영향도 암암리에 혁명사상을 방조했다. 요크타운 패전 이후 프랑스에 대한 복수의 기회를 노리던 영국은 프랑스의 왕정을 약화하는 일이라면 무엇이든 하려고 벼르고 있었다. 당시에는 전 유럽이 정치 측면에서 비도의적이었다.

좌 | 프랑스 혁명의 중심인물이었으나 혁명 재판으로 단두대에서 처형된 조르주 자크 당통
우 | 공포정치로 수많은 사람들을 단두대에서 처형했으나 자신 역시 단두대의 희생양이 된 막시밀리앙 드 로베스피에르

"모든 정부가 타국의 혁명을 그 나라만의 위기로 간주했고 자신의 이해관계에 따라 혁명을 평가했다. 국익에 따라 혁명을 겪는 나라를 강화하려면 혁명을 억압하고 약화하려면 지원하는 실정이었다."

베르젠은 자신이 아메리카에서 지지한 민주주의를 제네바에서는 탄압했다. 그는 말했다.

"나는 아메리카의 반란자와는 오랫동안 동지였으나 제네바에서 내가 축출한 반란자는 영국의 앞잡이들이다. 나는 양자를 정치적 사상 때문이 아니라 프랑스에 대한 그들의 태도에 따라 대우했다. 이것이 나의 국가정책이다."

영국도 같은 사상을 기초로 한 국가정책에 따라 프랑스 혁명을 두려위하지 않았고 오히려 이를 기대했다. 치욕적인 폴란드 분할이란 선례로 유럽 군주들이 스스로 혁명 방법을 가르친 만큼 왕위 전복이나 제국 파괴에는 군주들 자신이 이미 제시한 실례를 모방하면 그만이었다.

7. 1789년 프랑스인은 극히 소수만 앵글로-색슨식 입헌군주제를 요망했다. 대다수는 국왕이 특권자를 다스리고 여론이 국왕을 견제하면 된다고 생각했다. 하지만 그러한 판단의 표시와 집행 방식이 불분명했다. 몽테스키외를 비롯해 훗날의 미라보(Mirabeau, 오노레 가브리엘 리케티) 백작 같은 극소수 대사상가를 제외하고 일반 철학가들은 영국이나 미국에서 자유를 보장하는 제도를 충분히 연구하지도 않았다. 볼테르조차 표면적인 지식만 갖추고 있었다. 프랑스의 경제학자들은 절대군주제를 높이 평가했는데, 그중 한 명이 다음과 같이 말했다.

"프랑스의 제도가 영국보다 훨씬 더 우수하다. 프랑스에서는 국가제도를 필요에 따라 순간적으로 개혁할 수 있으나 영국에서는 그러한 개혁이 정당 대립으로 저지될 우려가 있기 때문이다."

그렇다고 그들이 군주제를 신권적 존재로 믿었던 것은 아니며 군주제를 승인하고 프랑스를 개혁하기 위해 민주적 전제주의에 기대를 걸었다. 그들은 단지 관료제도와 중앙집권체제만 생각했고 아메리카의 자유가 마을회의와 자유주의적 지방헌법에 기반을 두고 있음을 알지 못했다. 그들은 '공화제'란 말을 '공사公事'라는 라틴어의 어의로만 사용했던 것이다. 그들은 배심제도, 인신보호회, 비밀투표 등 앵글로-색슨 체제의 초석이 된 제도에 관해 아무런 지식도 없었다. 라파예트는 세간에서 명사회의를 무능자회의라고 야유한다는 말을 들었을

프랑스 혁명 당시 제3신분 대표로 국민의회에
참여한 삼부회의 지도적 인물 미라보 백작

때 이 경구가 얼마나 적절한 평
가였는지 미처 모르고 있었다.

8. 역사가 히폴리트 아돌프
텐Hippolyte Adolphe Taine은 고전
적이고 추상적인 사상이 개념적
인 인간에게 사회계약의 원리
를 주입한 결과 모든 사람의 심
리를 구시대 정치체제를 무조
건 파괴하는 방향으로 이끌었다
고 지적했다. 그의 논평은 예리

하긴 하나 사실과는 다소 다르다. 1788년에는 아직 혁명이 지향하는
목표를 설정하지 못했다. 타협을 거부하는 교조주의자가 명확한 목표
를 세워 진행한 러시아 혁명과 서로 통하는 점은 하나도 없었다. 루이
16세 시절 프랑스인은 가옥을 수리하려 했지 파괴할 생각은 없었다.
그들은 억압과 불평등을 증오했으나 국왕에게는 여전히 존경을 바쳤
다. 중세기적 귀족제도를 그대로 보존하는 헝가리, 폴란드, 오스트리
아, 프로이센이 아니라 무엇 때문에 귀족계급이 모든 특권을 대부분
상실한 프랑스에서 봉건제도 잔재에 대한 혁명이 일어난 것일까? 그
것은 귀족계급이 스스로 그런 분위기를 조성했기 때문이다.

"프랑스에서는 귀족, 영주, 부유한 계급, 명사 등이 도시생활의 습
성과 쾌락주의 혹은 무기력에 빠져 활기가 없었다. 그들은 베르사유
에서 왕에게 붙어살면서 국민과 유리되었다. 파리는 국민의 신경중추

로 파리에서의 소요사태는 왕국에 결정타를 줄 수 있었다. 그런데 루이 16세 이후 행정조직이 제 기능을 하지 못해 프랑스인은 아무런 예견도 없이 혁명을 시작한 사람조차 원하지 않은 유혈혁명으로 치달은 것이다."

9. 그들이 진정 원한 것은 무엇일까? 그들은 과거부터 갖고 있던 것, 즉 질서를 재건할 최고 재판관으로서의 국왕을 소망했다. 그들은 과거의 역사를 통해 환란이나 재난 이후 삼부회를 소집해 소망을 피력하면 국왕이 그것을 시행하는 것을 여러 차례 봐왔다. 예를 들면 로피탈, 쉴리를 비롯해 1614년 후에는 리슐리외, 삼부회는 개최하지 않았으나 프롱드 난 후의 콜베르 등의 개혁이 그러했다. 군주제는 국왕이 조정자가 되어야만 존속할 수 있었다. 그런 의미에서 낭트 칙령 취소는 '군주제 쇠락의 최초 단서'였다. 군주제는 관용을 베풀 것인가, 아닌가? 여하튼 왕정은 반대 도당들에게 강경한 자세를 취하지 않을 수 없었다. 루이 11세는 국토를 분양받은 종친 왕조를 회유했고 앙리 4세는 종교 도당을, 리슐리외는 정치 당파를, 마자랭은 왕후를, 루이 14세는 고등법원을 제압했다. 루이 16세에게는 최후의 특권자인 귀족계급을 제압해야 하는 과업이 있었다.

이미 재산, 문화, 권력을 획득한 제3신분은 평등한 권리, 재능에 따른 공직 등용 그리고 중세기적 경제제도를 자본주의적 자유제도로 대체하는 데 방해가 되는 장벽 제거 등을 요망했다. 새롭게 지도층이 된 부르주아 시민계급이 향락과 취향에 몰두한 나머지 통치계급으로서의 의무를 등한시하고 자신을 방어할 기력마저 상실한 귀족계급을 밀어내려 한 것이다. 기어코 귀족계급은 패배했다.

10. 재정 파탄으로 소집한 삼부회는 혁명의 발단이 되었다. 그렇다고 그것이 소요의 원인이었던 것은 아니며 오히려 그것은 오래된 질병에서 표출된 하나의 징후에 불과했다. 즉, 세입 결함을 보충하지 못한 유일한 원인은 귀족과 성직자들의 재산에 과세하지 않았기 때문이다. 특권계급의 거부행위, 즉 반역행위를 지지한 고등법원의 태도 그리고 집정 당국자들의 무관심 등에 대한 여론의 불만이 근본적인 개혁을 불가피하게 만든 것이다. 설령 변혁기라 해도 영국 왕이 역사상 여러 번 성공했듯 프랑스 왕도 주도권을 장악할 수 있었다. 권력이 폭력을 수반하지 않고 한 계급에서 다른 계급으로 이행하도록 보장하는 것이 국왕의 임무다. 만약 루이 16세가 이런 태도를 택했다면 군주제는 보존되었으리라. 불행히도 그는 공격받는 계급의 대표선수가 되었고 결국 그들과 함께 멸망의 길을 걷고 말았다.

제4장

–

프랑스 혁명

HISTOIRE DE LA FRANCE

chapter 1

—

혁명의 시작

—

1. 프랑스 혁명은 폭동이 아니라 목가적인 분위기로 시작되었다. 1789년 1월 1일 국왕이 삼부회를 소집하고 제3신분의 정원을 두 배로 늘리도록 윤허했다는 소식은 열렬한 환영을 받았고 폐하의 인덕에 감격해 모두들 눈물을 흘릴 정도였다. 하지만 구체적인 내용은 그렇게 들뜬 감정만큼 분명하지 않았다. 투표가 신분별인지 개인별인지 언급하지 않았기 때문이다. 종전처럼 신분별로 투표하면 제3신분의 대표를 배가해도 효과는 허사로 돌아간다. 또 정치적 경험이 없는 국가에서 투표자의 의견을 종합하는 것은 무의미한 일이었다. 입후보자도 정견발표도 시원치 않아 유권자가 희망하는 정책은 각서 형식으로 작성되었고 의견은 각종 팸플릿으로 나왔다. 그중에서 온건하고 침착한 신부 에마뉘엘 조제프 시에예스Emmanuel Joseph Sieyés의 신랄한 팸플릿이 가장 유명했다.

"제3신분이란 무엇인가? 전능全能이다. 이때까지 제3신분은 무엇이었던가? 전무全無였다. 앞으로 제3신분은 무엇이 되고자 하는가? 그 무언가가 되고야 말 것이다.”

3만 부가 팔려 나간 이 팸플릿은 엄청난 주목을 받았고 모든 사람이 ‘그 무언가’가 되어야겠다고 생각한 때였던 만큼 주제도 적절했다. 그렇지만 시에예스 신부는 특권계급을 지나치게 공격하면 프랑스를 공포 상태로 몰아넣을 염려가 있으므로 일반의 권익을 위한 세제 개혁과 형벌 개선만 주장했다. 그는 역사적으로 보아 부당한 두 개의 프랑스, 즉 토착민 켈트족의 민중적인 프랑스와 침입자 프랑크족의 강압적인 프랑스라는 이론을 고집했다. 대부분의 지방에서는 왕정에 대한 충성이 변한 것 같지 않았다.

“국왕은 우리에게 불만을 호소할 자유를 주셨다. 얼마나 귀중한 은덕인가! 인자하신 관심을 보이며 국민에게 하문하려는 국왕 폐하에게 무엇이라 감사를 드려야 할 것인가!”

2. 궁정은 투쟁에 관여하지 않았으나 개인, 특히 선동가인 왕족 오를레앙 공은 절제 없이 행동했다. 간부를 선거한 한 성직자회의는 굉장히 소란스러웠고 일하느라 흙투성이가 된 가난한 교구 사제들은 화려한 사륜마차를 타고 나타난 주교들을 공박했다. 프로방스 지방에서는 천재적인 웅변가이자 위대한 정치사상가인 미라보 백작이 난잡한 사생활과 과격한 언동으로 귀족계급에서 축출당했다. 그는 커다란 머리에다 복장, 음성, 정열, 풍채 등 모든 점이 특이했다. 그는 항상 말했다.

“내 추악한 모습도 하나의 힘이다.”

당시 이 사람만큼 역사에 조예가 깊고 영국의 왕정 운영 실태를 잘 아는 사람은 없었다. 하지만 그의 방자한 태도가 사람들에게 불쾌감을 주었다. 그가 말한 "재정 적자는 오히려 국민의 유력한 무기다"라는 의미심장한 경구는 도리어 그 자신이 공격을 받는 빌미가 되었다. 과거의 생활에 염증을 내는 미라보가 '필요한 희생'을 강조하자 분격한 귀족계급은 그를 배척했고 그는 제3신분으로 출마했다.

"나를 미친개라고 하는데 그래도 좋으니 나를 선출해 달라. 그러면 나는 전제주의와 특권계급을 모조리 물어 죽이겠다."

엑스Aix와 마르세유 지역에서 당선된 그는 삼부회에서 특출한 웅변가로 빛을 발했다.

각 소교구는 제3신분의 요구조건을 작성해 해당 재판소 관할구에 제출했는데 이 각서를 종합한 진정서에 그 내용이 잘 나타났다. 불만 내용은 전국적으로 거의 동일했다. 농민은 인두세, 소금세, 10분의 1세를 비롯해 영주들이 사냥용으로 비둘기와 토끼를 방사해 농작물 피해가 적지 않다는 등의 불평을 쏟아냈다. 도시민은 헌법, 대의제 의회, 적어도 삼부회만이라도 정기적으로 개최할 것을 요구했다. 전국민이 봉건적 권리와 특권 폐지, 과세에 대한 의결권과 재정 감사권, 검열제도 폐지를 원했다. 이러한 조건이 관철되었다면 아마 프랑스 군주제의 황금시대가 다시 열렸을 것이다.

"지금이야말로 이성과 인간이 그 천부의 권리를 회복해 자유와 오랫동안 고대하던 황금시대를 이룩할 행운의 순간이다."

국민은 국왕과 서로 합의해 구계약을 파기하고 신계약을 체결할 준비를 갖추고 있었다.

3. 선출된 의원들은 도덕적, 지식적으로 자질이 우수했다. 약 50퍼센트가 변호사였고 그 나머지는 대귀족, 실업가, 교구의 주임사제였으며 정치가보다 법률가가 많았다.

"법률가들은 근대 왕정과 근대 프랑스를 이룩했고 왕권 확립을 위한 혁명을 정의 및 지도한 것도 그들이었다. 이제 그들은 시민혁명을 정의하고 지도할 것이다."

삼부회는 제3신분의 특질을 그대로 보유했으나 교양 면에서는 거의 동질적인 집단으로 보였다. 전국적으로 교육은 종교적, 라틴적이었는데 로베스피에르와 미라보도 세네카, 플루타르코스의 애독자였고 의원들은 몽테스키외보다 루소를 더 많이 추종했다. 그런데 삼부회의 소집 장소가 문제로 떠올랐다. 당시 파리가 너무 소란스러워 위험하다고 판단한 국왕은 장소를 베르사유로 정했으나 그곳도 파리 못지않게 위험했다.

"폐하가 왕국의 삼부회를 궁전 부근에 소집하신 것은 토의를 방해하려고 그런 것이 아니라 삼부회에 국왕의 조언자와 친지로서의 성격을 부여하려 하신 것이다."

사실 진짜 이유는 사냥에 열중한 루이 16세가 마음에 드는 베르사유 숲을 떠나기 싫어서였다. 고문관들은 베르사유가 파리에 가까워 삼부회와 수도가 흥분하기 쉽고, 의원들이 베르사유에서 숙식할 곳을 구하기 어려우며 궁정생활이 제3신분에게 굴욕감과 불쾌감을 줄 거라고 국왕에게 진언했어야 했다. 사태는 점점 불길한 방향으로 흘러갔다. 5월 5일 국왕이 임석한 개회식 때부터 흑색 지정복을 착용한 제3신분은 별실에 머물렀고 국왕 주위에는 오색찬란한 법의를 입은 고위 성직자와 귀족들이 빛을 발하고 있었다. 아무튼 이구동성으로 '국왕 만세!'를 불렀고 많은 의원이 열성을 바치려 했다, 그런데 개회에 즈음한 국왕의 포고문은 대단히 모호했고 개인별 투표와 삼부회 정기소집 등 핵심 문제는 전혀 언급하지 않아 실망과 동요하는 분위기가 감돌기 시작했다. 국왕이 말했다.

"일반적인 불안과 개혁에 대한 지나친 기대가 사람들을 뒤흔드는 지금, 현명하고 온건한 의견을 종합해 조속히 적당한 방향으로 인도하지 않으면 세론이 혼란스러워질 것이다."

국왕이나 장관이 열의 있고 온화하게 몇 마디 말만 했어도 아직 지도자가 없던 삼부회를 능히 지배할 수 있었으리라. 안타깝게도 네케르 역시 국왕처럼 정신을 차리지 못했다. 네케르는 삼부회에서 재정적자는 없고 마술사 같은 자신의 수완으로 충분히 예산의 균형을 회복할 수 있다고 설명할 생각이었다. 만약 그가 연설을 했다면 의원들은 무엇 때문에 삼부회를 소집했는가 하고 의아하게 여겼을 것이다. 미라보는 배의 키를 잡고 있는 사람이 없다고 신랄하게 비판했다. 그것을 해명하기 위해서 그랬는지 이런 풍문이 돌았다. "애국적인 국왕과 네케르는 그들의 포부를 당당히 말하려 했으나 왕비와 아르투아 백작과 궁정의 측근들이 중간에서 저지했다!" 이는 말도 안 되는 낭설이었다. 의원 수는 제3신분이 500명, 귀족이 188명 그리고 성직자가 247명이었다. 만약 개인별 투표를 시행했다면 프랑스에 인민의 헌법이 탄생했을지도 모른다. 대표위원들이 각 신분 사이를 오가며 제3신분 의원의 자격심사에서 자기들과 뜻을 같이하자고 두 특권계급에게 권유했다. 5월 15일부터 10여 명의 민주적인 사제가 이에 응했고

6월 17일 제3신분 의원들은 그들과 통합해 국민의회라고 자칭했다.

4. 발족하자마자 해산당할 줄 알았던 이 비합법적 의회는 점점 세를 불려갔다. 더욱 대담해진 국민의회 의원들은 국민의회가 존속하면 조세를 계속 징수할 수 있지만 해산시키면 그들이 승인한 조세 외에는 징수할 수 없다고 결의했다. '대표 없는 곳에 과세는 없다'는 원칙을 내세운 것이다. 말하자면 국민의회는 프랑스의 헌법제정을 요구한 셈이다. 이는 국민의회가 권력을 장악한다는 의미로 귀족과 성직자들은 공포를 느꼈다. 하지만 이들 두 신분은 제각각 진보적인 자유파와 강경한 보수파로 나뉘어 있었다. 성직자의 경우 자유파가 우세했고 6명의 주교와 143명의 주임사제가 국민의회에 가담해 열렬한 환영을 받았다. 이들 성직자와 세속인은 서로 기쁨의 눈물을 나누었다.

보수파 주교는 국왕에게 이 반역을 억압하도록 권했다. 6월 23일 국왕이 주재하는 회의를 재개하겠다고 공고한 뒤 휴회기간 중에 국민의회가 사용하던 의사당을 폐쇄했다. 할 수 없이 의원들은 체육실 겸 실내 테니스장으로 사용하던 주드폼으로 모여들었다. 연륜과 식견으로 존경과 숭배를 받던 자유주의적인 천문학자 장 바이Jean Sylvain Bailly가 의장이 되었고 그는 다음과 같이 선서했다.

"국민의회는 절대 해산하지 않을 것이다. 헌법의 기반을 공고히 확립할 때까지 국민의회는 필요에 따라 아무 때, 아무 곳에서나 소집할 수 있다."

6월 23일 국왕이 임석한 의회가 열렸다. 루이 16세는 평소와 달리 긴장한 표정으로 "삼부회는 신분별로 심의하고 세금에 관해 토의할

수는 있으나 특권 문제는 언급할 수 없다"라고 말했다. 즉, 프랑스 왕
정은 역사적 사명을 어기고 인민의 의사에 반해 봉건제도를 옹호했
다. 귀족과 성직자는 국왕을 따라 퇴장하고 제3신분은 우울한 침묵에
잠긴 채 그대로 남아 있었다. 의전 담당관 드뢰 브레제 후작이 나타나
제3신분 의원에게 퇴거 명령을 내리자 미라보는 이런 명문구로 응수
했다.

"각하! 국왕에게 전하시오. 우리는 인민의 의사로 이곳에 앉아 있는
것이니 만큼 총검 끝으로 밀리지 않는 한 퇴장하지 않을 것이라고!"

이 말 자체의 진위에는 논란이 있으나 주장한 취지만큼은 분명했
다. 프랑스 국왕은 이때 처음 제3신분의 보호자가 아니라 적으로 취
급받았다. 루이 16세는 말했다.

"그들이 남아 있고 싶어 한다고? 빌어먹을 놈들 같으니! 그대로 내
버려두어라."

이는 그의 우유부단한 천성과 군사적인 열세를 잘 보여준다. 그는
스스로를 제3신분이라고 말하는 호위병도 신뢰할 수 없었던 것이다.
그런데 이 모호한 승인은 국민의회를 적으로 생각하지 않는 국왕의
진지한 의사에서 나온 행위로 받아들여졌다.

5. 궁정은 양보하고 귀족은 항복했다. 국민의회는 승리한 듯했고
인민들은 의회를 신임했다. 국왕이 친히 제3신분을 소집했으니 낙천
가들은 피 한 방울 흘리지 않고 혁명을 완수했다고 생각했다. 미라보
는 우국정신의 협조만으로 온건한 일대 개혁을 성취했음을 찬양했다.

"역사에는 야수의 행동과 다름없는 행적이 빈번하고 그중에서 간

혹 영웅을 골라낼 수 있을 정도지만 이제 우리는 참다운 인간의 역사를 창조할 희망을 얻었다."

의회가 국왕을 신뢰한 만큼 국왕이 의회를 인정했다면 입헌군주제 수립도 가능했으리라. 불행히도 7월 11일 궁정 반대파가 국왕을 제압하면서 네케르는 파면되었다. 브르퇴이Breteuil 남작, 드 브로이de Broglie 원수, 조제프 프랑수아 풀롱Joseph-François Foulon 등 소위 왕비파가 개가를 올린 것이다. 7월 12일 파리 시민들은 파면당한 네케르의 흉상에 명주 베일을 씌워 거리에서 시위행진을 했다. 그 무렵에는 은행가에 불과한 네케르마저 인민의 영웅으로 우뚝 섰다. 그는 하나의 상징에 불과했으나 그처럼 불안정한 시기에 상징 이상으로 중요한 것은 없었다. 신임 장관들은 강경파가 아니었고 가급적 타협의 길을 찾으려 했지만 시간적 여유가 없었다. 질서 유지를 위해 파견된 외국인 용병부대는 루이 15세 광장에서 투석 세례를 받고 튈르리 궁 정원으로 피신했다. 시내가 유언비어로 뒤덮이면서 파리 시민은 쿠데타를 염려했다.

"군대가 애국자를 학살하고 있다. (…) 무장 강도가 파리로 쳐들어오고 있다."

빵이 귀해지고 앞으로 3일분의 식량밖에 없었다. 시내에는 12만 명의 극빈자가 있었는데 국민의회가 그들을 구원하려 하는 것을 궁정이 반대한다는 소문이 나돌았다. 소책자와 팸플릿이 거리에 범람했다.

"오늘 13종, 어제는 16종, 지난주에는 92종의 팸플릿이 나돌았다."

사람들은 팸플릿을 통해 군대 철수를 요구하고 군인에게는 시민의 의무를 망각하지 말라고 강조했다. 막연한 사욕을 품은 오를레앙 공의 보호를 받던 루아얄 궁 정원은 야외 정치 클럽으로 변했다. 소송 의뢰인도 없이 떠돌던 젊은 변호사 카미유 데물랭은 천재적인 장난꾼에다 피가로, 가브로슈(Gavroche, 위고의 작품 《레 미제라블》의 등장인물), 빅슈(Bixiou, 발자크의 작품 《인간희극》의 등장인물) 같은 성격을 겸비했는데 연설 중에 호메로스, 키케로, 카페 프로코프(Cafe Procope, 1689년에 창업한 파리 최초의 카페) 등을 인용하며 맹렬한 선동활동을 했다. 7월 12일 그는 의자 위에 올라가 큰 소리로 무기를 들라고 외쳤다. 그는 마로니에 잎으로 만든 녹색 모장帽章을 달았는데, 군중의 폭동이 시작되면서 사람들은 욕설과 발길질을 피하기 위해 이 모장을 달았다. 무기 판매점을 약탈한 군중은 병기고 습격을 계획해 앵발리드(1670년 루이 14세가 전쟁 부상병을 위해 창설한 요양소—역자주)에서 소총 2만 8,000정, 대포 5문을 약탈했고 이어 화약이 바스티유에 저장되어 있다는 것이 알려지면서 모든 군중이 바스티유 요새로 몰려갔다.

6. 바스티유 점령을 객관적으로 기술하는 것은 쉽지 않으며 더욱이 공정하게 기술하는 것은 매우 어려운 일이다. 프랑스의 철학자이자 역사가인 히폴리트 아돌프 텐처럼 단순히 표면적 행동만 기술하는 데 그치면 영웅적인 공격도 하나의 유혈폭동에 지나지 않는다. 이 사건이 프랑스 역사에서 연출한 역할을 이해하려면 네케르의 경우처럼 당시 바스티유의 상징적 의미를 고찰해야 한다. 파리 중심지에 우뚝 서 있는 바스티유의 성탑은 봉건제도의 음산한 영상으로 보였고 그에 따르는 '국왕의 영장'과 불법 투옥은 더욱더 불길한 악평을 조성했다. 파리의 귀족들조차 바스티유 요새의 철거를 요구했으나 드 로

네이 사령관이 계속 요새를 방비했다.

그는 공격자 측의 일부를 초빙해 소극적으로 방비만 할 뿐 전투 준비는 하지 않았음을 직접 확인하게 했고 최후의 결정적인 순간까지도 발포를 삼갔다. 요새 성벽 바로 앞까지 대포를 끌고 온 군중 속에는 영웅도 있었으나 몰상식하고 보잘것없는 자들과 건성으로 따라온 구경꾼도 있었다. 공격자 측의 손해가 상당한 것을 보면 영웅이 많았고, 점령이 끝난 후 사령관과 수비병이 무저항 상태에 있었는데도 잔인하게 학살한 것을 보면 몰상식한 자들이 적지 않았음을 알 수 있다. 군중은 거리에서 드 로네이 사령관과 파리 시장 자크 드 플레셀의 머리를 끌고 다녔다. 잠재된 인간의 잔학성을 노골적으로 드러낸 것이다. 바스티유 함락은 엄청난 결과를 초래했다. 무엇보다 민중이 갑자기 자신들의 실력을 인식했다. 로베스피에르는 즉각 결론을 내렸다.

"피 한 방울 흘리지 않고 대중은 자유를 얻었다. 물론 몇 사람의 목이 떨어졌지만 그것은 악인의 목이다. 여러분! 바스티유 점령으로 우리는 자유를 얻었다."

1789년 7월 14일은 혁명이라는 대사건의 출발점으로 잠깐 동안 벌어진 파리의 그 소동은 프랑스의 양상을 바꿔놓은 드라마의 제1장이었다. 그날의 사건은 프랑스인과 세계인의 눈에 상징적인 업적으로 길이 남았다.

7. 7월 14일 온종일 사냥을 하느라 고단하게 잠들었던 국왕은 다음 날 아침 리앙쿠르Liancourt 공에게 이 소식을 전해 들었다. "반란인가?"라는 루이 16세의 물음에 그는 "혁명"이라고 대답했다. 군대를

철수시키겠다는 국왕의 약속은 왕정이 방위를 포기하겠다는 것을 의미했다. 과반수가 부르주아계급인 의회는 뒤따를 폭동을 두려워하며 철수에 반대했다. 대세에 밀린 의원들은 점령당한 바스티유를 파괴하려고 쇄도하는 군중과 발을 맞춰 전진했다. 주드폼의 영웅인 장 바이가 파리 시장에 추대되고 라파예트가 국민군 사령관에 선임되었다. 7월 17일 루이 16세는 파리에 입성한 후 시청에 임석해 삼색 휘장을 받았다. 이로써 사람들은 국왕이 혁명을 인정한 것으로 받아들였지만 그는 이해도 열의도 표시하지 않았고 결국 바뀐 것은 없었다. 사제 린데Lindet는 국왕의 우둔한 표정이 사람들의 연민만 샀을 뿐이라고 말했다.

때맞춰 탄생한 '파리 코뮌(도시 자치단체)'은 우선 구체제와 합법적 절차 관계를 유지하려 했으나 사회질서가 급속히 무정부 상태로 돌변해 속수무책이었다. 군중은 재판도 하지 않고 국무장관 풀롱을 가로등에 매달아 죽였으며 그의 사위 베르티에 드 소비니를 학살했다. 법률은 잠자고 있었고 인간의 야수성은 굴레를 벗었다. 지방에서는 시군 자치위원회가 질서와 평화를 유지하며 체제를 전환하려 노력했으나 곧 두 가지 공황으로 소위 '대공포' 분위기가 조성되었다. 하나는 곡물 유통 마비에 따른 기아 공포였고 다른 하나는 무장 강도 출몰 공포였다. 무장 강도란 대체 누구를 말하는지 아무도 몰랐다. 농촌 주민은 모두 피신했고 도시와 읍은 도둑을 방비하기 위해 연맹을 결성했다. 베니스 대사는 이렇게 보고했다.

"프랑스가 요망한 국가 개혁의 최초 장면은 무서운 무정부 상태다. (…) 행정권, 법률, 재판관, 경찰 등 아무것도 없다."

인민은 아직 혁명기구가 탄생하기도 전에 성관과 징세소에 불을 질렀다. 또한 지방의 교도소와 귀족, 성직자의 요새를 습격함으로써 평소의 분노를 달랬다. 프랑스가 역사적으로 여러 번 겪어온 농민폭동 재판이었다. 어떻게 지방을 진정시킬 것인가? 라파예트와 함께 아메리카 독립전쟁에 참전한 드 노아이유de Noaille 백작은 8월 4일 밤 국민의회에서 폭동의 원인은 봉건적 특권을 고집한 데 있으므로 폭동을 진압하는 유일한 방법은 특권 포기에 있다고 선언했다. 의회는 제3신분의 복음서 같은 이 주장에 동의한 젊은 귀족들을 기쁨으로 찬양했다. 의원들은 눈물을 흘리며 서로 포옹했다. 이 열광적인 순간에 각 귀족은 제각기 수렵권, 강제사용권, 기타 귀족의 독점적 이권을 포기하겠다고 선언했다. 특권계급의 관대한 조치에 깊이 감동한 제3신분은 다음과 같이 선언했다.

"위대한 국가이고 국민이다. 위대한 영광이다. 프랑스인으로 태어난 것은 얼마나 명예로운 일인가!"

사실상 8월 4일은 국민이 자랑할 만한 통일과 민족애의 밤이었다. 8월 11일 추기경 라 로슈푸코와 파리 대주교는 부상금 없이 10분의 1세를 포기했다. 그러나 완전한 폐지는 혁명 후에야 비로소 이뤄졌다.

8. 이는 하나의 정치체계가 급속히 자결한 최초의 사건이었다. 4월까지만 해도 왕정은 전능한 것으로 보였으나 8월이 되자 구체제는 하나도 남지 않았고 전국적으로 혁명을 예찬했다. 세귀르 백작은 이런 기록을 남겼다.

"시민계급, 농민, 심지어 여자들까지도 명철하고 자부심으로 가득

차 생기발랄해 보인다. 멍에를 지고 있던 인민이 똑바로 서서 걷기 시작했다."

갑자기 프랑스에는 양도할 수 없는 천부의 권리를 획득한 평등한 시민만 존재했다. 8월 26일 의회는 '인간과 시민의 권리선언'을 통해 이 권리를 모든 사람, 모든 시대, 모든 국가를 위한 것으로 정의했다. 이 선언은 본질적으로 공화주의적이었으나 아무도 공화제에 관해 논의하지 않았고 제3신분조차 오로지 국왕만이 잡다한 지역의 통일을 유지할 수 있을 거라고 생각했다. 국민은 주권자가 되었으나 정부는 여전히 신성한 권리를 쥔 군주체제였다.

'신의 은총과 국가의 헌법에 따라 프랑스인의 국왕인 루이.'

당시 프랑스는 영국식 군주제를 지향한 것일까? 그러나 영국식 정치체제는 전통, 정당, 내각책임제를 전제조건으로 했다. 위대한 몽테스키외와 미라보 같은 사람만 권력분립 이론을 이해했다. 이미 1789년에 군주제 자유헌법을 요망한 미라보는 행정권 강화를 위해 국왕에게 거부권을 부여하도록 시사했다.

"의원들도 자유를 위협하는 귀족계급이 될 가능성이 있다. 이들 신흥 귀족계급에게 대항하려면 거부권이 필요하다. 대신 의원도 과세를 거부할 권리를 가져야 한다."

과격분자들은 민중을 선동해 양원제도와 국왕의 거부권에 찬동하는 사람을 배격하도록 유도했다. 오를레앙 공은 루아얄 궁에 많은 심복과 식객을 모았다. 선동가들은 시내에 밀가루가 동났다는 등 낭설을 유포해 파리 시민이 막연한 불안과 공포에 떨게 했다. 국왕이 거부권을 발동하면 빵이 없어진다는 낭설은 계몽주의 철학가들이 재

하층민을 지지하고 민중의 정치 참여를 고취한 장 폴 마라

정 적자란 단어를 경계했듯 파리 시민이 거부권이란 새 단어에 불안감을 느끼게 했다. 이미 혁명의 제2진이 활동한 셈이다. 즉, 급진파 부르주아계급은 온건파 부르주아계급에 반대해 궐기하려 했다. 영국 헌법의 결점을 지적한 서책의 저자이자 광신적인 비관론자인 병약한 의사 장 폴 마라Jean Paul Marat는 배신자인 양원제 지지자를 공격하고 빈민들을 전선으로 동원했는데 이로써 제2진은 충분한 인적 자원을 보유했다. 기회만 노리던 그들에게 기어코 1789년 10월 5일이 다가왔다.

9. 그들의 목표는 무엇이었을까? 국민의회 의장이자 도피네 출신의 부유한 부르주아인 장 조제프 무니에Jean Joseph Mounier를 의장석에서, 왕비 앙투아네트를 왕좌에서 내쫓기 위해 베르사유로 진격하자는 것이었다. 국왕에게 가장 충성스럽다는 플랑드르 지방연대가 왕궁에 도착했을 때 친위병이 그들에게 향연을 베풀며 왕비의 표지인 흑색 휘장을 달았다는 것이 구실이었다. 군악대가 그들의 사기를 돋우고 반혁명적 공기가 궁정에 충만했던 것은 사실이다.

곧 베르사유로 진격하기 위해 수천 명의 부녀자를 소집했고 궁정이 여성의 행렬에 발포하지는 않을 거라 짐작하고 스커트를 입은 남자들이 여자들 사이에 섞였다. 군중은 라파예트를 향해 "베르사유로 가겠는가, 아니면 가로등에 매달리겠는가"라고 외쳤고 국민군은 라파예트의 명령을 무시한 채 이 행렬에 참가했다. 라파예트는 베르사유 궁전 수비병들이 망설이는 모습을 보았고 진격해온 여자들이 왕비를 죽여야 한다고 외치는 소리를 들었다. 그가 홀로 궁전 안으로 들어가자 궁정의 귀족들이 크롬웰이 온다며 그를 냉랭하게 맞았다. 그중에는 라파예트의 친척도 적지 않았다. 라파예트는 크롬웰이라면 부하를 거느리지 않고 혼자 오지는 않았을 것이라고 응수했는데 이는 사실이었다.

얼마 후 궁전은 침공을 당했고 여러 명의 병사가 살해되었다. 이때 국왕은 파리에 머물고 국민의회도 파리로 오겠다는 협약이 성립되었는데 이것은 의회의 커다란 실수였다. 이제 국민의회는 군중의 수중에 들어갈 텐데 군중은 어디까지나 군중일 뿐 국민은 아니었다. 베르사유에서 개선하는 행렬에는 아직도 피를 흘리는 수비병의 머리를 창끝에 꽂아 들고 의기양양하게 걷는 빵집 주인, 아낙네, 일꾼도 있었다. 유혈이 난무하는 그곳을 지나 튈르리 궁에 입성한 국왕은 파리 코뮌의 포로였으나 궁정과 왕비의 압제로부터 그를 구출했다고 생각하는 국민에게 여전히 지지를 받고 있었다. 국민의회는 파리에서 열렸는데 국왕은 혁명 원칙을 승인하고 왕자를 신질서에 적응시키겠다고 약속하기 위해 1790년 2월 4일 정식으로 국민의회에 입석했다. 이날 또 한 번 혁명이 끝나고 아메리카 독립혁명처럼 자유체제가 탄생한 듯 보였다. 미라보는 말했다.

"혁명에서 어려운 것은 혁명을 일으키는 일이 아니라 수습하는 일이다."

10. 미슐레는 이 짧은 기간을 소재로 한 편의 웅대한 서사시를 지었다. 주드폼의 서약, 단시일 내에 이뤄진 구체제 전복, 무수한 영광과 함께할 삼색기 탄생, 7월의 햇살 아래 성탑을 공격하는 인민 포병들, 젊은 귀족들이 오래된 자신의 특권을 포기한 날 등 모든 이념 및 기대가 상상을 자극해 그 시대의 고귀한 감정과 위대한 희망을 깨닫게 한 것은 당연한 일이었다. 반면 텐과 외국의 많은 관찰자는 군중의 불법과 폭력, 무고한 수비병 학살, 오를레앙 공의 앞잡이들의 음모, 지방의 무정부 상태를 강조하며 "나쁜 정부보다 더 나쁜 것은 정부를 파괴하는 것"이라고 결론지었다. 유능한 의원들이 합리적인 개혁안을 가지고 베르사유에 모인 것, 정부의 무기력과 결단성 부족이 이보다 더 잔인한 다른 권력의 승리를 초래한 것 그리고 1789년의 혁명파가 예상치 않게 그들의 원칙에 위배되는 행위를 승인한 것은 사실이다.

—

chapter 2

국민의회의 헌법제정

—

1. 파리로 옮긴 국민의회는 튈르리 궁의 승마연습장에서 열렸다. 사람들은 의원들이 연습장에 있고 마술사는 루아얄 궁에 있다고 비아냥댔다. 실제로 마술사인 광신적 혁명가들은 매일 루아얄 궁에 모여 의회의 실책을 규탄했다. 의회에는 능력과 수완이 탁월한 인물이 꽤 있었다. 좌익에는 조제프 바르나브Joseph Barnave, 낭만적인 뷔조, 미남 페티옹 드 빌뇌브Petion de Villeneuve, 아메리카 독립전쟁에 참전한 용사 알렉산드르 라메Alexandre Lameth, 아라스의 변호사 로베스피에르 등이 있었다. 중도파에는 클레르몽 토네르Clerment-Tonnerre나 리앙쿠르 같은 자유주의적인 대영주, 그레고아르 신부처럼 민주적인 성직자가 있었다. 우익에는 인물은 탁월했으나 영향력이 약해 의회에 출석하지 않는 사람이 많았고 최고 인물로 미라보가 있었다. 그는 의회에서 손꼽히는 연설가였지만 금전으로 좌우할 수 있는 탕아로 지목되어 평판이 좋지 않았다.

10월 사건 이후 라 마르크 백작이 미라보에게 국왕에게 전달할 각서를 작성하게 했을 때 그는 굉장히 명석한 문서를 작성했다. 미라보는 국왕에게 파리를 떠나 전 프랑스에 호소하기를 권고했다.

"지방은 법을 원한다."

그는 국왕에게 국경을 넘어가면 안 된다고 간언했다.

"국민의 유일한 보호자인 국왕이 국민을 도피하면 안 된다."

무엇보다 그는 혁명에 거역하면 안 된다고 강조했다.

"국민이 권리를 찾는 대혁명은 절대적으로 필요하며 그들은 분명 모든 권리를 회복하고 있다. 그리고 왕정과 국민 간의 불가분성은 전 프랑스인의 가슴속에 명확히 살아 있다."

마지막으로 그는 이렇게 부언했다.

"본인은 궁정의 적이 아니고 오히려 한편이 되려 한다는 것을 궁정 사람들이 이해하도록 애써주길 바란다."

어리석게도 왕비는 "미라보의 구원을 받아야 할 만큼 우리가 비참한 처지에 놓이는 일은 없을 것"이라고 대답했다. 얼마 지나지 않아 왕비는 미라보의 말이 옳았음을 깨달았고 미라보도 왕비를 이해하게 되었다.

"국왕에게는 지금 단 한 사람의 신하만 있는데 그것은 바로 왕비다."

그는 루이 16세를 다음과 같이 평했다.

"한 주먹으로 쥐려 해도 쥘 수 없는 기름을 칠한 상아 공을 상상하면 된다."

1790년 7월 국왕 내외와 회담한 그는 자신의 부채를 상환해주겠다는 궁정의 제의를 받아들이는 과오를 범했다. 그러나 그의 성의만큼은 진실한 것이었다.

"그는 그들을 지배하기 위해 부채 상환을 승낙한 것이지 그들에게 지배를 받으려고 한 것은 아니다."

그는 명문구를 남겼다.

"나는 질서를 재건하려 한다. 그러나 구체제 재건은 아니다."

당시의 상황으로 보아 미라보와 라파예트라면 한 명은 의회를, 다른 한 명은 국민군을 장악함으로써 능히 프랑스를 지배할 수 있었다. 그러나 권력보다 명성을 좋아한 라파예트는 미라보의 인기에 불안감을 느끼고 미라보의 제의에 응하지 않았다.

2. 헌법제정의회는 정치적 경륜이 전혀 없었다. 아메리카합중국 공사 거베너르 모리스Gouverneur Morris는 다음과 같이 평했다.

"헌법제정의회는 대통령 대신 국왕을 추대하는 미국식 헌법을 희망했으나 그 헌법을 지지할 국민이 없다는 것은 고려하지 않았다."

그뿐 아니라 프랑스 시민은 아메리카 시민이 촌락회의를 통해 얻는 정치교육을 받지 않았다. 의회는 미처 의사 진행법의 필요성조차 인식하지 못해 무질서한 의사 진행을 방임했고 방청석의 압력에 무방비 상태였다. 더구나 국왕이 의원 중에서 장관을 선임하는 것을 금지하는 바람에 미라보 내각의 출현을 좌절시켰다. 요컨대 의회는 의회정치가 가능한 조건조차 마련하지 않은 채 의회정치만 희망한 셈이다.

당시 여론은 자코뱅Jacobin이라는 단체가 조성했다. 생토노레Saint-Honoré 가에 있던 자코뱅 수도원에서 시작된 이 단체는 점차 지방에 지부를 설립했고 제각각 지방의 자치위원회를 지도 및 계몽하며 지배했다. 이들은 목적이 국가 통일에 있다고 했으나 사실인즉 당파 통일을 위한 청렴한 사람들의 집단이었다. 자코뱅파 연설가들은 주로 민중에 관한 이야기를 했지만 그들에게 '민중'이란 애국자의 의식 속에만 존재하는 추상적 관념에 불과했다. 훗날 로베스피에르는 도덕이란 현실적으로 소수파에만 존재한다고 말했다. 그 무렵 우세했던 것은 민주주의가 아니라 일부 선택받은 엘리트주의였다.

3. 1790년 자코뱅파는 여전히 군주제를 인정했고 헌법제정의회가 기초한 헌법은 군주제였다. 미라보 덕분에 거부권을 얻은 국왕은 4년 동안 모든 안건에 대해 거부권을 행사할 수 있었다. 그런데 국왕에게는 의회해산권이 없었고 의회는 이의가 생기면 국왕의 예산을 거부함으로써 타협을 유도할 수 있었다. 관리는 국왕이 임명하는 것이 아니라 선출제로 국왕에게는 아르장(argent, 돈)도 장(agent, 관리)도 없는 꼴이었다. 의회는 국왕의 군대가 의회에 30마일 이내로 접근하는 것을 금지함으로써 자기 방위도 하고 있었다. 투표권은 보통선거가 아니라 일정액의 세금을 납부하는 유자격 시민에게만 주어졌고 이로써 혁명은 민중에게 의존했으나 헌법은 부르주아계급을 위주로 제정되었다. 행정면에서는 지방주의와 분파주의를 종식하기 위해 기존 지방제도를 폐지하고 83개의 도department를 신설했다. 구와 군으로 세분한 도의 기반은 시읍면 자치단체로 여기에서 행정 요원을 임명하고 국민군을 유지하며 세금을 징수했다. 각급 법관은 모두 선거제였다. 이 제도에 반대한 미라보는 이것이 정부의 중앙집권체제를 무력하게 함으로써 지배권을 활동적인 소수파가 이끄는 민중단체에 주게 된다고

주장했다. 그는 다음과 같이 단언했다.

"국왕의 조직을 파괴하는 데 이보다 더 효과적인 방안은 없다."

4. 이 과격한 변혁을 진행하는 동안 프랑스는 이상하리만큼 평온했다. 무관심하고 경박한 귀족들은 평소와 다름없이 지냈고 파리의 살롱에서는 여전히 기지에 빛나는 대화와 열렬한 토론이 불꽃을 튀기고 있었다. 애국자들은 바이 부인과 네케르 부인의 저택에 모였다. 카페 드 발루아, 드 푸아, 드 라 레장스 등이 혁명의 근원지였다. 극장에서는 비천하고 저속한 연극이 판을 쳤고 몰리에르의 극은 귀족적이라고 비판을 받았다. 마르세유에서는 〈피가로의 결혼〉이 반사회적이며 계급 차별을 상기시킨다는 이유로 상연이 금지되었다. 당시의 유행은 애국적이고 혁명적인 것이었다. 여자들은 '자유' 모자를 쓰고 '헌법' 보석과 '풀롱의 피'라는 리본으로 장식했다. 보르도에서 파리로 올라온 한 학생은 그의 부친에게 이러한 편지를 보냈다.

"보잘것없는 귀족들에게 아부하기 위해 만든 문장紋章의 기타 장식물을 파괴하라는 통쾌한 법령 이야기를 듣고 기분이 몹시 좋으셨을 것입니다."

부르주아계급은 승리에 도취했고 미술학교 학생들은 딱딱해서 쓰기 거북한 연필을 '봉건적'이라며 투덜댔다. 구둣가게 주인이 단골손님인 귀족에게 자기 아들이 프랑스의 원수가 될 거라고 장담해도 그는 반박하지 않았다. 이런 희망은 부르주아계급에게 자신감과 활력을 주었다. 국왕이 의회로 행차할 때 길가의 군중이 환호성을 올리며 맞이하자 국왕이 말했다.

"나는 속았다. 짐은 아직도 프랑스인의 국왕이다."

5. 이 '프랑스인의 국왕'에게는 과거의 프랑스 국왕과 달리 돈이 없었다.

"파산이 눈앞에 닥쳐오고 있었다."

반면 교회는 30억 리브르에 달하는 재산을 소유했다. 변절 귀족인 주교 탈레랑은 자유주의자로 천재적인 재간이 있는 절름발이였는데 그는 교회 재산의 국유화를 제의했다. 그러나 가장 애국적인 성직자까지도 희생을 함께하기 위해 10분의 1세까지 포기했다며 오랫동안 극렬히 반대했다. 그들의 재산은 대부분 종교재단 설립을 위해 기부받은 것이었다. 아무튼 1790년 4월 10일 교회 재산의 국유화가 선포되었고, 재무장관 네케르는 도리어 그 재산의 처리 방안이 막연해 당혹스러워했다. 공매 처분하면 일반 토지 가격이 하락할 터였다. 결국 파리를 위시해 지방자치단체가 채권으로 구입하는 데 동의했다. 이때 국유재산을 지불보증으로 해서 해당 액수의 아시냐(assignat, 프랑스 혁명기에 발행한 불환不換지폐)를 발행했다.

"이 지폐를 소유한 사람은 누구나 혁명의 옹호자가 되었다."

왜냐하면 구체제가 재등장해 몰수 조치를 취소하면 아시냐는 무가치하기 때문이다. 이에 따라 성직자 재산 국유화 조치는 프랑스를 이해관계로 얽힌 하나의 공고한 통합체로 만들었다. 다른 한편으로는 재산을 몰수당한 성직자와 이 조치에 격분한 신자 등 많은 불평분자를 양산했다. 이제 목가적인 혁명은 사라졌다. 혼란은 점차 극심해졌고 신뢰할 만한 군대가 거의 없었으므로 혼란을 진압하는 것도 곤란한 상황이었다.

6. 군대는 기강이 매우 문란해졌다. 사관 중에는 혼란한 정치 상황에서 출세할 기회를 잡기 위해 동료를 밀고하는 사람도 있었고, 군기 문란에 실망한 나머지 사직하는 사람도 적지 않았다. 대장을 구금한 연대도 있었다. 식견이 있는 의원들은 군대의 민주화, 즉 최후에는 군대를 창설한 국가까지 먹어치우는 일종의 정치적 괴물을 위험한 존재로 간주했다.

각 연대는 군대와 국가의 통솔관계를 재건하기 위해 파리의 샹 드 마르 연병장에서 거행할 바스티유 점령 혁명기념일(연방)에 대표를 파견하기로 했다. 당시 아메리카에서 시작된 연방Fédération이란 개념이 유행하고 있었다. 프랑스 전국에서 대표를 보내겠다고 약속했고 파리에서는 '조국의 제단' 앞에 잔디 계단을 구축하기 위해 궁전신하, 수도사, 석공이 함께 일하고 있었다. 생선장수 여인이 신이 나서 끄는 짐수레에 기가 죽은 귀부인들이 돌을 실었다. 상징적 행동에 대해 감상적인 의미를 두는 버릇이 있던 라파예트도 한두 시간 나와서 땅을 팠다. 군중은 참으로 훌륭한 장군이라며 저래서 모두가 사랑한다고 말했고 미라보는 광대놀이를 하는 장군이라고 중얼거렸다. 왕비는 말했다.

"라파예트가 우리를 구하려 애쓰는 것은 알고 있으나 누가 라파예트에게서 우리를 구해줄 것인가?"

그 행사는 매우 질서정연하고 웅장한 축전이었다. 탈레랑이 미사를 올리고 라파예트가 연방의 이름으로 헌법을 지지하겠다고 선서했으며 국왕도 큰 박수를 받아가며 친히 엄숙하게 선서했다. 왕비가 왕세자를 선보이자 벅찬 감격에 사로잡힌 군중은 크게 감동했다. 비가 억수같이 내렸으나 행사는 그대로 진행되었다. 그 비는 아마 귀족들의 눈물로 이뤄진 것이었으리라. 또 한 번 프랑스인은 서로 사랑을 확인했고 혁명은 끝났다.

7. 일부 귀족은 변혁을 승인하지 않고 프랑스를 떠났다. 자존심, 불안, 공포 등 여러 가지 이유로 망명의 파도가 일었다. 1792년 2월부터 망명을 위법으로 처리했다. 망명 자체는 상관이 없었으나 망명자들이 라인 강변에 집결하거나 토리노의 아르투아 백작을 중심으로 결속해 유럽의 여러 왕에게 반혁명 세력을 지원해줄 것을 요망하자 불법으로 단속한 것이다. 사실은 이에 앞서 부르고뉴파, 위그노파, 가톨릭동맹 등 여러 당파가 외국의 원조를 요청한 바 있다. 이 패배주의적인 행동은 위험하고 규탄할 만한 일로 애국자들이 망명자의 책동에 분개하는 것은 당연했다.

유럽제국의 관계가 조정되지 않아 그들의 책동은 오랫동안 아무런 효과도 거두지 못했다. 대륙의 신강대국으로 등장한 러시아는 서방으로의 출구를 확보하기 위해 스웨덴, 폴란드, 터키에 주목했다. 특히 러시아는 프로이센과 오스트리아가 프랑스와 전쟁을 일으켜 자국이 자유로운 위치에 서길 희망했다. 이를 간파한 오스트리아와 프로이센은 프랑스의 일에 간섭하기를 삼갔다. 아르투아 백작이 피리를 불었지만 아무도 춤을 추지 않았던 것이다. 왕비 마리 앙투아네트는 오빠인 오스트리아 황제(요제프 2세)에게 국경지대에서 소규모 군사 시위를 해달라고 부탁했지만 황제는 조급히 남매간의 열성을 보이지 않고 미라보가 말한 것처럼 적어도 국왕이 파리를 떠날 때까지는 기다려야 한다고 말했다.

8. 매우 선량한 루이 16세는 만약 해결할 수 없는 신앙 문제에 직면하지 않았다면 새 헌법에 충실했을 것이다. 성직자의 재산 몰수 때문에 제사용 예산을 책정할 필요가 생겼다. 그런데 주교와 사제에게도 국가가 봉급을 지불했으므로 그들은 국가의 고용인이었다. 이후로 의회는 얀센파와 계몽주의자의 압력을 받아 그들을 소교구와 주교관구에서 선출하도록 결의했다.

흔히 거부권, 재정 적자, 교황칙서 이 세 가지 라틴어가 왕정의 생명을 빼앗았다고 말한다. 가톨릭교 내부의 개혁파인 얀센파는 부르봉 왕가가 내세우는 교황칙서를 승인하지 않았다. 그들은 교회 내의 혁명 세력을 격려했다. 미라보는 '제단 복무는 공적인 봉사'라고 했고 일부 신자도 종교적 전통을 회상하며 그의 주장을 지지했다. 또 그리스도교 초창기에 교황은 하나의 로마 주권에 불과했고 그리스도교도들이 주교를 선정했는데 이런 전통으로 돌아가지 않을 이유는 없다고 했다.

의회가 다음의 두 가지 과오를 범하지 않았다면 교황은 프랑스 교회가 로마에서 이탈하는 것이 두려워 양보했을 것이다. 첫째, 의회가 교회를 무시하고 주교관구를 신설 행정구역인 도와 일치하도록 기하학적으로 재분할했다. 둘째, 성직자에게 국왕과 헌법에 충성을 바치겠다는 선서를 요구했다. 4명을 제외한 모든 주교가 선서를 거부했고 대다수 사제가 이 선례를 따랐다. 그 후 프랑스에는 합헌 또는 선서 사제와 비선서 사제라는 두 부류의 성직자가 존재했다. 교황 비오 6세는 성직자의 세속 법규를 비난했고 국왕은 난처한 입장에 놓였다. 신앙에 경건하고 왕위보다 영원의 구원을 바란 국왕은 오랜 번민 끝에 기어코 결단을 내렸다. 의회가 신앙 문제에 지나치게 간섭하자 심한 충격을 받아 태도가 돌변한 것이다. 그는 더 이상 혁명에 협력하기를 거부했다.

9. 프랑스인은 대부분 1791년 초부터 평온한 정국으로 돌아가길 원했다. 이미 많은 지방에서 투표를 무시했고 실업 상태는 나날이 악화되었으며 불평불만이 팽배했다. 1791년 3월 미라보는 거창한 파괴에 공헌했을 뿐이라는 여론에 격분하면서 세상을 떠났다. 임종 직전 그는 탈레랑에게 말했다.

"나는 나와 함께 군주제를 가져갈 것이다."

그의 말대로 그가 원하던 타협은 거의 불가능해졌다. 국왕은 성직자의 세속 법규를 승인한 대죄인임을 자인하며 부활제 행사가 다가오는 것을 두려워하고 있었다. 그는 이제 파리에서는 양심에 따라 자유롭게 행동할 수 없음을 깨닫고 파리를 떠나려 했다. 그는 메츠로 탈출해 충직한 부이에 장군의 군대와 합류하면 외국의 지원을 받지 않아도 과거의 권위를 회복할 수 있으리라고 판단했다. 6월 21일 국왕은 왕비, 왕자와 함께 파리를 떠났고 곧 파리 시내에 경종이 울렸다. 바렌에서 발각되어 체포된 루이 16세는 욕설을 퍼붓는 군중에게 둘러싸인 채 파리로 연행되었는데 이때부터 그에게는 인민의 적이라는 낙인이 찍혔다. 튈르리 궁에 도착한 국왕은 의회가 그를 그곳에 유폐하고 왕정을 이끌 결의를 했음을 알게 되었다. 연약한 성격에도 불구하고 이때까지 유지해온 권위는 완전히 무너졌고 국왕이란 신성한 주문도 아무런 효과를 내지 못했다. 환멸을 느끼는 국민에게 그는 보잘것없는 한 명의 부르봉으로 보였고 폭도들은 그를 곧 목을 따야 할 '살찐 돼지'라고 불렀다. 군주제 전통이 여전히 강력했으므로 의회에서는 한 명도 국왕 폐위를 발설하지 않았고 바렌으로의 도망 사건을 재판에 회부하지 않기 위해 위원들은 암암리에 하나의 거짓말을 묵인했다.

"국왕은 도망간 것이 아니라 유괴된 것이다."

10. 정치 클럽의 반응은 그렇지 않았다. 자코뱅파의 일부 시민은 국왕 폐위를 요구했다. 이 과격한 행동은 클럽의 분열을 초래했고 온건파는 푀양파Club des Feuillants를 창립했다. 자코뱅파보다 과격하고 인간과 시민의 권리를 추구하는 코르들리에파는 바렌 사건 이후 공화주의로 전환했다. 여기에는 자동인형 같은 왕정 폐지에 찬동하는 당통, 카미유 데물랭, 마라, 자크 르네 에베르Jacques René Hébert 등의 신인이 참가했다. 의회는 저항했다. 시에예스는 왕정이 최후의 순간에 처한 상황이라 왕정을 지지한다고 선언했으나 그의 의도는 정치적이라기보다 감상적이었다. 루이 16세가 파리로 귀환하도록 하기 위해 의회의 대표위원으로서 바렌에 파견된 제3신분의 바르나브는 왕실의 불행을 목격한 뒤 국왕을 옹호하고 나섰다. "잠깐 사이에 나는 많이 늙었다"라고 그는 탄식했다. 의회도 늙었다. 한때 혁명의 전

위이자 중추였던 의회는 이제 사면초가에 빠졌다. 대다수 의원은 실망한 나머지 권위를 강화하지 않으면 헌법이 효력을 발휘할 수 없다고 말했다. 풍자작가 리바롤은 "불을 지른 사람이 의용소방대원으로 나서고 있다"라고 그들을 신랄하게 야유했다.

드디어 9월 4일 헌법을 완성했다. 국왕은 헌법을 승인하기 위해 공식적으로 의회에 임석했고 인민은 화해가 성립된 것으로 믿고 기쁨에 들떴다. 혁명의 목적을 달성했다고 말한 국왕은 국민이 평온한 정신을 되찾기를 바란다고 부언했다. 그러나 한번 타오른 열정은 그리 간단히 식지 않는다. 25일 헌법제정이라는 과업을 완료한 의회는 해산했다. 해산에 앞서 의회는 로베스피에르의 제안으로 제헌의회 의원은 다음 신규 의회에 참여할 수 없다는 결의를 채택했는데 이는 그때까지 얻은 귀중한 경험을 말소하는 결과를 낳았다. 피에르 빅토르 말루에Pierre Victor Malouet 의원은 통탄하면서 말했다.

"우리에게 남은 일이라고는 중대한 과오를 저지르는 것뿐이었는데 우리는 기어코 그것을 저지르고야 말았다."

—

chapter 3

왕정의 멸망

—

1. 입법의회라고 부른 새 의회는 제헌의회 의원을 배제하고 완전히 새로운 인물로 구성되었다. 구체제 우파는 모두 사라졌고 입법의회의 우파는 자코뱅파 중 온건파인 푀양파였다. 이 같은 사실만 보아도 어제의 혁명파가 오늘의 반혁명파가 되는 정국의 급속한 변화를 가히 짐작할 수 있다. 푀양파는 과거처럼 여전히 입헌군주제를 주장했다. 코르들리에파의 관점에서 그들은 이미 반혁명적이고 반동적인 존재였다. 중도파에는 독립파라고 자칭했으나 사실은 기회주의자에 지나지 않는 의원들이 있었다. 좌익에는 후일 지롱드파Gironde로 불리는 사람들이 있었는데 이는 지롱드 지방의 중심지인 보르도 출신의 의원 엘리 구아데Elie Guadet, 피에르 베르니오Pierre Vergniaud 등이 주도적인 역할을 하면서 생긴 이름이다. 지롱드파는 두 사람이 이끌었다. 한 사람은 자크 피에르 브리소Jacques Pierre Brissot로 선견지명은 없어도 기지와 재능이 뛰어난 그는 영국과 아메리카에 체류한 적이 있어

서 외교관으로 지목받고 있었다. 또 한 사람은 우울하면서도 낭만적인 변호사 베르니오로 반역, 무력행사, 고대 공화제 모방 등에 실망해 대혁명의 무대에서 도피한 사람이다. 지롱드파에는 데모스테네스와 플루타르코스의 영향을 받은 사람이 많이 있었다. 행동가라기보다 웅변가였던 그들은 기사적인 정열과 비정한 잔인성을 겸비했고 '아름다운 연설을 했는데' 나중에 그것 때문에 생명을 잃고 말았다. 말하자면 그들은 자신의 웅변으로 자승자박의 상황에 놓였다.

"그들을 자세히 살펴보면 우수한 정치집단이긴 했으나 그들 중 정치가라고 할 만한 사람은 하나도 없었다."

극좌파에는 여러 명의 코르들리에파가 있었는데 실질적인 주도권은 의회 외부에 있는 로베스피에르, 마라, 당통 등이 장악했다.

2. 샹파뉴 지방에서 농부의 아들로 태어난 당통은 법률 연구를 위해 파리에 올라와 카페 주인의 딸과 결혼했고 이후 그 근방인 코르들리에 지역을 포섭했다. 그는 미라보처럼 건장하고 추남에다 얼굴이 곰보였다. 그는 자신에 대해 이렇게 말했다.

"자연은 내게 체육인의 체격과 자유의 여신의 용모를 주었다."

이 지성적인 포르토스(Porthos, 뒤마의 작품 《삼총사》의 등장인물)의 정열은 그의 용모만큼이나 극렬했다. 그는 파리에서의 생활과 아내를 사랑했으며 때로 휴식과 애정에 상당 시간을 썼다. 1788년 왕실고문회의 변호사로 일한 그는 그들에게 엄청난 눈사태가 다가오는 중이라고 경고했다. 현실주의적인 그는 자신이 성공하리라고 믿는 대혁명 활동에 투신했다. 그러나 그는 왕정과 특권계급의 재산, 교회에 적의를 품지는 않았다. 돈에 좌우되긴 했어도 그건 미라보처럼 지배하기 위해서 였지 지배당하기 위해서는 아니었다. 그는 평소에 말했다.

"나 같은 사람은 돈 때문에 움직이지는 않는다."

이런 기지와 태도는 로베스피에르에게 공포감을 주었다. 당통이 쾌활한 데 반해 작은 체구의 변호사인 로베스피에르는 우울한 성격이었다. 학창 시절 대단한 학구파였던 그에게 결정적 영향을 준 인물은 루소였다. 그는 루소의 《사회계약론》 구절을 널리 인용했으나 루소처럼 따뜻한 감수성은 없었다. 오히려 근시인 녹색 눈동자, 성난 고양이 같은 머리, 냉정하고 거만한 태도, 지식인으로서의 자부심, 자기 삶에 대한 자신감 등은 유능한 동지들의 빈축을 샀다. 반면 약자들은 그를 몹시 숭배했는데 미라보는 그를 이렇게 평했다.

"로베스피에르는 출세할 것이다. 그는 자신의 말을 그대로 믿는 사람이다."

당통은 사랑할 만한 것은 모조리 사랑했고 로베스피에르는 자기 자신만 사랑했다. 당통은 투쟁을 선호했고 로베스피에르는 아첨을 선호했다. 당통은 누구나 접근하기 쉬웠고 로베스피에르는 홀로 청렴결백했다. 당통은 모든 친구와 '너'라고 부를 만큼 다정했고 로베스피에르는 막연한 대중이란 집단과 친밀했다. 당시 로베스피에르의 미덕인 결백과 성실이 희귀했기에 대중은 그를 숭배했다. 당통은 로베스피에르를 지지했고 로베스피에르도 당통의 실력에 의존했으나 타이탄 같은 그의 강렬한 공격성에 불안을 느끼고 그를 제거할 의도를 품었다.

3. 입법의회에 임석해 큰 박수를 받은 국왕은 군대의 기강을 재건

할 것과 프랑스의 방위를 확고히 할 것을 강조했다. 이 주제는 봉건적 제국들과의 선전포고를 원하던 지롱드파를 기쁘게 했다. 그들은 프로이센의 코블렌츠 지방에 있는 망명자들과 오스트리아 황제는 혁명의 최악의 적이라고 역설했다. 왕비의 오빠인 오스트리아 황제와 전쟁을 하면 프랑스 정치는 전시체제에 돌입하므로 망명자와 비선서 성직자를 엄중히 처벌하는 한편 국왕도 대세를 좇아야 했다. 국내 정세는 여전히 험악했고 식량이 부족했으며 아시냐의 가치는 날이 갈수록 폭락했다. 계엄령은 무력한 정부가 취할 수 있는 하나의 수단이었다. 국왕과 적어도 육군장관 나르본-라라Narbonne-Lara 백작은 은근히 전쟁을 선호했다. 그들은 전쟁에서 승리해 왕정을 구제하려 했고 왕비는 마음속으로 패배해야 왕정을 보존할 수 있다고 생각했다. 수학자이자 철학자이고 의회의 중진인 앙투안 니콜라 드 콩도르세는 이론적으로는 평화론자였으나 의리상 전쟁을 주장했다. 로베스피에르 혼자만 전쟁을 두려워했다.

"우리는 배반으로 패전할 것이다. 만약 승리한다면 개선장군이 새로운 인민의 적이 되리라."

후일 나폴레옹이 증명했듯 그의 견해는 옳았으나 이런 위험은 미래의 일이었으므로 의회는 그의 말을 믿지 않았다.

오스트리아에서는 젊은 왕 프란츠 2세(Franz II, 1768~1835)가 지롱드파의 도전을 고대하고 있었다. 유럽의 군주로서 프랑스와 싸우는 것은 자신의 왕위를 방위하고 적국을 약화하는 이중의 이익을 안겨주기 때문이다. 주전主戰파에게도 충분한 구실이 있었다. 망명자와 프랑스와의 분쟁, 벨기에 혁명파에 대한 프랑스의 지원, 아비뇽의 교황 영지 몰수 등 이유는 얼마든지 있었다. 오스트리아 황제는 프랑스 국내 문제에 간섭해 자코뱅파를 고발하고 자유를 침해받는 국왕의 처지를 지적하는 강경한 각서를 송달했다. 일시적으로 화해한 뒤 루이 16세는 사실상 입법의회와 또다시 충돌하고 있었다. 그가 망명자와 성직자에 관한 의회의 결의사항을 인준하지 않자 맹렬한 거부권 반대운동이 일어났다. 파리는 기아에 허덕이고 있었다. 거부권 행사가 파리 시민을 굶주리게 하고 국왕은 라인 강 건너편에 있는 그의 동지들이 시민을 학살하길 고대한다는 비난이 극성스럽게 퍼지기 시작했다.

4. 이 시점에 궁정은 중대한 실책을 범했다. 의회와 유일하게 호의적인 장관 나르본-라라를 파면한 것이다. 베르니오는 튈르리 궁을 위협하는 유명한 연설을 했다.

"모든 공포정치는 언제나 이 궁전에서 시작되었다. 이제 법의 이름으로 그것을 궁전에 돌려보내야겠다. 그곳에 몸담은 모든 사람은 국왕만 불가침의 존재이고 법은 신분의 고하를 막론하고 범법자를 철저히 추궁할 것이며 유죄로 판정나면 참수를 면치 못하리라는 것을 명심해야 한다."

베르니오의 성공적인 연설로 내각은 총사직했다. 정상적인 의회제도였으면 국왕은 브리소, 베르니오 혹은 막시민 이스나르 Maximin Isnnard에게 내각을 조직하도록 하명했을 테지만 의원 중에서 장관을 선임할 수 없다는 불합리한 헌법조항이 걸림돌로 작용했다. 튈르리 궁은 지롱드파를 대표할 사람을 찾아야 했다. 이 문제는 장 마리 롤랑 Jean-Marie Roland 저택에서의 점심식사 중에 해결을 보았다. 공장 감독관을 지낸 60대의 지롱드파 동조자인 롤랑은 전통주의적인 정치가로 가장 나쁜 의미의 정직, 파렴치에 가까운 검소와 순결을 내세우는 인물이었다. 롤랑은 미모와 야심, 행동과 정열, 애정과 증오 등의 충동을 구비했으나 판단력이 부족해 그의 아내 마농이 아니었다면 전혀 출세할 수 없던 인물이다.

롤랑 부인은 개방적이고 대범했으며 어려서부터 교회에 성경 대신 플루타르코스의《영웅전》을 갖고 다닌 전형적인 18세기 소시민의 딸이었다. 열두 살 때 그녀는 스파르타나 로마의 여자로 태어나지 못한 것을 울부짖으며 한탄했다고 한다. 다른 많은 사람들처럼 그녀에게도 루소의 시기가 있었다. 1780년《백과전서》의 협력자인 롤랑과 만난 그녀는 리옹에 사는 이 노인과 결혼하면 신성한 계몽주의자 그룹에 참여할 수 있으리라고 판단했다. 그녀는 열성을 다해 지방의 거물인 남편이 파리로 진출하도록 애를 썼다. 그녀는 자신의 매력과 정치력을 발휘해 자기 살롱에 젊은 지롱드파 당원들을 끌어들였고 정열적인 그녀는 그들에게 큰 영향을 미쳤다. 그녀는 여성 특유의 시기심으로 마리 앙투아네트를 미워했다. 롤랑이 내무장관이 되었을 때 진짜 장관은 그녀였다. 그녀는 각료들과 의회 지도자들을 자주 오찬에 초대하는 등 내각의 정신적 핵심 구실을 담당했다. 책략가이면서도 인간적 신망이 있던 군인 샤를 프랑수아 뒤무리에Charles-François Dumouriez가 외무장관이 되었는데 롤랑 부인은 그를 다음과 같이 평했다.

"그는 재치 있는 오입쟁이고 자신의 이득과 명예를 제외한 모든 것을 멸시하는 사람이다."

그는 자신의 명예를 위해 오스트리아와 전쟁을 시작하려 했고 자코뱅당은 그의 주장을 환영했다. 1792년 4월 20일 프랑스가 선전포고하자 프로이센 왕은 즉각 오스트리아 황제와 동맹을 체결했다.

5. 사실 프랑스군은 전쟁을 치를 만한 상황이 아니었다. 수많은 장교가 국외로 망명했고 남아 있는 장교들은 병사들에게 거의 존경받지 못했다. 국민군은 훈련을 받지 않았으며 장비도 없었다. 프랑스는 불과 8만 명의 병력을 전선에 파견했는데 프로이센만 해도 그 2배나 되는 병력을 동원했다. 전쟁은 처음부터 패전을 기록했다. 이것이 프랑스 국내에 미친 영향은 복잡 미묘했다. 왕비파는 대담하게도 혁명파가 몰락하길 원했고 위험을 느낀 자코뱅당은 1) 근위병 해산, 2) 비선서 성직자 추방, 3) 파리 성문 수비에 연맹병 배치 등 강경한 조치를 취했다. 국왕은 이들 조치 중 1, 2항의 재가를 거부하고 지롱드 내각을 해임했다. 일선에서 군단을 지휘하던 라파예트가 파리로 귀환해 궁정을 지지하는 듯하자 의회는 잠시 숨을 죽이고 있었다. 지롱드당은 국왕을 협박해 그들의 내각을 복직시키려면 그럴듯한 사건이 필요하다고 생각했다.

6월 20일 지롱드 당원들은 롤랑 부인의 살롱에 모여 사건을 모의했고 그 모략에 시중의 깡패들인 맥주 공장 앙투안 조제프 상테르 Antoine Joseph Santerre 일파와 정육점 루이 르장드르 Louis Legendre 일파가 행동대원으로 나섰다. 푀양파의 발코니에 '자유의 나무'를 심는다는 구실로 창과 장검으로 무장한 군중이 승마 조교장과 튈르리 궁으로 침입했다. 얼마 남지 않은 군주제의 권위가 비극적인 희극광대처럼 무너져갔다. 놀랄 정도로 침착하고 용감한 국왕은 군중이 야유하듯 툭툭 치며 욕설을 퍼붓는 중에도 의연하게 거부권 철회를 거부했다. 국왕은 스스로를 애국자라고 말하며 붉은 모자를 썼다. 한 사나이가 이 '거부권 왕'이 얼마나 견디나 보려고 포도주 한 잔을 내밀자 국왕은 서슴지 않고 받아 마셨다. "국왕이 포도주를 마셨다"고 군중은 떠들어댔다. 그때 한동안 인기가 좋았던 파리 시장 페티옹이 국왕을 구출했다. 국왕과 왕비의 신변은 당분간 안전했으나 국왕의 용포는 갈기갈기 찢기고 말았다.

6. 이 불미스런 소동에 대한 반응은 상당히 충격적이었다. 라파예트가 의회에서 군대의 명의로 항의하자 푀양당은 갈채를 보냈고 중도파는 그를 지지하기 위해 우익과 합류하려 했으며 자코뱅당은 그를 '흉악범, 배신자, 조국의 적'이라고 규탄했다. 이때 궁정은 그에게 구원을 요청해야 했으나 여전히 과거의 원한을 버리지 못했다. 왕비는 라파예트나 입헌파의 구원을 받느니 죽는 편이 낫다고 외쳤다. 이것은 인지상정이었을지는 모르지만 어리석은 일이었다.

혁명의 전 성과를 말살할지도 모를 반동의 위험에 대비하기 위해 지롱드당과 로베스피에르파는 일시적이나마 결속을 굳게 다졌다. 좌익은 연맹군, 특히 결정적인 사건에 충성을 다할 남프랑스의 국민군이 도착하기를 고대했다. 의회에서는 아무도 감히 공화제라는 말을 발설하지 않았으나 국왕의 실권에 대한 논의를 공개적으로 진행하고 있었다. 분위기는 매우 불안정했고 어느 날 리옹의 주교 아드리앙 라무레트Adrien Lamourette가 외국의 위협 앞에 놓인 프랑스는 서로 단결해야 한다고 호소하자 전 의원은 믿을 수 없을 만큼 흥분에 휩싸여 서로 포옹했다. 이것이 유명한 '라무레트의 키스'인데 다음 날이 되자 모두들 그 일을 깨끗이 잊어버렸다.

7월 11일 의회는 '비상사태'를 선포했고 이에 따라 장정 징집과 무기 수집이 이뤄졌다. 1792년 7월 14일 연맹 축제에서 파리 시장 페티옹은 국왕보다 시민의 환호를 받았고 왕비는 흐르는 눈물을 감추지 못했다. 전 시가지에는 삼색기로 장식한 연단이 설치되었고 두 개의 북에 걸쳐놓은 널판으로 탁자를 대신한 징병관은 수많은 의용병 지원자를 접수했다. 이러한 민중의 열광에는 궁정이 적국과 비밀협상을 하고 있다는 소문에 대한 분노가 겹쳐 있었다. 왕비가 조카인 오스트리아 황제와 내통한다는 소문은 의심할 여지가 없었다. 이 튈르리의 배신행위는 폭동으로 도발된 것이긴 하나 용서할 수 없는 처사였다. 프랑스 국외에서는 루이 16세의 동생인 프로방스 백작과 아르투아 백작이 국왕의 파멸을 바라는 듯한 행동을 하고 있었다. 코블렌츠에서는 프로이센인, 오스트리아인, 헤센인 그리고 프랑스 망명자들을 지휘하던 브룬스윅 공이 자신의 본의는 아니었으나 프랑스인을 모욕하는 선언을 했다. 프랑스가 왕실을 존경하지 않으면 프랑스는 무력 처벌을 받고 파리는 폐허가 될 것이라는 경고도 곁들였다. 이 선언은 국왕과 왕비가 사태를 수습하지 못하도록 가로막았고 파리 시민은 국왕의 옹호자들이 파리를 위협한다면 국왕을 파리에서 축출해야 한다고 생각했다.

7. 미국 공사 모리스는 브룬스윅의 선언을 졸렬하다고 평가했고 모든 애국자가 다음의 구절을 듣고 단결했다고 보고했다.

"나는 당신들을 적대시한다. 당신들은 내게 대항하지만 당신들에게는 아무런 희망도 없으니 저항하려거든 철저히 결사적으로 하라!"

시민들은 이렇게 답변했다.

"시민들이여! 무기를 들어라!"

도처에서 새로운 국가國歌 〈라 마르세예즈La Marseillaise〉가 터져 나왔다. 이 찬가는 루제 드 릴Rouget de Lisle이 스트라스부르에서 라인군을 위해 만든 노래로 마르세유에서 온 600명의 연맹군이 파리에 전파했다. 모두가 이 선량한 애국자들이 파리 시민을 지원해 왕정을 전복하길 고대했다. 애국자 중에는 당통, 카미유 데믈랭, 마라, 파브르 데글랑틴Fabre d'Eglantine 등이 있었는데 그들은 유럽의 제왕들을 타도하려면 국왕의 지배를 받아서는 안 된다고 생각했다. 전쟁을 치르기 위해서는 국가 통일, 공화제 수립, 강력한 정부가 필요했다. 파리는 동란이 임박했음을 느꼈고 군주제를 지지하는 우유부단한 의회는 주저했다. 파리 코뮌과 별도로 '반란자 코뮌'이 창설되었는데 그 중심인물은 당통과 코르들리에파 동지들이었다.

반란자 코뮌은 8월 10일 루이 16세의 운명을 결정하리라고 계획했다. 이들은 사전 조치로 저항을 배제하기 위해 국왕을 경호하던 국민군 지휘관을 체포해 사형에 처했다. 일부 국민군과 스위스 용병대, 귀족은 튈르리 궁의 방위 준비가 완료되었다고 장담했다. 그러나 폭도가 습격하자 이들 수비대는 대부분 폭도 측에 가담했다. 검사총장 뢰드레는 국왕에게 의회 안으로 피신하도록 권고했다. 왕비는 차라리 그 자리에서 죽는 편이 낫다고 항변했으나 루이 16세는 함께 가자고 했다. 의장 베르니오는 왕실을 맞이하며 말했다.

"폐하, 의회의 견고한 결의를 믿으십시오. 의원들은 인민의 권리와 헌법의 권위를 수호하기 위해 생명을 바칠 것을 서약했습니다."

하지만 그들의 행동은 서약만큼 견고하지 못했다. 의회는 폭동의 진전을 관망하며 상황에 따라 태도를 결정하기로 했다. 튈르리 궁이 점령당하고 스위스 수비대가 전멸하자 의회는 국민공회Convention nationale가 결정을 지을 때까지 폐위는 아니나 왕정 정지를 결의했다. 의회는 국왕을 뤽상부르 궁에 유폐하기로 결의했으나 코뮌은 국왕을 탕플 탑으로 연행해 인민의 감시하에 두기를 강요했다. 로베스피에르는 의회보다 직접 민중과 연결된 반란자 코뮌을 지지했다.

8. 그러는 동안 어떤 형태로든 정부가 필요해졌다. 8월 10일부터 의원 3분의 2는 생명의 위협을 느끼고 의회에 출석하지 않았다. 코뮌이 세력을 불려가면서 혁명은 새로운 단계에 접어들었는데, 합법적인 당파는 패망하고 폭력적인 당파가 승리했다. 로베스피에르는 코뮌에 기반을 둔 순수한 독재제도를 원했고 당통은 의회가 붕괴해도 자신이 통치자가 되리라 믿어 전혀 개의치 않았다. 6명으로 구성된 실행위원회에서 당통은 명목상 법무장관에 불과했으나 사실상 정권을 장악했다. 당통은 무엇을 구상했을까? 그의 정적들은 다음과 같이 주장했다.

"그는 열렬하고 자신만만한 혁명정신의 소유자, 열정적인 민중의 수호자, 불굴의 의지를 갖춘 대중의 지도자처럼 보이나 이것은 어디까지나 가면에 불과하다. 재정적으로 곤궁한 당통은 영국과 오를레앙 공의 이익을 위해 군주제를 유지하겠다고 약속하고 그들에게 자금을 받고 있다. 파리에서는 노동자 지구에 거주하며 무산계급의 옹호자로 자처하지만 자기 고향인 아르시스쉬르오브에 가족, 토지, 산림,

100헥타르의 농토가 있다."

여하튼 그는 지롱드당을 손아귀에 쥐고 자기 의사대로 조종하면서 보통선거를 통해 국민공회를 선출할 것, 망명자와 정치적 관련이 있는 혐의자 및 친족 색출, 혁명재판소 설치 등을 결정했다. 후일 당통 자신이 이 혁명재판소를 통해 생명을 잃고 만다.

9. 8월 10일 이후 장 폴 마라는 전국이 공포 상태에 놓이도록 귀족과 성직자 학살을 선동했다. '채무에 허덕이거나 범죄를 저지른 사람들'이 이 일에 참여했고 일당 6프랑과 포도주를 보수로 지급받았다. 9월 2일 의회의 위협을 받은 코뮌은 망명자와 프로이센인의 진격에 공포를 느끼고 행동을 개시했다. 일단 모든 교도소에서 학살을 감행했다. 정식 재판관과 정식 사형집행인은 없었다. 모두가 재판관을 자칭했고 모두가 유혈을 즐겼다. '9월의 학살'은 집단적 가학성의 발작 증세로 이는 파리 시민이 아니라 극소수 살인자의 소행이었다. 1,200명 이상의 구속자가 흉악하고 잔인한 수단에 생명을 잃었는데 그중에는 마리 앙투아네트의 친구 랑발르 공작부인도 있었다. 생명의 위험을 감지한 의회는 간섭하지 않았고 코뮌은 이를 시인했으며 여론은 이상할 정도로 무관심하고 냉소적이었다. 미국 공사 모리스는 일기에 "학살은 계속되고 있고 날씨는 쾌청하다"라고 적었다. 이를 제지하지 않고 방관한 당통은 당연한 재판이라 말했지만 수개월 후 뼈저리게 후회했다. 그는 정세가 절박했기 때문이라고 해명했다.

"유럽의 절반이 프랑스로 진격 중이었고 대다수 장교가 탈주해 파리가 포위된다는 불안감 때문에 잔인한 보복행동이 필요했다."

10. 브룬스윅 공은 롱위와 베르됭을 점령한 뒤 아르곤 계곡을 따라 파리로 진격했다. 그러나 그는 뒤무리에, 클레르망François-Christophe Kellermann의 부대와 충돌했고 특히 1792년 9월 20일 발미에서 유럽 최강부대인 프랑스 포병대와 격돌했다. 클레르망 보병부대의 완강한 저항에 부딪친 브룬스윅군은 전투를 피해 후퇴했다. 이 단시간의 포화는 프랑스와 유럽의 운명을 결정했다. 침입군은 총퇴각했으며 프랑스 혁명은 처음으로 군사력을 과시했다. 때마침 발미에 있던 괴테는 새로운 시대가 시작되었다고 말했다. 알자스에서 진격한 아담 필리프 드 퀴스틴Adam Phillippe de Custine군은 독일 국내로 침공해 마인츠와 프랑크푸르트에 도달했고 북방에서는 뒤무리에군이 공세를 취할 준비를 갖췄다. 모든 물자가 부족해 보급물자를 현지에서 조달해야 하는 이들의 뛰어난 기동력과 신속한 움직임에 오스트리아와 독일군은 경이로워했다. 새로운 사상이 군기를 세웠고 라인 지방 주민들도 자유라는 이념에 눈을 뜨기 시작했다. 과학자 게오르크 포스터Georg Foster는 다음과 같이 말했다.

"프랑스와 손을 잡아라! 왕좌를 종이로 만든 성채를 뒤집듯 뒤집는 강대한 2500만의 국민과 손을 잡아라! (…) 잠에서 깨어나라! 용기를 내 자유 독일인이 되고 프랑스인 동지와 형제가 되어라!"

발미에서 승리한 날 입법의회는 해산했다. 사실 의회는 이미 한 달 전부터 정권을 당통에게 위양한 상태였다. 9월 20일 국민공회의 초대 의원들이 튈르리 궁에 모였고 해산한 입법의회를 대신해 다음 날부터 승마 조교장에서 회의를 열었다.

—

chapter 4

국민공회와 공안위원회

—

1. 국민공회 선거는 파리를 제외한 모든 곳이 거의 무관심한 가운데 평온하게 이뤄졌다. 지방에서는 공화제란 말을 거의 하지 않았고 감히 왕당파를 자칭하는 사람도 없었다. 당선된 의원들은 특권 폐지, 복수를 기도할지도 모를 반혁명 세력 제압, 사유재산 보호 등 세 가지 중요한 이념을 내세웠으나 지방은 여전히 보수적이었다. 국민공회는 전반적으로 부르주아계급이었고 '9월 학살'을 반대한 사람들이 당선되었으나 파리는 코뮌 세력이 압도적이었다. 새 의회는 지롱드당이 우익을 차지하면서 과거의 과격파가 정책을 변경하는 일 없이 온건파가 되는 현상이 다시 한 번 나타났다. 750명의 의원 중 지롱드 당원이 약 165명에 달했다. 이들과 대립한 좌익에는 산악당이 있었다. 당통이 카미유 데물랭, 파브르 데글랑틴을 거느리고 국민공회를 영도했다. 냉정하고 준엄한 로베스피에르는 때가 오기를 기다렸으며 무자비하고 광신적인 지성인 생쥐스트가 그 옆자리를 차지했다.

생쥐스트는 "공화국을 수립하는 길은 반대하는 모든 것을 철저히 파괴하는 데 있다"라고 말했는데, 이것은 생명을 허무로 표현한 이색적인 정의였다. 산악당의 정상에는 불결하고 악취까지 풍기는 병약한 몸을 끌고 다닌 장 폴 마라가 있었다. 그는 성격적으로 고독, 냉소, 잔인했으나 빈곤과 불행이 무엇인지 알았고 동정심도 있었다. 이 모든 사람 중에서 마라가 사회혁명을 가장 잘 이해했다. 산악당은 사회 복지, 계엄령 선포, 부정부패 숙청, 독재정치 실현 등의 정강을 내걸었다. 지롱드당과 산악당 사이에 시기를 기다리는 과묵하고 온건한 제3당, 소위 평원당 혹은 마레당이 넓게 자리를 차지하고 있었다.

평원당 의원들은 서로 살상을 두려워하지 않는 지롱드당과 산악당의 동태를 주시했고 일부 의원은 벌써 앞으로 그들의 시체 위에 자기들이 정부를 수립하게 되리라고 판단했다. 산악당의 일부 과격파는 재산공유를 원했는데 산악당의 혁명 이론상 이는 있을 법한 일이었다.

2. 초기에는 지롱드당이 국민공회를 지배할 것처럼 보였다. 페티옹이 263표 중 235표를 얻어 의장에 당선되었다. 이어 정치체제를 결정해야 했는데 모리스는 이렇게 비아냥댔다.

"오늘은 새로운 일이 하나도 없었다. 국민공회를 소집해 국왕은 이미 존재하지 않는다고 선언한 일 외에는."

파리 시민은 '공화국 만세!'라고 환호하며 이 포고를 맞았으나 의원들은 아직 이 말을 사용하지 않았다. 공회가 "공화국은 유일하며 불가분한 존재다"라고 의결한 것은 민중의 의사 표시가 있은 후였다. 민중은 공화국의 내용을 규정하기 전에 벌써 공화국의 본질을 계시한 것이다. 국민공회는 통일과 불가분성을 선포할 수 있었으나 실현하지 못했다. 공회 자체가 정당이 아니라 도당으로 분열되어 있었기 때문이다. 롤랑 부인과 그녀의 동지들은 당통을 증오했고 질서 파괴에 대해 책임을 져야 할 지롱드당이 도리어 질서 유지를 요망하는 정당이 되어 코뮌과 대항했다. 이들은 공회를 수호하려면 도의 방위군을 편성하는 것이 최선이라고 생각했다. 교양 있고 자유주의적인 지롱드당은 민중을 두려워해 원칙을 준수했지만 산악당은 원칙을 무시하고 민중에 의존해 혁명을 완수하려 했다. 로베스피에르는 다음과 같이 강조했다.

"그들은 봉건적 귀족계급의 폐허 위에 수립된 부유계급이다. 민중은 모든 정치제도의 목적이 되어야 하며 그들의 정치체제로는 진정한 이득을 얻을 수 없다."

그는 진정 평등한 체제를 요구했고 또 예고도 했다. 로베스피에르와 그의 동조자들은 가문과 교육에서 부르주아계급이었으나 지롱드당과 코뮌의 대립이 국왕, 귀족, 성직자를 제거하는 보다 신속하고 효과적인 수단이라고 생각했다.

3. "국민공회 구성원의 정신 상태는 늘 불안정, 극렬, 음흉했고 편협하면서도 맹목적인 광신과 자기만족 등 혼란스런 가혹성을 지니고 있었다. 하지만 그들의 행동은 공통적인 신조에 따라 질서를 유지했다. 약육강식을 통례로 삼던 공회도 조국방위에서는 희생과 불굴의 신념에 따라 협동정신을 발휘했다. 이것은 전적으로 프랑스 정신의 위대한 발로였다."

공화국 군대는 도처에서 승리를 거두었고 북부와 동부의 여러 주민은 자신의 운명을 프랑스에 맡겼다. 그들을 어떻게 처우할 것인가? 뒤무리에가 정복한 지역을 포기할 것인가, 아니면 제국을 건설할 것인가? 승리를 확인한 뒤무리에 장군은 파리로 귀환해 롤랑 부인에게 화해의 표시로 공손히 붉은 장미꽃을 바치고 당시 오스트리아 영토였던 벨기에 점령을 허락받았다. 결과적으로 국민공회는 리슐리외의 외교정책을 답습했다.

"프랑스 역사는 혁명으로 산산조각이 날 뻔했다가 오히려 혁명으로 보존되었다."

당통은 뒤무리에를 심복으로 삼았고 벨기에 점령은 일사천리로 이뤄졌다. 오스트리아군은 즈마프에서 〈라 마르세예즈〉 소리를 듣자 곧 후퇴했고 프랑스군은 11월 15일 브뤼셀, 28일에는 리에주에 도달했다. 그는 자신에게 시의 열쇠를 바치려는 브뤼셀 관원들에게 말했다.

"시민 여러분! 여러분의 열쇠는 스스로 지키시오. 빼앗기지 않게 잘 지키시오."

이것은 상징적인 연출이었다. 뒤무리에는 영토를 합병하려 한 것이 아니라 프랑스 주변에 안전지대, 즉 네덜란드, 벨기에, 사부아, 라인 연방 등 우호적인 독립국으로 구성된 완충지대를 두고자 했던 것이다. 국민공회는 자유를 원하는 모든 국가 국민에게 우애와 원조를 제공하겠다고 선언했다. 산악당원들은 대부분 피레네, 알프스, 라인 강이라는 자연적인 국경안을 채택했다.

"프랑스의 국경은 자연이 지시한다. 우리 공화국의 경계는 그곳에서 끝나며 어떤 세력도 우리가 그곳까지 도달하는 것을 방해할 수 없을 것이다."

이는 네덜란드 침입을 예고한 것으로 영국의 적의를 불러일으킬 가능성이 있었다. 프랑스군이 안트베르펜에 도달하자 아니나 다를까 영국은 루이 16세의 운명에 관심을 표하기 시작했다. 그렇다고 전쟁을 끝내는 것은 곤란한 일이었다. 늙은 롤랑은 순진성에 무자비함을 더해 이렇게 말했다.

"무장한 수백만 국민이 그들의 힘이 닿는 데까지 걷도록 방임해야 한다. 그렇지 않으면 그들이 우리의 목을 자르러 되돌아설 것이다."

1792년 12월 15일 프랑스는 다음과 같은 포고를 발표했다.

"우리는 어떤 국민이든 지배하거나 예속시킬 생각이 없다. (…) 그러나 혁명에는 일시적으로 권력이 필요하다. (…) 이는 때로 조직적 파괴를 감행할지도 모른다. (…) 적군을 추격하기 위해 프랑스군이 진주한 국가에서 이 권력은 프랑스에만 부여된다."

장군들은 진주한 모든 곳에서 10분의 1세와 봉건적 특권을 타파하라는 지시를 받았다. 또한 현 통치체제를 해체한 후 선거를 통해 공화제에 반대하는 세력을 제거한 임시정부를 수립하라는 명령도 있었다.

"성관에는 전쟁을, 농가에는 평화를!"

프랑스의 영토방위 전쟁은 이제 사상 전쟁으로 변모했고 혁명 원리 전파가 군대를 강화하는 데 막대한 도움을 주었다.

4. 국왕을 재판할 필요가 있었을까? 지롱드당은 이것을 원치 않았다. 프랑스를 분열시키고 지방의 여론을 자극하며 당의 분열이 초래될까 두려웠기 때문이다. 당통까지도 다음과 같이 말했다.

"국왕에게 비난할 점이 전혀 없는 것은 아니나 국왕을 현재의 처지 그대로 두는 것이 합법적이고 유용하다고 믿는다."

1791년에 제정한 헌법은 국왕의 신병을 불가침이라고 선포했다. 일부에서는 8월 10일 이후부터 국왕은 하나의 시민에 불과하다고 주장했다. 다른 한편에서 재판 반대자들은 국왕이 8월 10일 이후의 행위에만 책임이 있으므로 최고법원인 국민공회가 아니라 보통재판소 소관에 속한다고 반박했다. 생쥐스트와 로베스피에르는 국왕의 재판과 사형을 원했다. 그들의 관점에서 국왕은 기소되어 재판을 받아야 하는 피고가 아니라 살해해야 할 적이었다. 나아가 그들은 그 사형을 계기로 지롱드당과 구체제 간에 넘을 수 없는 도랑을 파놓을 생각이었다. 뷔조와 당통은 루이 카페(Louis Capet, 루이 16세의 이름)를 구제하길 원했다. 그러나 튈르리 궁의 금고 안에서 국왕의 측근이 반혁명 음모를 기도했고 국왕이 사전에 이를 알고 있었음을 입증하는 통신문서가 발견되었다고 전해지자 지롱드당도 굴복하지 않을 수 없었다. 여기에다 로베스피에르는 지롱드당이 이미 왕당에 가담했다고 규탄했고 마라는 공포 분위기로 찬성을 강요하는 기명투표 방식을 고집했다. 이로써 표결은 왕당파에게 불리해졌다. 용감한 변호사 크레티엥 기욤 드 말제르브Chretien Guillaume de Malesherbes, 프랑수아 드니 트롱세François Denis Tronchet, 로맹 드 세즈Romain de Sèze가 국왕의 변호를 담당했고 국왕은 심문을 받는 동안 시종일관 침착과 위신을 잃지 않았다. 그는 국왕으로서의 원칙에 위배되는 행위는 일체 하지 않았다고 답변했다. 드 세즈는 국왕의 불가침성을 강조했다. 의원들에게 가해진 압력은 대단했고 롤랑 부인은 국왕 부처에 대해 개인적으로 적의를 품고 있었으나 이 일에 대해서는 격분을 참지 못했다. 9월 학살에 구역질을 느낀 그녀는 뇌까렸다.

"우리는 파리에서 참으로 훌륭한 자유를 누리고 있군요. 여러분은 혁명에 대한 내 정열을 잘 알고 계실 것입니다. 그런데도 나는 수치를 금할 수가 없습니다. 우리의 혁명은 흉악한 사람들 때문에 명예를 잃고 추악해졌습니다."

마라의 공격을 받은 그녀는 이렇게 응수했다.

"앙투아네트에 대해 이토록 무서운 말을 공표한 적이 없는데 어떻게 나를 그녀와 같다느니 하면서 그녀의 이름을 내게 붙일 수 있습니까?"

아아, 무서운 복수의 신이여! 국왕에게 선고할 형을 표결에 부쳤을 때 721명이 투표했으므로 과반수 361표만 있으면 충분했다. 결국 387표로 사형이 결정되었는데 그중에는 루이 16세의 종형제인 전 오를레앙 공 필리프 에갈리테의 표도 있었다. 표결은 1793년 1월 16일에 이뤄졌고 국왕은 21일 목이 잘렸다. 그는 단두대에서 외쳤다.

"국민이여, 짐은 죄 없이 죽는다!"

이날 파리의 날씨는 음산했고 사람들은 눈을 들지 못했다. 신성한 왕권에 대한 신앙과 성 루이 왕, 앙리 4세의 추억이 사람들의 가슴속에 죄책감을 불러일으켰다. 사형에 찬동한 사람들은 점차 무서운 책임감을 느끼면서 이제부터 전력을 다해 혁명을 유지, 발전시키지 않으면 자신들이 멸망하리라는 것을 뼈저리게 인식했다. 당통도 하는 수 없이 사형에 투표했다. 돌이킬 수 없는 결말을 원한 로베스피에르는 기어코 자기 뜻대로 관철하고 말았다.

5. 국왕의 처형 앞에서 무기력했던 지롱드당은 처음에는 재판을 용인했고 그다음에는 처형을 허용했다. 1793년 1월 21일부터 비정하게도 착잡하던 정세가 풀리기 시작하자 지롱드당은 무력했던 과거에서 간신히 벗어났다. 자연적 국경론과 사상 전쟁에 공포를 느끼던 유럽은 국왕 사형이란 대역죄를 구실로 프랑스에 대항하는 동맹을 조직했다. 이 강력한 동맹에 대비해 산악당은 혁명재판소와 공안위원회를 창설했다.

"유럽 여러 나라의 전제정치를 타도하려면 일시적으로 자유를 제한해야 한다."

방데 지방에서는 국왕이 순교자의 운명을 밟은 것에 격분해 반란을 일으켰다. 내란이 있을 때는 언제나 그러했듯 이를 구실로 각 지방에 혁명위원회가 등장했다. 뒤무리에 장군은 파리로 진격해 정치 파벌을 일소하겠다고 언명했다. 그러나 이를 실천하지는 않았고 공연히 그의 동지인 지롱드당에 피해만 주고 말았다.

1793년 4월 9명으로 구성된 공안위원회를 설립했을 때 지롱드당에서는 아무도 참여하지 못했고 당통이 이것을 영도했다. 당시 지롱드당은 분열 상태라 더욱 무기력했고 롤랑 부처의 가정적 불화도 지롱드당에 불리한 영향을 미쳤다. 특히 뒤무리에의 배신은 지롱드당에 치명적인 타격을 안겨주었다. 파리 코뮌에 무력 간섭을 하려다 실패하자 배신했던 것이다. 지롱드당은 이 사건과 아무 관련도 없었으나 뒤무리에가 지롱드당의 일파라 그의 죄과에 대해 책임을 져야 했다. 벨기에는 프랑스에 빼앗겼던 땅을 탈환했고 방데는 반란을 일으켰으며 영국 함대는 툴롱 앞바다를 제압했다. 이 군사적 패배로 지롱드당의 몰락은 불가피했다.

6. 이제 대다수 국민이 혁명에 대해 피로감을 보이기 시작했다. 산악당은 국민에게 양보할 것이 아니라 도리어 혁명활동을 강요해야 한다는 결론을 짓고 지롱드당에 맹렬히 투쟁했다. 마라는 지롱드당을 반역자라며 각 지방에 고발했고 지롱드당은 그를 살인교사자로 구속했다. 하지만 파리 코뮌은 열광적인 환호성과 함께 그를 무죄 석방했다. 파리는 지롱드당을 무시하고 지롱드당은 파리를 협박했다. 리옹, 낭트, 보르도 등 많은 대도시에서는 지롱드당이 여전히 세력을 유지했으므로 그들은 봉기할 꿈을 버리지 않았다. 지롱드 당원 이스나르도는 파리 코뮌이 감히 의원에게 손을 대면 가공할 만한 보복을 가할 것이라고 경고했다.

"파리는 전멸하리라. 전 프랑스가 이런 죄악에 복수하리라. 그러면 사람들은 파리가 센 강 어느 편에 있었는지도 분간하기 어려울 것이다."

이러한 경고는 폭도들을 저지하기는커녕 도리어 그들을 흥분하게 만들었다. 전쟁을 치르는 중이라 파리에 진격할 군대를 단시일 내에 소집할 수는 없었으므로 파리 코뮌은 지롱드당에 도전해 사건을 꾸미기로 결정했다. 6월 2일 6만 명의 군중이 공회를 포위했다. 이때 국민군의 신임 사령관 프랑수아 앙리오François Hanriot가 60문의 대포를 동원했다. 로베스피에르는 22명의 지롱드 당원의 기소를 요구했고 포위된 국민공회는 공회의 자유를 실증하기 위해 의사당에서 퇴장하려 했다. 앙리오는 준엄하게 명령했다.

"포수, 발포 준비!"

혼란에 빠진 의원들은 다시 의사당으로 돌아갔고 조르주 쿠통 Georges Couthon의 동의로 마라가 냉혹한 표정으로 22명의 명단을 천천히 낭독했다. 그들은 모두 혁명의 거물들이었다. 프랑켄슈타인의 괴물이 창조자에게 덤벼든 셈이었다. 지롱드당은 혁명이 웅변으로 움직일 때는 이것을 지도할 수 있었으나 혁명이 결정적 투쟁을 요구하는 최후의 시점에 이르자 행동적인 인물이 필요했다.

7. 지롱드당 실각 이후 지방에서 발생한 반란이 구체적으로 위협을 가하기 시작했다. 일부 당원은 지방으로 탈출해 반란의 선도자가 되었다. 롤랑 부인의 생 프뢰(루소의 작품 《신 엘로이즈》 여주인공의 애인)와 느무르(마담 드 라파예트의 작품 《클레브 공작부인》 여주인공의 애인) 격이던 애인 뷔조는 노르망디를 선동해 한 소부대를 창설했다. 방데도 반란을 일으켰고 리옹, 마르세유, 보르도도 반란으로 기울고 있었다. 대략 3분의 2에 해당하는 도가 국민공회에 반대해 봉기했다. 이러한 프랑스의 지방분권 운동을 '연방주의'라고 불렀다.

만약 지롱드당에 강력한 지도자가 있었다면 효과적인 투쟁으로 어쩌면 승리했을지도 모른다. 그들은 강력한 의지보다 서정적 기분에 더 휩싸였고 더구나 애국적인 국민은 전시에 일으키는 반란을 환영하지 않았다. 프랑스인은 왕당파 아니면 혁명파였지 지롱드파는 아니었다. 파리에서는 냉혹하고 활동적인 사람이 권력을 장악했다. 로베스피에르는 교묘한 책동으로 지롱드당에 대한 태도가 연약해 보이는 당통마저 공안위원회에서 제거해버렸다. 그는 제2의 공안위원회이자 무자비한 지도자들이 사건을 처리하는 '대위원회'를 완전히 장악했다.

노르망디 부대는 진압되었고 반란을 일으킨 리옹은 점령과 함께 일부 도시가 파괴되었으며 그 이름까지 사라질 운명에 놓였다. 툴롱에서는 반란군이 영국의 지원을 요청했으나 맹렬한 포위전으로 함락되었는데 이때 젊은 포병 대위 나폴레옹 보나파르트가 뛰어난 전공을 세웠다. 방데에서는 왕당파 반란이 성공했고 연방주의에 기울었던 공화주의자들은 불안한 나머지 국민공회와 화해하기를 진심으로 희망했다. 국민공회는 그들에게 화해의 구실을 제공했는데 그것은 교묘한 기만책으로 1793년의 신헌법에 대한 타협이었다. 국민이 한 인물 또는 한 의회의 독재를 저지하는 보장책으로 그 이상의 제안을 받아본 일은 없었다. 그것은 1년 임기의 입법원, 국민투표로 제정하는 법률, 반수를 매년 선출하는 24명으로 구성된 행정부 그리고 헌법은 국민의 권한에 속한다는 것이었다. 자유가 이처럼 완전히 보장된 것처럼 보인 적도 없었고, 자유가 이처럼 구속된 때도 없었다. 이처럼 만전을 기한 헌법이 국민의 승인을 얻자 '헌법이 너무 완벽해 실시했다가 오점을 남기는 것을 차마 볼 수 없다'는 이유로 시행되지 않았기 때문이다.

8. 물론 시행되지 않았지만 마술사의 기만, 즉 선거공약, 새로운 선거 등은 사람들에게 안도감을 주었다. 무력으로 진압된 연방주의는 일반인의 뇌리에서 사라져갔다. 캉의 한 소녀 샤를로트 코르데가 욕실에서 마라를 암살하자 자코뱅당은 이것을 보다 가혹한 수단을 행사하는 구실로 삼았다. 그때부터 소수의 자코뱅당이 애국주의의 이

름에 숨어 지배권을 장악했다. 공안위원회의 통치는 과거의 군주제보다 훨씬 더 절대적이었다. 최고집행부는 행정위원회였고 경찰권은 보안위원회에 소속되었으며 대위원회가 모든 것을 통솔했다. 대위원회의 위원 10명이 집단독재를 했는데 그들은 평화를 회복하기까지 권력을 장악하겠다고 공언했다. 대위원회는 불법적이고 압제적이긴 했으나 우수한 전시 정부임에는 틀림이 없었다. 그때까지 공화국의 육군을 조직한 라자르 카르노Lazare Carnot와 해군을 재건한 장봉 생 앙드레Jeanbon Saint-André만큼 정력적으로 활동한 유능한 장관은 없었다. 국민공회는 공안위원회의 법령을 토론 없이 통과시켰다. 전국의 군대에는 파견위원 또는 파견의원들이 현지로 출장을 가서 혐의자를 감시하고 군정기관을 단속했다.

전쟁은 국민의 총력을 요구했고 14군단 75만 2,000명의 병사가 국가방위를 위해 동원되었다. 그러한 총동원은 처음 있는 일이었으나 프랑스인은 전혀 불평하지 않았다. 한 병사의 서신은 군대에 대한 충성을 그대로 드러내고 있다.

"사랑하는 어머니, 사랑하는 공화국이 적국을 상대하면서도 크게 번영했으면 참으로 좋겠습니다."

병사는 대부분 징병된 소년들이었다. 그들은 고참병과 통합되었고 의용병 2대대와 고참병 1대대로 혼성 여단을 편성했다. 이것은 탁월한 선택으로 혼성 여단은 혁명시대의 전쟁과 나폴레옹 제정시대의 전쟁에서 수많은 승전의 영예를 차지했다. 훗날 카르노는 나폴레옹의 수중으로 넘어갈 도검을 벼르는 역할로 찬양을 받았다. 그런데 공안위원회는 또 다른 측면에서 여러 가지 참혹한 양상도 드러냈다.

—

chapter 5

공포정치에 대한 열월의 반동

—

1. 공포정치를 정당화한 이유로는 마라의 암살을 비롯 왕당파의 음모, 1793년도의 군대 반란 등 여러 가지 사건이 있었다. 알베르 마티에Albert Mathiez는 "공안위원회 위원들은 합법적인 정당방위를 취한 것"이라고 말했다. 그들이 자신의 사상, 생명, 재산을 방위했을 뿐 아니라 조국도 방위했다는 얘기다. 공포정치가 공화국을 구제했다는 것은 사실인가? 퀴스틴, 알렉상드르 드 보아르네Alexandre de Beauharnais 장군, 아르망 루이 드 공트-비롱Armand Louis de Gontaut-Biron 공작, 루이 드 플레르Louis de Flers 후작 같은 애국적인 장군을 단두대로 처형한 것은 범죄인 동시에 커다란 과오였다. 하지만 당시는 잔인성을 인격의 미덕으로 간주하던 시기였다. 생쥐스트는 말했다.

"공화국 정부는 인민의 적을 처형함으로써 존립하고 있다."

이것은 하나의 수사적 표현이지만 말 그대로 많은 사람을 숙청했다. 1793년 9월 파리의 각 지구 인민위원회가 국민공회에 '공포정치

단행'을 요구했다. 곧 범법자뿐 아니라 용의자까지도 추궁을 받았고 용의자의 범위가 대폭 확대되었다. 귀족과 그의 친족 중 혁명에 열의를 표하지 않은 사람, 모든 퇴직 관리, 지정 기일 내에 귀국했어도 일단 망명했던 사람, 혁명에 반대하는 언사를 한 사람, 혁명을 위해 아무것도 하지 않은 사람 등이 용의자로 떠올랐다. 이들 중 마음에 들지 않는 사람, 거추장스러운 사람은 모조리 처형할 수 있었다.

2. 새로 발명한 단두대는 사용하기 편리했고 처형이 신속하게 이뤄졌다. '9월 학살'이 교도소를 텅 비게 만들었다는 말도 있었지만 이번에는 그보다 더 많은 사람이 단두대에서 생명을 잃었다. 파리에서 약 2,800명, 지방에서 1만 4,000명이 처형되고 기타 익살溺殺과 총살 희생자는 더 많았는데 처형된 사람들은 대부분 유능하고 우수한 인재였다. 더구나 극소수 특별한 사건을 제외하면 거의 고발의 근거조차 없었다. 1792년 8월 10일부터 열월 9일(1794년 7월 27일)에 이르는 동안 왕당파의 음모 사건은 전혀 없었다. 당시 정부는 식량을 충분히 공급하지 못해 민중의 원망을 샀다. 롤랑 부인은 말했다.

"민중이 빵을 요구하면 시체를 주게 될 것이라고 예언한 시기가 오고야 말았다."

프랑스 혁명력 표기

1. Vendémiaire(9월 23일~10월 22일) - 葡萄月(포도월)

2. Brumaire(10월 23일~11월 21일) - 霧月(무월)

3. Frimaire(11월 22일~12월 20일) - 霜月(상월)

4. Nivôse(12월 21일~1월 19일) - 雪月(설월)

5. Pluviôse(1월 20일~2월 18일) - 雨月(우월)

6. Ventôse(2월 19일~3월 20일) - 風月(풍월)

7. Germinal(3월 21일~4월 19일) - 芽月(아월)

8. Floréal(4월 20일~5월 19일) - 花月(화월)

9. Prairial(5월 20일~6월 18일) - 牧月(목월)

10. Messidor(6월 19일~7월 18일) - 收獲月(수확월)

11. Thermidor(7월 19일~8월 17일) - 熱月(열월)

12. Fructidor(8월 18일~9월 16일) - 實月(실월)

　당시에는 밀고가 시민의 의무였고 단두대는 미덕의 제단이었다. 혁명재판소는 14개월 동안 쉼 없이 열렸고 핏기 없는 입술에 이마가 좁은 냉혈적인 검사 앙투안 캉탱 푸키에-탱빌Antoine Quentin Fauquier-Tinville의 말 한마디면 피를 뿜으며 목이 잘렸다. 고발 내용은 왕당파의 음모, 영국의 피트나 오스트리아의 코부르크 장군과의 내통 등 거의 비슷한 종류였다. 이런 식으로 생명을 잃은 사람들 중에는 마리 앙투아네트, 엘리자베스 부인, "아아, 자유여! 네 이름으로 얼마나 많은 죄가 감행되고 있는가"라고 탄식하며 죽어간 롤랑 부인, 3년 전까지만 해도 인기가 대단했던 천문학자 바이, 카미유 데물랭의 중상모략으로 "사람 같지 않은 사람에게 반박문을 쓰는 것은 명예 있는 인사가 할 일이 못 된다"라며 죽은 시인 앙드레 셰니에André Chénier 등이 있다. 한편 롤랑 부인의 나이 든 남편, 그녀의 친구 뷔조, 페티옹 그리고 현자 콩도르세 등은 자살을 택했다. 자유주의자 뱅자맹 콩스탕

Benjamin Constant은 다음과 같은 기록을 남겼다.

"수많은 유능한 인물이 가장 비열하고 우매한 사람들에게 학살당했다."

사람의 목이 기왓장 떨어지듯 잘려도 파리는 평온했다.

"전쟁과 혁명의 소용돌이 속에 있는 것 같지 않은 나날이었다."

튈르리 궁의 정원은 깨끗이 손질되었고 거리에서는 화려한 마차를 볼 수 있었다. 캉브레, 아라스, 리옹 등의 지방에서는 독재자들이 총기, 장검, 단두대를 제멋대로 사용했다. 낭트에서는 장 바티스트 카리에Jean-Baptiste Carrier가 2,000명을 물에 익사시켰다. 이들 지방관리 중에는 가학성을 드러내는 어리석은 자도 있었으나 그렇게 하는 것이 국가 번영을 위한 일이라고 믿는 성실한 사람도 있었다. 프랑스는 방황했고 초기의 혁명 지도자 중에는 반혁명으로 전향한 사람이 적지 않았다.

3. 당통과 데물랭은 지롱드당의 재판과 처형으로 몹시 불안을 느꼈다. 그들을 경쟁자로 여길 뿐 적대자로 생각지 않던 당통은 그들을 구할 수 없다고 한탄하며 뜨거운 눈물을 흘렸다. 상처한 후 열여섯 살짜리 처녀와 재혼한 그는 애정 속으로 도피해 뱃놀이를 즐기면서 사람에 대해 진저리를 치고 있었다. 브리소와 페티옹을 결혼 증인으로 삼은 카미유 데물랭은 두려움을 드러내며 그들을 죽인 것은 자신이라고 탄식했다. 사실은 그의 소책자 《브리소파의 역사Histoire des Brissotins》가 그들을 처형하는 고발 자료로써 큰 역할을 했다. 깊은 후회감에 젖은 그는 군대에 입대해 스스로 목숨을 끊을 생각이었다. 당통은 속죄하기에 더 효과적이고 용감한 방법이 있다며 그를 만류했

다. 당통은 그가 알아듣도록 타일렀다.

"보라, 센 강에는 피가 흐르고 있다. 아아, 너무 많은 피가 흐르고 있다. 제자리로 돌아가 관용을 요구하라. 내가 협조하겠다."

그날부터 데물랭은 그의 신문 〈르 비외 코르들리에Le Vieux Corde-lier〉를 통해 당통이 창설하려 한 '관용위원회' 설립 계획을 추진했다. 관용파는 제단과 단두대만 상대하던 과격파와 대립했다. 그의 권고에 따라 코뮌은 이성과 신을 숭상하기 시작했다. 코뮌은 노트르담 대성당에서 이성의 여신을 예배하는 의식을 거행하기도 했다. 지방에서도 뒤따라 의식을 거행했는데 이 종교행사는 갈수록 환락과 향연으로 변했다. 이 무렵 코뮌이 상품의 최고가격제를 실시하자 거리에서 일용품이 자취를 감추었다. 비누, 빵, 설탕은 암시장에만 나돌았다. 부인들은 상점 앞에 긴 줄을 섰고 이 법규에 분개한 상인들은 코뮌에 "이것이 바로 최고가격이다. 싫거든 다른 궁리를 하라"라고 투덜거렸다.

4. 로베스피에르는 관용파와 과격파를 모두 혐오했다. 그는 자기 자신만 존경했던 것이다. 비행이 하나도 없다는 그의 소극적인 미덕은 부인할 수 없는 사실이었다. 그는 금전을 멸시하고 신경질적으로 여자를 미워했으며 여자와 관계가 있는 것만 보아도 분노를 터뜨렸다. 여자에 대한 그의 혐오증은 롤랑 부인, 카미유의 아내 뤼실 뒤플레시의 운명을 결정했다. 사형집행인이 된 엉터리 시인 로베스피에르는 현학적이면서도 멋쟁이이고 긴 바지를 입어야 할 혁명파이면서도 귀족처럼 짧은 바지를 입었으며 사명감에 빠져든 사람 특유의 냉혹한 망상에 사로잡혀 있었다. 그는 그 망상으로 자신의 적을 프랑스의

적으로 간주했다. 스스로 청렴결백하다고 믿은 그는 자신이 어떤 것이든 죄악을 범할 리는 없다고 생각했다. 그의 냉혹한 성질은 그가 일상생활과 전혀 접촉하지 않아 생긴 듯하다.

"그놈은 계란 하나 삶을 줄 모른다."

당통은 그에 관해 늘 이렇게 말했다. 그런데 로베스피에르는 통솔력과 조직력이 탁월했다. 그가 정권을 장악했을 때는 전 유럽이 프랑스의 적이었고 전 프랑스인 3분의 1이 공안위원회에 반대했으나 그는 6개월 내에 내외의 질서를 재건하는 데 성공했다. 그는 조국과 종교를 위해 개인을 전적으로 희생해야 한다고 강조했다. 국민공회의 의원 앙투안 드 티보도Antoine de Thibaudeau는 다음과 같이 말했다.

"그에게는 무하마드와 크롬웰 같은 그 무언가가 있다."

이 무하마드에게는 알라의 신이 되려는 야망이 있었다. 그를 우상화한 생쥐스트는 그의 비상한 재능만으로도 하느님에 견줄 만하다고 말했다. 로베스피에르는 당의 분열이 자기중심적인 체제에 방해가 될 것이라고 보고 이를 극복하려 했다. 누구를 처단할 것인가? 관용파냐 과격파냐, 즉 당통이냐 에베르냐? 최초의 희생자는 에베르였다. 두 사람 중 당통이 우세해 에베르를 숙청하는 데 그의 협력을 얻을 수 있었기 때문이다. 곧 캉탱 푸키에-탱빌 검사는 에베르가 피트와 코부르크의 일파라고 날조했다. 에베르가 죽자 이번에는 당통의 차례였다. 그는 강하게 저항해 자신의 죽음에 큰 대가를 지불하도록 할 수도 있었으나 이 열광적이고 정력적인 인물은 인생에 권태감을 느끼며 과거에 대한 회한을 되씹고 있었다.

"나는 사람들을 단두대로 보내는 것보다 차라리 내가 단두대에 오르는 편이 좋다. (…) 그리고 이제 나는 사람에게 신물이 난다."

그의 죽음은 자살이나 다름없었다. 한 친구가 도망치라고 권하자 그가 반문했다.

"사람이 조국을 구두 바닥에 붙이고 다닐 수 있겠는가?"

1794년 3월 31일 체포된 그는 이렇게 말했다.

"내가 혁명재판소를 설립한 때가 지금 이 계절이었다. 신과 인간에게 용서를 바란다."

사형이 선고되자 그는 큰 소리로 외쳤다.

"이 더러운 로베스피에르야, 단두대가 너를 부르고 있다! (…) 다음에는 네 차례다!"

호송차 안에서 그는 자신에게 "당통, 기운 내!"라고 말했다. 마침내 단두대 위에 선 그는 사형집행인에게 명령했다.

"내 목을 민중에게 보여주어라. 그럴 만한 가치가 있느니라."

그의 과오, 공정, 회한 이 모든 것은 거인다운 그의 면모를 보여주었다.

5. 에베르와 당통이 죽자 로베스피에르가 프랑스의 주인이 되었다. '미덕 없는 공포는 살벌하고 공포 없는 미덕은 무력하다'는데 미덕과 공포를 겸비한 독재자 앞에서는 공안위원회 책사들도 굴복하지 않을 수 없었다. 지나치게 힘을 얻은 그는 자기 앞에서 머리를 숙이지 않는 사람을 모두 적으로 간주했다. 그는 계속해서 혁명재판소에 보다 많은 사람의 목을 요구했다. 주교, 수도사, 무신론자, 왕당파, 공화주의자, 베르됭의 처녀들(1792년 베르됭에 진주한 프로이센군을 환대한 처녀들), 징세 청

부인 등이 단두대에서 이슬로 사라졌다. 젊은 여자들과 80대 노인들이 함께 타고 가는 호송차를 볼 수도 있었다. 한두 명의 망명자 때문에 전 가족이 희생되는 일도 적지 않았다. 열월 4일 노아이유 원수의 노부인이 며느리 아이앵d'Ayen 공작부인, 손녀 노아이유 자작부인과 함께 처형되었고 그녀의 시아주버니인 무쉬(Mouchy, 필립 드 노아이유) 공작부처는 몇 주일 전에 이미 처형되었다. 이 무렵 프랑수아 르네드 샤토브리앙 François Renéde Chateaubriand은 영국에서 말셰르브, 그의 딸인 고등법원장 아내 로샹보, 손자 샤토브리앙 백작부처가 같은 시간에 같은 단두대에서 생명을 잃었음을 알게 되었다. 자기 사상이 있는 사람, 도의적인 용기가 있는 사람은 모조리 투옥되었고 1만 명 이상의 무고한 사람들이 기소되었는데 기소는 곧 사형선고를 의미했다.

한편 로베스피에르는 샹드마르 연병장에서 자신이 최고 존재인 것을 확인하는 웅장한 축전을 거행했다. "신이 존재하지 않는다면 신을 만들 필요가 있다"라고 하면서 그는 신을 자신으로 대치해서 꾸몄다. 합창대는 〈우주의 아버지, 최고의 예지여〉라는 찬가를 불렀고 로베스피에르는 설교를 했다. 의식 자체가 기괴했고 그가 사제인지 우상인지 분간할 수 없었다. 국민공회는 감히 항의하지 못하고 속으로만 불평했다. 자코뱅당 출신이면서도 무신론자로 살던 조제프 푸셰Joseph Fouché는 모호하긴 했지만 로베스피에르에 관해 자코뱅 당원에게 비판적인 발언을 했다. 이날부터 로베스피에르는 푸셰를 제거하기로 결심했고 푸셰는 자기 신변을 경계했다. 로베스피에르는 푸셰의 책동을 위험하다고 판단했는데 특히 그가 공회 내의 동지를 구출했기에 더욱 긴장했다. 로베스피에르가 국민공회의 승인 없이 국민공회 의원을 기소할 권리를 요구한 이후 국민공회는 전전긍긍했다. 겁이 많아 프랑스인의 목을 자르는 것을 방관한 국민공회는 역시 두려움 때문에 로베스피에르의 목을 자를 계획을 세웠다.

이제 공포정치를 정당화할 이유는 하나도 없었다. 공화국 군대, 특히 상브르-뫼즈 연대는 연전연승을 거듭했다. 조국의 위기가 심각해야 공안위원회의 권위가 유지된다는 사실을 알고 있던 생쥐스트는 베르트랑 바레르Bertrand Barere 공안위원에게 더 이상 군대의 사기를 고무하지 말라고 요청했으나 바레르는 승리를 더욱 적극적으로 선전했다. 이제는 공안위원회까지도 '청렴결백한 인간'에게 반감을 느꼈던 것이다.

6. 로베스피에르의 뒤를 추격하는 복수의 여신 같은 여러 가지 승리는 공안위원회 노력의 성과이기도 했지만 군대의 우수한 자질 덕분이기도 했다. 공화국에는 훈련받은 80만 명 이상의 군사가 있었고 많은 노력을 기울여 생산한 소총, 대포, 탄약으로 막강한 장비를 갖추고 있었다. 그것은 과학자의 두뇌와 민중의 근로의식이 만들어낸 결과물이며 전보 창안으로 정부와 군대 간의 통신도 개선되었다. 플뢰뤼스 전투에서는 기구氣球로 적군의 동태를 완전히 파악할 수 있었다. 무엇보다 군대의 사기가 우수했다. 당시 프랑스는 유럽에서 제일급의 군대를 갖췄고 군부 스스로 이 사실을 알고 있었다. 그들은 자신이 방위하는 혁명 원리의 우수성에 대한 확고한 신념으로 부동자세를 유지했고 모든 지방에서 봉건적 군주제에 반항하는 숨은 동맹자와 만날 수 있었다. 더욱이 그들은 놀랄 만큼 통솔이 잘 이뤄졌다. 카

르노는 신체제에 충성을 다하는 구체제 장군들을 보호하는 한편 루이 라자르 오슈Louis Lazare Hoche, 프랑수아 세브랭 마르소-드그라비에François Séverin Marceau-Desgraviers, 장 바티스트 클레베르Jean-Baptiste Kléber 같은 젊은 사령관을 빨리 승진시켰다. 그는 그들에게 나폴레옹식 전략의 새싹이라고 볼 수 있는 지령을 내렸다.

"집단적이고 공격적인 행동을 할 것, 기회가 있을 때마다 총검 백병전을 감행할 것, 대작전 전투를 시도하고 전멸시킬 때까지 철저히 추격할 것, 적군의 물자로 생활할 것."

이들 장군은 군대와 함께 움직이는 파견의원이 감독 및 격려했다. 1794년 봄 프랑스는 위대한 군사적 전과를 올렸고 유럽은 혁명이 진행 중인 국가의 위력에 경탄을 금하지 못했다. 사실은 유럽의 도의적인 무정부 상태가 프랑스에 많은 도움을 주었다. 프로이센과 오스트리아는 혁명에 대항해 동맹을 맺고 있었으나 폴란드에서 협조하지 않고 서로 경계만 했다. 또 오스트리아는 플랑드르 지방에 프로이센군을 끌어들이길 주저했다. 반면 프랑스의 장군 장 샤를 피슈그뤼Jean-Charles Pichegru는 동료 장군 장 바티스트 주르당Jean-Baptiste Jour-dan에게 16만 명의 병사를 지원했고 그의 군대는 23만 명으로 늘어났다. 상브르-뫼즈 연대가 플뢰뤼스에서 적군을 격파하면서 프랑스군은 벨기에 전토를 점령했고 7월 23일 안트베르펜에 입성했다. 공화국 제2년 의용군은 이처럼 대단한 활약을 펼쳤다.

7. 로베스피에르는 전능했으나 전도가 막연했고 감각조차 상실한 상태였다. 목월 22일(1792년 6월 10일)에 발표된 법령이 개회 중에도 의원

의 불가침권을 박탈해 생명을 위협하자 가장 겁이 많은 의원들도 이제 국가를 위해 행사하지 않던 용기를 발휘했다. 교활한 책사 푸셰는 공회, 특히 마레당을 움직였고 공안위원회에서는 카르노와 그의 동지들이 생쥐스트의 협박을 받고 로베스피에르의 적으로 전향했다. 처형은 더욱 극심해졌고 홀로 남게 된 과부와 고아들은 로베스피에르를 저주했다. 파리에서는 이제 호송차가 지나가면 상점이 문을 닫았다. 이것은 사소한 일이긴 했으나 중요한 징후였다.

유력한 의원 장 랑베르 탈리앵Jean-Lambert Tallien이 과거 후작부인으로 그의 정부가 된 테레사 카바루스가 투옥되자 그녀를 구출하기 위해 혁명재판소에 출정하려 했다. 로베스피에르는 자신에 대한 적개심이 치열하다는 것을 알고 선수를 쳤다. 열월 8일(1794년 7월 26일) 그는 국민공회에서 어리석게도 연설을 통해 보안위원회와 공안위원회의 숙청을 요구했다. 숙청하는 사람을 숙청하겠다는 그의 말은 뜻하지 않던 혼란을 불러일으켰다. 그날 밤 몇몇 사람이 마레당원을 선동하는 데 성공했다. 다음 열월 9일 생쥐스트는 국민공회에서 교묘한 연설로 정부의 혁명적인 활력을 저해하지 않는 범위 내에서 전제정치와 탄압, 국민의 대표인 위원의 권한 침해 등을 금지하는 조치를 강구할 것을 제의했다. 이것은 로베스피에르의 독재에 종지부를 찍자는 얘기였다. 연설 도중 탈리앵이 외쳤다.

"사태를 명백히 하라!"

공회는 곧 무기한 개회를 선언했다. 로베스피에르가 연단으로 뛰어오르려 하자 "폭군은 물러가라!"는 분노의 외침과 함께 그의 발언은 거부되었다. 의사당은 아수라장이 되었고 특히 오랫동안 억압받은 마레당이 힘을 얻으면서 모두들 분노를 터트렸다. 누군가가 "그의 체포에 대한 가부를 표결하자!"라고 외치자 정신이 혼미해진 로베스피에르는 "나는 차라리 죽음을 바란다"라고 대꾸했다. 모두가 "너는 천 번이라도 죽어 마땅한 놈이다"라고 응수했다. 그의 동생과 심복 몇몇이 그의 주변으로 모여들었다. 의장의 명령에 따라 헌병들이 로베스피에르 형제, 쿠통, 르 바Le Bas 그리고 생쥐스트를 체포했다.

8. 드라마 제2막은 파리 시청에서 공연되었다. 로베스피에르가 체포되었음을 알게 된 파리 코뮌은 국민공회의 압력을 제거할 것, 즉 로베스피에르의 반대파 의원을 체포할 것을 결의했다. 코뮌은 교도소에 명령해 로베스피에르의 수감을 거부하고 시청으로 연행하게 했다. 이때 청렴결백한 인간은 국민공회에 대항하는 혁명정부를 수립해 자신의 운명을 걸어볼 수도 있었으나 무력행사에 서명하길 주저하다가 끝내 거부했다. 그 후 다시 동의했으나 때는 지나버린 뒤였다. 그에게 싸울 마음이 있었다면 파리가 지지했을까? 그렇지 않았을 것이다. 부르주아계급으로 구성된 파리의 모든 지구위원회는 공포정치에 염증을 내고 있었다. 사령관에 임명된 폴 바라스Paul Barras는 위세를 떨치며 시청으로 진격했다. 한 헌병이 권총으로 로베스피에르의 턱을 가격했다. 다음 날 로베스피에르는 그의 일당과 함께 수많은 군중 앞에서 단두대에 올랐다. 군중은 환호와 갈채를 보냈다.

"폭군들아 죽어라, 공화국 만세!"

몇 달 전 로베스피에르에게 희생된 사람들을 매도한 군중도 바로 그들이었다.

9. 수개월 전만 해도 공포정치에 적극 동조하던 탈리앵과 바라스가 이제는 공포정치의 반대자로서 환영을 받았다. 열월 7일이었다면 파리에서 로베스피에르의 지나친 행동을 고발할 만한 사람을 100명도 찾기 어려웠을 것이다. 그런데 11일이 되자 로베스피에르의 친구는 하나도 없었다. 별안간 얼어붙었던 입들이 열리기 시작했고 수천, 수만의 용의자가 피신처에서 모습을 드러냈다. 이전의 고발자가 고발되고 사형집행인의 목이 잘렸다. 푸키에-탕빌 검사와 혁명재판소의 배심원들은 자신에게 희생된 사람과 같은 운명을 밟았다. 호송차는 죽음의 길로 사람을 나르는 일을 중지했고 파리는 급속히 변모했다.

지롱드당의 생존자가 돌아오면서 살롱에는 다시 희망의 빛이 충만했고 극장에서는 반자코뱅적 연극을 상연했다. 왕당파의 부유한 청년 행동대원들은 방데 왕당파와 같은 녹색 옷깃에 희생자들의 머리모양을 하고 굵은 막대기를 들고 다니며 자코뱅 당원을 구타했다. 여성 시민대표 테레사 카바루스(탈리앵 부인)는 인기 있는 여성으로 온정도 지성도 없었지만 감사와 조소가 합쳐져 '열월의 성모'라는 별명으로 불렸다. 마라 숭배는 이제 죄악이 되었고 그 흉상은 파괴되었다. 색출된 전 자코뱅 당원은 귀족의 압박을 받으면서 신세를 한탄했다. 그러나 열월의 반란은 소시민, 장인, 서기의 반동이지 귀족의 그것은 아니었다. 즉, 이번 사건의 지도자들은 왕당파가 아니었다. 혁명과 혁명원리를 조롱하는 것은 우아하고 기지 있는 일로 여겨졌으나 '국왕 만세!'라고 부르기에는 아직 시기상조였다. 국왕이 무엇 때문에 필요하단 말인가? 새로운 지배계급의 희망은 오로지 지배를 지속하는 데만 있었다.

—

chapter 6

총재부의 통령정치와 제정까지

—

1. 국민공회 의원들이 공포에 쫓겨 얼떨결에 성취한 열월의 반동을 기아에 허덕이던 시민은 무심히 방관하고 말았다. 시민은 공교롭게도 사건 발생 5일 전에 공포된 최고임금규제 법령에 대한 반대 투쟁에만 열중했다. 로베스피에르가 단두대의 이슬로 사라지고 최고임금제가 철폐되자 물가가 급격히 상승했다. 식료품과 의류는 암시장에서만 구할 수 있었다. 영국의 해양 봉쇄 때문에 식량부족 상황이 더욱 악화되었다. 1790년에 5프랑이던 구두가 1795년에는 200프랑, 1797년에는 2,000프랑이 되었다. 이미 단결권을 상실하고 아직 투표권을 얻지 못한 노동자들은 격분했다. "누구냐?" 하는 초병의 검문에 그들은 "텅 빈 배때기다"라고 대답했다. 혁명에서 이득을 본 신흥부호들의 사치스런 생활, 연회와 무도회, 호화 의상을 입은 파리의 부인들을 보고 노동자들은 한층 더 궁핍함과 비참함을 느꼈다. '텅 빈 배때기'들은 '썩은 황금 배때기'가 더욱더 살이 찌는 것을 주시하고 있었다. 국유재산 매각

은 수억의 이득을 안겨주었고 신흥부호들은 한 사회의 폐허 위에서 춤을 추었다. 그들과 더불어 또 하나의 행복한 계급으로 농민이 있었다. "농민만 만족을 느꼈다. (…) 그들만 성공했다. 그들은 망명자의 재산인 농토, 목장, 포도원을 거의 매점했다."

물가 폭등에도 불구하고 농민은 배불리 먹었고 농작물을 암시장에 팔아 부유해졌다. 따라서 더욱더 보수적이 된 그들은 국내 질서를 바로잡을 강력한 정부가 출현하길 갈망했다.

2. 부유해진 농민과 이득을 얻은 자코뱅 당원들은 정부가 현 상태를 유지하길 기대했다. 그들은 혁명을 끝내고 싶어 하는 동시에 혁명의 이득만큼은 보장받기를 바란 것이다. 즉, 그들은 기득권 포기와 반혁명의 보복은 원치 않았다. 과거의 왕당파, 무일푼이 된 귀족, 목에 붉은 리본을 달고 희생자를 기리는 청년 행동대원들의 심경은 당연히 그들과 판이했다. 왕당파는 구체제로의 복귀, 공포정치에 가담한 사람 처벌, 몰수 재산 반환을 요망했다. 일부 청년은 국민공회에 반항해 파리의 민중을 봉기시키려 했다. 그들은 민중에게 하얀 빵 한 덩어리를 보이면서 "이것은 의원들의 빵이다"라고 외쳤다. 어쩌면 그들은 "빵 아니면 국왕을!"이라고 외치고 싶었을지도 모른다. 하지만 파리의 노동자는 국왕에 대해 아무런 열의도 보이지 않았다. 반면 지방에서는 이 운동이 보다 성과를 거두었다. 무장한 왕당파인 제위단, 태양단 등이 남프랑스와 리옹 등지에서 백색테러를 자행했다. 교도소는 공화주의자로 가득 찼고 반혁명파가 교도소에 침입해 9월 학살처럼 죄인들을 참혹하게 학살했다. 선동하는 언사도 참으로 잔인했다.

"무기와 총이 없는 사람은 부친의 해골을 파내 그것으로 이 도적놈들을 죽여버려라."

이런 유혈사태는 오히려 망명 중인 왕실에 피해를 주었다. 프랑스 국민은 부르봉 왕가가 낭트 칙령 같은 사면령이 아니라 이단자 심문소를 설치하려 한다는 것을 알고 있었다. 박해와 추방은 사람의 이성을 마비시킨다. 망명자들 사이에는 복수심이 조국애보다 앞서고 있었다. 우익에서는

입법권과 사법권의 독립, 법 앞의 평등, 기본적 인권 등을 규정한 헌법을 제정한 루이 18세

잔인하고 경박한 사람들이 흥분한 나머지 80만 명의 프랑스인을 처형하겠다고 장담했다. 신왕 루이 18세(Louis XVIII, 1755~1824, 루이 17세는 탕플에서 사망했다)는 베로나에서 왕정은 틀림없이 복귀할 것이며 '자유 제한'과 '혁명가 추방'을 선언했다. 왕당파의 이러한 우매함이 아니었다면 왕정복고가 가능했을지도 모를 일이다. 좌우간 이 강경한 태도는 마레 당원들에게 용기를 주었다. 그들은 스스로 정권을 잡든가 아니면 죽는 수밖에 없다고 생각했다.

3. 파리 시민은 사산私産된 1793년 헌법을 실시하길 바랐다. 그러나 탈리앵과 바라스 등 열월파는 공화적이긴 했어도 민주적이진 않아서 자신들의 권익을 지켜줄 공화국 제3년 헌법을 통과시켰다. 중환

자가 생겼을 때 가족이 의사와 의논하듯 헌법 전문가이자 기술자인 시에예스에게 헌법 기초를 위촉하려 했지만, 그는 비결만 몇 마디 알려주었고 결국 그를 제외한 11인 위원회가 독창적이고 이색적인 초안을 작성했다. 그 내용은 이랬다. 행정부는 양원에서 선출한 5명으로 구성된 총재부가 맡고 매년 그중 한 명을 바꾼다. 양원은 500명 의원과 원로원으로 하되 이것은 국민의 창조력과 이성을 대표한다. 선거제도는 투표자 자격제로 재산 소유자만 투표할 수 있다. 이는 분명 노동자를 희생시키고 농민에게 특전을 주는 것이었다. 행정부와 입법부의 분쟁을 중재하는 기구는 아무것도 없었다.

한편 총재들에게 권위를 부여하기 위해 새털 깃과 수놓은 관복을 착용하게 했는데 이것은 별로 효과가 없었다. 공화국 제3년 헌법, '11명의 아버지를 둔 처녀'는 국민투표로 가결되었다. 하지만 신의회 3분의 2는 국민공회 의원 중에서 선출해야 한다는 추가조항은 극소한 표차로 간신히 가결되었고 기권이 수백만에 달했다. 일반선거로는 재선될 가망이 없다는 것을 알고 있던 자코뱅 당원들은 이 추가조항으로 연명했다. 추가조항을 반대한 국민은 무관심하게 방관했다. 그들은 이제 혐오감을 느꼈고 무엇보다 지쳐버린 것이다. 자크 말레 뒤 팡 Jacques Mallet du Pan은 다음과 같이 말했다.

"광포한 사람이 출혈, 목욕, 절식 등으로 피폐해지듯 국민도 이제 지칠 대로 지쳐버렸다."

4. 이 '3분의 2법안'에 대한 국내의 반감이 심각하자 왕당파는 다시금 희망을 품었다. 파리에서는 청년행동대가 국민공회에 반대하는

시위대를 조직했다. 불안을 느낀 공회는 열월 이후 맹장猛將이란 별명으로 불린 바라스에게 의사당 경호를 위촉했다. 백색테러에 대한 최선의 방위자는 자신의 생명이 위태롭다는 것을 잘 아는 과거의 적색 테러리스트라고 판단한 그는 수천 명의 공화주의자를 석방하고 무기를 내주었다. 왕당파는 이 어이없는 단두대 전문 군대에 욕설을 퍼부었으나 드디어 혁명 방위군이 조직된 셈이었다. 바라스는 이 부대의 지휘를 자코뱅당 장교에게 일임했다.

그중에는 코르시카 출신으로 체격이 작은 여단장 보나파르트도 있었다. 보나파르트는 툴롱 포위전에서 포병으로 용맹을 떨친 후 로베스피에르파에 가담해 평판을 잃었다가 군사적 사명을 띠고 터키로 출발할 참이었다. 포도월 사건(1795년 10월 5일 왕당파가 공회를 공격한 사건)에서의 보나파르트의 역할은 후일 그의 영예 덕분에 과대평가되고 있다. 그가 조아생 뮈라Joachim Murat에게 끌고 오게 한 대포는 국민공회의 승리에 결정적 역할을 하지는 않았으나 이 젊은 코르시카인의 정력적인 활약은 세인의 주목을 끌 만했다. 그는 의사당 연단에서 개인적인 표창을 받고 국내군 부사령관에 임명되었으며 이때부터 바라스와 친밀한 관계를 맺었다. 그는 바라스를 돕다가 바라스의 정부 마르티니크 출신의 매력적이고 대담한 미녀 조세핀 드 보아르네Joséphine de Beauharnais를 만났고 얼마 후 그녀와 결혼했다.

포도월 13일 사건에서는 왕당파의 실패로 왕을 처형한 시역자들이 생명을 보전했으나 국민공회의 종말이 다가오고 있었다. 미국 공사 모리스는 이 무력한 공회를 보고 말했다.

"이 공회가 한 사람의 독재자 밑으로 들어갈 것이라는 내 전망에는 변함이 없다."

공화국 제4년 무월 4일(1795년 10월 26일) 국민공회는 총회를 선언하고 '공화국 만세!'를 부르며 해산했다.

5. 이제 총재부가 전권을 장악했다. 의회가 선출한 5명의 총재는 모두 루이 16세의 처형에 찬성표를 던진 국민공회 의원들로 시역자라 불리는 인물이었다. 그중에서 폴 바라스 자작은 가학적 취미가 있는 호색가로 인간을 멸시했고 감정을 이용해 사람을 조종할 수 있다고 믿는 사람이었다. 나머지 4명은 엄정한 공화주의자였다. 당시 프랑스, 특히 파리가 총재부의 몇몇 방탕아를 비난하지 않았다는 것은 주목할 만한 일이다. 다수의 정직한 사람은 질서, 청렴, 통일을 희망했는데 이들은 후일 통령정치를 지지했다. 그들은 재건이란 희망을 품었고 빈곤과 증오에 염증을 느끼고 있었다. 국가는 파산 상태였으며 아시냐는 완전히 가치를 잃었다. 화폐가치 추락과 생필품 부족이 당시 가장 심각한 두 가지 불안 요소였다. 모든 재난에 대해 책임을 져야 한다고 비난을 받던 자코뱅당은 여전히 인기가 없었고 사람들은 왕당파에도 반응을 보이지 않았다. 프랑스인은 정치에 완전히 흥미를 잃은 것 같았다. 관리들은 군주제와 1793년도 헌법에 대해 공공연하게 비난을 퍼부었다. 여러 가지 사건이 그들에게 저주의 효과를 실증했던 것이다. 프랑수아 에밀 바뵈프François Emile Babeuf의 공산주의 음모 사건이 발각되면서 그 일당이 모조리 처형되었으나 민중의 동요는 별로 없었다. 그런데 이러한 무감각 상태가 별안간 광풍으로 돌변했다.

새털 깃 모자, 레이스, 비단 반바지에 비단 스타킹으로 치장한 5명의 총재는 '뤽상부르 궁의 위선자들'이라는 별명만큼이나 사람들의 웃음을 자아냈지만 얼마 지나지 않아 웃음은 절규로 변했다. 오로지 전쟁만 정부에 어느 정도 권위를 부여했을 뿐이다.

"평화가 오면 우리는 끝장이다."

총재부는 이탈리아 정복이란 샤를 8세의 옛 꿈으로 돌아갔다. 정부는 국내 사정이 취약한 상황에서 외국을 향해 이탈리아에서 오스트리아군을, 아일랜드에서 영국군을 타도할 계획이라고 언명했다. 이 원정군을 누가 지휘할 것인가? 이때 자코뱅당의 유능하고 충실한 군인이 필요했고 결국 아일랜드 쪽에는 오슈, 이탈리아 쪽에는 보나파르트가 임명되었다. 포도월의 장군 보나파르트는 바라스에게 충분히 인정받을 만했고 바라스는 자기의 정부였던 조세핀을 이 코르시카 청년의 침대로 보내줄 정도로 그를 신뢰했다.

6. 로마인처럼 생긴 날씬한 장군의 생기발랄한 식민지 미녀에 대한 열렬한 애정이 총재들의 미소를 자아냈다. 이 장군이 어떤 인물인가는 아무도 모르고 있었다. 코르시카의 애국자 아들로 태어나 브리엔 사관학교를 졸업한 이 날씬한 수학자는 10년 동안 고독과 침묵 속에서 최고 권위가 있는 천직을 준비하고 있었다. 브리엔의 교수들은 보나파르트를 이렇게 평가했다.

"개인주의적이고 야심가이며 모든 일을 동경하고 고독을 사랑했다."

이 평가는 정확했다. 그 시대 사람들이 대부분 말장난에 도취되어 있을 때 사물의 핵심을 추구한 그는 늘 연구하고 질문하고 확인했다. 그는 세부사항에 흥미를 보이며 보고기록, 문서목록 등을 즐겨 읽었고 인간을 목적물로 보았을 뿐 인격으로 보지는 않았다. 특히 인간을 자신과 같은 인간이 아니라 사물로 보면서 멸시하는 습성이 있었다. 그는 플루타르코스와 루소를 뒤섞은 듯한 간명한 문체로 명문장을 썼고 '왕좌 아니면 교수대 외에 다른 생각이 없을 만큼' 자기 야망에 모든 것을 걸었다. 천성이 독재자인 그는 사람의 의지를 지배할 줄 알았고 자기 신변에 명령을 추종하는 사람만 두기를 원했다. 그는 말했다.

"만약 그들이 평범한 성격과 정신의 소유자가 아니라 비범한 사람이라면 나는 그들을 어떻게 다뤄야 할지 모를 것이다."

그는 장군들에게도 영예를 지닐 능력이 없는 사람에게만 영예를 주었다. 이탈리아 원정군 사령관으로 부임하자마자 그는 무훈에 빛나는 장군 샤를 프랑수아 오즈로Charles François Augereau, 장 란Jean Lannes, 조아생 뮈라, 앙드레 메세나André Messéna 등을 완전히 장악했고 심지어 그들이 두려움을 느끼게 만들었다. 빈약한 급식에 누더기를 걸친 부대를 보고 그는 점령할 풍요로운 토지와 미술품이 가득 찬 도시를 가리켰다. 견제 작전 정도를 기대한 총재부에 그는 승리의 전리품으로 몬테노테, 데고, 밀레시모, 로디 등의 여러 도시를 바쳤다. 그리고 전격 작전으로 이탈리아를 한 달 내에 정복했다.

"장병 여러분! 여러분은 2주일 동안 6번 승전했고 21개의 군기, 51문의 대포, 수개의 요새를 획득했다. 피에몬테 지방에서 가장 풍요로운 지역을 정복한 것이다. 여러분은 1만 5,000명의 포로, 1만 명 이상의 사상자라는 전과를 올렸다. (…) 하지만 여러분은 아직 아무것도 한 일이 없는 것과 같다. 아직도 해야 할 일이 너무 많기 때문이다."

그의 승리에 다소 불안감을 느끼면서도 그가 던져주는 금은에 도취

된 총재들은 감사장을 보냈다.

"귀하는 전 프랑스의 영웅이다."

그것은 사실이었다. 2년 동안 살육, 부정, 기아의 공포 속에서 허덕이던 프랑스는 영예라는 쾌감을 단념한 지 오래였는데 이제 환희와 함께 그것을 되찾은 셈이었다. 파리는 조세핀에게 '승리의 성모'라는 칭호를 바쳤다. 한편 이탈리아는 오스트리아 점령군이 축출되는 것을 보고 기뻐하며 프랑스군을 해방자로 맞이했다. 보나파르트는 역대 프랑스 왕이 실패만 되풀이한 그곳에서 성공을 거뒀고 아르콜과 리볼리에서의 승리로 전 이탈리아 정복을 눈앞에 두고 있었다.

7. 1795년 신의회에서는 국민공회 전직 의원들이 법률로 거의 강요해 재선되었으나 1797년에 시행한 최초의 자유선거에서 그들은 거의 전원이 탈락했다. 국민은 총재부를 견제해 비판적이고 성실한 인물들을 대표로 선출했는데 그중에는 왕당파도 포함되어 있었다. 이번 선거에서는 종교문제가 중요한 역할을 했다.

"교회의 문은 다시 열릴 것인가? 교회의 종은 다시 울릴 것인가?"

가톨릭 부흥과 평화 재건이 의회의 다수 의견을 차지하고 있었다. 자코뱅 잔당들은 평화가 오면 그들의 지위가 몰락하므로 평화를 기피했다. 전쟁을 원하는 사람들은 협정이 성립해도 영국이 라인 강 좌안과 이탈리아 영유를 순순히 승인하지 않을 것이라고 주장했다. 그들은 과거의 국경 지지자를 공박하고 군대가 이들 공화국의 적에 대한 항의서를 의회에 전달하도록 일을 꾸몄다. 아직 총재부를 지지하던 보나파르트는 수완이 대단한 오즈로 장군을 파견했는데 그는 의회에 침입해 이들을 제압했다. 왕당파 총재 프랑수아 마리 드 바르텔르미François-Marie de Barthélemy와 다수의 추방자가 철창에 갇혀 기아나로 유배되었고 많은 사람이 그곳에서 사망했다. 이것이 실월(1797년 9월)의 정변이다. 국내에서 덕망과 명예를 자랑하던 인물은 또다시 은신했고 주전파가 개가를 올렸다.

8. 정부가 스스로 군인에게 의회를 제압하는 방법을 가르치고 문관이 군인을 감당할 수 없다는 사실을 보여준 셈이다. 바라스는 자코뱅당에게 권력을 내준 것을 후회했다. 그들이 총재부의 태도에 반항했기 때문이다. 일반 대중이 빈궁에 허덕이는 그때 부패한 사람들의 치부와 방탕은 그들을 격분케 했다. 단 한 사람만 프랑스에서 청렴한 위신을 지녔는데 그는 바로 보나파르트였다. 그는 자신의 역할을 완벽하게 연출했다. 자코뱅당의 재건을 위해 총재부를 지원한 그는 본능적으로 상황을 통찰했다. 또다시 과격한 수단으로 추방과 과도한 숙청을 감행하면 질서 재건, 신앙의 자유, 생명과 재산 보장을 바라는 프랑스 국민에게 공포를 줄 터였다. 정변 이전에 그는 평화파의 적이었으나 그 후 평화정책을 지지했다. 이에 따라 이탈리아의 평화보다 라인 지방의 그것을 원한 총재부의 의도를 무시하고 이탈리아 전선에서 캄포포르미오 조약을 체결했다. 총재를 경시한 그는 그들이 자기 뜻대로 움직인다는 것을 알고 정권을 원했으나 약간의 인내가 필요했다. 파리는 이탈리아 원정군의 사관들에게 전해 들은 그의 연설을 인용하며 그의 속마음을 짐작하고 안심하며 보나파르트 장군을 기다렸다. 보나파르트는 평화와 중용을 원하는 온건한 장군이라는 것이 널

리 알려졌다. 별안간 그가 조세핀과 함께 살던 샹트렌 거리를 '승리의 거리Rue de la Victoire'로 개명하기도 했다 천성이 정치가인 그는 놀랄 만한 수완으로 민심을 조종했고 겸손한 태도로 호기심을 자극했다.

총재부의 환영회에서 공중 앞에 나타난 그는 군인다운 어색하고 무뚝뚝한 태도와 일종의 매력을 드러냈는데 이것이 그가 회원이 되기를 희망하던 학사원學士院을 사로잡았다. 하지만 그는 은신했는데 시기적절한 이 후퇴로 그가 크롬웰이나 조지 멍크George Monck 같은 과격한 군인이 아닌가 하고 염려하던 사람들의 신망까지 얻었다. 그는 항상 한 가지 야심밖에 없다고 말했다. 그것은 이집트 원정과 몰타 섬, 알렉산드리아 그리고 인도까지 영국에서 탈취하는 것이었다. 이것은 프랑스 외교정책의 전통적인 계획으로 슈아죌이 이것을 기획했고 당시 외무장관 탈레랑도 찬성했다. 보나파르트는 청년 시절에 동양에 관심이 많았다. 궁색하던 시절에는 터키군에 입대할 생각도 했었다. 1798년 그는 잠시 몸을 감추었다가 새로운 영광과 함께 귀환해 정세가 호전되면 정권을 장악할 생각이었다.

9. 이집트 원정은 성공적이었다. 영국 제독 허레이쇼 넬슨Horatio Nelson이 방어하고 있었지만 상륙에 성공했고, 이집트를 마멜루크 기병대로부터 해방하려 지중해 동부 연안 레반트까지 진격했다. 그런데 넬슨이 아부키르 근해에서 프랑스 함대를 격파하면서 보급로가 차단된 원정군은 봉쇄당했다. 포부도 당당한 보나파르트는 콘스탄티노플과 빈을 거쳐 귀국하겠노라고 장담했다. 그는 곧 국내에서 총재부가 신임을 모두 잃었음을 알게 되었다. 국내에서는 실월 정변으로 좌선회

한 정부가 선거를 통해 반정부 세력이 대거 진출하면서 갑자기 우선회해 왕당파를 숙청했듯 이번에는 자코뱅당을 소탕하려 하고 있었다. 정부의 이런 무분별한 행동으로 모든 당파가 정부에 반기를 들었다.

피점령 제국에서는 공화국 군대에 반항하는 봉기가 발생했다. 프랑스 혁명은 각국의 점령지에서 민족주의의 기수였으나 이제 그들은 프랑스 혁명군의 적수로 전향했다. 오스트리아군과 러시아군은 밀라노에 입성했고 영국은 네덜란드에 상륙할 준비를 서둘렀으며 스위스는 프랑스에 반항해 궐기했다. 주르당 장군은 라인 강을 건너 후퇴했고 보나파르트는 귀국을 결심했다. 사실 그동안 총재부가 그의 귀국을 요청했지만 그는 이것을 모르고 있었다. 그는 비난을 각오하고 이집트 원정군을 클레베르에게 일임한 뒤 영국 해군의 감시망을 뚫고 프랑스에 상륙했다. 때마침 총재가 된 시에예스는 열월 당원의 우유부단한 태도가 위험하고 진부하다 여겨 쿠데타에 사용할 무기를 찾고 있었다. 처음에 시에예스는 오슈 장군 그다음에 바르텔레미 카트린 주베르Barthélemy Catherine Joubert 장군에게 기대를 걸었는데 두 영웅은 모두 사망했고, 그들만큼 신뢰하진 않았으나 보다 우수한 보나파르트가 남아 있었다.

10. 프랑스에서는 언제나 그랬듯 프롱드 난과 종교전쟁 이후처럼 중도파의 시기가 다가오고 있었다. 국민은 행정부의 무기력, 법령에 대한 불만, 부당한 추방 등으로 총재부에 반감을 품고 있었다. 국민은 자코뱅당과 왕당파 모두 원치 않았다. 시에예스, 푸셰, 탈레랑 등 성직자 출신의 정치 마술사들은 이런 감정을 이용해 쿠데타를 단행하면 만사가 뜻대로 될 것이라고 판단했다. 음모가 중 국민의 대표들에게 무력을

행사하는 것을 가장 주저한 인물이 바로 나폴레옹 장군이었다. 그는 현명하게도 총검으로 권좌에 앉은 사람은 같은 총검으로 쫓겨난다는 것을 예견했다. 그는 의회의 표결로 정권을 장악하길 원했다.

시에예스는 이미 원로원의 협력을 확보했고 남은 문제는 500명 의회였다. 시에예스는 파리의 민중과 의회를 격리하기 위해 생클루 궁전으로의 이전을 결정했다. 의장인 나폴레옹의 동생 뤼시앵 보나파르트 Lucien Bonaparte는 이전에 동의했다. 쿠데타는 무월 18일(1799년 11월 9일) 파리에서, 19일에 생클루에서 이틀간 이뤄졌고 후자는 자칫하면 실패할 염려도 있었다. 시에예스가 소탕하려 한 자코뱅 당원들은 정치투쟁에 익숙했고 자신을 보호하는 방법에 능했다. 청중 중에 한 사람이라도 적의를 품은 사람이 있으면 당황하는 신경질적인 보나파르트는 '독재자를 타도하라!', '불법행위다!'라고 고함치는 500명 의회와 마주치자 넋을 잃을 지경이었다. 근위대원은 그를 따를지, 그를 체포할지 분간하지 못하고 갈팡질팡했다. 그때 뤼시앵 보나파르트가 위기를 수습했다. 500명 의회의 의장인 그에게는 의사 진행을 문란케 하는 의원이 있으면 군대를 요청할 수 있는 법률상의 권한이 있었다. 그는 이 권한을 행사했고 조아생 뮈라가 근위대를 지휘해 의사당에서 그들을 내쫓았다. 쿠데타는 성공했다. 도망간 의원 중 몇 명을 소집한 뤼시앵은 세 명의 통령이 총재부를 인계한다는 제안을 가결했다. 사전에 계획을 준비한 두 사람의 총재가 이것을 완수한 장군과 결속해 보나파르트, 시에예스, 피에르 로제 뒤코Pierre Roger Ducos가 통령이 되었다. 하지만 민중은 한 사람의 이름만 들었고 아무도 새 정권의 합법성에 대해 항의하지 않았다. 프랑스는 강간당한 것이 아니라 스스로 몸을 내맡긴 것이었다.

chapter 7

—

제1통령의 프랑스 재통합

—

1. 당시 프랑스 국민은 무월 18일의 사건이 자신들의 자유를 침해하는 일이라고 생각하지 않았다. 그들은 수년간 자유를 누려본 일이 없었기 때문이다. 정부를 총재부라 하든 통령부라 하든 파리 시민에게는 하등 다를 바가 없었다. 몇 개의 도가 항의했으나 무력했고 아무런 성과도 없었다. 미래에 대해 자신감을 회복한 시민계급 덕분에 국채의 시중 가격이 11프랑에서 20프랑으로 상승했다. 왕당파는 보나파르트가 몽크 장군처럼 복고적인 활동가가 되기를 바랐고 공화주의자는 워싱턴이 되기를 기대했다. 겸손하고 타협에 능한 그는 장군으로서 통치하는 것이 아님을 입증하기 위해 평복을 착용했다. 또 존재 자체로 허구적이나마 혁명이 계속되고 있는 듯한 인상을 주는 시에예스를 극진히 예우했다. 과연 혁명은 계속되고 있었는가? 그것은 보나파르트 자신도 알지 못했다. 그는 나중에 "혁명은 아무것도 시작한 일이 없음을 알아야 한다"라고 말했다. 아무튼 그는 그 미묘한 시기

에 서서히, 착실하게 전진하면서 성공의 기반을 닦았다. 프랑스는 중환자였다. 5년간 열병을 앓은 후 당연히 겪는 쇠약 상태에 빠져 있었던 것이다. 그러므로 상처를 치료하고 재정을 정비하는 한편 민심 안정을 도모해야 했다. 정부는 사태를 수습하면서 미래를 천운에 맡기는 수밖에 다른 뾰족한 방법이 없었다.

2. 그러는 동안 시에예스는 거드름을 피워가며 은밀히 또 다른 헌법, 즉 혁명력 제8년 헌법(1799년 12월 25일)을 기초했다. 정치 대가의 걸작을 기대했으나 초안은 비현실적이고 반민주적이었다.

"권력은 상부에서, 신임은 하부에서 와야 한다."

국민이 의원이 아닌 피선거 자격자를 선거하고 그중에서 선출된 한 사람의 대선거관이 당선자를 결정하는 식이었다. 입법원은 법안을 표결하고 법제원은 법안을 심의하며 보수적인 원로원은 최고법원으로서 헌법을 수호한다고 되어 있었다. 법안을 심의하는 회합과 표결하는 회합이 별도로 있으므로 법제원의 심의는 하루면 충분하다고 규제했다. 시에예스에게 대선거관 자리를 제안받은 보나파르트는 웃음거리가 되느니 차라리 아무것도 하지 않겠다며 "더러운 우리 안의 돼지, 실권 없는 국왕의 초췌한 망령" 같은 자리를 수락할 수 없다고 대답했다. 결국 시에예스는 행정부의 실질적인 집권자인 제1통령을 창설했고 이것은 당연히 보나파르트가 차지할 것이었다. 시에예스와 로제 뒤코는 물러났고 제1통령의 이상은 융화를 통해 프랑스를 통합하는 것이었기에 보좌역으로 공안위원회 의장인 온건파 장 자크 캉바세레스Jean-Jacques Cambacérès와 구체제 인물이지만 귀족적인 찰스 프랑수아 르브룅Charles-François Lebrun이 통령에 임명되었다. 상표는 바뀌어도 내용물은 동일하다는 것이 통일의 비결이다.

3. 제1통령을 창설한 혁명력 제8년 헌법은 독재적이었으나 국민투표를 통해 절대다수로 승인받았다. 국민은 국내 평화를 갈망했고 과거의 급진적인 혁명가도 국민공회의 구의원이 정치에 참여하고 있는 한 그대로 승인했다. 기존 국민공회 의원 한 사람이 비아냥댔다.

"이제 일반 대중은 의회에도 정부에도 아무 영향을 미칠 수 없다. 모든 일이 인민을 위해 인민의 이름으로 시행된다. 그러나 아무것도 인민이 집행하는 것은 없고 인민의 의사에 따르는 것도 없다."

바꿔 말해 프랑스는 귀족계급만 바꾸었을 뿐 민주주의와는 아무런 관계도 없었다.

1799년 12월 25일 통치를 개시한 새로운 통령부는 선언했다.

"시민 여러분! 혁명은 이제 애초의 목적지에 도착했습니다. 혁명은 완성되었습니다."

이것은 10년 전 미라보가 성공하지는 못했어도 선언은 할 수 있었던 일과 정확히 동일했다. 남은 일은 방데 지방의 반란 진압, 재정 재건이었는데 무월 19일 밤 총재부에는 단 1프랑의 현금도 없었다. 보나파르트는 행정조직 관리에 관한 천부적 재능과 기본적인 자유 경시를 유감없이 발휘했다. 프랑스 국민의 눈에는 보나파르트만 정부였다. 헌법과 제반 법령에는 한 사람의 이름만 있었는데 그것은 보나파르트였다. 의원 중에는 유능한 사람이 적지 않았으나 권한이 전혀 없었다. 정부는 사회계약, 인민 주권, 군의 영예를 반대하는 논설을 실은 신문을 법령으로 금지해 언론을 봉쇄했다. 싹트기 시작한 전제체제는 중앙집권제도 행정으로 강화되었다. 각도의 지사, 부지사, 시장 등은 모두 중앙정부가 임명했고 파리는 특별조치로 경찰총감이 관할했다. 이 제도에 대해 과거의 일부 혁명가는 반대했으나 다수의 국민은 승인했다. 많은 사람이 봉급을 받았고 그것이 적절했기에 이렇다 할 반대는 없었다. 위험하고 강력한 권력이 무제한으로 발동하기 시작한 것은 훨씬 훗날의 일이었다. 전제자의 겸손이 전제주의를 억제하고 있었던 것이다.

4. 보나파르트는 모든 일을 마음속으로 미리 계산하고 있었다. 통령에 취임하자 튈르리 궁에 거처를 정한 것은 권력 계승을 과시하는 동시에 왕당파에게 자신이 부르봉 왕가가 돌아올 때까지 통치를 맡아보는 것이 아님을 명시하기 위해서였다. 국왕의 거처를 점령한 그는 이상한 쾌감을 느꼈다. 그는 조세핀에게 말했다.

"자, 사랑하는 식민지 아가씨! 이제 당신의 지배자였던 사람들의 침대에서 주무시오."

하지만 비서 루이 드 리엔에게는 단단히 분부했다.

"튈르리에 단순히 머무는 것이 아니다. 여기서 영구히 살도록 해야 한다."

그는 이것이 행운의 소치이자 우연의 선물임을 누구보다 잘 알고 있었다. 이것을 지속하려면 프랑스 국민을 만족시켜야 한다는 것, 그들은 언제나 자유보다 영예를 좋아한다는 것도 충분히 이해했다. 공화제에 대해 그는 이렇게 생각했다.

"공화제란 국민이 열중하는 하나의 공상에 불과하다. 이것도 다른 공상들처럼 스스로 사라져버릴 것이다. 그들은 허영심을 만족시켜줄 영예를 바랄 뿐 자유에 대해서는 아무것도 모른다."

그는 혁명의 외형만큼은 존중했다. 그는 자신을 '시민 통령'이라 부르게 했고 튈르리 궁을 스키피오, 브루투스, 워싱턴, 미라보의 동상으로 장식했으며 알렉산드로스 대왕과 카이사르의 동상도 함께 세워두었다. 탈레랑은 그를 도와 구체제의 거물인 노아이유, 라 로슈푸코 등이 튈르리에 출사하도록 진력했다. 보나파르트는 말했다.

"그들은 종복 노릇을 하는 재주 외에는 아무것도 모른다."

동시에 그는 당시 좌경화하던 학사원에 자주 임석해 관념주의 철학자들과의 우정을 두텁게 했다.

"나는 어떠한 당파에도 속해 있지 않다. 나는 프랑스 국민이라는 커다란 당파에 속한다. 도당 같은 것은 지긋지긋하다. 내게 도당은 필요 없고 용서할 수도 없다."

도지사들에게는 다음과 같이 훈시했다.

"어떤 당파에 속해 있든 전 국민을 후대하라. 모든 국민의 공통적인 감정인 조국애로 그들을 통합하라. 사람을 판단할 때 경솔하고 근거 없는 어느 한 당파적 비난을 버리고 그 사람의 성실성과 능력을 존중하라."

수많은 재난, 불행, 동요가 지나간 후에는 이런 정책만 성공할 수 있다. 폭력이 발생한 뒤에는 언제나 온건파인 제3당이 득세하는 법인데 이 시점에 제3당은 바로 프랑스 국민이었고 그 당수로 보나파르트가 추대된 셈이었다.

5. 프랑스 국민이 제1통령에게 기대한 것은 무엇보다 대외적인 평화였고 그도 이것을 원했다. 대외적인 평화는 그에게 국내 평정에 전념할 여유를 줄 터였다. 단 한 번만 패해도 아직 기반이 약한 그의 통치체제는 무너질 염려가 있었고 쿠데타로 등장한 장군으로서 그는 다른 장군들의 똑같은 도전을 경계해야 한다는 것을 잘 알았다. 장 빅토르 모로Jean Victor Moreau, 루이 샤를 앙투안 드제Louis Charles Antoine Desaix, 오슈 등 전선의 개선장군들은 충분히 그의 경쟁자가 될 수 있었다.

"그들을 방치하는 것은 내 급소를 찌르게 하는 것이나 다름없다. (…) 열렬히 사랑하는 사람에게 그의 애인과 동침했다고 말하는 것과 같다. (…) 내 애인은 권력이다. 나는 이 애인을 얻는 데 전력을 다했고 누구에게도 빼앗길 수 없다."

보나파르트는 이러한 국내 정세 때문에 평화를 원했다. 하지만 오스트리아와 영국은 보나파르트가 유럽과 대적할 수 없으리라 믿고 그의 희망을 묵살했다. 더욱이 프랑스가 벨기에를 점령하고 있었기 때문에 영국의 입장에서는 도저히 그냥 있을 수 없었다. 1800년 봄 오스트리아는 군사행동을 재개했다. 보나파르트는 타인에게 승리의 영예를 안겨주기 싫어서 스스로 진두에 서길 원했으나 행정부의 원수라 일선에서 직접 지휘할 수 없었고 명목상 루이 알렉산드르 베르티에Louis Alexander Berthier를 사령관으로 임명했다. 물론 보나파르트는 친히 지휘했고 마렝고에서 야심가답게 운명을 건 전투를 감행했다. 이 전투에서 자칫 패배할 뻔했으나 때마침 드제 장군이 당도해 전세가 뒤집어졌고 드제가 전사하면서 영예가 그에게 돌아왔다. 분명

보나파르트는 천운을 타고난 사람이었다. 보나파르트의 파리 귀환은 빛나는 개선이었다. 그가 전쟁으로 인해 갖은 고난을 겪던 프랑스에 평화를 가져왔던 것이다. 그는 점차 프랑스의 우상으로 떠올랐다.

6. 통령정치 초기는 앙리 4세 등극과 프롱드 난 후의 루이 9세 시절처럼 황금시대이자 오랜 무질서와 재난을 겪은 뒤 통일과 번영이 부활한 행복한 시대였다. 당시 보나파르트는 '신의 섭리를 받은 사람'이었다. 그는 이 권위로 무엇을 할 것인가? 군주제 복고인가? 그가 무엇 때문에 망명 중인 국왕을 위해 불속의 밤을 끄집어내야 한단 말인가? 그럴 것 없다. 그는 국내 융화가 그의 힘으로 그를 위해 이뤄져야 한다고 생각했다. 이것은 참으로 힘든 과업이었다. 그는 혁명가들에게 이렇게 말해야 했다.

"여러분 자신의 생명과 직위를 지키기 위해 증오감을 버려라. 가톨릭교도들이 그들의 교리에 따라 평화롭게 신앙생활을 하게 하라."

과거에 추방당한 사람들에게는 다음과 같이 말해야 했다.

"여러분의 교회는 다시 열리고 망명자 명부는 사라질 것이다. 단, 혁명가에 대한 복수심을 버려라. 시역자도 마찬가지다."

그는 얽히고설킨 과거의 관계를 개선하는 동시에 혁명 원리를 유지하면서 사회변혁을 완수해야 했다. 이것은 초인적인 과업이자 초인에게 적합한 과업이기도 했다.

7. 그는 밀라노 대성당에서 거행하는 감사 미사에 참석했다. 이 소식은 굉장한 반향을 불러일으켰고 특히 부르봉 왕가에 커다란 희망

을 안겨주었다. 하지만 이것은 오히려 그들에게 불안한 일이었다. 보나파르트의 계획은 부르봉 왕가를 지지하는 가톨릭 세력의 지지를 얻으려는 것이지 부르봉 왕가와 가톨릭을 다 같이 재건하려는 게 아니었다. 우호적인 서신을 보내온 루이 18세에게 그는 이렇게 대답했다. "프랑스로 돌아올 생각을 버리십시오. 10만 명의 시체 위를 행차하게 될 것입니다."

낙망과 우려에 잠긴 왕당파 중에서도 특히 방데 도당은 보나파르트를 왕정복고의 유일한 걸림돌로 보고 그를 무자비하게 암살할 계획을 세웠다. 권총과 폭탄 사건이 단시일에 계속 발생했다. 처음에 보나파르트는 그 진원지를 잘못 알고 가까이 하던 왕당파는 그대로 두고 공화파를 추궁했다. 그는 전향할 가능성이 전혀 없는 로베스피에르의 잔당과 자코뱅 당원을 유형에 처했다. 그래도 음모는 이어졌다. 그는 이 음모를 종식시키려면 권력을 세습제로 하는 수밖에 없다고 판단했다. 통령이 계승자를 정해놓지 않으면 왕당파가 그가 죽었을 때 자기 차례가 오리라고 기대하는 것도 무리는 아니었다. 그러나 6년 연상인 조세핀에게는 임신의 기미가 보이지 않았고 이미 보나파르트의 형제들이 계승을 노리고 있었다. 두 형제 중 하나인 루이는 나폴레옹에게 조세핀의 딸 오르탕스 드 보아르네Hortense de Beauharnais와 결혼하라는 명령을 받았다. 부부가 마음에 없는 결혼을 하더라도 그들이 아들을 낳으면 상속 자격자가 될 것이었다. 이 해결책은 보나파르트의 마음을 흡족하게 해주었지만 법적 효력은 없었다. 정치가의 의식은 공백을 두려워한다. 이 공백의 공포가 프랑스를 세습적인 제정帝政으로 끌고 가고 있었다.

8. 승리는 평화를 동반하지 않는 한 아무 가치도 없다. 보나파르트는 제2단계로 평화를 이룩했다. 오스트리아와는 1801년 프랑스에 유리한 뤼네빌 조약을 체결해 라인 강 좌안과 우호적인 공화국으로 구성된 보호지대를 확보했다. 그리고 제1통령은 벨기에의 사절단에게 말했다.

"캄포르미오 조약 이후 벨기에 국민은 노르망디, 알자스, 랑그도크, 부르고뉴 사람들과 같은 프랑스인이다. 그 조약 체결 뒤 이어진 전쟁에서 프랑스군은 다소 패전도 했으나 적군이 파리 교외의 생앙투안에 사령부를 설치할지라도 국민의 권리를 양도하거나 벨기에와의 통합을 포기하지 않을 것이다."

말은 훌륭했으나 영국은 프랑스령 벨기에라는 사실을 인정하지 않았다. 영국에 이것을 강요하기 위해 보나파르트는 영국 상인을 유럽 시장에서 축출하기 위한 대륙봉쇄를 계획했다. 이 정책이 성공하려면 유럽의 전 항구를 봉쇄해야 했다. 즉, 대륙봉쇄는 유럽대륙의 통일 제국 없이는 불가능한 일이었고 이는 위험한 시도였다. 보나파르트의 열렬한 찬미자인 러시아 황제 파벨 1세(Paul I, 1754~1801)는 그를 원조할 의도로 덴마크, 스웨덴, 프로이센에 권유해 해양의 자유를 옹호하는 동맹을 조직하려 했다. 그런데 공교롭게도 이 계획을 추진하려던 차에 혁명이 일어나 황제가 암살되고 말았다. 보나파르트는 이것이 영국의 음모라고 비난했으나 실은 이권에 위협을 느낀 러시아 상업 관계자들의 소행이라는 분석이 보다 진실에 가깝다.

러시아에 의존할 수 없게 된 보나파르트는 잠정적으로 영국과 아미앵 조약을 체결했다. 타협적인 이 조약은 사실상 점령은 인정했으나 양국은 서로 딴생각을 하고 있었다. 영국은 지중해의 몰타 섬을 양도하겠다고 약속했으나 그럴 의사가 전혀 없었고 보나파르트도 대륙봉쇄의 꿈을 포기하지 않았다.

9. 3월 26일 아미앵 조약에 조인한 나폴레옹은 이제 프랑스의 종교적 평화를 강요할 만큼 권력이 강화되었다고 생각했다. 4월 8일 드디어 교황과의 화친 조약이 성립되었고 4월 18일 부활제에 노트르담 대성당에서 평화 재건과 종교 부활을 경축하는 장엄한 감사 미사를 거행했다. 종소리가 은은하게 울려 퍼지는 대성당 문전에서 대주교와 30명의 주교가 보나파르트를 영접하는 가운데 그는 하얀 얼굴빛을 단정히 돋보이게 하는 붉은 법의를 입고 제단으로 안내받았다. 이들 행렬을 보고 있던 사관들은 그 허식을 비난했다. 그날 밤 이에 대한 인상이 어떠했느냐는 질문을 받은 델마스 장군은 이렇게 대답했다.

"생명을 아끼지 않는 만 명의 병사가 없어서 그 따위 행사를 때려부수지 못했을 뿐입니다."

거리마다 민중이 모여 '안식일에는 모두가 축하합시다. 할렐루야!'를 부르고 있었다. 보나파르트는 가톨릭 신자가 아니라 이신론자로 정략적인 가톨릭 신자였다. 그에게는 필리프 4세를 따르는 것이 성 루이 왕을 따르는 것보다 자연스러웠다. 화친 조약에 대해 군대가 불만을 보이자 그는 신중히 고려해볼 필요를 느꼈다. 그의 권력은 아직 세습제를 말할 만큼 강력하지 못했기 때문이다. 과거의 국민공회 의원들은 그를 경계했다. 그는 세습제가 아니라 통령의 종신제를 요구하기로 결심했다. 1801년 350만 표 대 8,000표라는 압도적 다수로 그는 종신제를 부여받았다. 국민공회의 시역파인 티보도Thibaudeau는 보나파르트에게 보낸 서한에서 당시의 정세를 다음과 같이 요약했다.

"혁명파는 이제 반혁명에 대항할 수 없게 되어 귀하가 추진하는 반혁명을 지원할 것입니다. 이제부터 그들의 유일한 보호자는 귀하이기 때문입니다."

이것은 비웃음이 섞인 협조 선언이자 하나의 경고였다.

10. 국민투표 결과를 보고 자신감을 얻은 보나파르트는 헌법을 개정해 후계자를 선정할 권리를 얻고 의회를 무시하는 특권을 확대했는데 의원들은 아무런 불만 표시도 없이 완전히 굴복했다. 근위대가 위협하고 천재가 그들을 매혹한 까닭이다. 이때까지 프랑스는 이처럼 창조적인 사람의 통치를 받아본 일이 없었고 무엇보다 평화와 번영이 전국을 황홀하게 했다. 프랑스는 본래 자연적, 지리적으로 풍요로운 나라로 다만 타당한 정책, 국토 통일, 정신적인 자신감만 있으면 재정을 충분히 확보할 수 있었다. 보나파르트는 리옹, 엘뵈프, 루앙 등을 순행하며 공장주들을 격려했다. 또한 르아브르 항의 공사를 시찰하고 운하 계통을 정비하게 했다.

"프랑스 은행, 국채 대장, 상공회의소 등의 창설은 선정을 베풀고 장점을 발휘하던 시대의 산물이다."

그의 주재하에 국무원에서 법률가들이 새로운 민법을 제정했는데 이는 프랑스의 제반 법률을 통합한 것으로 후일 많은 국가가 이것을 모범으로 채택했다. 그가 창설한 모든 기구 및 제도에는 그의 특성인 명석한 기하학적 정신이 담겨 있다. 그는 교육제도를 군대의 훈련제도처럼 조직했다. 프랑스 국내의 모든 중학교에서는 같은 시간에 같은 라틴어 교과를 배웠다. 수업시간 시작을 군대의 북소리로 알렸는데 1900년대 제3공화국 시대의 중학교에서도 이 북소리가 울려 퍼졌다. 보나파르트는 레지옹 도뇌르Légion d'Honneur 훈장을 창안해 이전에 프랑스 제왕이 기사에게 훈장을 수여하던 수법을 답습했다.

그는 권력을 비판할 여유를 주지 않기 위해 루이 14세처럼 사람들이 서열 승진과 의전 문제에 열중하게 했다. 이에 따라 튈르리에 새로운 궁정이 탄생했는데 실크 스타킹과 장검을 대신해 장화와 군도가 궁정 분위기를 조성했다. 조세핀은 고귀한 가문 출신 여인들의 시중을 받았다. 보나파르트는 이탈리아공화국 대통령, 스위스와 독일 연방의 최고 호민관이란 새로운 칭호와 권위도 얻었다. 견식과 포부가 대단했던 그는 아메리카 중서부를 전부 차지하는 루이지애나를 식민지로 만들 계획을 세웠다. 그는 의심스러운 군인 추방, 과거에 프랑스령이던 섬들의 탈환, 아메리카로 침공할 기지 건설 등 세 가지 목적으로 생도맹그(Saint-Domingue, 현재 아이티—역자주) 섬에 원정군을 파견했다.

그는 그 목적 중 첫 번째 목표만 달성했다. 누이동생 폴린 보나파르트의 남편인 샤를 르클레르Charles Leclerc 장군과 휘하 병사가 대부분 황열병으로 그곳에서 사망한 것이다. 탈레랑은 보나파르트의 승인을 받고 루이지애나를 미국에 매도했다. 아메리카합중국은 그에게 1500만 달러에 열강이 될 기회를 받은 셈이었다. 프랑스 입장에서 이는 막대한 희생으로 샹플랭과 카벨리에 드 라 살이 꿈꾸던 아메리카 제국을 결정적으로 포기하는 결과를 낳았다. 그러나 영국 함대에 대항해 먼 거리에 있는 식민지를 방위하는 것이 불가능에 가깝다는 점에서 이 관대한 정책은 오히려 가장 타당한 해결책이라고 할 수 있다.

11. 당초에는 영국이 아미앵 조약을 수락한 것처럼 보였다. 헨리 애딩턴Henry Addington 수상은 평화를 표방했고 영국 상업계도 평화를 희망했다. 다시 파리를 오가게 된 귀족들은 매우 좋아했고 샹젤리제에서 피 묻은 머리 대신 비단옷을 걸친 미녀들을 보고 탄복했다. 그러나 양국은 곧 상대방의 불신을 비난하기 시작했다. 영국 신문이 보나파르트를 공격하자 보나파르트도 그들이 자신을 암살하려 음모를 꾸민다고 비난했다. 여기에는 분명한 사실적 뒷받침이 있었다. 또한 그는 영국이 몰타 섬에서 철수하지 않는 것을 비난했다.

영국은 보나파르트가 아미앵 조약을 무시하고 알프스 통로인 생플롱을 확보하기 위해 스위스를 협박함으로써 발레Valais를 강점하고 독일 연방을 재편성했다고 반박했다. 이 점은 영국의 말이 옳다. 신문 〈모니퇴르 퓌블리크Le Moniteur Public〉는 영국이 상업관계로 세바스티안 대령을 동양에 파견한 것과 관련해 비난과 협박 기사를 게재했다. 이 기사를 본 영국인은 보나파르트가 아직도 이집트와 인도에 대한 야망을 버리지 않고 있음을 깨달았다. 이로 인해 조약을 무시하고 몰타 섬을 계속 확보하려는 결의가 더욱 굳어졌다. 보나파르트는 전쟁을 할 생각이 없었으나 몰타 섬 문제에서 양보하면 체면이 구겨질 터였다. 그는 긴장감이 감도는 회담 석상에서 영국 대사 휘트워스 경에게 영국 본토를 초토화하는 것도 그리 어려운 일은 아니라고 협박했다. 이것은 도발할수록 더욱 강경해지는 영국에 대한 인식 부족에서 나온 잘못이었다. 그는 거듭 말했다.

"영국은 전쟁을 원한다. 영국이 먼저 칼을 뽑으면 나는 영국보다 나중에 칼을 칼집에 넣을 것이다."

이때부터 그는 영국 침공 준비를 서둘렀다. 그는 대부대를 불로뉴에 집결시키고 함대와 수송전단을 건조하기 시작했다. 그의 독특한 세계관에는 불가능이 없었을까? 침착하고 강인한 영국인은 조금도 흥분하지 않았다. 영국의 유모들은 "보나파르트가 잡아간다"라며 아이들을 달랬고 만화가는 삼지창에 꽂힌 보나파르트의 머리를 그려놓고 "보나파르트군, 영국인을 어떻게 생각하나?"라고 놀려댔다. 영국에서는 수만 명의 의용병이 지원했으며 총기가 부족해 정부는 그들에게 창을 내주었다. 애딩턴의 뒤를 이어 윌리엄 피트(William Pitt, 소小 피트라고 불린다)가 수상이 되었는데 이는 '전쟁은 공격이지 방위가 아니다'라는 전략 변경을 의미했다. 도처에서 제해권을 확보한 영국은 프랑스의 함선과 식민지를 마음껏 약탈했다. 영국 해군장관은 장담했다.

"프랑스인이 오지 못한다는 말이 아니다. 단, 바다를 건너오지 못한다는 얘기다."

12. 역사적인 동경이 지나친 나머지 보나파르트는 황제가 되려다 과거 자코뱅 당원과 공화주의적인 프랑스 민중의 반대에 부딪혔다. 물론 일반 국민은 대혁명으로 확대된 라인 강과 벨기에라는 자연적인 국경을 계속 확보하려 했다. 단 한 사람만 이 과업을 수행할 수 있는데 영국이 그를 결사적으로 타도하려 했다. 영국의 그런 활동은 도리어 무의식중에 그의 위치를 강화하는 데 도움을 주었다. 푸셰와 그 일파 선동가들은 영국 정부의 고위층에 올가미를 걸었다. 암살 희망

자는 공화주의자, 군인, 방데 왕당파 등 얼마든지 있었고 가능성도 상당히 컸다. 방데 왕당파 중에서 가장 용감한 조르주 카두달Georges Cadoudal, 통칭 조르주는 영국인의 알선으로 프랑스에 상륙했고 그동안 모로와 피슈그뤼 두 장군은 음모를 꾸미고 있었다. 도처에서 비수가 번쩍거렸다. 조르주는 실제 활동에 들어가기 전에 보나파르트를 암살한 후 임시로 정권을 담당할 부르봉 왕가의 왕후가 도착하기를 기다리고 있었다. 그 왕후가 누구인지 분명치 않아 경찰은 그의 체포를 주저했다.

보나파르트는 선수를 쳐서 누군가 부르봉 왕가의 왕후 한 사람을 총살하기로 했다. 결국 음모 사건과 아무 관련도 없는 젊은 앙기엥 공을 유인해 체포한 뒤 총살했는데 이는 보나파르트의 유일한 정치적 죄악이자 고의적으로 조작한 범죄였다. 그는 이 사건을 통해 두 가지 효과를 기대했다. 하나는 왕당파를 위협하는 것이고 다른 하나는 루이 16세의 사형에 찬성표를 던진 시역자들에게 자신도 그들과 같은 처지가 된 이상 제정은 반혁명적이 아니라는 확신을 주려는 것이었다. 국민공회의 구의원들이 다수를 차지한 원로원은 과연 이 유혈을 담보로 주저하지 않고 그에게 황제의 관을 바쳤다. 조르주 카두달은 죽어가는 자리에서 "나는 국왕을 만들려고 왔다가 황제를 만들고 말았다"라고 탄식했다.

영국의 서툰 정보원에게 압수한 서류를 통해 영국의 공범 사실이 탄로 나면서 보나파르트의 위치는 더욱 공고해졌고 이때부터 그가 야망을 실현할 가능성이 더욱 커졌다. 군주제보다 황제제도가 민심을 더 사로잡았다. 로마사를 아는 사람들에게 황제제도는 통령제에 따르는 당연한 발전으로 여겨졌던 것이다. 나폴레옹은 노트르담 대성당에서 교황의 주관 아래 황제로 축성받기를 희망했다. 정치체제가 강하지 않아 늘 불안해하던 그는 자신을 전통적인 제도와 결부시켜 신성한 권위를 보장받는 황제가 되려 했다. 교황 비오 7세는 유럽의 정복자가 필요했으므로 참석을 약속했다. 도착하고 보니 그가 축성하려는 황후 조세핀이 아직 종교적 결혼을 하지 않았기에 그들은 대관식 전야에 루브르 궁에서 부랴부랴 비밀리에 결혼식을 거행했다. 1804년 12월 2일 나폴레옹 1세(Napoléon I, 1769~1821)는 프랑스인의 황제가 되었다. 그는 약간 거만하고 침착한 태도로 교황의 손에서 황제관을 손수 받아들고 상징적으로 자신의 머리에 얹었다. 그리고 복음서에 손을 얹고 평등, 자유, 재산 소유권, 공화국 국경 수호를 약속하는 선서를 했다. 국민이 그를 황제로 선정한 것은 혁명의 근본 요소를 구제하고 자연적 국경을 수호하기 위해서였다. 프랑스인은 경박한 것처럼 보여도 자신들이 원하는 것을 분명히 알고 있었다.

—

chapter 8

황제의 유럽 정복

—

1. 나폴레옹 1세는 교황에게 샤를마뉴의 왕관을 받았다. 그는 샤를마뉴의 제국을 꿈꾸고 있었을까? 국민은 그렇게 생각했다. 그는 이상하게도 샤를마뉴의 옛 수도 엑스라샤펠에 머물기를 즐겼고, 롬바르디아의 왕관을 받기 위해 급히 밀라노에 다녀왔다. 또한 궁정을 갖고 싶어한 그는 과거의 귀족계급을 초청해 그들에게 아첨했다. 그뿐 아니라 새로 공작, 왕후를 창설하고 형제들을 왕으로 책봉했다. 하지만 총명한 그는 이런 상황을 풍자적 안목으로 바라보고 있었다. 대관식 날 그는 형 조제프에게 "우리 아버지가 이 광경을 보면 뭐라고 하실까?"라고 말했다. 후일 세인트헬레나 섬에서 그는 술회했다.

"나는 나 자신의 고립을 알고 있었다. 그래서 바닷속에 여러 갈래로 닻을 내리고 안전을 구하려 한 것이다."

그 바다는 프랑스 국민의 과거였고 그는 힘이 닿는 데까지 깊숙이 도달하려 노력했다. 그는 열병식에서 다고베르트 1세(Dagobert I,

605~639, 메로빙거 왕조의 국왕—역자주)의
왕좌에 앉았다. 유감스럽게도 과
거의 무대장치와 같은 형식을 따
라도 등장인물의 위대성이 그대
로 계승되는 것은 아니며, 시간
은 시간을 바치지 않고 만든 것
을 존중하지 않는 법이다. 그는
여전히 코르시카의 용기병, 자코
뱅 당원, 냉소적인 나폴레옹이었
다. 루소, 마키아벨리, 플루타르
코스가 그의 마음을 정복하려 다
투고 있었다. 그는 몇 가지 혁명
가적인 경구를 남겼다.

황제 시절 근위기병 대령 복장을 한 나폴레옹 1세

"왕좌란 벨벳으로 덮은 목판에
불과하다."

"엉터리 행사로 사람의 마음을 사로잡는 것이 감동적인 사상으로
사람을 복종하게 하는 것보다 훨씬 더 확실하다."

그가 튈르리 궁에서 베르사유를 모방한 이유가 여기에 있었다. 그
가 휘하 원수들을 세습적인 대귀족에 서임하고 그들에게 궁정 예복
을 착용하게 한 것도 살벌한 군인에게서 위압감을 느꼈기 때문이다.
그는 귀족들을 루이 14세처럼 다루었고 봉건성의 싹이 돋아나지 못
하도록 견제했다. 나폴레옹은 기본적으로 권력만 믿고 있었다.

"군인만 통치자가 될 수 있다. 통치는 박차와 장화로만 가능하다."

궁전에서는 고관대작 중 나폴레옹만 군복을 착용할 수 있었다. 여기서도 그는 만사를 철저히 계산하고 있었다. 기민하고 사상이 광범위하며 명석한 그에게는 과대평가하는 일도, 아첨하는 일도 없이 사람의 마음을 사로잡는 수완이 있었다. 그의 유일하면서도 중대한 약점은 지나치게 비약적인 상상력이었다. 전장과 국무원에서의 전격적인 행동은 찬양할 만한 일이었다. 방대한 사업계획을 수립하면 그 순간부터 그는 그것에 몰두했다. 자제력이 있었을까? 그는 말했다.

"처음에는 사람이 일을 끌고 가지만 조금 있으면 일이 사람을 끌고 간다."

2. 1805년 많은 일이 그를 끌어들였다. 그는 적어도 프랑스를 재편성하고 대해군을 건설할 동안 평화를 원했다. 그러나 영국은 그를 타도하기 위해 벼르는 중이었고 유럽의 여러 군주는 프랑스제국 출현으로 공포를 느낀 나머지 피트와 동맹할 결심이었다. 1804년 영국, 오스트리아, 러시아, 스웨덴, 나폴리공국이 제3차 대동맹(나폴레옹은 1792년까지 소급해 혁명전쟁과 자신과의 관련을 강조하기 위해 이렇게 명명했다)을 체결했다. 동맹의 목적은 프랑스를 옛 국경선까지 후퇴시키는 데 있었으나 아직 공언하지는 않았다. 유럽은 국가의 영예가 위급해졌을 때 프랑스의 반응이 얼마나 강렬한지 알고 있었기 때문이다. 그들은 신중을 기하기 위해 황제의 야망을 제거하고 정복 행동에 종지부를 찍게 할 필요가 있다는 정도로만 언급했다. 나폴레옹은 사태를 명확히 파악했다. 영국을 정복하느냐 영국에게 정복당하느냐 둘 중 하나였다. 타협은 절망적이었다. 영국은 유럽의 패권을 한 번도 양보한 일이 없었다.

그렇다면 나폴레옹이 영국 본토를 정복할 수 있었을까?

많은 역사가가 불로뉴에서 출발한 영국 침공이 허구에 불과했고 나폴레옹은 이 계획이 불가능하다는 것을 알고 있었다고 생각한다. 이것은 잘못이다. 나폴레옹은 해군이 사흘 아니면 단 하루 만에 영불 해협의 제해권을 확보해 20만 명의 병사를 상륙시킬 수 있으면 세인트제임스 공원에서 열병식을 하는 것은 문제도 아니라고 판단했다. 또 그는 과거에 아메리카 독립군이 조지 3세의 압제에 반대했듯 런던의 반동분자들이 프랑스군을 해방자로 환영할 것이라는 안이한 상상을 했다. 오늘날 우리는 나폴레옹의 오판, 영국 민병대가 용감하게 대전했으리라는 것 그리고 프랑스군의 보급이 불가능하지는 않아도 곤란했으리라는 것 등을 알고 있다. 당시 황제 자신은 모르고 있었다. 그는 런던을 점령해 동맹의 중심을 파괴해야 한다고 생각했다. 그렇게 되면 유럽은 자기 것이 되고 샤를마뉴 제국을 재현할 수 있으리라고 믿었다.

3. 계획은 좌절되었다. 나폴레옹이 아무리 위대한 천재라 해도 군함과 제독을 단시일 내에 창조할 수는 없었다. 대혁명은 그에게 허약한 해군을 넘겨주었고 그것마저 아부키르 해전에서 더욱 무력한 존재로 전락했다. 프랑스의 전 함대는 영국 함대의 감시 아래 봉쇄되어 있었다. 넬슨은 툴롱 항구를 지켰고 윌리엄 콘월리스William Cornwallis는 브레스트 항구를 감시했다. 나폴레옹은 프랑스-스페인 연합함대 사령관인 피에르 샤를 빌뇌브Pierre Charles Villeneuve에게 서인도 제도 방면으로 출동해 영국 함대와 해전을 할 것처럼 꾸며 그들을 그곳으

로 유인한 다음 재빨리 영불 해협으로 회항해 몇 시간만이라도 상륙에 필요한 제해권을 확보하도록 명령했다. 그러나 1805년 8월 빌뇌브는 불로뉴 근해를 항해한 것이 아니라 스페인 카디스 항에 도피해 있었다. 우유부단? 비겁? 아마 그러했을지도 모른다. 황제가 늘 "염치없는 빌뇌브, 돼먹지 않은 군대, 썩어 빠진 해군!"이라고 대노한 것도 이해할 만하다. 다른 한편으로는 군함의 수와 질에서 열세라는 것을 아는 빌뇌브가 프랑스에 하나밖에 남지 않은 대함대를 잃을 것을 두려워한 것도 이해할 수 있는 일이었다. 시간은 계속 흐르고 있었다.

오스트리아는 전쟁 준비를 완료한 듯했고 우물쭈물하다가는 러시아가 참전할 가능성이 있었다. 순간적으로 결단을 내린 나폴레옹은 대륙전쟁에 대해 여러 가지 작전을 명령했다. 모든 계획이 이 명령에 포함되어 있었고 심지어 오스트리아의 수도 빈에 입성할 날짜까지 예정되어 있었다. 그러나 그는 대륙을 정복하면 해양의 평화를 위해 그가 상투적으로 말하던 '바다의 전쟁'으로 돌아가려는 결의를 그대로 굳혔다. 영국은 아무 계획 없이 '폭군'을 타도할 때까지 버틸 생각이었다.

4. 나폴레옹이 이 단기적이고 결정적인 승전만큼 부하 장병의 찬사와 숭배를 받은 일은 없었다. 그들에게는 대혁명 전쟁의 승리가 이어지고 혁명 이념이 나폴레옹 속에 명백히 살아남은 것처럼 보였다. 황제는 그들에게 명령했다.

"오스트리아의 왕가를 때려 부숴라. 영국의 적대감과 황금이 만들어낸 동맹을 분쇄하자."

그들에게는 황제의 이 명령이 지나간 공안위원회의 먼 메아리처럼 들렸다. 그들을 더욱 감탄하게 한 것은 장군의 천재적인 전술로 전투를 하지 않고도 승리하고 진군만 하면 놀라운 작전으로 전과를 올린다는 점이었다. 나폴레옹은 바둑판 같은 전투대형으로 군사를 부려 울름에서 전투도 하지 않고 10만 명의 오스트리아 병사를 포로로 잡았다. 곧 '대육군Grande Armée은 절대 불패'라는 말이 확고한 신조어로 자리 잡았다.

"오스트리아의 장군이 중앙에 있고 나폴레옹이 그 주변에 있으면 오스트리아군은 포위되었다고 했고, 나폴레옹이 중앙에 있고 오스트리아군이 포위하고 있으면 그들은 측면을 돌파하고 있다고 말했다."

울름에서 승리한 다음 날 그는 나쁜 소식을 들었다. 필요할 때는 출동하지 않던 빌뇌브가 필요치 않을 때 카디스에서 출항해 1805년 10월 21일 트라팔가에서 프랑스-스페인 연합함대가 영국의 넬슨 제독에게 전멸된 것이다. 이제 영국은 절대 불패의 '해양 왕자'가 되었다. 나폴레옹은 대륙봉쇄 외에는 영국을 격파할 방법이 없었다. 이것은 빈에 입성하는 것만으로는 충분치 않았다. 러시아와 프로이센이라는 존재가 남아 있었다. 그는 러시아와 협정을 맺고 싶어 했는데 사실상 동맹은 전쟁보다 유리했을 것이다. 그런데 러시아군은 프로이센군이 준비하기도 전에, 더구나 나폴레옹이 정통한 지역인 아우스터리츠에서 공격을 개시하는 실수를 범했다. 그는 이 군대는 내 손아귀에 들어 있는 것이나 다름없다고 말하며 얼어붙은 못 위로 유인한 후 얼음판을 하나도 남기지 않고 깨뜨려버렸다. 그날은 바로 그가 정권과 왕관을 얻은 기념일인 12월 2일이었다. 그날 나폴레옹은 득의에 찬 훈령을 하달했다.

"장병 여러분, 나는 여러분의 분투에 만족한다. (…) 여러분이 아우스터리츠 전투에 참가한 것만으로도 사람들은 여러분을 용사라고 부를 것이다."

5. 이 승리 이후 그는 무엇을 원했을까? 휘하 장군들이 불만을 표시했음에도 불구하고 그는 러시아에 아무것도 요구하지 않았다. 그는 러시아 황제의 우정을 바랐던 것이다. 나폴레옹의 보급선을 차단해 그를 몰락시킬 수도 있었던 프로이센에는 그 보답으로 영국 왕실의 재산인 하노버를 양여했다. 탈레랑이 유화정책을 쓰도록 권했지만 그는 오스트리아와 독일제국, 이탈리아를 모조리 약탈했다. 그는 과거 리슐리외의 정책을 따라 독일제국에 독일 연방, 즉 라인 연방을 수립해 스스로 보호자가 되고 왕과 통치자 16명이 다스리는 연방을 지배했다. 이탈리아에서는 부르봉 가를 나폴리에서 축출하고 온화하고 인기는 좋으나 통치력이 전혀 없는 형 조제프를 왕으로 책봉했다. 동생인 오르탕스의 남편 루이 보나파르트는 네덜란드 왕이 되었고, 미국 여성 미스 패터슨과 연애결혼한 막내 동생 제롬은 이 결혼을 취소하고 독일의 카트린 드 뷔르템베르크Catherine de Wurtemberg 왕녀와 결혼하게 했다. 나폴레옹의 세 누이동생 중 첫째인 엘리자는 루카-피옴비노 공작부인으로 토스카나 대공 부인이 되었다. 바덴 왕국의 왕세자는 조세핀의 질녀 스테파니 드 보아르네와 결혼하고 조세핀의 아들 외젠은 바이에른 왕의 사위가 되었다.

나폴레옹이 유럽을 뒤엎은 목적은 무엇일까? 왜 눈에 띄게 신왕 일가를 만들려고 한 것일까? 그는 도처에서 질시와 반감의 먹구름이 피어오르는 것을 모르고 있었을까? 그는 누구보다 이런 사정을 잘 알았고 자신이 구축한 체제가 허약하다는 것도 알고 있었다. 그가 여러 왕국을 분여한 자기 가족의 자격이 불충분하다는 것도 분명 예측하고 있었다. 하지만 '상황이 그렇게 끌고 갔다.' 그는 코르시카 가족제도의 강력한 단결심을 알고 있었기에 그들을 이용한 것이다. 마음을 나눌 사람이 없으면 아무것도 없는 상황이라 가족에게 최소한의 충성심을 기대한 셈이다. 하지만 인척인 제후들은 항상 그를 배반했다. 그가 좀 더 신뢰할 수 있는 닻을 내렸더라면 하는 아쉬움이 있다.

영국은 피트가 사망하고 찰스 제임스 폭스Charles James Fox가 수상이 되었는데 그는 훨씬 다루기가 쉬운 상대였다. 물론 영국의 대외정책은 집권당의 마음대로 되지 않을 뿐더러 폭스마저 1806년 9월 별세했다. 그와 더불어 영국에서는 거물들이 모두 자취를 감추었고 이류급 인사들이 전통에 의존해 위신을 유지하려 애쓰고 있었다.

6. 나폴레옹은 영국과 협정을 체결할 때 시칠리아와 교환하는 조건으로 하노버를 영국에 반환하기로 했다. 그렇지만 하노버는 이미 그가 프로이센에 양여한 상태였다. 아름다운 루이스 왕비를 선두로 하는 프로이센의 애국자들은 이 불신행위로 정복자에 대한 반란의 구실을 얻었다. 프로이센은 황제에게 최후통첩을 송달했는데 나폴레옹은 오히려 이것을 환영했다. 그는 실력을 입증할 좋은 기회라고 생각했던 것이다. 이번에는 프로이센이 얻어맞을 차례였다. 전투는 아우스터리츠에서처럼 혁혁한 승리를 거두었다. 예나아우어슈테

트에서 프로이센은 패전했고 황제는 포츠담에 입성했다. 그는 파리로 340장의 군기와 프리드리히 대왕의 장검을 보냈다.

1806년 6월 나폴레옹은 베를린에서 영국 상품 수입을 금지하는 법령을 공포하고 영국 항구와 내왕하는 중립국 선박을 모두 유럽 항구에서 추방했다. 그에게는 그보다 더 큰 욕망이 있었는데 그것은 러시아와의 동맹과 영국에 대항하는 전 유럽연맹이었다. '대륙의 강국으로서 해양을 정복하려' 한 것이다. 동프로이센과 폴란드에 대해 그가 주저한 이유는 이 대계획 때문이었다. 그는 폴란드를 정복한 것이 아니라 해방한 것이었고 적어도 폴란드인은 그렇게 생각했다. 바르샤바에서 70세를 바라보던 노인 발레프스키 백작은 미인계로 아내인 스무 살의 마리아 발레프스카를 황제의 침대로 들여보냈다. 이 관계에서 발레프스키 백작의 온정으로 발레우스Walewice 성에서 황제의 서자 알렉상드르 콜로나 발레프스키Alexandre Colonna Walewski가 출생해 반세기 후 오르탕스의 아들 나폴레옹 3세의 외무장관이 되었다. 마리아 발레프스카는 그리 싫지 않은 마음으로 조국 폴란드의 독립을 위해 자신의 몸을 바친 것이다. 하지만 그녀의 희생도 허사였다. 러시아와 동맹을 맺으려고 애쓰던 나폴레옹이 폴란드의 독립을 허용할 수는 없었기 때문이다. 그곳에서 그는 처음으로 폭설과 해빙을 경험했다. 그는 말했다.

"신은 폴란드에 제5원소를 창조했다. 그것은 진흙탕길이다."

1807년 6월 그는 에일로에서 살육전을 감행했고 승리를 거두었는데도 불구하고 재난을 겪은 것처럼 슬퍼하며 영원히 이 유혈의 묘소를 잊지 못했다. 1807년 프리틀란트 전투의 승리 후 드디어 나폴레옹은 평화와 동맹을 얻었다. 틸시트에서의 회견에서 젊고 열정적인 러시아 황제 알렉산드르 1세(Alexandre I, 1777~1825)는 나폴레옹의 위대한 정신에 매혹된 듯했다. 사실 나폴레옹은 러시아를 제압하려는 것이 아니라 화친을 희망했으므로 이때처럼 찬란하고 매력적인 모습을 보인 일이 없었다. 그는 이제 영국 봉쇄 작전을 위한 기초 공작을 완성했다고 믿었다. 그만큼 닻이 단단히 박힌 것처럼 보였다. 나폴레옹은 조세핀과 이혼하고 러시아 황제의 누이와 결혼하겠다는 말까지 했다. 그는 알렉산드르 1세에게 스웨덴과 터키에 대한 권리를 양도했고 알렉산드르 1세는 그 답례로 러시아 항구에 영국이 들어오지 못하게 하겠다고 약속했다.

한편 프로이센은 폴란드의 괴뢰정권인 바르샤바 대공국에 일부 지방을 빼앗겼고 엘베 강 서부 여러 주는 베스트팔렌 왕국이 되어 제롬 보나파르트에게 넘어갔다. 그뿐 아니라 프로이센 왕 프리드리히 빌헬름은 대륙봉쇄를 준수하고 1억 리브르의 배상금을 지불해야 했다. 이것은 도저히 지불할 수 없는 막대한 액수로 이로써 프로이센을 영구히 점령할 수 있으리라고 내다본 사람도 있었다. 이 조치는 앞으로 유럽에서 자주 있을 선례로 남았다.

7. 영국은 또다시 영광의 고립에 빠졌으나 그다지 동요하는 기색이 없었다. 영국의 장관들은 '또 다른 한쪽 뺨을 내놓을 기색이 없었다.' 프랑스인은 덴마크 함대를 나포하려 한다는 허위 사실을 구실로 홀스타인공국에 침입해 코펜하겐을 포격한 후 덴마크의 군함 14척, 소선박 약 30척을 빼앗았다. 평화 시에 이런 공격을 하는 것은 도의

상 용서할 수 없는 일이지만 이는 영국이 아직 죽지 않았고 죽으려 하지도 않는다는 것을 실증했다. 영국을 완전히 마비시키려면 대륙을 철저히 봉쇄해야 했다. 그중에서도 스페인과 포르투갈의 모든 항구를 폐쇄하기 위해 '유럽의 세관장' 노릇을 해야 했는데 이것은 그에게도 곤란하고 불쾌한 일이었다. 그는 포르투갈을 군사적으로 협박한 뒤 장 쥐노Jean Junot에게 3만 명을 내주어 현지로 파견했다. 그러나 쥐노가 리스본에 도착했을 때는 이미 궁정과 함대가 남아메리카의 브라질로 탈주한 후였다. 그동안 대륙봉쇄는 여러 가지로 효과를 내고 있었다. 영국의 공장은 휴업하는 곳이 많았는데 만약 다른 나라였다면 굴복했을지도 모를 일이었다. 대륙도 그만큼 곤란을 겪고 있었다. 설탕, 커피, 향신료가 부족했고 나폴레옹 자신도 군용 외투와 군화를 수입하기 위해 봉쇄령을 위반해야 했다.

8. 스페인 문제가 가장 민감했다. 국왕 카를로스 4세(Charles IV, 1748~1808)는 나폴레옹의 동맹자라고 자칭했으나 왕후의 정부로 절대권력을 장악한 수상 마누엘 데 고도이는 국왕을 배반하고 영국과 협상을 개시했다. 황제는 스페인 왕좌에 보나파르트 일족 아니면 매부인 뮈라를 앉히는 것이 더 현명할 것이라고 생각했다. 물론 동맹을 파기하려면 적당한 구실이 필요했다. 카를로스 4세는 왕세자 아스투리아스Asturias와 사이가 좋지 않았고 왕세자는 수상 고도이를 적대시했다. 나폴레옹이 주저하던 중에 1808년 돌연히 스페인 국민이 궐기해 아란후에스에서 폭동이 발생했다. 공포를 느낀 국왕이 왕세자에게 양위해 페르난도 7세(Ferdinand VII, 1784~1833)가 즉위했으나 취소되었다. 나

폴레옹은 스페인 왕좌가 공석이라고 판단해 자기 뜻대로 강행할 생각이었다. 그는 이 문제를 협의하자고 왕과 왕세자를 바욘으로 초청한 뒤 감금했다. 탈레랑이 그들을 바랭에 붙잡아두고 그들이 마음 놓고 지내도록 돌보는 일을 맡았다.

"그곳에 귀하의 부인과 네댓 명의 여자를 데려가시오. 혹여 아스투리아스 왕세자가 그중 한 여자를 사랑하게 된들 무슨 상관이 있겠소."

이 일은 탈레랑에게 어려운 것이 아니었으나 스페인 국민이 문제로 남아 있었다. 그들이 이 각본을 어떻게 받아들일 것인가? 황제는 그릇된 낙관주의로 국민이 환영하리라고 믿었다. 스페인은 전제적인 성직자, 탐욕적인 귀족계급 그리고 시대에 뒤떨어진 법률 등으로 극심한 혼란을 겪고 있었다. 이에 따라 그는 스페인 국민을 해방하고 그들이 "이단 규문소를 때려 부숴라!"라고 외치게 할 수 있을 거라고 봤다. 그는 이탈리아의 아르콜과 리볼리에서 환영받던 광경을 회상하며 말했다.

"여러분은 그들이 나를 스페인의 해방자로 환영하는 모습을 보게될 것이다."

그는 스페인은 이탈리아가 아니고 제국은 혁명이 아니라는 것을 망각했다. 갑자기 보나파르트 가문 출신의 왕이 스페인으로 갔다. 조제프가 스페인 국왕으로 승격되고 뮈라가 나폴리의 왕이 되었다. 잠깐 동안 나폴레옹은 유럽 정복을 완성했다고 자신했다. 이제 유럽의 왕좌에 자신의 가족, 친구, 노예만 앉아 있었다.

9. 그런데 가족은 불평을 터트리고 친구는 배반하고 노예는 음모

를 꾸몄다. 벼락출세한 이들 정복자에 대해 유럽의 여러 군주는 서로 친하지 않은 사람끼리도 같은 반감을 드러냈고 드디어 지하 신성동맹을 조직했다. 상업이 위축되고 식량이 부족해지면서 유럽의 국민은 프랑스를 해방자로 생각하지 않았다. 황제는 자신의 기반이 견고하지 않아도 프랑스 내에서는 심한 곤란을 겪지 않겠지만 열강 중에는 당장이라도 그를 궁지에 몰아넣으려는 국가가 있음을 알고 있었다. 서둘러 불만에 대비한 방책을 마련해야 했다. 국내에 발언권이 있던 기관으로 법제원이 있었으나 그는 상원의 의결로 조용히 법제원을 폐지했다. 상원과 입법원은 복종했고 성공이 계속되는 한 복종할 것이었다. 나폴레옹은 명민하게도 프랑스인의 충성을 정확히 평가했다. 그를 진정 좋아하는 사람은 누구일까? 민중일까? 민중은 이제 음모라면 지긋지긋할 지경이었다. 나폴레옹은 인명 손실에 대해 태연하게 말했다.

"나는 10만 명을 모을 수 있다."

사상이 심했던 격전 후에는 항상 이렇게 말했다.

"파리의 하룻밤이 충분히 보충해줄 것이다."

하지만 그는 피폐해진 국내의 상황을 충분히 통찰하고 있었다.

"내가 죽으면 모두 무엇이라고 할까? 모두들 숨을 돌리며 이제 살았다고 할 것이다."

누가 그를 사랑하고 있었을까? 휘하 장군들? 그들은 원탁의 기사들보다 음흉한 사람들이었다. 장관들? 탈레랑과 푸셰 이 외교관과 경찰총감은 이미 그의 몰락에 대비해 얼굴을 숨기고 있었다. 여자들? 애첩도 황후도 그에게 끝까지 정절을 바칠 만큼 그를 사랑하지 않았다.

1808년 후계자가 없다는 것이 제국을 더욱 취약하게 만들었다. 그가 루이 보나파르트와 오르탕스의 아들을 양자로 들일 뜻을 비치자 조제프와 제롬이 극구 반대했다. 적자를 얻기 위해 이혼할 것인가? 조세핀의 질투를 무시해가며 적지 않은 서자를 얻어 자신도 득남할 수 있음을 안 그는 더욱더 이런 생각이 간절해졌다. 그러나 이혼하려면 고귀하고 화려한 상대자가 필요했다. 그런데 그에게 수차례 제의를 받은 러시아 황제는 황태후가 혼담에 찬성하지 않는다는 이유로 확답을 지연하고 있었다. 나폴레옹은 러시아와의 동맹이 유일한 희망이었기에 분노를 표시할 수도 없었다.

10. 스페인을 정복했다고 믿은 그는 다시 회담을 하자고 알렉산드르 1세를 재촉했다. 틸시트 회담에서 그를 매료시킨 나폴레옹은 또다시 그의 마음을 사로잡을 생각이었다. 콘스탄티노플 문제를 해결한 후 두 황제가 협력하면 영국을 타도할 수 있을 듯했다. 그의 구상은 이러했다. 우선 각 처에서 공격을 가해 군사력을 약화하고 일부 함대가 군대를 이집트에 상륙시킨다. 일부 함대는 아프리카를 회항해 해양에서 인도를 위협하고 그러는 동안 러시아와 프랑스의 연합군이 터키를 통과하여 육상으로 인도를 공격한다. 이 불의의 습격으로 영국은 저항력을 잃을 것이고 기어코 굴복하면 두 황제는 세계를 분할한다.

이 위대한 현실주의자는 달콤한 몽상에 마음이 팔려 있었다. 카이사르와 피크로콜(Picrochole, 라블레의 작품 《가르강튀아》의 등장인물인 허수아비 정복자―역자주)의 차이는 하나의 패전밖에 없다.

—

chapter 9

유럽제국의 붕괴

—

1. 스페인에서 최초의 파열음이 생겼다. 스페인 국민이 페르난도 7세에 대한 모략에 격분해 조제프 보나파르트가 마드리드에 입성했을때 폭동을 일으켰는데 나폴레옹은 군대가 없는 이 폭동을 대수롭지 않게 여겼다. 설령 숲 속에 총기가 감추어져 있다 해도 총기만으로는 폭동이지 전쟁은 아니었다. 장 바티스트 드 베시에르Jean-Baptiste de Bessières 원수와 피에르 뒤퐁 드 레스탕Pierre Dupont de l'Estang 장군이 이 유격대 진압을 담당했다. 가벼운 경찰 작전에 불과하리라고 예상한 황제는 이 유격대가 바일렌에서 뒤퐁 장군 이하 1만 7,000명 장병의 항복을 받았다는 소식을 듣고 격분했다. 트라팔가 해전의 빌뇌브 제독 이후 휘하 장군이 이만큼이나 나폴레옹을 격분하게 한 사람은 없었다. 결과는 치명적이었고 조제프는 귀국하지 않을 수 없는 형편에 이르렀다. 비관론자인 조제프 보나파르트는 이런 서신을 보냈다.

"스페인을 진압하려면 방대한 작전계획이 필요합니다. 이 국가와 국민은 특별한 존재입니다. (…) 내 편이 되어줄 스페인 사람은 한 명도 없습니다."

무엇 때문에 사태가 이렇게 전개된 것일까?

2. 영국은 그들이 오랫동안 추구해온 돌파구를 이곳에서 발견했다. 정복자에 대한 영국의 정책은 언제나 동일했다. 해상을 제압하고 섬과 식민지를 탈취해 육지와의 연락선을 연장한 다음 해상으로 보급이 가능한 지점, 특히 영국이 무기와 군비를 제공하도록 동맹군을 확보할 수 있는 지점에서 공격을 개시하는 작전이다. 1808년 스페인 반란군이 런던에 나타났을 때 그들은 찬사와 애정이 넘치는 환영을 받았다.

"인류 공동의 적과 투쟁하는 국민은 모두가 동지다."

영국군이 스페인과 포르투갈에 상륙했다. 그들은 나폴레옹의 군대를 저지하는 새로운 전투 기법을 구사하도록 존 무어John Moore 경에게 탁월한 훈련을 받았다. 크레시의 사수 시대처럼 영국군은 소수 정예부대로 지상 작전을 펼치기 위한 새로운 방식을 준비했다. 아서 웰즐리 웰링턴Arthur Wellesley Wellington 경은 신트라에서 쥐노 장군의 항복을 받고 새로운 대륙전선을 결성했다. 이제 황제 자신이 스페인으로 출동해야 했다.

3. 그는 다른 중대한 사건 때문에 스페인으로 갈 수 없었다. 로마에서 그는 대륙봉쇄를 준수하지 않는 교황과 싸우고 있었다. 교황의 임무는 전 세계의 가톨릭교도를 통솔하는 것이므로 비오 7세는 대륙봉

쇄령을 준수할 수 없다고 했다. 로마의 군사적 점령은 스페인의 성직자들을 격분케 했고 조제프의 위치는 더욱 위급해졌다. 나폴레옹에게 여러 차례 굴욕을 당한 오스트리아가 스페인의 반란과 영국의 간섭을 주시하면서 4만 명의 병사를 동원했다. 무슨 수를 써서라도 오스트리아의 참전을 저지해야 했던 나폴레옹은 러시아 황제가 오스트리아를 위협하도록 하기 위해 1808년 9월 에르푸르트 회담을 열었다. 그는 아첨도 하고 달래기도 하고 유인도 하고 스스로 흥분해 모자를 짓밟기도 했다. 그래도 러시아 황제가 움직이지 않자 괴테까지 이용했고 유명한 배우 프랑수아 조제프 탈마François-Joseph Talma와 극단 코미디 프랑세즈의 연극으로 기분을 맞춰주는 등 온갖 노력을 기울였다.

그런데 이번 회담의 분위기는 틸지트 때와는 완전 딴판이었다. 에르푸르트에는 이미 악취가 진동하고 있었다. 황제를 위해 협상을 추진하던 탈레랑은 비밀리에 러시아 황제에게 오스트리아에 압력을 가하지 말 것, 황제 누이와의 결혼을 승낙하지 말 것을 권고했다. 그는 이것이 정복자의 길로 가려고 하는 황제를 가로막기 위한 불가피한 처사라고 말했다. 아마도 이것은 사실이었으리라. 탈레랑은 이런 신념으로 프랑스에 봉사했으나 나폴레옹에게는 불리한 배신행위였다. 알렉산드르 1세는 나폴레옹과의 교섭에서 점차 소극적인 태도를 취했다. 이 모험이 언제까지 계속될지는 아무도 알지 못했다.

4. 나폴레옹의 이야기는 점차 그리스의 시시포스Sisyphos 신화를 닮아가고 있었다. 그는 용감하게 둥근 바위를 언덕 위로 올려놓았으

나 그 바위는 번번이 언덕 아래로 굴러떨어졌다. 급히 스페인으로 출동한 그는 그곳에서 치열하게 반항하는 폭동을 보았다. 파리에서 탈레랑과 푸셰가 은밀히 음모를 꾸민다는 소식을 듣고 급히 파리로 귀환한 그는 불온분자들을 당황하게 했으나 그들을 처벌하는 것은 보류했다. 나폴레옹은 전쟁은 없을 거라며 여론을 진정시키기 위해 진력했다. 그때 영국의 자금으로 무장한 오스트리아가 공격을 개시했다. 우세해 보이는 오스트리아를 지원하려 프로이센과 어쩌면 러시아까지 오기 전에 빨리 격파해야 했다. 그는 재차 바위를 빈까지 들어올렸다. 1809년 7월 바그람에서 승리했으나 프랑스 국민은 아우스터리츠의 승전처럼 기뻐하지 않았다.

"이제 우리는 승자가 멸망하리라는 것을 알고 있다."

포르투갈이 빼앗겼던 땅을 탈환하고 스페인은 위기에 봉착했다는 홍보가 답지했다. 로마에서는 교황을 체포해 추방했기 때문에 전 유럽의 가톨릭교도가 불만을 드러내고 있었다. 나폴레옹은 위기를 극복하기 위해 오스트리아를 분쇄하는 대신 회유하려 했다. 러시아가 망설이고 있으니 전과 달리 오스트리아와 동맹을 체결할 수 있을 거라는 환상이 그의 마음을 끌었다. 그는 자신이 국제적인 군주사회의 일원이 아니고 앞으로도 그럴 수 없음을 잘 알고 있었다.

"그들은 내 무덤 위에 모이길 합의했으나 아직 모이지 못하고 있을 뿐이다."

그는 결혼을 통해 이 폐쇄사회의 일원이 될 수 있으리라는 희망을 끝내 버리지 않았다. 러시아 황녀가 아니라면 오스트리아 황녀는 어떤가. 그는 강국 오스트리아와의 이해관계를 '프랑스 국내의 질서'와 연결지으려 했다. 드디어 그는 건강하고 청순한 오스트리아의 열여덟 살짜리 황녀 마리 루이즈와 결혼하고 조세핀과 이혼했다. 하지만 장인이 자신과 긴밀한 관계를 맺으리라는 생각은 환상에 불과했고 황제 프란츠 2세(François II, 1768~1835)는 단지 클레멘스 메테르니히Klemens Wenzel Lothar von Metternich의 권고에 따라 시간을 벌기 위해 황녀를 희생한 것뿐이었다. 때가 되면 사위를 왕좌에서 끌어내리고 황녀를 되찾을 속셈이었다. 그런데 나폴레옹은 합스부르크 가문의 일원이 된 기쁨에 취해 있었고 이것은 그저 귀족이 되고자 하는 그의 속물근성에 불과했다. 그는 대혁명의 화신으로 출발해 기어코 마리 앙투아네트의 질녀와 침실을 함께 쓰는 것으로 끝을 본 셈이었다. 여하튼 이 황후는 첫해에 왕좌의 후계자를 낳았고 신성로마제국의 선례에 따라 왕자는 로마 왕(나폴레옹 2세)으로 불렸다.

5. 오스트리아와의 통혼도 황제의 곤경을 해결해주지는 못했다. 영국이 적국이고 그들을 격파하지 못하는 한 사태가 호전될 가망은 전혀 없었다. 나폴레옹은 봉쇄로 인한 영국의 굴복을 날짜까지 예정하고 기다렸으나 그때가 와도 영국은 전혀 동요하지 않았다. 정신병자 국왕에다 섭정은 방종하고 각료들은 무능했으나 이런 여건과 관계없이 영국의 본성과 미덕이 국가를 지탱하고 있었다. 오히려 상업이 쇠퇴하고 굶주림을 떠안기는 봉쇄에 지쳐버린 대륙 쪽이 반기를 들기 시작했다.

1811년 여름 러시아가 미국기를 게양한 영국선 150여 척의 국내 입항을 받아들였다. 나폴레옹은 자기 명령을 무시한 행위를 용서할 수 없었다. 그는 알렉산드르 1세에게 베를린 조령을 위반하면 전쟁이 일어날 것이라고 경고했으나 알렉산드르 1세는 그를 조금도 두려워 하지 않았다. 그는 이미 포르투갈과 스페인에서 벌어진 웰링턴의 전투를 주시하고 있었다. 화전을 피해가며 프랑스군의 피폐를 기다린 그의 전술, 즉 과거 프랑스의 뒤 게클랭의 전술이 보나파르트군에 주효했는데 이것은 혹독하게 추운 러시아에서는 더욱 효과적일 것이었다. 필요하다면 알렉산드르 1세는 캄차카 반도까지라도 후퇴할 생각이었다. 나폴레옹은 러시아의 겨울철 날씨에 대해 경고를 받았으나 주의를 기울이지 않았다. 그는 유럽의 기후는 비슷할 것이라고 생각했는데 이것은 바로 전제군주적 발상의 기상학이었다. 이론적으로 프로이센과 오스트리아는 러시아에 대항할 그의 동맹국이었다. 그러나 두 나라는 은밀히 괴물이 무력해지면 곧 프랑스를 등지고 러시아의 동맹국이 되겠다고 러시아 황제에게 미리 통보했다.

6. 러시아 전쟁은 1812년 5월 시작되었고 이것은 알렉산드르 1세가 바라던 그대로였다. 나폴레옹은 도처에서 승리를 거두었으나 아무런 성과도 없었다. 처음에 그는 60만 대군으로 위협하면 러시아 황제가 굴복하리라고 생각했으나 허사였다. 스몰렌스크를 점령하면 굴복하리라고 예상했는데 나중에 그들이 스몰렌스크를 포기했음을 알게 되었다. 최후로 그는 모스크바에 입성하면 전쟁이 끝날 것으로 믿었다. "1개월 내에 모스크바에 들어가고 6주일 안으로 평화가 올 것이다." 그가 모스크바를 점령하자마자 전 시가지가 화염에 휩싸였다. 그는 슬픈 표정으로 말했다.

"이것은 불길한 징조다."

승리자인 그가 강화를 제의했지만 알렉산드르 1세는 응하지 않았다. 파리와의 연락은 완전히 두절되었고 그는 모스크바에 잔류해야 할지 말아야 할지 속수무책이었다. 카자크 병사들이 후방을 교란하는 가운데 귀환이 곤란해질 겨울철이 다가오고 있었다. 그는 오랫동안 머뭇거렸다. 방한 장비도 없이 좋지 않은 계절에 출격했기 때문이다. 러시아에서의 퇴각은 비극이자 기적이었다. 나폴레옹이 아무런 보급도 없이 적군의 집단 공격을 받아가며 그 얼어붙은 대지에서 어떻게 탈출했는지 이해하기가 매우 곤란하다. 폭설, 얼었다가도 별안간 깨지는 하천, 카자크 기병 등이 세계에서 가장 강력한 군대를 무너뜨렸다. 대육군에는 누더기를 걸친 부상병만 남았다. 12월 5일 황제는 부대를 남긴 채 패전 소식으로 혁명 직전에 놓인 파리를 향해 썰매를 타고 모스크바를 떠났다.

7. 유럽은 패자의 물건을 서로 빼앗았다. 민족주의와 반혁명주의가 프랑스 혁명의 성과를 파괴하기 위해 전 유럽이 협력했다. 프로이센에서는 애국주의자들이 프로이센을 중심으로 전 독일을 통합하려고 러시아와 동맹하기를 요망했다. 나폴레옹은 오스트리아 프란츠 2세의 마음을 회유하기 위해 마리 루이즈에게 섭정을 맡기려 했으나 메테르니히가 나폴레옹과 불구대천의 원수라 실패로 돌아갔다. 나폴레옹은 프랑스가 벨기에를 영유하는 한 영국과 우호관계를 맺을 수 없음을 잘 알고 있었다. 그렇다고 그가 라인 강 좌안을 포기하면 프랑스에서의 위신을 완전히 잃고 말 것이었다.

"내 처지가 매우 곤란하게 되었다. 만약 내가 하나라도 명예를 손상할 만한 조약을 체결한다면 나는 그대로 파멸될 것이다."

그의 처지는 곤란한 정도가 아니라 최악이었고 도저히 승산이 없었다. 절망적이게도 그가 조금이라도 양보하면 상대방은 모든 걸 양보하라고 요구할 터였다.

1813년 프로이센은 프랑스에 선전포고를 했다. 나폴레옹은 뤼첸, 바우첸에서 프로이센군을 격파했으나 정세는 호전되지 않았다. 메테르니히는 오스트리아를 프랑스에서 분리하려 했고 찬탈자에 대한 군주동맹이 구체적으로 등장해 찬탈자를 프랑스에서 제거하려 하고 있었다. 프랑스의 각료와 원수들은 이 계획을 알고 있었고 그들은 나폴레옹의 계획이 청산 단계에 있음을 인식하고 후퇴 방침을 고려했다. 나폴레옹을 구제하는 유일한 길은 그를 적대시하는 제국의 정치적 목표가 일치하지 않고 서로 대립하는 것이었다. 베를린은 독일 통일을 요망했으나 빈과 모스크바는 이것을 자신들에 대한 위협으로 생각했다. 이에 따라 10만의 프랑스군이 30만의 연합군과 대전해 라이프치히에서 패전한 후에도 연합군은 나폴레옹이 자연적 국경인 라인 강, 알프스, 피레네를 보유하는 것을 승인하려 했다. 그들은 장군으로서의 그의 능력에 깊은 존경을 보냈던 것 같다. 그는 이 제의를 거절했다. 영국 역시 이 제안에 반대했기 때문에 설령 나폴레옹이 승복했더라도 조약은 비준되지 않았을 것이다. 예술적 기질이 있던 나폴레옹은 자신의 패망을 자인한 후 깨끗이 최후를 맞이하려 했다. 그는 말했다.

"내가 죽으면 내 상속권은 로마 왕에게 넘어가지 않을 것이다. 현

상황으로 보아 내 뒤를 이을 사람은 부르봉 왕가뿐이다."

그의 예리한 예지는 패배 속에서도 본래의 현실주의를 되찾았다.

8. "1년 전에는 전 유럽이 우리와 함께 진군했다. 오늘은 전 유럽이 우리를 향해 진격하고 있다."

러시아, 오스트리아, 독일, 영국 등 총 60만에 이르는 대군이 각 방면에서 프랑스로 진격하고 있었다. 황제는 이 전쟁 때만큼 위대한 장군으로서의 실력을 유감없이 발휘한 일이 없었으나 이제 국민은 그에게 원조와 봉사를 거부했다. 전 국민이 전쟁으로 피폐해졌고 신규 소집병은 소년들이었으며 장군들은 명령에 복종하지 않았다. 그래도 나폴레옹은 승전을 거듭했다. 이전에 울름과 아우스터리츠에서 전개한 정확하고 교묘한 작전으로 그는 오스트리아군을 격파하고 프로이센군을 추격했다. 샹포베르와 몽미라이 전투는 바그람과 리볼리 전투에 비할 수 없을 만큼 혁혁한 대승전이었다. 말기에는 그 자신이 손수 포병대를 지휘하기에 이르렀다. 그는 비통한 감정을 억누르며 독백했다.

"승리는 대군의 것이다."

음흉하고 비정한 프로이센군의 블뤼세는 포위를 압축하며 파리를 향해 돌진했다. 마리 루이즈와 어린 로마 왕은 블루아로 피신했다. 퐁텐블로의 길이 열려 있는 것을 알고 나폴레옹은 그곳으로 갔다. 미셸 네Michel Ney 장군을 선두로 장군 대표단이 찾아와 퇴위를 요구하자 그가 말했다.

"프랑스를 구하는 길은 부르봉 왕가의 복고뿐이다. 루이 18세는 유럽의 제왕들에게 후대를 받을 것이다."

장군들은 무엇보다 루이 18세에게 후대받는 것에 전념하고 있었다. 나폴레옹은 그들을 포섭하려고 최후의 노력을 기울였다.

"우리 한 번만 다시 싸워보자!"

그들의 태도는 얼음장처럼 냉정했다. 루이 드 콜랭쿠르Louis de Caulaincourt 장군의 회고록을 통해 그가 자살을 기도했다는 사실이 알려졌으나 독약마저 그를 배신했다. 그는 무조건 퇴위를 결심했다. 섭정을 두었으면 하는 희망이 하나의 몽상에 불과하다는 것은 오래전부터 알고 있었다. 루이 16세의 시역자들까지도 그들의 지위를 조금도 침해하지 않는다는 조건으로 부르봉 왕가를 원했다. 마지막으로 그는 퐁텐블로 궁전의 계단 위에서 대예술가가 그려놓은 장면 그대로 정들었던 근위병과 작별인사를 나누었다.

"내가 여러분보다 오래 살려고 마음먹었던 것은 여러분에게 보다 많은 영예를 안겨주고 싶었기 때문이다. 이제 나는 여러분과 함께 성취한 위대한 업적을 기록해주기를 원할 뿐이다."

그가 독수리 기를 포옹하자 연로한 용사들은 눈물을 흘렸다. 이들만 그를 사랑했고 충성을 다했다. 마리 루이즈는 오스트리아 황제를 맞으러 갔고 그녀의 마음은 이미 결정되어 있었다.

9. 연합군은 15년 동안 그들을 괴롭힌 이 사나이를 전쟁 범죄자로 취급하지 않고 그에게 작긴 하지만 한 섬의 군주 지위를 주었다. 그들은 그를 지중해의 코르시카 남방에 있는 엘바 섬의 주인으로 결정했다. 당시 사람들은 카이사르에게 산초 판자의 왕국을 준 셈이라고 했다. 무엇보다 그가 이를 받아들이고 흥미까지 느꼈다는 것은 특기할

만한 일이다. 그는 퐁텐블로에서 엘바 섬에 관한 서적을 구해 자신의 새로운 왕국을 연구했는데 그것이 툴롱 요새를 연구하던 보나파르트 중위의 모습 그대로였다고 한다. 그러나 그는 역시 신경질적이었고 적의를 드러내는 궁중과의 접촉을 견디내지 못했다. 무월 18일 생클루에서 그러했듯 연합군 사관의 경호를 받으며 엘바 섬으로 향하는 도중 구경꾼에게 모욕을 받았을 때 그는 태연하게 지나치지 못했다. 군중의 심리란 참으로 변하기 쉬운 법이다.

파리에서는 아르투아 백작을 비롯해 적국의 군주까지도 열광적인 환영을 받았다. 샤토브리앙 부인은 다음과 같이 기록했다.

"사자가 쇠사슬에 묶였다는 것이 확실해지자 사람들은 이때까지 향을 태우며 숭상하던 사람을 저주하는 데 필요한 욕설을 찾느라 분주했다. 사람들은 외국인을 영접하러 나가면서 마치 코블렌츠에서 돌아온 망명자처럼 행세했다. 백기로 손수건, 속옷을 흔들었고 청홍색 기는 발로 짓밟아버렸다. 더욱이 가장 열광적으로 날뛴 사람들은 이때까지 보나파르트를 가장 내세우던 이들이었다."

황후 조세핀과 그녀의 딸 오르탕스 왕후는 말메종에서 러시아 황제를 위해 연회를 베풀었다. 얼마 지나지 않아 오르탕스는 루이 18세에게 추파를 던져 생뢰Saint-Leu 공작부인이 되었다. 도처에서 사람들은 '국왕 만세!'를 외쳤다. 신랄한 샤토브리앙 부인은 거듭 말했다.

"이 여자들은 옆에서 누군가가 시키기만 하면 자기 목도 자르라고 했을 것이다."

한편 국왕이 임명한 상원은 자유로이 선정된 국왕의 복위를 엄숙하게 표결했다. 또한 그들은 헌법 초안을 작성했으나 아르투아 백작은 표면상으로 승인하는 체하면서 이면으로는 루이 18세에게 거부하라고 미리 통보했다. 생플로랑탱 가문 자택에 알렉산드르 1세를 유숙시킨 탈레랑이 정세를 좌우하고 있었다. 휴전조약으로 프랑스는 1790년의 국경으로 철수했고 유럽의 새 지도는 앞으로 빈에서 개최할 평화회의에서 결정하기로 했다. 대모험은 결말을 고한 것처럼 보였다. 그러나 프랑스 혁명은 계속되었고 개가를 부르던 왕당파는 곧 이 사실을 인식할 것이었다.

—

chapter 10

황제의 왕정 전복

—

1. 탈레랑은 부르봉 왕가가 정통성을 대표했기 때문에 복고에 찬동하긴 했으나 부르봉 왕가가 주장하는 기타 원칙에는 반감을 품었다. 그가 희망한 원칙은 왕계의 정통성이고 그가 불신한 원칙은 절대주의와 왕권신수설이었다. 하지만 정통성도 전 프랑스가 군주제를 승인해야 비로소 유효했다. 그렇다면 군주제 승인은 무엇으로 얻을 수 있을까? 우선 국민을 안심시켜야 했다. 부르봉 왕가가 평화를 재건했으므로 왕가는 유리한 평가를 받을 수 있었다. 그렇지만 진실로 국민의 지지를 얻으려면 농민, 군인, 관리, 국유재산 취득자 등 혁명의 이득으로 생활해온 사람들을 안정시켜야 했다.

탈레랑은 국왕에게 국민의 행복과 애정을 확보하는 데 필요한 조건을 설명했다. 그것은 개인의 자유와 출판 및 신앙의 자유 보장, 법관의 독립과 신분 보장, 특례적인 법관과 행정관을 창설하지 않을 것, 내각 책임제도 창설, 입법원과 국무원의 동의 없이 법령을 반포하지 않을 것 등이었다. 루이 18세는 이 같은 헌법을 왕국에 부여하고 불가침인 헌장으로 군주제를 제한하는 데 동의했다. 하지만 그는 그것을 승인하기만 했을 뿐 준수하려 하지 않았다. 그가 하나의 원칙을 대표한다면 그것은 자신이 정통 국왕이기 때문이라고 생각했던 것이다. 따라서 상원이든 국민이든 자신을 '초빙한다'는 것을 이해하지 못했다. 그는 그저 국왕이기에 국왕이었다. 그의 관점에서 1793년 조카인 오를레앙 공(루이 필립 조제프)이 죽은 후부터는 신의 은총에 따른 유일한 프랑스 국왕은 나바르 왕인 루이였다. 그가 헌장을 승인했을 때 그 문서는 다음과 같은 구절로 끝을 맺었다.

"은총의 해 1814년, 내 치세 19년에 파리에서 수여하다."

정부는 첫 번째 행동부터 국민의 불만을 샀다. 우익에서는 열광적인 왕당파인 '루이 14세의 정예부대'마저 불평을 터뜨렸다.

"헌장이란 도대체 무엇인가? 헌법은 단 하나밖에 없다. 왕이 원하는 것이 곧 법이 원하는 것이다."

군대에서는 휴직으로 봉급이 반감된 장교들이 불만을 표시했고 병사들은 삼색기, '짧은 머리의 꼬마(나폴레옹의 별명)' 그리고 그의 긴 회색 외투를 기리며 막사에서 〈그는 돌아온다〉라는 노래를 불렀다. 좌익에서는 라자르 카르노가 여론은 하나의 힘이므로 만약 프랑스 전체가 정통성을 지지하지 않으면 정통성을 유지할 수 없다는 점을 국왕에게 충고했다. 루이 18세는 탈레랑의 깊은 분석과 견해를 이해하고 그의 의견을 받아들였다. 하지만 자신들만 선량한 프랑스인인 것처럼 자부하던 망명자들은 절대군주제, 도제도 폐지 및 옛 행정구역 부활, 국유재산 반환, 화친 조약 폐기, 귀족과 성직자의 특권 회복 등을 주장했다. 한마디로 그들은 반혁명을 원했다. 그들은 군대뿐 아니라 전체 국민을 불안하게 만들었다.

2. 반대파는 이 사실을 알지 못했고 또 그런 과오를 범할 만큼 중대한 국가적 과업이 있었다. 국왕과 탈레랑이 대단히 고통스럽기는 했으나 실로 찬양할 만한 유리한 대외 협상을 성취한 것이다. 패전국 프랑스가 25년간 심각한 피해를 끼쳐온 여러 군주에게서 유리한 강화 조약을 얻는 것은 어려운 일이었다. 그러나 알렉산드르 1세의 총명한 전망과 탈레랑의 비상한 수완으로 비교적 불리하지 않은 조약을 체결했다. 러시아 황제는 서북 국경의 몽스를 통해 뉴포트Nieuport부터 스피르Spire에 이르는 요새선을 허용하려 했으나 독일이 반대했다. 독일 연방 제국은 프랑스로의 침입로를 열어두고 싶었던 것이다.

탈레랑은 기본적인 문제를 해결하기 위해 교묘하게 여러 군주를 그들의 원칙으로 결박했다. 즉, 그들 각자가 왕좌의 정통성을 유지하려면 먼저 프랑스 왕국의 정통성을 인정해야 한다고 주장했다. 물론 당분간은 그들이 권력을 쥐고 해결책을 강요할 수도 있지만 그는 "권력은 변화하게 마련이고 권력이 조성한 증오만 영원히 남는다"라고 역설했다. 탈레랑은 프랑스가 배상금을 지불하지 않아도 된다는 것과 놀랍게도 나폴레옹이 반입한 미술품을 프랑스가 계속 보유해도 좋다는 양보를 얻어냈다.

1814년 10월 빈에서 평화회의가 열리자 과거의 유럽을 다시 한 번 보는 것 같았다. 이는 공포에서 해방된 기쁨에 들떠 미친 듯이 춤을 추는 그런 광경이었다. 황비 마리 루이즈는 유폐된 남편의 적을 맞아들였다. 빈 궁정은 호색가로 정평이 난 나이페르그 백작을 그녀의 시종무관으로 임명했는데 그는 이미 그전부터 황비의 애인이었고 얼마 후 서자를 출산함으로써 나폴레옹과의 관계는 완전히 단절되었다. 메테르니히는 영토가 넓어진 네덜란드와 영국의 제안으로 프로이센에 양여한 라인란트로 프랑스를 포위하려 했다. 라인란트를 프랑스가 아닌 프로이센에 할양한 것은 영국의 과오였다. 물론 당시에는 프로이센의 위험을 아무도 예견하지 못했다. 같은 절차로 오스트리아는 북부 이탈리아를 수복했으나 그때는 어느 누구도 이탈리아의 국민주의를 상상하지 않았다. 그들이 주장하는 원칙만 합법적이고 국민이 내세우는 요망에는 아무 관심도 없던 빈에 모인 외교관에게 국민주의의 원칙을 말하면 그들은 매우 놀랐을 것이다. 자신들이 이룬 성과에 취해 여전히 춤을 추던 1815년 3월 7일, 대연회가 끝난 후 그들은 사르데냐 왕의 사자에게 뜻밖에도 나폴레옹이 프랑스에 상륙해 파리로 진격 중이라는 소식을 들었다.

3. 왜 그는 돌아왔을까? 그는 엘바 섬에 갈 때부터 돌아올 계획이었던 것일까? 그렇지 않았을 것이다. 처음에는 그의 천성인 근면성으로 소왕국에 헌신하면서 늘 자신은 이미 죽은 사람이라고 말했다. 그는 황비와 로마 왕이 찾아오길 은근히 기대했는데 난데없이 발레프스카가 그녀의 아들과 함께 찾아왔다. 남편이 사망하면서 자유의 몸이 된 그녀는 명예로운 망명생활을 함께하려고 찾아온 것이다. 크게 실망한 나폴레옹은 그녀의 애정을 물리치고 아들과 함께 돌려보냈다. 그렇다고 발레프스카가 정절을 지킨 것은 아니다. 그 후 그녀는 오르

나노 백작과 재혼했다가 아들 하나를 남기고 산욕열로 사망했다.

나폴레옹이 두 번째로 실망한 것은 퐁텐블로 조약에 분명히 규정된 연금을 받지 못해 재정이 고갈된 점이었다. 프랑스에서 사자들이 찾아와 나폴레옹에게 공화파와 보나파르트파가 루이 18세에 대한 음모를 꾸미고 있으며 서두르지 않으면 다른 사람이 왕정을 전복할지도 모른다고 알렸다. 이것을 우려한 그는 마음을 결정했다. 그는 참모장처럼 면밀히 계획을 세우고 출발 준비를 갖추었다. 포고문까지 엘바 섬에서 인쇄했다.

"독수리가 국기를 입에 물고 종루에서 종루를 거쳐 노트르담 종탑까지 날아갈 것이다."

그에게는 1,000명의 병사밖에 없었으므로 병력에 의존할 수는 없었다. 그의 유일한 무기는 15년간의 승리가 안겨준 영광과 군대, 국민의 지지뿐이었다. 영광에 따른 반역의 힘은 막강했다. 파리에서는 노근위병들이 만나기만 하면 서로 수군거렸다.

"당신은 예수 그리스도를 믿습니까? - 예, 그리고 그의 부활도."

푸셰는 말했다.

"보나파르트는 봄에 제비, 오랑캐꽃과 함께 우리를 찾아올 것이다."

갑자기 '그 사나이의 상륙'을 알리는 전보가 쏟아져 나왔다.

4. 1815년 3월 1일 나폴레옹은 주앙 만에 있었다. 그의 계획은 왕당파 지역인 프로방스를 피해 알프스 루트를 경유해서 그르노블로 가는 것이었다. 그를 체포하기 위해 파견된 최초의 장병들에게 그는 가슴을 내보이며 말했다.

"제군 중에서 황제를 죽이려는 사람이 있거든 여기 내가 있으니 마음대로 하라."

병사는 물론 장교까지도 감히 국왕의 명령을 그대로 시행할 용기는 없었다. 그들은 자기 주변에 나타나기 시작한 반동에 진저리를 치고 보나파르트 제국에 호감을 보이는 농촌과 도시 민중의 동향을 충분히 체감하고 있었다. 그르노블 시는 성문을 열었다. 그 뒤를 리옹이 따랐고 전 연대가 황제와 합류해 소군단을 조직했다. 이제 나폴레옹은 파리를 점령할 만한 병력을 확보했다. 파리는 방위할 수 있었을까? 샤토브리앙은 루이 18세에게 튈르리 궁에서 헌장을 손에 들고 찬탈자를 기다리라고 권고했다. 그러나 루이 18세는 이 아름다운 장면에 별로 감흥이 없는 것 같았다. 그는 말했다.

"귀하는 내가 로마제국의 원로원이 야만족을 기다리며 앉아 있던 고관의 의자에 앉기를 바라는가? 나는 그럴 마음이 없네."

남은 것은 마레샬 네이 원수뿐인데 그는 나폴레옹을 만나 루이 18세를 무쇠 우리에 가둬 끌고 오겠다고 서약했다. 그는 출발하자마자 부하들이 모두 자기에게 복종하지 않는다는 것을 깨달았다. 황제는 그에게 모스크바 전쟁 다음 날 그를 맞이하듯 맞겠다는 서신을 보냈다. 결국 마레샬 네이 원수도 황제와 합류했고 이로써 최후의 걸림돌도 극복했다. 3월 20일 그는 튈르리 궁에서 밤을 보냈다. 루이 18세와 각료들은 도주해 벨기에의 도시 겐트에 거처를 정했다. 새로운 망명자들이 그 뒤를 따랐다.

5. 나폴레옹 제국 재건은 군사적인 과업인 동시에 민중운동이었다.

정권을 유지하려면 왕당파를 자극하지 않으면서 자유주의자들을 안심시켜야 했다. 나폴레옹은 부르봉 왕정의 관리들이 현직에 그대로 머물도록 하려 했는데 알고 보니 대부분 그가 임명한 관리들이었다. 그는 카르노를 각료로 임명했고 어제까지도 반대파이자 적대자였던 뱅자맹 콩스탕에게 제국헌법의 추가조항을 기초하도록 위촉해 나폴레옹 스스로 시대의 조류를 따라 독재정치를 단념했다. 뱅자맹 콩스탕은 제국의 세습제는 존속시켰으나 자유선거, 의회에 대한 내각책임제, 출판과 신앙의 자유, 특별재판소 폐지 등을 제정했다. 이로써 진정한 독재정치를 희망하는 직계 보나파르트파, 보통선거를 요구하는 자코뱅당, 정통성을 존중하는 왕당파 등 모든 사람에게 불만을 주었다. 그러나 국민투표는 찬성 150만 표, 반대 4,802표로 신헌법을 승인했다. 대다수 국민은 기권했다.

나폴레옹은 신헌법 선서식을 샤를마뉴 황제의 '5월 야회'와 프랑크족 전사의 의식과 흡사하게 거행함으로써 위엄을 갖추려 했다. 카롤링거 제국이 항상 그의 마음을 사로잡았던 것이다. 그와 그의 형제들은 로마인 복색으로 나타났다. 이 복색은 전적으로 부적절한 일은 아니었으나 국민을 불쾌하게 했고 분노마저 불러일으켰다. 일반 민중은 연합국이 제국에 대항해 새로운 동맹을 형성한 것, 빈에서 회의를 열어 나폴레옹을 불법자로 결정한 것, 프랑스의 마지막 부대가 벨기에에서 최후의 운명을 걸고 있는 것 등을 알고 있었다.

6. 3월부터 6월까지 나폴레옹은 50만의 병력을 동원했고 연합군은 100만의 병력을 확보했다. 나폴레옹은 공격이 최선의 방위라고 생각

해 스스로 공세를 취했다. 1815년 6월 18일의 워털루 전쟁만큼 탁월한 작전은 없었다. 그러나 막료들의 보좌가 여의치 않았고 나폴레옹 자신도 기력과 활기가 없는 것 같았다. 웰링턴은 끈질기게 방어해 근위병의 영웅적인 공격을 막아냈다. 그날 저녁 워털루에서 궤멸된 프랑스군은 파리로 패주했다. 이제 전 프랑스는 나폴레옹의 퇴위를 요구했고 파리에서는 푸세가 주도적으로 임시정부를 수립해 부르봉 왕가의 복고를 준비했다. 나폴레옹은 조세핀이 죽은 후 그의 의붓딸 오르탕스가 거처하던 말메종에 들렀다가 로슈포르 항구를 거쳐 엑스 섬으로 건너갔다. 이곳에서 봉쇄를 뚫고 그의 숭배자들이 피신처로 마련했을 아메리카로 망명할 수도 있었지만 그는 영국을 선택했다. 그는 영국의 섭정 공(훗날의 조지 4세)에게 서신을 보냈다.

"전하, 우리나라를 분열시킨 도당과 열강의 원한으로 내 정치 생명은 끝장났습니다. 나는 테미스토클레스처럼 단란한 영국 국민에게 가려 합니다. 내 적국 중에서 가장 강대하고 굳건하며 관용적인 국가의 군주인 전하와 영국 국법의 비호 아래 나 자신을 맡기려 합니다."

7. 이 '영웅적 희극배우'는 마지막 장면을 훌륭히 연출했다. 퐁텐블로, 엘바 섬, 자살 미수, 산초 판자의 왕국 등은 수치스러운 종말을 장식하는 듯했다. 이제 영국의 관용성에 기댄 호소, 세인트헬레나의 유폐, 멀리 떨어진 암초 섬에서의 죽음 등으로 황제는 순교자가 되려 하고 있었다. 1815년 6월에는 많은 프랑스인이 그를 미워했고 국가의 손실과 패배를 그의 죄과로 돌렸다. 그러나 곧 나폴레옹이 먼 곳에 유배되어 있다는 것, 부르봉 왕가에 대한 혐오, 영국인에 대한 반감, 위

대한 추억, 유폐생활에서 나폴레옹이 취한 숭고한 처신 등으로 증오
는 동정으로 동정은 애정으로 변했다. 군대는 그가 애용하던 조그만
모자와 긴 회색 외투의 추억을 버리지 않았다. 그들은 이 모자와 외투
를 따라 알프스와 라인 강을 넘어 유럽의 모든 왕을 정복했고 삼색기
를 모스크바까지 들고 갔다.

그 후의 얘기지만 앞으로 국민은 보나파르트의 추억과 대혁명의 추
억을 하나로 결부시킨다. 그리고 보나파르트파의 자코뱅당은 하나가
되어 반대당의 핵심으로 자리 잡고 마침내 1830년 황제의 환영이 부
르봉 왕가를 추방한다.

chapter 11

—

혁명과 제정을 통한 프랑스의 변모

—

1. 원자의 분열이 거대한 에너지를 방출하는 연쇄반응을 일으키듯 1789년 파리와 베르사유에서 발생한 일련의 사건이 프랑스와 전 세계에 연쇄폭발을 일으켰다. 프랑스 혁명의 성과 중 가장 중요하고 긍정적인 것은 18세기부터 인간생활에 점차 침투하던 사회적 평등이란 개념을 법률로 성문화했다는 사실이다. 백년전쟁, 상비군 창설, 왕실 포병대 완비로 봉건제도는 사멸했던 것이다. 로마제국 붕괴로 장기적인 무정부 상태에 놓였을 때 귀족계급의 공적은 위대했다. 그러나 대국가의 행정과 치안을 보장할 능력이 있는 강력한 군주제 국민국가가 형성되자 봉건 귀족은 무용하고 무력한 존재가 되어버렸다. 물론 귀족계급은 순전히 타성적인 특권과 오만은 유지했다.

군주제는 초기 특권계급에 의존한 까닭에 그들에게 기타 계급과의 절대적인 평등을 강요하길 주저했던 것 같다. 개혁을 추진할 만큼 대담한 국왕이 없었기 때문에 혁명이란 충격요법이 필요했다. 혁명은 단시일 내에 모든 특권을 없앴고 이후 특권계급의 세금면제, 귀족계급에게만 개방된 직업 등은 더 이상 유효하지 않았다. 나폴레옹 제국은 이 상대적 평등을 유지했고 왕정복고도 신중한 고려를 거듭한 끝에 비로소 이 문제에 손을 댔다. 혁명이 조성한 여러 가지 성과는 점차 전 세계의 이해를 얻었고 영국인까지도 바스티유 공략을 영국 역사상 가장 중요한 사건이라고 말하는 것을 당연한 일로 여겼다.

2. 유럽 사회를 세속화한 것도 프랑스 혁명의 공적이다. 교회의 공적도 귀족계급의 그것처럼 탁월했고 귀족계급과 달리 교회는 당시 유용한 존재였다. 교회가 신자들의 반감을 산 정치적, 재정적 특권을 조금만 일찍 포기했다면 보다 더 유용하고 강력한 존재가 되었을 것이다. 수 세기 동안 지배적인 위치에 있던 교회는 여러 분야에서 세속적 특권을 위해 정신적 권위를 희생했고 너무 빈번하게 이단과 불신을 밀어내고자 세속적인 무력을 요청했다.

프랑스 혁명은 국가의 세속화를 준비했다. 신앙의 자유, 유대인 해방, 신앙 문제에 관한 재판 폐지 등은 혁명의 성과로 많은 사람의 안전과 행복이 증진되었다. 가톨릭교회는 일부 재산과 정치권력을 잃었으나 이 손실은 도리어 교회를 더욱 진지하고 존경할 수 있는 종교적 중심 세력으로 만드는 데 기여했다. 이후 이 연쇄반응의 최후 폭발인 정부와 교회의 분리는 가톨릭 세력의 새로운 부흥을 열었다.

3. 프랑스 혁명의 또 다른 중요한 성과는 프랑스의 통일을 완성한 일이다. 왕국은 독자적인 여러 지방으로 나뉘어 시기에 따라 국왕에

게 귀속 및 분리되기를 반복했다. 과세도 지방마다 달랐고 독자적인 법률과 관습으로 통치했으며 지방 간에도 관세를 징수했다. 나폴레옹은 말했다.

"프랑스는 하나의 국가가 아니고 말하자면 서로 분리된 복수국가의 연합체였다. 과거 수 세기 동안의 여러 가지 사건과 우연한 기회가 이러한 상황을 조성했다. 혁명은 이들 소국가를 무너뜨리고 하나의 국가를 건설했다. 이제 노르망디, 브르타뉴, 부르고뉴라는 것은 없고 하나의 프랑스가 있을 뿐이다. (…) 프랑스에는 3000만 이상의 인구가 있고 자연적인 국경에 둘러싸여 하나의 국가 형태를 세계에 과시하고 있다. 즉, 단일 법률, 단일 법규, 단일 조령의 지배를 받는 단일 계급인 시민으로 구성되어 있다."

불행히도 구세계 파괴와 신세계 형성 사이에 무정부 시기가 있었다. 공포정치로 인해 부자연스럽고 독재적인 체제의 뒤를 따라 열월의 불의가 발생했다. 1789년의 제반 원리는 찬양할 만한 것이었으나 같은 해에 얻은 결과는 한때 절망적으로 보였기에 많은 프랑스인이 왕정복고를 희망했다. 그 결과 무월 18일 사건, 즉 새로운 종류의 전제정치가 시행되었다. 공안위원회가 보나파르트의 독재정치를 준비했다고 할 수도 있다. 그들은 모든 저항 세력을 분쇄하고 유일한 권력, 다시 말해 군대의 권력만 존속시켰다. 나폴레옹은 '무장한 프랑스 혁명'이 아니라 혁명을 탈취한 군대였으나 혁명의 성과만은 거의 그대로 보존했다.

4. 나폴레옹은 평등은 믿어도 자유는 믿지 않았다. 그는 자신의 성

공이 왕정과 봉건제도 파괴로 이루어졌기에 그 파괴를 완성한 혁명을 찬양했을 뿐이다. 그는 재능 있는 사람에게 문호를 개방하는 등용제도를 희망했으나 그렇다고 귀족 서임 또는 레지옹 도뇌르 훈장의 창안을 주저하지는 않았다. 그는 사람의 허영심과 야심에 호소하지 않고 통솔할 수는 없다고 생각했고 영예의 길은 가문이 아니라 노력과 용기로 성취해야 한다고 믿었다. 제정시대에는 모든 시민이 공공기관에 대한 평등한 취업 권리를 누렸고 평등한 공공지출 부담 의무를 지고 있었다. 나폴레옹의 장군 선임 방법만큼 민주적인 방식은 없었다. 그에게는 자기가 혁명을 정비했다고 말할 권리가 있었다. 그의 실패는 자유가 혁명의 근본 요소라는 점을 이해하지 못한 데 있었다. 실제로 그는 여러 번 그렇게 말했지만 프랑스 국민은 자유보다 평등을, 평등보다 영예를 존중한다고 믿었다. 그는 프랑스 국민을 무정부 상태에서 구출했고 그들에게 찬란한 영예를 안겨주었다. 그는 국민에게 자신이 아무런 신세도 지지 않았다고 생각했다. 그러나 프랑스 국민은 최후의 순간에 결정적으로 그와 견해를 달리했다.

5. 프랑스 혁명은 시대에 뒤떨어져 보이는 제도를 깨끗이 제거했다. 나폴레옹의 과업은 혁명의 제반 원리를 토대로 한 새로운 기구 내에서 국가를 재건하는 일이었다. 그는 이 과업의 적격자로 중앙집권에 대한 관심과 재능을 구비했다. 1790년 창설한 시읍면 자치체는 완전히 실패했고 나폴레옹은 지방자치제를 전폐했다. 그는 도는 지사, 군은 부지사, 시읍면은 시읍면장에게 행정을 일임하고 그들을 모두 자신이 임명했다. 이 제도는 군주제 시대의 감찰관을 부활시킨 것으

로 나폴레옹 자신도 그렇게 보고 있었다. 그는 말했다.

"내 지사들은 작은 황제다."

그의 관점에서 이 독재적인 제도는 일시적인 수단이고 평화를 회복하면 완화할 계획이었다. 그런데 프랑스의 모든 정부는 영국이나 미국에서 시행하는 지방제도 수립 방법을 아직 모르고 있었다. 나폴레옹 덕택에 적어도 중앙행정제도만큼은 많이 개선되었다. 조세 징수도 왕정 때는 20만 명의 관리를 채용했으나 황제는 5,000~6,000명의 관리로 일했다. 농민이 지불하는 세금은 구제도에 비해 4분의 1로 줄었지만 국가 수입은 두 배로 늘었다. 법전과 사법제도는 황제의 지시에 따라 제정했다. 교육도 초중고를 비롯해 모든 교육기관을 감독하는 프랑스 대학Université de France을 창설하여 신학교까지 관할하게 했다. 교회와는 1801년 화친 조약을 체결했다. 그는 근대 프랑스의 기본을 만들었고 이것은 그가 만든 대로 거의 1939년까지 존속했다.

6. 그는 자유를 믿지 않았기에 예술과 문학을 장려하지 않았다. 예술은 전제주의적 풍토에서는 성장할 수 없다. 이 점에서 나폴레옹은 루이 14세보다 더 전제적이었다고 할 수 있다. 그러나 혁명과 전쟁은 예술가의 활동을 위축시키는 시기라는 점을 감안해야 한다. 시는 '정적 속에서 사색하는 정서'로 정적이 없을 때 감동은 기록할 수 있으나 정서적인 표현은 할 수 없는 법이다. 예술가들이 영감으로 창작한 작품이 나타난 것은 대동란이 끝난 후부터였다. 혁명과 제정 사이에 프랑스에는 많은 작가가 있었으나 타고난 재능이 우수한 사람은 거의 없었다. 가장 우수했던 앙드레 셰니에 같은 사람은 단두대에서 사

라졌고 마담 드 스탈(Madame de Staël, 네케르 대신의 딸—역자주), 뱅자맹 콩스탕 같은 사람은 반대파 속으로 은신했다. 샤토브리앙은《그리스도교 정수Génie du Christianisme》를 저술했을 무렵 제1통령이 황제가 되려는 계획에 협조했으나 앙기앵 공이 살해당하자 그에게 적의를 품고 은둔생활을 했다.

혁명은 신고전주의를 고무했지만 예술은 웅장하고 호화롭고 우위적이었을 뿐 진실로 위대하지는 않았다. 국민공회의 의원들은 자크 루이 다비드Jacques-Louis David의 〈로마인들Romains〉을 열광적으로 높이 평가했다. 제정은 이 전통을 계승해 카이사르처럼 개선문을 세우고 기념주를 건설했으며 다비드에게 대관식 그림을 위촉했다. 프랑스의 예술가와 장인의 기술은 여전히 탁월했다. 장식 문양은 여왕벌, 독수리, 여인 기둥, 월계관 등 이집트 전쟁을 연상케 하는 대상이었다. 황제의 첫 글자 N은 도처에 있었고 그가 마음대로 만든 시대의 서명으로 쓰였다.

7. 혁명과 제정은 구체제 종말이라는 동일한 사건의 양면이다. 보나파르트의 독재는 열월 사건 이후 정치적 무정부 상태가 빚어낸 불가피한 소산이었다. 대역사가 굴리엘모 페레로Guglielmo Ferrero는 만약 왕위의 정통성을 존중해 프랑스 군주제가 영국 군주제처럼 봉건제도에서 민주제도로, 특권에서 평등으로 전환하는 과도기를 지배했다면 프랑스와 세계는 좀 더 평온했을 것이라고 지적했다. 실제로 혁명의 폭력은 유럽 전역의 대공황과 25년 전쟁의 원인이었다. 징병제도라는 새로운 개념이 '총력전'을 낳으면서 오늘날까지 불행한 발전

을 거듭해온 것이다.

18세기는 인간과 국가의 법을 제정하려 노력했고 20세기 초에는 인간과 국제 간의 법을 무시할 수 있다는 것을 실증했다. 페레로에 따르면 자유, 평등, 박애라는 탁월한 원리에서 인류의 퇴보적 행동인 근대적 전체주의가 탄생했다고 한다. 페레로가 미처 지적하지 못한 것은 프랑스가 원했을지라도 프랑스는 영국과 같은 길을 갈 수 없었으리라는 점이다. 영국의 과거는 프랑스의 과거와 전적으로 달랐다. 1815년 탈레랑과 루이 18세는 혁명의 사회적 성과와 정통성의 원칙을 융합해야 비로소 프랑스가 균형 상태에 놓일 수 있음을 이해했다. 이 정통성의 원칙에는 군주제냐, 황제제도냐, 다수당에 의한 공화제냐와 같은 견해 차이가 있었다. 19세기의 프랑스 역사는 이 정통성을 추구하는 역사였다.

8. 혁명과 제정은 역사상 가장 극적인 사건이 연속된 시기였다. 프랑스 국민은 그동안 영광에 대한 애정과 위대성에 관한 공감을 보존해왔다. 옛적에 고대세계가 그리스의 제반 문제에 관심을 보였듯 타 국민은 프랑스의 제반 사건을 주시했다. 이에 따라 프랑스 국민은 마음속으로 황제에게 꾸준히 공감했다. 나폴레옹은 이런 사정을 잘 알았고 그는 세인트헬레나에서 말했다.

"결국 프랑스 역사가는 제정을 다루지 않으면 안 된다. 그 역사가가 관용을 아는 사람이라면 내가 무언가를 완수했음을 인정하고 나를 용서하지 않을 수 없을 것이다. 그러면 역사가의 작업은 대단히 용이해지리라. 왜냐하면 사실이 말하고 사실이 태양처럼 빛날 것이기 때

문이다. 나는 무정부 상태의 심연을 막고 혼돈을 일소했다. (…) 나는
모든 경쟁심을 자극하고 모든 공적에 보상했으며 영광의 국경을 확
대했다! 이 모든 것이 내가 말한 그 '무언가'다!"

막연한 감사함, 혁명의 추억과 황제의 추억과의 혼합, 시민의 권리
와 국가의 존엄성을 함께 수호하려는 의지 등이 1815년 이후 부르봉
왕가에 대항해 보나파르트파와 공화파가 통합한 사정을 설명하고, 나
아가 제2제정의 비정상적인 출현을 설명한다.

제5장

–

체제 동요의 시대에서
혼란의 시대로

HISTOIRE DE LA FRANCE

—

chapter 1

단명에 그친 왕정복고

—

1. 황제가 워털루에서 패전하자 왕정이 복고할 수밖에 없었다. 파리에서는 여전히 변절에 능숙한 불사신 푸셰가 임시정부를 조직한 후 루이 18세를 추대했다. 제국의 상원의원, 장군, 부귀를 누리던 혁명파들은 기정사실을 시인하며 그들의 권익을 침해하지 않는 한 다시 한 번 '국왕 만세!'를 부를 자세를 갖추고 있었다. 그들의 관심사는 체제가 아니라 그들이 차지하는 지위였다. 초기에 루이 18세는 삼색모자만 아니면 무엇이든 허용했다. 탈레랑은 영국과 오스트리아의 압력도 있었지만 빈 회의에서 국가를 위해 뚜렷한 공적을 세웠기에 내각을 구성하는 임무를 맡았다. 샤토브리앙은 '악덕과 범죄'의 상징인 탈레랑과 푸셰에 의존하는 국왕에게 불만을 표시했으나 망명생활의 고초를 뼈저리게 경험한 루이 18세는 어떤 대가를 치르든 다시 망명하지 않기만을 바랐다. 요컨대 노령이라는 것과 우유부단한 성격만 빼면 그는 별로 포악한 국왕이 아니었다. 일반 국민은 그에 대해 이렇게

말했는데 이는 진실에 가깝다.

"국왕은 노파나 거세한 수탉 같고 어찌 보면 프랑스 왕자 같기도 하다. 때론 현학자처럼 보인다."

프랑스 왕자 루이 18세는 왕권을 맡긴 했지만 평온한 통치를 희망했고 평화와 고전 인용, 음담을 좋아했다. 그리고 국민의 사상을 인정하지 않으면 왕좌를 보존할 수 없다는 것을 충분히 이해했다. 절대군주제는 바람직했으나 불가능해 보였으므로 그는 헌장을 준수하기로 굳게 결심했다. 일찍이 7월 13일에 투표를 실시했는데 투표자의 연령이 30세에서 21세로 낮아졌고 검열제도를 폐지했다. 내각은 이러한 조치를 통해 자유주의 노선을 표방하려 했으나 성과는 별로 없었다.

2. 사실 루이 18세는 프랑스 국민과 어느 정도 서로 이해를 도모할 수 있었다. 국민은 패전 덕에 왕위에 오른 그를 사랑하지 않았지만 어쨌든 평화를 가져왔기에 관대하게 받아들이려 했다. 그런데 국왕과 함께 '아무것도 배우지 않고 아무것도 잊지 않은', 더구나 사회가 변했음을 인식하지 못하고 1789년 이전의 시대로 복귀하기만 바라는 망명자들이 특권의식을 간직한 채 귀국했다. 25년간 망명생활의 고난을 겪은 그들은 복수심에 불타고 있었다. 특히 그들의 우두머리는 라파예트와 더불어 25년간 조금도 변하지 않은 프랑스인이라고 자부하던 국왕의 친형제 아르투아 백작이었다. 그는 마르상Marsan 성관에서 광신적이고 반동적인 신하들에게 둘러싸여 있었다. 그의 아들 앙굴렘 공, 베리 공, 그들의 아내, 경호대 그리고 그들의 정신은 반역자를 저주했다. 그들의 눈에는 프랑스를 위해 싸운 사람들이 모두 반역

자로 보였다. 전국 도처, 특히 남부 프랑스에서 백색테러가 성행했고 지방에서는 보나파르트파를 처벌한다는 명목으로 민가를 약탈했다. 벨기에 서북부 강Gand에서 도망친 병사들은 대육군 장군들의 처벌을 요구했다. 베리 공은 이제 원수 사냥을 하게 되었다며 좋아했다. 성직자들은 일부 존경할 만한 사람들을 제외하고 이 과격한 만행을 부정하지 않았다. 종교 옹호를 위한 속인의 비밀결사인 수도회는 마르상 성관파의 비그리스도적인 만행을 찬양했다. 루이 18세는 그들의 잔인성에 탄식을 금치 못했다. 그들이란 그의 아우와 조카, 공포에 떨다 흉포해진 여자 그리고 '이제 인자함에 종지부를 찍을 때가 왔다'는 표어를 내걸고 국민공회의 단두대를 구체제의 교수대로 대치하려는 망명자를 의미했다. 그들은 아직도 대혁명의 피가 흐르는 도랑을 메우기는커녕 도리어 깊이 파헤치는 우익의 과격파였다.

3. 탈레랑과 푸셰는 자진해서 자신의 친구를 추방했지만 결국 자신들도 추방되었다. 먼저 탈레랑이 푸셰를 추방하는 데 앞장섰다. 푸셰는 변장을 하고 드레스덴으로 탈출했다. 탈레랑은 푸셰를 늑대에게 던져줌으로써 당분간 늑대들의 굶주림을 달래주려 했던 것이다. 그런데 빈 회의 이후 러시아 황제가 탈레랑을 미워하자 그는 곧 총리대신 자리를 리슐리외 공작에게 빼앗겼다. 1789년 망명한 리슐리외는 1814년에 귀국했는데 외국에서 시종일관 애국자로 남아 있었다. 특히 그는 성실하고 아량 있는 유능한 행정관으로서 러시아 황제와 친밀해져 크림 지역 총독으로 임명되기까지 했다. 탈레랑은 속아 넘어간 것에 분개하면서 비꼬아 말했다.

"리슐리외 공? 그런 사람은 모르는데. 크림의 사정을 잘 아는 프랑스인이라는 것은 알고 있지만."

사실은 당시 가능한 범위 내에서 선택한 최선의 인선이었다. 그에게는 프랑스가 1790년 국경으로 후퇴하는 평화조약에 서명할 정도의 시간 여유밖에 없었다. 평화회의는 해산하기 전에 알렉산드르 1세 주도로 오스트리아, 프로이센, 러시아 3국 군주가 신성동맹을 체결하고 이를 중심으로 그리스도교국의 국제연맹 같은 조직을 결성하려 했다. 루이 18세는 가맹을 승낙했으나 영국의 섭정은 거절했다. 군주들은 종교, 평화, 정의를 수호할 것을 약속했다. 알렉산드르는 진심이었지만 다른 군주들은 신성동맹의 '신성'보다 '동맹'을 중시했다.

4. 1815년의 투표자는 전국에서 10년 미만의 유한 선거자격인인 귀족과 부유한 시민계급뿐이었고 이들은 대혁명과 제정에 참여한 사람들을 제거하기 위해 노력했다. 그들은 무식하고 복수심만 강한 망명자와 지방 귀족을 의원으로 선출해 파리로 올려보냈다. 반혁명적인 루이 18세는 비위에 맞지 않는 회의를 '둘도 없는 회의'라며 비꼬았다. 의원 402명 중 초과격파가 350명이었는데 이들은 과격 왕당파로 비왕당파 숙청, 특수법 제정, 특권 회복 등 전면적인 반혁명을 희망했다.

"1815년을 살아보지 않은 사람은 증오가 무엇인지 이해할 수 없을 것이다."

명칭만 바뀐 혁명재판소가 부활하고 과거 희생자의 자손이 형을 집행했다. 이 특별재판소는 수많은 우수한 프랑스인을 사형 또는 유형에 처했다. 마레샬 네이 원수의 사형은 프랑스 국민에게 공포를, 일부

사교계 여성에게는 환희를 자아냈다. 후일 정치가이자 역사가인 프랑수아 피에르 기욤 기조François Pierre Guillaume Guizot는 이 처형이 부당한 이유를 다음과 같이 조리 있게 규명했다.

"나폴레옹 황제는 프랑스와 유럽에서 높은 평가를 받았고 다수의 군대와 민중에게 헌신적인 지지를 받아 오랫동안 혁혁한 지위를 확보했다. 이에 따라 권리와 의무의 개념, 존경과 충성의 감정이 강한 사람들은 마음속에서 혼돈과 갈등을 느꼈다. 이는 마치 진정한 정부와 자연적인 정부가 대립하는 듯했고 일반 민중은 악의는 아니었어도 분명한 선택을 하기가 곤란했다. 루이 18세와 그의 고문관들이 왕정을 담당했을 때 이런 도의적인 혼란을 시정하지 못한 것은 그들의 잘못만은 아니었다."

국왕은 마레샬 네이 원수를 사면해 그를 유혈의 파고를 막는 방파제로 삼았어야 했다. 국왕이 한 말을 보면 그는 그러고 싶었던 것 같다.

"그들 마음대로 하게 내버려두면 아마 나까지 숙청하려 들 것이다."

백색테러는 프랑스를 바르게 통치하려면 해서는 안 될 일이 무엇인지 보여주는 좋은 본보기였다. 하지만 앙리 4세의 전통을 답습하려던 루이 18세는 살롱의 초과격파 여성을 다루기엔 너무 연로했고 더구나 지칠 대로 지쳐 있었다.

5. 다행히 그는 몇몇 온건한 왕정주의자의 지원과 조언을 얻었다. 그들은 독자적으로 판단하고 주장이 엄격했으므로 정론파正論派로 불렸다. 왕정복고가 반동이 되면 안 된다고 생각한 식자 중에는 에티엔 파스키에Etienne Pasquier, 루이 드 비포일 생트-오레르Louis de Beaupoil

de Sainte-Aulaire, 피에르 폴 루아예 콜라르Pierre Paul Royer-Collard와 그들의 친구인 엘리 루이 데카즈Elie-Louis Decazes 등이 있었다. 데카즈는 경찰총감이자 권위 있는 변호사로 루이 18세의 신임을 받아 얼마 후 리슐리외의 후임자가 되었다. 그는 양쪽 진영의 프랑스인을 화해시키려 애를 썼다. 루아예 콜라르와 그의 동지들은 대혁명은 정치적이라기보다 사회적인 것이라 생각했고 이 혁명으로 탄생한 사회에는 그 권리와 이익을 잃지 않고 왕정과 융합할 수 있는 하나의 이론이 필요하다고 생각했다. 보나파르트와 마찬가지로 의회의 횡포를 증오한 그들은 항상 다음과 같이 한탄했다.

"민중은 민중으로부터 나온 권력에 몹시 무력하다."

따라서 그들은 선출된 의회보다 우위에 서서 의회를 좌우하는 세습적인 신권군주제가 필요하다고 생각했다. 정론파의 좌익에는 드 브로이 공작과 라파예트 같은 '독립파'가 있었다. 그들은 18세기 사상에 충실한 자유주의자로 공공연하게 의사를 표시하지 못하는 구보나파르트파, 구자코뱅파 그리고 귀족의 귀환과 봉건적 특권의 망령에 공포를 느끼는 농민과 결속했다. 또한 비밀결사인 카르보나리당 일명 '목탄당木炭黨'이 은밀히 현 정권에 대한 음모를 꾸미고 있었다. 목탄당은 애국자들이 '숯 굽는 사람'으로 변신해 오랫동안 이탈리아의 산림 속에서 생활했기에 붙은 이름이며 카르보나리는 국제적인 조직으로 '모든 전제자'에 대해 반대활동을 펼쳤다.

6. 왕정복고기의 프랑스는 통치하기가 매우 곤란한 상태였다. 봉급의 반액을 받는 휴직 장교와 애국자들은 황제를 그리워했고 인민, 특

히 부르주아계급은 대혁명으로 확립된 사회적 평등 유지를 갈망했다. 국민 모두가 삼색기를 중심으로 결속해 25년간의 고난과 자부심에 가득 찬 영광을 회상했다. 그동안 프랑스 국민은 너무 고난을 겪은 탓에 왕정을 묵인한 것이므로 현명한 정부였다면 그들을 자극하지 않도록 조심했을 것이다. 스탕달Stendhal의 작품《적과 흑Le Rouge et le Noir》의 주인공 줄리앙 소렐도 보다 나은 대우를 받았다면 위선과 사회적 성공을 감수했으리라. 하지만 루이 18세와 데카즈에게 사려와 용기가 있었어도, 1816년 9월 '둘도 없는 의회'를 해산했어도, 대다수를 차지한 왕당파는 틀림없이 국왕보다 철저한 왕당파로 행동했을 터다. 그들은 여전히 대혁명과 제정시대에 익숙한 유능한 행정관들이 지위를 내놓지 않자 더 이상 참지 못했다. 샤토브리앙은 모든 직위를 차지하고 있는 자코뱅파에게 분노를 퍼부었다.

"그들은 자신들의 목적을 달성하기 위해 새로운 은어를 만들어냈다. (…) 이전에 귀족계급이라고 불렀듯 지금은 초과격파라는 말을 사용한다. (…) 우리는 픽푸스(Picpus, 파리의 공동묘지—역자주)에 묻힌 귀족계급의 가엾은 후손으로 초과격파란 말이다. (…) 내가 볼 때는 1789년 이후 순수한 왕당파적 감정을 표시해온 유일한 의회를 해산하는 것이 왕정을 구제하는 하나의 역설적인 방책이다."

어쩌면 이것이 유일한 해결책이었을지도 모른다. 파리의 민중은 1815년 이후 처음으로 '국왕 만세!'를 외쳤다. 당시 이러한 기사가 있었다.

"프랑스는 비로소 숨을 돌리고, 헌장은 개선가를 부르고, 국왕은 군림한다."

7. 그런데 국왕은 오랫동안 군림하지 못했다. 국왕이 간절히 희망하던 융화정책은 1820년 '족제비 얼굴을 한 발바리, 으르렁대는 떠돌이 늑대' 같은 루이 피에르 루벨Louis Pierre Louvel이 국왕의 조카이며 초과격파의 중심인물인 베리 공작을 암살한 순간부터 절망 상태에 빠지고 말았다. 그들은 곧 데카즈를 규탄하기 시작했다.

"베리 공작 각하를 암살한 도당은 반역에 포상하고 충성을 처벌한 자들이자 정부의 관직을 부르봉 왕가의 적과 보나파르트의 추종자에게 내준 자들이다!"

이것은 부당한 비난이었다. 데카즈만큼 이 암살의 결과를 염려한 사람은 없었다. 하지만 이것은 현명하고 음흉하며 위험한 공박이었다. 가족의 분노와 눈물을 본 루이 18세는 더 이상 데카즈를 권력의 자리에 둘 수가 없었다. 탁월한 문장가이긴 했으나 무법적 당파인이던 샤토브리앙은 그것 보라는 듯 그를 추궁했다.

"우리의 비통한 눈물, 비애의 탄식, 치밀어 오르는 오열은 무분별한 대신이 신실하게 행동하도록 했다. 그러나 그는 흐르는 핏속에 실족해 쓰러졌다."

데카즈의 후임으로 리슐리외 공이 초과격파의 지지를 얻어 총리대신에 재임명되었다. 이에 따라 그는 그들의 정책을 시행하지 않을 수 없었다. 결국 용납하기 힘든 특별법이 공포되어 출판 및 개인의 자유를 금지했다. 라파예트와 카시미르 페리에Casimir Périer 그리고 자크 라피트Jacques Laffitte 등이 결성한 위원회는 기금을 모아 박해당하는 시민을 옹호했다. 선거법 제정과 함께 이중 투표권을 소유한 금권 귀족이 등장했고 항의 소동으로 들끓은 파리에서는 '헌장 만세!'라는 함성이 폭동을 부채질했다. '사제당司祭黨'의 지도자 프랑스 쥘 드 폴리냐크Prince Jules de Polignac와 마티유 드 몽모랑시Mathieu de Montmorency가 절대주의 지지파와 성직자를 위한 선전을 개시했다. 이제 '선량한 서적', '선량한 연구'가 화제의 중심이었고 선량하다는 말은 곧 반동을 뜻했다. 베리 공작부인이 남편 사망 후 7개월 만에 세인이 '기적의 아이'로 부른 보르도 공작을 출산하자 왕당파는 열광했고 성실한 리슐리외는 수상직을 사임했다. 국왕의 아우로 왕위 계승자인 아르투아 백작은 서약을 무시하고 국왕에게 항거했다. 국왕은 리슐리외에게 말했다.

"그 사람은 루이 16세에게도 역모를 꾸몄고 내게도 반역을 기도했다. 아마 자기 자신에게도 음모를 꾸밀 사람이다. 어쩔 수 없는 일이 아닌가?"

국왕은 신하를 이해하고 있었다.

8. 정권은 초과격파에게로 넘어갔고 루이 18세는 그중 가장 덜 위험해 보이는 사람을 선택했다. 그는 조제프 드 비렐Joseph de Villèle로 소심하긴 해도 행정적 수완이 있는 사람이었다. 그때는 내정 방면에서도 관선 입후보자, 집단 숙청, 초과격파들의 한직 독점 등 곤란한 일이 많은 시기였다. 자유주의자들은 국민의 발언권 회복을 위해 투쟁하느라 번번이 잔인하고 가혹한 탄압을 받았으나 계속해서 그들에게 반항했다. 4명의 젊은 상사가 정적이 선임한 배심원에게 유죄판결을 받고 라로셸에서 처형되었다.

이처럼 파렴치한 불의를 자행하고도 대외정책에서 약간의 성공을 거둔 덕분에 내각은 그나마 존속했다. 1815년의 패전으로 치욕을 겪은 프랑스는 신성동맹을 통해 또다시 새로운 사명을 받은 것에 만족했다. 군주들이 관심을 보인 유럽의 문제는 다음과 같은 것이었다.

"자유주의라는 질환을 어떻게 처리할 것인가? 특히 반란을 일으킨 스페인 국회에서 페르난도 7세를 구출하려면 어떻게 해야 하는가?"

외상 샤토브리앙은 프랑스 육군이 이 작전을 맡는 데 성공했다. 25년간의 전쟁으로 피폐해진 국가가 명예를 얻고자 신성동맹을 위해 싸우겠다는 것은 모순일 뿐 아니라 원칙적으로도 스페인 전쟁은 부당한 것이었다. 전쟁의 목적이 전제주의 옹호였기 때문이다. 자유주의자들은 항의하고 정론파는 이로써 왕정이 붕괴될 것이라고 했으나 결과는 예상 밖이었다. 앙굴렘 백작의 승전은 도리어 현 정권에 힘을 실어주었다. 이때부터 군대는 정부에 대한 반감을 버리고 왕자의 백기를 받아들였다. 1823년의 총선거는 약간 신임을 회복한 의원 덕택에 전임자와 성향이 유사한 의원이 선출되었다.

9. 1824년 루이 18세가 별세하고 아르투아 백작이 왕위를 계승해 샤를 10세(Charles X, 1757~1836)가 되었다. 당시에는 변화가 아주 극심했다.

"루이 18세는 구체제의 온건파로 18세기의 자유사상가였고 샤를 10세는 철저한 망명자로 경건한 고집쟁이였다."

초과격파는 자신들의 뜻에 맞는 국왕을 추대했지만 신왕의 격려를 받은 비렐이 지나치게 구체제로 복귀하는 바람에 열렬한 왕당파까지도 당혹감을 느꼈다. 제기祭器 절도를 통칭 '불경죄'를 적용해 존속살인죄처럼 수족 절단 또는 참수로 처형했고 성직자의 호적 관리권을 반환했으며 장자권을 부활했다. 그러자 심지어 샤토브리앙까지도 1천 년 전의 정치로 복귀하려는 분별없는 사람들에게 항의했다. 그는 미래 세계상을 강조했다.

귀족 특권의 부활과 입헌군주제에 반대하는 등 절대왕정으로의 복귀를 강하게 주장한 샤를 10세

"켄터키의 광야에서는 철로 위를 마법의 차량이 말馬 없이 달리면서 굉장한 속도로 거대한 중량과 500~600명의 여객을 동시에 운반할 것이다. 남북 아메리카를 연결하는 지협에 운하가 개통되어 선박이 한 해양에서 다른 해양으로 가는 통로가 생길 것이다."

그는 많은 변화가 사회 하층계급에 지식을 보급해 이성에 기초하지 않은 일체의 권력에 순종하지 않을 것이라고 지적했다. 또한 그는 왕정이 계속해서 과오를 범하면 공화제로 대체될 것이라고 전망했다. 비렐이 세인들이 '정의와 애정의 법률'이라고 비꼬아 부른 법령으로 반정부적인 소책자들의 출판을 금지했을 때 왕당파, 자유주의자, 보나파르트파, 혁명파는 계속 항의했다. 이들 책은 외국에서 인쇄되어 국내에 쉽게 유포되었는데 카시미르 페리에는 이렇게 말했다.

"이 법령은 '벨기에의 이익을 위해 프랑스에서의 인쇄를 금지한다'는 취지에 알맞다."

프랑스 아카데미(아카데미 프랑세즈)는 샤토브리앙, 샤를 드 라크르텔 Charles de Lacretelle, 아벨 프랑수아 빌맹Abel-François villemain 등이 작성한 항의서를 국왕에게 제출했다. 정부는 재산을 몰수당한 망명자들에게 보상금 10억 프랑을 공여해 대다수 국민의 분노를 샀다. 혁명으로 토지를 몰수당한 지주에게는 1790년 수입의 20배에 상당하는 보상금을 지급했다. 대신들은 파리에서 모욕을 받았고 지방에서는 선거에 패배했다. 1828년 비렐은 사임할 수밖에 없었다. 왕세자가 국왕에게 말했다.

"폐하는 비렐을 버림으로써 왕좌에서 한 계단 내려오신 셈입니다."

10. 샤를 10세는 장 바티스트 게이 마르티냐크Jean-Baptiste Gay Martignac와 함께 자유주의에 최후의 일격을 가했으나 실패했다. 국왕이 1789년의 아르투아 백작과 다를 바 없이 스스로 준수하겠다고 서약한 헌장을 지키지 않고 자신의 심복인 내각을 신뢰하지 않았기 때문이다. 현 정권은 파멸의 운명을 맞았다. 1815년 프랑스 국민은 왕정과 헌장을 기초로 한 타협을 승인했고 이로써 정통 왕정과 국민주권의 병립을 기대했다. 하지만 국왕이 마르티냐크를 신임하지 않고 비렐과 내통해 구체제로의 복귀를 준비한다는 것을 안 국민은 1789년의 거국적이고 열렬한 반항운동 같은 혁명을 다시 일으켰다. 루이 아돌프 티에르(Louis Adolphe Thiers, 1797~1877, 제3공화국 제2대 대통령—역자주)라는 젊은 언론인은 다음과 같이 외쳤다.

"부르봉 가를 헌장 안에 가둬야 한다. 그렇지 않으면 마구 날뛰고 만다."

교양과 야망을 겸비한 이 젊은 이는 10권에 달하는《프랑스 혁명사Histoire de la Révolution Française》의 저자이기도 하다. 그는 탈레랑과 은행가 라피트의 지원을 받아 반항운동 신문 〈르 나시오날Le national〉을 창간해 자유주의적인 민중의 열렬한 지지를 받았다.

샤를 10세가 마르티냐크를 파면하고 마리 앙투아네트의 여자친구 아들인 폴리냐크에게 왕권을 맡기자 국민은 얼마 남지 않

7월 혁명에서 샤를 10세를 축출하는 데 상당한 공을 세웠으며 요직을 두루 거쳐 제3공화국의 대통령이 된 루이 아돌프 티에르

은 자유마저 유린하려 한다고 생각했다. 폴리냐크는 비교적 성실했으나 교양이 없는 광신자이자 절대왕정주의자로 '신비적이고 대범하며 요령이 좋은' 편이었다. 1815년 그는 헌장에 대한 서약을 거부했다. 폴리냐크 가문이 아무리 고귀하고 용감해도 그의 고루한 정신, 편협한 성격, 유치한 왕정주의 신념은 극소수의 광신자 외에는 만족시키지 못했다. 폴리냐크는 자유를 존중하겠다고 서약했지만 샤토브리앙은 그를 가엾은 무능력자라고 평했다. 십자군을 연구한 역사가 조제프 프랑수아 미쇼Joseph François Michaud는 그래서 걱정이라고 응답했다. 그 이유는 이러하다.

"쿠데타를 원하는 사람만 거느린 탓에 쿠데타를 하지 않으면 그를 따를 사람이 하나도 없을 것이기 때문이다."

일간지 〈주르날 데 데바Journal des Débats〉는 폴리냐크를 맹렬히 규탄했다.

"그들은 루이 18세의 불멸의 공적이며 그 후계자의 권력을 뒷받침할 헌장을 파기하려는 것인가? 그들은 이 헌장에 전제주의가 무슨 수단을 행사해도 절대로 동요하지 않는 권위가 있음을 잊어서는 안 된다."

11. 3월 2일 회의를 소집하자 221명의 의원이 국왕에게 국민의 불안정한 상태를 통보하기 위해 격식만 갖춘 강경한 결의문을 가결했다. 이때 샤를 10세는 의회에 해산 명령을 내렸는데 이는 매우 졸렬한 처사였다. 다음 선거에서 자유주의자가 승리할 것이 명백했으나 폴리냐크와 샤를 10세만 이를 모르고 있었다. 그렇지만 정부를 지지하는 신문은 이렇게 말했다.

"그들은 국왕이 어떤 존재인지 모르고 있다. 이제 그들도 깨달았을 것이다. 그들은 바람 앞의 지푸라기처럼 날아가버렸다."

상상은 환상과 가깝다. 국왕의 바람은 무엇 하나 날려 보내지 못했다. 폴리냐크는 무엇을 위해서인지도 모르는 채 강경한 태도만 취했다. 선거 결과가 정부 지지파 145명, 반대파 270명으로 나타났을 때 만약 국왕이 내각을 경질했다면 왕권만은 유지했을 것이다. 티에르가 〈르 나시오날〉을 통해 '국왕은 군림하나 통치하지 않는다'는 입헌군주제 공식을 선언했다. 여기서 '군림한다'는 것은 국가의 상징으로 남는다는 것을 의미한다. 사실 국왕은 국가가 창조한 사람이었으나 샤를 10세는 의회의 법규를 무시했다.

"루이 16세는 양보로 패망했다. 나는 내 스스로 통치하거나 그렇지 않으면 물러날 것이다."

그는 통치도 퇴위도 하지 않았다. 어쨌든 헌장은 국왕에게 칙령을 내릴 권한을 부여하고 있었다. 그는 폴리냐크가 작성한 4개 조항의 칙령에 서명했는데 그중 출판의 자유 금지, 의회 해산, 투표 방식 변경은 헌장이 국왕에게 허용한 한계를 넘어선 것이었다. 이 칙령은 위헌적일 뿐 아니라 도저히 용인할 수 없는 내용이었다. 왕정은 불법을 뒷받침할 군대조차 없는 상황에서 스스로 불구덩이에 뛰어든 셈이었다. 샤토브리앙은 말했다.

"또 하나의 정부가 노트르담 탑에서 추락하고 있다."

12. 칙령은 1789년 네케르를 파면했을 때처럼 파리를 들끓게 했다. 1830년 7월 26일 탁월한 지식으로 정부 반대당을 지도하던 야심적인 언론인 티에르가 작성한 항의서를 모든 신문이 발표했다. 팔레루아얄 광장에서 '헌장 만세! 내각 타도!'를 외치는 소리가 터져 나오기 시작했다. 국왕은 마르몽Marmont 원수에게 파리의 질서를 회복하라고 명령했지만 이것은 잘못이었다. 7월 27일 시위대가 파리 시내에 바리케이드를 설치하자 군대가 이것을 공격했다. 의회 분쟁이 민중혁명으로 발전한 것이다. 28일 일부 대학생과 폴리테크니크 학교 학생, 노동자가 삼색기를 노트르담 대성당 탑 위에 게양했다. 파리는 전통적인 시가전에 돌입했고 곧 동부 전역이 시위대 수중에 떨어졌다. 국왕은 속수무책으로 생클루에 은신하고 있었다. 군대를 지휘하던 마르몽 원수는 보급도 명령도 받지 못했다. 29일 그는 완전히 포위되었고 샤를 10세는 은신처에서 포위된 채 칙령 철회에 서명했으나 때는 이

미 늦었다. 프랑스 국민은 현 정권을 이미 포기했다.

'영광의 3일' 동안 파리는 헌장을 부인하는 국왕을 축출했다. 옷감은 재단까지 끝냈고 이제 꿰매는 일만 남았다. 누가 프랑스를 통일할 것인가? 라파예트가 공화국의 대통령이 될 것인가? 인기에 몹시 신경을 쓰던 그는 책임에 대한 두려움이 많았고 인민을 통치하는 것보다 인민을 위해 인민의 이름으로 통일을 협상하는 편을 좋아했다. 다른 계획이 있던 티에르는 은행가 라피트의 저택에 모인 자유주의자 지도자들에게 설명했다.

"인민이 피를 흘리게 한 샤를 10세는 절대 돌아오지 못한다. 공화제는 국내에 심각한 분열을 불러오고 유럽제국과의 관계를 약화시킬 것이다. 오를레앙 공은 대혁명의 원리에 충실한 왕족이다. (…) 오를레앙 공은 제마프 전투에 참가해 뒤무리에의 승리에 공헌한 바 있다. 삼색기를 들고 포화 속을 진격한 오를레앙 공만 삼색기를 들 수 있고 우리는 그 외에는 누구도 원치 않는다. 오를레앙 공은 우리가 희망하는 것처럼 헌장을 준수하기로 했다."

공작이 야심만만하다는 것을 알고 있었기에 그가 왕위를 승낙하리라는 것은 누구도 의심하지 않았다. 그렇다면 공작은 인민의 마음에 들까? 티에르와 그의 동조자들에게는 7월의 승리자들을 납득시킬 하나의 대의명분이 있었다. 의회, 즉 국민이 공작에게 국왕 대리라는 칭호를 줄 것이었다. 샤를 10세는 자신의 손자인 보르도 공작에게 양위하려 했다. 그러면 오를레앙 공이 섭정으로 통치하고 왕당파가 합심해 무너진 왕좌나마 지키기 위해 동맹을 맺으리라 예상한 것이다. 이것은 있을 법한 일이었다. 그러나 국왕이 되고자 한 오를레앙 공은 자신을 보호해주던 라파예트에게 샤를 10세를 위협하는 민중 시위를 부탁했다. 이 시위는 효과가 있었고 국왕은 가족과 함께 영국으로 떠났다.

13. 남은 과업은 대다수가 공화파와 보나파르트파인 시위대가 왕정을 받아들이도록 하는 일이었다. 그런데 파리 시청으로 간 오를레앙 공은 거리의 군중에게 푸대접을 받았다. 군중은 '자유 만세! 부르봉 왕가 타도!'를 외치고 있었다. 극적인 행동에 본능적으로 예민한 라파예트는 오르

7월 혁명 이후 샤를 10세의 뒤를 이어 왕위에 올랐으나 부르주아 중심의 정치를 펼치며 2월 혁명으로 폐위당한 루이 필리프 1세

레앙 공에게 삼색기를 들려주고 발코니로 끌고 나가 군중이 보는 앞에서 포옹했다. 군중은 박수갈채를 보냈고 승부는 이것으로 끝났다. 8월 초 의회는 오를레앙 공과 그의 장자가 프랑스 국왕이 아니라 프랑스인의 왕이 된다는 것을 의결했다. 루이 필리프 1세(Louis-Philippe I, 1773~1850)라는 호칭으로 불린 공작에게는 강건하고 수려한 다섯 형제 오를레앙, 느무르, 주앵빌, 오말, 몽팡시에가 있었기에 왕조가 안정된 듯 보였다. 가장 놀란 사람들은 공화제를 만들려다 부르주아계급적인 왕정을 만든 시위대였다. 팔레부르봉(Palais Bourbon, 현 국회의사당)이 파리 시청Hôtel de Ville을 제압한 것이다.

14. 왕정복고는 수포로 돌아갔다. 왕정은 살아남았으나 정통 왕조의 권위는 사라졌고 왕정을 세운 군중이 이를 마음대로 조종하면서 대혁명을 추모하는 사람, 나폴레옹 황제를 숭상하는 사람들의 공박을 받았다. 이 실패는 불가피한 것이었을까? 공포정치로 이뤄진 '유혈의 도랑'은 절대 메울 수 없는 것이었을까? '절대'라는 말은 정치가가 사용하면 안 되는 것이지만 왕정복고 경험은 이 도랑이 아직도 프랑스 국민을 분열시킨다는 것을 증명했다. 물론 이렇게 말하기는 쉬운 일이다.

루이 18세가 자신의 의사대로 강경하게 화해를 시도했다면, 초과격파가 보다 이성적이었다면, 샤를 10세가 헌장을 준수했다면, 1815~1830년에 왕정은 새로이 뿌리를 내렸을 것이다.

당시 곤란했던 문제는 본연의 프랑스가 아니라 여전히 대혁명이나 구체제와의 충돌로 동요하는 프랑스, 열정으로 혼란에 빠진 프랑스를 통치하는 일이었다. 승리한 티에르와 그의 동조자들에게는 중대한 책임이 있었다. 7월 29일 루아예 콜라르는 비통한 어조로 "나도 이겼다"라고 말했다.

—

chapter 2

7월 왕정의 몰락

—

1. 이제 프랑스 국왕은 없고 프랑스인의 왕만 존재했다. 루이 필리프 1세는 랭스에서 대관식을 하지 못하고 팔레부르봉 의사당에서 추대를 받았다. 청년 시절 그는 궁정이 아니라 군대의 막사와 지붕 밑 단칸방에서 지내야 했다. 자코뱅파에 추파를 던지고 발미에서 용감하게 싸운 뒤에는 본의 아니게 망명생활을 해야 했다. 부르봉 가의 일족이면서 혁명파 혐의를 받았고 그의 부친이 스위스와 아메리카를 방황하며 간신히 연명한 시역자라 왕당파의 미움을 샀다. 그러나 독실한 신자에다 정통 왕정주의자인 나폴리와 시칠리아 왕 페르디난도 1세 딸 마리 아멜리와의 결혼 그리고 앙기앵 공 암살 사건에 대한 항의로 어느 정도 왕실의 사면을 받았다. 망명생활과 궁핍은 루이 필리프 1세를 세심하고 교활한 현실주의자로 만들어놓았다. 그는 대혁명과 왕실 간의 타협의 상징으로 중도주의 왕이 되기를 원했고 또 스스로 그렇다고 자신했다. 그는 거만하지 않다는 것을 자랑으로 삼았고 호

인인 체하면서 기품 있는 교제술로 많은 사람의 마음을 사로잡았다. 특히 그는 루아얄 궁전에 베르사유식 궁정의례를 전파하고 노동자를 '내 친구', 국민군을 '내 동지'라고 불렀다. 라파예트가 그에게 이렇게 말하는 만화가 나돌았다.

"폐하, 이리 오세요! 모자를 쓰셔야지요!"

시민왕 루이 필리프 1세는 옆구리에 양산을 끼고 거리를 돌아다녔다. 거리에 몰려다니던 시민이 궁전 창 밑에서 〈라 마르세예즈〉를 부르면 그는 많은 가족과 함께 발코니에 나타나 삼색기를 휘두르며 함께 노래를 불렀다. 그런데 파리 시민은 그런 행동을 치사한 소행으로 받아들였다.

2. 루이 필리프 1세가 민중에게 아부한 것은 민중을 통치하기 위해서고 그가 시민의 왕이 되기를 승낙한 것은 국왕이 되기를 원해서다. 그는 대혁명 때문이 아니라 대혁명에 대한 공포로 왕위에 오른 것이며 그의 보좌관은 대부분 7월 폭동을 잊으려 했다. 드 브로이 공작은 왕이 필리프 7세라고 호칭해 왕조 계승을 강조하길 바랐을 것이다. 카시미르 페리에는 혁명은 없었고 국가원수의 신변에 약간 변화가 있었을 뿐이라고 말했다. 루이 필리프 1세는 부드러운 자세를 취했으나 생각보다 훨씬 비민주적이었고 '국왕은 군림하나 통치하지 않는다'는 영국의 의회제도를 프랑스에 도입하는 것을 절대 용인하지 않을 생각이었다. 권위적이고 완고한 그는 자신이 대신을 임명하고 스스로 각의를 주재하길 희망했다. "내가 마차의 마부다"라는 그의 말은 루이 13세가 "내가 가게의 주인이다"라고 한 것과 다를 바 없었다.

보수적인 그는 전시효과를 위한 적극적인 사업과 모험에 반대하고 평화의 나폴레옹이 되어 7월 혁명으로 불안해진 왕위를 강화하려 했다. 그는 "헌장에 따른 왕정일 뿐 그 이상도 이하도 아니다"라고 말했지만 헌장을 좀 더 자유주의적인 방향으로 수정하는 데 동의했다.

3. 새 왕의 의도는 좋았으나 그의 지위는 불안정했다. 정통 왕정파와 그 왕비의 입장에서 그는 어디까지나 찬탈자였고 사실상 그는 왕가가 보호자로 위탁한 보르도 공작의 왕의를 찬탈했다. 그는 아들들을 정통 왕녀와 결혼시키기 위해 신중하게 야심을 품고 있었다. 샤토브리앙처럼 한 왕조에 순진한 애정을 바치고 몰락에는 손끝 하나 까딱하지 않던 사람들이 이번에는 팔레루아얄에 욕설과 멸시를 퍼붓기 시작했다. 포부르 생제르맹(Faubourg Saint-Germain, 귀족들이 많이 살던 지구―역자주)에 살던 사람들은 이 '비정한 정권'에 가담한 귀족들을 반역자로 간주했다. 노동자, 공화파 학생, 보나파르트파 장교들은 국가의 영예를 위한 모험정신으로 들떠 있었다. 아마 그들은 필요하다면 국수주의적인 왕정도 불사했을 것이다. 그들은 영광을 되찾기 위해 '영광의 3일'을 완수했고 그 목적은 1815년의 강화조약을 파기하고 자연 국경을 수복하는 데 있었다.

"삼색기를 다시 본 민중은 궐기했고 파리 시민은 생클루보다 라인 방면으로 진격하는 편이 더 쉬웠을 것이다."

7월 혁명의 핵심 인사들은 어떤 혁명에서든 그랬지만 정치가들이 지위를 차지하느라 분주하고 그 지위를 놓치지 않으려고 발버둥치는 모습을 보고 비애를 느꼈다. 빅토르 위고는 다음과 같이 기록했다.

"많은 사람이 삼색기를 냄비에 잡아매는 꼴을 보니 참으로 한심했다."

극단론자는 프랑스인의 왕을 선정할 때 프랑스 국민에게 의논한 적이 있느냐고 항의했다. 이미 해산한 의회, 그렇지 않더라도 단지 10만 명의 유권자만 대표하는 의회가 국왕 대리를 왕으로 만든 것이었다. 그들에게 무슨 권한이 있단 말인가? 공화파도 왕당파처럼 이 호인을 왕위 찬탈자로 간주했다.

4. 누가 그를 지지했을까? 7월 왕정은 사실상 시민계급, 즉 무역업자와 영사, 재판관, 신흥재벌인 은행가 및 기업가 등 궁정에 초대받는 것을 영예로 알고 귀족의 작위에 군침을 흘리는 사람들에게 의존했다. 새 정권은 선거권을 확대하는 체하느라 10만 명을 20만 명으로 늘렸지만 이는 어디까지나 발자크의 표현대로 '통속적인 시민계급'이 프랑스를 통치하는 것이었다. 시민 전체, 특히 교육받은 유자격자와 심지어 현 정권의 보루인 국민군에게도 투표권을 주지 않았다. 신교도에다 비교적 자유주의적인 기조마저 보통선거에 대해 반대 의견을 버리지 않았다.

"시민계급이 여론을 조성하고 사회를 지도해야 한다. 귀족은 사회 밖에 있기 때문에 사회의 실정을 모른다. 일반 민중은 생각할 여지가 없으므로 욕망과 불만만 표시한다. 시민계급은 이성적이고 자유주의적인 위치를 지킬 수 있다."

요컨대 계급정치는 소위 '저항당', 즉 기성체제를 유지하자는 기조와 카시미르 페리에 당파의 이론이었다. '저항'이란 일종의 보수주의로 변화에 대한 저항이었다. 저항당은 스탕달의 《뤼시앵 뢰뱅 Lucien Leuwen》에 묘사되어 있듯 좌익과 우익의 맹렬한 공박을 받았다. 1830년 혁명을 추진한 사람 중 하나인 티에르는 저항당에 가까웠다. 당시 빅토르 위고는 글로 비꼬았다.

"세상에는 스스로를 굉장히 진보적이라고 생각하면서도 실은 1688년에 머무는 사람들이 있다. 때는 이미 1789년이 지난 지 오래되었다."

저항당에 대항해 라파예트, 라피트 그리고 '우유부단한 사람 중 가장 진중하고 무원칙한 사람 중 가장 생각하는 사람'으로 알려진 오딜롱 바로Odilon Barrot가 이끄는 '진보당'이 결성되었다. 두 정당의 우익에 소수의 정통 왕당파가 있고 좌익에는 파리의 열광적인 시민이 있었다. 그들 사이에 중간당인 마레당이 무위무능과 전지전능 사이를 오갔고 그 위에는 '성관파'가 있었다. 이 모든 정당 주변에는 프랑스를 먹이고 부유하게 하며 국토를 방위하면서도 아무런 발언권도 없는 3000만 프랑스 국민이 있었다. 이것은 매우 불안정한 형태였다.

5. 혁명이란 잠복기가 짧고 회복기가 긴 질병이다 보니 치세 초기는 매우 어려웠다. 큰 성과를 올리는 폭동을 목격한 민중은 불만이 있을 때마다 폭력에 호소하고 싶은 충동을 느꼈다. 파리 시민은 조금도 만족스러워하지 않았다. 7월의 투사들에게는 많은 요구조건이 있었으나 승자로서 아무런 보상도 받지 못했다. 그들이 받은 메달에는 '왕의 하사품'이라는 말이 새겨져 있었지만 오히려 그들이 왕에게 왕국을 하사한 것이 아닌가 싶었다. 샤를 10세의 대신이 체포되었을 때 일

부 과격한 무리는 그들의 생명을 요구했으나 뱅센 요새 사령관인 목발 영웅 도메닐Daumesnil 장군은 그들을 군중에게 인도하지 않았다. 끝내 왕과 정부는 그들을 구제했으나 항간에 물의를 일으켰다. 기조는 말했다.

"프랑스는 무익한 유혈을 원하지 않는다. 모든 혁명이 필요가 아니라 분노 때문에 유혈을 치렀다. 3개월 후, 6개월 후에는 이 유혈참극이 오히려 혁명파에게 반격을 가했다. 전쟁 중에도 하지 않던 일을 지금 감행하는 것은 있을 수 없는 일이다."

그렇지만 열정은 아직도 끓어오르고 있었다. 샤를 10세 시대에 지나치게 기승을 부린 교권주의에 대한 반동으로 공격적인 반교권주의가 나타났다. 암살당한 베리 공작을 추도하는 미사를 거행한 생제르맹 록세루아 교회에는 군중이 난입했고 대주교관이 약탈당했다. 루이 필리프 1세는 진보당과 그 지도자인 라피트에게 정권을 위촉했으나 파리와 일부 지방도시에서는 유혈폭동이 발생했다. 7월 혁명 이후 폴란드와 이탈리아에서 폭동이 발생하자 프랑스 국민은 이들을 지원하려 했다. 그러나 정부가 유럽의 여러 왕에게 도발하는 행동을 금지하면서 새로운 소요가 일어났다. 모든 파리 시민은 피에르 장 드 베랑제 Pierre-Jean de Béranger의 노래를 불렀다.

"폴란드와 폴란드의 충실한 인민은 우리를 위해 여러 번 싸웠다."

라피트는 조심스럽게 개혁을 시도했다. 시읍면 선거에서는 기존 선거권 소유자에 소위 유능한 '능력자들'을 추가했고 기타 선거에서는 선거자격을 위해 걷는 세금을 인하했다. 이 시책으로 선거인의 숫자는 배가되었으나 대중에게는 아직도 투표권이 전혀 없었다. 대중은 직접세를 납부하고 자력으로 장비를 구할 수 있는 사람만 국민군으로 편성한다는 법령으로 또다시 크게 술렁거렸다. 이러한 제한으로 민중은 소외되었고 투표권처럼 국민군마저 시민계급의 특권이 되면서 누구도 정부에 만족해하지 않았다. 정부의 소극적인 정책은 진보당의 분노를 불러일으키고 무력한 정치 수완은 저항당마저 탈퇴하게 했다. 한마디로 패잔정부 같았다.

6. 알제리 정복은 샤를 10세 치세 말기에 시작된 것으로 계속해서 승전했다. 당시에는 영국이 아프리카에서 발생하는 모든 사건에 몹시 신경을 곤두세우던 때라 영국의 정책과 상충되는 사건을 일으키지 않도록 조심해야 했다. 그런데 위기를 초래할지도 모를 벨기에 문제가 있었다. 벨기에가 네덜란드에 대항해 반란을 일으킨 뒤 프랑스에 지원을 요청한 것이다. 이 기회에 영토 합병을 시도해 대혁명 시대의 국경을 회복할 것인가? 그러면 왕으로서의 위신은 높아지겠지만 이는 영국과의 충돌을 초래할 확률이 높았다. 영국이 안트베르펜에 일대 세력이 진출하는 것을 방관할 리는 없었다. 루이 필리프 1세는 벨기에 독립을 위해 영국과 협조했고 벨기에가 그의 둘째 아들 느무르에게 주겠다는 왕위마저 거절하는 용단성과 예지를 보였다. 결국 코부르크 가문 레오폴 1세(Léopold I, 1790~1865)가 벨기에의 왕이 되는 동시에 프랑스인 왕의 사위가 되었다. 영국의 왕위 계승자였던 전처가 죽자 루이 필리프 1세의 장녀와 재혼한 것이다. 이 현명한 정책으로 프랑스는 전쟁을 모면했지만 모든 프랑스인은 샤토브리앙의 이런 주장에 공감했다.

"나는 프랑스에 치욕을 안겨주는 쓸개 빠진 왕정의 멍에를 더 이상 짊어질 수 없다."

상인과 은행가에게 의존하는 중용정책은 귀족과 무산계급을 동시에 격분케 했다. 샤토브리앙은 다음과 같은 기록을 남겼다.

"나는 자유가 가정살림 같은 왕정의 고기요리에 만족하리라고 생각지 않는다. 프랑스인은 자유를 야영에서 창조했고 그 자유는 프랑스인의 후손에게 창조 당시의 향수와 애정을 남겨주었다."

선거는 한 계급의 의사 표시에 불과했을 뿐 국민의 뜻은 아니었다. 의회는 '지당합니다!'를 연발하는 사람들로만 구성되었다.

7. 투표 결과 자신감을 얻은 왕은 카시미르 페리에를 수반으로 하는 저항당에 조각을 위촉했다. 은행가의 뒤를 은행가가 이은 셈이었다. 카시미르 페리에는 명랑한 라피트와 달리 무뚝뚝한 사람이었다.

"그는 신이 혼란과 폭력의 시대에 알맞게 창조한 사람이었다. 그의 정열적이고 진지한 성격은 용모, 태도, 시선, 음성에 그대로 드러났다. (…) 그는 반대파뿐 아니라 동지에게도 두려움을 안겨주었다."

그는 전투적인 내각을 조직하면서 말했다.

"프랑스는 왕권이 전국에 미치기를 희망하며 왕권이 무력해지기를 바라는 사람은 없다."

국민은 그의 탄압정치에 맞서 반항운동에 박차를 가했다. 도처에서 폭동이 일어나자 카시미르 페리에는 특별법을 적용하지 않고 보통법만으로 모조리 탄압했다. 이 적당한 압력이 효과를 내고 있을 무렵 그는 다른 재난처럼 과감하게 대처한 콜레라 방역 대책에 실패했고

1832년 그 자신도 사망했다. 니콜라스 술트Nicolas Soult, 티에르, 드 브로이, 기조 등이 조직한 새 내각도 여전히 모든 중도정권처럼 우익과 좌익의 공격을 받았다.

우익은 젊은 보르도 공작의 모친인 베리 공작 미망인이 방데와 각처에서 부르봉 가문에 충성을 바치는 사람들을 궐기시키려 프랑스에 상륙하면서 정통 왕당파의 폭동이 임박했음을 암시했다. 그런데 그녀를 체포해 블라예 성관에 유폐했을 때 이 고귀한 미망인이 임신 중이라는 사실이 드러나 그녀의 위신이 단번에 추락하고 말았다. 첫째 아이, 즉 '기적의 아이'는 왕당파를 열광케 했으나 둘째 아이는 그들을 당혹스럽게 했다. 비밀 결혼을 했다고 주장했지만 아무 소용이 없었다. 정부가 우익의 반란을 진압하자마자 한 자유주의적인 장군의 장례식을 계기로 공화주의자가 반란을 일으켰다. 이 반란은 생메리 수도원과 트랑스노냉 거리의 학살로 진압되었다. 1834년에는 리옹과 파리에서 무장폭동이 발생했고 1835년과 1836년에는 수차례에 걸쳐 왕의 신변에 가해 사건이 발생했다.

좌익과 우익의 맹렬한 반항운동에도 불구하고 7월 왕정은 티에르와 기조 같은 사람의 능력 및 수완, 부패와 사사로운 관계로 통치를 지속했다. 의원 450명 중 관리가 193명이었는데 그들은 투표의 대가로 좋은 자리나 지위로 옮겨갔다. 신흥 특권계급인 유권자들은 사업 보조금을 받거나 친족의 취직을 도왔고 심지어 재판관계 특전까지 받았다. 시민들은 다음과 같이 혹평했다.

"의회는 모두가 지위와 양심을 물물교환하는 거대한 시장이다."

의원이 공직을 겸하는 불미스런 일은 정부에서도 감독하기가 곤란했기에 성실한 사람들은 선거법 개정 못지않게 시정해야 할 중대한 문제라고 생각했다.

8. 7월 왕정의 문제점 중 하나는 프랑스를 티에르가 통치할지 아니면 기조가 통치할지 알아야 하는 것이었다. 실제로 이 유능한 두 사람이 품은 두 가지 야망이 정권의 2대 정책을 대표했다. 초기에 두 사람은 각기 다른 정치가로서 서로 협력하며 질서 확립을 위해 봉사했다. 둘 다 신사이자 역사가이고 용기 있는 인물로 필요할 때는 협력했지만 성격은 정반대였다. 성실한 기조는 고행자 같은 풍모로 신교도였고 정론파에 충실했다. 그는 시민계급에 의존하는 보수주의자에다 프랑스와 영국의 합의를 원하는 평화주의자였다.

티에르는 작고 생기발랄한 마르세유 사람으로 발자크 소설《고리오 영감Le Père Goriot》의 주인공 라스티냐크의 모델이 된 인물이다. 그는 애인인 부호 마담 도느Madame Dosne의 딸과 결혼했는데 이 시민계급 여성들의 대단한 요령과 남프랑스인의 교활한 수완으로 그는 마흔 살이 되기도 전에 아카데미 프랑세즈 회원과 총리대신으로 출세했다. 이 천재적인 사람은 스스로를 '문관 나폴레옹'으로 칭했고 파리는 그것을 재미있게 받아들였다. 당시 파리에는 방돔 광장에 서 있는 나폴레옹 황제의 양다리 사이에 앞으로 티에르의 동상이 세워질 것이라는 농담이 떠돌았다. 그는 놀랄 만한 정력으로 개선문을 완성하고 콩코르드 광장을 오벨리스크로 장식했으며 폭동을 진압하기 위해 뷔조 장군과 나란히 기마 행진을 했다. 나아가 그가《프랑스 혁명사》에 이어《통령정부와 제정사Histoire du Consulat et de l'Empire》를 저술하고 영국을 제압하려 했을 때 파리 시민은 그를 진심으로 찬양했다.

기조는 불굴의 성실성으로 정론파의 기본 이념에 충실했다. 그보다 훨씬 융통성이 있는 티에르는 좌익을 지지하는 듯하다가 좌익과 절연하고 정치적으로 소극적인 대중을 추종하면서 보수파에 추파를 던졌다. 그는 영국에 대항하는 대륙정책에 가담해 왕세자 오를레앙 공과 오스트리아 왕녀의 결혼을 제의했다가 거절당하자 별안간 오스트리아와 메테르니히를 맹렬히 미워했다. 분할 지배에 능숙한 루이 필리프 1세는 의회 영도자들의 대립을 흥미롭게 관망하면서 왕권 강화에 적절히 이용했다. 하지만 이것은 위험한 승부였다. 왜냐하면 모든 일의 결과가 자기 책임으로 돌아왔기 때문이다.

9. 1838년 무렵에는 정권의 기반이 상당히 안정적으로 보였다. 그동안 정권이 존속한 것만 해도 커다란 공적이라 할 수 있었다. 현 정권은 평화, 번영, 근대식 도로를 누리는 농민의 지지를 받았다. 기조는 초등교육을 개선하고 티에르는 많은 공공기념물을 건설했다. 여기에다 알제리 전쟁에서 공적을 세운 왕자들이 왕정의 위신을 높였다. 왕위 계승자 오를레앙 공은 자유주의자로 알려져 있었기에 부왕을 좋아하지 않는 사람도 앞으로 있을 왕자의 통치를 기대했다.

반면 정통 왕당파인 샤를 10세파는 여전히 적의를 품고 있었다. 보나파르트파는 황제의 유골 귀환식에서 본 대중의 환호성과 시인, 가요작가들이 만든 감동적인 나폴레옹 전설에 고무되어 한 가닥 희망을 버리지 않았다. 전 로마 왕인 라이히슈타트 공작은 사망했으므로 표면적으로는 오르탕스와 루이 보나파르트의 소생이자 공상적이고 활발한 나폴레옹의 조카(샤를 루이 나폴레옹, 훗날의 나폴레옹 3세)가 새로운 왕위 계승자가 되었다. 아무튼 보나파르트라는 이름은 그에게 비길 데 없는 권위를 부여했다.

"국가의 영광, 혁명에 대한 기대 그리고 권력의 정통성이라는 세 가지를 동시에 지니는 것은 참으로 대단한 일이다."

루이 나폴레옹은 처음에는 스트라스부르에서 그다음에는 불로뉴에서 프랑스인이 반란을 일으키도록 선동했다가 함Ham 요새에 유배되었다. 보나파르트의 거사는 실패했지만 아직도 군인을 숭상하는 제정시대의 전통이 모든 사람의 가슴속에 힘차게 흐르고 있었다. 역사에 심취한 티에르는 새로운 모험으로 프랑스의 영예를 높이기 위해 영국을 공격할 계획을 세웠다. 영국이 시리아에서 신하인 이집트 총독 무하마드 알리Muhammad Ali를 제압하려는 오스만제국을 지원하고 있었기 때문이다. 어떤 일이 있더라도 평화를 고수하려 한 왕은 장 바티스트 알퐁스 카르Jean-Baptiste Alphonse Karr의 말을 따랐다.

"티에르는 프랑스의 운명을 동전 던지기 내기에 맡기고 있다. 동전은 이미 던져졌다."

무모한 요행을 바라지 않은 루이 필리프 1세는 티에르의 자리에 기조를 앉혔다. 기조는 왕과 마찬가지로 평화와 영국인을 사랑했고 시리아 문제는 정식 전쟁의 경우와 다르므로 친영국 정책을 고수하겠다고 언명했다. 영불 간의 친선관계는 회복되고 양국의 군주는 서로 친선 방문을 했으나 왕은 전보다 극심한 공격을 받았다. 그의 혜택을 가장 많이 받은 시민계급까지도 그를 조롱했고 그의 평화주의는 비겁함 때문이라고 비난했다. 그의 머리 모양이 배梨처럼 생겼다고 해서 성가를 개작한 속요가 퍼지기도 했다.

"우리는 영원히 신성한 필리프 배를 찬양한다."

만화가와 신문기자는 국민과 정부를 이간질하는 데 열중했다. 하인리히 하이네Heinrich Heine는 다음과 같은 글을 썼다.

"이제 우리는 폐첩들의 정권보다 부패한 정권이 있고, 은행가의 회계실보다 미희의 침실에 더 명예가 존재한다는 것을 알게 되었다."

이 때문에 어떤 사람들은 퐁파두르 부인을, 또 어떤 사람들은 로베스피에르를, 그보다 더 많은 사람들은 보나파르트를 그리워했다. 가장 온건한 왕은 가장 미움을 받게 마련이었다.

10. 루이 필리프 1세는 국민의 인기를 얻으려 애쓰지 않았다. 그는 제한선거 덕분에 유권자의 지지를 받았고 보조금과 하사금으로 의회의 지지까지 받고 있었다. 자기 마음에 드는 기조와 함께 그는 개인적인 권력을 행사했던 것이다. 중용주의의 화신 같은 기조는 현명하고 현실적이었으며 허풍을 떨거나 호언장담을 하지 않았다. 지적인 두뇌에다 정신이 고귀했던 그는 욕심이 없었다. 한때 그는 프랑스 국민에게 "투표권을 원한다면 부자가 돼라"고 했다는 비난을 받았지만 이 말은 한 문장에서 거두절미하고 인용한 것이었다.

그는 프랑스에 영국식 과두정치를 도입하려 했다. 친영주의자이긴 했어도 사태를 잘 분별한 그는 영국을 커다란 결점이 있는 위대한 국가로 평했다. 아무튼 그는 영국을 '자유의 보루'라고 찬양했고 영국과 친선관계를 유지하며 공존하기를 바랐다. 당시 맹렬히 반영국주의에 쏠린 대중은 어떠한 합의사항도 굴욕으로 간주했다. 타히티 섬에서 프랑스 수병이 포마레 여왕을 선동한 죄목으로 영사 겸 전도사인 조지 프리처드George Pritchard를 체포한 사건으로 영국이 손해배상을 요구했을 때 하마터면 전쟁이 일어날 뻔했다. 영국 정부는 무례하게도 강경 일변도였다.

알퐁스 드 라마르틴Alphonse de Lamartine은 의회의 갈채를 받아가며 프랑스는 평화를 원하지만 이것은 어디까지나 가치 있는 평화, 프랑스적인 평화지 영국적인 평화는 아니라고 역설해 전 국민의 찬동을 받았다. 전쟁을 하지 않겠다고 굳게 결심한 왕과 기조는 프리처드 사건에 배상금을 지불해 천하의 겁쟁이라는 비난을 받았다. 1844년 뷔조 원수가 이슬리에서 모로코군을 격파하고 프랑스가 북아프리카에서 식민지를 확장하자 불안해진 영국의 강권으로 모로코 왕과 무조건 평화조약을 체결하면서 불만은 더욱 커져갔다. 내각은 8표 차로 간신히 신임을 얻었고 왕은 기조의 유임을 요청했다. 70세에 이른 왕은 더욱 완고해졌고 항상 권위주의적이었다. 장자인 오를레앙 공이 1842년 마차 사고로 사망하는 바람에 손자 파리 백작이 왕위 계승자로 결정되었으나 아직 네 살에 불과했다. 섭정이 될 차남 느무르는 전제주의적인 사람이라 왕조의 미래는 밝지 않았다.

11. 당시에는 유럽 전체가 평화적이고 안정적인 프랑스 정부를 요망했다. 독일 연방과 이탈리아는 통일을 열망했고 모든 자유주의자가 통일의 걸림돌인 오스트리아를 유럽에서 가장 전제적인 강국으로 보았다. 이탈리아의 혁명가들은 프랑스의 원조를 호소했으나 기조와 왕은 이것을 묵살했는데 이는 당연한 일이었다. 하지만 반대파에게 맹렬

한 공박을 받자 그들은 방비책으로 가장 졸렬한 방법을 행사했다.

부정과 부패는 나날이 늘어갔다. 건설대신은 전직 육군대신의 중개로 소금광산 채굴권을 10만 프랑에 불하했다. 여배우들이 의원들과 이권거래를 한 탓에 신문은 대중에게 수많은 추문을 알렸다. 발자크는 작품에 이와 관련된 실화를 상세히 수록했고 대대수 국민은 혐오와 비애를 금치 못했다. 반항운동은 이때까지 본질적으로 보수주의적이던 집단에까지 침투했다.

본래 시인이었으나 외교관이자 정치가로 활약하며 프랑스 임시정부의 외무대신까지 지낸 알퐁스 드 라마르틴

샤를 10세 시대에 그토록 열렬히 정통주의를 신봉한 가톨릭, 그중에서도 펠리시테 드 라므네Félicité de Lamennais, 샤를 드 몽탈랑베르Charles de Montalembert, 앙리 도미니크 라코르데르Henri Dominique Lacordaire 등을 중심으로 한 자유주의파가 성직자와 민중의 친밀감을 높이고 왕권과 교권을 분리하려 했다. 반면 고위 성직자들은 대학과 싸워가며 반교권주의를 자극했다. 주교들은 대학이 무신론자를 양성한다며 비난했다. 미슐레와 에드가 키네Edgar Quinet는 대학 강의에서 제수이트파와 종교재판을 고발했다. 이 논쟁의 위험성은 일부 부르주아계급은 자제를 대학에서 교육시키고 또 다른 일부는 종교기관에 일임하는 바람에

프랑스 청년들이 교육의 기초 단계부터 의견 대립을 배운다는 데 있었다. 도처에 심각한 불만과 변혁에 대한 열렬한 기대가 가득했다.

12. 1794년 열월 무렵에는 대혁명의 격동에 지쳐 왕정복고를 꿈꾸었지만 1845년에는 물질적인 부패에 지쳐 혁명가들의 이상주의를 회상했다. 티에르와 프랑수아 미네François Mignet는 역사에 관한 재건운동을 시작했다. 《지롱드 당사Histoire des Girondins》를 완성한 라마르틴이 사회적으로 두각을 나타냈을 때 그는 외교관이자 궁정 시인으로서 포도밭을 가꾸는 농촌 신사처럼 보수적인 작가였다. 그러나 야심과 열정이 뭉치면서 돌변한 그는 이렇게 말하기도 했다.

"어쩌면 공포정치의 물결이 나를 떠내려 보낸 것인지도 모른다."

혁명이 다가오고 있음을 느낀 라마르틴은 원대한 희망을 품고 혁명을 기다렸다. 1846년 루이 필리프 1세는 왕족 간의 결혼이 프랑스와 스페인 왕가를 재통합할 수 있음을 강조하며 영국을 냉대하고 화친 조약을 무시했다. 유럽에서 급진적인 정책을 추진하던 영국의 헨리 존 템플(파머스턴 자작)은 기조의 보수적인 정책이 그의 노선을 방해한다며 불쾌하게 여기고 있었다. 당시만 해도 영국의 반대는 프랑스 정권에 치명적인 타격을 가했다. 파머스턴의 입장에서는 유럽 혁명을 위해 프랑스인에게 호소해 티에르 같은 자유주의자들이 현 정권에 반대하도록 선동하는 게 용이했을 것이다. 오스트리아와 협정을 맺는 것은 아무리 타당한 일일지라도 프랑스의 오랜 국민성과 대립되는 일이었다. 라마르틴은 말했다.

"왕이 스페인과의 결혼에 서명한 그날 그는 거의 확실하게 왕위 포기에 서명한 것이라고 나는 믿는다. (…) 왕은 제정신이 아니고 기조는 허영심에 들떠 있고 티에르는 기회주의자다. 여론은 거리의 창녀처럼 절조가 없고 국민은 어릿광대 같다. 이 희극적인 논쟁은 대다수에게 비극을 초래할 것이다."

라마르틴은 자신이 주역이 되기만 하면 비극도 가리지 않았다. 지롱드당에 관한 그의 저서는 공포시대의 찬미로 끝맺고 있다. 그는 물론 무고한 희생자도 있었겠지만 "그들이 흘린 피에서 영원의 진리가 탄생했다"라고 결론지었다.

13. 《지롱드 당사》는 놀라운 성공을 거두었다. 이 혁명적인 낭만주의는 루이 필리프 1세의 저속한 정치에 혐오를 느끼던 독자들에게 기쁨을 안겨주었다. 당시 혁신주의자들의 연회에서는 보통 식후에 연설자가 선거를 역설했다. 파리에 체류하던 영국인 리처드 코브던Richard Cobden은 프랑스인에게 영국에서 1832년에 성공한 선거법 개정운동 기법을 가르쳤다. 전국 각지에서 연회와 연설회가 성행했고 라마르틴은 마콩에서 이렇게 말했다.

"이 왕권은 틀림없이 유혈이 아니라 자기가 놓은 덫에 걸려 붕괴될 것이다. 자유혁명과 영광의 반혁명을 겪은 후 공공을 위한 양심혁명과 경멸의 혁명이 일어나리라."

티에르까지도 기조에 대한 증오로 인해 좌익으로 전향하고 파국을 기대했는데, 그는 그 파국이 멸망에 가깝다는 것을 알고 있었다.

"반혁명적인 현 정권의 대신들이 몰락해가는 모습은 나를 즐겁게 한다. 그들은 물이 들어와 조금씩 가라앉는 구멍 난 배와 같다."

진정한 입헌군주제였다면 위험이 그렇게까지 심각하지는 않았을 것이다. 왕이 내각을 경질하고 선거법을 개정하면 그만이니 말이다. 그러나 루이 필리프 1세 자신이 통치자라 그가 공격의 대상이었다. 왕정주의 반대파는 혁명을 회피하기 위해 개혁에 찬성했고 공화주의와 사회주의 반대파는 개혁을 위한 선동이 혁명을 유발하길 바라며 개혁에 찬성했다. 2월 들어 기조가 의원들이 어느 개혁론자의 연회에 참석하는 것을 금지하자 라마르틴은 이를 무시하고 회합에 참석하기로 했다.

"콩코르드 광장이 텅 비거나 모든 의원이 직무를 포기하는 일이 있더라도 나는 혼자 내 그림자를 뒤에 거느리고 연회에 참석할 것이다."

그림자는 별것 아니었으나 없어지지 않았다. 그 그림자는 시인의 그림자였고 당시 프랑스인이 가장 갈망한 것은 시인이었다. 다른 의원들은 출석하지 않았다. 1848년 2월 21일 학생과 노동자가 콩코르드 광장을 점령하고 튈르리 궁의 의자를 모아 불태웠다. 22일 수많은 시위 행렬이 '기조 타도! 혁신 만세!'를 외치며 시내를 누볐다. 밤이 되자 노동자 거주지구에 바리케이드가 등장했고 소집된 국민군조차 '혁신 만세!'를 부르짖었다. 시민계급의 적의는 시민계급정권에 치명적이었다.

14. 불안을 느낀 왕은 갑자기 입헌적으로 변신해 기조를 파면하고 혁신론자 루이 마티유 몰레Louis Mathieu Molé에게 내각조직을 위촉했다. 사람들은 이것으로 만사가 해결되었다고 믿었고 대다수 프랑스인도 진심으로 이를 환영했다. 그런데 23일 저녁 무렵 카퓌신 거리에 있

는 기조의 저택 앞에서 시위 중이던 누군가가 권총을 발사하자 경비 대원들이 일제 사격으로 응전했다. 남녀 약 20명이 사망하자 짐차에 실은 시체 5구를 횃불로 둘러싸고 시가행진이 벌어졌다. 군중은 복수를 외쳤고 몰레는 내각조직을 거절했다. 폭동 초기 왕은 기조에 대한 증오를 표하기 위해 저택 창문의 등화를 밝힌 티에르와 오딜롱 바로 Odilon Barrot를 차례로 초청했고, 파리 시민에게 전혀 인기가 없는 뷔조 원수에게 군 지휘권을 일임했다. 군중은 어제까지도 환호성으로 찬양한 티에르와 바로가 현 정권을 위한 봉사를 승낙했음을 알고 그들에게 욕설을 퍼부었다. 사기가 떨어지고 피로감에 젖은 군주는 패주했다. 티에르는 왕에게 생클루로 후퇴해 파리를 재점령할 군대를 집결시키라고 권고했다. 포위전이 시가전보다 유리하리라고 생각한 듯하다.

기마로 탈출을 시도한 루이 필리프 1세는 국민군에게 붙잡혀 성관으로 되돌아온 뒤 아들들의 강요로 손자 파리 백작에게 왕위를 물려주었다. 빅토르 위고는 왕위 보존과 함께 지성적이고 자유주의적인 젊은 오를레앙 공작부인 엘렌 메클렘부르크 Hélène de Mecklembourg가 섭정이 되기를 기대했다. 친지들의 권유에 따라 공작부인은 두 아들과 함께 의회에 임석해 의원들의 환영을 받았는데 때마침 무장한 군중이 의사당 안으로 난입했다. 사회주의 의원 알렉상드르 오귀스트 르드뤼-롤랭 Alexandre Auguste Ledru-Rollin이 임시정부 수립에 동의하고 라마르틴이 재청한 후 명단을 낭독하자 민중은 환호로 이를 승인했다. 상징적인 원로 뒤퐁 드 뢰르 Dupont de l'Eure, 온건파 과학자 프랑수아 장 도미니크 아라고 François Jean Dominique Arago, 시인 라마르틴, 르

드뤼-롤랭, 피에르 마리Pierre Marie, 아돌프 크레미외Adolphe Crémieux, 루이 앙투안 가르니에-파제스Louis Antoine Garnier-Pagès 등이었다.

사회주의자들도 파리 시청에서 정부를 조직했다. 제1공화국을 피로 물들인 의회와 사회주의 코뮌과의 투쟁은 무슨 희생을 치르든 회피할 필요가 있었다. 의회의 임시정부는 급히 시청파의 일부를 추가했다. 우선 정치적 경험이 없는 조그만 사나이 루이 블랑Louis Blanc을 추가했는데 그는 《노동의 조직L'organisation du Travail》의 저자로 노동자 권리, 평등한 임금, 산업 국유화, 집단 관리제 실시 등을 주장했다. 그다음은 아르망 마라스트Armand Marrast, 페르디낭 플로콩Ferdinand Flocon 그리고 신비적인 인품으로 유명한 과묵하고 온건한 노동자 알렉상드르 마르틴 알베르Alexandre Martin Albert였다. 이제 7월 왕정은 깨끗이 사라져버렸다.

15. 군사적 영예가 없던 7월 왕정은 그대로 무너졌다. 대혁명과 제정시대의 영예에 젖어 있는 프랑스는 타국의 비위를 맞출 정도로 평화주의를 추종한 왕정을 너절한 정권으로 여긴 것이다. 도처에서 '답답한 프랑스'라고 투덜댔다. 답답한 것은 국가에 유익했으나 영예롭지 않았고 국민은 이를 치욕으로 생각했다. 시민계급은 서서히 기타 국민에 비해 타락하고 저속한 소귀족계급이 되었고 국민은 그들의 통치를 받는 것을 굴욕으로 생각했다. 모든 청년과 지식인의 마음이 현 정권에서 이탈하고 있었다.

오를레앙 공작에게 기대를 걸었던 위고는 그가 사망하자 마음 붙일 대상을 찾지 못했다. 기조는 존경할 만한 사람이었으나 자신을 현실적이라고 생각하면서도 이상의 현실화를 고려하지 않은 정책을 추진했다. 영국이 자기들에게 가장 우호적인 기조 정부가 신망을 잃을 정도로 계속 양보를 요구한 것은 참으로 졸렬한 짓이었다. 여기에다 모든 신문기자와 팸플릿 작가들은 총명한 왕인 루이 필리프 1세를 저속하고 비열한 사람으로 만들어버렸다. 부패는 유능한 인물을 반정부적으로 만들었고 속된 야망가들은 이러한 정세를 이용했다. 정통 가문 출신이 아닌 권력자는 영예 아니면 미덕으로 그 지위를 유지해야 했는데 그는 양식만 실증한 까닭에 권력을 유지하지 못했다. 루이 필리프 1세는 국민에게 역사상 가장 행복한 시기를 주었으나 프랑스인은 행복만으로 만족하지 않았다. 1848년 파리는 다시 한 번 모험의 시대를 맞이했다. 남은 과제는 과연 지방이 파리를 따를 것인가 하는 점뿐이었다.

chapter 3

—

1815~1848년 프랑스의 사상과 의식

—

1. 1848년의 혁명을 예감하고 있던 라마르틴은 그것이 모든 사람을 놀라게 했다고 술회했다. 그 자신도 생각보다 혁명이 너무 갑자기 일어났다고 회고했다. 그것도 폭풍우 정도라 생각했을 뿐 청천벽력일 줄은 미처 예상치 못했다고 했다. 그는 1848년 혁명은 잠재된 열정과 긴박한 여론으로 폭발했다고 설명했다. 1789년 이후 프랑스는 당겨 놓은 고무줄처럼 계속해서 좌우로 진동했다. 대혁명은 왕조와 귀족의 권력을 탈취해 시민계급에게 주었고 통령시대에 보나파르트는 분열된 프랑스의 양파를 화해시켜 균형을 이루려다 실패했다. 왕정복고는 우측 진동을 대표했으며 칙령은 그 절정이었다.

1830년의 혁명은 우측으로 회귀할 것을 전제로 한 좌측 진동이었다. 60년간 지속된 불안정 상태에서 국민은 병적으로 방황했으나 그것이 오히려 안정된 상태를 답답하고 따분하게 느끼도록 만들었다. 프랑스인은 수많은 웅변을 듣고 여러 번 바리케이드를 쌓았으며 수 없이 〈라 마르세예즈〉를 불렀다. 또 여러 차례 알프스와 라인 강을 넘어 진군했기에 그들의 정신은 청동나팔에 맞춰 승리의 노래를 불렀고 화약 냄새와 영광 없이는 삶의 보람을 느끼지 못했다. 이에 따라 혁명을 겪을 때마다 잠시 피로기를 보낸 후 휴식을 취하면 다시 열광적인 흥분으로 되돌아갔다. 프랑스는 어느 정도 매력이 있는 현재의 평범한 행복에 만족할 수도 있었지만 결국에는 과거나 미래의 꿈을 택했다. 프랑스인은 역사와 시인에게 귀를 기울였다. 당시에는 정치도 문학과 정서처럼 낭만적이었다.

2. 루소의 영향을 받아 고전적인 합리주의와 저속한 도의를 배척하고 남녀 간의 열렬한 애정과 영적 종교 감정을 숭상하는 일종의 반동이 나타났다는 것은 전술한 바와 같다. 프랑스 문학의 과거 낭만기란 《고백록Confession》부터 생 피에르의 《폴과 비르지니Paul et Virginie》까지, 즉 스탈 부인Madame de Staël에서 샤토브리앙까지를 말한다. 낭만주의의 특징은 무엇인가? 이것만큼 정의하기 어려운 것도 없다. 알프레드 드 뮈세는 그의 작품 〈뒤퓌와 코토네의 서한Lettres de Dupuis et Cotonet〉에서 낭만주의에 내포된 개념을 모조리 조소하고 있다. 낭만주의의 가장 두드러진 특징은 반역이다. 영국의 퍼시 비시 셸리Percy Bysshe Shelley와 조지 고든 바이런George Gordon Byron, 독일의 괴테와 프리드리히 실러Friedrich Schiller, 프랑스의 스탕달은 모두 낭만주의를 '새로운 예술 형식을 통해 새 감각을 표현하는 한 세대의 권리와 의무'로 규정했다. 그리고 고전주의를 '현존하는 감각을 과거의 감각을 답습한 예술 형식으로 규제하려는 권위'라고 정의했다. 괴테는 계몽

주의 시대의 순수한 작품인 돌바흐 남작Baron d'Holbach의《자연의 체계Système de la Naturae》를 읽고 폭소를 금할 수 없다고 했다. 18세기 철학자는 인간을 다음과 같이 정의했다.

"사람은 다른 사람들이 이해하는 것을 이해할 수 있도록 창조된 생물이다."

서정적인 19세기 사람들은 개인의 감정을 보편적 이성과 동등하거나 그 이상인 진리의 기준으로 생각했다. 샤토브리앙은 그리스도교를 다시 일으켜 세우는 데 합리적인 지성이 아니라 감정에 호소했다.

3. 하나의 사조가 급격히 바뀌는 일은 없었다. 한 작가가 18세기 사람도, 19세기 사람도 될 수 있었다. 루소는《사회계약론》으로 18세기에도 속하고《고백록》으로 19세기에도 속한다. 낭만주의의 대가 바이런이 제일 숭배한 작가는 고전주의의 대가인 볼테르였고 스탕달은 19세기의 열정으로 18세기의 철학을 추종했다. 여하튼 1815년은 하나의 이정표였고 이 무렵에 청소년기를 지낸 세대에게는 공통적인 여러 특징이 있었다. 이 세대는 전쟁과 고난, 커다란 희망, 환멸을 고루 체험했다. 사색하는 모든 청년은 세기병을 앓았다. 베르테르(괴테의 작품《젊은 베르테르의 슬픔》주인공)는 차일드 해럴드(바이런의 작품《차일드 해럴드의 편력》주인공)와 형제이고 뮈세 작품 주인공의 모델이다. 대사건을 체험한 '세기의 청년'들은 일대 혁신을 갈망했고 고전적인 전통 파괴를 주장했다. 회화에서는 테오도르 제리코Théodore Géricault와 외젠 들라크루아Eugène Delacroix가 낭만파에 속했다. 문학에서는 스탕달이 셰익스피어를 위해 라신을 헌정했으나 1세기 후 그를 찬미하는 독자들이

라신과 셰익스피어를 똑같이 사랑하게 되리라는 것을 예상치는 못했다. 빅토르 위고는 오래된 사전을 진보적으로 해석하려 했고 알렉산더 시행(12개의 음절로 이뤄진 운문 시행)을 변형한 형식으로 셰익스피어풍의 극본을 창작했다.

〈에르나니Hernani〉(위고의 작품)의 초연이 흥행한 자유 시기가 혁명 시기의 뒤를 따랐다. 신진 작가들이 반드시 동일한 정치 당파에 속한 것도 아니었다. 반왕정주의자이자 반종교적인 스탕달은 그의 작품《적과 흑》에서 나폴레옹의 역사시대에 깊이 감동을 받은 하류 출신의 한 젊은이가 부활한 집권계급의 허영과 수도회의 횡포로 감정이 파멸되는 과정을 동정적으로 분석하고 있다. 반면 위고와 라마르틴은 청년 시대를 왕정복고기 사회와 동화하려 했다. 그 무렵에는 성공하려면 왕당파에다 그리스도교 신자여야 했으므로 이 '세기의 청년'들은 감상적인 과거로의 회귀에서 도의적 정당성을 발견하려 애썼다. 따라서 여론을 추종한 라마르틴과 위고가 공화주의자가 되는 데는 7월의 왕정 추방 이후 약 4반세기의 세월이 필요했다.

4. 당시에는 모든 당파, 특히 고전적 전통을 신봉하는 당파도 낭만주의적 특징을 지니고 있었다. 조제프 드 메스트르(Joseph de Maistre, 종교철학자, 과격 가톨릭파)는 샤토브리앙이 낭만적 가톨릭교도였던 것처럼 낭만인인 왕정주의자였다. 고전파는 현실을 긍정하고 낭만파는 현실에서 도피했는데, 이러한 도피에는 여러 가지 양식이 있었다. 공간으로의 도피는 이국적 취미였고 시간으로의 도피는 역사에 몰두하는 것이었다. 이에 따라 19세기는 역사를 사랑했고 역사에서 영감을 찾으

려 했다. 이런 운동은 독일에서 시작되었는데 혁명군이 독일에 침입했을 때 찬란한 미래를 지향하는 프랑스 혁명의 선전에 대항하기 위해 그들은 과거 독일 민족의 영웅시대에서 안식처를 구했다. 프랑스 역시 1815년 이후부터 과거의 전통으로 도피했다. 19세기 전 유럽을 휩쓴 역사에 대한 취향은 민족주의 사상을 더욱 강화했다. 더불어 역사소설이 유행했고 빅토르 위고, 알프레드 드 비니Alfred de Vigny, 알렉상드르 뒤마Alexandre Dumas 등이 월터 스콧Walter Scott의 작품을 따라 창작활동을 했다. 프랑스는 기조, 티에르, 티에리, 키네, 미슐레 등 역사가의 세대를 확립했다. 라마르틴과 티에르는 민중의 열정을 환기하는 데 역사를 활용했다. 역사가 미슐레는 빅토르 위고와 귀스타브 도레Gustave Doré 같은 위대한 낭만주의 예술가처럼 역사적 인물들을 과장해 영웅시함으로써 독자에게 미화된 영상을 제공했다. 그 후 프랑스인은 수 세대에 걸쳐 미슐레에게 왕정과 대혁명에 관한 개념을 얻었다. 미슐레는 프랑스의 역사를 서술한다고 생각했을지도 모르지만 사실 그는 그 자신의 사상을 서술했다. 그가 프랑스 민족의 추억과 욕망에 대해 하나의 영웅적인 유형을 부여한 것이다.

5. 미슐레는 역사가가 역사 영역을 탐색 및 이해할 수 있는 한계를 제시했다. 이것은 미슐레만의 특징이 아니라 그 시대 역사가들의 공통적인 특징이었다. 고전주의 작가는 작품에서 자신을 말살했고, 낭만주의 작가는 대담하게 자신을 작품에 노출했다. 낭만주의 작가는 추상적인 열정이 아니라 자신의 정열을 묘사했다. 즉, 자신의 사생활을 극본, 소설에 그대로 묘사해 일반 대중에게 널리 알렸다. 빅토르

위고의 걸작 시편은 바이런의 그것처럼 자기 고백이다. 라마르틴의 유명한 시 〈호수Le Lac〉는 자신의 연애생활을 하나의 일화로 그렸다. 어쩌면 알세스트(몰리에르 작품 《인간 혐오자Le Misanthrope》의 주인공)가 셀리멘에게 고백한 감정은 작가인 몰리에르가 자기 아내에게 느끼던 감정을 묘사한 것이 아니냐고 반문하고 싶을지도 모른다. 이것은 사실이며 어느 때든 비개성적인 예술은 없는 법이다. 그런데 고전주의 작가는 자기감정을 솔직히 표현하지 않고 가면을 씌우지만 낭만주의 작가는 자기감정을 과시한다. 고전파는 일반 지성인과 동조하려 애쓰고 낭만파는 대중에 도전하며 그들을 조소함으로써 정복하려 한다. 1830년 무렵 예술가와 시민계급은 서로 대립했으나 프랑스의 낭만파는 생활 양식에서 여전히 시민계급이었다. 이것은 프랑스 문학이 어느 정도 성직자적인 사회적 성격에서 연유했기 때문이다.

6. 발자크는 19세기 전반기의 위대한 풍속역사가였다. 전 프랑스가 그의 《인간희극La Comédie humaine》에 등장한다. 예를 들면 지방정치의 음모와 술책, 초라하면서도 건방진 지방 귀족, 천재적인 수전노, 시골 음악가, 침묵 속에서 부글부글 끓고 있는 열정, 파리의 저속한 황색신문, 고급 창녀, 은행가, 매력은 있으나 위험한 사교계 여성, 상인, 법관, 의사, 강도 등이 나온다. 가톨릭교도로 왕정주의자였던 발자크는 인간의 열정을 그대로 방치하면 얼마나 극단적인 방향으로 흘러갈 수 있는가를 묘사해 도덕적, 정치적 전통의 필요성을 강조하려 한 것이다. 그는 루이 필리프 1세 시대가 도덕적으로 타락했다는 사실을 실증하고 있다. 그때는 종교적, 정치적인 깊은 신념도 없이 지

위, 권력, 재부를 추구하던 시대였다. 특히 산업혁명의 전성기로 사회적 책임을 전혀 고려하지 않은 방임의 시대이자 탐욕스럽고 방탕한 국민군 대위 출신인 크르벨이 벼락부자가 되는 상인의 시대였다.

이 부유한 시민계급은 특히 직조업, 금융업 분야에서 사장직을 부자간에 상속하는 새로운 봉건제도를 구축했고 루이 필리프 1세 체제에서 과거의 귀족계급처럼 소박하게 지도자 계급으로서의 특권을 누렸다. 이들 산업계 고용주의 태도에는 그 나름대로 다소 미덕이 있었다. 그들은 근면하고 때로는 자비롭기도 했으나 그 자비는 은혜를 베푸는 정도를 넘지 않았고 마음속에 잠재된 이기주의를 드러냈다. 동시대 영국의 형편도 이와 비슷했다. 찰스 디킨스Charles Dickens와 벤저민 디즈레일리Benjamin Disraeli의 고발도 발자크만큼 준엄했으나 런던 생활의 외형은 파리보다 훨씬 도덕적이었다.

7. 가톨릭교회도 낭만주의의 위기를 경험했다. 18세기 교회의 지위는 계몽주의자들의 논쟁과 조소로 궁정 및 도시의 상류계급에게는 약화되었으나 지방에서는 대혁명 기간 중에도 권위를 잃지 않았다. 정치가 보나파르트와 시인 샤토브리앙은 지각 있는 사람들 사이에 가톨릭에 대한 호감을 다시 불러일으켰다. 하지만 루이 가브리엘 앙브 루아즈 드 보날드Louis Gabriel Ambrose de Bonald, 메스트르 그리고 샤를 10세의 과도한 종교정책이 또다시 가톨릭교회를 위기로 몰아갔다. 다시 말해 그들의 강압적인 교권주의는 항상 잠재되어 있던 반교권주의를 자극해 대주교 저택 약탈 사건으로 폭발했다. 명목상으로는 그리스도교도지만 정신은 볼테르적이던 시민계급 중에는 가톨릭이

좀 더 자유주의적이길 희망하는 사람들이 있었다.

1830년 후에는 라므네, 라코르데르, 몽탈랑베르, 앙투안 프레데릭 오자낭Antoine-Frédéric Ozanam 같은 성직자와 세속인들이 프랑스 교회를 새로운 세계에 적응시키려 노력했다. 알렉시스 드 토크빌Alexis de Tocqueville은 '자유정신과 종교정신'의 융화를 희망했다. 오랫동안 무신론자였다가 장엄한 가톨릭교도가 된 원로 샤토브리앙이 그의 저서 《사후의 회고록Mémoires d'Outre-Tombe》에서 누누이 역설한 미래 사회주의에 관한 예언은 이 운동과 관련이 있었다. 라 셰스네La Chesnaie 영지에 은거하던 라므네를 방문한 청년들은 사람은 '회개하는 가톨릭교도와 회개하지 않는 자유주의자'가 동시에 될 수 있다는 것을 배웠다. 라므네는 교황에게 파문당해 교회에 머물지 못했다. 대혁명의 원리와 교회의 교의를 융화하는 일은 쉽지 않았고 앞으로 오랫동안 교육 문제가 교회와 국가 간 대립의 쟁점으로 남았다. 수도회의 반동정신은 라 셰스네의 대중적 그리스도교와의 투쟁을 계속하려 했다. 그러나 대중적 그리스도교 운동은 지속적으로 성과를 냈고 사회주의적 가톨릭이 '그리스도교적 민주주의'를 선도했으며 이 경향은 지금의 프랑스에도 뚜렷이 나타나고 있다.

8. 7월 왕정이 붕괴하는 순간 역사적인 낭만주의도 소멸했다. 사람들은 여전히 도피처를 찾았지만 이제 과거가 아닌 미래에서 찾으려 했고 미래로 향하는 두 가지 길은 서로 교차하며 혼선을 거듭했다. 실험과학의 급속한 진보와 산업 발전은 진보에 대한 신념과 인류가 행복을 향해 전진한다는 믿음을 되살렸다. 조제프 에르네스트 르

낭Joseph Ernest Renan은 출판되지 않았으나 '과학의 미래'를 썼고 프랑스의 모든 도시와 촌락에는 진보 카페Café du Progrès가 속속 등장했다. 특히 과학의 낭만주의에 민중의 낭만주의가 융합했다. 시민계급의 탐욕에 혐오를 느낀 조르주 상드Georges Sand는 부와 빈곤이 함께 존재하는 것을 보고 불안을 느끼며 새로운 프랑스가 노동자계급에서 탄생하기를 희망했다.

라마르틴과 위고 등 낭만파 시인들은 보수적이던 초기 이후 민주주의적으로 바뀌어갔다. 이때부터 빅토르 위고는 애인 쥘리에트 드루에Juliette Drouet의 격려를 받아 민중소설을 구상했고 후일《레 미제라블》을 창작했다. 때는 마침 위대한 체제와 희망의 시대로 라마르틴은 대혁명에 투신했다. 샤를 푸르니에Charles Fournier, 에티엔 카베Etienne Cabet, 클로드 앙리 드 생시몽Claude Henri de Saint-Simon, 피에르 조제프 프루동Pierre Joseph Proudhon 등은 사회주의와 공산주의에 관해 여러 형태를 제시했다. 유명한 회고록 작가의 후예인 생시몽은 탁월한 사상가로 오귀스트 콩트Auguste Comte와 오귀스탱 티에리에게 큰 영향을 미쳤다. 그는 산업주의학파를 창설했는데 이 학파는 사회제도의 목적은 빈곤계급 생활 개선에 두고 국가 개혁은 대기업을 충분히 운영해본 기업인에게 위임할 것을 주장했다. 생시몽은 자유무역주의를 신봉했고 유통 기술 및 수단의 발전이 인류의 복지를 증진한다고 믿었다. 제2제정은 이 이론에 따라 존속된다. 생시몽학파의 기업인들은 낭만주의 작가처럼 미래의 혁명은 서정적인 폭동에서 발생할 것이라고 생각했다. 2월 혁명 직후 라마르틴은 학생들에게 다음과 같이 말했다.

"여러분! 우리는 무엇을 창조했고 또 우리나라는 지금 무엇을 창조하고 있습니까? 숭고한 시가 아니고 무엇입니까?"

9. 그때 총을 잡고 있던 한 청년이 대답했다.
"이제 말은 집어치워라!"

민중에 대해 많은 말과 글을 쏟아낸 작가들은 민중을 너무 모르고 있었다. 프랑스 혁명 이후 크게 변화한 민중은 25년간의 기억을 간직하고 있었다. 그들은 그동안 파리 시내의 폭동 참가자로서 또는 제국의 병사로서 세계 변화를 이끈 것이다. 1789년 민중은 주로 장인과 농민이었고 공장 노동자는 극히 드물었다. 그러다가 1815~1848년의 산업혁명으로 무산 노동계급이 대거 등장했다. 증기기관은 25대에서 5,000대로 늘어났고 프랑스의 노동자 인구는 600만 명을 넘어섰다. 평균 임금은 극히 저렴했지만(하루 13시간 노동에 1프랑 78상팀) 파업권이 없었고 그들은 더러운 판잣집에서 살았다. 중용주의는 부르주아 계급에게만 유리했으며 노동계급은 아사 직전 상태였다. 결과적으로 1789년보다 더 비참했던 노동계급은 더욱 단결했고 자신들의 실력을 인식하고 있어서 혁명을 조성하는 데 매우 유리한 상황이었다. 그들의 관점에서 정치혁명은 하나의 수단일 뿐이었고 그들은 노동, 생활, 자기 옹호 권리 등을 보장하는 사회혁명을 요망했다. 1830년에 자유를 위해 다시 한 번 생명을 희생했으나 결국 이용만 당한 꼴이었으므로 그들은 새로운 동조자를 원했다. 그들의 조언자로 활동한 부유한 부르주아계급 출신의 공산주의자 오귀스트 아르망 바르베스 Auguste Armand Barbès, 루이 오귀스트 블랑키 Louis Auguste Blanqui 등은 위고와 라마르틴 같은 천재가 아니었다. 그들은 일생 동안 수감생활을 했고 사형선고를 받았다가 사면되었다. 그들의 요구는 의회제공화국이 아니라 노동계급이 권력을 장악하는 독재정치였다.

10. "1848년 혁명의 특색은 노동계급과 시민계급의 투쟁이라는 점이었다."

노동계급과 시민계급은 프록코트와 노동복, 중절모와 차양이 달린 모자처럼 복장의 차이뿐 아니라 언어도 완전히 달랐다. 민중을 위한 신문이 없었기에 독서도 언어 통일에 기여하지 못했다. 낭만파 작가들은 퐁토샹주Pont au change에 모인 일용 노동자들의 언어와 통하지 않았다. 부르주아계급과 노동자가 서로 만나면 자기도 모르는 사이에 상대방의 말뜻을 잘못 알아들었다.

하지만 2월 혁명에 참가한 부르주아계급은 야심과 현 체제에 대한 멸시로 혁명을 성취했다가 때로 파괴하는 파리의 민중에게 은근한 경의를 표하고 있었다. 붉은 띠를 두른 무장 노동자들이 파리 시청과 경시청을 점령했을 때 누구도 감히 사회혁명을 무시할 수 없었다. 조르주 상드는 이렇게 기록했다.

"위대하고 선량한 민중이여, 그대들은 천성이 영웅적이며 (⋯) 힘의 신처럼 자상하다! (⋯) 민중이여, 그대들은 통치할 수 있다. 우정으로 통치를 하라."

라마르틴은 말했다.

"진정, 진정, 언제나 진정을 민중에게 바쳐라. 그러면 민중도 우리에게 진정을 준다."

이건 두고 봐야 할 문제였다. 민중은 대표자들에게 애정을 표하지 않았고 1830년의 배신을 떠올리며 그들을 감시했다. 그들은 이번에 야말로 국왕 대리 같은 것은 받아들이지 않겠다고 결심했다. 그렇지만 추억과 승리라는 공통적인 자산이 이 두 집단을 통합해 프랑스는 그대로 유지되었다. 누구나 그들에게 발미와 아우스터리츠의 승리, 바스티유 점령, '영광의 3일'에 대해 이야기하면 서로 몸을 떨며 새삼스레 형제나 전우처럼 친밀감을 느꼈다. 이런 사정은 누더기를 입은 노동자가 라마르틴을 뜨겁게 포옹하는 장면이 설명하고도 남는다.

chapter 4

—

단명한 제2공화국

—

1. 팔레부르봉 정부가 시청 정부로 이동해 합류했으나 두 집단과 두 신문의 대립은 갈수록 커졌다. 팔레부르봉파의 〈르 나시오날〉은 정치 혁명, 공화정부, 즉각 선거 실시, 삼색기 등을 주장했고 시청파의 〈레 포름Réforme〉은 사회혁명, 보수파의 활동 봉쇄를 위한 선거 지연, 붉은 기 등을 고집했다. 라마르틴은 공화주의 측의 원로였고 루이 블랑은 사회주의 측의 우두머리였으며 르드뤼-롤랭은 중도에서 좌우로 동요했다. 모두가 선의로 활동했으나 국정을 담당해본 경험이 없던 그들은 세 가지 정책에 합의했다. 우선 출판의 자유와 인지세 폐지로 신문 값이 1상팀으로 내려갔다. 그다음으로 집회의 자유에 따라 클럽 활동이 재개되었다. 마지막으로 모든 시민의 국민군 참가를 보장함으로써 파리 시내의 세력 분포가 바뀌었고 부르주아계급은 무력 지배 가능성을 잃었다.

2. 초기에는 소란이 계속되었고 대표위원들이 뒤를 이어 시청으로 쇄도했다. 총기를 든 노동자가 직장과 최저임금제를 요구하자 실업자를 구제하기 위해 국영공장 설립을 공약하지 않을 수 없었다. 루이 블랑은 자신의 신념에 따라 그에 관한 법령 제정을 맡았다. 활달하고 능변가인 외국인 집단이 전 유럽의 피압박 자유인을 위해 새 정부에 지원을 요청하려고 몰려들었다. 카베와 바르베스가 이끄는 양쪽 공산주의자들은 초조하게 서둘렀다. 누구에게나 "그는 사람이 아니라 현악기 같다"라는 평을 받은 외무장관 라마르틴은 조리 있고 고상하며 유창한 연설로 응수했다. 여하튼 프랑스의 국기인 삼색기를 보존하게 한 공로자는 바로 그였다. 과격파는 삼색기에 국왕의 색인 백색이 들어 있는 것은 국왕에 대한 양보의 잔재라며 비난했다. 당시 이 문제와 관련된 라마르틴의 연설은 군중의 갈채를 받았고 지금도 유명하다.

"붉은 기는 민중의 핏속을 끌려다니며 샹드마르 연병장을 한 바퀴 돌았을 뿐이다. 하지만 삼색기는 조국의 이름, 영광, 자유와 더불어 세계를 돌았다."

라마르틴은 시위대를 달래기 위해 모자 테에 붉은 장미꽃을 붙였다. 또 유럽의 여러 군주를 안심시키고자 프랑스공화국은 외국에 선전포고를 하지 않겠다고 약속했다. 그뿐 아니라 혁명에 따르는 복수의 관습을 방지하기 위해 정치범 사형을 폐지했다. 라마르틴 자신도 기조를 국외로 피신하도록 알선했다. 임시정부의 수뇌부는 잔인하지 않았고 오히려 낭만적이며 온정적이었다. 위대하고 자유로운 프랑스를 원한 그들은 우애와 과학에 따른 진보를 믿었다. 하지만 그들은 국민 경제, 특히 지방의 사정을 전혀 알지 못했다. 4월 9일 그들은 보통선거제로 선거할 것을 결정했고 유권자 수가 25만 명에서 별안간 900만 명으로 급증했다. 이것은 실로 암흑 속으로 뛰어내리는 격이었다.

3. 유권자 확대는 부르주아계급을 극도로 위협했으나 그들은 곧 안심했다. 4월 23일 시행한 선거에서 일반 대중이 과거의 선거자격자보다 보수적이라는 결과가 나왔기 때문이다. 보통선거를 시행하자 파리는 전국을 지배하던 권위를 잃었고 대신 지방이 지배권을 가져갔다. 재산자격자 선거제를 기반으로 한 정부라면 파리의 과격파들이 그 정통성을 따지고 들었을 테지만 국민 대다수의 지지를 받는 정부에게는 그럴 수 없었다. 즉, 팔레부르봉이 시정을 제압했다. 사회혁명을 완수하려면 블랑키의 주장처럼 노동자계급의 독재를 선포했어야 하지만 아직 민심은 그것을 받아들일 정도가 아니었다. 그들은 좋든 싫든 공화제를 승인했고 도처에서 농민과 지주가 함께 자유의 나무를 심었다. 여전히 부르주아계급의 조직이던 국민군은 화려한 제복으로 활보했고 촌락의 사제는 리본으로 단장한 포플러 나무에 성수를 뿌렸다. 장군, 법관, 주교 등 모든 계급의 국민이 새 정권을 지지했다. 7월 왕정파는 우익과 좌익의 반대를 받아 지지자가 하나도 없었다. 왕당파는 합법적인 절차를 밟은 신정권이 몹시 불만스러웠다. 의원 900명 중 절대다수는 공화주의자와 온건파였고 진보적인 공화주의자는 100명에 불과했다. 파리에서는 블랑키, 바르베스, 프랑수아 뱅상 라스파유François-Vincent Raspail가 낙선했다. 프랑스인은 정치혁명을 긍정하고 사회혁명을 부인했던 것이다. 〈레포름〉은 이렇게 논평했다.

"우리는 불리한 선거에 희망을 걸었다. 이제 우리는 기대가 어긋났음을 시인해야 한다."

최초의 회합에서 의원들은 정부위원을 임명했는데 이때 루이 블랑의 자리는 없었다. "민주주의가 반동파와 과격파를 제압했다"는 말은 라마르틴 일파의 솔직한 심정이었으나 이들은 그런 말이 루이 블랑 일파를 불쾌하게 했다는 것을 짐작하지 못했다.

4. 파리의 노동자들은 불만스러워했다. 그들이 공화제를 날치기 당해서가 아니라 사회주의 혁명을 빼앗겼기 때문이다. 그래도 그들은 두 가지 정책만큼은 목적대로 얻어냈다. 첫째는 '노동대책 정부위원회' 창설로 이것은 루이 블랑의 주재 아래 뤽상부르 궁전에서 열려 굉장한 논의를 거듭했으나 실천사항은 거의 없었다. 둘째는 국영공장 설립이었다. 국영공장은 실업자에게 직장을 제공하는 동시에 집단주의 경제의 실행 가능성을 증명하기 위한 것이었다. 이것은 상무대신 피에르 마리가 설립했는데 원래 이 계획의 반대자였던 그는 처음부터 실패하도록 공작을 했다. 3월에 1만 1,000명, 7월에 10만 명에 달한 국영공장 노동자는 전혀 목적이 없는 토목공사에 동원되었다. 그런 무의미한 작업에 흥미가 없었던 노동자들은 돈치기 장난이나 정치 클럽 활동으로 시간을 보내며 자신들이 승리할 날을 기대하고 있었다.

5월 15일 파리 폭동의 역전 용사인 바르베스와 블랑키의 지휘에 따라 그들은 팔레부르봉으로 난입해 의회 해산을 선언했고 루이 블랑, 바르베스, 블랑키, 노동자 알베르(알렉상드로 마르틴 알베르의 별명)로 구성된 사회주의 정부 수립을 선포했다. 그러나 합법정부는 비상경보를 울렸고 부유한 시와 지역 소속의 국민군이 의회를 구출하는 한편 바르베스와 알베르를 시청에서 체포했다. 이것이 최초 소동의 결말이었다. 이 사건 이후 소동의 온상이자 매월 17만 프랑의 경비로 운영하는 국영공장을 폐쇄해야 한다는 의견이 나왔다. 6월 21일 국영공장은 해체되었고 노동자는 군에 입대하거나 파리 시외 지방에서 취업하게 했다. 이 과격한 조치가 또 다른 폭동을 초래하는 것은 당연한 일이었다. 깊이 실망한 파리 민중은 승리가 수포로 돌아간 것을 원통하게 여기며 새로운 사건을 꾸몄고 정부는 이 기회를 이용했다. 정치혁명이 사회혁명에 도전했던 것이다.

5. 얼마 전부터 육군대신 루이 외젠 카베냐크Louis-Eugène Cavaignac는 적색파에 대한 작전계획을 준비하고 있었다. 그의 계획은 노동자 거주 지구인 동부에서 철수해 사병을 서부에 집결한 다음 반란이 시작되길 기다렸다가 일거에 공격하는 것이었다. 6월 23일 수천 명의 노동자가 바스티유 앞에 모여 1789년의 최초 희생자에게 묵념한 후 "자유 아니면 죽음을!"이라고 외치며 국영공장 재개를 요구했다. 의회는 포위 상태에 있다고 선언한 후 전권을 카베냐크 장군에게 일임했다. 그는 약 2만 명의 정규군과 서부 지역의 부유한 시민으로 구성된 국민군 및 민병대를 거느리고 있었다. 1848년 2월 이후 노동자들 역시 국민군의 장비를 갖추고 있었다. 치열한 전투가 나흘이나 이어졌는데 군대는 기강 있게 싸웠고 국민군은 용감하게 싸웠다.

"부자의 광신狂信욕과 빈자의 발악이 충돌한 것이다."

폭도들이 브레아 장군을 학살하고 평화 협상을 호소하려던 파리 대주교 아프르가 유탄으로 사망했다. 각처에서 수천 명의 전사자가 발생했다. 완전한 승리를 거둔 카베냐크는 정부에 엄중한 보복을 요청했다. 수천 명의 노동자가 재판도 없이 집단으로 유형을 당했고 사회주의 정당은 해체되었으며 그들의 신문은 발행이 금지되었다. 이러한 조치는 또다시 폭력행위를 초래할 졸렬한 탄압행위로 이번에는 부르주아계급과 노동자계급 간의 유혈의 도랑이 생겼다. 소설가 귀스타브 플로베르Gustave Flaubert는 다음과 같은 기록을 남겼다.

"부르주아계급도 노동자에 못지않게 비행을 범했다."

루이 필리프 1세는 시체에 걸려 넘어진 경험을 생각하며 씁쓸히 뇌까렸다.

"공화정부는 참 운수가 좋단 말이야. (…) 인민에게 발포를 해도 좋으니."

2월 혁명의 수의를 만드는 데는 불과 4개월이면 충분했다.

6. 의회는 카베냐크 장군이 조국을 위해 위대한 공적을 세웠다고 결의했다. 사실은 부르주아계급만을 위한 공적이라고 하는 것이 옳았다. 그는 완벽한 공화주의자로 자신이 대통령이 될 거라고 여긴 라마르틴을 제외하고 모든 사람이 그가 대통령에 당선되리라고 생각했다. 라마르틴은 보통선거제로 대통령을 선출할 것을 고집했다. 이것은 미국적인 방식으로 프랑스에서는 이것이 위험한 일이라는 것이 입증되었다. 아무튼 라마르틴의 주장이 채택되어 입법권은 의원 750명으로 구성된 의회에, 행정권은 인민이 선출하는 임기 4년에 재선이 금지된

대통령에게 일임하기로 했다. 아무도 과거에 통치 경력이 있는 계급의 가족을 제외한다는 조항을 미처 생각지 못했다. 젊은 변호사인 공화당 의원 쥘 그레비(Jules Grévy, 1807~1891, 제3공화국 제4대 대통령―역자주)는 의회가 내각 총리대신을 선임하되 그가 동시에 국가의 원수가 되게 하자는 제안을 했으나 부결되었다. 라마르틴은 토론에서 강조했다.

"나는 대중이 때로 탈선하고 이성이 없는 동물을 흥분하게 하는 붉은 헝겊처럼 군중을 유혹하는 구호가 있음을 잘 알고 있다. 나는 이것을 누구보다 두려워한다."

그는 두려워하면서도 이 방식으로 자신이 공화국 대통령으로 당선되리라는 희망을 버리지 않았기에 이 위험에 승복했다. 그는 거듭 말했다.

"만일 직선제로 대통령을 선거하고 투표일까지 2개월의 여유만 있다면 틀림없이 내가 당선될 것이다. 그러나 일부 의원이 의회에서 대통령을 선출하자는 잘못된 의견을 고집하고 있다. 나는 이 과오와 싸워야겠다."

의회는 200표 대 600표로 대통령 선임을 보통선거로 할 것과 대통령이 헌법을 위반할 때는 최고재판소의 판정을 받아야 한다는 것을 의결했다. 하지만 대통령이 군사력을 임의로 행사할 수 있었으므로 그가 사실상 실권자였다. 헌법은 자신을 죽일 수 있는 병균을 내포하고 있었던 셈이다.

7. 과연 어떤 사람이 당선 가능성이 있는 대통령 후보일까? 의회에서 대통령을 선출한다면 정치적 능력과 현 체제에 대한 충성을 보장

해야 하지만 국민투표로 선출하면 광범위한 인기만 필요했다. 라마르틴은 인기에 대해 자신감이 있었고 카베냐크는 부르주아계급에게는 인기가 있었으나 농민과 노동자의 지지가 없어서 제3의 후보자가 떠올랐다. 그는 바로 샤를 루이 나폴레옹 보나파르트(나폴레옹 3세)였다. 약간 의심은 가지만 오르탕스 드 보아르네와 루이 나폴레옹 보나파르트 사이에 탄생한 그는 라이히슈타트 공이 사망한 후 황제 계승자가 되었는데, 그는 이름에 따라다니는 보나파르트 호칭의 마술적인 효력을 잊지 않았다. 청년 시절에 자유주의자였던 그는 공화주의 비밀결사에 가입하기도 했다. 최초의 쿠데타에서 실패해 투옥되었을 때 그는 옥중에서 많은 저술활동을 하고 여러 가지 공부도 했다. 사실 그는 질서와 혁명, 사회주의와 번영, 자유주의와 권력이 혼합된 보나파르트주의라는 복잡한 이론을 수립했다. 오랫동안 거주하던 런던에서 그는 벤저민 디즈레일리와 레이디 블레싱턴 Lady Blessington 부인 같은 사람들과 교류했고 그의 애인 해리엇 하워드 양 등 부유한 영국인과 도시의 은행가들이 그의 미래를 보고 경제적인 후원을 했다. 2월 사변 이후 소수의 심복이 신인 보나파르트의 출세를 위해 움직였다. 신중하고 현명하게도 그는 외부에 자주 나타나지 않았다. 그는 좋지 않은 환상이 사라지기를 기다렸다가 6월에 시행한 보궐선거에서 4개 도에서 당선되었다. 그는 다음과 같이 말했다.

"때로 국가의 운명을 맡는, 말하자면 천의를 받은 것 같은 사람이 창조된다는 것을 믿는다. 나는 나 자신이 그런 사람 중 하나라고 확신한다."

넓은 거리에서 많은 사람이 나폴레옹을 기다리는 노래를 부르고 있었다. 그는 암암리에 활동하며 민첩해서인지 우둔해서인지 의회에서 씨도 먹히지 않는 이야기를 하며 의원들의 불안을 해소하고 있었다. 그의 이야기를 들은 르드뤼-롤랭은 "그는 굉장한 바보다. 다시는 재기하지 못할 것이다"라고 말했다. 물론 또 한 사람의 위대한 나폴레옹(나폴레옹 1세)도 의회에서는 실패했으나 무월 18일의 사건에서는 성공했다.

8. 샤를 루이 나폴레옹이 공화국 대통령에 입후보하겠다고 나섰을 때, 공화파와 왕정파는 황제가 될 잠재력이 있는 이 새로운 후보자에 대해 마땅히 공동전선을 폈어야 했다. 통칭 푸아티에 거리 위원회라고 불리던 티에르, 앙투안 피에르 베리에Antoine Pierre Berryer, 몽탈랑베르, 기타 '기득권 인물'로 구성된 왕정주의자의 중진은 왕족 출신 후보자에게는 당선 기회가 없다고 봤다. 카베냐크 같으면 그들이 즐거이 지지했겠지만 지나친 공화주의 이념에 빠진 그는 그들 같은 구질서 옹호자들과 어울리길 거부했다. 결국 왕정주의자들은 샤를 루이 나폴레옹 편으로 전향했고 약속 같은 것을 지킬 마음이 전혀 없던 나폴레옹은 무슨 약속이든 그대로 승낙함으로써 티에르와 그 일파의 지지까지 얻었다. 그들은 나폴레옹을 바보 천치로 여겼다. 사실 샤를 루이 나폴레옹은 바보가 아니었고 오히려 왕정파가 어리석게도 그에게 프랑스 국민의 대다수를 헌납한 꼴이었다. 프랑스 국민은 대부분 변화를 기대했으며 농민과 시민계급은 6월 사건에 공포를 느끼고 있었다. 특히 45상팀의 추가세가 농촌의 분노를 자아냈다. 국영공장 사건 이후 노동자들도 공화정부를 원망했고 보나파르트주의에 대한 향

수를 재발견한 그들은 신인 보나파르트가 스스로 사회주의자로 자처하는 것을 알고 있었다. 거리에서는 다음과 같은 노래가 유행했다.

음모를 원하면 카베냐크를 선택하세요.
악당을 원하면 라스파유를 선택하세요.
악당을 원하면 르드뤼-롤랭을 선택하세요.
선인을 원하면 나폴레옹을 선택하세요.

개표 결과 왕자 샤를 루이 나폴레옹이 550만 표, 카베냐크가 150만 표, 사회주의자 르드뤼-롤랭이 17만 표, 라마르틴이 8,000표 미만을 얻었다.

"라마르틴은 그가 공화국의 아버지라고 즐겨 부르던 공화국을 자신의 손으로 교살하고 말았다."

9. 신의 저주라도 내린 듯 헌법제정의회는 광란에 휩싸인 사람들처럼 모든 일을 그르치고 말았다. 의회는 보나파르트라는 천하무적의 이름을 쥐고 있는 야심만만한 왕자에게 경찰과 군대를 통솔하는 행정 수반의 자리를 내주었다. 동시에 임기가 끝나는 4년 후에는 재임하지 못한다고 권력을 제한하는 모순을 감행했다. 이런 조치는 당연히 정권을 계속 유지하기 위한 쿠데타를 염두에 두어야 했다. 아무튼 샤를 루이 나폴레옹은 묵묵히 입을 다물고 조심스럽게 움직였다. 그는 명예를 존중하는 사람으로서 헌법 준수를 엄숙히 선언하고 원로인 오딜롱 바로를 수반으로 하는 내각을 조직했으며 국민의 지지를

강화하기 위해 전국을 순방했다.

1849년 5월 13일 제헌의회를 승계할 입법의회 선거를 실시했고 이번에는 반동파가 압도적으로 승리했다. 온건 민주파는 70명으로 줄어들고 적기파인 산악당은 180명이 당선되었으며 푸아티에 거리파가 약 450명 당선되었다. 즉, 의회는 오를레앙파, 정통 왕조파 그리고 소수의 보나파르트파로 구성되었다. 프랑스는 언뜻 다시 군주제로 복귀한 것처럼 보였다. 하지만 부르봉 가문의 종교 계통인 샹보르 백작(전 보르도 공작)의 심복들과 분가한 파리 백작 추종자들 간의 양해가 성립되지 않아 술책에 능숙한 엘리제 궁(대통령 관저)의 주인은 조용히 냉소를 띠며 자신의 계획을 수행했다. 왕정주의자를 이용해 공화제를 타도하고 이어 왕정주의자를 무장해제해 제정을 강요하는 작전은 약간 무모한 듯했으나 자기 앞에 걸리적거리는 것이 없는 사람에게는 만사가 용이한 법이다. 푸아티에 거리파의 절대다수와 특히 자신에 대한 신망으로 자신만만했던 티에르는 대통령에게 부친과 같은 충고를 했다. 다시 말해 그는 '민주적인 겸양'을 권했다. 샤를 루이 나폴레옹은 이를 경청한 후 감사를 표하면서 한편으로는 비밀리에 엘리제 궁의 시종들에게 황제 식전 궁정 제복의 디자인을 하명했다. 티에르보다 정국에 초연해 더욱 예리하게 관찰한 외교관이자 역사가 오라스 드 비엘 카스텔Horace de Viel-Castel은 다음과 같이 기록했다.

"나는 대통령이 용기라는 인간적인 장점과 과묵이라는 정치적 미덕을 갖추고 있음을 인정한다."

10. 공화주의자들은 졸렬하게도 기회를 엿보던 적에게 또 하나의

허점을 노출했다. 대통령이 보통선거제도를 통해 일대 세력으로 성장한 가톨릭파의 환심을 사고자 교황을 도와 주세페 마치니Giuseppe Mazzini의 로마공화국을 토벌하는 원정군을 조직하자 르드뤼-롤랭의 연설에 부화뇌동한 좌익 시위대가 헌법 위반이라며 팔레부르봉으로 행진을 했다. 기병대가 이들을 간단히 저지했으나 의회는 이를 계기로 이미 인정한 출판의 자유와 집회의 자유를 취소했다. 파리의 민중은 불쾌하게 생각했으나 저항하지 않았다.

문부상 팔루Falloux 백작(알프레드 피에르)이 제정한 통칭 팔루법La loi Falloux이란 교육법으로 사실상 교회와 대학의 동맹관계가 드러났다. 오래전부터 자유주의를 포기한 몽탈랑베르는 "우리는 먼저 국내에서 로마 원정을 해야 한다"라고 주장했다. 이는 공화주의자를 로마에서 축출하듯 교육계에서 숙청하거나 적어도 통제해야 한다는 얘기였다. 초등학교 교사와 농촌 사제 간의 분쟁은 격화되었고 이는 앞으로 반세기 이상이나 프랑스의 소지역 사회를 분열시켰다. 7월 왕정에서는 교회가 타협적이었고 1848년에는 '자유의 나무'에 성수를 뿌리기도 했다. 이제 교회는 기성질서를 존중하는 반동파에 가담했고 부르주아 계급은 과거에는 볼테르적이자 자유주의적이었으나 공포에 쫓겨 정치적으로 가톨릭에 복귀했다. 수도회와 중용주의는 동맹을 맺었고 티에르는 심지어 모든 학교 교사의 임명권을 주교에게 부여하자고 제안했다. 가톨릭교도들은 그들이 자기들보다 지나치게 가톨릭적인 데 놀라며 교사의 임명권을 도지사에게 맡기기로 했다.

드디어 보통선거제도는 투표자의 자격을 3년간 동일한 장소에 거주하고 직접세 납부자로 등록되어야 한다는 완곡한 법령으로 교묘하게 제한했다. 이것은 재산자격자 선거제도의 부활이나 다름없었다. 이에 따라 대다수 노동자를 포함한 약 300만 명의 유권자가 투표권을 상실했다. 프랑스 국민은 불과 2년도 되지 않아 1848년의 정치적 승리가 완전히 수포로 돌아갔음을 깨달았다. 샤를 루이 나폴레옹과 그의 왕정주의 다수당은 공화주의자가 없는 공화국을 창조하는 데 성공한 것이다. 이제 남은 것은 왕정주의자를 제거하는 과업뿐이었다.

11. 1850년의 장기 휴회 동안 각 정당은 쿠데타 대비책을 강구했다. 티에르는 클레르몽 하우스Claremont House로 오를레앙 가문의 왕족을 만나보러 갔고 정통 왕조파는 비스바덴으로 샹보르 백작을 방문했다. 두 왕정주의자들의 융합은 많은 사람의 관심과 기대를 모았으나 언제나 그러했듯 실패로 돌아갔다. 그동안 왕자 대통령은 열병식을 거행했는데 '황제 만세!'를 부르는 부대가 가장 눈길을 끌었다. 서서히 그러나 확실히 행정부가 의회를 제압했다. 쿠데타의 기술이란 간단히 요소에 자기 심복을 배치하면 그만이었다. 왕자는 의회에 충실한 다수파를 거느린 총리대신 오딜롱 바로를 해임했지만 다수파는 무관심했다. 그들은 자살하고 있었던 셈이다. 의회를 성실히 수호할 샹가르니에Changarnier 장군 대신 왕자는 자기에게 충성을 다하는 마냥Magnan 장군을 등용했다. 끝없이 은밀한 토론을 거듭하는 동안 시기를 놓치고 뒤늦게 진상을 알아챈 티에르는 "제국은 이미 수립되었다"라고 탄식했다. 왕자 대통령은 재선을 허용하도록 헌법을 개정하지 않는 한 공화제를 용인하기 어려웠고, 헌법개정은 도저히 불가능했으므로 쿠데타를 강행할 수밖에 없었다. 헌법개정에는 의원 4분의

3의 동의가 필요했는데 각 정당이 제각기 의견을 달리하는 바람에 개정할 가망이 전혀 없었던 것이다. 스페인 대사는 이렇게 보고했다.

"프랑스는 왕정을 수립하기에는 너무 무력하다. 공화제의 중압에 허덕이는 왕정주의자가 가득하고 그 공화제는 이를 수호할 만한 공화주의자를 확보하지 못하고 있다."

그는 혁명 아니면 독재, 횃불 아니면 군사력, 좌익정부 아니면 제정 외에 해결 방법이 없다고 전망했다.

12. 가장 가능성이 큰 것은 제정이었다. 기타 당파들은 분열된 채 서로 시기하고 헐뜯었다. 권력을 조종하는 데 능숙한 왕자 대통령은 경험이 풍부한 음모자들의 보좌를 받아가며 한층 더 은밀하게 행동했다. 프랑스라는 전리품을 획득하는 모험에 투신하는 모험가만큼 충성을 다하는 사람은 없었고 아무도 이것을 제지할 도리가 없었다. 의회는 입법권에 따라 군대소집에 관한 법규를 병영 내에 게시할 권한을 의회에 부여하려는 재정 담당부처의 제안조차 합의를 못 보고 있었다. 비엘 카스텔은 다음과 같이 기록했다.

"의회는 샤를 루이 나폴레옹을 제거하는 음모를 꾸미는 것에 만족하고 있었다. 성급하고 과격한 사람들은 그를 뱅센에 유폐해야 한다고 말했다. 그들은 손 한 번 움직이면 되고 아무도 이 일을 알아차리지 못할 것이라고 지껄였다."

그들은 행동으로 옮기기는커녕 구체적인 계획조차 의논하지 않았다. 공화주의자들은 왕정주의자가 다수를 차지한 의회가 쿠데타를 일으킬 것을 두려워했고 보나파르트파는 자신들이 의회에 대한 쿠데타를 계획하고 있었기에 제각기 의회의 군대소집 권한에 반대했다. 민주주의자 미셸 드 부르주Michel de Bourges는 단순하게도 이런 말을 했다.

"위험한 사태는 없을 것이다. 혹시 위험이 생길지라도 우리를 주시하는 눈에 띄지 않는 보초가 있다. 그 보초란 바로 민중이다."

그는 착각하고 있었다. 제2공화국을 위해 생명을 바칠 사람은 하나도 없었다. 부르주아계급은 왕정주의자였고 노동자는 그들에게 발포를 명령하고 투표권을 박탈한 의회를 수호할 생각이 추호도 없었다. 군부는 샤를 루이 나폴레옹과 그의 측근이 철없는 아이들이 아닌 만큼 예비 공작을 충분히 해놓았다.

13. 어느 군대든 그들의 장점과 단점은 상부의 명령에 무조건 복종한다는 사실이다. 누구든 명령의 핵심을 장악하면 그 전체를 지배할 수 있다. 샤를 루이 나폴레옹은 총사령관마냥 장군을 진심으로 신임했다. 그 외에 그에게 충성을 다할 육군대신이 필요해 용기와 결단성이 뛰어난 생 타르노Saint-Arnaud 장군을 알제리에서 소환했다. 생 타르노는 여단장에 불과했기 때문에 그를 사단장으로 승진시키기 위해 명목상 베르베르Berber 지방의 원정군을 조직하게 했다. 마냥과 생 타르노는 일부 장교에게 계획을 미리 알려주었다.

"우리는 곧 당신들이 필요해질 것이다. 당신들은 우리가 서명한 명령서를 받을 것이고 혹시 실패하더라도 누구도 당신들을 추궁하지 않을 것이다."

또 다른 지휘자인 경찰총감이 남아 있었다. 대통령은 그 자리에 민음직한 샤를마뉴 에밀 드 모파Charlemagne Emile de Maupas를 임명했다. 오르탕스 왕비와 샤를 조제프 드 플라오(Charles Joseph de Flahaut, 탈레랑의 사생아—역자주) 사이에 출생한 왕자의 동생 샤를 드 모르니Charles de Morny는 기지와 매력을 지닌 호색가로 그가 모의를 지휘했다. 1851년 가을까지 모든 준비를 완료한 터라 쿠데타는 언제든 가능했다. 하지만 생 타르노는 의회가 열릴 때까지 기다렸다. 만약 의원들이 제각기 선거구에 분산되어 있었다면 지롱드당 같은 조직과 일종의 연방제도를 세울 수 있었을지도 모른다. 파리에서라면 모파가 의원들이 잠자는 동안 체포할 수 있었을 것이다. 그러면 그들과 협상하는 동시에 언제까지나 원한의 대상으로 남는 폭력을 발동할 위험도 없을 것이었다.

"투옥된 사람들을 그 이상 괴롭힐 필요는 없다."

12월 2일의 아우스터리츠 전승과 대관식 기념일은 특히 보나파르트파의 경축일이었으므로 이날이 쿠데타의 날로 잡혔다.

14. 12월 1일 저녁 샤를 루이 나폴레옹과 모르니는 침착하게 행동했다. 왕자는 엘리제 궁에 빈객을 초대했지만 아무런 감정도 표시하지 않았다. 마지막 빈객이 자리를 뜨자 그는 루비콘(Rubicon, 카이사르는 이 강을 건너 로마로 진군해 정권을 장악했다—역자주)이라는 표제가 붙은 문서를 열었다. 그는 카이사르에 관한 추억을 잊지 못했던 것이다. 먼동이 트자 군대가 파리의 중요 지점을 점령했다. 다음 날 아침 파리 시민은 벽에 붙은 두 가지 성명서를 보았다. 하나는 시민에 대한 호소문으로 그 행동의 목적은 의회의 배신적인 계획을 미연에 방지하는 데 있다고 했

고, 다른 하나는 군인에 대한 호소문이었다.

"나는 여러분에게 기대하는 바가 크다. 법을 침해하려는 것이 아니라 국가의 기본법인 국민의 주권을 존중하려는 것이다."

많은 의원이 체포되었는데 이렇다 할 저항을 하지 않은 티에르가 다음 날 석방되어 보나파르트파의 분노를 샀다. 아직 자유의 몸이던 의원들은 파리의 제20구 구청에 모였다. 위고, 카르노, 아라고, 쥘 파브르Jules Favre, 미셸 드 부르주 등이 저항위원회를 조직했다. 의사당 안에서는 의장 앙드레 뒤팽André Dupin이 총검 앞에 아무런 저항도 하지 못하고 굴복했다. 그는 이렇게 말했을 뿐이다.

"우리에게는 권리가 있으나 그들에게는 무력이 있다. 갑시다."

미라보와 정반대되는 행동이었다. 군인들은 장난을 하는 기분이었고 국민의 대표를 체포하느냐는 항의에 그렇다고 태연히 대답할 정도였다. 오스트리아 대사는 그날 파리의 광경은 리스본에서 혁명 선언이 있던 날과 흡사했다고 말했다. 노동자는 쿠데타를 시인했다. 그들은 의원들에게 "우리가 당신들이 받는 25프랑의 봉급을 옹호할 이유는 없다"라고 선언했다. 그들에게는 의원의 봉급이 고액으로 보였던 것이다. 의원 중 한 사람인 의사 장 바티스트 보댕Jean-Baptiste Baudin이 다음과 같이 대답했다고 전해진다.

"당신들은 일당 25프랑으로 사람이 어떻게 죽어가는지 보게 될 것이다."

그는 총탄 세 발을 맞고 쓰러졌다. 이 이야기는 사실 그대로 전해진 것이 아니겠지만 그의 용기만큼은 사실이었다. 12월 4일 자유주의자와 부르주아계급이 저항운동을 조직했으나 이렇다 할 투쟁도 하지 못한 채 진압되었다. 파리에서는 380명이 아무런 재판도 받지 않고 총살되었고 전국에서 2만 6,000명이 체포되었다. 이 정권은 초기부터 유혈의 참극을 면하지 못했다.

1830년에는 부르주아계급이 실세였고 1848년에는 민중이, 1851년에는 군대가 실세였다. 이것을 믿고 승리에 도취한 도당들은 무슨 짓을 해도 좋다는 생각을 했다. 과격파는 백색테러 시대처럼 왕자에게 자비와 동정을 버리고 '불굴의 정의감'으로 "탄압의 칼을 손에 쥐고 시국을 처리하라"고 요청했다. 지난날 모르니의 조부인 탈레랑은 샤를 루이 나폴레옹의 백부인 나폴레옹 1세에게 이렇게 말한 적이 있다.

"폐하, 총검으로 안 되는 일은 없을 것입니다. 그러나 총검 위에 앉지는 못하실 것입니다."

15. 여전히 공화국에 충실한 사람들은 모조리 참혹하게 숙청당했다. 지방적인 복수행위가 탄압에 박차를 가했다. 조르주 상드는 "프랑스의 반이 나머지 반을 밀고하고 있다"라고 기록했다. 각 도에서는 혼성위원회가 재판을 하지 않고 행정적 결정으로 혐의자의 운명을 결정했다. 일부는 일시적으로 국외 추방을 당하고 또 일부는 영구적으로 추방되었다. 그중 일부는 알제리로, 심한 사람은 카옌으로 떠나야 했다. 판결에 대해 공소할 수도 없었고 피고에게 고발에 관한 내용조차 알려주지 않았다.

공화당은 비밀결사로 규정되었는데 비밀결사 가맹자는 모두가 형을 받았다. 이 탄압의 부당성과 잔인성은 공화주의자들의 반항운동을 자극했고 추방된 작가들은 샤를 루이 나폴레옹에 대한 투쟁을 개시했으며, 이 투쟁은 결과적으로 그의 국내외적 지위를 약화시켰다. 빅 토르 위고는 처음에는 브뤼셀에서 그다음에는 저지 섬과 건지 섬에 서 《징벌시집Les Châtiments》과 《나폴레옹 소제Napoléon le petit》를 저술 했다. 이전에 그는 왕자의 백부 나폴레옹 1세의 마술적인 전설을 창 조하는 데 공헌했으나 이번에는 비열한 나폴레옹 조카(나폴레옹 3세)의 전설의 증인이 된 것이다. 두 가지 저술은 모두 실제보다 과장되었지 만 시인은 세계를 창작하며 적어도 사람의 세계관을 새로 만든다.

16. 쿠데타에 뒤따른 강압적인 조치는 용서할 수 없는 일이었고 왕 자가 서약을 위반한 것도 사실이었으나 그가 공화국을 타도했다는 고발은 좀 더 깊이 검토할 필요가 있다. 어차피 제2공화국은 자멸할 상황이었다. 모든 점에서 쿠데타가 압살한 것은 부활하려던 왕정이었 다. 이단자 취급을 받은 이폴리트 텐은 다음과 같은 기록을 남겼다.

"보나파르트가 다른 사람보다 악질이라고 할 수는 없다. 의회는 그 보다 공화국을 더 미워했고 가능했다면 그들은 서약을 무시하고 앙 리 5세나 오를레앙 가문의 왕족을 왕위에 추대했을 것이다."

1848년 제1차 선거는 대다수 국민이 온건한 공화국은 승인하지만 사회주의적, 민주주의적인 공화국은 반대할 의사였음을 입증하고 있 다. 1789년의 대혁명으로 시작된 내부적 위기는 아직 끝나지 않았고, 자코뱅당의 공화국은 무력하긴 해도 여전히 광신적인 사람이 있었다. 왕정파는 부르봉 가문의 두 계통의 분쟁으로 무력한 상태였다. 보나 파르트적인 인물의 민주주의적 독재가 과도기의 차선책이었던 것이 다. 독재는 국민투표로 승인을 얻었다. 처음에 정부는 시민에게 등록부에 가부를 기입하는 공개투표를 실시하려 했으나 항의가 거세지자 하는 수 없이 비밀투표를 허용했다. 그러나 실패할 리는 없었다. 반정부는 극소수였고 몽탈랑베르도 굴복하고 말았다.

"샤를 루이 나폴레옹에게 반대투표를 하는 것은 3년 동안 질서 유지와 가톨릭을 위해 봉사한 위대한 왕자의 독재 대신 붉은 기의 독재를 바라는 것과 같다."

텐은 이렇게 말했다.

"러시아식 대통령과 비밀결사의 반란 중 어느 편이 피해를 더 끼치는가에 대해서는 분명한 답을 할 수 없다. (…) 나는 양편 모두 법률 위반과 잔인한 폭력만 행사하리라고 본다."

개표 결과 740만 표의 찬성과 65만 표의 반대가 있었다. 노트르담 대성당에서는 축가가 흘러나왔다.

"한 달 전까지만 해도 샤를 루이 나폴레옹을 선천적 백치라고 주장하던 사람들이 이제는 그를 위대한 인물이라고 찬양한다."

20년 후 그들은 그를 다시 백치라고 부른다. 그러나 20년이란 기간은 한 정권의 틀을 잡기에 충분하다. 티에르의 예언은 적중해 제국이 수립되었다.

chapter 5

—

전제주의적 제2제정 시기

—

1. 제2공화국에서 제2제정으로 이행하는 과정은 19세기 초 총통정부에서 제1제정으로 전환한 과정과 비슷했다. 1852년 1월에 제정한 헌법은 명목상은 그렇지 않아도 사실상 보나파르트식의 용어 감각으로 집정관이라는 독재자를 만들어냈다. 10년 임기로 선출된 이 '대통령'은 행정권, 조약 체결과 전쟁 선포 및 종결을 결정하는 독단적 권한, 법안 발의와 관직 임명권을 가졌고 대통령과 내각은 회의에 대한 책임이 없었다. 왕자는 다음과 같이 말한 적이 있다.

"나는 보통선거라는 성수로 영세받는 것은 좋으나 평생을 성수에 발을 담근 채 지내기는 싫다."

대통령은 3대 기구의 보좌를 받았다. 첫째는 법안을 작성하는 국무원, 둘째는 관선 후보자로 선출되어 법안을 표결하는 입법원, 셋째는 대통령이 임명하는 150명의 종신제 의원으로 구성된(사실인즉 헌법을 수호한 일이 없었다) 상원이었다. 대통령과 입법원의 대립 가능성은 전혀 고려

대상이 아니었다. 가톨릭파 웅변가로 입법원에서 얼마 되지 않는 용감한 인물 중 하나였던 몽탈랑베르는 이렇게 말했다.

"기존의 모든 통제기구를 폐지하는 것과 정부 내에서 선거로 구성되는 유일한 기관인 입법원을 멸시하는 것은 중대한 죄악이다."

1852년의 헌법은 전제주의가 국민의 용납을 받으려면 국민이 참여하는 일시적인 독재제도라야 한다는 보나파르트주의의 이론을 전적으로 담고 있었다. 샤를 루이 나폴레옹은 그 점에 대해 다음과 같이 말했다.

"이때까지 자유는 지속성 있는 정치체제를 수립하는 데 기여한 일이 없고, 다만 정치체제를 강화했을 때 장식품으로서 존재했을 뿐이다."

그는 합중국의 역사를 읽어본 일이 전혀 없었다. 제2공화국의 헌법처럼 1852년의 헌법도 실효를 거두지 못했다.

"국가체제를 변혁할 방안을 갖추지 못한 헌법은 자신의 체제를 보존할 방책까지 구비하지 못하는 법이다."

2. 왕자 대통령이란 알 속에서 이미 황제가 부화하고 있었다. 군기에 사용한 공화국시대의 표지인 창은 독수리로 바뀌었고 민중은 이를 '독수리의 최초 비상'이라고 불렀다. 대통령이 지방을 순방할 때 대통령보다 더 철저한 보나파르트주의자인 빅토르 드 페르시니Victor de Persigny는 환영부대에게 '황제 만세!'라고 외치게 했다. 왕자는 군중에게 1789년 혁명으로 파괴된 프랑스를 나폴레옹 제정이 재건했듯 자신의 정부가 프랑스를 부흥시킬 만큼 유능하다고 강조했다. 곧 그는 다음의 상황에 놓였다.

최초의 프랑스 대통령이자 나폴레옹 1세를 이은
두 번째 프랑스 황제 나폴레옹 3세

"전국에서 제정 부활을 열망하는 강력한 시위운동이 성행하자 대통령은 이 문제를 상원에 자문할 필요를 느꼈다."

자문 결과는 예상한 그대로였다. 상원은 샤를 루이 나폴레옹이 제정의 권위 부활에 관한 가부 결정을 위해 국민투표를 실시하도록 결정했다. 783만 9,000표의 찬성으로 왕자 대통령은 나폴레옹 3세(Napoléon III, 1808~1873)가 되었다(탕플 수도원의 왕세자가 루이 17세가 된 것처럼 로마 왕을 나폴레옹 2세로 쳤다). 여전히 왕정을 지지하던 지방에서는 25만 3,000표의 반대와 200만 표의 기권이 있었다. 이 위험한 과정을 따르는 프랑스 국민에게 유일한 불안은 새로운 나폴레옹 전쟁이었는데 나폴레옹 3세는 이 점에서 국민에게 안도감을 주었다. 그는 성의 있게 "제정이란 평화를 의미한다"라고 거듭 강조했다.

물론 그에게도 나폴레옹이란 이름에 걸맞은 위대한 업적을 남겨야겠다는 꿈이 있었다. 나폴레옹 1세는 프랑스에 승리를 주었으나 나폴레옹 3세는 프랑스에 평화, 번영, 산업 발전, 국민 복지 그리고 자유까지 부여해야겠다고 생각했다.

"나도 나폴레옹 1세처럼 많은 정복을 하는 데 동감한다. 나도 그처럼 문명을 전파하고 반대하는 당파를 정복하길 원한다. 또한 나는 종교와 도의를 비롯해 가장 풍요로운 대륙의 중심부에 살면서도 아직 생활필수품을 충분히 얻지 못하는 대다수 국민의 복리를 증진하고 싶다."

그의 정부는 값싼 식량과 대규모 토목사업, 축전, 휴가를 베풀었다. 그는 진심으로 선량하고 유능한 독재자가 되기를 원했지만 유감스럽게도 세상에 선량한 독재자란 없는 법이다.

3. 황제가 되었을 때 나폴레옹 3세는 45세로 품위가 없었고 비만한 장신이었다. 그의 긴 콧수염과 턱수염은 이색적인 풍모를 자아냈는데 당시 많은 사람이 이 수염을 모방했다. 그의 회색 눈은 윤기와 광채가 없었으나 간혹 번갯불처럼 빛났다. 그는 오랫동안 프랑스에 이방인 같은 처지에 있었다. 그가 프랑스에서 보낸 시기는 소년 시절과 유폐생활을 할 때뿐이라 소수의 심복을 제외하면 이렇다 할 친구가 없었다. 무국적 귀공자로 그는 스위스인 같은 독일어를, 프랑스인 같은 영어를, 독일인 같은 프랑스어를 구사했고 자기 말에 자신이 없는 사람처럼 조심성 있게 천천히 입을 열었다. 과묵하고 남의 이야기를 잘 들었던 그는 성품이 자상했고 대화와 처신이 우아해 남자뿐 아니라 여자들까지도 호감을 보였다. 한 방문객은 다음과 같은 인상을 피력했다.

"처음 만났을 때는 아편 중독자가 아닌가 싶었는데 오히려 그 자신이 아편이라 모든 사람이 곧 그에게 중독되었다."

그는 유머에도 능숙했다. 그의 사촌동생 나폴레옹 공이 그를 황제라고 부르면서 나폴레옹 1세와 닮은 데가 하나도 없다고 말하자 그는 서슴지 않고 응대했다.

"천만에, 그것은 당신이 모르고 하는 소리다. 나폴레옹 1세처럼 나도 황제의 가족에게 시달리고 있지 않은가?"

그는 어느 정도 교양이 있었고 역사, 정치 이념, 군사학 등에 취미가 있었다. 더불어 20년간의 음모, 술책, 유폐생활 등이 그의 뇌리에 무수한 환상을 심어놓았다. 그를 자세히 관찰한 기조는 그를 벗겨보면 정치 망명가의 모습이 나타날 것이라고 말했다.

그는 수줍어하는 성격 때문에 때로 당돌하게 행동하기도 했지만 인기를 얻으려는 의도로 악수에 지나치게 집착해 경호원이 애를 태우곤 했다.

"우리는 경호원하고만 악수하기를 바랐다."

그의 계획은 원대했으나 천재적인 음모를 제외하면 그 규모가 분명하지 않았다. 그의 특수한 경력은 그를 미신가이자 운명론자로 만들었다. 청년기에 그는 이탈리아에서 독립당원들과 함께 지내며 유럽 민족주의자들의 강력한 의지를 배웠다. 따라서 민족자결주의를 옹호한 이 전제군주는 유럽 자유주의의 대표선수가 되었다. 유럽 연방을 꿈꾼 그는 마음속으로 생시몽의 주의에 공감했고 영국에서의 체류생활로 노동자의 요망을 이해할 줄 알았다. 한마디로 그는 권력주의자라기보다 오히려 존경할 만한 인도주의자였다. 그가 "내 친구들은 공장에서 일하고 있다"라는 말을 자주 해도 어색하지 않았다. 하지만 부르주아계급의 지지를 받고 선출된 그로서는 그가 바라던 사회주의적인 제정을 실천할 수 없었다. 요컨대 인간적으로는 흥미로운 존재

였지만 군주로서는 문제가 많은 인
간이었다.

4. 국내에 고립된 그에게는 무슨
일을 저지를지 모르는 측근들이 위
험 요인이었다. 제정은 세습제라야
하는데 황제가 아직 결혼하지 않아
지정 후계자는 제롬 보나파르트(나
폴레옹 1세의 동생)였고 그다음은 그의
아들 제롬 나폴레옹 왕자였다. 나
폴레옹 왕자는 '플롱플롱PlonPlon'
이라고 불린 사상에 강한 호기심을
보인 지성적인 30세의 청년으로 반

뛰어난 외모와 패션 감각으로 사회 전체에
유행을 불러온 외제니 드 몽티조

교권주의자라 공화주의자와 친밀하지 않았지만 보수파는 그를 불안
하게 여겼다. 제롬의 딸 마틸다 공주는 샤를 오귀스탱 생트뵈브, 르
낭, 에드몽 공쿠르Edmond Goncourt 형제와 친구였고 지식계급 및 제국
과의 유대를 긴밀하게 하는 역할을 맡았다. 나폴레옹 3세의 이복동생
이자 동지인 모르니는 멋쟁이 실업가로 자기 가문 문장에 모후 오르
탕스(Hortense, 나폴에옹 3세의 어머니, 프랑스어로 수국을 뜻함)를 표방하는 수국을
쓰고 표어로는 '침묵하고 기억하라!'라고 표시했다. 그렇지만 그는 잘
기억했으나 침묵을 지키지는 않았다.

1853년 황제는 외제니 드 몽티조Eugénie de Montijo라는 젊은 스페인
여인과 연애결혼에 성공했다. 나폴레옹 3세는 여자를 좋아했으나 그

때까지 한 여자를 오래 사랑한 일은 한 번도 없었다. 이 왕조를 별로 신뢰하지 않은 유럽 왕가는 공주를 주겠다고 할 만큼 관대하지 않았고 그들이 얕잡아본 새로운 나폴레옹 황제에게 마리 루이즈 같은 대상은 없었다. "이 사나이는 아버지의 자식이 아니라 어머니의 아들이다"라는 풍문이 나돌고 있었다. 결혼을 발표할 때 그는 프랑스 국민에게 황후 조세핀도 왕가 출신이 아니라는 점을 상기시켰고 내각에도 이렇게 통보했다.

"나는 그대들에게 조언을 바라는 게 아니라 결정사항을 통보하는 것이다."

그는 자신이 유럽에서 인정받을 수 있고 또 '갑자기 출세한 사람'이란 말도 위대한 국민의 투표로 선출되면 영광스런 일이라고 역설했다. 외제니는 붉은 머리와 푸른 눈, 새하얀 살결의 매우 아름다운 여자였다. 그녀의 모친은 프로스페르 메리메Prosper Mérimée와 스탕달의 친구였고 그녀 자신도 어렸을 때 스탕달의 무릎 위에 앉았던 기억이 있었으나 그 천재에게 얻은 것은 아무것도 없었다. 그녀는 거의 아무것도 몰랐고 4개 국어로 경박한 지식을 자신 있게 떠들어댔다. 그녀는 처음에는 경박한 여자, 나중에는 숙명적인 여자라는 말을 들었는데 이는 좀 가혹한 표현이긴 했으나 진실이었다.

5. 통치 초기에는 외제니의 정치적 영향력이 전혀 없었다. 황비는 궁정의 유행을 이끄는 정도에 불과했고 구귀족들의 출입은 별로 없었으나 약간 우아한 운치는 있었다. 황비와 측근의 부인들은 튈르리 궁에서 화가 프란츠 사버 빈터할터Franz Xaver Winterhalter가 후손을 위

해 제작한 초상화에서 가운을 입고 아름다운 양어깨를 내보이고 있었다. 콩피에뉴 궁전에서는 메리메와 황제가 경박함과 교양이 뒤섞인 유쾌한 분위기를 조성했다. 문법상 틀리기 쉬운 구절이 많은 작문, 가면무도회, 희극 상연, 수수께끼 등의 유희가 있었고 작가, 과학자, 예술가들이 궁정에서 환대를 받았다. 루이 파스퇴르Louis Pasteur와 위르뱅 르 베리에Urbain Jean Joseph Le verrier는 궁정에서 그들의 새로운 발견을 설명했고 샤를 프랑수아 구노Charles-François Gounod는 피아노를 치며 노래를 불렀다.

나폴레옹 3세는 아름다운 스페인 여자에게 그리 오랫동안 충실하지 않았고 카스틸리오네Castiglione 부인 같은 유명한 요부들이 황제를 손쉽게 농락하고는 외국정부의 이익을 주선했다. 조카인 마틸다 공주는 "그 사람은 여자라면 눈에 띄는 대로 따라가는 사람이다"라고 말했다. 황비의 질투를 피하기 위해 황제는 황비에게 양보하는 일이 잦았고 독실한 가톨릭파인 황비는 이탈리아의 근대화에 반대하고 바티칸을 옹호했다. 1856년 그녀는 황태자를 낳았는데 황태자 모친으로서의 배려가 프랑스 정계에 한심할 정도로 영향을 미쳤다. 이 스페인 여자는 과거의 오스트리아 여자처럼 인기가 없었다. 벼락출세한 이 황족과 격에 맞지 않는 원로들은 프랑스는 물론 세계에 확고한 인상을 주지 못했다. 모든 정책이 콩피에뉴 궁전에서 마치 수수께끼 풀이처럼 즉흥적으로 결정되는 것 같았다. 1789년 이후의 모든 변화는 정책에 그 흔적을 남겼다. 황제는 종종 다음과 같이 말했다.

"나는 사회주의자이고 황비는 정통 왕정주의자이며 모르니는 오를레앙파이고 나폴레옹 왕자는 공화주의자다. 페르시니 공작만 보나파르트파인데 그는 바보다."

　내무장관 페르시니는 황제의 초기 음모에 참여했고 나폴레옹 3세
는 그에게 공적에 따라 상을 주었다. 황비는 그가 황제와의 결혼을 반
대했다는 이유로 그를 미워했다.

　6. 의지는 훌륭했으나 측근이 무능해 나폴레옹 3세는 불리한 출발
을 했다. 국민투표라는 인민의 동의와 세습적 권력을 결부하려 한 제
국은 하나의 잡종정권이었다. 나폴레옹 1세 시대에는 소름이 끼칠 만
한 폭동에서 탈출한 때라 내란에 지칠 대로 지치고 테러로 빈혈 상태
였으므로 평화 수립자를 갈망하던 국민에게 황제는 신뢰를 얻었다.
1852년은 이것과 판이했다. 전 유럽에서 민심은 의회정치체제와 사
상의 자유 쪽으로 기울었다. 프랑스에서는 부르주아계급의 사업가
와 농민이 1848년 6월 이후 사회주의와 별안간 강력하게 성장한 노
동자에게 공포를 느낀 나머지 무력을 선호하고 제정에 찬성했던 것
이다. 노동자들은 불만과 실망으로 정치에 대한 관심을 포기했다. 약
간의 예외는 있었으나 대부분 지식인과 학생은 이 체제와 화해하려
하지 않았다. 12월 2일의 쿠데타는 죄악으로 간주되었고 황비까지도
"이것은 일생을 두고 그에게 가책이 될 것"이라고 말했다. 가까이 하
고 싶은 사람들에게 스스로 소외당한 황제는 그를 옹립한 사람들의
이해관계에 의존하는 한편 생시몽파의 이론에 따라 물질적 번영으로
사회의 진보를 추구했다. 이 점에서 그는 상당한 성공을 거뒀으나 경
제적 번영으로 자유를 대신할 수는 없었다.

7. 통치 초기에는 비교적 찬란한 업적을 쌓았다. 이성적인 프랑스 국민은 대외정책에서 황제가 그의 지론에 따라 호전적인 태도를 취하지 않을까 불안해했다. 그는 1815년의 조약을 폐기하고 자연적 국경을 요구하며 피압박 민족의 해방을 위해 뛰어나갈 것인가? 그와 반대로 그는 유럽을 안심시키는 데 전념했다. 그렇다고 그가 위대한 조부의 야심을 단념한 것은 아니며 오히려 그 야심을 달성하려면 유럽 열강 간의 대불동맹을 저지하고 제1제정을 적대시해 이를 전복한 영국과 우호관계를 유지해야 한다는 점을 알고 있었을 뿐이다. 마침 영국 정부는 오스만제국을 위해 러시아와 대립하고 있었다. 나폴레옹 3세는 영국에 러시아 황제에게 대항하는 동맹을 제의했고 뒤이어 발생한 전쟁은 그의 위신을 높여주었다. 이때 황제는 영국과 친선을 맺었고 전제적인 러시아의 적이자 폴란드를 지지하던 국내의 자유주의자와 사이가 좋아졌다. 프랑스의 대러시아 간섭은 예루살렘 성지 수호를 명분으로 하고 있었으므로 국내 가톨릭 세력도 반겼다. 크림 전쟁의 전황은 불리했고 초기에는 반대운동도 상당히 치열했다. 빅토르 위고는 다음과 같이 기록하고 있다.

"이 신생 제국은 1812년부터 시작된 것처럼 행동했다."

전투는 세바스토폴 함락으로 끝났고 영불 양국은 완전한 승리를 거두었다. 말라코프의 알제리 보병대와 "나는 이곳에 있다. 나는 이곳을 결코 떠나지 않겠다"라는 말과 함께 유명해진 파트리스 드 마크마옹 (Patrice de MacMahon, 1808~1893, 제3공화국 제3대 대통령—역자주) 장군은 프랑스 육군의 영웅이 되었다. 파리에서 강화회의가 열리면서 소생하기 시작한 프랑스의 위신은 확고한 기반을 굳혔다. 나폴레옹 1세의 혼외 아들로 프랑스 외상인 발레프스키 백작이 회의를 주재했다. 프랑스는 실질적인 이득은 보지 못했으나 드디어 대혁명에 대항하려 체결한 군주동맹을 타파하는 데 성공했고 나아가 영국이나 프로이센과의 우의도 확보했다고 여겼다. 이제 오스트리아가 고립되었으므로 나폴레옹 3세의 이탈리아 해방계획은 실현 가능성이 커지는 듯했다. 나폴레옹 3세는 스스로 그렇게 착각했지만 불행히도 사실은 영국과 프로이센의 우의를 얻지 못했다. 그는 크림 전쟁 이후 당시 유럽대륙에서 프랑스의 유일한 경쟁자인 러시아를 타도한 까닭에 유럽 최강국의 군주라고 자신했다.

8. 대외적인 성공과 국내 번영이 서로 호응하는 것처럼 보였다. 전제정치는 보통 초기에는 성과가 좋게 보이고 자유를 억압한 결과로 나타나는 위험한 사태가 구체적으로 나타나는 데는 수년이 필요한 법이다. 나폴레옹 3세는 진심으로 빈민 복지에 관심을 기울였고 그의 치하에 자선협회, 탁아시설, 공제조합 등을 대규모로 확장했다. 또 여러 대도시에 노동자용 공동주택을 건립했는데 비록 외관은 우아하고 아름답지 않았으나 판잣집과는 차원이 달랐다. 오늘날에는 이러한 온정주의를 오히려 불쾌하게 여기지만 당시에는 매우 효과적인 조치였다. 나폴레옹 3세는 노동자의 퇴직연금제도를 실시할 생각도 하고 있었다. 1864년 그는 노동조합 금지법을 폐기하고 파업권을 인정했지만 노동자의 삶은 여전히 비참했다. 하루 노동시간은 12시간이었고 에밀 졸라 Emile Zola는 그의 작품 《목로주점 L' Assommoir》과 《제르미날 Germinal》에서 그들의 생활상 중 알코올 의존증과 난잡한 생활의 참

상을 묘사하고 있다.

제정은 과거 정부보다 이러한 폐단을 개선하는 데 많은 성과를 거두었으나 당시 프랑스의 재정 상태가 양호했다는 점을 감안해야 한다. 그때까지 프랑스가 그토록 신속하게 재정을 축적한 일은 없었다. 당시에는 로스차일드, 오팅거, 말레 등 사설은행이 국채를 인수해 유가증권을 관리하고 있었다. 신규 재벌인 자코브 에밀 페레르Jacob Emile Péreire, 아실 풀드Achille Fould, 앙리 제르맹Henri Germain 등이 일반 대중의 적금을 흡수해 대기업에 투자하는 방법을 창안하면서 유가증권은행, 부동산은행이 등장했고 이후 상공은행, 리옹은행, 일반 저축은행 등이 창립되었다. 처음에는 부르주아계급 그다음에는 농민이 증권투자의 관습을 익혔고 대규모 법인기업체도 발전했다.

9. 은행이 흡수한 저축이 프랑스의 경제 발전을 뒷받침하면서 정부는 철도 건설을 장려했고 철도업체가 융자한 돈의 이자 지불을 보장했다. 1842년 프랑스의 철도는 미국 5,800킬로미터, 영국 2,500킬로미터에 비해 541킬로미터에 불과했으나 1860년에는 9,525킬로미터, 1870년에는 1만 8,000킬로미터로 늘어났다. 몇 개의 대서양 기선 회사가 설립되고 정부는 기업 집중 장려책을 앞세워 철광과 탄광을 대기업체에 불하했다. 은행, 운수 회사, 광산 등의 간부직은 일부 소수 가문이 차지했다. 대부분 신교도 또는 유대인 계통 자본가의 과두지배가 유수한 프랑스의 전통사업을 잠식했고, 사회주의자들은 이러한 집중을 예시한 카를 마르크스Karl Marx의 이론을 한층 더 신봉했다. 파리에서는 도시 미화를 위해 생시몽의 이론에 따른 대공사를 실

시했고 신시가에 인접한 빈민지구를 개발했다. 거칠고 오만하긴 해도 비상한 행정가이던 조르주 외젠 오스만Georges-Eugène Haussmann 도지사는 교통량 증가와 철도 보급으로 급증한 관광객을 위해 파리의 도로망 건설을 계획했다. 황제가 직접 구시대의 파리를 현재 같은 도시로 개조하는 설계도를 작성했다. 일부 작가는 직선 대로 건설에 반대했다. 테오필 고티에Théophile Gautier는 다음과 같이 말했다.

"그렇게 하면 필라델피아가 되어버리고 파리는 사라진다."

하지만 고티에는 필라델피아를 한 번도 본 적이 없었고 오늘날 파리 시민은 오스만이 도시 미관을 훼손하지 않고 질식 상태에서 구출해준 것을 감사하게 생각한다. 1855년에 열린 세계 박람회는 500만 명의 관중이 관람했고 그들은 프랑스 산업의 발전에 탄복했다. 이처럼 제정은 기술과 국가재정 분야에서 당당한 성과를 거두었다. 국무원과 지사들은 상당히 유능했고 탄압에도 불구하고 비상한 수완을 발휘했으며 행정에도 열성을 바쳤던 것이다.

10. 제국은 경제정책에서 성공했으나 안정적인 정권은 아니었다. 정통성이라는 신비한 후광이 부족했기 때문이다. 모험가는 아무리 성공해도 모험가에 불과하고 여론은 재갈을 물었을 뿐 제정을 승인한 것이 아니었다. 대다수 국민의 지지를 받는다고 확신하는 정부는 자유를 두려워하지 않는 법이다. 제정정부는 스스로에 대한 자신감이 없었던 터라 별로 문제될 것이 없는 입법원의 의사록조차 공개하기를 거부했다. 검열과 사전 주의를 받은 신문은 소심한 어용신문이 되었고 개인적인 대화까지도 경찰의 감시를 받았다.

"정부만 발언하고 아무도 그 발언 내용을 믿지 않는다."

민중은 최선을 다해 자기 자신을 지키고자 애를 썼다. 망명작가(빅토르 위고, 에드가 키네, 에밀 데샹, 루이 블랑)들의 저서는 금지되어 있었지만 밀수입으로 더 많은 독자를 얻었다. 오를레앙파와 정통 왕조파는 서로 단결하지는 않았어도 황제를 함께 비난하는 소위 자유주의 당파를 조직했는데 티에르, 기조, 몽탈랑베르, 펠릭스 뒤팡루Félix Dupanloup, 베리에 등 유능한 지도자를 통해 주목을 받았다. 아카데미 프랑세즈는 이들 지식계급의 '프롱드 난'의 요새였고 이곳에서 행하는 장중한 연설은 완곡한 제정 공격을 내포하고 있었다. 빅토르 쿠쟁Victor Cousin은 이렇게 말했다.

"우리는 라코르데르를 선임합시다. 교황을 선임해 제국을 조롱할 수도 없지 않소."

하지만 황비와 마틸다 공주에게 회유된 일부 작가, 즉 생트뵈브, 메리메, 데지레 니자르Désiré Nisard는 제정에 참여했는데 생트뵈브가 상원에 들어가자 학생들이 그를 맹렬히 비난했다. 망명하지 않은 공화주의자는 은둔생활을 하는 수밖에 없었다. 망명자들이 음모를 기도하면(방법이 졸렬했고 프랑스와의 접촉도 없었으며 투쟁도 구식이라 성과가 없었다) 곧 국내에 있는 그들의 친구가 새로운 유형자流刑者가 되었다. 1857년 입법원을 갱신하는 선거를 치렀는데 출판과 집회의 자유가 없었고 관선 입후보자의 파렴치한 선전이 반대파를 무력하게 만들었다. 모든 의원이 황제에게 개인적으로 서약해야 한다는 요구조건 때문에 대부분의 공화주의자는 출마를 포기했다. 1857~1863년에는 입법원에 5명의 야당 의원이 있었는데 그중에는 사람들이 새로운 티에르라고 부르는 에밀 올리비에Emile Ollivier와 파브르, 샤를 에밀 피카르Charles Emile Picard가 있었다. 1859년 나폴레옹 3세는 자신이 강해졌다고 믿고 대사령을 내려도 관계없을 것이라고 생각했다. 빅토르 위고와 루이 블랑은 거절했는데 위고는 이렇게 말했다.

"나는 끝까지 자유와 함께 추방생활을 할 것이다. 자유가 돌아오면 나도 돌아갈 것이다."

11. 반대파는 전반적으로 미약했으므로 황제가 그때까지 자신을 지지해주던 보수파의 두 집단을 이탈시키지 않았다면 이 소수 반대파를 무시할 수도 있었을 것이다. 그런데 이탈리아 독립을 주장하는 카르보나리당의 음모로 제정정책은 새로운 국면으로 접어들었다. 나폴레옹 3세가 샤를 루이 나폴레옹으로 있을 때 동지로서 맺은 약속을 잊었다며 독립당원이 그를 용서하지 않았던 것이다. 청년 시절 황제는 이탈리아 독립운동에 가담했지만 정권을 장악하자 오히려 교황의 세속권을 옹호하기 위해 로마 원정을 감행했다. 1858년 펠리체 오르시니Felice Orsini 외 3명의 이탈리아 애국자가 황제의 마차에 폭탄을 던지는 바람에 100명 이상의 사상자가 발생했다. 암살 사건 이후 가혹한 탄압이 이어졌는데 이상하게도 나폴레옹 3세의 대이탈리아 정책은 오르시니가 기대하던 방향으로 흘러갔다. 이 사형수는 옥중에서 황제에게 탄원서를 보내 황제가 이탈리아인에게 자유를 주면 애정과 존경을 받을 것이고 그렇지 않으면 암살 계획이 계속될 것이라고 경고했다. 이 서신은 황제와 황비에게 공포심과 동정심을 불러일으켰다. 갑자기 영웅이 된 오르시니를 사면하자는 의견도 있었으나 그는

단두대에서 처형되었고 그의 죽음은 승리를 가져왔다. 황제는 피에 몬테 왕의 장관 카밀로 벤소 카보우르(Camillo Benso Cavour, 황제의 애인 카스틸리오네 부인의 숙부)와의 비밀 회담을 통해 프랑스가 이탈리아를 지원해 오스트리아 점령군을 축출하고 그 지원 대가로 사부아와 니스공국을 합병한다는 협상을 이끌어냈다.

12. 황제가 꿈꾸는 민족주의 정책은 폭력으로 분열된 같은 민족의 통일운동을 지원하는 일이었고, 이는 대의명분상 관대한 일로 보였으나 사실은 많은 위험을 내포하고 있었다. 유럽에 하나의 대국을 수립하면 새로운 전쟁을 초래할 수 있고 특히 프랑스가 관여할 경우 경쟁자, 심지어 적국을 만드는 셈이었다. 감사하다는 것은 개인 간이라면 몰라도 집단의 미덕은 아니다.

1859년 이탈리아 전쟁이 발발했고 오스트리아군은 마젠타와 솔페리노에서 프랑스군에게 패했다. 이탈리아 전역 중에서도 로마냐 Romagne가 교황에게 반기를 들면서 황비와 성직자들이 항의했다. 나폴레옹 3세는 주저하며 정세를 관망했는데 그의 기대와 달리 프로이센이 이탈리아 해방에 반대하며 오스트리아와 휴전조약을 맺자 이탈리아인이 이탈해버렸다. 또한 그가 교황에게 양보를 권하면서 프랑스 성직자계급까지 그에게서 이탈했다. 그때까지 분열되어 있던 과격파 가톨릭과 자유주의파 가톨릭은 서로 결속해 황제에게 교황 보호를 요구했다. 민족주의 옹호자인 나폴레옹 3세는 로마를 이탈리아인에게 반환하는 것을 거부하기가 곤란했으나 결국 마지못해 교황청을 수호했다.

교황 비오 9세는 이미 프랑스 정통 왕조파와 내통해 왕정의 표지인 백색기를 든 의용병을 교황의 알제리 보병대라고 하면서 받아들이고 있었다. 국민투표로 비토리오 에마누엘레Vittorio Emanuele 왕이 이탈리아를 통일하고 대부분의 교황령을 탈환했다. 황제는 이탈리아의 우의도 얻지 못한 채 교회의 지지만 상실했고 자유주의자와 더불어 성직자의 불만을 사고 말았다. 결과적으로 강력해진 교회는 프랑스의 중대한 고질이 되었다.

13. 프랑스 보수파가 불만을 품은 두 번째 원인은 나폴레옹 3세의 자유무역 정책에 있었다. 그는 국적 문제와 마찬가지로 국가의 이익을 위해 이 정책을 진지하게 추진했다. 보호무역 정책을 반대한 대논쟁 시대에 영국에 체류한 그는 자유무역 정책 승리로 영국이 번영하는 모습을 목격했기에 프랑스에서도 그 정책을 채택하려 한 것이다. 황제는 프랑스 기업가들의 반대의견을 무시하고 비밀리에 대영제국과 관세 절감 조약을 체결했다. 프랑스는 포도주 같은 약간의 산물에서만 이득을 볼 뿐이었다.

프랑스의 기업계는 전반적인 그러나 결과적으로는 부당한 비난을 쏟아냈고 생산업자들은 파산을 우려하며 정부를 비난했다. 성직자계급과 자본가계급 양쪽에서 공격을 받은 황제는 일반 대중, 특히 공화주의자들과 친해지려 했다. 차라리 이것은 보나파르트주의의 전통과 일치하며 황제의 개인적 취향에도 잘 맞았다. 이로써 소위 자유주의적 제정이란 새로운 체제가 열렸다.

chapter 6

—

자유주의적 제정과 1870년 전쟁

—

1. 황제와 제2제정은 1860년부터 몰락의 길을 걷기 시작했다. 과도한 성생활에 지친 황제는 통증이 심한 방광염으로 고생했으며 제정은 나날이 격화되는 반대운동에 직면했다. 로마 사건으로 불만을 품은 교권주의자들은 황제가 교황청을 돌보지 않는다며 비난했고 정부는 가톨릭 평론가 루이 뵈이요Louis Veuillot가 주재하는 신문 〈우주 l'Universe〉의 발행을 금지했다. 성직자들은 적의를 표했고 정부는 이들을 탄압했다. 교황을 위한 모금은 금지되고 주교의 명령서는 인지법을 적용받아 정치적인 내용의 유무를 밝히기 위한 사전 검열을 받았다. 황비가 이에 대해 항의하자 황제는 이렇게 대답했다.

"외제니, 당신은 두 가지 사실을 망각하고 있소. 하나는 당신이 프랑스인이라는 것이고 또 하나는 보나파르트가와 결혼했다는 것이오."

왕정주의자와 교권주의자 극우파는 평소의 주장대로라면 역설적이지만 그 시점에서 매우 절실한 언론의 자유를 강경하게 요구했다.

티에르는 반은 야망, 나머지 반은 애국심으로 교권주의와 제휴했다. 그는 황제의 민족주의 이념이 장기화될 것이 두려워 의회의 자유를 탈환할 필요가 있다고 판단했다. 작전은 단계적으로 추진하는 수밖에 없었다. 우선 입법원이 매년 시행하는 칙어에 대한 답변 문안을 표결하는 권한을 확보했다. 이어 무임소장관無任所長官이 의회에서 정부 시책을 설명하게 했고 의사록 공개도 허용했다. 보수적인 의회주의자들의 자유주의연맹과 공화주의자는 1863년 총선거에서 200만 표를 얻었다. 출판과 집회의 자유가 없고 관선 입후보자가 판을 치는 상황에서 얻은 이 표는 대단한 성과라고 할 수 있다.

2. 지난날 황제는 공화주의자의 반대를 묵살할 수는 있었으나 황제를 지지한 보수파를 후환 없이 제거하기는 어려웠다. 나폴레옹 3세는 제정이 자코뱅주의의 방향으로 나아가면서 노동자에게 의존하길 원했다. 그러나 현실주의자였던 그는 자신이 부르주아계급의 포로라는 것을 잘 알고 있었다. 의회주의에 대한 부르주아계급의 애착이 분명해진 이상 양보하는 것이 온당했다. 새로 구성된 의회에서 티에르는 '필요불가결한 자유'를 위해 투쟁했다. 당시는 1864년 교황 비오 9세가 내린 〈오류표Syllabus of Errors〉 때문에 사상의 자유가 위협받을 때라 그의 연설은 대중에게 커다란 감명을 주었다. 19세기의 근본 원리를 기괴하다며 비난한 그 내용은 교회가 국가에 우선하고 교육의 교회 독점과 비가톨릭파의 예배 및 출판의 자유를 금지하는, 말하자면 중세기의 절대주의적인 교황의 교리로 복귀하자는 것이었다. 이러한 태도는 나폴레옹 3세에 대한 하나의 도전으로 그의 입지를 난처

하게 만들려는 의도를 담고 있었으나 오히려 주요 희생자는 자유주의적인 가톨릭파였고 민중적 그리스도교 역시 회복하는 데 25년이나 걸릴 만큼 일대 타격을 받았다.

황제는 항상 방대하고 막연한 계획에 열중했다. 그는 1861년 이후 베니토 파블르 후아레스(Benito Pablo Juarez, 멕시코 초대 대통령—역자주)가 영도하는 반교권당과 가톨릭당이 정권 쟁탈전을 벌이는 멕시코에 간섭해 교권주의자와 군인에게 자신의 위신을 과시하려는 계획을 세우기 시작했다. 멕시코는 굉장한 재부를 소유했다는 소문이 자자했고 약간의 투자를 한 금융 자본가들은 한 사람의 유럽 황제, 즉 오스트리아 황제의 동생인 합스부르크 가문의 막시밀리안 공(막시밀리안 1세)을 추대하기를 원했다. 청년 시절 니카라과의 운하 계획을 연구한 나폴레옹 3세도 관심이 있었다. 이에 따라 그는 자신의 비호 아래 가톨릭 라틴 제국을 수립함으로써 전 세계를 무대로 신교를 비롯해 앵글로-색슨적인 자유주의 세력과 투쟁하려 했다.

3. 이처럼 방대한 계획은 위험천만한 일이었다. 성실한 막시밀리안이 유능한 군주로서의 자격이 없어서가 아니라 멕시코인이 황제, 특히 유럽인 황제를 원치 않았기 때문이다. 이 원정에서 프랑스군은 손실만 보았고 프랑스는 이탈리아 원정 이후 여러 가지 새로운 희망과 문제가 생긴 유럽에서 더욱 긴요해진 귀중한 병력을 소모했다. 후아레스는 막시밀리안이 점령하지 못한 광대한 지역을 계속 유지했으며 막시밀리안에게는 전비와 군대가 전혀 없었다. 결국 프랑스는 멕시코인에게 막시밀리안을 강요하는 데 실패했다. 1865년 남북전쟁에

서 북군이 승리하자 대외정책의 자유를 회복한 미국은 아메리카 대륙에서 유럽의 간섭을 허용하지 않는다는 먼로주의를 재확인했다. 그들이 후아레스에게 무기를 제공하자 나폴레옹 3세는 아실 바젠Achille Bazaine을 불러들였고 후아레스는 가엾은 막시밀리안을 체포해 총살했다.

한편 막시밀리안의 아내 샤를로트는 생클루로 달려가 황제에게 애원하고 그다음에는 로마로 가서 교황에게 탄원했으나 아무 성과가 없자 미친 듯이 날뛰었다. 이것이 바로 여론이 개인적인 이익을 위한 망동이라고 규탄한 계획, 국내 분쟁만 조장한 무모한 계획의 수치스러운 손익대조표였다. 프랑스 국민은 이제 황제의 웅대한 이념에 염증을 느꼈다.

"카이사르의 생애를 연구하는 것은 참으로 좋은 일입니다. 그러나 폐하, 제발 확고부동한 평화를 수립한 후 한가할 때 연구하시기 바랍니다."

모두가 안식을 갈망했다. 의회에서는 개인적인 권력 행사에 진저리가 난 보나파르트파와 성과 없는 반대운동에 지친 자유주의자 간에 동맹이 진행되었다. 에밀 올리비에는 좌익과 절연했고 루이 뷔페Louis Buffet는 권력주의적인 제정파와 분열했다. 제정 전복을 꾀하는 집단과 제정을 전제적으로 유지하려는 집단 사이에 제3당이 결성되고 있었다.

4. 이 과정에서 비정한 천재 오토 폰 비스마르크Otto Eduard Leopold Von Bismarck는 나폴레옹 3세의 망상을 교묘히 이용했다. 민족주의를

추구한 나폴레옹 3세는 이탈리아의 통일을 지원해 오스트리아와 대립했고 폴란드 해방에 호의를 가지고 참여해 러시아와의 분규 가능성을 초래했다. 또한 그는 프로이센이 덴마크의 2개 주인 슐레스비히와 홀슈타인을 병합하는 것을 인정하게 했다. 황제는 프로이센이 북독일 연방의 중심이 되는 것을 보고도 불안을 느끼지 않았고 오히려 어리석게도 독일이 프랑스의 원조를 요청할 것이라고 오판했다.

1865년 비스마르크와 나폴레옹 3세는 비아리츠에서 회담을 열었다. 비스마르크는 표면상 매우 솔직한 태도로 프로이센이 오스트리아를 독일 연방에서 축출하고 독일 헌법을 개정한 뒤 이탈리아와 동맹하려 하는데, 그동안 프랑스가 중립을 지켜주면 그 대가로 약간의 영토를 할양하겠다고 약속했다. 나폴레옹 3세는 또다시 속아 넘어갔다. 그는 1815년의 조약을 파기할 수만 있다면 멕시코에서의 실패를 회복할 수 있으리라고 판단했다. 교활한 비스마르크는 서면으로 서약하지 않았다.

1866년 프로이센은 몇 주 만에 오스트리아군에 대승함으로써 처음으로 근대전의 과학적, 공업적 우월성을 확인했는데 동원의 신속성, 무기의 우월성, 철도의 조직적 이용 등이 프로이센에 전격적인 승리를 안겨주었다. 프로이센은 재빨리 북독일 연방을 조직했다. 비스마르크에게 유일한 위협은 프로이센의 병력이 오스트리아로 집결하는 동안 프랑스군이 라인 강변으로 진출하는 것이었다. 그렇게 했다면 나폴레옹 3세는 군사적 압력만으로도 대가를 얻어냈을 것이다. 물론 이런 기회는 순간적으로만 존재한다. 나폴레옹이 대가를 요구할 때는 이미 시기가 늦었다. 그는 하는 수 없이 마인츠 지방을 요구했다. 비스마르크는 '여관의 청구서' 같은 그 요구를 비웃을 뿐이었다. 그렇다면 벨기에는 어떨까? 비스마르크는 이 내용을 곧바로 영국에 통보했다. '안트베르펜의 권총'이라는 전통적인 공포증에 사로잡힌 영국은 고함을 지르며 나폴레옹 3세에게 적의를 품었다. 뤽상부르는? 전 독일이 독일적인 지방의 할양을 강경하게 반대했다. 한편 이탈리아는 베네치아를 얻기 위해 승자와 동맹을 맺었다. 이에 따라 1815년에 체결된 조약은 소멸되고 민족주의 원칙이 정통주의 원칙을 제압했으며 결국 프로이센만 이익을 보았다.

5. 이런 실패는 아마 다시는 없을 것이다. 크림과 이탈리아에서 승리를 거둔 제정에 대해서는 반항운동도 무력했다. 그러나 멕시코에서의 재난과 유럽에서의 외교적 패배는 국내 세력 판도를 바꿔놓았다. 분노와 모욕을 느낀 국민은 현 정권에 반대하는 의원들을 지지하기 시작했다. 프랑스에서 판매가 금지된 위고의 《징벌시집》이 암암리에 퍼져 나가면서 국민의 적개심을 고무했다. 숙환으로 쇠약한 황제는 여론의 공박을 받고 서서히 권력을 양보하기 시작했다. 의회는 의사당에서 장관에게 질문할 수 있는 권한을 되찾았고 티에르는 장관들에게 다음과 같이 선언했다.

"여러분은 과오란 과오는 모조리 저질렀기 때문에 이제 아무것도 남은 것이 없다."

나폴레옹은 공개 연설에서 "수평선을 컴컴하게 덮으려는 흑점"이 있다고 언급했다. 지난날 권력을 추종한다고 비난을 받았던 생트뵈브도 상원에서 과격파 가톨릭의 새로운 공격에 응대해 사상의 자유를 옹호함으로써 위신을 회복했다. 교황에 대한 가리발디파의 공격에 격분한 교권주의자들은 제2차 로마 원정과 프랑스 교직자들의 숙청을 요구했다. 나폴레옹은 우익에 굴복해 또다시 교황의 세속권을 옹호하려 했고 그다음에는 자유주의자에게 굴복해 가혹한 출판법을 완화하도록 조처했다. 로슈포르 뤼세 후작인 앙리 로슈포르Henri

나폴레옹 3세의 전제정치에 맞서 강력하게 공화정을 주장한 레옹 강베타

Rochefort는 이 기회를 이용해 과감하고 기지에 빛나는 주간지 〈라 랑테른La Lanterne〉을 발간했다. 제1호에는 유명한 야유가 실렸다.

"불만이 있는 말썽꾸러기들을 빼고도 프랑스에는 3600만의 국민이 있다."

독창적인 걸작은 아니었으나 목요일마다 10만 부의 주간지 〈라 랑테른〉이 현 정부를 비판함으로써 파리 시민을 즐겁게 했다.

쿠데타의 희생자인 의원 빅토르 보댕Victor Baudin의 기념비를 건립하기 위한 기금 모금회가 조직되었다. 기부 신청자가 탄압을 받으면서 재판이 열렸는데 그때 젊은 변호사 레옹 강베타Léon Gambetta가 제정을 규탄하는 열변을 토로해 일약 영웅으로 떠올랐다. 그의 결론은 전 파리를 들뜨게 만들었고 그는 위정자들을 맹렬히 공박했다.

"당신들은 과거 17년간 프랑스의 절대 지배자였다. 이제 와서 당신들이 프랑스의 재력, 인명, 명예, 영광을 어디에 허비했는지 따지고 싶지는 않다. 당신들이 감히 '12월 2일을 국민의 경축일로 한다'라고 말하지 못하는 것이 스스로 반성한다는 증거이며 이것이 무엇보다 당신들을 공정하게 고발한다. 좋다, 당신들이 기념일로 정하기를 원치 않는 그날을 우리가 우리 자신을 위해 채택하겠다. 우리는 매년 이 날을 우리를 위해 순교한 사람의 기념일로 정하고 국민이 다시 지배자가 되어 당신들에게 속죄를 요구할 때까지 계속 저항하겠다."

이때부터 공화주의자는 한 사람의 지도자를 얻었다. 어떤 사람이든 매수할 수 있다고 믿은 황제는 이렇게 말했다.

"강베타라는 사나이는 정말 재주가 있다. 그를 회유할 방법 없을까?"

그를 회유할 방법은 전혀 없었다. 정부는 아돌프 니엘Adolphe Niel 원수의 군사법을 의회에서 통과시키는 데 큰 어려움을 느낄 정도로 약해졌다. 이 법안은 독일 육군의 새로운 우월성에 대비하는 일에 반드시 필요했으나 정치인들은 정부에 격분한 나머지 국가의 항구적인 이익조차 망각하고 말았다.

6. 과연 황제는 노동자에게 의존할 수 있었을까? 그럴 수 없었다. 1851년에는 노동자들이 부르주아계급 위주의 공화정치에 증오심을 보이며 쿠데타를 방관했다. 과거 10년 동안 그들은 제정과 계속 대립했다. 그들은 피에르 조제프 프루동Pierre Joseph Proudhon의 지도로 더욱 단결해 공제조합을 결성했는데 마르크스와 페르디난트 라살레Ferdinand Lassalle가 제창한 국제 사회주의는 그들에게 몇 가지 막연한 개혁을 강조했다. 그들에게 사회혁명을 약속한 마르크스는 1789년 부

르주아계급이 봉건제도를 타파했고 앞으로 노동계급이 부르주아계급에 승리할 것이라고 말했다. 또한 이 최후의 혁명 이후에는 사회가 계급으로 분열하는 일이 없고 생산 수단은 노동자의 소유가 될 것이라고 말했다. 1863년 프랑스의 노동자가 런던을 방문했을 때 국제노동연맹이 결성되었고 1866년과 1867년에 연맹대회를 개최해 운수 기관, 광산, 삼림, 전신 등의 국유화를 요구했다. 개인 가입자는 극히 소수였고 회비도 보잘것없는 액수였으나 프랑스에서는 노동자 조직이 단체로 가입하고 있었다.

백색 노동복을 입은 사람들이 대로에서 〈라 마르세예즈〉를 부르며 시위를 했다. 에밀 졸라는 그의 작품《제르미날》에서 흔히 유혈이 따른 당시의 파업에서 국제노동연맹의 역할을 상세히 묘사했다. 대다수 부르주아계급은 위협을 느끼며 세계 혁명에 관심을 기울이기 시작했다. 제정정부는 이 혁명을 두려워한 나머지 파업 현장에 군대를 투입했다. 사회주의 노동자들은 이미 이탈한 부르주아계급의 자유주의자처럼 현 정권과 단절했다. 사건이 있을 때마다 반대파는 공공연히 황제를 비난했으나 이제 그는 감히 반격을 가하려 하지 않았다. 황제는 로마의 폭군인 칼리굴라Caligula와 엘라가발루스Elagabalus로 불렸고 황비인 스페인 여인은 과거의 오스트리아 여인처럼 악평을 받았다. 경쟁시험 수상식에서 젊은 자크 고드프루아 카베냐크Jacques Godefroy Cavaignac는 황태자의 월계관 수여를 거부했다. 황비의 불평과 탄식을 듣던 황제는 이렇게 대답했다.

"조만간 나도 반항운동의 표적이 될 것이다."

이 조용한 체념은 공격자를 더욱 고무했다. '바댕게Badinguet 일파'

는 이전의 루이 필리프 때처럼 황제에 관한 많은 속요를 만들었다.

7. 1869년의 선거에서 프랑스 국민은 불만을 그대로 표출했다. 관선 입후보자가 450만 표, 반대당이 430만 표를 얻었는데 후자에 대한 관권 개입과 탄압을 감안하면 이 선거는 반대당의 압도적인 승리라고 할 수 있다. 로슈포르는 보궐선거로 파리에서 당선되었고 '불구대천의 원수'라며 등장한 강베타는 벨빌에서 당선되었다. 지방도 반정부적인 분위기의 영향을 받았으며 116석을 확보한 중도파가 티에르 일파의 왕정파와 제휴하면 과반수를 차지할 수 있었다. 메리메는 말했다.

"튈르리 궁은 모두가 신경질적이다. 마치 지휘자가 등단하려 할 때 모차르트의 음악이 풍기는 감정과도 같다."

전제정을 열렬히 지지하는 이집트 마멜루크 기병대의 건의에도 불구하고 황제는 후퇴를 결심하고 헌법을 개정했다. 이에 따라 1870년에 의결한 상원의 결의사항은 1815년에 제정한 헌법의 부가조령이 제1제정에 영향을 주었듯 제2제정에 그러했다. 이후 의회가 황제처럼 법안을 발의했으며 예산은 항목별로 의회의 심의를 거쳤다. 또 내각은 의회에 대해 정치적 책임을 지고 황제는 의회 해산권을 확보했다. 황비와 전제파가 이 계획을 저지하려다 실패했다. 황제는 비밀리에 중도파와 거래해 1870년 1월 2일 에밀 올리비에에게 조각을 위촉했다. 나폴레옹 3세는 보다 경험이 풍부한 티에르에게 위촉해야 했으나 그렇게 하면 티에르는 황제를 입헌군주에 불과한 지위로 밀어냈을 것이다. 젊은 에밀 올리비에는 티에르보다 융통성이 없었고 혁신

정책의 적임자로 보였다. 그는 "우리는 황제가 행복한 노년기를 보내도록 해야 한다"라고 말했는데 이는 그의 진심이었고 내각은 초기에 국민의 지지를 받았다. 반대운동의 거점 중 하나인 아카데미 프랑세즈도 라마르틴의 자리에 총리대신을 선출했다. 비관론자는 기초가 허물어지려는 최후의 순간에 비로소 자유가 건물을 장식하게 되었다고 말했지만 강베타는 여전히 화해를 거부하고 정부 당국을 규탄했다.

"여러분은 1848년의 공화국과 미래의 공화국 사이를 잇는 교량에 불과하다. 그 다리를 건너가는 사람은 바로 우리다."

8. 1870년 5월 제정의 원칙 내에서 이루어지는 자유주의적 개혁에 대해 국민투표를 시행했다. 공화주의자들은 국민투표에 반대했다. 그중 한 명인 쥘 그레비는 만약 국민에게 직접 호소한다는 원칙을 유지하면 의회는 무력한 존재가 되고, 정부가 임의로 작성한 안건에 관해 '혼돈 아니면 기정사실 승인'이란 양자택일로 국민을 끌고 가는 정부에 국가를 떠맡기는 결과가 될 것이라고 경고했다. 크레미외가 반국민투표위원회를 결성했지만 정부가 소송으로 출판의 자유를 위협하고 공화주의자를 탄압해 간단히 해체해버렸다. 국민투표에 부친 문제는 국가조직 형태와 개혁 문제를 교묘히 혼합하는 바람에 대단히 모호했다. 그 결과 735만 8,000표의 찬성과 157만 1,000표의 반대가 있었다. 파리와 남프랑스 대도시만 반대파의 유일한 아성이었고 지방은 전부 제정을 지지했다. 투표 결과가 나오자 강베타는 비통한 어조로 뇌까렸다.

"제정은 전보다 더 강력해졌다."

국내에서는 그러했으나 대외적으로는 폭풍우의 여러 징조가 나타나고 있었다. 영국이 불안감을 느끼고 오스트리아가 비난하면서 프랑스가 완전히 고립되자 비스마르크는 독일 육군의 우세한 병력에 자신감을 굳히면서 1866년 이래 전쟁의 구실을 찾고 있었다. 후년에 쓴 그의 기록에 이런 구절이 있다.

"독일 통일을 성취하려면 반드시 프랑스와의 전쟁이 필요하다."

프랑스는 아무런 대책도 강구하지 않은 채 이 비정한 현실주의자를 방임하고 있었다. 프랑스에 존재하는 것은 쇠진하고 우유부단하며 관대하지만 핵심이 없는 민족주의 원칙을 내세웠다가 손해만 본 황제, 신문과 청년들의 조소 대상인 인기 없는 정부, 유럽의 평화가 이처럼 지속적으로 유지된 적은 없다고 주장하는 총명하긴 하나 위험할 정도로 낙관적인 총리대신 그리고 니엘 원수의 군사법을 등한시하는 군대뿐이었다. 1870년 6월 30일 의회는 티에르의 반대의견을 무시하고 올리비에가 제안한 상비군 감원안을 통과시켰다. 프랑스는 엄연한 현실 앞에서 평화라는 요행을 바라고 운명을 건 것이다.

9. 반면 독일은 전쟁에 운명을 맡기고 있었다. 1868년 여왕 이사벨라 2세(Isabella II, 1830~1904)가 폐위되고 스페인의 왕위가 호엔촐레른지크마링겐Hohenzollern Sigmaringen 가문의 레오폴드Leopold 왕자에게 돌아갔다(이사벨라 2세는 아들 알폰소 12세에게 왕위를 넘겨주려 했으나 스페인 신정부는 아오스타 공인 아마데오 1세를 새로운 국왕으로 선출했다). 왕자는 루마니아 섭정왕자(후일의 카롤 1세)의 동생이며 프로이센 왕의 친척이었다. 프랑스 의회는 만장일치로 반대의사를 표명했고 의원들은 카를 5세의 제국처럼 독일이

스페인에 힘을 실어주면 프랑스가 협공을 당한다는 위험한 정세와 유럽의 세력 균형이 파괴된다는 점을 강조했다. 프랑수아 마그나드 François Magnard는 신문 〈르 피가로 Le Figaro〉에 "각 정당이 이렇게 완전히 합의하는 것을 본 일이 없다"라고 기고했다. 쥘 시몽Jules Simon, 티에르, 강베타 등도 이 용납할 수 없는 프로이센의 계획에 반대한다는 점에서 제정과 언론인들과 의견이 일치했다. 모두가 크게 놀라는 가운데 7월 12일 호엔촐레른 가문은 후보자를 철회했고 이것은 그야말로 명예로운 평화였다. 티에르가 신중한 태도를 권고하자 올리비에가 말했다.

"마음을 놓으십시오. 우리가 평화를 확보하고 있는데 어찌 평화를 놓치겠습니까."

하지만 인간적인 허영심이 발동하기 시작했다. 황비, 올리비에, 외무장관 그라몽Gramont이 서로 개인적인 공적을 추구한 것이다. 스페인의 왕위를 사절한 것은 프로이센 왕이 아니라 레오폴드 왕자의 부친이었다. 이때 그라몽은 티에르의 충고를 무시하고 왕자가 생각을 바꾸지 않도록 빌헬름 1세(Wilhelm I, 1797~1888)를 보장해달라고 요구하려는 어리석은 생각을 했다. 감정이 상한 프로이센 왕이 프랑스 대사 베네데티Benedetti에게 그 문제는 완전히 끝난 일이라고 통보했는데도 대사가 고집하자 그는 접견을 거부했다. 이 대답에는 무례한 구절이 하나도 없었으나 비스마르크는 그가 노리던 전쟁 기회가 여기에 있다고 생각해 빌헬름 왕이 그에게 사건의 진상을 알리려고 엠스에서 보내온 전문을 요약해 원문에 없던 거칠고 노기 띤 듯한 구절을 첨가했다. 그는 그 새로운 전문을 부하 장군인 헬무트 몰트케Helmuth

Moltke와 알브레히트 폰 론Albrecht Theodor Emil von Roon에게 보여주며 이것으로 전쟁이 가능해지길 희망한다는 뜻을 전했다. 장군들은 "분쟁을 빨리 일으키는 것이 우리에게 유리하다"며 찬성의 뜻을 표했다. 그라몽과 올리비에는 비스마르크가 그들 앞에서 휘두른 붉은 헝겊을 보고 투우장의 황소처럼 덤벼들었다. 그라몽은 그들에게 뺨을 맞았다며 분개했고, 올리비에는 의회에서 전쟁을 선포하고 예산을 요청했다. 티에르만 개전에 반대했는데 올리비에는 가벼운 마음으로 전부 책임지겠다고 답변했다. 파리 시내에서는 군중이 외쳤다.

"전쟁 만세! 베를린으로 쳐들어가자!"

거리의 깡패부터 황제에 이르기까지 모두가 〈라 마르세예즈〉를 불렀으나 지방에서는 87명의 지사 중 71명이 주저와 유감의 뜻을 표하며 하는 수 없이 전쟁을 승인했다. 그때까지 국제적인 분쟁이 이처럼 사소한 이유로 발발한 적은 없었다.

10. 독일은 완전히 전쟁 준비를 끝낸 상태였지만 프랑스는 갑자기 준비를 갖춰야 했다. 오래전 니엘 원수가 편성과 동원 계획을 수립했으나 아직 실시하지 못하고 있었다. 북프랑스의 예비병이 멀리 남쪽이나 서쪽에 있는 동원부대로 가서 다시 전선이 있는 동프랑스 쪽으로 이동해야 했으므로 수송기관은 일대혼란에 빠져버렸다. 보병의 장비인 샤스포 소총은 우수했으나 포병대 대포는 적군보다 열세였고 보급 계통은 전혀 없는 것이나 마찬가지였다. 식량, 탄약, 위생 재료 등 모든 것이 부족했다. 그럼에도 불구하고 르뵈프Leboeuf 원수는 다음과 같이 장담했다.

"우리는 완전한 준비를 갖췄다. (…) 전쟁이 1년 이상 계속되어도 우리는 각반의 단추 하나 사들일 필요가 없다."

독일군은 지휘관의 자질부터 우수했다. 안이한 이탈리아 야전, 알제리 식민지 전쟁, 크림 포위전만으로 단련된 제2제정의 지휘관들은 기동전에 관한 지식이 전혀 없었다. 위대한 장군 몰트케는 배후에 천재 비스마르크를 민간정부 수반으로 확보하고 있었다. 나폴레옹 3세는 방광에 비둘기 알만 한 결석이 있었으나 육군을 총지휘하기 위해 황비와 인기 없는 정부를 남긴 채 파리를 떠났다. 병사와 장군은 용감했지만 일선 지휘관 없이는 아무런 전과도 거둘 수 없었다.

전쟁은 처음부터 재난으로 출발했다. 이틀 만에 두 번이나 승리한 독일군은 국경을 넘어 알자스와 로렌으로 침입했다. 국내의 격분은 극도에 달했고 황제는 8월 12일 멕시코에서 전공을 세운 바젠 원수에게 총사령관 자리를 넘겼다. 무기력하고 결단성 없는 바젠은 후퇴해 순간적인 승리의 마지막 기회를 놓치고 메츠에서 적군이 로렌군을 차단하도록 방관했다. 알자스와 샬롱Châlons 두 군단의 사령과 마크마옹 장군은 파리로 후퇴하려 했으나 섭정 황비는 만약 마크마옹이 바젠을 포기하면 혁명이 일어날 것이라고 경고했다. 그는 이미 결판이 난 것이나 다름없는 패전을 각오하고 진격을 계속해 9월 2일 스당에서 포위되어 항복했다. 개전한 지 1개월도 채 되지 않아 황제는 포로가 되었고 얼마 후 그는 영국에서 은신처를 구했다.

11. 유럽에 독일의 악랄한 패권시대가 열렸다. 두 번째 국민투표로 정권을 쥔 왕정제 제국이 프랑스를 적국의 침입과 강압에 내맡긴 것

이다. 깊이 뿌리내리지 못한 보나파르트 가문의 정권은 다시금 패전의 폭풍으로 단시일 내에 붕괴되었다. 설령 악의가 없었다 해도 이 상황에 관여한 사람들은 책임을 분담해야 한다. 황제의 사상은 때로 광채와 관용에 빛났고 또 때로는 무정견과 환상에 사로잡혀 유럽을 프로이센에 넘겨주는 데 크게 기여했다. 그러나 일부 우수한 프랑스인은 여전히 그에게 충실했다. 루이 파스퇴르는 다음과 같이 기록하고 있다.

"거리에서 오가는 뜬소문과 말기에 자주 있었던 기교를 부리는 자들의 배신에도 불구하고 황제는 자신감을 갖고 후세의 비판을 기다릴 만하다."

후세는 쿠데타에 뒤따른 가혹한 탄압, 자유 말살, 위신만을 위한 전쟁 등을 비난했다. 다른 한편으로 후세는 황제의 사회사상이 시대를 앞섰다는 것, 1870년 전쟁은 의회 지도자들도 책임을 분담해야 한다는 것을 시인했다. 사실상 프랑스는 1815년부터 1870년에 인구적, 산업적, 군사적 우월성의 대부분을 상실했다. 그렇다고 프랑스가 국가적 위치를 포기했다는 것이 아니라 독일 세력권 형성을 저지할 수 있는 리슐리외에 비할 만한 현명한 외교정책과 강인한 용맹성을 잃었음을 의미한다. 커다란 과오는 나폴레옹 3세와 그의 신하들이 프랑스의 생존 및 유지에 필요한 전통적인 조건을 망각한 점이었다.

chapter 7

—

낭만주의의 쇠퇴

—

1. 프랑스는 19세기 전반에 문예부흥기나 고전주의 시대 초기에 못지않게 천재적 작가를 많이 배출했다. 종교는 제2제정과 더불어 황혼기가 시작되었다. 쿠데타를 용납하지 않은 빅토르 위고는 제정 말기까지 처음에는 저지 섬, 그다음에는 건지 섬에서 망명생활을 했는데 작가인 그에게는 오히려 이 생활이 유리했다. 정치적 망명이 그를 정치로부터 격리해 《레 미제라블》 같은 대작을 창작할 여유를 주었기 때문이다. 하지만 낭만파는 그의 망명으로 탁월한 지도자를 잃었다. 라마르틴은 정치적 몰락으로 생계를 위해 창작을 했고 나폴레옹 3세가 천성인 관용으로 전향하지 않은 정적에게까지 조건 없이 제공하는 연금을 받았다. 만약 이들 지도자가 남아 있었을지라도 낭만주의는 쇠퇴했을 것이다.

새로움에 대한 감각 고갈, 욕구 차이, 독자의 신념 상실 등이 변화의 원인이었다. 1852년을 보낸 프랑스인은 너무 많은 정권의 흥망을 보고 냉소적으로 변했을 뿐 아니라 모든 것을 협잡으로 여겼다. 1830년 이전만 해도 그들 중 일부는 왕권과 성단을, 1848년까지는 민중과 진보를 신봉했다. 왕정복고와 혁명은 다 같이 그들에게 실망을 안겨주었다. 남은 것은 과학과 산업이었으므로 그들은 여기에 기대를 걸었다. 특히 생시몽 학파는 이론적 차원에서 실천적 차원으로 성공적으로 발전했다. 기타 일부에서는 사업가의 범용함과 기성관념의 저속함을 안타깝게 관망하며 현실사회에서 아무것도 기대하지 않고 완벽한 예술에서 피난처를 구했다.

2. 낭만주의는 과거, 미래, 이국정서, 환상으로의 도피였다. 그런데 이 모든 길이 너무 많은 사람으로 인해 거의 막혀버리면서 예술가에게 남은 길이라고는 기술로의 도피뿐이었다. 사람의 천성은 인공으로 구축한 낙원에서도 보람을 찾는 법이다. 자기가 사는 시대를 멸시한 시인들은 고뇌를 금할 수 없는 처지이면서도 불행한 환경 속에 질서와 미를 도입했다. 단지 형식을 창조하는 목적에만 충실한 것이 샤를 보들레르Charles Baudelaire, 플로베르 그리고 고전파 시인들의 해결 방법이었다. 천성이 낭만적인 플로베르는 사상도 낭만적이었고 위고, 괴테, 바이런의 열렬한 숭배자였다. 그러나 그는 낭만주의의 결함이 현실에서의 도피임을 깨닫고 가장 반낭만적인 소설인《보바리 부인Madame Bovary)》을 창작했다. 이 작품은 기사도 소설에 영향을 미친《돈 키호테》처럼 낭만주의에 영향을 주었다. 플로베르는 비열, 저속, 타락한 그리스도교를 고위 성직자 부르니지엥에, 타락한 과학을 샤를 보바리에, 타락한 연애를 루돌프와 레옹에 비유해 묘사했다. 그 외에

쓸 것이라곤 아무것도 없었다.

3. 낭만파 시인은 고백하는 취미가 있었는데 그 고백은 호화찬란했다. 그들의 연애는 행복하지 못했을망정 위대한 얘기로 남아 있다. 보들레르는 인간의 불행을 긍정했고 엠마 보바리를 파멸시킨 연애의 수사적인 묘사와 죄악, 불신의 현실적인 관점을 대비해놓았다. 그는 1815년의 왕당파인 가톨릭 성가대원보다 더 독실한 그리스도교 신자였다. 특히 그는 우리에게 라신을 떠올리게 하며 아르튀르 랭보Arthur Rimbaud, 폴 베를렌Paul Verlaine, 프랑수아 모리아크François Mauriac의 선구자이기도 하다. 그는 악덕 속의 양심과 궁극의 도피인 죽음을 택했다.

"오, 죽음이여! 늙은 선장이여, 때는 왔다! 우리 닻을 올립시다!"

고답파 시인 르콩트 드 릴Leconte de Lisle은 이것과 조금도 다르지 않은 마음을 토로했다.

신성한 죽음이여, 모든 것을 둘러싸고 모든 것을 없애는 당신이여.
우리를 별이 반짝이는 당신 가슴속에 꼭 안아주시오.
우리를 시간, 수학, 공간으로부터 해방시키시오.
고달픈 세상에서 나날을 지내는 우리에게 안식을 되돌려주시오.

이 허무주의는 말뿐이었다. 절망을 표현한 르콩트 드 릴과 고전파 그룹은 적당히 현실과 타협했고 평론가 알베르 티보데Albert Thibaudet가 지적했듯 관리로서 일생을 보냈다. 그들은 죽음에 대해 말은 많이

했어도 스스로 죽음을 찾을 의사는 전혀 없었던 것이다.

4. 제2제정 시대에 일반 시민계급은 쾌락으로 도피했다. 제정이 정치적 자유를 용인하지 않자 그들은 정치를 포기해버렸다. 파리가 이토록 사치스럽고 퇴폐적이었던 적은 없었다. 연극이 다시 각광을 받으면서 에밀 오지에Emile Augier의 사실적이고 시민계급적인 희극, 소 알렉상드르 뒤마Alexandre Dumas의 도의적이고 시민계급적인 코미디, 50년 동안 팔레루아얄에서 관객을 즐겁게 한 외젠 라비슈Eugène La-biche의 시민계급적인 악극, 자크 오펜바흐Jacques Offenbach의 음악 반주를 곁들인 앙리 메이약Henri Meilhac과 루도빅 알레비Ludovic Halevy 의 오페레타 등이 대성황을 이루었다. 전 세계 관객이 연극을 즐기기 위해 파리로 모여들었다.

프랑스의 지방은 철도 확장으로 파리와 연결되었고 지방의 부르주아계급도 매년 파리로 올라와 며칠 동안 체류하며 극장을 순례했다. 더불어 한 연극을 몰리에르 시대처럼 15~20일이 아니라 100일간 상연했다. 붉은 벨벳으로 장식하고 도금 샹들리에가 빛을 밝히는 신식 카페가 문을 열었고, 건축가 샤를 가르니에Charles Garnier가 설계한 호화롭고 우아한 오페라 극장은 당시의 부력과 신로코코Rococo 취미를 상징한다. 샤를 프랑수아 구노와 앙브 루아즈 토마Ambroise Thomas 는 오페라 극장에서 대성공을 거두었다. 유명한 고급 창녀는 심지어 황제까지도 농락할 정도였다. 고급 창녀로 명성을 떨치던 라 파이바 La Paiva 부인은 샹젤리제에 대저택을 지었는데 없는 것이라곤 정원의 산책길뿐이었다는 소문이 돌았다.

'매우 파리적인' 추문 추적기사가 신문 지면을 장식했다. 이폴리트 드 빌메상Hippolyte de Villemessant은 보마르셰의 작품에 나오는 주인공 이름을 딴 신문 〈피가로〉를, 장 자크 바이스Jean Jacques Weiss는 신문 〈레 데바Les Débats〉를 창간해 볼테르의 사상을 보급했다. 이때만큼 유능한 신문기자가 배출된 시대는 없었다. 민첩하고 경쾌하며 천박해 보이기도 하는 파리의 기질이 전 유럽에 명성을 떨쳤고 프랑스는 경박한 나라라는 잘못된 인상도 퍼져 나갔다. 오펜바흐의 음악과 메이약, 알레비의 가사는 다른 시대에 존경심으로 대하던 모든 대상을 주저 없이 조롱했다. 〈지옥의 오르페Orphée aux Enfers〉에서 주신의 노래, 〈파리 생활La Vie Parisienne〉의 4인 무곡, 〈아름다운 엘렌La belle Hélène〉을 개작한 풍자 노래 등은 신과 사람을 방종한 무도 장면으로 끌어넣었다. 적어도 표면적으로는 근엄한 영국의 빅토리아 왕조시대에 영국인은 황색 표지의 프랑스 소설을 숨어서 탐독했다. 영국인은 바람을 피우려 파리로 건너왔고 쾌락을 즐기면서도 그 쾌락 때문에 파리를 비난했다.

5. 번화한 거리가 파리의 전부는 아니었다. 이 시기만큼 프랑스에서 비평가, 수필가, 역사가가 많이 배출된 활기찬 시대는 없었다. 1863년 언어학자 에밀 리트레Emile Littré가 《프랑스어 사전Dictionnaire de la Langue Française》을 간행했는데, 이것은 언어 사용에 관한 과학적이고 우수한 저술로 언어학적 측면에서 아주 위대한 업적이었다. 생트뵈브는 비평계의 왕자로 그의 월요 평론은 작가들의 명성을 좌우했고 그는 프랑스인을 위해 석학으로서의 박식함과 소설가로서의 정

교한 분석으로 문학 및 역사에 관한 광범위한 안목을 제시했다. 생트 뵈브는 자타가 공인하는 낭만파의 대표자 격이었는데 프랑스의 위대한 고전주의 전통에 대한 취미와 애정을 보존하는 데 그만큼 공헌한 사람은 없었다. 당시의 역사가들은 1830년대의 역사가들보다 풍부한 자료와 진보적인 방법론으로 역사적 사건을 통해 보다 보편적인 사관을 추구하려 했다.

알렉시스 드 토크빌은 미국의 민주주의를 연구한 후《구체제와 대혁명》이라는 명저를 저술했고, 이 저서는 이폴리트 텐이《근대 프랑스의 기원》을 저술하는 데 기본적인 자료를 제공했다. 텐, 르낭, 퓌스텔 드 쿨랑주Fustel de Coulanges 등은 종합적인 우수한 연구로 역사를 보다 정확히 기록하려 노력했다. 1863년 르낭은《예수의 생애》를 간행해 물의를 일으켰으나 황제는 그가 프랑스 대학의 역사 교수직을 계속 맡도록 비호했다. 미슐레는 과도하게 서정적인 구름 속에서 주옥같은 과감한 저서를 쉴 새 없이 쏟아냈다. 언론인이자 역사가로 제2제정 시대의 총명한 사람 중 하나인 뤼시앵 아나톨Lucien Anatole, 즉 프레보 파라돌Prévost-Paradol은 민족주의 사상의 결과를 예언하는 저서《새로운 프랑스》를 간행했다. 당시 독일에도 박식한 역사가가 있었지만 토크빌이나 르낭처럼 학식과 문장을 겸비한 역사가는 없었다.

6. 자유주의적 제정시대에는 낭만주의에 대한 반동으로 사실주의가 성행했다. 낭만주의 작가는 도피처를 찾고 사실주의 작가는 현실 사회로 복귀해 때로 현실을 지나치게 탐닉했다. 위고, 뒤마, 상드, 외젠 쉬Eugène Sue, 특히 발자크는 자신의 세계를 창조하려 했다.

"사실주의자들은 인생의 사실, 즉 호적부에 기재된 사실과 일치할 만큼 사실 위주였다. 하지만 이런 경향은 1850년 무렵부터 점차 약해졌다. 호적부에 대하여서 경쟁자로부터 피고용인의 위치로 전락하게 되었기 때문이다. 사실주의는 궁극적으로 이런 상황에 도달했다."

공쿠르 형제는 초기 사실주의의 거장이었고 과도기에 속하는 플로베르는 모든 주의를 초월했다. 플로베르의 제자인 기 드 모파상Guy de Maupassant과 알퐁스 도데Alphonse Daudet는 사실주의 작가였으나 졸라 정도의 사실주의와 발자크의 사회개조 사상, 찰스 다윈의 과학적 방법론을 동시에 계승했다.

졸라는 당시 일반 대중과 비평가의 혹평을 받던 사실파 화가 귀스타브 쿠르베Gustave Courbet, 에두아르 마네를 처음 칭송한 사람이다. 그들의 생기발랄하고 때로 강인한 정신이 흐르는 예술은 사업에서는 악랄했으나 취미는 감상적이던 제2제정 하의 신흥재벌의 기분을 거슬리게 했던 것이다. 마네는 위대한 디에고 벨라스케스Diego Velazquez와 프란시스코 호세 데 고야Francisco José de Goya의 전통을 계승할 생각이었으나 많은 비판을 받았다. 에두아르 마네의 작품〈풀밭 위의 점심식사Le Déjeuner sur L'Herbe〉와〈올랭피아Olympia〉는 당시만 해도 충격적인 작품이었다. 쿠르베는 민주주의적인 예술을 창조하려 했으며 그의 작품〈오르낭의 매장Un enterrement à Ornans〉은 회화로 졸라를 표현하려는 시도였다. 여하튼 그의 생생하고 육감적인 나체화는 모든 유파를 초월할 만큼 본질적으로 아름다웠다.

음악 방면에서는 구노가 크게 성공했고 위대한 음악가 헥토르 베를리오즈Hector Berlioz는 비평가들에게 천재성을 인정받지 못한 채

1869년 사망했다.

7. 1871년의 패전은 제정에 가담한 작가들을 침묵케 했다. 프랑스의 뛰어난 산문작가 메리메는 그가 사랑하던 사회의 몰락을 의식하면서 죽었다. 프레보 파라돌은 자살했다. 재난 이후 근엄한 심정을 되찾은 프랑스 국민은 국가적 불행의 원인을 해명할 만한 작가를 소망했다. 텐은 《근대 프랑스의 기원》을, 르낭은 《프랑스의 지적, 도덕적 개혁》을 통해 거의 1세기 전부터 프랑스를 쇠퇴시켜온 정치적 질환을 진단했다. 그들 자신도 많은 학자에게 추천과 조언을 요청했고 마르스 베르틀로Marce Berthelot가 르낭에게 영향을 주었다는 것은 널리 알려진 사실이다. 나이가 든 위고는 제정이 붕괴하자 고국으로 돌아왔고 제3공화국에서 정계의 원로로서 영광을 누렸다.

제정 몰락은 정신적 퇴폐를 낳지 않았으며 오히려 그 반대였다. 1815년의 패전은 세기의 청년과 도피문학을 낳았으나 1871년의 패전은 반대로 선량한 사람들에게 활기를 주고 그들을 현실 활동으로 이끌었다.

chapter 8

—

결론: 체제 동요 이후의 프랑스

—

1. 1815~1870년에 프랑스의 가장 현저한 특징은 정치체제가 불안정하고 다양했다는 점이다. 탈레랑은 루이 필리프에게 서약하면서 미소를 머금고 말했다.

"그렇습니다, 폐하. 이것이 열세 번째입니다."

여러 번 서약하고 또 이것을 철회한 사람은 어떤 정권에서든 정통성을 믿을 수 없었다. 권력이란 피통치자 대다수의 지지 없이는 권세를 발휘할 수 없는 법이다. 지지가 없어지는 순간 무정부 상태나 민심 동요가 일어나고 심하면 내란이 발생한다. 대혁명은 국왕에게서 존엄성을 박탈했고 그 후부터 프랑스에서는 정통성의 존재가 모호해졌다. 일부에서는 정통성이 부르봉 가문의 속성이라 믿었고 1870년에도 앙리 5세를 왕위에 추대하려고 완강히 고집하는 왕정주의자가 적지 않았다. 반면 국민의 기억에 남아 있는 샤를 10세의 그림자는 왕가의 존엄성을 흐려놓았다. 파리의 민중은 부르봉 가문의 국왕을 두 번이나 타도한 것을 자랑으로 여겼고 공화주의자들은 이 가문이 반동과 복수를 벼르는 당파의 수령이 되는 것을 두려워했다.

분가는 상속권뿐 아니라 국민의 지지마저 잃어 아무런 정통성이 없었다. 제정은 망명 중인 나폴레옹 3세가 여전히 희망을 버리지 않고 "오로지 나만 시국을 수습할 수 있다"라고 말했으나 왕위 계승권과 자코뱅주의를 동시에 충족시키려는 보나파르트주의는 모순을 내포해 다시 집권할 가능성이 없었다. 공화정체제는 보통선거제도가 확립되고 국민의 찬동을 받고 있던 터라 가장 합리적인 해결 방법이었다. 그러나 대다수 귀족계급과 시민계급은 공화정체제를 공포정치와 무질서로 인식했다. 아무튼 어떤 정치체제든 프랑스 국민을 분열시킬 수밖에 없었다. 유혈의 도랑이 아직 메워지지 않았기 때문이다.

2. 프랑스의 권력은 무엇에 의존하고 있었던가? 잔존한 구귀족계급과 부유한 부르주아계급, 대지주들은 공고한 동맹을 맺고 있었다. 이들이 루이 필리프 치하에서 사실상 국정을 운영했으며 그들에게는 그들을 대표해 통치를 담당할 탁월한 인물이 있었다. 드 브로이 공작, 기조, 티에르는 구체제의 대표인물로 탁월한 업적을 남겼다. 제2제정 시대에는 이들이 권력을 잃었고 나폴레옹 3세의 일당이 집권했다. 금융업자, 투기업자를 비롯해 수완 있는 무자본가도 재미를 보았다. 페리에, 폴드, 데슈탈, 말레 등은 자신들도 치부를 했지만 프랑스의 발전에도 많은 공헌을 했다. 페르디낭 마리 드 레셉스Ferdinand Marie de Lesseps는 수에즈 운하를 굴착 건설해 세계적으로 조국의 명예를 빛나게 했다.

루이 필리프 시대의 신중한 은행가들은 오랫동안 과도하게 번성하는 세대를 관망하다가 시대의 조류를 따랐다. 제국이 와해된 후 재벌과 명문가의 동맹이 강력한 공동전선을 폈다. 일부에서는 루이 필리프를, 또 일부에서는 나폴레옹 3세, 일부 소수는 샤를 10세를 기원했으나 모두 자신을 위주로 한 미래를 꿈꿨다. 그들은 목전에 다가온 보통선거라는 광범위하고 신비에 싸인 힘과 맞서야 했다. 이로부터 무엇이 탄생할 것인가? 1870년에는 국민이 무엇을 희망하는가를 알아야 했다. 1848년 대다수 농민은 보수적이었고 제정은 말기까지 과반수의 지지를 얻었으며 교회는 여전히 강력했다. 유력자들은 유권자가 아직도 그들에게 국정을 위임하리라는 희망을 버리지 않아도 될 약간의 이유가 있었다.

3. 그런데 또 하나의 조류가 흐르기 시작했다. 국가의 재정 확대는 대재벌에게만 국한된 것이 아니었고 성공한 적지 않은 중소상공업자들이 일정한 예우를 요구했다. 모든 지방 도시에서도 교수, 의사, 변호사, 공증인, 약제사, 수의사 등이 자유주의적인 집단을 형성했고 그들 역시 발언권을 요구했다. 전문적 재능을 갖춘 이들은 언젠가 유력자들과 우열을 다툴 터였다. 농촌 인구를 흡수하면서 도시 인구는 점점 늘어났고 주로 노동자인 그들은 제2제정 시대에 부르주아계급만큼 혜택을 받지 못했다. 경제적 자유주의를 존중하도록 교육받은 나폴레옹 3세는 노동자계급을 수요 공급의 원칙에 따라 방임했다. 그런데 노동자들에게 조직이 없었기 때문에 이 원칙은 사용주의 이익에만 기여했다. 대도시 주민은 강베타나 그레비 같은 변호사를 대변인

으로 삼아 공화주의와 사회주의 재건을 원했다. 교회의 영향은 지방에서는 유력자들에게 유리하게 작용했으나 도시에서는 그렇지 않았다. 다윈 이후 과학과 종교가 심하게 대립했고 볼테르주의는 새로운 반교권주의를 낳았다. 플로베르는 등장인물인 약제사 오메와 부르니지엥 신부를 통해 제2제정 시대의 반교권주의와 교권주의의 대립을 묘사했다. 어쨌든 공화주의, 사회주의, 반교권주의는 대혁명을 계속하거나 그 성과를 수호하려는 방법에 불과했다.

4. 제국이 붕괴했을 때는 국내정책보다 대외정책이 훨씬 더 중요했다. 수년 동안 유럽의 세력 판도는 일변했다. 이제 프랑스의 위상은 제1위가 아니었으며 사려 있고 성실한 모든 정치가는 이 사실을 염두에 두어야 했다. 이러한 상황을 초래한 데는 여러 가지 이유가 있었다. 제정 반대파는 비능률적인 행정, 퇴폐로 인해 약화된 군대, 집권자의 부정부패를 비난했다. 샤를 드 프레시네Charles de Freycinet는 공화주의자였으나 이런 비난을 부인했다.

"우리는 무지와 지나친 비굴, 당파 감정 때문에 주위에 있는 사람들까지 프랑스는 이제 절망적이라는 말을 하게 해서는 안 된다. 이런 말을 하는 사람은 불행으로 충격을 받았거나 열정에 맹목적인 탓이다."

황제의 가장 중대한 과실은 민족주의 원칙을 옹호한 점에 있었다. 이 추상적인 관념에 얽매인 그는 스스로 세계의 강대국을 프랑스의 적국으로 만들었다. 이제 구체제 때와 마찬가지로 유럽에는 오스트리아뿐 아니라 강대하고 침략적인 통일 독일이 부상했다. 이전에는 2500만의 인구가 있는 프랑스가 전 유럽을 제압할 만한 병력을 동원했으나 인접국의 인구 증가율이 프랑스보다 훨씬 빨랐다. 1870년부터 프랑스는 하나의 강국으로는 남았으나 유럽에서 최강국은 아니었다. 제정은 이러한 정세 변화를 모든 사람이 깨닫도록 했을 뿐 그것을 조성한 것은 아니었다.

5. '체제 동요의 시대'가 프랑스의 군사력을 약화한 것은 분명하지만 동시에 프랑스에 부유함과 번영을 안겨준 것도 사실이다. 7월 왕정과 제2제정 때만큼 프랑스가 부유해진 적은 없었다. 이 번영은 어느 정도 산업혁명의 결과물이기도 했다. 영국, 독일, 벨기에의 번영도 프랑스와 시기를 같이하고 있다. 이 번영은 정부가 산업의 진보, 통신 및 수송기관의 발전, 도시 계획 등에 주력했기 때문이기도 하다. 당시에는 모든 대규모 공공사업이 부정 및 부패와 밀착되어 있었다. 공공사업은 신흥재벌을 탄생시키는 한편 국민생활에 불가결한 시설을 후대에 남겨주었다. 제2제정 시대에 파리의 번화가는 지나치게 사치스러웠으나 하류 시민계급과 농촌 주민은 프랑스 국민의 전통적인 절약 습성을 이어갔다. 1870년에는 '헌 양말' 속에 황금이 가득 들어 있었다. 이는 임시정부가 적군에게서 벗어나기 위해 부득이 국채를 발행했을 때 응모액이 모집액의 14배에 달한 것으로도 증명할 수 있다. 저축이 있던 대소 부르주아계급, 소상인 그리고 농민은 당시 전능적인 위치에 있었다. 앞으로 오랫동안 보통선거를 통해 집권하는 정부는 돈 주머니의 끈을 쥔 일부 유권자의 지지와 은행가의 조언을 받지 않고는 정권을 지속할 수 없을 것이다. 1939년 전쟁까지 프랑스의 급진적 또는 사회주의적 정부는 언제나 '금전적 장벽'에 부딪쳐 붕괴했다.

제6장

—

제3공화국

HISTOIRE DE LA FRANCE

chapter 1

—

국방정부

—

1. 어떤 정부든 군사적으로 완패당하면 유구한 전통과 강인한 저력 없이는 존속할 수 없는 법이다. 제2제정은 정통성이 없는 불안정한 정권이었으므로 스당에서의 패전으로 속절없이 무너지고 말았다. 그 것은 유혈혁명이 아니라 일종의 졸도였으나 빈사 상태에 빠진 이 제 국을 소생시키기 위해 애쓴 사람은 아무도 없었다. 8월 3일 나폴레옹 3세가 "아군은 항복했고 나는 포로가 됐다"는 전문을 낭독하자마자 입법원의 쥘 파브르는 좌파를 대표해 그의 폐위를 제의했다. 모든 당 파가 어려운 강화 문제를 떠안아야 할 신정권 수립을 도맡으려 하지 않았다. 4일 티에르가 '왕위 공백 기간'에 국민방위정부Government of National Defence를 수립하자고 제안했다. 공화정부를 원하는 파리 시 민이 방청석으로 쇄도했고 강베타는 인민 해방을 전제조건으로 토론 의 자유를 존중할 것을 강력히 요구했다.

"나는 여러분에게 우리와 숙명을 함께하는 조국과 정치적 자유의 이름으로 조용히 행동할 것을 명령한다."

나폴레옹 3세의 퇴위와 제정 해체가 공식 선포됐다. 군중은 끈질기게 공화정부를 요구하며 자리를 뜨려하지 않았다. 좌파 지도자 파브르가 군중 해산을 위해 "이곳은 공화정부를 선포하기에 적당한 장소가 아니다"라고 외친 뒤 강베타와 함께 군중을 팔레부르봉에서 시청으로 유도했다. 파리 시민과 시청 사이에는 전통적으로 끊을 수 없는 인연이 있었으므로 이 조치는 기막힌 임기응변적 수단이었다. 이미 그곳에서는 블랑키, 펠릭스 피아Félix Pyat, 귀스타브 플루랑스Gustave Flourens 등 정부 요원의 명단을 준비하고 있었다. 하지만 군중은 "파리 출신 의원을 내세워라!"라고 외쳤고 그들이 국민방위정부를 구성했다. 쥘 파브르와 쥘 시몽이 온건 부르주아계급을, 크레미외와 가르니에-파제가 1848년의 추억을, 강베타가 급진파를 대표했다. 합법적으로 수립될 정규 정부에 대비하던 티에르는 반감에서가 아니라 자신의 경험과 명성에 호소할 길을 남겨놓은 채 위엄 있는 어조로 참여 요구를 거절했다.

"나는 어떤 폭력도 용인할 수 없다. 다만 우리가 적군과 대치하고 있고 그들이 파리 가까이에 있다는 사실은 잊지 않을 것이다."

그는 아무런 저항 없이 제국 입법원을 해산시켰고 황비는 이미 튈르리 궁을 떠난 상태였다.

2. 파리는 조국을 위한 결의를 다시 한 번 굳건히 했다. 수도로서의 위상이 대단했기에 국민방위정부는 곧 포위될 불안한 파리를 떠날 생각조차 할 수 없었다. 크레미외가 국민방위정부 위원으로서 지방의 저항조직을 독려하기 위해 투르로 파견됐고, 군사적 성격을 과시하고

자 파리방위군 사령관 루이 트로쉬Louis Trochu 장군을 정부 수반으로 선출했다. 쥘 파브르는 부수상 겸 외무장관, 강베타는 내무장관을 맡았다. 국민방위정부는 공식 성명을 통해 주변 열강에게 프랑스는 한 치의 영토나 요새의 돌 하나도 양보할 수 없음을 선언했다. 선거 일자를 공고했으나 전 국민의 의사를 묻기에는 대단히 곤란한 상황이었다. 독일군이 영토의 일부를 점령하고 대다수 유권자가 군대에 복무했으며 적군이 코앞에 있는 상황에서 정치투쟁을 하면 통일을 저해할 우려마저 있었다. 이미 국내 통일은 힘을 받지 못하고 있었다.

티에르를 포함한 일부 인사는 승리할 가망이 없는 전쟁을 계속하기보다 당장이라도 강화협상을 하는 편이 조약을 보다 유리하게 끌고 가는 방안이라고 생각했다. 반면 강베타 같은 사람들은 1792년의 자코뱅파 정신이 부활할 것이므로 공화국은 절대 불패라고 믿고 있었다. 9월 12일 국민방위정부는 티에르를 런던, 빈, 상트페테르부르크를 순방할 특사로 임명했다. 프랑스에 대한 열강의 태도를 살피기 위한 것이었다. 쥘 파브르는 페리에르에 있는 로쉴드Rothschild 성관에서 비스마르크와 회담을 하고 선거를 실시하기 위한 휴전협상을 벌였다. 비스마르크는 휴전의 전제조건으로 스트라스부르, 팔츠부르크, 투르양도와 파리 요새 점령을 요구하는 한편 강화조건으로 알자스와 로렌을 할양할 것을 제시했다. 국민방위정부는 이런 치욕적인 항복을 거부했고 강베타는 각 지사에게 다음의 전보를 발송했다.

"파리는 분노를 금치 못하고 최후의 순간까지 저항할 것을 맹세한다. 각 지방도 궐기하기를 바란다!"

9월 19일 드디어 파리는 완전히 포위되었다.

3. 투르에서는 애국자들이 병사를 모집하려고 노력했지만 마땅한 지휘관이 없었다. 크레미외는 나이가 너무 많아 사기를 진작할 만한 인물로 보기 어려웠다. 10월 7일 강베타가 갑자기 기구氣球를 타고 파리를 탈출해 아미앵에 도착한 뒤 급히 투르를 향해 오고 있다는 소식이 들려왔다. 곧 거리에 군중이 몰려들기 시작했다. 이 젊은 호민관의 명성, 웅변, 극적인 탈출 비행은 사람들에게 행운의 재림과도 같은 희망을 주었다. 강베타를 지휘관으로 선발한 것은 참으로 훌륭한 일이었다.

전쟁과 관련된 모든 것은 젊은 엘리트 샤를 드 프레시네가 맡았고 그는 신병들의 열렬한 지지를 받으며 기적 같은 업적을 세웠다. 프랑스는 그가 뒤 게클랭이나 잔 다르크 같은 기적을 재현해주기를 바랐다. 투르에는 참모본부 지도가 한 장밖에 없었으므로 사진으로 찍어 1만 5,000장을 복사했고, 매일 2개 연대와 1개 포병중대를 무장 편성했다. 무기는 국내에서 제조하거나 국외에서 수입해 60만 명이 무장을 완비했고 규율을 갖춰 편성했다. 또 스당이 함락되고 메츠가 포위되어 군 지휘관이 사라지자 즉석에서 새 지휘관을 임명했다. 루이 도렐 드 팔라딘Louis D'Aurelle de Paladines, 알프레드 샹지Alfred Chanzy, 루이 페데르브Louis Faidherbe 등이 사령관으로서 능력을 발휘했다. 새로 편성한 루아르 군단은 공격 개시 준비를 완벽히 마쳤다. 10월 11일 강베타가 행동을 개시하려 할 때 파리는 완전히 포위돼 투르와의 연락에 경기구輕氣球와 비둘기를 이용할 수밖에 없었다. 바젠군은 메츠에 갇혀 있었고 기타 지방에도 4만 명의 병력과 100문의 대포만 있을 뿐이었다. 하지만 강베타는 수도를 탈환할 수 있을 것으로 보았다. 트로쉬가 파리에서 탈출해 루아르 군단과 합류하면 독일 전선을 돌파할 수 있을 것이었다. 강베타는 이미 쥘 파브르에게 말해두었다.

"나는 군대와 함께 돌아올 것이다. 다행히 내가 파리를 해방하는 명예를 얻는다면 그 이상 아무것도 바라지 않겠다."

4. 역사가들은 대혁명 당시 투르 정부대표위원회의 노력이 공안위원회에 필적할 만큼 위대했다는 점을 정당하게 평가하지 않고 있다. 물론 결과적으로는 실패했으나 그것은 강베타나 그의 동지들과는 아무 상관이 없다. 1870년 10월 29일 메츠가 함락되면서 최강부대인 제국 최후의 바젠 군단마저 무너졌다. 이로 인해 대치하던 카를 프리드리히 공의 군대는 자유롭게 행동했고 이는 새로 편성한 루아르 군단을 위협했다. 때마침 강베타는 티에르의 유럽 순방이 완전히 실패로 끝났다는 소식을 들었다. 티에르가 역사가이자 예언자로서 독일의 패권주의가 향후 유럽에 중대한 위기를 초래할 것이라고 역설했음에도 불구하고 영국과 러시아는 이해하지 못했던 것이다. 이 시점에 영국과 러시아가 개입했다면 앞으로 이어질 불행한 1세기를 피할 수 있었으리라. 배수의 진을 친 강베타는 유명한 선언을 공표했다.

"프랑스 국민 여러분! 조국에 닥친 시급한 위기를 막기 위해 정신과 의지를 드높입시다. 우리에게는 불운을 극복하고 멸망을 원치 않는 위대한 국민의 결의가 어떤 것인지 세계에 과시할 의무가 있습니다."

투르 정부대표위원회가 행동을 개시하려면 카를 프리드리히 공이 이끄는 군대가 도착하기 전에 서둘러야 했다. 강베타는 잔 다르크처럼 오를레앙 탈환을 명령해 쿨미에에서 승리를 거두었다. 이 전과는 유럽 전역에 경이를, 독일에는 불안을, 프랑스에는 희망을 안겨주었다. 프랑스 곳곳에서 건물에 축하장식을 내걸었고 불꽃놀이를 거행했다. 벌써 국민은 파리의 포위가 풀리고 비스마르크가 강화협상에 타협적으로 나올 것처럼 여기고 있었다. 하지만 강베타는 이런 환상에 속지 않았다. 그는 자신과 트로쉬의 약점을 잘 알았다. 오로지 명예를 위해 희망 없는 전투를 감행한 그는 기사도의 전통을 지켜낸 인물이었다.

5. 엄밀히 말해 전쟁에서는 언제나 병력이 우세한 쪽이 승리하는 법이다. 당시 프랑스가 외국의 지원을 받았다면 과거 스페인이 영국의 개입으로 나폴레옹에게서 벗어났듯 강베타의 영웅적인 노력이 프랑스를 구출했을지도 모르지만 고립된 프랑스의 운명은 이미 결정된 것이나 다름없었다. 지방의 저항조직, 민병대와 저격대의 활동, 가리발디(Garibaldi, 이탈리아 통일운동 지도자로 프랑스를 지원함—역자주)당의 공적 등 많은 성과가 있었으나 결말은 빤했다. 트로쉬의 탈출은 실패로 돌아갔고 루아르 군단은 후퇴해 분열되었으며 투르의 정부대표위원회는 보르도로 철수했다. 강베타는 이렇게 말했다.

"나는 아무리 거센 폭풍우가 닥쳐도 맞서 싸우겠다. 나는 아직 절망을 느껴본 적이 없다."

그는 독일군의 보급선을 차단하기 위해 부르바키군은 동부에서, 페데르브군은 북부에서 공격하도록 독려했다. 파리에서는 국민방위정부에 참여한 일부 인사가 이런 저항운동에 염증을 느끼고 있었다. 그들은 티에르와 마찬가지로 저항운동이 오히려 독일의 요구만 늘리는 결과를 초래할 뿐이라고 생각했다. 파리 시민은 여전히 굴하지 않았으나 독일군의 포위로 식량이 부족하고 물가가 폭등하는 등 심각한 고난을 겪었다. 그들은 개와 쥐는 물론 동물원의 동물까지 잡아먹었다. 마음 편히《징벌시집》의 시편을 읊으며 망명생활에서 돌아온 빅토르 위고를 환영하던 기쁨도 이제는 사라졌다. 포격이 시작되자 불평분자들이 늘어나 강베타의 독단적인 행동을 비난하기 시작했다. 강베타는 릴 Lille에서 시민들이 낙심하고 있다는 것을 알고 다음과 같이 격려했다.

"마음을 약하게 먹지 마라! 절망하지만 않으면 조국을 구할 길은 있다. 그 행복한 날이 오면 지금은 내가 외국의 침략을 참지 못한 나머지 애국적인 열정에 사로잡혀 있지만 사실은 그때 독재를 증오하고 공화주의적 신념을 얼마나 존중했는지 알 것이다."

그의 말은 충정에서 나온 진실이었다. 그런데 그에 못지않은 애국자 티에르는 이제라도 협상을 시작하면 적어도 로렌은 구할 수 있으리라는 생각을 버리지 않았다.

6. 1871년 1월 18일 프로이센은 베르사유 궁전 '거울의 방'에서 독일제국 성립을 선포했다. 비스마르크는 리슐리외를 이겼고 베스트팔렌 조약은 폐기되었다. 이 제국은 영속하지 못할 것이었으나 당시로서는 독일이 유럽의 지배자처럼 보였다. 파리의 비축 물자가 완전히 바닥나고 탈출도 실패로 돌아가자 1월 28일 쥘 파브르는 베르사유 궁전에서 비스마르크와 휴전조약에 서명했다. 보르도에서 국민회의가 소집되고 강베타는 '휴전조약이 규정한 조항을 이행하고 2월 8일 선거를 실시하라'는 정부 공문을 접수했다. 보르도의 정부대표위원회는 놀라움과 분노를 금치 못했다. 더구나 쥘 파브르가 겁이 나서 그랬는지 아니면 모르고 그랬는지 동부군을 휴전 대상에서 제외했다는

사실을 강베타에게 알리지 않았다는 것이 알려지면서 분노가 극에 달했다. 항복 직전 상태에 놓인 8만 병력의 동부 군단은 국경을 넘어 스위스로 이동했고 그곳에서 온정과 우위에 찬 환영을 받았다. 파리 가 함락되더라도 다른 지방에서는 투쟁을 계속하겠다는 정부의 약속 은 지켜지지 않았다. 쥘 페리Jules Ferry가 강베타에게 보낸 다음과 같 은 서신이 있다.

"나는 귀하에게 서약한다. (…) 우리는 귀하에게 프랑스 방위에 대한 전권을 위임한다. 귀하는 루아르 강변, 가론 강변, 툴롱, 셰르부르 어 디서든 파리가 없다고 생각하고 싸워주길 바란다."

정부는 헌법을 제정하기 위한 의회를 소집할 필요성과 독일의 동의 없이는 아무런 조치도 취할 수 없다는 이유를 들어 입장을 바꾼 연유 를 설명했다.

7. 파리 정부를 대표해 보르도에 내려온 쥘 시몽과 강베타는 격렬 히 대립했다. 강베타는 휴전조약의 내용 때문에 동료들을 용서할 수 없었을 뿐 아니라 선거에 대한 입장도 달라 분노가 극에 달했다. 그는 1851~1870년 제정 치하에서 장관, 상원의원, 도지사를 역임한 프랑 스인의 피선거권을 박탈하라고 요구했다. 쥘 시몽은 이런 제한은 전 제적이고 압제적이며 시민권을 유린하는 처사라고 주장했다. 프랑스 인 간에 분쟁이 생긴 것을 보고 마음이 흐뭇해진 비스마르크는 그런 제한 조치는 휴전조항에 위배된다는 전문을 강베타에게 보냈다. 쥘 시몽은 외젠 펠탕Eugène Pelletan, 에마뉘엘 아라고Emmanuel Arago, 가 르니에-파제 등을 급히 보르도로 소집해 위원회의 과반수를 점하도

록 했다. 강베타는 사표를 제출하고 이제는 정부와 입장도 비전도 달리하게 되었다고 선언했다. 프레시네는 회고록에서 그의 상관이던 강베타가 충분히 대응할 수 있던 상황에서 후퇴했다고 주장했다.

"보르도에서 그의 인기는 대단했고 여러 번 독재권을 장악하라는 요청을 받기도 했다."

그의 거실 창문 아래에서 많은 군중이 환호를 보냈지만 다른 지방 분위기는 그렇지 않았다. 대다수 프랑스인에게 티에르는 시운을 타고난 대망의 인물로 보였다. 그는 이 전쟁의 참혹성을 예견하고 애초부터 반대했고 나중에는 이를 종결짓기 위해 전력을 다했다. 스당이 함락한 직후였다면 보다 유리하게 강화를 체결했으리라고 본 그는 지방의 저항 효과를 부인하고 강베타를 '광신적인 바보'라고 폄하했다. 하지만 다른 사람들은 국가의 명예를 구하고 공화국 수립에 절망하지 않은 그의 의지를 찬양했다. 독일군 총사령관 몰트케는 다음과 같은 기록을 남겼다.

"우리는 이 나라의 풍부한 자원과 애국심을 정당하게 평가해야 한다. 전 프랑스 군단이 포로가 되는 비상사태를 겪고도 그들은 단시일 내에 새로 편성한 군대, 그것도 패전 전보다 우세한 병력을 전선에 동원했다."

독일군 바론 골츠Baron von der Goltz 장군도 이렇게 기록했다.

"역사는 강베타의 두 가지 공적을 인정하고 기려야 한다. 첫째, 프랑스가 패전으로 극한의 절망에 빠졌을 때 국력에 대한 자신감을 회복하게 했다. 둘째, 확고한 방향을 제시해 국민의 사기를 드높였다."

티에르와 강베타의 대립은 '무훈시'와 '우화시' 논쟁과 흡사하며 프랑스에서는 이 두 가지 논쟁이 수 세기에 걸쳐 이어져왔다.

chapter 2

—

공화국 수립

—

1. 1871년 2월에 실시한 선거는 사전 준비 없이 갑자기 이뤄졌고 뜻밖의 일을 당한 국민은 갈피를 잡지 못했다. 국민은 개전과 패전의 책임을 져야 할 보나파르트파를 배척했지만 그렇다고 대다수 공화파가 주장하는 저항활동도 기대할 만한 성과를 올릴 것 같지 않아 공화파를 원하지도 않았다. 그들은 평화에 투표하기 위해 늙은 왕정주의자, 즉 '프랑스의 구귀족들'에게 표를 던졌다. 이 때문에 보수적인 다수파가 생겼고 이런 현상은 당시 프랑스 전역의 분위기를 그대로 반영한 것이었다. 650명의 의원 중 400명이 정통 왕조파와 오를레앙파였다. 1830년 이래 성관 밖으로 나오지도 않던 늙은 지방 귀족들이 보르도 시내의 투르니Tourny 거리를 활보하며 '국왕 만세!'를 외치자 군중은 격분했다. 의원들은 이미 왕정복고를 기정사실로 받아들이고 있었다. 샹보르 백작은 그들에게 다음과 같은 서신을 보냈다.

"프랑스는 발언할 때가 왔고 그 기회는 하느님께서 주신 것이다."

노아이유 공작부인은 이렇게 말했다.

"우리는 모든 의사가 사망선고를 했음에도 살아난 사람들입니다. 우리는 되찾은 건강을 확인하고 커다란 소리로 외쳐야 할 것입니다."

공화주의자들도 비록 선거에는 실패했지만 아직 당당히 살아 있다는 것을 강조하기 위해 그들을 '시골뜨기 의회'라며 공공연히 멸시했다.

2. 과반수를 차지한 왕정주의자들은 다음의 이유로 왕정을 수립하지 못했다. 첫째는 분열이었다. 왕가의 두 계통, 즉 종가인 샹보르 백작과 분가인 오를레앙 가문의 파리 백작이 합의를 이루지 못한 채 끝내 대립했다. 둘째는 왕정주의들이 패전의 책임을 지려 하지 않았다. 1815년에는 부르봉 가문의 왕족들이 외국에서 재빨리 귀국했으나 1871년에는 국왕으로서 최초의 일이 누구도 원치 않는 비참한 조약에 서명하는 것이었다. 의회는 정부 수립 문제를 보류하는 대신 누군가가 집권을 해야 했으므로 '프랑스공화국 임시정부 수반'을 임명하기로 했다. 그런데 티에르 외에는 적임자가 없었다. 당시 대단한 명성을 누리던 티에르는 너풀거리는 앞머리가 인상적인 조그마한 체구의 노인으로 발자크의 작품에 등장하는 모험가적인 정치생활부터 시작한 인물이었다. 그는 허다한 풍운을 겪은 정객으로 혹은 '역사의 주인공이 되려는 꿈을 안고 실제로 역사를 몸소 창조한' 카이사르의 전통을 따를 역사가로서 출세했다. 특히 그는 애국자인 동시에 지성의 화신으로 노령에도 불구하고 조국을 옹호하기 위해 전 유럽을 누비고 다녔다. 부르주아계급 출신의 이 위대한 인물은 '중산계급의 우상'이기도 했다. 당시에는 중복 입후보가 가능했고 1871년 2월 그는

26개 도에서 당선되었다. 그는 이것을 몹시 자랑스럽게 여겼다.

"이런 비상시국에 내가 수장이 되지 않으면 프랑스는 나아갈 방향을 찾지 못할 것이다."

프랑스는 그의 취임을 축하했다. 그가 맡은 과업은 아주 중대했지만 조금도 생색이 나는 일은 아니었다. 예지와 수완이 뛰어난 그는 그때를 자신의 정치적 공적을 세울 최적의 기회로 여겼고 그 지위가 일시적인 것이 아니라고 확신했다. 그는 왕정파에게는 "2년 뒤쯤 왕정을 수립한다"라고 말했고, 공화파에게는 은밀히 공화국을 약속했다. 물론 마음속 진실은 모든 일에서 자기 자신을 향하고 있었다. 프랑스의 과거를 누구보다 잘 아는 그는 국민의 본질적인 뼈대이자 '건전한 관례'인 왕정을 포기하는 것을 유감스럽게 생각했으나, 역사는 역행할 수 없다는 것도 알고 있었으므로 국민의 분열을 막을 유일한 정치체제는 공화국이라고 생각했다. 특히 자신이 집권할 경우에는 더욱더 그렇게 해야 한다고 생각했다. 어느 날 그는 이렇게 중얼거렸다.

"나는 공화국을 통치할 왕정주의자다."

3. 강화협상은 몹시 고역스러운 일이었다. 티에르와 쥘 파브르는 60억 프랑의 배상금 지불을 완료할 때까지 프랑스의 일부를 보장 점령할 것과 알자스와 로렌의 할양을 요구하는 비스마르크와 팽팽히 맞섰다. 티에르는 10억 프랑을 감액하고 벨포르 지방을 지켜냈으나 눈물을 흘리며 돌아왔다. 조국을 사랑한 그는 가장 프랑스다운 알자스와 로렌 지방을 상실한 프랑스가 이 굴욕을 절대 잊지 않을 것이며, 이 약탈은 앞으로 또 하나의 전쟁의 원인이 되리라는 것을 알고 있었

다. 그는 알자스와 로렌 출신 의원들이 보르도에서 "우리는 알자스와 로렌 주민이 프랑스 국민으로서 영원히 존재할 권리는 불가침임을 선언한다. 그리고 우리 자신, 전우, 자손, 후예를 위해 모든 방법으로 이 권리를 끝내 회복할 것임을 침략자의 면전에서 엄숙히 서약한다"라고 정정당당하게 항의했을 때와 위고, 에드가 키네, 조르주 클레망소Georges Clemenceau가 이를 지지했을 때 티에르는 그들의 정당

제1차 세계대전 당시 독일에 강경정책을 추진하며 전쟁을 승리로 이끈 조르주 클레망소

성을 충분히 이해했다. 그러나 무력이 모든 것을 제압한 상황이라 그는 의회에서 다음과 같이 발언했다.

"여러분 자신의 주장에 대해 용기를 가지십시오. 전쟁이든 평화든."

의회는 강화조약을 546표 대 107표로 인준했다. 독일에게 양도한 지방 출신의 의원뿐 아니라 위고와 강베타도 사임했다. 강베타는 이렇게 말했다.

"나는 프랑스가 다시 공화국이 될 때까지 기다리겠다."

그는 오래 기다릴 필요가 없었다. 한편 티에르는 왕정파에게 정부의 체제를 확실히 예측하게 할 조치는 절대로 취하지 않겠다고 약속했다.

"여러분이 왕정을 재건하고자 한다면 서로 분열하지만 않으면 된다. (…) 나는 여러분에게 미리 알리지 않고 헌법제정에 관한 제안을

하지 않을 것을 맹세한다. 그런 행동은 여러분을 배신하는 것이라고 생각하기 때문이다."

당시 이 애국적인 휴전협정을 '보르도 협약'이라고 불렀다. 3월 11일 의회는 20일에 베르사유에서 재개하기까지 휴회하기로 결의했다.

4. 강화조약 조항 중에는 독일군의 상징적인 파리 입성식이란 행사가 있었다. 3월 1일 샹젤리제 대로에서 거행된 독일군의 승전 행진은 간소했으나 파리 시민의 반감을 사기에 충분했다. 독일군은 사람 하나 보이지 않고 조기로 장식한 침묵의 거리에서 사열 행진을 했다. 애국심에 불타는 파리는 강화조약을 인정하지 않았고, 공화주의적인 파리는 의회를 인정하지 않았으며, 수도 파리는 베르사유에 자리를 잡겠다는 정부를 승인하지 않았다. 파리 민중은 왕정파 우익에게 1789년의 정신조차 말살하려는 것이냐고 반문했다.

3월 18일 의회 재개를 이틀 앞두고 파리에서 혁명이 일어났다. 직접적인 원인은 파리가 독일군에 포위되었을 당시 국민군에게 제공한 대포를 회수하려는 정부의 조치 때문이었다. 물론 그 이면에는 코뮌과 자코뱅의 오랜 전통이 자리하고 있었다. 대포를 회수하기 위해 몽마르트에 온 군대가 오히려 토마스 장군과 르콩트 장군을 살해한 군중과 서로 연대했다. 독일군의 파리 포위 당시 구성된 중앙위원회가 이 반란을 지도했다. 중앙위원회는 시장, 국민군 장교, 블랑키파 노동자, 패전에 굴욕을 느끼던 자코뱅파 등으로 구성되어 있었다. 그들에게는 패배주의적이고 반동적인 베르사유 정부를 배격하는 것 외에 별다른 정책이 없었다. 이는 틀림없는 내란이었고 티에르에게는 내란에 대해 누구보다 많은 지식이 있었다. 내란의 역사를 저술한 바 있는 그는 반란군과 접촉하는 군대는 언제든 반란군과 합류한다는 사실을 알고 있었다. 따라서 그의 작전은 파리를 반란군에게 내주는 대신 정부에 충성하는 군대를 외곽에 집결시켜 강력한 공격을 가하는 것이었다. 이 계획이 성공해 승리를 거두긴 했으나 2개월간 공포 상태가 이어졌고 이 참극을 초래한 책임은 쌍방에 있었다. 베르사유 측은 코뮌에 가담한 수많은 포로를 총살했고 코뮌 측에서는 전멸하기 전에 인질 중에서 파리 대주교와 고등법원장을 총살했다.

5. 지방이 파리를 지지하지 않았으니 혁명의 실패는 불가피했다. 반란 초기 공화파인 남부, 특히 리옹과 마르세유는 불안에 휩싸였고 왕정파가 지배하는 의회가 파리에서 공화체제를 말살하지 않을까 염려했다. 역사가 다니엘 알레비Daniel Halévy는 당시 티에르가 비밀결사와 공화체제를 보장하겠다고 약속한 것이 지방의 과격분자들이 파리를 포기한 계기였다고 말했다. 이를 알아차린 왕정파가 해명을 요구하자 시골 양반들의 당파를 멸시하던 티에르는 조소가 가득한 표정으로 말했다.

"나를 공박하기 전에 몇 주일만 참아주시오. 그러면 사태가 여러분의 능력과 용기에 알맞게 발전할 것이오."

티에르의 능력과 용기는 의심할 여지가 없다. 그러나 반란을 진압한 뒤 그는 공정하고 합리적인 재판을 하겠다고 약속하고도 베르사유 군대가 포로를 무차별 학살하는 것을 묵인했다. 유혈이 낭자했고 혹독한 탄압으로 1만 7,000명이 희생을 당했으며 수많은 사람이 투옥 및 유배되었다. 1870년 전쟁에서도 이토록 많은 사람이 살상되지는 않았다. 이 참혹한 처사는 영원한 원한을 남겼고 매년 파리 민중은 '혁명 투사의 벽(Mur des fédérés, 코뮌에 가담한 최후 투사가 페르 라셰즈 묘지의 벽에서 총살당한 것에서 기원)' 앞에 모여 '베르사유파'에게 희생당한 이들에게 조의를 표하고 있다. 1848년 6월 사건과 코뮌 사건은 '무산계급이 이탈한 날'이었다. 프랑스는 이 문제로 몹시 고뇌했고 이때부터 프랑스의 정치 풍토는 영국이나 미국과 완전히 달라졌다. 티에르는 이 '소름끼치는 승리'로 자신의 입지를 강화하면서 보수적인 다수파에게 공화제가 혁명이 아니라는 것, 오히려 혁명을 제압할 수 있다는 것을 입증했다. 코뮌의 좌절로 그는 극좌파에게서 해방되었고 이제 권력을 장악하는 데 필요한 것은 극우파에게서 벗어나는 것뿐이었다.

6. 하지만 국내 정치를 정비하기 전에 먼저 해결해야 할 문제는 독일군의 점령에서 벗어나는 것이었다. 5월 10일 프랑크푸르트에서 최종적인 조약을 조인했고 이제 점령 문제 종결에는 배상금 지불만 남았다. 제1차 공채 모집에서 티에르는 20억 프랑을 예상했으나 50억 프랑에 달했다. 그는 6월 29일 롱샹(Longchamp, 파리 근교의 공원 지대—역자주)의 잔디밭에서 관병식을 거행했는데 군중은 웅장한 행진과 기갑병이 호위하는 '작지만 큰 인물'에게 환호했다. 프랑스는 또다시 빠른 회복과 사기 진작으로 전 유럽을 놀라게 했다.

1871년 7월 보궐선거를 실시했다. 모든 상황이 왕정파의 성공을 예시하는 듯했고 모두가 양쪽 왕가의 통합을 화제로 삼았으며 샤르트르 공작부인(루이 필리프의 손부—역자주)이 프랑스 수장의 관저에 초대를 받았다. 그런데 1870년 나폴레옹 3세에게 700만 표, 1871년 1월 왕당파에게 압도적인 다수표를 던진 동일한 유권자가 7월 2일 선거에서는 모조리 공화파에만 투표했다. 그 이유는 프랑스 재건에 자신감이 생겼고 독일에 계속 항전하는 과제도 사라졌으며 궁극적으로는 독일에 대한 보복을 모든 국민이 합의했기 때문이다. 이제 강베타는 공포의 대상이 아니었고 그는 투표 결과를 놓고 티에르에게 협조를 제의했다. 티에르는 이렇게 말한 적이 있다.

"미래는 가장 현명한 사람이 소유한다. 공화국은 보수적이지 않고는 존재할 수 없을 것이다."

강베타는 다음과 같이 응수했다.

"그렇다면 우리가 현명한 사람이 됩시다. 조금도 어려운 일이 아닙니다."

안정을 찾은 프랑스 국민은 신뢰할 수 없는 계급에게서 벗어났고 이때부터 공화파는 하나는 자유주의자 또 하나는 보수주의자인 두 지도자가 이끌었다. 왕정파의 책동은 완전히 제압되었고 강베타는 기회주의적인 중도파의 대표로서 티에르를 지지했다. 이 동맹은 우익을 격분케 했다.

7. 오랫동안 부르봉 왕가 내 두 계보의 투쟁이 왕정복고의 유일한 장애물이라고 믿어온 왕정파는 그것을 극복할 수 있을 것이라고 생각했다. 계보로 따지면 샹보르 백작에게는 직계 후사가 없었으므로 그가 통치하면 그의 계승자는 파리 백작이었다. 오를레앙파는 이 해결책에 승복했으나 또 하나의 문제점이 생겼다. 기회주의자들의 지지

를 얻어 스스로 주방장에게나 알맞은 칭호라고 말하던 '수반chef'이란 칭호를 공화국 대통령으로 변경하는 데 성공한 티에르가 보르도 협약을 무시하고 '공화제 헌법에 충실한 시안'을 발설한 것이다. 티에르 정부의 실적이 탁월해 그의 명성은 더욱 높아졌고 그가 제정한 병역법은 1914년 전쟁에 이르기까지 프랑스 국군의 헌장이었던 만큼 완전무결했다. 그의 신망이 대단해 1872년에 발행한 30억 프랑의 공채모집에 14배 이상이 응모했고 그중에는 독일인의 응모도 270억 프랑에 달했다. 그는 배상금 지불을 완료하고 '국토 해방자'가 되었다. 모든 위기가 사라지자 국민은 그의 공적을 망각하기 시작했다. 티에르가 과업을 너무 순조롭게 완수하자 의회는 그의 중압에서 벗어나길 원했다.

8. 우익파는 강베타가 '새로운 사회층'이 집권할 것이라고 말하자 공포를 느꼈다. 그렇다면 '유력자의 시대'는 끝난 것인가. 티에르도 이것을 시인하는 것일까. 대통령이 교서에서 "공화국은 존재하며 그것은 프랑스의 합법적인 정부다"라고 말하는 것을 듣고 왕정파는 완전히 충격을 받았다. 티에르를 제거하기로 결심한 그들은 1873년 나폴레옹 3세가 사망한 후 지도자를 상실한 보나파르트파의 지지를 확보했다. 온건한 중도파도 파리에서의 선거가 끝난 뒤 티에르파가 지지한 급진파 의원 데지레 바로데Désiré Barodet와 대항하기 위해 왕정파와 합류했다. 하지만 그들에게 보수주의를 기대할 수 없었던 왕정파는 드디어 지도자를 발견했다. 그는 루이 필리프 치하에서 장관을 지낸 사람의 아들로 제르맨 드 스탈Germaine de Staël 부인의 손자뻘인

드 브로글리Broglie 공작이었다. 그는 1873년 5월 24일 티에르의 불신임안을 제출해 통과시켰다. 대통령은 사임서에 서명하면서 인준되지 않으리라 믿고 자기 외에는 적임자가 없을 것이라고 말했다. 그러나 승리한 당파는 언제나 사람을 구하기가 쉬운 법이다. 그날 심야회의에서 마크마옹 원수가 대통령으로 선출되었다. 티에르는 이 성실한 군인이 음모에 가담했을 리는 없고 설령 선출되었더라도 자신의 후계자가 되기를 승낙하지 않으리라고 생각했다. 그의 첫 번째 추측은 적중했다. 마크마옹은 사전 협의 없이 선출된 것이다. 그런데 왕정파는 그에게 자신들의 비밀을 실토했다. 티에르만 실각하면 왕의 복귀가 가능하다고 하자 그는 위대한 군인으로서 프랑스 왕실에 공헌하는 것은 굉장한 명예라고 생각했다. 감상적 왕정주의자인 마크마옹은 본래의 생각을 바꿨다. 알레비의 기록에 따르면 그가 엘리제 궁에 당도하자마자 발언한 첫마디는 "법규 문서는 어디에 있는가?"였다고 한다.

9. 난처하게도 법규라고 할 만한 헌법은 아직 없었다. 하는 수 없이 마크마옹은 군사 지식에 의존하기로 했다.

"나는 여러분이 맡긴 지위를 여러분의 주권이 변함없이 권위를 갖도록 보호하는 보초로 생각하겠다."

정부의 수반이 된 브로글리 공작은 합법적으로 왕정을 수립할 결심을 굳혔다. 하지만 세 번째 장애물이 남아 있었는데 그것은 국왕 자체의 문제였다. 베리 공의 유복자인 '기적의 아이' 샹보르 백작은 낭만적인 부르봉 가문의 기질을 갖췄고 왕정에 대한 견해가 샤토브리앙과 같았는데, 그는 샤토브리앙이 찬양만으로 만족하던 군주 신권설을 실행하려 했다. 자신의 유일한 권위는 정통성에 있다고 본 그는 이것 없이는 '아무것도 아닌 뚱뚱보 절름발이'에 불과하다며 의회와 협상하기를 거부했다. 그가 열렬하게 고집한 상징은 백색기였다. 그렇지만 왕당파는 군대가 왕가의 상징인 백색기를 용납하지 않는다는 것, '보병총이 제멋대로 발사될지'도 모른다는 것, 왕당파의 아성이던 방데 지방도 삼색기의 영예를 따른다는 것을 잘 알고 있었다. 많은 특사가 거듭 그를 찾아갔으나 허사였다. 왕정 수립을 자신할 수 있는 순간에도 샹보르 백작은 끝까지 굴하지 않았다.

"나는 명예를 희생하라는 요청을 받고 있다. (…) 앙리 5세(샹보르 백작의 왕명)의 고집과 앙리 4세의 지혜를 비교하는 것이 유행하고 있다. 나는 앙리 4세보다 못한 점이 하나도 없다고 확신한다. 앙리 4세에게 아르크와 이브리의 군기를 부인하라고 말할 만한 경솔한 사람이 있었다면 어떤 답변을 들었을지 알고 싶다. (…) 나는 완전히 나 자신으로 있고 싶다. (…) 내 육신은 아무것도 아니나 나 자신의 정통성은 전능하다."

앙리 5세는 '혁명을 통한 합법적인 국왕'이 되고 싶지는 않았던 것이다. 기어코 1873년 10월 이 고귀한 정신이 왕위를 포기하게 했다.

10. 왕정파는 절망에 빠졌고 보나파르트파와 공화주의자들은 환희에 들떴다. 티에르는 말했다.

"프랑스공화국 수립자가 샹보르 백작 각하라는 사실을 부인할 사람은 아무도 없을 것이다."

우익에게는 아직 브로글리 공작이 '퇴각선'이라고 말한 방안이 남아 있었다. 이것은 마크마옹 원수의 권력을 개인적인 자격으로 만들어 연장하는 것이었다. 브로글리는 원수를 의회와 별개로 독립적인 섭정이나 국왕대리 같은 존재로 만들어 보다 융통성 있는 왕위 계승자가 복귀하기까지 집권을 계속하도록 계획했고, 파리 백작도 의견이 같았다.

"어차피 왕정을 수립할 수 없다면 당파 간 견제를 초월해 행정력 있는 입헌정부를 조직해야 한다."

파리 백작이 무엇보다 두려워한 것은 제정으로 오를레앙파와 공화파는 이것을 회피하기 위해 함께 뭉쳤다. 1873년 말 대통령에게 비밀회견을 요청한 샹보르 백작은 그에게 의회에 임석해 국왕으로서 인준받을 것은 제의했다. '법규'를 중시하는 마크마옹이 거절하자 샹보르 백작은 침울하게 뇌까렸다.

"나는 프랑스 원수와의 회담이라고 생각했는데 상대가 헌병대위에 불과한 것을 알고 실망했다."

11월 19일 마크마옹 대통령의 임기가 7년으로 결정났다. 혼란기가 뒤따랐고 그동안 '도덕적 질서'를 표방하는 정치가 이어졌으나 도덕적이지 않았으며 질서도 정비하지 못했다. 그저 좌익계의 출판물을 탄압하고 공화파 관원을 숙청하는 한편 '로마와 프랑스를 구하소서. (…) 성심의 이름으로'라는 노래를 불렀을 뿐이다. '도덕적 질서'의 공격적인 교권주의 때문에 많은 프랑스인이 격분하면서 전투적인 반교권주의적 복수심이 퍼져 나갔다. 1874년 5월 15일 브로글리는 헌법 초안을 공표했다. 이에 따르면 공화국 대통령은 책임이 없고 각 장관은 상하 양원으로 구성된 의회에 대해 책임을 지며 대통령은 상원의 동의를 얻어 의회를 해산할 수 있었다. 한마디로 국왕이 없는 영국의 입헌군주제와 흡사했다. 브로글리는 후퇴하고 의회가 임명한 30명의 위원회가 모든 당파의 의견 조정과 헌법 기초를 담당하면서 1874년을 넘겼다.

11. 공화국 수립에는 강베타와 온건주의 왕정파의 제휴가 절대적으로 필요했다. 이 곤란한 통합을 제의한 것은 강베타 자신이었다. 그는 중도파 사람들에게 말했다.

"공화국은 불가피한 존재다. 여러분은 당원 혹은 감정적인 인간으로서가 아니라 현명한 정치가로서 이것을 수락해야 한다."

모든 이성적인 시민은 정치적 안정이 절실히 필요하다는 것을 자각했다. 비스마르크는 또다시 자신의 예상보다 빨리 부흥하는 프랑스에 새로운 적의를 품고 있었다. 의회는 안정적인 정부를 수립하지 못한 채 새로운 전쟁으로 끌려들어가는 것을 무슨 수를 쓰든 방지해야 했다. 의원으로 구성된 제헌위원회 위원장 에두아르 드 라부라이에 Edouard de Laboulaye는 위원들에게 적극적으로 행동하기를 간청했다.

"유럽이 여러분을 주시하고 있고 프랑스가 여러분에게 애원하고 있다. 우리도 여러분에게 간청하고 있으며 애절하게 말하고 있다. 여러분은 망국의 책임을 져서는 안 된다. 우리를 미지의 상태에 방치하지 말고 이 불행한 조국을 버려서는 안 된다."

이 비장한 연설에도 불구하고 극좌파가 표결을 거부했다. 그들은 대혁명의 기억에 충실한 나머지 상원을 반대했고 이 때문에 역설적으로 완고한 왕정파와 합류했다. 최후 수단으로 역사가이자 학술원 회원인 의원 앙리 왈롱Henri Wallon이 이러한 수정안을 제출했다.

"공화국 대통령은 상원과 하원이 합동해서 구성하는 국민의회에서 다수결로 선출한다. 임기는 7년이며 재선이 가능하다."

이것은 마크마옹 원수 한 사람에게 한정된 문제가 아니라 앞으로 계속될 대통령에게 적용되는 것이었다. 대통령 선거 법안은 353표로 가결되었다. 공화제 헌법도 1표차로 얼떨결에 채택되었지만 이는 전후가 바뀐 일이다. 이 법안은 아직 의회가 가결하지 않은 공화국 대통령의 선출 방법을 규정한 조항이기 때문이다.

12. 1875년의 헌법으로 제3공화국이 탄생했는데 왕정파가 헌법을 제정하는 바람에 국왕은 언제든 기회가 있으면 복귀할 수 있었다. 대통령은 임기가 길었고 상원의 동의를 얻어 하원을 해산할 권한을 갖고 있었다. 12월 2일의 쿠데타를 교훈 삼아 의회는 현명하게도 대통령 직선제를 회피했다. 요컨대 대통령은 입헌군주와 같은 역할을 담당했으나 국민과 지속적인 분쟁을 일으키지 않도록 거부권을 부여하지 않았다. 상원은 지방의회 의원이 주재하는 단체가 복식으로 선출했기에 강베타는 '프랑스 시읍면의 대위원회' 대표로 간주되었고 보수파는 그가 온건한 역할을 맡을 것이라고 믿었다. 상원 의원은 9년 임기로 한 번에 3분의 1씩 갱신 선출하게 했는데 우파는 과반수를 확보하기 위해 의회가 75명의 종신의원을 임명하도록 규제했다. 이들은 보수파가 종신의원을 차지할 것으로 낙관했고 최후의 순간에 이뤄진 보나파르트파와 공화파의 연합으로 종신의원 중 57명을 확보했

다. 이에 따라 좌파의 정치적 발언은 거세졌으며 아직 과반수를 장악하지는 못했으나 강베타가 말하는 '새로운 사회층'이 확대된 권위와 함께 정부 내의 지분을 요구했다. 이 혼란기에 보통선거가 유력자를 선출했는데 이것은 현명한 일이었다. 행정적, 경제적 견지로 볼 때 유력한 인사들은 유능한 정부를 구성했다.

"수년 내에 재정은 안정을 이뤘고 1875년 정부 예산은 1억 프랑의 흑자를 남겼다. 정부 공채는 5년간 10퍼센트 상승했으며 저축은행의 예금액은 27퍼센트 늘어났다. 주요 원자재 생산량은 석탄 60퍼센트, 철강 26퍼센트, 주철 23퍼센트가 증가했다. 1871~1875년에 1만 8,000킬로미터의 철도를 추가로 부설했고 해외무역은 21퍼센트 증대했으며 항만사업은 배가되었다. 1878년에 열린 파리 박람회는 프랑스 부흥의 찬란한 상징이었다."

그러나 사람은 빵만으로 사는 것은 아니며 번영이 자유를 대신할 수도 없다. 프랑스 국민의 관점에서 '도덕적 질서'를 표방하는 정부는 임시방편에 불과했다. 티에르와 브로글리 공작은 그들의 과업을 완수했고 미래는 강베타의 수중에 있는 것처럼 보였다.

chapter 3

—

공화주의자의 공화국

—

1. 왕정주의자가 공화국을 수립한 상태에서 이제 문제의 핵심은 공화주의자가 집권할 수 있을 것인가에 있었다. 티에르는 프랑스의 유권자 약 800만 명 중 공화주의자 지지자는 150만 명에 불과하다고 주장했으나 이것은 선거 상황을 고려하지 않고 숫자로만 검토한 과오였다. 티에르는 다수의 부동표를 계산에 넣지 않은 것이다. 공화파가 우세해진 그날부터 부동표는 공화파로 전향했다. 그런데 우파는 질서 유지로 과격파를 제압해야 한다고 여겨 실업가 내각을 통해 집권한 마크마옹 대통령과 제휴했다. 국내 정세상 좌파 인사는 신중하게 행동했고 강베타는 이를 정확히 파악하고 있었다. 그는 과격한 급진파에서 점차 폭넓게 타협하는 정치인으로 성장했다. 도시와 농촌의 하층계급을 두려워한 그는 새로운 사회계층은 언급해도 새로운 계급은 입에 담지 않았다. 누구보다 애국심이 강했던 그가 독일의 위협에서 조국을 방위하는 일을 우선시했기 때문이다.

1875년 3월에 통과한 법률로 프랑스의 군사력이 강화되자 비스마르크는 이것을 구실 삼아 또다시 협박했다. 프랑스의 복수전을 우려해 그가 예방전을 계획한다는 소문이 떠돌았다. 확실한 증거는 없었으나 불안을 느낀 영국과 러시아가 독일의 철혈재상에게 간섭해 단념하게 했다. 영국의 왕세자와 회담한 강베타는 러시아와의 동맹을 구상하며 독일은 앞으로 라틴 민족과 슬라브 민족 사이에 끼여 압살될 것이라고 말했다. 그 덕분에 공화파는 국민에게 보수적인 애국자라는 이미지로 남았다. 이제는 우파가 모험에 뛰어들 것처럼 보였다. 좌파가 '우파는 나폴레옹 3세처럼 교황을 세속적인 왕위에 추대하려 한다'고 비난하면서 반교권주의는 더욱 득세했다. 프랑스 농민은 아직도 선량한 가톨릭교도였으나 봉건적인 반동을 두려워했고 교회는 여전히 귀족 세력의 동조자로 보였다.

2. 1876년 프랑스는 총선거를 치렀다. 상원에서는 의원 수는 줄었어도 여전히 우파가 과반수를 차지했고 하원에서는 공화파가 과반수를 차지했으나 전보다 온건했다. 가톨릭교도로 부유한 부르주아 출신인 쥘 아르망 뒤포르Jules-Armand Dufaure 같은 인물이 연립내각을 조직해도 집권할 수 있을 정도였다. 브로글리 공작은 교양과 전통이 유사한 티에르, 쥘 그레비, 쥘 페리, 폴 아르망-라쿠르Paul-Armand Challemel-Lacour 등과 연합하는 데 성공했으나 좌파의 반교권주의 때문에 집권에는 실패했다. 좌파는 1789년 혁명의 원리는 교회의 정신적 압박을 배제하려는 비교권적 종교를 교리로 한다고 생각했다. '교활하고 언변이 좋으며 겉치레만 하는 로마 추기경 같은 기질의 유태인'

쥘 시몽 수상이 "나는 진정한 공화주의자이자 진실한 보수주의자다"라고 강조해도 허사였고, 강베타의 "교권주의는 적이다"라는 말과 페리의 "좌파는 무적이다"라는 말이 우파를 자극했다. 우파의 적대적인 태도는 중도파 좌익을 급진파에 가담하게 했다. 쥘 시몽이 마크마옹 원수의 뜻과 어긋나는 대의원의 결의사항 몇 가지를 수락하자 원수는 1877년 5월 16일 내각을 해임했다. 마크마옹 대통령은 쥘 시몽에게 말했다.

"우리는 이제 함께 일할 수 없다. 나는 강베타의 명령을 따르느니 차라리 타도되는 편을 택하겠다."

대통령에게는 정견보다 위계 서열이 더 중요한 문제였던 것이다.

3. '5월 16일 사건'을 보통 쿠데타라고 규정하지만 이 표현은 적당치 않다. 물론 대통령이 입법기관과 행정기관의 관계를 자의로 간섭한 것은 위헌이었다. 사실은 하원에만 내각 해임 권한이 있었고 대통령에게는 상원에 하원 해산을 요구할 권한이 있었다. 하원의원들은 의장 쥘 그레비의 발언으로 사태를 파악한 후 강력한 전투태세에 들어갔다. 그레비 의장은 의원들에게 강조했다.

"법을 준수합시다. 현명하고 단호하게 자신감을 가지고."

363명의 공화파 의원이 반박성명서에 서명했고 상원은 대통령이 요구한 하원 해산을 근소한 표차로 가결했다. 강베타는 외쳤다.

"우리는 363명으로 해산하지만 400명이 되어 돌아올 것이다."

브로글리 공작이 임시내각을 조직해 선거 절차를 담당했다. 이것은 참으로 어리석은 일이었다. 공화파가 221명이던 왕정복고 시대에 프랑스 국민이 어떻게 행동했는지 충분히 경험하지 않았던가. 더구나 하원을 구성한 지 얼마 되지 않은 때에 아무리 대통령의 명령이라 한들 지지하던 정당을 갑자기 바꾸는 것은 이해하기 어려운 일이었다. 좌파는 공화국을 수호하기 위해 대동단결했다. 이 단결이 어찌나 강력했던지 티에르가 사망했을 때 파리 민중은 파리 코뮌을 압살한 그를 위해 그가 공화파라는 이유만으로 감격적이고 장엄한 장례식을 거행했다. 이보다 몇 주일 전 강베타는 이전에 자신을 '열정적인 바보'라고 부르던 티에르를 '국토의 해방자'로서 하원이 감사 결의를 하도록 추진한 바 있다. 반면 우파의 결속은 무력했다. 왕정주의자들은 보나파르트파를 두려워했고 자유주의적인 오를레앙파는 루이 뵈이요의 "오직 교권주의만 우리를 구제할 수 있다"라는 도발적인 발언이 정치적으로 불리하다고 보고 그를 경질했다. 텐은 대통령의 과오를 다음과 같이 규탄했다.

"이것은 패전한 후 레이치쇼펜으로 계속 돌격하는 것과 같다. 선거는 그에게 보다 급진적이고 대립적인 하원을 구성해줄 테고 아마 그는 사임하는 수밖에 없을 것이다. 나는 4개월 내에 강베타가 공화국의 대통령이 될 것이라고 본다."

1877년 10월 정부의 파렴치한 간섭과 관선입후보제도에도 불구하고 326명의 공화주의자가 당선되었다. 그들은 400명이 되어 돌아오지는 못했으나 119명이 넘는 과반의석을 확보했다. 대통령은 어떻게 해야 할지 분별하지 못했고 강베타는 그에게 말했다.

"프랑스가 주권자로서 발언을 했으니 귀하는 항복과 사임 중 하나를 선택하는 길밖에 없다."

마크마옹은 청년 장교 시절에 했던 영웅적인 자신의 말을 상기했다. "나는 이곳에 있다. 나는 이곳을 결코 떠나지 않겠다."

그는 재임하기 위해 마음에도 없는 항복을 했다. 권력을 장악한 강베타는 공화파 동지들에게 관용을 권유했다.

"나는 무엇보다 성공에 도취될까 봐 두렵다. (…) 나는 우리 당이 당분간 휴식을 취했으면 한다."

이 신중한 자세는 참으로 현명한 처신이었다. 집권당의 절대다수는 하원에서는 기성체제에 비해 우세했으나 전국적으로는 아직 그렇지 않았으므로 패배한 유력자들은 이 관용을 받아들이려 하지 않았다. 이때 유력자들이 자발적으로 공화국을 인정했다면 프랑스도 영국처럼 건설적인 야당을 만들 수 있었으리라. 아쉽게도 1877년에는 좌우파 간의 균열이 메워지지 않았고 프랑스의 우파는 여전히 권력을 탈환할 꿈을 버리지 못했다.

4. 이제 귀족들의 공화국은 자취를 감췄고 공화주의자의 공화국이 행운의 징조와 함께 출범했다. 국가는 번영했고 1878년에는 전보다 발달하고 아름다운 프랑스를 과시하는 세계 박람회가 전 세계에 '프랑스공화국은 제2의 아테네가 될 것'임을 실증했다. 이런 관점에서 전쟁이 문학과 예술의 정상적인 진보를 가로막지는 않았던 것 같다. 위고, 텐, 르낭, 플로베르, 졸라 등의 우수한 작가들은 조국의 재난으로 얻은 애조 띤 진지성을 담아 창작활동을 계속했다. 마네, 클로드 모네Claude Monet, 피에르 르누아르Pierre Renoir 등도 조용히 창작을 계속했으며 패전 직후부터 화단의 찬란한 부활을 준비했다. 유력자들은

품위 있고 검소하게 통치해 새로운 사회계층에게 견실한 재정 상태를 물려주었다. 직접세만으로도 예산 균형을 이뤘고 강베타의 요구대로 군사비도 증액했다.

1878년에 열린 베를린 회의에서 비스마르크가 튀니지를 프랑스에 양도했다. 이것은 프랑스와 이탈리아 간에 분쟁을 도발해 라인 강 방면에 대한 프랑스의 관심을 견제하려는 음모였다. 이는 비스마르크의 오산에 불과했고 오히려 프랑스는 식민지 제국을 정비 및 강화했다. 공화국은 과거보다 부강해졌으며 1878년 총선거는 우파의 최후 거점인 상원의 과반수를 깨뜨렸다. 대통령의 입장이 매우 곤란한 상태에서 정부가 공화체제를 반대하는 9명의 장군을 사령관직에서 파면하려 하자 마크마옹은 서명을 거부한 후 사표를 제출했다. 한마디로 그는 대통령의 위신을 추락시켰다. 그는 장군의 인사 문제에 개입함으로써 당파인임을 드러냈고 국민이 의견을 명백히 표시했을 때 공연히 하원 해산이라는 졸렬한 결정을 내려 앞으로 대통령의 하원 해산권 집행을 곤란하게 만들었다.

그의 후임자로 엘리제 궁의 주인이 된 쥘 그레비는 냉정하고 교양이 있는 명랑한 사람이었다. 자유주의적인 부르주아계급 출신으로 호라티우스Horatius, 라신, 라마르틴을 암송할 정도의 문학적 소양이 있던 그는 신중한 법률가였으나 금전에 교활할 정도로 집착하고 기력이 쇠진해 모험적인 행동을 회피하는 73세 노인이었다. 공화국 최초의 통치자인 그는 가족의 고문변호사, 국가의 법률 및 헌법에 대한 충고자, '국가라는 전차의 제동기' 이상의 역할을 원하지 않았다.

5. 강베타의 지도력으로 공화파는 개선가를 부르고 있었다. 그레비는 그를 수상으로 임명해야 했지만 그는 강베타의 성급한 기질과 명성을 두려워했다. 그레비는 아직 좀 이르다며 윌리엄 와딩턴William Waddington과 투르에서 강베타의 차석을 지낸 프레시네를 초빙하고 강베타를 하원의장이라는 한직으로 몰아냈다. 급진파에게도 어느 정도 만족을 주고 유럽에도 혁명과의 유대를 표시하기 위해 〈라 마르세예즈〉를 국가國歌로 정했으며, 7월 14일을 프랑스의 국경일로 해서 1880년 처음으로 경축행사를 거행했다. 이때까지 종교학교와 비종교학교가 경합했으나 좌파 이론가인 쥘 페리가 교육 법안을 제출해 유명해진 제7조로 무면허 수도회의 교육 권한을 박탈했다. 이 법령은 제수이트회, 마리아회, 도미니칸회에 극심한 영향을 주었다. 비종교적인 도덕의 유효성을 신봉한 페리는 국립학교의 종교교육을 금지하고 '종교 없는 학교'를 만들어 많은 비난을 받았다.

루이 15세 때처럼 제수이트 수도사들은 종단 건물에서 추방되었고 이 법령의 집행을 회피하기 위해 사직한 법관도 있었다. 고등학교에서는 철학 과목을 중요시했으며 모리스 바레스Maurice Barrès의 《뿌리 뽑힌 사람들Les Déracinés》을 읽으면 알게 되듯 시민의 자제들이 이마누엘 칸트Immanuel Kant의 형이상학으로 교육을 받았다. 다른 학생들은 아직 계속 운영하던 종교 관계 교육시설에 다녔다. 교사 양성을 위해 설립한 초등사범학교는 비종교주의와 급진주의의 중심이 되었다. 1880년 여자고등학교를 창설했는데 여성교육이 가톨릭 최후의 아성이던 당시로서는 매우 신기한 일이었다. 프랑스에서 교회가 매우 유력했던 만큼 교회와 국가 간의 분쟁은 커다란 손실을 초래했다. 교회에는 아직도 강력한 정신적 영향력이 있었고 종교 방면의 전도 사업이 국가보다 더 활발하게 프랑스 문화를 세계에 널리 보급했다.

하지만 페리는 교회가 정신의 자유를 인정하도록 국가에 감독 의무가 있다는 견해를 고수했다. 실증주의 철학자 에밀 리트레가 프랑스 학술원의 회원으로 선출되자 교권주의자인 뒤팡루가 사임할 수밖에 없었다는 사실은 종교적 불관용의 위험한 징조였다. 종교 계통 학교는 존속했고 이들 학교와 대학 등에는 알프레드 드레퓌스(Alfred Dreyfus, 드레퓌스 사건의 주인공─역자주) 사건 때 뚜렷이 나타났듯 위험한 경쟁의식이 조성되고 있었다.

6. 강베타는 공화국의 기적의 인물인 동시에 문제아였다. 그레비나 페리 같은 이론가는 그의 단정치 못한 풍채, 레오니 레옹과의 정사, 뒤늦게 발동한 사교계 탐닉, 특히 거듭된 성공 때문에 그를 경원시했다. 그가 군중의 환호를 받으면 으레 독재자라는 함성도 들려왔다. 공화국 대통령과 상원은 연기투표제와 중복입후보제를 우려했다. 모든 선거가 강베타를 위한 국민투표가 될 위험성이 있었기 때문이다. 평화주의자인 그레비는 강베타가 역사의 '위대한 배상'과 '내재적 정의'를 발설한다고 그를 비난했다. 강베타의 그런 발언이 비스마르크의 불신을 초래할 것을 두려워한 것이다. 독일은 프랑스가 복수심을 포기하고 식민지 경영에 전념하기를 원했다. 그런데 식민지 정책을 추진하는 책임자 쥘 페리가 복수파의 공격을 받자 언제나 동지에게 관대한 강베타는 페리를 비호했다.

공화파가 절대다수를 확보한 1881년 선거 이후 그레비는 기어코 강베타의 실각을 유도하기 위해 일부러 그에게 내각을 조직하도록 위촉했다. 모든 일이 엘리제 궁의 교활한 늙은 공증인의 뜻대로 진행되었다. 국민은 오래전부터 명성과 기대가 컸던 강베타 내각은 공화파의 지도자를 망라한 유능한 인사로 구성될 것이라 기대했으나 그것은 완전히 어긋났다. 거물들은 차례로 입각을 거부했고 어떤 사람은 연기투표제를, 또 다른 사람은 식민정책을 반대했다. 사실인즉 모두가 그의 실패를 예감하고 안전한 길을 택한 것이다. 드디어 강베타 내각의 명단이 발표되자 민중은 미지의 인물로만 구성되었음을 알고 실망했다. 강베타의 부하와 친구들로만 구성된 내각이었다. 좌파는 미라벨Miribel 장군이 참모총장에 임명되고 신문기자 장 자크 바이스가 외무성 정무국장이 된 것을 알고 크게 놀랐다. 이 '내각'은 수주일 후 연기투표제 문제로 와해되었다. 수개월 후 44세의 강베타는 사고와 숙환으로 세상을 떠났다. 그는 자신이 창조하고 구제하고 강화한 공화국으로부터 부당한 처우를 받은 셈이었다. 정치가로서 그의 민첩하고 현명한 자질은 언제나 정세가 혼란에 빠질 위기에서나 그 가치를 발휘하는 난국 돌파형이었다. 사람들은 모든 죄악 중에서도 우수한 재능이란 것을 가장 용서하려 하지 않는다.

7. 강베타의 죽음으로 프랑스 정치의 낭만적인 열정은 사라졌다. 때에 따라 시대에 앞서거나 뒤처지는 과격파가 사법관 선거제, 국가와 교회 분리, 소득세 신설 등을 요구했다. 그런데 우파가 중도파를 압박하자 이후 50년간 프랑스의 정치 방식이 된 '기회주의 세력의 이동'으로 중도파가 우파와 제휴함으로써 모든 주요 개혁을 저지했다.

외교 분야에서는 페리처럼 식민지 제국을 건설하려는 사람과 클레망소처럼 독일과 라인 강 방면에 전념하자는 사람들 간에 논쟁이 벌어졌다. 그 어느 편에서도 자신들의 계획이 상호보완적이라는 사실은 깨닫지 못했다.

1882년 복수파가 승리하면서 프랑스가 영국과 함께 이집트에 진출하려는 것을 저지했다. 1885년 페리가 통킹 지방의 해적을 소탕하려 할 때, 더 솔직히 말해 통킹 지방을 프랑스의 식민지로 만들려고 할 때 클레망소는 그를 맹렬히 공격해 내각에서 축출했다. 페리는 철저한 공격을 받은 나머지 거리에서 봉변을 당하기도 했다. 국가에 충성을 다한 페리는 그날로 정치 경력이 끝났음을 깨달았다. 그는 프랑스군을 약화시킨 멕시코 원정을 인도차이나에서 다시 연출한다는 비난을 받았다. 클레망소는 큰 소리로 공격했다.

"우리는 당신을 이해할 수 없고 또 이해하고 싶지도 않다."

이 과격한 의견 대립은 불안과 불신의 감정을 조성함으로써 공화국을 약화시켰고 공화국 타도를 꿈꾸던 사람들을 크게 고무했다. 1885년 선거 결과는 공화파에 불리했다. 제1차 투표에서는 공화국에 대한 충성이 의심스러운 보수파가 177명 선출된 반면 공화파는 127명만 당선되었다. 제2차 투표에서는 공화파가 결속해 과반수를 차지했으나 반정부적인 공기가 아직도 공화체제가 불안정하다는 것을 보여주었다. 강베타 시대에는 공화파가 엄연히 공화국의 주인이었다. 그들은 계속 주인의 위치를 유지할 수 있을 것인가.

8. 오직 공화국만 프랑스 국민을 통합해줄 정치체제였으므로 모

두가 진심으로 공화체제의 존속을 희망했다. 공화국은 10년 동안 성과 있는 과업을 완수했고 구체제에 못지않게 유능한 정치가를 배출했다. 강베타, 페리, 폴 아르망-라쿠어 등은 티에르, 기조, 루아예 콜라르 등에 견주어도 손색이 없는 탁월한 정치가였다. 공화국은 건전한 재정을 확립했을 뿐 아니라 군비를 재건하고 튀니지와 통킹 지방까지 식민지 제국을 확장했다. 처음에는 인기가 없던 인도차이나 원정이 말기에는 민중에게 희망을 주었고 아메데 쿠르베Amédée Courbet 제독과 앙리 리비에르Henri Rivière 사령관은 국민의 영웅이 되었다. 점차 패전의 충격은 사라지고 프랑스는 자신감을 회복했다.

여건이 이처럼 유망했음에도 불구하고 1886년 외국의 많은 평론가는 정부가 아직도 약체라고 판단했다. 그때까지도 다수를 포섭하고 있던 왕정파와 소수의 보나파르트파는 여전히 그들의 몽상에 집착했고 교회는 위협을 느낀 나머지 적의를 품었으며, 공화파는 그 나름대로 시시한 일반 정무에 싫증이 나서 과거 투쟁시대의 영웅주의를 그리워했다. 그들은 입버릇처럼 투덜댔다.

"제국시대의 공화국체제는 참으로 아름다웠다."

일반 대중은 강베타가 별세한 후 새로운 영웅, 적어도 강력한 지도자를 찾고 있었다. 그러나 공화파인 그들로서는 불가피하게도 재기 불능의 페리와 인기 없는 쩨쩨한 공증인 같은 그레비 노대통령밖에는 내놓을 인물이 없었다. 프랑스는 자신이 누리는 행운을 인식하지 못했고 정통성을 갖춘 정권에 진정한 존경을 바칠 줄 몰랐다.

chapter 4

—

공화국을 흔드는 세 가지 위기

—

1. 프랑스는 현상 타파를 바랐으나 지도자가 없었다. 그런데 프레시
네가 별다른 생각 없이 조르주 불랑제Georges Boulanger 장군을 국방장
관에 기용했다가 주목받는 인물을 만들어냈다. 49세의 젊은 장군인
불랑제는 처음에는 우익이었으나 야심과 실리를 위해 공화파에 참여
한 인물로 낭트 고등학교 동급생인 클레망소의 추천으로 입각했다.
처음에 그는 무해무득한 장식품처럼 보였으나 실은 자기선전에 천재
적인 수완이 있는 사람이었다. 1886년 6월에 제정한 법률은 과거에
프랑스를 통치한 가족의 가장이 입국하는 것을 금지하고 그 가족 구
성원은 어떠한 공직에도 진출할 수 없도록 규제했다. 이 법률을 제정
한 사람들은 본래 이미 프랑스 국군에 봉직하는 왕족에게는 적용하
지 않을 생각이었다. 그러나 불랑제는 법률 제정자보다 지나치게 앞
서서 사단장 오말 공작과 기병 제7연대장 샤르트르 공작을 파면했다.
이 조치는 평가가 매우 좋았고 불랑제는 일반인의 주목을 끌었다. 더

구나 그가 군대 운영을 개혁해 병사의 숙식을 개선하고 일반 병사를 위해 행정계통을 무시하는 일까지 있었다는 소문이 돌자 그 '우아하고 무인다운' 행동에 일반의 인기가 대단했다.

7월 14일에 거행한 혁명 경축 관병식에서 그의 금색 수염과 흑마는 대중에게 열렬한 환호를 받았고 가요작가 장 파울러스Jean Paulus는 〈관병식에서 돌아오는 길에서〉라는 노래를 만들어 미남 장군을 프랑스 국군의 상징으로 추앙했다. 극좌파인 로슈포르 후작은 애국적 선동가의 풍모를 지닌 그를 동지로 규합했다. 바야흐로 시대의 분위기는 국수주의로 흘렀고 사실상 프랑스는 대외 관계에서 적지 않은 불안감을 느낄 충분한 이유가 있었다. 이탈리아와 영국은 이집트와 튀니지에서 발생한 사태로 프랑스와 불화를 일으켰다. 의외로 너무 강대해진 프랑스를 압박할 기회를 노리던 비스마르크는 1887년 4월 슈네블레 사건(프랑스의 한 경찰관이 독일 경찰관의 유인으로 국경을 넘어간 후 간첩으로 체포된 사건—역자주)을 조작했다. 이 사건은 그레비가 법률가로서의 수완을 발휘해 신중하게 처리했지만 전쟁으로 발전했을지도 모를 일이었다. 이런 불안한 사태 때문에 프랑스인은 군인 출현을 갈망했다. 불랑제는 군중의 관점에서 독일에 대한 복수의 상징이자 '비스마르크를 누를 수 있는 사나이'였다.

저기 오는 저 사람을 보라!
그는 만면에 웃음을 가득 머금고 있다.
그는 알자스와 로렌을 되찾아왔다.

2. 불랑제는 아무것도 되찾아오지 않았다. 페리는 그를 '악극단의 생-타르노 원수(샤를 루이 나폴레옹의 쿠데타를 지휘한 군인)'라고 비웃었고 그레비는 '선동 장군'이라고 불렀다. 그런데 폴 데룰레드Paul Déroulède가 조직한 애국자 동맹이 그를 포섭했고 클레망소와 로슈포르가 그를 적극 지지했다. 군중의 요망을 한 몸에 받고 있던 불랑제는 그들의 우상이었고 불랑제주의는 정치계에서 하나의 이론이었으며 불랑제파는 하나의 정당이 되었다. 약간 동요한 의회와 대통령은 이러한 사태의 핵심을 이해하려 노력했다. 무엇 때문에 사태가 이토록 가열되었는가? 무단정치의 위협인가? 승전이라는 공적 없이 제2의 보나파르트가 되려는 것인가? 그들은 신중히 진상을 검토했다.

공화파 지도자들은 영국의 왕세자 친구인 갈리페 장군에게 불랑제의 행동에 관한 얘기를 듣고 온건적 우파의 지지를 얻어 불랑제를 클레르몽-페랑 주둔 제18사단장으로 보내버렸다. 그는 파리를 떠나거나 공공연하게 반항하거나 양자택일을 해야만 했다. 군중이 기차역으로 운집하고 부녀자들은 열차 출발을 방해하기 위해 철로 위에 누웠다. 자기중심이 없고 겁이 많은 불랑제는 자신의 모험에 대해 공포를 느끼고 부임의 길을 택했다. 그런데 정세 변화가 그에게 새로운 기회를 안겨주었다.

1887년 10월 그레비 대통령의 사위인 윌슨이 관직과 훈장 매매에 영향력을 행사했다는 추문이 밝혀졌다. 청렴한 대통령은 이 같은 거래 내용을 전혀 몰랐으나 그의 가족 사랑이 공식적인 행동에 지나치게 영향을 준 것은 사실이었다. 종종 "그의 형제 중 한 사람은 장군, 또 한 사람은 알제리 총독이 되었는데 그레비 가족 중에 사제가 없는 것이 유감이다. 있었다면 틀림없이 추기경이 되었을 텐데"라는 얘기가 화젯거리로 떠올랐다. 그레비는 윌슨을 옹호하는 과오를 범했고 입으로 마음껏 국왕을 때려눕히는 파울러스가 가요를 지었다.

"아아, 사위가 있는 것도 불행한 일이로구나."

이때까지 구체적인 정강정책도 없던 불랑제파가 헌법개정을 주장하며 의회정치를 비난하기 시작했다. 모든 사람의 버림을 받은 그레비는 사임했고 이것이 제1차적인 위기였다.

3. 갑자기 후임 대통령 선출이 긴급한 과제로 부상했다. 적임자는 누구일까? 페리? 이 사람의 통킹 식민지 정책 반대가 공화국을 전복할지도 몰랐다. 젊은 바레스가 불랑제를 추대하기 위해 "군인을 내세우자!"라고 외치자 유력한 당파가 적극 지지했다. 이 '헌법개정파'는 대통령 직선제와 국가원수만 책임을 지는 내각제도, 즉 과격한 무단정치를 요구했다. 클레망소는 냉소적으로 엘리제 궁에는 '가장 어리석은 사람'을 보내야 한다며 마리 프랑수아 사디 카르노(Marie François Sadi Carnot, 1837~1894, 제3공화국 제5대 대통령─역자주)의 이름을 암시했다. 그러나 이것은 잘못 본 견해였다. 카르노는 절대 어리석은 사람이 아니었고 그는 이미 각료로서 용기와 기술적인 지식을 입증한 바 있었다. 클레망소는 그가 조르주 오네Georges Ohnet의 소설 속 주인공처럼 풍채가 세련된 것을 우습게 여기고 있었다. 사디 카르노는 에콜 폴리테크니크 출신이자 이름 있는 카르노 가문의 후손으로 공화주의적이고 부르주아계급으로서의 모든 미덕을 갖추고 있었다. 그는 네모로 깎은 수염을 잘 손질하고 몸가짐이 비범했으나 연설은 대단치 않았다. 정세를

보면 정력적인 통치자가 필요했는데 바로 그 점이 의심스러웠다.

내각이 불랑제를 밀어낸 덕분에 그는 하원에 출마할 수 있었다. 예측대로 그는 도르도뉴와 북부 지역에서 당선되었다. 우파는 막연하게 '의회 해산, 제헌의회 소집, 헌법개정'이란 정책으로 불랑제를 지지했고 일부 맹목적이고 급진적인 헌법개정파도 이 반공화주의 운동에 가담했다. 연설이 서툰 카르노는 하원에서 이렇다 할 영향력을 행사하지 못했지만 그가 파리에서 사건을 조작하면 의회는 그를 저지하지 못했다. 의회의 부정부패에 반대하는 나머지 대중은 그를 잘 몰랐고 또 몰랐기에 그를 지지했다. 이제 무정책이란 난관에서 탈출한 우파는 그가 사멸한 왕정의 구세주가 되거나 적어도 공화정체제를 타도하기를 기대했다. 결국 우파는 또 한 번 건전한 보수 야당이 될 기회를 놓쳤고 불랑제파는 '불평분자의 집단'이 되었다.

4. 1889년 1월 불랑제는 24만 6,000표로 파리 출신 하원이 되었다. 동지들은 그에게 "엘리제 궁으로 가라!"고 외쳤고 군중은 회교도가 도사를 따르듯 그를 엘리제 궁으로 끌고 갈 기세였다. 경찰과 군대는 주저했고 집단적 열광은 그를 프랑스의 지도자로 생각할 만큼 고조되었다. 불랑제 외의 모든 사람이 그렇게 생각했으나 본인은 그 난폭한 거사에 응하지 않았다. 그가 시기를 관망하는 동안 공화파는 결속을 다졌고 불랑제를 전적으로 지지하던 클레망소는 이제 그를 기피했다. 불랑제 장군이 하원에 나타나자 수상 샤를 플로케Charles Floquet가 유명한 말로 비아냥거렸다.

"당신 나이에 나폴레옹은 이미 세상을 떠났다."

이 신랄한 욕설에 그는 격분했다. '성구실聖具室에서 하인방으로' 전락했다는 플로케의 모욕을 받은 후 그는 수상과 결투를 했다. 내각은 '애국자 동맹'의 해산을 명령하고 고등법원 내에 국가의 안녕에 관한 범죄를 재판할 소송 절차를 준비했다. 이런 조치에 불안감을 느낀 불랑제는 체포될까 염려했고 정권보다 오히려 열렬이 사랑하는 애인 마르그리트 드 본느망과 헤어지게 될 것을 두려워했다. 1889년 5월 1일 장군은 브뤼셀행 열차를 타고 '공금을 축낸 서기'처럼 초라하게 도주했다. 물거품은 사라졌고 불랑제주의는 소멸했다. 그의 동지들은 런던, 저지 섬, 브뤼셀 등으로 그를 따라다니며 귀국을 권했으나 허사였다. 그의 유일한 관심사는 결핵을 앓던 정든 미녀 본느망뿐이었다. 1891년 그녀가 사망하자 장군은 그녀의 묘소에서 자살했다. 클레망소는 말했다.

"그는 젊은 소위처럼 살다가 젊은 소위처럼 죽었다."

언론인 카롤린 세베린Caroline Séverine은 다음과 같이 논평했다.

"그는 카이사르처럼 출발해 카틸리나Catilina처럼 살다가 로미오Romeo처럼 죽었다."

1889년 정부는 불랑제파의 경험을 교훈 삼아 산발적인 국민투표가 될 염려가 있는 중복입후보제를 폐지하고 지역별로 연기투표제를 실시했다. 정권은 구제받았고 질서 유지도 환영할 만한 정도였다. 어리석은 불랑제파의 모험이 성공했다면 프랑스를 어디로 끌고 갔을까 하는 문제는 하느님만 알 일이었다.

5. 파리에는 11년마다 세계 박람회를 개최하는 관례가 생겼다.

1889년 박람회는 여러 가지 점에서 주목할 만한 것이었다. 이것은 우연히 프랑스 대혁명 100주년 기념일과 일치했다. 프랑스는 전 세계가 인정하는 대혁명의 정신을 보여주면서 근년에 있던 위기상황에도 불구하고 수많은 외국인에게 공화국의 확고한 기반을 직접 실감할 기회를 주었다. 경이적인 에펠탑은 한 위대한 기술자의 작품이었는데 그는 교량과 육교의 구조를 근본적으로 바꿔 비행기 설계가 가능한 기술을 처음 개발했다. 박람회의 성공과 조국에 대한 당당한 자부심 그리고 과격파 좌익의 사회주의화에 대한 불안감 등으로 구체제의 가장 이상적인 인물들이 마침내 현 체제로 돌아섰다. 그들은 마크마옹 다음으로 불랑제가 왕정복고를 꾀하길 기대했으나 서서히 그런 몽상에서 깨어나기 시작했다.

통합을 방해하는 걸림돌 하나가 여전히 남아 있었는데, 그것은 바로 교회였다. 왕좌와 성단의 동맹에는 이론 이상의 권위 있는 무언가가 있었다. 수 세기 동안 교황청은 프랑스 왕실과 밀접한 유대를 맺어왔고 비오 9세도 계속 부르봉 가를 지지했다. 그러나 천재적인 수완을 발휘한 교황 레오 13세는 교회활동이 일국의 합법정부와 대립해서는 안 된다고 생각했다. 그는 교회가 교회활동을 저해하는 법령과는 투쟁해도 헌법과는 투쟁해서는 안 된다고 지시했다. 교회는 영원한 존재이니만큼 왕조와 정부보다 수명이 장구하다. 따라서 교회는 과거에 페팽을 위해 메로빙거 왕조를 희생한 것처럼 사디 카르노를 위해 파리 백작을 희생할 수도 있었다. 교황은 알제 대주교 라비즈리Lavigerie 추기경에게 명령해 공화국에 협력하겠다는 의도를 알리게 했으나 오랫동안 이렇다 할 성과는 없었다. 과격한 왕정파와 보나파르트파 사이에는 공화국을 '창녀'라고 불러가며 매도하는 것이 하나의 유행이었다. 교황은 교서를 통해 프랑스 교회와 교도들에게 현명한 지시를 내렸다. 주교는 신교의 자유를 보장하는 한 공화파 입후보자를 지원하려 했다. 이러한 방침이 가톨릭 공화파 탄생을 낳았고 이는 의회의 다수파를 중도파로 전환하는 데 공헌했다. 공화국은 이제온건한 노선을 찾은 것이다.

6. 불랑제주의 이후 공화국은 새로운 양상을 보였고 공화파 지도자들은 불랑제의 높은 인기가 그의 금색 수염과 흑마가 아니라 슈네블레 사건과 비스마르크의 공세 때문이었음을 깨달았다. 불랑제 자신은 별것 아니었고 사태도 끝났으나 그 일파는 여전히 무시할 수 없는존재였다. 이후 프랑스에서 계속 집권하려는 정파는 무엇보다 국가의안전과 위신에 관심을 표명할 필요를 통감했다. 당시 프레시네의 명성이 굉장히 높았던 것도 그가 군부에 르벨 소총과 멜리니트 화약을보급했기 때문이다. 강대해진 프랑스공화국이 안정을 찾고 보다 관대해지자 외국과의 우의도 공고해졌다.

강베타는 프랑스의 자연적 입지로 보아 영국 및 러시아와 동맹관계를 맺어야 한다는 생각을 잊은 적이 없었다. 영국은 아직도 식민지 문제로 프랑스에 적의를 품고 있었으므로 시기가 무르익지는 않았으나러시아는 독일, 오스트리아, 이탈리아의 삼국동맹에 불안을 느끼며서서히 프랑스에 접근하기 시작했다. 프랑스 함대가 러시아의 크론시타트 군항에서 환영을 받고 러시아 제독 아베라느Avellane는 파리에서영접을 받았다. 황제 치하의 러시아와 공화국인 프랑스는 정치사상에서 차이가 컸으나 러시아가 프랑스에서 발행한 국채는 인기가 있었고 프랑스인은 고립에서 탈출하는 즐거움을 위해 기꺼이 비싼 값을 지불했다. 물론 은행은 수수료를 받고 판매한 것이라 아무런 손해도 보지 않았다.

7. 1893년 재정 관계 추문이 팔레부르봉의 기둥을 뒤흔들었다. 이 파나마 사건은 존 로의 파산 사건이 왕정에 끼친 정도만큼은 아니지만 국정에 지속적인 불신감을 떠안겼다. 수에즈 지협에 운하를 굴착한 레셉스는 프랑스가 크게 자랑하던 당당한 기술자였다. 그가 파나마에 운하를 건설하겠다는 계획을 발표하자 프랑스 국민은 그들의 저축으로 재정적 지원을 했다. 그런데 레셉스는 수문 없이 파나마 운하 굴착이 가능하다고 믿는 과오를 범했다. 공사는 그가 예상했던 것보다 훨씬 힘들었고 설상가상으로 황열병이 인명을 수없이 앗아갔다. 파나마 회사는 비난을 피하기 위해 언론사에 돈을 뿌렸고 15억 프랑의 채권을 발행할 인가를 얻도록 하원을 매수했다.

이 사건은 1888년에 발생했는데 그 후 오랫동안 파나마 회사가 도산 상태에 있었음에도 불구하고 역대 내각은 회사가 감행한 조작을 은폐하는 데 성공했다. 채권 소유자들은 정부가 손해를 보상해줄 것이라고 기대했고 레셉스의 명성이 신뢰를 유지해주었으므로 아무도 감히 회사를 조사하자고 나서지 않았다. 1892년 우익계로 특히 광신적인 반유대주의 신문인 〈자유 언론La Libre Parole〉이 이 문제를 정치적 도구로 이용하기 위해 내막을 폭로했다. 회사와 하원의원 간의 중개 역할을 담당한 레이나슈Reinach 남작은 자살했고 건설장관 바이오

Baïhaut만 진상을 솔직히 자백해 정치가 중에서 유일하게 유죄선고를 받았다. 하지만 이 사건으로 한 세대의 정치인들이 모두 권위를 상실했다. 플로케, 클레망소를 비롯해 약 20명의 정치가가 이 사건과 관련해 오랫동안 공직생활에서 은퇴해야 했다. 그 결과 젊은 세대인 레몽 푸앵카레와 루이 바르투Louis Barthou 등의 일파가 보다 빨리 정계의 중진으로 진출했고, 급진파가 지도권을 상실하면서 공화국은 상당히 우경화되었다.

8. 1893~1898년에 프랑스는 중도적인 정부의 통치를 받았고 제 3공화국은 기조와 루이 필리프의 시민적 전통을 계승했다. 당시 정치 지도자들은 에콜 폴리테크니크, 파리고등사범학교Ecole normale supérieure 등 명문교 졸업생 아니면 변호사 출신이었다. 20년이란 세월은 한 정치체제가 확고한 기반을 닦기에 충분했다. 이미 공화당이 모든 정부기관에 뿌리와 가지를 뻗어 신체제의 유력한 인사도 구체제의 유력한 인사와 다를 바 없었다. 1894년 카르노가 무정부주의자에게 암살되자 7월 왕정시대에 장관을 지낸 인물의 손자인 장 카시미르 페리에(Jean Casimir-Périer, 1847~1907, 제3공화국 제6대 대통령—역자주)가 대통령직을 계승했다. 이 암살 사건을 계기로 무정부주의자들의 음모가 절정에 이르렀다. 공포를 느낀 하원은 반대파가 '사악한 악법'이라 부르던 특별법을 제정해 반격했다. 사회당은 세력이 커졌고 마르크스주의 이론가 쥘 게드Jules Guesde와 3대 웅변가로 찬양받던 알렉상드르 밀랑(Alexandre Millerand, 1859~1943, 제3공화국 제12대 대통령—역자주), 르네 비비아니 René Viviani, 장 레옹 조레스Jean Léon Jaurès 등이 지도자로 활약했다.

이미 오랫동안 공화체제의 원동력이 되어온 시소게임이 나타났다. 즉, 급진파와 사회당으로 구성된 좌익과 공화연합 또는 민주동맹 등 우익 사이를 좌우로 이동하면서 정치체제의 균형을 유지하는 중도파가 탄생한 것이다. 카시미르 페리에는 대통령이란 아무 활동도 할 수 없는 직위임을 깨닫고 6개월 후 사임했다. 엘리제 궁은 위기를 눈앞에 둔 음산한 저택처럼 보였다. 마크마옹과 그레비는 사임했고 카르노는 암살당했다. 카시미르 페리에를 계승한 펠릭스 포르(Félix Faure, 1841~1899, 제3공화국 제7대 대통령—역자주)도 임기 7년을 마칠 것 같지 않았다. 그러나 쥘 멜린Jules Méline, 알렉상드르 리보Alexandre Ribot, 가브리엘 아노토Gabriel Hanotaux 등이 선례에 따라 보수적인 노선으로 공화국을 통치했다. 프랑스 국민의 열광적인 지지를 받은 러시아와의 동맹은 정부의 위상을 강화했다. 러시아 황제 니콜라이 2세(Nicolai II, 1868~1918)가 동맹국과의 친선을 위해 파리를 방문했을 때 그는 열렬한 환호와 갈채를 한 몸에 받았다.

9. 제3의 위기는 정치적 사상이 취약한 우파가 처음에 공화국을 뿌리째 흔들었다가 나중에 정권을 좌파에게 넘겨버린 사건이었다. 그것은 바로 드레퓌스 사건(L'affaire Dreyfus, 유대인 사관 드레퓌스의 간첩 혐의를 둘러싸고 정치적으로 큰 물의를 빚은 사건—역자주)으로 너무 잘 알려져 그냥 '사건'이라고만 해도 통할 정도였다. 1894년에 시작된 이 사건은 처음에는 간단히 재판에 회부하면 그만인 것으로 보였다. 독일 대사관의 무관 슈워츠코펜Maximilian von Schwarzkoppen 대령의 서류함에서 발견된 한 장의 서류가 육군 정보부에 회송되었는데 참모본부의 한 장교가 이적행위

를 한 증거물로 판정이 났다. 필적이 유사하다는 점과 잠재적인 반유대주의로 인해 드레퓌스 대위가 혐의를 받았다. 그는 군사재판에서 유죄선고를 받고 계급을 박탈당한 후 악마의 섬으로 유배되었다. 그의 무고함을 확신한 가족이 계속 조사해 각서의 필자로 페르낭 에스테라지를 고발했다. 정보부의 조르주 피카르Georges Picquart 대령도 드레퓌스가 무죄라는 확증을 잡고 상관에게 진상을 발표하도록 진언했다. 하지만 완고, 오만, 편견이 정의뿐 아니라 신중성을 제압했다.

앙리Henry 대령은 드레퓌스의 무죄를 부인했을 뿐 아니라 유죄를 입증할 서류까지 위조했다. 에스테라지는 군사재판에서 무죄로 석방되었다. 에밀 졸라는 이 부정과 관련된 내용을 서술한 《나는 고발한다》를 공개 출판해 기소되고 유죄판결을 받았다. 당시 프랑스는 드레퓌스파와 반드레퓌스파로 나뉘었고 우파가 반드레퓌스파와 합류하는 과오를 범했다. 우파는 이것으로 군부와 교회를 회유할 수 있으리라고 판단했으나 오히려 불의에 가담한 꼴이었다. 이로 인해 양측 모두에게 소외당했다. '인권동맹'과 '프랑스 조국동맹'이라는 두 개의 전선이 서로 대립했다. 쥘 르메트르Jules Lemaitre와 아나톨 프랑스 그리고 에르네스트 라비스Ernest Lavisse와 알프레드 랑보Alfred Rambaud 같은 사상적, 개인적으로 친밀한 사람들이 바리케이드를 사이에 두고 대결했다. 급진주의의 클레망소, 사회주의의 조레스는 정의감을 억제하지 못하고 드레퓌스를 변호하기 위해 궐기했다. 그들은 곧 이 사건을 통해 좌파가 정치적 이득을 거둘 수 있음을 깨달았다. 이제 이 사건은 단순히 유대인 장교의 무죄냐 유죄냐 하는 문제가 아니라 군부와 정부가 국가라는 이유만으로 시민의 인권을 박탈할 수 있느냐 없느냐 하는 문제로 발전했다.

10. '프랑스 조국동맹'은 기즈 가의 가톨릭동맹 같은 당파적 양상을 띠기 시작했다. 이 일파의 성직자들은 반정부적인 장군들을 선동했다. 1899년 그들을 지지하던 펠릭스 포르 대통령이 급사하자 반드레퓌스파는 심각한 타격을 받았다. 그의 후임 에밀 루베(Emile Loubet, 1838~1929, 제3공화국 제8대 대통령—역자주)는 아나톨 프랑스가 '소란자'라고 별명을 붙인 반드레퓌스파의 규탄을 받았다. 쿠데타를 시도한 폴 데룰레드는 군대에 엘리제 궁을 습격하라고 명령했으나 실패했다. 여하튼 위증이라는 풍문이 퍼지면서 재판을 다시 열지 않을 수 없었다. 정부의 반대파를 탄압할 절호의 기회가 왔다고 판단한 에밀 루베는 상류 부르주아계급 출신인 발데크-루소에게 조각을 위촉했다. 그는 기회주의자이면서도 용기가 있는 인물, 즉 파리 코뮌을 타도한 갈리페 장군과 부르주아계급의 중심인물인 사회주의자 밀랑을 각료로 임명하는 데 성공했다. 조레스는 공화국이 위기상황이므로 정부를 지원할 의무가 있다고 당을 설득해 모든 좌파가 발데크-루소를 중심으로 결집했다.

모든 좌파가 단결하자 공소법원은 1894년의 판결을 폐기하고 드레퓌스를 렌 군법회의로 소환했다. 모두가 열렬히 기대한 제2회 판결도 모순적이었다. 드레퓌스는 정상 참작을 조건부로 5 대 2로 유죄선고를 받았는데 이 판결로 드레퓌스파는 격분했다. 그 격분을 가라앉히기 위해 대통령 루베가 드레퓌스에게 특사령을 내리자 드레퓌스의 동지들은 거부하기를 권고했으나 드레퓌스와 그의 가족은 수락했다. 갈리페는 "사건은 이것으로 종결되었다"라고 선언했지만 사실은 그렇지 않았다. 1906년 공소법원이 제2회 판결을 기각했고 드레퓌스는 전 계급으로 복직한 뒤 승진해 훈장을 받았다. 피카르 대령은 장군으로 승진했다가 육군장관에 임명되었다.

11. 하지만 이것이 진정한 드레퓌스 혁명은 아니었다. 드레퓌스는 이미 오래전부터 드레퓌스파의 흥미를 끌지 않았다. 그들이 만약 그가 군법회의의 일원이었다면 그도 군대기율을 유지하기 위해 유죄판결을 내렸으리라고 생각했기 때문이다. 잡지 〈반월半月수첩Les Cahiers de la quinzaine〉에서 열렬히 정의를 옹호해온 샤를 페기Charles Péguy는 이 사건에서 승리한 후 당내의 이상주의자와 정치인 사이에 분열이 있음을 알고 비애감을 느꼈다. 정치인은 선거에서 승리한 것에 만족했으나 이상주의자는 투쟁의 순수성이 손상된 것을 슬프게 생각했다.

발데크-루소와 그의 후계자 에밀 콩브Emile Combes는 무엇보다 공화국을 공격하는 이런 사건의 재발 방지에 주력했다. 그런데 군율을 지키지 않는 군인과 반역적인 성직자가 수년간 정부를 지배했다. 종교계를 숙청하려면 왕정파를 제압해야 했고 인기가 없던 모든 수도회를 추방하는 법령이 가결되었다. 이 법령은 파렴치한 집행관들에게 수도회 재산을 약탈할 구실을 주었고 종교기관 소유의 수십억 프랑 재산이 황금의 안개로 변해 자취를 감추었다. 콩브는 지방 출신 정치가로 파리 사교계의 유혹에 동요하지 않았다. 그는 현 체제를 향한 숨은 적을 소탕할 생각이었다.

그런데 지나치게 직무에 열성을 다하던 육군대신이 군부를 숙청하기 위해 비열한 짓을 했다. 즉, 그는 장교들의 평가기록을 동료들이 작성하게 하고 투서를 장려했다. 이 때문에 프랑스 군부에 심각한 분열이 생겼고 군사적이 아닌 정치적 배려로 승진이 좌우되었다. 이처럼 위험한 상태는 1914년 조국이 또다시 위기에 처했을 때에야 비로소 바뀌었다. 드레퓌스 사건이 긴 시간을 끈 것은 유감스러운 일이지만 모든 점을 감안해 평가한다면 프랑스공화국은 가장 위급했던 이 제3의 위기를 슬기롭게 극복했다고 할 수 있다. 드레퓌스 사건 같은 부정이 모든 나라에 있는 것은 아니겠지만 어떤 나라도 그런 부정 앞에서 그 정도의 용기를 발휘해 투쟁하고 또 관대하게 시정할 수는 없다는 얘기가 전 세계에 널리 퍼졌다.

—

chapter 5

영국과 프랑스의 식민지 분쟁

—

1. 프랑스가 식민지 제국을 건설하려 할 때는 언제나 영국의 해외정책과 충돌하게 마련이었다. 18세기에 캐나다와 루이지애나를 연결한 프랑스는 북아메리카 대륙을 대부분 확보했다. 당시 프랑스는 서인도 제도, 아프리카, 인도에 관심이 있었으며 식민지 제국을 건설할 충분한 기반도 있었다. 그러나 1763년의 파리 조약, 나폴레옹 황제의 해상 패전, 1814년의 퐁텐블로 조약으로 영국은 완전히 우위에 섰다. 유럽에서 항상 위협을 받은 프랑스는 영국처럼 재원의 대부분을 함대 건조에 집중 투자할 수 없었다. 이제 제해권과 그것을 쥔 국민의 적극적인 해외활동이 식민지 제국을 유지하는 필수조건으로 떠올랐다. 프랑스는 초기에 여기저기 산재한 식민지를 소유했으나 1830년 알제리를 정복해 본토 근방에 광대한 영토를 소유했고, 곧 프랑스의 3개 도를 설치할 만큼 이곳을 동화하는 데 성공했다.

1870년 이후 비스마르크는 프랑스에 새로운 식민지 제국의 희망을 주면 독일에 대한 복수를 망각할 뿐 아니라 영국과 분쟁을 일으키리라 생각하고 1870년에 튀니지를 프랑스에 양도한 것이다. 얼마 후 클레망소의 압력으로 이집트 간섭을 중지하고 오랫동안 프랑스 문화의 전통을 이어온 이집트에서의 우선권을 영국에 허용했다. 그러나 이집트에 대한 프랑스의 권익이 법적으로 청산되지 않아 프랑스와 영국 간의 분쟁의 원인이 되었다.

2. 왕정과 제정이 실패한 광대한 식민지 제국을 건설하는 데 성공한 것은 제3공화국의 명예로운 공적이었다. 1814년의 조약에 따라 프랑스는 서아프리카의 여러 항구를 영유했는데 이곳이 탐험과 원정의 기지가 되면서 사보르냥 드 브라자Savorgnan de Brazza와 루이 페데르브Louis Faidherbe 등의 원정으로 프랑스는 세네갈, 니제르, 차드Tchad 호수, 나일 강 상류 지방까지 점유했다. 푸로-라미Foureau-Lamy의 원정은 사하라 사막을 횡단해 지중해 아프리카와 열대 아프리카를 연결했다. 1892년에는 다호메이 지방을 정복하고 1895년에는 마다가스카르 섬을 획득했다. 인도차이나에서는 코친차이나, 베트남, 캄보디아 보호령을 통킹에 합병했고 조제프 갈리에니Joseph Gallieni 장군과 루이 리요테 장군 등을 중심으로 번영하는 지방으로 확장해갔다. 인도양, 홍해, 남태평양 등에서 프랑스는 지부티 같은 전략적인 항구와 뉴칼레도니아처럼 중요한 식민지를 획득했다.

이러한 정복은 대부분 국민도 모르는 사이에 의회의 반대를 무릅쓰고 이뤄진 것이다. 통킹에서의 철수는 4표라는 근소한 차이로 보류되었다. 몇 명에 불과한 용감하고 사심 없는 사람들(군인, 선교사, 무관을 비롯해 페리, 외젠 에티엔, 가브리엘 아노토 같은 장관)이 오랫동안 그 중요성을 인식하지 못한 해외 영토를 공화국에 헌납했다. 프랑스는 브라자와 갈리에니의 선례에 따라 원주민과 우호적으로 생활하려는 상당수의 행정관리를 양성했다. 원주민들의 충성심은 곧 현저하게 높아졌고 프랑스는 원주민 중에서 식민지 제국을 방어할 부대를 대부분 충당했다. 결과적으로 비스마르크의 예상과 희망은 빗나갔고 프랑스의 군사력은 약화되기는커녕 식민지 개발과 함께 도리어 강해졌다.

3. 하는 수 없이 비스마르크는 아프리카를 '영국 외무성을 귀찮게 하고자 신의 섭리로 창조된 대륙'이라고 불러가며 이를 이용해 영국과 프랑스 간의 마찰을 조작했다. 실제로 두 나라의 제국주의적 야망은 양국의 대립을 불러올 만한 위기를 조성하고 있었다. 영국은 케이프타운부터 카이로까지 철도를 부설할 계획이었는데 이는 수단 지방을 점령하지 않으면 실현이 불가능했다. 프랑스 식민지 관리들은 프랑스의 탐험대가 아프리카를 횡단해 대륙을 양분하고 영국 점령지의 배후에서 나일 강 유역으로 침투하면 이집트에서의 손실을 어느 정도 만회할 수 있으리라고 생각했다. 요컨대 아메리카에서 해안지대에 식민지를 건설하는 데 실패했을 때 7년 전쟁을 일으켜 영국 식민지의 배후 지대를 점령하려던 작전을 아프리카에서 되풀이하자는 것이었다. 그 결과 아메리카에서처럼 파국에 직면했다. 장 마르샹Jean Marchand 소령의 원정대가 대륙을 횡단한 후 수단 지방의 촌락 파쇼다에서 뜻하지 않게 병력이 우세한 영국의 허버트 키치너Herbert Kitchener 장군의 부대와 만났다. 영국 정부의 마르샹 부대 철수 요구로 프랑스

국민은 자부심에 크게 자극을 받았고 전쟁 일보직전 상태에서 양국의 함대가 출동했다. 이것은 1898년의 일이었는데 당시 프랑스의 외무장관 테오필 델카세Théophile Delcassé는 독일의 무력이 강화되어 유럽이 최대의 위기에 직면한 시점에 영불 간에 충돌을 야기하는 것은 어리석은 일이라고 판단했다. 여론이 격앙되어 있을 때 자기주장을 밀고 나가는 것은 곤란한 일이었지만 그는 용감히 주장했다.

"고통스러운 일이긴 하지만 하찮은 파쇼다 문제를 양보하면 앞으로 영국과 프랑스 간의 모든 분쟁을 조정할 계기를 마련할 수 있을 것이다."

4. 델카세는 1902년 이래 영국 왕 에드워드 7세(Edward VII, 1841~1910)의 협조를 얻어 화해 공작을 추진하는 데 전력을 기울였다. 영국 왕은 청춘 시절을 보낸 프랑스에 호의적이었고 그의 조카인 빌헬름 2세(Wilhelm II, 1859~1941)의 야심에 불안감을 느끼고 있었다. 국왕도 내각의 지원 없이는 아무 일도 할 수 없었지만 외무장관 랜스다운Lansdown 경도 그와 마찬가지로 독일의 해군 확장계획에 위협을 느끼고 있었으므로 모든 일이 순조롭게 진행되었다. 영국은 언제나 대함대를 건조하려는 유럽의 강국을 적대시했으며 전 역사를 통해 이런 경우 대륙에서 육군국과의 동맹을 추구했다. 루이 14세와 나폴레옹 시대에는 프랑스에 대항하기 위한 동맹국을 찾았기에 이로 인한 적대관계가 프랑스 국민에게 영국에 대한 불신감을 주었다.

1904년에는 세력 균형에 변동이 생기면서 프랑스와 영국 간의 동맹이 가능할 것처럼 보였다. 영국은 이집트 내에 있는 프랑스의 기득

권을 포기하길 원했고 프랑스는 알제리에 침입하는 모로코 토민병±
民兵을 소탕하기 위해 모로코에서 자유롭게 행동할 수 있기를 바랐다.
델카세와 랜스다운 경은 이 조건을 허용한 후 소위 '화해, 협상'을 체
결했다. 프랑스의 여론이 아직 완전히 친영국적이 아니라서 이것을
동맹이라고 하지는 않았으나 아무튼 빌헬름 2세는 양국의 유대를 강
화하도록 자극했다. 프랑스의 동맹국인 러시아가 만주에서 일본에 패
전하자 독일 황제는 이제 자신들이 세계의 주인이라고 생각했다.

　독일은 북아프리카의 탕헤르Tanger에 상륙해 독일이 모로코에 중대
한 관심이 있다는 시위를 했다. 독일은 수개월 동안 프랑스 정부를 위
협하는 데 성공했고 각료들의 비난을 받은 델카세는 1905년 6월 사
임했다. 프랑스와 독일의 친선정책 전망은 조금도 밝지 않았다. 프랑
스의 실지失地 회복이란 숙원과 독일의 무한한 야망은 해결할 수 없는
절대적인 문제였다. 1906년에 열린 알헤시라스 회의에서 각국은 모
로코에서의 프랑스 권익을 인정했는데, 영국은 전력을 기울여 프랑스
를 지지했고 미국의 시어도어 루스벨트(Theodore Roosevelt, 1858~1919, 미국
제26대 대통령—역자주) 대통령도 독일에 압력을 가해 양보하도록 했다. 이
순간부터 명석한 프랑스인은 그들이 지속적인 전쟁의 위협 속에 살
고 있다는 사실을 인식했다.

　5. 1906~1914년에 프랑스는 애국정신과 국내 불화라는 모순적인
상황에 놓여 있었다. 모로코 정복은 결과적으로 중대한 국가적 이익
이었고 갈리에니 장군의 후배인 리요테 장군은 그곳에서 프랑스 식
민지 정책의 위대한 전통이 유지되고 있음을 입증했다. 그는 보호조

약 체결로 회교 군주와 토후들의 지지를 확보하고 단시일 내에 기적적으로 조직을 완성했다. 리요테는 원주민의 신앙과 생활양식을 존중해 페즈, 라바트, 마라케쉬 등 옛 도시 주변에 근대도시를 건설했다. 또한 그는 카사블랑카Casablanca 항 개축, 인산염 공업 개발, 지방 수공업 장려 등을 적극 추진해 모로코를 세계에서 가장 번영하는 지방으로 발전시켰다.

그러는 동안 카미유 바레르Camille Barrère와 캉봉 형제Jules and Paul Cambon 같은 유능한 대사들은 전쟁을 피할 길이 없음을 예상하고 프랑스를 위해 동맹국을 준비했다. 성실한 정부 관리들이 전력을 다했으나 국내 정치는 지극히 불안한 상태에 놓여 있었다. 친영국파인 클레망소는 친독일파 조제프 카요Joseph Caillaux와 함께 국정을 담당하고 있었다. 카요는 소득세를 신설하려다가 구체제 의원들의 반대에 부딪쳤다. 국가의 권위 확립을 위해 노력하다 사회주의자와 국가 공무원에게까지 여러 번 동맹파업을 선동한 유력한 노동총동맹C.G.T.의 공격을 받은 클레망소는 1909년 실각했다. 날이 갈수록 초조감을 느낀 독일은 아가디르 사건(1911년 독일이 모로코의 아가디르 항에 군함을 파견해 프랑스를 견제한 사건—역자주)과 카사블랑카 사건(1908년 모로코의 프랑스 외인부대 탈주병이 독일 영사의 협조로 카사블랑카에서 도주한 사건—역자주)을 일으켰고 카요의 친독일정책은 아무런 성과도 거두지 못했다.

1912년부터는 국민도 나날이 심각해지는 전쟁의 위협을 이해하기 시작했다. 이제 프랑스는 모든 양보를 새로운 양보의 출발점으로 생각하는 국가와는 협상할 수 없음을 통감했다. 여러 가지 이유로 민족주의적인 로렌 지방 출신의 애국자 레몽 푸앵카레가 공화국 대통령으로 선출되었다. 4반세기 동안 푸앵카레의 동지였던 루이 바르투가 당시 2년이던 병역기간을 3년으로 하는 병역의무를 부활하도록 제안했다. 아직도 정치적 불안이 민심을 소란하게 하고 있던 1914년 7월 갑자기 대전을 예고하는 최초의 벼락이 하늘로 울려퍼졌다.

6. 알헤시라스 회의 이후 독일은 식민지 계획에서 유일한 동맹국인 오스트리아-헝가리의 지원을 받지 못할 거라는 점을 알고 있었다. 삼국동맹을 체결했음에도 불구하고 이탈리아는 어떠한 경우에도 독일을 지지하지 않으리라는 점도 잘 알았다. 프랑스는 능숙한 외교활동으로 러시아와의 동맹과 영국과의 화친을 통합해 삼국협상을 체결했다. 따라서 독일이 유럽 전쟁을 개시해 승리하려면 오스트리아를 끌어들여야 했다. 당시 오스트리아-헝가리 정부는 전력을 다해 발칸 문제와 슬라브 민족 탄압에 주력하고 있었다. 사라예보에서 한 세르비아인이 오스트리아 황태자 부부를 암살한 사건이 곧 독일에 절호의 전쟁 구실을 제공했다. 프랑스에서는 사태가 이토록 급박하다는 것을 전혀 몰랐기 때문에 오스트리아가 세르비아에 최후통첩을 보냈을 때 대통령 푸앵카레와 수상 르네 비비아니는 러시아에 체류 중이었다. 독일 대사 쇤Schoen은 프랑스 외무성을 방문해 만약 세르비아가 최후통첩을 수락하지 않을 경우 그 결과는 예측할 수 없다고 했다. 세르비아는 프랑스와 영국에서 전달된 회답이 극히 소극적이라 사소한 일항만 제외하고 최후통첩의 가혹한 모든 조항을 그대로 수락했다. 하지만 독일 측은 전쟁을 일으킬 의사가 강경했으므로 유일한 유보조항 승인마저 거부했을 뿐 아니라 후일 유럽제국 회담에 참석하

는 것과 헤이그 국제재판소에 공소하는 것까지 금지했다.

1914년 7월 25일 오스트리아는 세르비아에 전쟁을 선포했다. 곧 연쇄적인 군사작전이 자동적으로 진행되었다. 오스트리아가 작전을 개시하자 러시아, 독일, 프랑스의 순서로 그 뒤를 따랐다. 러시아는 세르비아를 지원했고 프랑스는 러시아의 동맹국이었다. 영국에는 행동을 개시할 만큼 타당성 있는 이유가 필요했는데 독일의 벨기에 침공이 영국 정부에 국민을 납득시키는 데 필요한 감정적 구실을 제공했다. 독일의 사회주의자들은 조레스와의 약속을 지키지 않았고 전쟁에 대한 반대운동도 하지 않았다. 그런데 7월 31일 조레스는 정신이상이 있는 광신자에게 살해당했다. 다행히 프랑스에서 동원령을 내리자마자 '신성연합'이 결성되었다.

대혁명 이래 프랑스는 정치적 균형 상태와 확고한 합법성을 가진 정치체제를 꾸준히 추구했으나 성공하지 못했다. 국내는 극도로 분열되어 있었지만 1871년 이후에는 독일에 대한 불신과 복수심 그리고 영예를 회복할 새로운 조약을 체결하려는 요망에 모든 당파가 집결했다. 온건파 푸앵카레도 이 점에서는 급진적인 클레망소와 합의했다. 사회주의자 조레스도 전쟁을 미연에 방지하기 위해 전력을 다했겠지만 전쟁이 불가피하다는 것을 알면 전쟁을 강력히 지지할 사람이었다. 1914년 프랑스 국민은 아무 불평도, 불상사도 없이 지시대로 군에 복무하면서 적국과 용감히 싸우며 내분을 청산했다. 많은 사람이 알았고 또 느꼈다. 그들이 수호하려는 문명이 전 세계에서 가장 아름답고 고귀한 것이라는 사실을 말이다!

chapter 6

—

1914년까지의 전성기

—

1. 공포와 불안의 시대였던 1910년 무렵 프랑스는 유럽에서 번영하던 국가 중 하나였다. 드레퓌스 사건은 마지막으로 겪은 중대한 국내 위기였고 이후로 정부는 대다수 국민의 적극적인 지지를 받았다. 구체제파는 여전히 기반을 확보하는 중이었고 프랑스의 1914년 선거 판도는 1877년과 별로 다를 바 없었으며 유력한 인사들도 반동적 사회변혁이란 위험한 환상을 버렸다. 도시와 농촌이 다 같이 공화국의 경축일, 7월 14일의 관병식, 졸업식에 부르는 국가 〈라 마르세예즈〉를 사랑했다. 상하 양원 의원은 선거구의 성실한 지도자로 처신했고 공화국의 명문가도 때로 구귀족과 함께 집권했다. 공화파 명문은 재능 있는 사람들에게 문호를 개방했으며 시방 정객도 파리에서 특출한 능력을 발휘하면 엘리트로 포섭되어 국가적인 정치가로서 출세했다. 이에 따라 권력구조 피라미드의 상층은 왕정시대처럼 폐쇄적인 계급이 아니었다. 공화국 대통령은 강력한 지도력이 없으면 아무런

권세도 없는 법적인 정상에 불과했고 사실상 정상에는 집정관, 각 방면의 원로급이 있었다. 행정기관인 국무원, 재무관, 외교관, 육해군 등도 일정 정도 신인을 포섭하려고 문호를 개방했으나 세습적인 가문에서 채용하는 경향이 뚜렷했다. 폴리테크니크와 고등사범학교 같은 명문 교육기관은 동일한 사고방식과 생활양식이 빚어낸 우정으로 맺은 정치적 집단을 구성했다.

2. 이 과두정치의 집중적인 권력은 계속 정치권력의 원천이던 지방의 정치활동으로 완화되었다. 상하 양원 의원도 선거구의 신뢰와 충성이 없으면 각료로서 두각을 나타낼 수 없었다. 민주적이고 반교권적인 비밀공제결사는 잠재력 면에서 하류 시민계급이 상류 시민계급을 압도하고 있었다.

드레퓌스 사건 발생과 수도회가 교육을 담당하는 것을 금지하는 법령을 제정한 후 유력한 종교재단의 부담으로 대학 수준이 다소 개선되었다. 종교재단은 뻔히 보이는 가면에 숨어 잔존하면서 폴리테크니크와 생시르Saint-Cyr 육군사관학교 지원자들에게 효과적인 준비교육을 제공했다. 가톨릭교회는 여전히 국내에서 가장 유력한 도덕과 정치 방면의 세력을 보유했고 서서히 플로베르류의 시민계급적 불신사조를 시정하는 데 성공했다. 하지만 공화체제에 대한 반대는 약화되고 교회와 국가의 분리는 오히려 사제들을 빈곤하게 만들어 이들이 민중과 좀 더 가까워지는 계기가 되었다.

프랑스의 일반교양 수준, 특히 문학 분야는 다른 모든 국가를 능가했다. 모든 도시와 농촌에는 출판물이나 사상에 깊은 관심과 흥미를 보이며 〈양세계평론Revue des Deux Mondes〉 또는 보다 진보적인 문예 잡지 〈파리평론Revue de Paris〉, 〈프랑스 수성Mercure de France〉, 〈새프랑스 평론Nouvelle Revue Française〉 등을 구독하는 독서회가 있었다. 이 소수의 지도층은 매년 파리로 나가 계절적인 새로운 작품을 감상하고 그들의 사상을 새롭게 하면서 시내 일류극장에서 상연하는 샤를 모리스 도네Charles Maurice Donnay, 앙리 바타유Henri Bataille, 앙리 베른슈탕Henri Bernstein, 마르퀴스 드 플레르Marquis de Flers, 아르망 드 카야베Arman de Calliavet의 신작 연극을 보았다. 또한 비외-콜롱비에Vieux-Colombier, 셰익스피어, 폴 클로델Paul Claudel, 샤를 빌드라크Charles Vildrac 등 전위작가의 극을 보기도 했다. 프랑스공화국은 여전히 아테네였다.

3. 노임은 너무 박하고 대중의 구매력도 낮았으나 노동자의 지위는 상당히 개선되었다. 강력한 노동총동맹이 개별 노동조합을 통합했고 공공사업 외에는 파업권도 인정을 받았다(브리앙은 군대를 동원해 철도파업을 즉각 제압했다). 하루 노동시간은 12시간에서 10시간으로 줄어들었다. 인구의 대부분은 여전히 농촌에 거주했으나 도시와 농촌의 격차는 점차 완화되었다. 당시 중요한 발명은 거의 프랑스인이 이뤘지만 프랑스의 공업은 미국, 독일, 영국보다 낙후된 실정이었다. 여기에는 석탄 생산량 부족, 저질의 철광석, 부르주아계급의 소극적인 기업정신과 보수성, 공동사업에 대한 열의 부족, 협소한 시장, 관세로 보호하는 농업, 높은 생활비 등의 요인이 있었다. 프랑스는 포도주, 의복, 견직물, 레이스, 장갑, 향수 등의 사치품을 비롯해 미술품과 서적을 수출했다. 프랑스의 미술과 수공업의 명성은 세계 각국의 추종을 불허

할 정도였다. 프랑스의 유명한 포도주, 의상점, 치즈의 이름은 미주리 강과 아마존 강 유역에까지 퍼져 있었다. 프랑스의 아름다운 국토와 화려한 생활에 끌려 파리, 온천장, 기타 전국에 많은 관광객이 모여들면서 국가의 예산 균형에 커다란 도움을 주었다. 프랑스 미술계의 각 유파가 명성을 떨치자 미국과 영국을 위시해 각국의 많은 예술가가 몽파르나스로 몰려왔고 청교도적 압박에서 해방된 생활은 그들에게 끊을 수 없는 매력을 선사했다.

20세기 초에 이르러 로렌 지방의 철광석 제련 신기술 발명, 프랑스 제철업과 자르 지방 탄광과의 제휴, 석탄 부족을 보충하는 수력발전 개발 등을 계기로 프랑스에 대기업이 생기기 시작했다. 자동차 공업에서 프랑스의 기술자는 세계적인 수준이었고 1913년 자동차 생산량은 5만 5,000대로 당시로서는 굉장한 수치였다.

4. 1914년 무렵 프랑스는 여타 강대국에 비해 여전히 수공업, 소기업, 소재벌의 나라로 보였다. 그러나 은행업에서는 자본 집중이 고도로 발달해 많은 지점을 거느린 크레디 리요네, 소시에테 제네랄, 파리 할인 은행 등이 큰 영향력을 발휘했다. 판매업에서는 백화점이 소매점을 희생해가며 판매고를 올리고 있었다. 1914년 전쟁은 프랑스의 공업이 상당 수준에 도달했다는 것, 국가 자원이 풍부해 무기의 대량생산이 가능했다는 것을 입증한다. 제3공화국은 제2제정이 창설한 국가적 기업을 더욱 육성했던 것이다.

이때까지 순전히 농업 위주이던 지방 중심지, 즉 클레르몽-페랑에 미쉐린 공장, 캉에 제철공장 그리고 수력발전소 근처에 화학, 전기,

금속 공장이 들어섰고 샤랑트에는 낙농공장이 건설되었다. 19세기에 프랑스 농업은 단위면적 생산량이 영국이나 독일보다 훨씬 뒤처져 있었다. 농민의 소유경지가 협소해 농업 기계를 사용하기에는 채산이 맞지 않았고 비과학적이라 비료 사용량이 부족했기 때문이다. 20세기 들어서면서 농촌도 기술 진보가 가능해졌다. 일단 농촌 인구의 도시 유출, 상속법에 대한 불안감, 산아 제한, 종교적 영향력 약화 등으로 농촌의 인구가 줄어들었다. 노동력 부족은 소토지 소유자에게 토지 매각, 농토 합병을 유도했고 농업협동조합이 농업 기계를 구입했다. 보호관세 덕택에 밀농사가 여전히 유리했으며 포도, 뽕나무, 사탕무 등의 재배는 국가적으로 유리한 농업이었다. 진딧물 등 해충으로 많은 포도원이 전멸했는데 이 재난은 정치적인 문제로 확대되었다. 부유한 지주만 미국산 포도묘목을 구입해 이식할 수 있었기에 남서부의 포도 재배 지방이 정치적으로 좌파로 전향한 것이다.

5. 제3공화국의 재정 상태는 위기에 처한 적이 없었고 쉬운 일은 아니었으나 식민지 제국 건설과 경제 성장을 꾀할 수 있었다. 그러나 생산 증대 욕구와 공정한 과세 요망으로 부의 정당한 분배를 위해 1907년 소득세 법안이 통과되었다. 1789년의 대혁명 이후 폐지된 개인과세제도를 공화국이 다시 채택한 것은 흥미로운 일이지만 면세 계급에 근본적인 변화가 있었다. 처음에는 세율이 극히 낮아 별로 불평이 없었지만 전시에 군사비가 국가재정의 균형을 파괴하자 증세와 거액의 정부 부채가 불가피해졌다. 위기는 대외정책이 프랑스의 경제규모에 알맞지 않았고 또 조화를 유지하기도 어려웠다는 점에 있었다.

프랑스가 유럽을 지배하던 시대에는 유럽에서 인구가 가장 많았다. 1914년에는 생존을 위해 필요하긴 해도 강대한 육해군을 유지하는 것이 국가의 재원을 훨씬 초과하는 과중한 부담이었다. 점차 예금자의 신뢰는 추락했고 대혁명 전야처럼 재정 문제가 정치 문제로 변하면서 이것이 양차 세계대전 사이의 공화국을 침식했다. 물론 전쟁 전인 1914년에는 불안을 느낄 만한 이유가 별로 없었고 오랫동안 화폐가치는 안정적이었으며 1파운드당 25프랑, 1달러당 5프랑으로 공정환율을 유지했다. 프랑스의 농민과 소시민은 소위 '양말 속 돈'이라 불리는 금화와 적지 않은 정부 발행 국채를 보유하고 있었다. 각 가정은 자녀의 인생을 요람에서 무덤까지 설계했고 결혼비용, 부부간의 재산 계약, 상속 유언 등이 발자크 시대처럼 소설가의 인기 있는 주제였다. 대소 부르주아계급은 여전히 준법적이고 검소했으며 신중했다.

6. 20세기 초 프랑스의 부르주아 생활을 전반적으로 예리하게 관찰한 앙드레 지크프리트André Siegfried는 'petit(작은)'라는 단어가 프랑스어에서 연출하는 특수한 역할을 기록에 남겼다. 그의 관찰 내용은 양차 세계대전 후 진실성이 희박해졌으나 1914년까지만 해도 소시민이 소사업에 종사하고 소수입, 소주택, 소정원에 만족했던 것이 사실이다. 그들의 상점명은 소매점Au Gagne-Petit, 소성토마스 상점Au Petit Saint Thomas, 가난한 악마의 상점Au Pauvre Diable, 오 봉 마르셰Au Bon Marché 등이었다. 신문도 〈소파리시민Le Petit Parisien〉, 〈소신문Le Petit Journal〉, 〈소지롱드Le Petite Gironde〉, 〈소마르세예즈Le Petit Marseillais〉 등 작다는 의미의 '소'를 붙이는 이름이 많았다.

소시민은 사치와 쾌락의 욕구보다 중용과 예절을 택했고 다음의 세 가지 특수한 미덕은 거의 완벽에 가까웠다. 첫째, 가족 간의 정이 두터워 때로는 이름이 같다는 이유만으로 고생해서 모은 소재산을 털어 촌수가 먼 조카의 명예를 구해주는 일이 흔했다. 가족 명의로 도시나 농촌에 가옥을 구입하기도 했다. 둘째, 전시에는 국가에 대한 충성심으로 힘든 병역의무를 자발적으로 수행했다. 셋째, 문화 존중 정신이 대단했다. 수많은 농민과 소상인이 자녀의 고등교육을 위해 즐거이 자신을 희생했다. 프랑스에서는 문학자와 과학자가 다른 어느 나라보다 존경을 받았다. 연극 초연, 서적 출판, 아카데미 프랑세즈 선거, 때론 문법 토론까지도 대단한 사회 사건으로 취급했다. 이러한 사회적 관심이 흥미 본위의 화제에 불과하거나 천박한 호기심일 때도 있었으나 정신 분야의 노력에 대한 존경은 프랑스의 항구적이고 고귀한 특징 중 하나로 남았다.

7. 제3공화국은 다른 시대와 마찬가지로 프랑스 문학사에 위대한 작가를 많이 배출했다. 1870년 전쟁 직후 텐과 르낭은 패전으로 큰 충격을 받았으나 프랑스 국민에게 도의적인 지표를 명시하고자 필사적인 노력을 기울였다. 텐은 저서 《근대 프랑스의 기원》을 통해 구체제에 결함이 많은 것은 인정하지만 재건해야 할 모든 기구의 기반이 여기에 있으므로 구체제와의 연관성을 무시하지 말도록 공화파에 충고했다. 르낭은 저서 《프랑스의 지적, 도덕적 개혁》을 통해 앞으로 어느 때든 독일과 러시아가 유럽의 자유를 위협할 강대국이 되리라고 예언했다. 마지못해 공화국을 긍정한 르낭은 칼리방(Caliban, 르낭의 사상

극 〈칼리방〉의 주인공, 비천한 대중을 상징한다―역자주)이 국왕을 지배하는 것을 관망하던 프로스페로(Prospero, 지성적 귀족을 상징한다―역자주)처럼 생각하고 있었다. 그는 공포도, 희망도 없이 공화제가 파국 아니면 장시간에 걸쳐 수렁에 빠져들기를 기다리고 있었다.

시인이자 애국자인 샤를 모라스Charles Maurras는 〈락시옹 프랑세즈 L'Action française〉를 창간해 왕정주의에 새로운 기풍을 주입하려 했다. 르낭의 제자 아나톨 프랑스는 우아하고 유려한 문장으로 비아냥거림에 가까운 회의주의를 드러내 주목을 받았고, 모리스 바레스는 샤토브리앙의 노래하는 첼로 같은 아름다운 문장을 계승했다. 이 두 사람은 드레퓌스 사건에서 서로 대립하며 치열하게 논쟁을 벌였다. 졸라와 그의 추종자들은 보다 과학적인 의도로 발자크의 주장을 이어갔다. 자연주의 혹은 사실주의를 표방하는 작가들은 현실을 주로 저속한 밑바닥에서 찾으려는 과오를 범했다. 시인들 사이에 현실 도피 경향이 강해졌고 처음에는 고답파(르콩트 드 릴) 뒤이어 상징파(스테판 말라르메) 그리고 당대의 대시인이자 고전파 문장가인 폴 발레리 등을 배출했다. 1914년 이전에 알려진 제3공화국의 위대한 작가 앙드레 지드, 클로델, 발레리 등이 1920년 이후에 이르러 비로소 명성을 얻은 것은 주목할 만한 일이다. 드레퓌스 사건 때 〈반월수첩〉을 발간한 프랑스 인민의 상징이자 그리스도교적 사회주의자인 샤를 페기는 1914년 전쟁이 발발하자마자 일선에서 전사했다.

8. 세기말 무렵 한 철학가가 프랑스의 사상, 문학, 예술에 심오한 영향을 미쳤다. 그는 바로 기억의 구조, 의식의 직접적인 여건, 도덕

과 종교의 원천을 분석한 앙리 베르그송Henri Bergson이다. 그는 반지
성적, 반데카르트적인 입장을 부정하면서도 사실상 인간은 지성이
충분한 존재가 아니며 직관은 현실에 대해 분석적이 아니라 직접적
인 이해라고 정의했다. 이미 독일의 철학자 고트프리트 라이프니츠
Gottfried Leibniz는 사람들이 언어라는 껍질을 사물의 알맹이로 오인하
는 과오를 지적한 바 있다. 베르그송은 철학가 특히 예술가에게 언어
라는 부호를 떼어내고 언어적 인식 밑에 깔려 있는 실체를 추구하라
고 강조했다. 이 학설은 발자크, 스탕달, 플로베르에 필적하는 프랑스
의 대소설가 마르셀 프루스트에게 영감을 주었다. 그는 1913년 장편
작품《잃어버린 시간을 찾아서》의 제1권을 출판했다. 프루스트는 전
적으로 베르그송의 사상을 따라 시간, 기억, 예술의 본질을 주제로 삼
았고 시간은 무의식적 기억을 통해 예술의 형식인 영원으로 재파악
해야 한다고 주장했다. 그는 스탕달과 보들레르처럼 프랑스의 고전
주의와 그의 독창적인 사상 및 대담한 묘사가 서로 융합할 수 있음을
입증했다.

프랑스 사회에서 여성은 계속해서 중대한 영향을 미쳤다. 드레퓌스
사건 당시 〈락시옹 프랑세즈〉의 익명 동업자로 열렬한 반동적인 고급
창녀 드 루안de Loynes의 살롱이 아나톨 프랑스와 조레스가 중심인 카
야베 부인의 살롱과 경쟁하면서 드레퓌스 찬반 양 진영의 총참모부
역할을 했다.

9. 예술 분야에서는 우수한 화가 일파가 베르그송이 권유했듯 상
투적인 형상 밑에 깔린 실체를 탐구했다. 그들은 모네, 르누아르, 알

프레드 시슬레Alfred Sisley, 카미유 피사로Camille Pissaro 등의 인상파였다. 이들은 일광의 구성과 순수 색조에 관한 과학적 연구의 도움을 받았고 특히 자신들의 천부적 재능에 따라 당시 아카데미와 전시장을 독점하던 전통적인 화가 윌리엄 부그로William Bouguereau, 샤를 뒤랑Charles Durand, 레옹 보나Léon Bonnat보다 한층 더 찬란하고 명랑하며 미려한 작품을 창작했다. 마네와 에드가 드가Edgar Degas는 인상파와 뚜렷한 차이가 있었으나 그들과 함께 프랑스 회화에 새로운 바람을 불어넣었다. 폴 세잔Paul Cézanne은 형태 분해에 반대해 건축적으로 견고하게 구성한 회화로 복귀한 최초의 대가였다. 점묘법을 특기로 삼은 조르주 쇠라Georges Seurat도 구성에 열중한 대가였다.

제3공화국 시대에 프랑스 화가는 프랑스를 회화의 세계적인 중심지로 만들었다. 전 세계 미술관은 오랫동안 프랑스 국내에서 무시해온 대가들의 작품을 앞다퉈 구입했다. 이 시기에 가브리엘 포레Gabriel Fauré, 클로드 드뷔시Claude Debussy, 모리스 라벨Maurice Ravel, 폴 뒤카Paul Dukas, 앙리 뒤파르크Henri Duprac 등이 전통적인 음률과 독창적인 작곡 양식 및 화음을 종합해 프랑스 음악의 새로운 유파를 수립했다.

과학 분야에서도 피에르 마르스 베르틀로Pierre Marce Berthelot, 파스퇴르, 쥘 앙리 푸앵카레Jules Henri Poincaré, 자크 살로몽 아다마르Jacques Salomon Hadamard, 폴 팽르베Paul Painlevé 등이 미술 방면과 같은 위치를 세계적으로 확보했다. 한편 앙투안 앙리 베크렐Antoine Henri Becquerel, 피에르와 마리 퀴리Pierre Curie, Marie Curie 부부가 이미 원자시대의 대발견을 개척했다.

10. 1914년 무렵 프랑스는 루이 14세나 문예부흥기의 프랑스를 부러워할 이유가 없을 정도였다. 어느 나라도 이러한 영예와 명성을 누려본 적은 없었다. 그뿐 아니라 프랑스는 드레퓌스 사건 이후 오랫동안 갈망해온 안정을 회복한 듯했다. 일부 '락시옹 프랑세즈'파를 제외하면 모든 국민이 공화국 정부의 정통성을 인정했다. 하지만 외견상 상당한 번영을 누리던 이 나라도 절벽 끝에서 사는 것 같은 불안감을 안고 있었다. 물론 그런 상황을 알고 있는 프랑스인은 얼마 되지 않았다. 그들은 1870년 이후 독일의 위협만 인식했지 19세기 동안 조성된 인구의 혁명적 변화에 관한 지식은 전혀 없었다. 1800~1914년 동안 영국의 인구는 4배, 독일과 이탈리아는 3배로 증가했다. 많은 이민자가 유입되었음에도 불구하고 프랑스의 인구는 2배도 증가하지 않았다. 이제 프랑스는 유럽 인구의 10퍼센트에 불과했지만 과거의 추억과 전통, 생존 의지에 따라 유럽을 50퍼센트나 책임져야 했다. 부과된 책임은 너무 힘에 겨웠고 위험은 소름이 끼칠 정도로 심각했다.

chapter 7

—

제1차 세계대전의 승리

—

1. 1914년 8월 프랑스는 사기가 충만했고 병사들은 〈라 마르세예즈〉를 합창하며 용감하게 전선으로 달려갔다. 1889~1905년 동안 잠재되어 있던 복수심이 독일의 새로운 도전을 받자 다시 눈을 뜬 것이다. 영국과의 화해 협정이 큰 희망을 주었고 무엇보다 러시아가 세력 균형이 잡힐 만큼 독일 병력을 동부전선에 묶어둘 것이었다. 프랑스 국민은 전 세계가 유형적, 무형적으로 자신들을 지원할 것이라고 확신했다. 러시아와 세르비아가 전투를 개시했고 벨기에는 영국을 참전시키려 애썼다. 이탈리아는 중립을 지키다가 연합국 측에 합류할 것으로 보였으며 일본은 극동에서 책임을 분담하고 있었다. 독일과 오스트리아는 이 거대한 연합전선에 감히 도전할 수 없으리라.

공격적인 자크 조프르Jacques Joffre 원수의 작전계획은 전쟁 초기 알자스 지방으로 진격한다는 것이었고 처음 일주일 동안은 이 작전이 성공할 듯했다. 그러나 벨기에에 침입한 독일군이 파죽지세로 리에

주와 나무르를 점령하고 그곳의 프랑스군이 샤를루아에서 패전한 뒤 총퇴각했다는 것을 알고 프랑스는 절망과 초조감에 잠기고 말았다. 정부의 침묵은 국민을 더욱 불안하게 했고 고통과 불안 속에서 한 달을 보낸 후 갑자기 정부는 솜에서 보주에 이르는 전선이 교착 상태라고 발표했다. 이 소극적인 발표는 사태가 얼마나 위급한지 보여주고 있었다. 파리와 영불 해협에 이르는 도로가 모두 독일군에게 열려버린 상황이었다.

2. 사태가 이처럼 급변한 것은 러시아군이 진격하기 전에 이미 독일이 프랑스 참모본부의 예상을 뒤엎을 만한 대군을 프랑스 전선에 투입했기 때문이다. 그뿐 아니라 독일의 기관총과 중포가 우수했고 수년 전부터 프랑스가 고수하던 단순한 공격 위주의 전법이 무용지물이라 많은 손실이 발생했다. 용기가 충만한 군인만으로는 위력적인 화력으로 견고한 진지에 자리 잡은 적군을 공격할 수 없었다.

1914년 전쟁은 1870년 전쟁처럼 수주일 안에 패전으로 끝날 것으로 보였다. 그런데 독일군은 칼레나 파리로 진격하지 않고 원칙적인 전술에 따라 패주하는 프랑스군을 추격했다. 이 추격 작전으로 독일군의 보급선이 예상 외로 빠르게 길어지면서 탄약 수송에 지장이 생겼다. 한편 러시아군의 진격이 독일 총사령부의 예측보다 빨라 프랑스 침공을 지휘하던 알렉산더 폰 클루크Alexander von Kluck 장군은 가장 긴요한 시기에 수십 개 사단을 차출해야 했다. 이성적이고 침착한 조프르 장군은 결전을 감행할 호기를 포착할 때까지 용기 있게 퇴각을 계속했다. 드디어 9월 초 그는 프랑스군이 포진한 무지개형 방어망 내부의 마른 강 유역에서 독일군을 저지했는데, 이 작전을 위해 대기하고 있던 갈리에니 장군이 파리 수비군을 인솔해 독일군의 좌익을 공격했다. 조프르는 총공격을 명령했다. 생공Saint-Gond 소택지에서 퇴각을 멈춘 페르디낭 포슈Ferdinand Foch 원수는 유명한 전문을 발송했다.

"아군의 좌익은 우세하고 우익은 열세에 놓였다. 그러나 전황은 양호하며 나는 공격을 개시했다."

포위된 독일군의 폰 클루크는 기지와의 연락이 차단될 것을 두려워한 나머지 결국 퇴각했고 파리와 프랑스는 구출되었다.

3. 마른의 승리는 프랑스가 전 역사를 통해 과시해온 탁월한 반격전 중 하나였다. 이 전투는 독일의 전격적인 승리를 불가능하게 했으나 프랑스의 국토를 해방하지는 못했다. 그 후 수주일 동안 '바다로 가는 경주'라고 부르는 작전이 펼쳐졌다. 두 나라 군대가 서로 자국군의 측면을 보호하기 위해 가급적 빨리 영불 해협 안에 도달할 필요가 있었던 것이다. 벨기에군, 프랑스군, 영국군이 이프르 전면에서 독일군을 저지하는 데 성공했다. 안트베르펜은 독일군에게 함락되었으나 영불 해협에 면한 프랑스의 항구들을 연합국이 장악하고 있었으므로 영국군의 증원과 보급에는 지장이 없었다. 양군은 서로 철조망으로 방어하는 참호 안에서 대치했다. 수백 미터의 거리를 두고 대치하는 전선이 플랑드르, 아르투아, 피카르디, 일부 샹파뉴 그리고 북동지방 전역을 포함해 벨기에 해안부터 스위스 국경까지 뻗어 있었다.

방어전과 공격전의 역사에서 또 한 번 방어전이 우위를 차지했다.

몇 달, 몇 해를 두고 양국은 이 방어선을 돌파해 기동전으로 전환할 방법을 탐구했다. 당시 알려진 방법으로는 돌파 작전이 불가능했기 때문이다. 이 사실은 연합군이 강행한 샹파뉴와 아르투아 공격전이 희생만 많고 소득은 전혀 없었던 결과가 확실히 입증했다. 영국 내각에서 가장 유능했던 윈스턴 처칠(Winston Churchill, 1874~1965)이 다르다넬스 해협 공격이라는 기발한

제1차 세계대전 연합군 총사령관으로 활약하며 프랑스 육군의 영광을 구현한 페르디낭 포슈

작전을 제시했다. 터키는 독일의 동맹군이었으므로 이 동부전선 격파는 러시아를 지원해 동부전선에서의 우세를 촉구할 것이었다. 이 전투는 성공할 가능성이 있었으나 준비를 완전히 갖추지 못한 탓에 연합군은 막대한 손해를 보고 갈리폴리 반도를 포기했다. 그동안 독일군과 오스트리아군은 세르비아를 격파했고 아리스티드 브리앙(Aristide Briand, 수상 11회 역임―역자주)이 테살로니키에 새로운 동부전선을 구축해 전략적 우위를 점했다.

4. 1916년 조프르 원수는 독일군이 일선에 예비군을 집중 투입하는 긴박한 사태를 방지하기 위해 연합군의 총공격 계획을 결정했다. 독일군은 이 작전에서 주도권을 쥐기 위해 대비했다. 빌헬름 2세는 동맹의 중심은 영국이고 러시아는 마비되었으니 영국의 칼인 프랑스

육군을 격파하면 전쟁은 끝날 것이라고 판단했다. 따라서 프랑스 총사령부가 방어를 위해 최후의 병력을 집결할 수밖에 없는 공격 지점을 선택했다. 프랑스 전선에는 벨포르와 베르됭이란 두 개의 요충지가 있었다. 베르됭을 선택한 독일군은 1916년 2월 맹공격을 개시했다. 조프르는 개전 당시 대령이었다가 2년도 채 되지 않아 군단 사령관으로 승진한 앙리 페탱(Henri Pétain, 1856~1951) 장군에게 방어를 일임했다.

문제는 베르됭의 영웅적인 부대를 협소한 돌출부에 배치해야 했는데 그 통로를 독일 포병대가 제압하고 있다는 점이었다. 페탱은 계속 보급부대를 투입하면서 반격을 가했고 무수한 돌격을 거듭해 독일군의 공격을 제압했다. 베르됭 전투는 1915년의 공격이 연합국 측에 끼친 손해만큼 독일군에 막대한 희생을 치르게 했다. 연합국 정부가 교착 상태라는 이유로 조프르와 교체한 로베르 조르주 니벨Robert Georges Nivelle 장군의 샹파뉴 공격은 완전한 실패였다. 이것은 진격이 지지부진하면서도 손실이 막대한 공격전보다 베르됭 전투처럼 방어전이 유리하다는 것을 증명했다.

5. 방어전의 우월성은 영토를 침범당한 연합국보다 입지조건이 좋은 독일에 유리했다. 삼국협상에 가담한 이탈리아(1915년)와 루마니아(1916년)의 사정도 프랑스와 다를 바 없었다. 해상에서는 물자 보급을 상선대에 의존하는 영국에 막대한 손해를 가하던 독일 잠수함 작전이 미국의 경고로 일시적으로 완화되었다. 하지만 유틀란트 해전은 기대한 것만큼 독일 함대에 손실을 끼치지 못했다. 1916년은 연합국

에 실망을 안겨준 채 지나갔다. 영국군이 완전 무장한 120만으로 늘어나고 프랑스군이 벨기에군과 통합해 260만에 달했지만 아무도 승기를 잡지 못했다. 샹파뉴 전투는 철조망, 기관총, 화포의 탄막에 대한 돌격은 불가능하다는 사실을 입증했다.

프랑스군은 휴가제도에 불만을 품었고 국내에 퍼지기 시작한 반전사상에 물들었다. 1917년 16개 군단에서 극심한 폭동이 발생했다. 니벨과 교체된 페탱은 직접 수많은 연대를 순시하면서 급식 상태를 개선했고 처벌 없이 군기를 바로잡았다. 그해 9월 영국군이 솜 전선에서 최후까지 비밀에 부치던 탱크를 처음 투입해 드디어 세력 판도가 공격군에 유리해졌다. 영국에서 발명한 이 전차는 자동회전 철바퀴로 보병을 엄호하면서 어떤 지형에서도 이동할 수 있는 하나의 방패였다. 솜에서 탱크를 이용한 적진 돌파는 성공했으나 영국 사령부는 이 성과를 활용할 준비가 되어 있지 않아 하나의 최초 시험 작전에 그쳤을 뿐이었다. 1917년 캉브레에서 탱크를 재차 사용해 대성공을 거두었으나 역시 지속적인 전과를 올리지는 못했다.

6. 연합국의 수난은 이어졌다. 제정 러시아가 붕괴되고 알렉산드르 케렌스키(Aleksandr Kerenskii, 1881~1970, 러시아 임시정부 수상—역자주)의 친연합국 정부가 블라디미르 레닌(Vladimir Lenin, 1870~1924, 러시아 볼셰비키 정부 주석—역자주)으로 바뀌었는데 레닌은 국내 혁명에 전념하기 위해 독일과 휴전협상을 시작했다. 1917년 4월 독일 잠수함 공격으로 연합국 측 함선 100만 톤이 격침되면서 더 이상 손실을 지탱하기도 힘든 상태였다.

상선에 대한 잠수함의 계속적인 무경고 공격을 계기로 미국이 참전했으나 당시 미국에는 육군이 없었고 경이적으로 신속한 생산 능력도 아직 알려져 있지 않았다. 그러나 미국의 참전은 사실상 연합국 측에 유리한 전환점으로 작용했다. 영불미 삼국 연합함대가 대서양에서 잠수함의 위협을 제거했고 노르웨이부터 스코틀랜드 사이에 사상 최대의 수뢰망을 부설했다. 영국 해군은 대담한 작전으로 잠수함의 소기지가 집중된 벨기에 연안 항구를 봉쇄했다. 영불 양국에서 탱크를 대량생산했고 미국은 대규모 원정군 훈련을 실시했다. 프랑스에는 타협적인 강화를 주장하는 사람들도 있었으나 클레망소가 철저히 견제했다. 그는 파나마 운하 사건으로 인기를 잃었으나 시종일관 독일에 대한 복수와 영국과의 친선을 역설한 사람이었다. 점차 그의 인기가 브리앙을 압도했고 용기와 지성으로 전쟁을 잘 지도하던 브리앙은 때마침 오스트리아가 제의한 단독강화에 관심을 보였다. 클레망소는 정력적인 조르주 망델Georges Mandel의 협력으로 대혁명 시대의 공안위원회 같은 정신에 불을 지폈다. 급진주의, 자코뱅주의, 국수주의 등의 각파가 전통적인 애국정신으로 굳게 단결했다.

7. 1918년 전선 각지에서 전투 중인 병사들은 클레망소의 낡아빠진 중절모와 그의 자신만만한 음성을 직접 보고 들었다. 독일이 목적 달성을 위해 사력을 다하던 그때 이 노인의 고집과 강인성은 프랑스에 참으로 유용했다. 러시아와의 휴전으로 독일은 서부전선에서 약간의 병력 우위를 점했으나 연합국 측의 방어태세는 아직 충분하지 않았다. 영국의 더글러스 헤이그Douglas Haig 장군과 페탱은 각자 자국

의 군대를 지휘했고 통합 사령관은 없었다. 독일의 에리히 루덴도르프Erich Ludendorff 장군이 이런 상황을 이용해 1918년 3월 양군의 접속점을 공격 분쇄함으로써 영국군을 해안으로 압박하려 했다. 그는 거의 성공할 듯했고 실제로 아미앵 전방까지 진출했다. 때마침 조직된 연합국의 통합 지휘권을 페르디낭 포슈 장군이 맡으면서 헤이그와 페탱 두 장군은 그의 명령을 받았다. 이 조치는 참으로 훌륭한 결단이었다. 포슈는 《전쟁 원리Principes de la Guerre》의 저자로 실전 경험이 풍부한 우수한 전략가일 뿐 아니라 승리 가능성에 대한 결의가 강한 인물이었다. 초기에 그의 지휘는 약간 불안정했다. 리스Lys와 슈맹 데 담Chemin de Dames에서 영불 전선은 양면에서 새로운 공격에 직면했다. 그런데 루덴도르프는 파리 방면을 향해 샤토티에리까지 깊이 침투한 돌출부를 형성해 결과적으로 독일군의 측면을 노출했다. 연합군은 병력을 계속 증강했다. 이미 미국의 사단이 도착했는데 처음에 독립적인 지휘를 희망하던 존 퍼싱John Pershing 장군은 위기가 닥치자 혼성 군단 편성에 동의했다. 이에 따라 포슈는 매일 신규 예비군을 보충했지만 루덴도르프에게는 예비군이 전혀 없었다.

8. 1918년 7월이 되자 전선에 승전의 희망이 보이기 시작했다. 15일 루덴도르프는 상파뉴 방면에서 공격을 개시했다가 구로Gouraud 군의 탄력적인 방어전에 걸려 후퇴했고 18일에 포슈는 빌레코트레에서 샤를 망갱Charles Mangin 장군이 지휘하는 대형 탱크의 엄호를 받으며 반격전을 개시해 독일군에 결정적인 타격을 가했다. 다시 한 번창이 방패를 꿰뚫은 것이다. 포슈는 전선의 각 지점에서 돌격과 기습

을 계속했는데 헤이그, 페탱, 퍼싱이 차례로 진격을 강행했다. 동부에서도 테살로니키 전선이 다시 활발하게 움직였고 프랑셰 데스프레 Franchet d'Esperey 원수가 불가리아의 강화를 받아들여 연합국이 빈으로 가는 길을 열었다.

10월 말 터키가 전쟁을 포기했다. 독일 최고사령부는 포슈가 휘하 군단을 독일 국내로 진격시킬 대공격전을 준비하리라 예측하고 우드로 윌슨(Woodrow Wilson, 1856~1924, 미국 제28대 대통령—역자주) 대통령에게 강화를 제의했고 윌슨은 독일에 14항목의 조건을 제시했다. 11월 4일 오스트리아가 항복했고 독일에 혁명이 일어나 황제 빌헬름 2세는 네덜란드로 망명했다. 11월 11일 콩피에뉴의 숲 속에서 휴전이 성립되었는데 독일은 포슈가 제시한 모든 조건을 수락했다.

9. 드디어 연합국은 승리했다. 특히 최후의 일각까지 동맹국 중 가장 중요한 역할을 담당하고 총사령부로서 책임을 완수한 프랑스에는 더욱더 눈물겨운 감격의 승리였다. 물론 프랑스는 병력과 무기 생산에서 독일과 단독으로 전쟁을 수행할 수 없음을 자각했다. 프랑스가 유럽대륙에서 최대 군대를 편성 및 무장할 수 있던 시대는 사실상 지나갔다. 개전 초기 러시아가 독일의 60개 사단을 동부전선으로 유도하지 않았다면 마른의 승리는 없었을 테고, 영국의 육해군이 아니었으면 전쟁을 4년이나 지탱하지는 못했을 것이다. 또한 미국의 사단이 없었다면 승리는 했을지 몰라도 오랫동안 사투를 겪어야 했을 것이다. 미국의 생산 능력 역시 승리의 중요한 요인이었다.

설령 프랑스가 동맹국의 지원을 받았더라도 용감한 군대와 포슈나 클레망소 같은 유능한 인물이 없었다면 세계의 여론이 프랑스의 영예를 인정하지 않았으리라. 프랑스에는 평화회의를 위해 가장 적합한 장소가 있었다. 아무도 평화회의가 파리 이외의 장소에서 열리리라고 생각하는 사람은 없었고 파리는 나폴레옹 전쟁 이후 빈처럼 유럽의 새로운 판도를 결정하는 장소가 되었다. 미국 대통령, 영국 수상, 이탈리아와 일본 수상 등이 클레망소와 함께 유럽의 장래를 토의하기 위해 파리에서 만났다.

10. 빈 회의는 정통성 존중이라는 원칙에, 파리회의(1919년)는 민족 자결주의에 기초를 두었다. 나폴레옹 3세가 탈레랑을, 즉 감상주의가 경험주의를 제압했다. 윌슨 대통령은 각 국민에게는 민족자결권이 있다고 확신했고 보다 회의적인 데이비드 로이드 조지(David Lloyd George, 1863~1945)와 클레망소는 양국의 전통적인 외교정책과 모순되는 이 주장을 파리회의의 파경을 피하기 위해 부득이 수락했다. 베스트팔렌 조약은 분단된 독일의 전면에 강대한 프랑스를 남겨두었고 반대로 베르사유 조약은 발칸처럼 분리된 유럽의 전면에 강대한 독일을 남겨두었다. 오스트리아-헝가리의 분할은 적대 세력 없이 독일을 중앙유럽의 주인으로 남겨놓은 격이었다. 만약 독일을 실제로 무장해제하고 총참모부를 해체하며 배상금으로 국토의 잉여자원을 흡수했다면 위험성은 상당히 줄어들었을 것이다.

하지만 무장해제는 기만당하고 총참모부에는 손가락 하나 대지 않았으며 배상은 초기에만 약간 지불하고 이후에는 미국의 자금으로 충당했다. 따라서 막대한 손실로 빈혈 상태에 빠진 프랑스는 전쟁의 잠재력을 하나도 상실하지 않고 1920년 이래 새로운 전쟁을 준비해 온 독일과 대치하지 않으면 안 되었다. 프랑스는 드디어 알자스와 로렌을 수복하고 시리아, 토고, 카메룬을 위임통치하게 되었으나 본질적인 핵심인 안전보장은 이루지 못했다. 클레망소는 출격점이자 전쟁 수행 잠재력이 있는 공업지대를 독일에서 탈취하기 위해 라인 강 좌안지대를 요구했다. 윌슨과 로이드 조지는 이를 거부하고 합병안 대상으로 안전보장이 가능한 별도의 조약을 제시했다. 그런데 이 조약은 미국 의회의 인준을 얻지 못했고 영국도 단독으로 책임지기를 거부했다. 윌슨 대통령은 제반 조약을 수호하기 위해 강력하게 조직한 국제연맹을 의회가 지지하리라고 믿었다. 하지만 윌슨은 1920년 선거에서 패배했고 미국은 국제연맹에 가입하지 않았다. 승리는 매우 찬란했으나 승리가 지속될 희망은 전혀 없었다.

—

1919~1939년에 소멸된 승리

—

1. 프랑스의 가장 긴급한 문제는 여전히 안전보장이었다. 국가가 성립한 초기부터 프랑스는 독일인의 조상인 튜턴족의 침략을 받아왔고 근래 50년 동안만 해도 두 차례나 독일의 공격을 받았다. 전쟁에서 승리한 뒤에는 마땅히 이러한 위험에 대비할 조치를 확보했어야 했다. 그러나 연합국은 프랑스가 스스로 대비하는 것은 물론 공동으로 분담하는 것조차 거부했다. 프랑스의 실망은 컸고 고뇌도 깊었다. 1918년 베르사유 회의에서 눈부신 활약을 펼쳐 국민의 우상이 된 클레망소는 1920년 공화국 대통령에 입후보했다가 폴 데샤넬(Paul Deschanel, 1855~1922, 제3공화국 제11대 대통령—역자주)에게 패배했다. 다수 연기명제連記名制라는 새로운 투표방식은 위험하게도 하원에 '군복의회', '국민연합' 그리고 구체제의 유력인사 등 좌익의 급진파를 불러들였다. 애국심이 제대군인에게 유리하게 작용하고 공산주의에 대한 공포심이 모든 좌파에게 심각한 타격을 주었는데도 말이다. 러시아 혁명

은 유럽의 무산계급에게 커다란 희망을 주었으나 의회주의 국가에서는 깊은 의구심을 보였다. 얼마 지나지 않아 사회당은 두 파로 나뉘었는데 무산계급의 독재와 계급혁명을 요구하는 사람들은 프랑스 공산당을 설립했고 나머지 사람들은 사회당을 통합했다. 사회당은 유능한 작가이자 웅변가로 의회정치의 훈련을 쌓은 레옹 블룸Léon Blum을 당수로 추대했다. 노동조합도 사회당과 제휴하는 노동총동맹과 공산당계인 통일노동총동맹C.G.T.U.으로 분열되었다.

2. 부르주아계급의 불안은 재정 악화 때문에 더욱 심각해졌다. 1914년까지도 국가의 세입 부족은 상례적이었으나 불안을 느낄 정도는 아니었다. 1920년에는 전쟁 경비, 전쟁 희생자 및 전사자의 유가족에게 지불하는 연금, 전쟁 피해 보상금으로 인해 800억 프랑이라는 막대한 공채를 발행했다. 프랑스의 북부와 북동부를 전부 재건해야 했기 때문이다. 재무상 클로스Louis-Lucien Klotz는 이 모든 비용은 적군의 소행 때문에 발생한 것이니 "독일이 지불할 것이다!"라고 강조했으나 배상금의 지불조건은 너무 관대했다. 사람들은 곧 독일에게 지불받는 것은 불가능하다는 것을 인식하게 되었다.

전쟁 피해자의 연금까지 배상금에 포함시키자는 로이드 조지의 요구에 따라 배상액은 비합리적으로 늘어났다. 독일은 배상금을 지불하지 않을 작정으로 스스로 화폐가치를 폭락시킨 후 국내 채무를 청산해버렸다. 동시에 영국과 미국에서 민간 차관을 도입해 정부의 재정상태는 외견상 절망적인 상태로 방치하고 국내 경제에 투입해 사실상 전승국인 프랑스보다 건전하게 재건했다. 프랑스는 배상 명의로 받은 자금을 대부분 전시공채 상환에 충당했다. 독일 은행가들이 천재적인 두뇌로 창안한 조직이 미국에서 차관으로 현금을 들여와 프랑스와 기타 국가에 배상금으로 지불하고, 그 돈을 프랑스가 전시차관 상환이란 명목으로 다시 미국에 보내게 한 것이다. 이런 조치는 독일 이외의 관계 국가에는 무익한 우회 절차로 독일은 이를 통해 교묘히 그 일부를 착복해 새로운 도시와 군수공장을 건설하는 데 사용했다.

3. 반면 프랑스는 새로운 자금을 구하거나 파산하는 길밖에 없었다. 과거 사회주의자로 당시 보수주의자의 지지를 받은 알렉상드르 밀랑이 1920년부터 중태에 빠진 데샤넬 대통령의 후임이 되었다. 1922년 그는 선임 대통령이던 푸앵카레를 수상에 임명했고 푸앵카레는 루르 지방을 점령함으로써 독일의 배상금 지불을 보장받으려 했다. 이 조치는 최선의 방법이었으나 독일의 권익을 침해하는 것이었다. '전쟁을 부추기는 푸앵카레'를 배척하는 운동이 일어나 이전에 의회가 클레망소를 타도했듯 그의 강경책이 성과를 거두려는 순간 푸앵카레는 선거로 축출되었다. 1924년 총선거에서 푸앵카레를 지지하는 바람에 대통령의 전통적인 중립의무에 저촉된 밀랑은 그가 위촉한 내각을 불신임하는 의회 때문에 물러났다. 정권은 1914년 이전처럼 급진파의 수중으로 들어갔다. 신교도이며 급진파인 가스통 두메르그(Gaston Doumergue, 1863~1937, 제3공화국 제13대 대통령―역자주)가 공화국 대통령으로 선임되어 루르 지방에서 철병했고 소득세 창설자인 카요가 재무상이 되었다. 하지만 그는 기어코 '금전의 장벽'에 부딪쳐 쓰러지고 말았다.

4. 영국에서 성공한 개인 소득세가 프랑스에서는 기대에 어긋났다. 첫째, 프랑스 국민은 왕정시대부터 사업을 비밀에 부쳤고 재무당국의 일방적인 조세 부과를 두려워했다. 수 세기 동안 자주적인 과세 동의를 경험해온 영국에는 이런 감정이 없었다. 둘째, 프랑스에서는 자본이 외국보다 널리 분산되어 있었으며 이것을 자극하는 법령은 즉각 대다수 유권자의 반감을 사 정치적 반동을 초래했다. 이 같은 이유로 당시 수완과 청렴으로 명성이 자자하던 에두아르 에리오Edouard Herriot가 수반이던 급진당은 감정적으로 제휴를 바라는 사회당과 차관 성립을 위해 그들의 지지를 필요로 한 온건파 사이를 방황했다. 이를 두고 앙드레 지크프리드는 "마음은 왼쪽에 돈지갑은 오른쪽에"라고 표현했다.

1926년 금 유출로 국가의 신용이 추락하면서 환율이 1파운드당 225프랑으로 폭락하자 '가족 공증인' 격인 푸앵카레가 재집권했다. 그는 천재적인 정책이 아니라 저축한 사람들의 그에 대한 신용을 활용해 프랑스의 가치를 전쟁 전 20퍼센트까지 높여 놓았다. 전시에는 군사비로 탕진하고 전후에는 자본 도피로 생긴 막대한 적자를 보충하기 위해 1프랑당 2페니라는 외환정책을 시도했는데 이는 높은 세율인 소득세 징수 성과를 허사로 만든 졸렬한 정책이었다. 1928년 총선거에서 푸앵카레의 명성을 등에 업은 온건파가 다수당이 되었다. 지성적이고 능동적인 상류 부르주아계급 출신인 앙드레 타르디외André Tardieu가 대의원의 지도자가 되고 평화 애호와 자유주의적 사상으로 유럽에서 최후 희망의 별로 꼽히던 브리앙이 외상을 맡았다.

5. 타협과 통찰 능력이 비상해 외교에 능숙하고 의정 단상에서의 발언이 예술가를 방불케 한 브리앙 외상은 1918년 직후부터 유럽에 진정한 평화를 재건하려는 열망을 품고 있었다. 그는 국제연맹을 위해 온갖 수완과 열변을 토했으나 이 제네바 기구는 미국의 불참과 영국의 무관심으로 제기능을 하지 못했다. 1924년 에리오는 '협약에 이빨을' 넣는 유력한 규약을 제의했으나 제임스 맥도널드James McDonald의 반대에 봉착해 성립되지 않았다. 브리앙은 프랑스의 안전을 보장하기 위해 영국이 참여할 다른 방안을 모색했다. 그는 영국 외상 오스틴 체임벌린Austen Chamberlain과 독일 수상 구스타프 슈트레제만Gustav Stresemann의 개인적인 우정 덕으로 1925년 프랑스, 독일, 폴란드, 이탈리아, 영국은 어떠한 침략에든 상호 보장한다는 로카르노 조약을 체결하는 데 성공했다. 영국은 프랑스의 불의의 공격에서 독일을 보호할 수 있게 되었다고 생각했으나 브리앙은 그런 일은 있을 수 없으므로 약간 우회적이긴 하나 영국을 전쟁 이후의 고립주의에서 끌어내는 데 성공한 셈이었다.

하지만 구체적인 성과는 없었다. 1936년 3월 사건(히틀러의 라인란트 진주 사건)은 로카르노 조약을 발동해야 할 유일한 순간이었으나 전혀 움직이지 않았다. 사실 브리앙은 후일 유럽연맹(1930년 브리앙이 주도해 만든 경제협력과 안전보장을 위한 유럽 상설기구—역자주)과 켈로그-브리앙 조약(1928년 미국의 주도로 15개국이 체결한 조약—역자주)에서 시도했듯 로카르노 조약에 프랑스의 운명을 걸었다. 그는 온화한 가톨릭교도인 하인리히 브뤼닝Heinrich Bruning 수상이 재임하는 동안 독일과의 직접 화친을 희망했으나 뜻을 이루지 못했다. 프랑스에 절대적으로 필요했던 평화에 대한 그의 노력은 의회의 찬동마저 얻지 못했다. 1931년 공화국 대통령에 입후보한 그는 폴 두메르(Paul Doumer, 1857~1932, 제3공화국 제14대 대통령—역자주)에게 패했다. 얼마 후 혼란 속에서 방황하는 유럽에 최후의 위대한 인물이라고 자타가 인정하던 브리앙이 세상을 떠났다.

6. 표면상 프랑스에는 아무런 변화가 없었다. 제반 제도는 정상적인 듯 보였고 하원은 개회했으며 유권자는 투표하고 병사는 훈련을 받고 경찰은 질서를 유지했다. 그러나 많은 사람이 마음속으로 의회 제도를 신랄하게 비난했고 좌우 양파는 서로 제3공화국의 체제를 맹렬히 공격했다. 좌파는 제3인터내셔널의 일당 전제와 프롤레타리아 독재의 선동을 따랐으며 우파는 이탈리아 파시즘이란 위험한 선례를 따라 프랑스의 반동주의자에게 왕정 아니면 전체주의라는 무모한 희망을 주었다. 또다시 우파는 '최악의 정책'을 채택해 졸렬하고 무도한 투쟁을 되풀이함으로써 공연히 공화파 정치가의 신용을 떨어뜨리기만 했다. 특히 스타비스키 사건(1933년에 발생한 증권 위조 사건)이 드러나면서 정부에 대한 비난이 더욱 거세졌다. 이 사건은 파나마 문제만큼 중대하지는 않았으나 일부 정치가와 여러 명의 판사가 뇌물에 관련되었음이 밝혀졌다. 사건을 빨리 법정에서 종결해야 했으나 법률 적용 범위가 분명치 않아 의회의 위원회가 심사하면서 드레퓌스 사건처럼 갑자기 두 파로 대립하기 시작했다.

파리에서는 처음에 산발적이던 무질서 상태가 폭동으로 발전했고 1934년 2월 6일 하원은 군중에게 완전히 포위되었다. 군대는 콩코르드 다리를 방비하기 위해 부득이 발포를 했다. 이런 일은 코뮌 사건

(1871년) 이후 처음 있는 일이었고 여러 명의 희생자가 발생했다. 시위를 한 군중은 무엇을 원한 것일까? 그들은 "도둑놈을 타도하라!"고 외쳤으나 배후에서 조종하던 사람들은 공화국의 전복을 원했다. 전체주의 체제는 많은 사람을 혼란에 빠뜨렸고 정부의 졸렬한 대책은 음모가들의 활동을 조장했다. 코미디 프랑세즈 극장에서 상연하던 셰익스피어 극 〈코리올라누스〉를 반민주주의적이란 이유로 상연을 금지하고 이 극장의 지배인을 보안국장과 교체한 사건은 시민들의 웃음거리가 되었다. 그런데 이 희극은 그대로 수습되지 않았다. 제3공화국도 왕정처럼 피를 흘려가며 조소 속에서 침몰하고 말 것인가.

7. 다행히 공화국은 침몰하지 않았다. 총파업을 단행한 파리의 사회주의 노동자들이 우익의 예비 파시스트들에게 수도를 양도하지 않을 것이며 공화국 수호에 전력을 다하겠다고 궐기했던 것이다. 이어 알베르 르브룅(Albert Lebrun, 1871~1950, 제3공화국 제15대 대통령—역자주) 대통령이 선임 대통령 가스통 두메르그에게 조정 내각의 조직을 위촉(국무총리)함으로써 위기를 모면했다. 두메르그는 과거에 대통령으로서 덕성과 수완으로 성공했고 다년간 어느 국가원수보다 권위를 행사했다. 그는 공화파 연립으로 급진파의 에두아르 에리오, 온건파의 앙드레 타르디외 그리고 셰롱·Chéron과 페탱 등을 망라해 '강력한 내각'을 조직했다. 두메르그는 그 자신이 좌파였기에 좌익의 동조를 얻을 수 있었다. 그러나 진지한 의회정치 지지자들은 의회에서 과반수를 차지한 내각이 폭동으로 타도된 것을 공화국 대통령이 시인하자 충격을 받았다.

두메르그 내각은 곧 다시 불거진 스타비스키 사건에 직면했다. 사건을 담당한 판사가 디종 근방의 철로에서 시체로 발견되었기 때문이다. 문제의 초점은 타살인가 자살인가였는데 좌파는 자살, 우파는 암살이라고 주장하며 다시 한 번 극렬한 소동이 벌어졌다. 두메르그는 오래전부터 프랑스의 행정 기능이 마비되었다고 생각했다. 내각이 3개월도 되지 않아 교체되는 것은 행정부가 무력한 탓이며 그 이유는 하원 해산권 행사가 너무 어렵고 정당인이 많아 통솔이 곤란하며 의원이 예산 발의권을 쥐고 있기 때문이었다. 두메르그는 보다 능률적인 영국의 정치 관례를 염두에 두고 헌법을 개정하기 위해 국민의회를 소집하려 했다. 하지만 점차 그의 명망이 추락하자 하는 수 없이 라디오를 통해 국민에게 직접 호소했다. 이 방법은 아메리카에서처럼 효과적이긴 했으나 프랑스 의원들은 공격적인 방법으로 간주했다. 그들은 이것이 나폴레옹의 '국민에 대한 호소'와 같다고 떠들었다. 일반 국민은 두메르그가 자신을 정의로운 사람이라고 되풀이하는 것을 듣는 데 지쳤다. 우파 신문은 휴전협정을 배반한 정부의 급진파를 비판했고 그들은 잇달아 사임했다. 모든 진영으로부터 공격을 받은 두메르그 역시 1934년 11월 국내의 대립을 해소하지 못한 채 국무총리직을 사퇴했다.

8. 이 같은 국내 분열은 때마침 유럽에서 파시스트 국가의 군사력과 침략성이 강화되는 판국이라 더욱 위험했다. 베니토 무솔리니(Benito Mussolini, 1883~1945, 이탈리아 수상 — 역자주)는 이탈리아의 절대 지배자가 되었고 독일에서는 1933년 잔인한 반유대주의 선동가 아돌프 히

틀러(Adolf Hitler, 1889~1945)가 정권을 장악한 후 당당하게 '위대한 독일' 을 건설하겠다고 장담했다. 열광에 들뜬 청년층이 그의 뒤를 따랐다. 히틀러는 자신의 저서 《나의 투쟁Mein Kampf》에서 최종 목적은 프랑 스 파멸이고 그 수단은 영국과의 친선이라고 선언했다. 프랑스의 통 치계급은 확실한 동맹국이 없었으므로 속수무책이었다. 1933년 무 솔리니가 로카르노 조약에서 폴란드를 제외한 새로운 4대국(영국, 프랑 스, 이탈리아, 독일) 조약을 제안했다. 이 제안은 이뤄지지 않았으나 불안을 느낀 폴란드는 프랑스에서 이탈했다.

1935년 무솔리니는 에티오피아를 침공했다. 국제연맹 가입국인 두 나라 사이에 전쟁이 일어나면 프랑스는 어떤 태도를 취해야 하는가? 이 시점에 불행한 운명이 영국과 프랑스 간에 불신을 조장했다. 프랑 스는 영국이 15년 동안 집단보장에 협력하길 거부한 것에 실망했고 또한 1935년 영국이 단독으로 히틀러와 해군협정을 체결했음을 알 고 신경을 곤두세웠다. 프랑스는 영국 정부가 여론의 압력을 받아 별 안간 앤서니 이든(Anthony Eden, 1897~1977, 영국 외상, 수상 역임—역자주)의 주도 로 이탈리아와 에티오피아 문제에 집단보장 및 제재 행사를 주장하 는 데 놀라지 않을 수 없었다. 국제연맹에 가맹국을 지원할 권리가 있 는 것은 사실이지만 이미 시기를 놓쳤고 도리어 이 정책은 결과적으 로 이탈리아를 독일 편으로 몰아넣고 말았다.

이때까지 유럽은 두 독재국가가 서로 협력하지 않기를 원했다. 사 실 두 독재자는 서로 상대방이 거만하다며 분개하고 있었다. 에티오 피아 사건 이후 그들은 1919년 조약을 개정하자는 데 합의를 보았다. 1914년 이전까지만 해도 프랑스는 매년 국력이 강해졌지만 1936년 무렵에는 적국의 증강과 우호국의 약화를 실감했다. 1936년 3월 히틀러가 베르사유 조약을 무시하고 라인 강 좌안지대를 무장하려 할 때 영국은 로카르노 조약에 따라 마땅히 프랑스와 협조해 항의해야 했다. 그런데 이상하게도 영국의 여론, 특히 자유주의적인 진보파는 독일의 평등권을 지지하고 프랑스가 주장하는 안전보장 권리는 불합리하다며 무시했다. 프랑스에서 총선거를 준비하던 과도정부는 전쟁을 시작할 권한이 없다고 생각해 이를 방관했다. 이날부터 독일은 처벌 없이 제1차 세계대전의 전승국을 침범할 수 있음을 확신했다.

9. 이런 위기 상황에서 프랑스는 불행히도 외교보다 내정에 더 분주했다. 2월 6일의 폭동은 공격적이고 반동적인 파시즘에 대비해 좌익의 모든 당파가 결속한 행동이었다. 그때까지 공산당과 사회당, 사회당과 급진당은 서로 강경하게 대립하고 있었다. 급진당과 공산당은 정책 면에서 전혀 공통점이 없었으나 공동의 적만큼 사람을 결속시키는 것은 없다. 2월 6일 좌익의 3대 정당이 하나의 인민전선으로 통합해 총선거에서 압승했다. 사회당과 성실하고 용감한 레옹 블룸 당수의 희망은 미국의 '뉴딜' 원리 및 정책과 유사한 평화적이고 합법적인 사회혁명을 실현하는 데 있었다. 그런데 장애물이 적지 않았다. 1936년의 총선거 승리는 사회당 단독이 아니라 인민전선의 승리였으므로 레옹 블룸은 3당이 결속하는 동안만 국회의 과반수를 차지할 수 있었다. 공산당은 레옹 블룸이 실천하려는 사회정책의 범위 이상을 원했고 급진당은 인민전선보다 온건한 상원의 협조를 받아가며 레옹 블룸의 정책을 견제했다. 선거 직후 공산당은 공장을 점거하는

파업을 계속 주도하면서 정부가 기업에 간섭하고 앞으로 4년간 노동자가 공장을 관리할 수 있는 법령을 제정하라고 요구했다. 블룸은 공산당을 향해 자신은 케렌스키가 될 의도는 없다고 말한 뒤 설령 자신이 실각을 하더라도 레닌을 계승하는 일은 없을 것이라고 덧붙였다. 그는 평가할 만한 몇 가지 개혁을 수행했으나 모든 좌익정부처럼 그도 '금전의 장벽'에 부딪치고 말았다. 1936년 9월 프랑스는 평가절하를 단행해야 했다. 정부가 법령으로 법률을 대치할 전권을 요구하자 상원은 거부했고 급진주의자와 원로들은 사회당을 물리치고 정권을 장악했다.

10. 라인 지역 재무장에 성공한 1936년 3월부터 히틀러는 무엇이든 강행할 수 있다는 자신감을 보였다. 이후 그는 공공연하게 전쟁 준비를 했고 독일의 공군력은 연합국을 능가했는데 오로지 윈스턴 처칠만이 위험성을 지적했다. 스페인에 내란이 발생하자 독일과 이탈리아는 파시스트파를 지원하면서 새로운 무기와 전술을 시험했다. 프랑스와 영국은 불간섭 정책 속으로 환상적인 도피를 꾀했다. 공산당이 불간섭 정책을 비난하면서 인민전선은 해체되었다. 영국에서는 체임벌린 내각이 이든의 반대와 사임에도 불구하고 히틀러와 친선관계를 맺을 수 있으리라는 희망을 버리지 않았다. 수상은 단순하게도 일부 문제에서 독일을 만족시키면 유럽의 질서 유지에 협력할 것이라고 믿고 있었다.

히틀러는 영국 못지않게 강렬한 프랑스의 평화에 대한 욕구를 철저히 이용했다. 독일은 어떠한 정복도 원치 않는다고 누차에 걸쳐 언명했다. 단지 독일과 가까운 민족을 보호하길 원할 뿐이라며 그는 한 지방씩 차례로 합병했다. 전쟁에 염증을 느끼고 있던 유럽은 사태 변화를 체념했다. 고립, 공포, 무력에 휩쓸려 희생자는 그대로 먹히고 말았다. 독일제국은 곧 새로운 먹이를 선택했다. 독일군은 1938년 3월 오스트리아에, 같은 해 10월에는 체코슬로바키아에 진주했다. 파리는 프라하와 동맹을 체결했으므로 이는 전쟁을 유발할 만한 일이었으나 프랑스 정부는 영국과의 협조를 위해 모든 것을 희생했다.

영국은 프랑스의 안전 위협이 구체화하지 않은 상황에서 협의할 수는 없고 또 영국 연방 내의 각 자치령과 협의해야 한다는 상투적인 이유를 들어 개입을 거부했다. 1938년 9월에 열린 뮌헨회담에서 각국은 체코슬로바키아의 분단을 승인했다. 이로써 서방 강대국의 외교는 동부유럽에서 완전히 위신을 상실하고 말았다. 특히 뮌헨회담 결정은 러시아의 동의 없이 이루어졌고 러시아는 크게 분격했다. 1914~1918년에 치명적인 출혈을 경험한 프랑스는 군사적, 경제적으로 무력했고 절박한 위험과 공허한 타협을 이해하지 못하고 있었다. 뮌헨에서 귀국한 각료들은 열렬한 환영을 받았으며 특히 체임벌린 수상은 파리 시청에서 환호와 갈채를 한 몸에 받았다.

11. 1939년 3월 히틀러는 뮌헨협정을 위반하고 체코슬로바키아 전역을 군사적으로 병합했다. 이 협정 위반은 네빌 체임벌린Neville Chamberlain에게 일대 충격을 안겨주었다. 그는 즉시 정책을 변경해 다음 침략의 희생자로 예상되는 폴란드와 상호 원조조약을 체결했다. 프랑스는 이미 폴란드와 동맹을 맺고 있었고 영국의 새로운 태도는

전쟁이 불가피하므로 준비를 서둘러야겠다고 결심하고 있던 프랑스를 크게 고무했다. 급진파 수상 에두아르 달라디에Edouard Daladier는 공장 점거 파업을 강경 수단으로 해결해 국가의 권위를 회복했다. 또 조직적인 시위운동을 통해 '니스! 사부아! 튀니지! 코르시카!'를 탈환하자고 외치는 무솔리니를 향해 그는 코르시카와 튀니지를 순방함으로써 무언의 응답을 보냈다. 이것은 프랑스의 애국자들에게 뜨거운 감동을 안겨주었다.

어쨌든 불안감은 심각했고 독일과 러시아의 불가침 조약 체결은 프랑스와 미국을 놀라게 했다. 양쪽 진영의 군사력 차이가 현저했기 때문이다. 그런데 유화정책은 절망적인 해결책에 불과했고 타협은 새로운 위협을 초래할 뿐이었다. 프랑스와 영국은 평화를 유지하고자 모든 수단과 방법을 동원했다. 아니, 지나칠 만큼 노력했으나 모든 것은 그들의 악마 같은 욕망과 과도한 오만으로 수포로 돌아갔다. 독일이 그단스크를 구실로 삼아 선전포고도 없이 폴란드를 침략한 것은 독일의 목적이 유럽 정복에 있음을 증명했다. 영국에 이어 프랑스는 히틀러에게 최후통첩을 전달하고 1939년 9월 3일 오후 5시 제2차 세계대전에 돌입했다. 프랑스가 오랜 역사를 통해 경험한 그 어떤 전쟁보다 이번 전쟁은 원칙과 이상을 위한 것이었다. 세계를 지배하는 것이 폭력이냐 악덕이냐 아니면 국제 정의냐를 결판을 지을 전쟁이었다.

—

chapter 9

제2차 세계대전 I

—

1. 제2차 세계대전을 맞이한 프랑스의 상황은 제1차 세계대전에 비해 매우 취약했다. 1914년에는 유럽의 나라가 대부분 프랑스를 지지했으나 1939년에는 이탈리아가 적이고 러시아는 히틀러와 불가침 조약을 맺었으며 벨기에는 중립을 원했다. 프랑스가 의지할 나라라고는 영국과 폴란드뿐이었다. 영국은 진심을 보였고 모든 자치령이 영국을 지원하리라는 희망이 있었다. 그러나 영국은 오래전부터 전쟁이 시작되면 해군과 공군만 참전시키겠다고 프랑스 정부에 통고한 상태였다. 지상군은 3년간 32개 사단만 약속했으므로 가장 위급한 첫해에 약 10개 사단밖에 제공할 수 없었다. 폴란드는 용기와 애국심만큼은 충천했으나 군대는 독일군에 비해 장비가 빈약해 1914년에 러시아가 맡았던 역할을 해낼 수 없을 터였다. 프랑스는 1914~1918년에 우수한 청년층을 대부분 잃어 병력이 부족했고 이탈리아가 독일과 제휴했으므로 1914년에 본국으로 소환한 식민지군을 이번에는 북아프

리카와 시리아에 남겨두어야 했다. 미국의 정세도 제1차 세계대전만큼 프랑스에 호의적이지 않았다. 1939년에는 미국의 참전 가능성이 전혀 없었고 오히려 중립법 때문에 군수물자 구입과 수송이 더욱 곤란했다.

2. 미국의 물자는 프랑스의 승리를 위해 절대적으로 필요했다. 프랑스와 영국은 전차, 대전차포, 고사포, 항공기 등이 부족했고 영국은 전쟁 직전까지 탐조등 부대와 고사포 부대가 모조 병기를 가지고 훈련을 했다. 독일 공군은 개전 수개월 전에 이미 전투기 1,500대와 폭격기 3,500대를 보유했다. 반면 프랑스 공군은 대다수 노후기를 포함해 전투기 580대, 폭격기 96대에 불과했고 프랑스 주둔 영국 공군은 전투기 130대와 폭격기 500대가 전부였다. 일부에서는 철근 콘크리트로 구축한 지하도와 포탑을 설치한 동부 국경의 방위 요새인 마지노선Maginot Line에 기대를 걸었다. 이 방위선은 견고하고 정예부대가 수비하고 있었으나 북동과 북부는 벌거숭이로 노출되어 있어서 독일이 상투적인 침공 계획에 따라 룩셈부르크와 벨기에를 통과하면 프랑스에 침입하는 것은 매우 용이한 일이었다. 독일군도 서방의 공격에 대비해 지크프리트선을 구축했고 이것 역시 지하의 계단 시설과 철조망으로 보강했다. 1939년 9월처럼 독일군이 폴란드 진격에 전념할 때라면 지크프리트선을 정면 공격할 수도 있을 테지만 자르 지방에서의 시험적인 공격은 아무런 성과가 없었다. 군수물자도 부족했고 사기도 보잘것없었다. 이번 전쟁은 프랑스 국민에게 1914년 전쟁 같은 열성을 불러일으키지 못했다. 대다수 노동자는 러시아가 적의 진

영에 있는 것을 보고 당혹스러워했고 부르주아계급 중 일부는 암암리에 파시즘에 공감했다. 군부는 의무를 다했으나 영국과 프랑스의 여론은 하나같이 이번 전쟁은 국가의 멸망과는 관계가 없다고 보도했다. 미국에서는 파시즘에 반대하는 자유주의자들이 연합국의 미온적인 태도를 공박했다.

3. 그러는 동안 독일은 빠른 속도로 폴란드 전쟁을 진행했다. 전차와 비행기의 협동작전은 새로운 것이 아니었으나 이번에는 사상 최초로 어마어마한 양을 투입했다. 이 전술로 영웅적인 항전을 벌인 폴란드군은 불과 수주일 만에 철저히 분쇄되고 1939년 10월 초에는 독일군을 저지할 것이 하나도 남아 있지 않았다. 1939~1940년에 걸친 겨울에는 전국이 평온했다. 프랑스와 영국군은 북구에서 국경선을 따라 요새의 진지를 구축하려 했다. 마지노선 정도는 아니어도 철근 콘크리트와 철조망으로 방비를 강화했으나 1940년 봄까지도 이 방위선을 완성하지 못했다. 지하도의 화력과 국경에 배치할 병력이 부족했기 때문이다. 영국은 해상 봉쇄로 독일을 제압할 수 있다고 자신했지만 독일은 잠수함을 중심으로 한 반대 봉쇄로 대응했다. 초기에는 잠수함이 별로 효과가 없었고 영불 해군은 상당수의 잠수함을 격침했다. 2월경 독일이 영불 해협을 통과하는 함선에 자동적으로 접근하는 자기기뢰를 부설해 많은 선박을 격침했다. 하지만 곧 간단한 대비수단을 발명한 덕분에 큰 피해는 없었다. 영국의 봉쇄는 독일의 반대 봉쇄보다 효과적이었으나 당시 독일은 필요한 철강과 원유를 대부분 러시아를 경유해 수입할 수 있었다. 독일의 약점은 여전히 원유와 철

강이었다. 독일은 원유를 합성석유나 루마니아와 바쿠(아제르바이잔의 수도)의 석유로 충당했고, 철강은 노르웨이의 나르비크 항을 통해 스웨덴의 철광석을 수입해서 썼다.

4. 1940년 봄 프랑스와 영국의 정국이 몹시 불안정해졌다. 양국 의회가 전쟁 관리에 불만을 느꼈던 것이다. 폴 레이노Paul Raynaud가 에두아르 달라디에에게 적극적인 지도력이 없다고 비난하며 그를 하원에서 실각시키고 스스로 수상이 되었다. 4월 초 연합국은 노르웨이 연안에 기뢰를 부설하고 독일의 '철강 수송로'를 차단했다고 믿었으나 독일군은 직접 덴마크와 노르웨이에 진주했다. 그들은 곧 항구와 비행장을 점령했지만 진주 부대의 병력이 약했으므로 연합군의 반격이 가능했다. 실제로 에밀 베투아르Emile Antoine Béthouart 장군과 휘하 알프스 기병대가 영국 함대의 호송을 받아 나르비크 항을 탈환했다. 하지만 독일 공군의 우월성을 알게 된 영국 내각은 이 작전이 너무 무모한 것이라고 판단해 노르웨이를 포기했다. 독일의 기갑사단은 이미 벨기에와 네덜란드 국경지대에 집결해 공격 명령만 기다리고 있었다.

드디어 5월 10일 아침 공격이 시작되었고 독일은 중립국 벨기에, 룩셈부르크, 네덜란드를 침공했다. 가믈랭Maurice-Gustave Gamelin 장군은 북부 군단에 전진을 명령했는데 그 좌익은 네덜란드까지 뻗어 있었고 주력은 딜 강변에 포진했다. 이 작전의 중심점은 스당이었다. 벨기에군은 안트베르펜부터 나무르까지 포위 태세를 갖추었고 연합군은 고정 방위 진지에서 출격해 평지에서 야전을 벌였다. 그런데 히틀러의 작전 계획은 벨기에를 정면 공격하는 것이 아니라 독일 기갑사단으로 안트베르펜과 나무르를 횡단해 스당 정면을 돌파하고 솜과엔 강변을 따라 해안지대로 진출하는 것이었다. 이 작전으로 독일군은 벨기에의 연합군을 기지로부터 차단할 수 있었다. 독일 공군은 양적으로 압도적이었고 급강하 폭격과 전차의 협동작전이 기습적인 효과를 발휘해 무방비 지대인 후방에서 전투를 했다. 방위선의 요새 시설은 단선형이었고 무기, 특히 대전차포가 부족해 방비할 방도가 없었다. 한 미국 종군기자는 이런 기사를 보냈다.

"잔 다르크라도 콩알 총을 가지고 전차를 막아내진 못했을 것이다."

5. 독일군의 공격 개시 5일 만에 프랑스 전선의 제9군단 수비선에 30마일에 걸쳐 돌파구가 생겼다. 이 허점을 통해 독일 기갑사단이 해안선을 향해 급진했다. 파리로 가는 길도 열려 있었고 맹렬한 공습, 나치스의 공포, 간첩이 퍼트리는 유언비어 때문에 벨기에에서 많은 피난민이 집을 떠나 프랑스로 들어왔다. 이 피난 심리는 북부 프랑스 주민에게 전염되었고 도로는 곧 남녀노소, 짐차, 자동차, 가축으로 뒤덮여 연합군의 작전을 거의 불가능하게 만들었다. 연합군의 유일한 희망은 스당의 돌파구를 탈환하고 벨기에에서 후퇴하는 제1군단과 남부에서 시각을 다퉈가며 편성한 군단이 합류해 독일 기갑부대가 진출한 기다란 회랑부를 측면에서 반격하는 것이었다. 이 협공으로 연료 보급로를 차단하면 기갑사단을 격파할 수 있을 것이었다.

가믈랭 장군은 이 작전을 실행하려 했으나 5월 20일 막심 베이강 Maxime Weygand 장군과 교체되었고 사태는 매우 위급해졌다. 독일군이 해안선에 도달한 상태라 베이강은 비행기를 이용하지 않고는 휘하 북부 군단과 연락조차 할 수 없었다. 그는 곧 가스통 빌로트Gaston-Henri Billotte 장군과 존 고트John Gort 장군 그리고 벨기에군에 남방을 향해 진격하도록 명령했다. 약 15마일만 돌파하면 독일군의 회랑부를 차단할 수 있었다. 그런데 이론적, 지리적으로 유리한 위치를 차지하고 있던 베이강의 이 작전은 뜻대로 진행되지 않았다. 이 작전에 협력하려던 빌로트 장군이 자동차 사고로 전사하고 피난민의 홍수가 군대를 방해했으며 제1군단은 보급이 차단되어 혼란에 빠져버렸다. 더구나 그 시점에서는 급격한 작전 변경을 실행하기가 곤란했다.

6. 거듭 불행한 사건이 발생했다. 27일 벨기에 국왕이 항복했고 28일에는 고트 장군이 됭케르크에서 영국군을 본국으로 철수시켰다. 베이강 장군은 자신의 작전대로 전투를 진행할 수 없자 됭케르크 교두보에 수비를 명령해 구출할 수 있는 모든 것을 해로를 통해 구출하도록 했다. 이 작전은 영불 해군 수병과 해상에 뜨는 것이라면 무엇이든 됭케르크로 가져온 영국 시민의 영웅적 행동 그리고 라 로랑시La Laurencie 장군의 명령으로 최후의 부대가 승선하기까지 이 교두보를 사수한 프랑스 사단의 희생정신으로 전쟁 역사에서 혁혁한 명성을 떨쳤다. 26만 명의 영국군과 9만 명의 프랑스군이 영국으로 철수했다. 히틀러는 이 단기 전투에서 120만 명에 달하는 네덜란드, 벨기에, 영국, 프랑스의 포로를 얻었다고 큰소리쳤다.

솜과 엔 방면을 수비하는 베이강 장군에게는 불과 43개 사단밖에 없었고 무엇보다 대전차포가 부족했다. 그는 75밀리미터 포로 대용하고 현명하게도 참호 진지를 깊이 구축하도록 명령했으나 병력의 차이가 너무 현저해 절망적이었다. 긴 전선으로 인해 방위망이 약했고 적군은 한두 지점에서 돌파구를 만들 수 있었다. 독일군의 대부대가 센 강변을 집중 공격하면서 파리가 함락되었다. 베이강 장군은 수상에게 휴전을 제의했다. 군대는 대패했을 뿐 아니라 무질서하게 흩어졌다. 무수한 영웅적인 활동이 있었고 많은 부대가 명예만을 위해 적군의 도하작전을 결사적으로 저지했다. 그러나 적군이 완전한 제공권을 장악한 상태라 프랑스군은 전체적인 지휘를 할 수 없었다. 새로운 전술에서는 공군이 절대적인 존재였다. 무솔리니는 7월 10~11일 야간에 프랑스에 선전포고했다. 프랑스 대사 앙드레 프랑수아 퐁세André François Poncet는 이것을 '등 뒤를 찌르는 비수'라고 표현했고 후일 루스벨트 대통령이 이 말을 인용했다.

7. 프랑스 정부는 도시의 파괴를 피하기 위해 파리를 수비하지 않고 투르로 후퇴하기로 했다. 하지만 이미 투르가 공습을 받고 있어서 갈 곳이 막연했다. 일부에서는 '브르타뉴 요새'로 철수해 해군의 엄호를 받자고 주장했으나 독일 폭격기의 눈을 피할 수 없을 것이었다. 또 일부에서는 알제리에서 전쟁을 계속하자고 주장했지만 북아프리카에는 공장 시설, 충분한 식량, 항공 연료가 없었다. 영국은 자국 군대를 재무장할 여유마저 없었기에 프랑스를 지원하는 것은 상상조차 할 수 없었다. 미국만 프랑스군의 재기를 위해 무기를 제공할 수 있었으나 중립법의 제약을 받고 있었다.

아프리카로 탈출할 것을 주장한 사람은 독일과 이탈리아군이 그곳까지 침공하지 않으리라 기대한 것이며 설령 새로운 패배를 겪을지라도 항복보다 나을 것이라고 생각한 것이다. 이 계획에 반대하는 사람들은 적군에게 프랑스 식민지로 침공할 구실을 주면 안 되며 프랑스 공군이 무력하므로 식민지 도시가 공습으로 파괴될 것이고, 그러면 프랑스 최후의 희망인 식민지마저 상실할 것이라고 말했다.

6월 13일 폴 레이노 수상은 때마침 투르에 체류 중이던 처칠에게 혹시 프랑스가 어쩔 수 없이 독일과 단독 강화를 체결하면 영국은 어떻게 할 것인지 물었다. 처칠은 이렇게 대답했다.

"우리는 불행한 동맹국에게 비난을 가할 생각이 없다. 만약 우리가 이긴다면 프랑스가 폐허를 딛고 일어서도록 무조건 우리의 의무를 다할 것이다."

그렇지만 처칠은 내각과 협의하지 않고 자신의 약속을 공식 통첩으로 할 수는 없었다. 프랑스의 내각은 심각한 분열 상태에 있었고 해군과 공군이 영국을 공격하는 데 이용되도록 독일군에 넘어가면 안 된다는 점에서만 의견이 일치했다. 육군 수뇌부는 정부의 지시 없이 항복할 수 없었으므로 휴전을 요청했다. 레이노는 결정을 내리기 전에 만전을 기하기 위해 미국의 루스벨트 대통령에게 최후의 호소를 보냈으나 성과는 없었다. 미국 대통령은 여전히 임의대로 조종할 수 없는 의회의 승인 없이 프랑스를 지원할 수 없었고, 당시 미국은 프랑스에 제공할 항공기와 전차를 보유하지도 않았다. 6월 14일 프랑스 정부는 보르도로 후퇴하기로 결정했다.

8. 15일과 16일에 걸친 밤에 독일은 휴전을 거부한다는 회신을 보

냈다. 그다음으로 영국에서 두 가지 항목의 회신이 왔다. 첫째, 영국 내각은 투르에서의 처칠의 약속을 인준하기를 거부한다. 다만 프랑스 해군이 영국 항구로 회항한다는 조건으로 프랑스가 휴전을 교섭하는 것을 승인한다. 아직까지도 이유는 분명치 않으나 이 회신이 문서로 전달된 것이 아니라서 프랑스의 각료들은 이 중대한 문제에 관해 자신들의 견해를 제대로 발표하지 못했다. 둘째, '불가분의 영불 통합'을 이룬다. 즉, 양국 국민은 즉시 상호간의 시민권을 획득할 수 있으며 하나의 전시 내각과 합동 참모부를 조직한다. 이것은 대담하고 웅대한 계획으로 그만한 가치가 있었으나 불행히도 프랑스인은 이에 대해 아무런 준비도 없었고 보르도의 혼란 속에서 검토할 여유마저 없는 상황이었다.

이에 대한 거부는 '본능적이고 순간적'이었다. 그렇다고 이 거부가 곧 휴전을 승낙한다는 의미는 아니었다. 휴전 문제는 아직 표결을 실시하지 않았다. 폴 레이노에 따르면 자기가 소수파에 속해 있음을 알고 프랑스에 대한 영국의 의무를 해제하고자 자신이 런던과 교섭할 자격이 없다고 본 것이라고 한다. 그는 대통령에게 사표를 제출하고 대통령이 휴전 의견을 따를 생각이라면 페탱 원수를 수상으로 위촉하는 것이 타당하다고 말했다. 휴전을 토의하는 자리에 참석한 거의 모든 사람에게 가혹한 비판이 집중되고 있으나 역사가는 수백만의 피난민이 길 위에서 방황하고 군대는 완전히 붕괴되었으며 포로가 시시각각 증가하던 당시의 정세를 고려할 필요가 있다고 평가한다. 공화국 대통령 르브룅은 말했다.

"아무리 부싯돌처럼 단단해도 당시 혼란과 공포 분위기 속에 있던 사람들은 냉정하고 침착할 수 없었다."

9. 22일 휴전조약을 조인하고 24~25일 밤부터 발효되었다. 협상 원칙을 어떻게 비판하든 관계없으나 일부 휴전조항, 특히 프랑스로 망명한 자유주의적인 독일인과 영국의 포로가 된 독일 비행사를 나치스로 송환하는 것은 용서할 수 없는 일이었다. 영불 협상의 주요 안건이던 프랑스 함대는 독일에 인도하거나 영국으로 호송하지 않고 6월 24일에 내린 프랑수아 다를랑François Darlan 제독의 명령에 따라 어느 나라를 불문하고 외국의 수중에 들어가면 자폭하기로 되어 있었다. 만약 휴전조약에 따라 함대를 독일에 인도한다면 곧 미국으로 탈출하거나 자폭하기로 한 것이다. 이 명령은 나중에 상부에서 중지 명령을 내려도, 심지어 다를랑 제독이 서명한 명령이 와도 그대로 시행할 것이었다. 이 조치는 적어도 독일이 영국을 공격하는 데 프랑스 함대를 사용하지 못하게 했다.

휴전조약에 따라 프랑스는 두 개의 지구로 분할되었다. 하나는 독일군이 침입하지 않은 '자유지구'이고 또 하나는 '점령지구'라고 부른 광대한 지역이었다. 자유지구 정부는 유명한 온천장 비시Vichy에 자리를 잡았고 수많은 호텔에 각 관청이 들어섰다. 7월 10일 국민의회를 소집했고 페탱 원수를 프랑스의 수반으로 추대했다. 6월 18일 샤를 드 골(Charles de Gaulle, 1890~1970, 제5공화국 제18대 대통령—역자주)은 런던에서 유명한 호소문을 발표했고 처칠 수상은 그를 '자유 프랑스의 지도자'로 인정했다. 1875년의 헌법에 규정한 입법체제 부활은 1944년까지 실현하지 못했다.

10. 제3공화국은 이렇게 숨을 거두었다. 패전과 함께 운명하긴 했으나 제3공화국은 존속한 전 기간을 통해 행운과 영예에 가득 찬 정치체제였다. 1875~1914년 동안 제3공화국이 프랑스의 국력을 강화했기에 제1차 세계대전에서 연합국이 프랑스 장군에게 최고지휘권을 주고 파리에서 열린 평화회의를 클레망소가 주도할 수 있었던 것이다. 1914년 이전에 제3공화국의 외교관들은 프랑스를 유력한 동맹국으로 호위했고 영국, 러시아와 프랑스에 유리한 친선관계를 맺는 데 성공했다. 제3공화국의 식민지 관리들은 우수한 식민지 제국을 건설했으며 제1차 세계대전 때는 원주민의 충성심을 완전히 확보해 전 식민지 군대를 유럽대륙에서 활용할 수 있었다. 프랑스의 문학, 회화, 과학, 음악 그리고 사치품 산업은 당시 비할 데 없이 찬란한 전성기를 누렸다. 1918년에는 프랑스가 주요 전승국으로서 유럽과 세계 최강국 중 하나로 자처할 수 있었다. 무엇 때문에 프랑스는 1919~1939년에 이런 지위를 상실한 것일까?

11. 우선 제1차 세계대전의 위대한 승리에도 불구하고 프랑스는 이미 1919년에 심각한 상처를 입었다. 인구 측면에서 보자면 프랑스의 손상은 기타 참전국에 비해 막대했다. 전시 4년 동안 대혁명 이후 좌우로 분열된 간격은 국민의 열렬한 애국심으로 메워졌으나 오랫동안 품어온 피차간의 보복심이 여전히 사람들의 가슴속에 남아 있었다. 프랑스의 보수파인 우익은 영국의 보수당처럼 현행 헌법을 준수하는 합법 정당을 결성하지 못하고 전혀 가망성 없는 구체제로의 역행을 기대했다. 1934년 2월 6일 시민계급이 공화주의 중도파를 택

했을 때는 이렇다 할 실력도 없는 소수 선동자가 저지른 만행 때문에 막연하게 파시즘의 꿈을 품고 있었다. 행동파인 좌익도 단결력이 없었고 특히 경제정책에서 과오를 범했다.

프랑스 국민은 1940년에 벌어진 전투 초기의 영웅적인 공적이 증명하듯 군사적인 용기가 부족하진 않았으나 시민의 임무와 납세의 의무에 대한 확신이 오래전부터 약해졌고 대다수 프랑스 국민이 정부를 신뢰하지 않았다. 전쟁 전 제3공화국 말기에 프랑스 화폐가치는 또다시 하락했다. 1914년에 1달러당 5프랑이던 것이 40퍼센트 평가절하를 했어도 50프랑으로 폭락해 전시에 외국에서 물자를 수입하는 데 더욱 곤란을 받았다.

전쟁과 독일의 선례로 국가란 현금 없이 존속 가능하고 처벌 없이 완전 파산할 수도 있음을 알게 된 자산가들의 저항으로 정당을 견제할 수도 없었다. 통화 경색은 급진당의 지반이던 도시와 농촌의 소시민을 파산으로 내몰았고 그들은 좌우 양파의 극단적인 노선을 따랐다. 제3공화국의 미덕이던 중용과 신중함은 시대착오적인 개념으로 전락했다. 과거에 신생국가의 발전을 위해 재정 원조를 하던 프랑스는 이제 생산시설을 갱신할 자본이 없었고 새로운 모험을 감행할 만큼 미래에 대한 신념도 없었다. 미국은 '뉴딜'시대에 생산력이 국가의 수요를 능가했으며 긴박한 전쟁 위협도 없었기에 노동시간을 단축할 수 있었다. 프랑스는 새로운 경제제도를 수행할 시간적인 여유가 없었다.

12. 건국 이래 프랑스의 전통적인 사명은 유럽대륙에서 자유를 수

호하는 전위부대의 역할을 하는 것이었다. 프랑스가 대륙의 최대 강국이었을 때는 이 사명을 단독으로 수행했고 대혁명 시대의 육군은 오랫동안 유럽의 세력 균형을 유지했다. 하지만 1918년에는 강력한 동맹국의 원조를 받아 비로소 승리할 수 있었다. 1914년에 러시아가 독일군 60개 사단을 동부전선에 묶어두지 않았다면 제1차 세계대전에서도 1940년처럼 단시일 내에 패배했으리라는 사실을 잊어서는 안 된다. 그럼에도 불구하고 프랑스의 동맹국들은 양차 대전 간에 독일이 유럽의 최대 강국으로 재건하도록 만들었고 도리어 1939년에 프랑스의 제3공화국은 강력한 지지를 받지 못했다. 여러 가지 이유로 벨기에, 러시아, 이탈리아, 유고슬라비아, 루마니아의 정세는 1914년 때와 전혀 달랐고 영국의 군사 원조는 프랑스 정부의 동의 아래 전보다 한정적이었다. 이런 조건에서는 영국 육군의 대륙진주, 미국 참전, 러시아의 반독일 전선 복귀 같은 1918년의 상태로 되돌아가기 전에는 전쟁에 이길 희망이 전혀 없었다.

정세가 호전될지라도 동일한 원인은 동일한 결과를 낳을 것이었다. 프랑스가 계속 고립되고 원조가 불충분한 상황에서 패배는 불가피하며 이는 제3공화국의 과오가 아니라 유럽의 세력 균형이 파괴된 결과다. 부당한 비난을 받은 1875년의 헌법이 1918년의 승리를 방해하지는 않았다. 물론 프랑스가 보다 충분한 준비를 했다면 더 많은 전차와 비행기로 좀 더 오랫동안 항전했을 것이다. 하지만 정치체제가 어떠했든 프랑스는 자연적인 동맹국과 함께 총력을 집결하지 않는 한 독일을 제압할 수 없었다. 제1차 세계대전 때와 같은 동맹이 부활하는 순간부터 프랑스는 세계적인 본래의 위치를 되찾았다.

—

chapter 10

제2차 세계대전 II

—

1. 휴전 성립부터 연합군 상륙 사이에 프랑스의 전시 정세는 여러 차례 고비를 겪었다. 프랑스는 반독일동맹 결성과 동맹군의 승리로만 해방될 수 있었다. 즉, 영국의 강인한 정신, 러시아의 반독 참전, 미국 개입, 연합군과 협력한 프랑스의 저항만 프랑스를 구출할 것이었다. 국내의 소위 비시 정부는 전적으로 독일의 조종을 받고 있었다. 프랑스 국민은 페탱 원수가 지연작전을 쓴다고 믿는 동안은 그를 존경했으나 적국에 협력하라는 지시를 내린 순간부터 그에게 반감을 보였다. 점령군은 점령 그 자체만으로도 이미 증오의 대상이었고 잔인한 게슈타포 비밀경찰, 무자비한 인질 처형, 주민 추방, 유대인 학살 등을 목격한 프랑스 국민은 끓어오르는 분노를 참지 못했다. 국내에서는 휴전 직전까지 저항 수단으로 비밀 군대와 정보망을 조직했다.

저항활동은 적군을 교란하고 연합국에 정보를 제공하는 한편 영국과 미국 두 나라의 추락한 비행사가 탈출하는 것을 지원했다. 그러다가 마침내 무기를 들고 전투에 나서 최후의 승리를 위해 많은 공헌을 했다. 처음에 드 골 장군이 '자유 프랑스'라고 명명한 런던의 조직이 있었는데 후에 '전투하는 프랑스'로 개칭했다. 드 골 장군은 영국의 라디오 방송을 통해 프랑스 국민을 고무하면서 상당한 명성을 얻었다. 그는 영국군과 공동 작전을 펴는 프랑스군을 통솔했고 차드, 카메룬 등 여러 식민지의 동의를 얻어 1943년에 조직한 임시정부의 수반이 되었다. 북아프리카에서는 휴전조약에 따라 프랑스 주둔군을 계속 유지했다. 프랑스 주둔군은 비밀리에 무기를 보유하고 훈련을 계속했다. 1942년 자발적으로 결성한 북아프리카의 저항부대와 미국군 사이에 연락이 이뤄져 해방의 첫걸음이 된 미국군의 북아프리카 상륙이 이뤄졌다.

2. 세계적인 전쟁 상황은 그 내용이 잘 알려져 있다. 영국과 프랑스군이 패전한 후 독일군의 영국 침공이 예상되었다. 그러나 히틀러는 상륙 작전에 필요한, 즉 후일 유럽 상륙을 가능하게 한 미국의 수륙 겸용 장비 같은 장비를 보유하지 못했다. 그뿐 아니라 독일은 영국 공군을 완전히 파괴하기 전에는 상륙작전을 개시할 수 없었다. 이에 따라 1940년 8월부터 9월까지 독일은 영국 공군을 맹렬히 공격했으나 허사였다. 영국 공군의 조종사는 독일 공군의 4분의 1에 불과했으나 오히려 독일 공군의 피해가 막대했기 때문에 독일 총사령관 헤르만 괴링Hermann Göing은 공중전을 중지할 수밖에 없었다.

영국 공군의 승리는 많은 프랑스 국민에게 희망을 안겨주었다. 하지만 영국은 오랫동안 패전의 고통에 시달렸고 독일군은 유고슬라비아, 그리스, 크레타 등에서 전격적인 승리를 거두었다. 트리폴리타니아와 알렉산드리아에 이르는 북아프리카 사막지대에 주둔하던 이탈리아군이 에르빈 롬멜Erwin Rommel 원수가 지휘하는 독일의 아프리카 원정군의 진주로 강화되었다. 독일과 이탈리아 양군은 수주일 동안 수에즈 운하 지대로 진격할 기세였고 비시 정부 협력파는 독일의 영국 공습 실패 이후 일시적으로 상실했던 세력 기반을 회복했다. 그러나 1941년 6월 히틀러는 러시아를 공격하는 큰 실수를 범했다. 이 실책으로 프랑스의 저항활동은 무력뿐 아니라 정치적으로도 강화되었고 노동계급까지 히틀러를 배척하기 위해 단결했다. 미국은 아직 참전하지 않았으나 루스벨트는 공공연히 독일의 적을 지원했으며 '무기대여법'으로 구체적인 지원도 시작했다.

3. 1941년 12월 일본의 진주만 공격과 미국에 대한 독일의 선전포고에 따라 미국이 참전했고 양면 작전이 필요했던 미국은 우선 작전의 주력을 독일에 집중하기로 했다. 유럽 해방이 무엇보다 긴급한 과제였기 때문이다. 1942년에는 미국은 물론 영국도 프랑스에 상륙하는 데 필요한 군사력을 보유하고 있지 않았다. 독일군은 대서양 연안에 요새선을 구축했는데 연합군에서는 이 위력을 과대평가했던 것 같았다. 사실상 디에프를 공격한 캐나다군의 손해는 막대했다. 영국과 미국 군대가 협력해 수립한 전략은 북아프리카를 상륙기지로 확보하고 이 기지에서 '유럽의 취약한 하복부'를 침공한다는 것이었다. 루스벨트와 그의 보좌관들은 오래전부터 북아프리카를 자기 진영으로 포섭하는 일이 중요하다고 생각하고 있었다. 과거에 설치한 영사

관과 부영사관이 프랑스 군인 및 시민의 소집단과 긴밀히 접촉해 그들을 원조하기로 했다. 때가 되어 연합군이 아프리카에 상륙하면 아직도 상당한 병력을 보유한 프랑스의 북아프리카군이 저항하지 않을 뿐 아니라 연합군과 합류하리라고 믿을 만한 이유가 있었다. 프랑스의 앙리 오노레 지로Henri Honoré Giraud 장군이 이 작전에서 사령관을 맡기로 했다. 그는 저항운동의 지원을 받을 수 있는 남부 프랑스로 직접 상륙하길 희망했으나 그 작전 범위가 한정된 병력에 비해 너무 광대하다고 판단한 미국군은 1942년 11월 8일 알제리와 모로코로 상륙했다.

처음에는 약간의 혼란이 있었다. 때마침 일부 군부에서 유일하게 합법적인 사령관으로 간주하던 다를랑 제독이 알제리에 체류하면서 비시의 협력파와 타협해 권력을 장악했다. 미국의 여론은 경악과 불만을 표시했으나 연합군은 작전계획대로 북아프리카 사태가 정비되길 기대했다. 처음에는 이처럼 불안한 공기가 있었지만 결국 프랑스군은 연합군과 합류했고 이 부대는 튀니지 전투에서 중요한 역할을 했다. 루스벨트 대통령은 워싱턴으로 내방한 베투아르 장군과 협상한 후 무기대여법에 따라 신설 프랑스군을 재무장하는 데 동의했다. 덕분에 프랑스는 1943년 원정군을 편성해 알퐁스 주앵Alphonse Juin 장군의 지휘하에 이탈리아 전선의 일부를 담당했다.

4. 알제리에서는 프랑스 정국이 복잡한 변동을 겪고 있었다. 1942년 12월 24일 다를랑 제독이 암살당하자 미국은 지로 장군을 프랑스의 북아프리카 관리자로 간주했다. 반면 영국은 드 골 장군에게

이 같은 언질을 준 상태라 그를 후퇴시키려 하지 않았다. 루스벨트와 처칠은 1943년 1월에 열린 카사블랑카 회담에 두 장군을 초빙해 서로 협조해서 프랑스의 해방을 위해 노력할 것을 요청했다.

튀니지에서 승리한 직후부터 지루하고 복잡한 교섭이 시작되었다. 지로 장군은 프랑스로 귀환한 후 국민의회를 소집할 때까지 각도 의회에 권력을 귀속시키는 트레브뉘크Tréveneuc법을 적용하자고 제의했다. 드 골 장군과 그의 일파는 보다 급진적인 개혁을 희망했다. 그들은 알제에 국민해방위원회(훗날 프랑스공화국 과도정부)를 수립하고 프랑스에서 도착한 저항활동 대표자, 탈출에 성공한 일부 상하 양원 의원들과 함께 자문의회를 구성할 것을 주장했다. 위원회는 지로 장군과 드 골 장군이 교대로 주재하기로 했다. 실제로 위원회는 처음부터 드 골 장군이 과반수를 차지할 수 있도록 구성되었고 지로 장군과 그의 동지들은 서서히 제거되었다. 알제 정부는 프랑스로 귀환한 후 실시할 여러 가지 법률, 특히 대독 협력자를 숙청할 특별법정 설립과 1940년 7월 페탱 원수에게 전권을 이양하는 표결에 찬성한 약 90퍼센트에 이르는 양원 의원의 재선을 금지하는 법률 그리고 출판법 등을 미리 제정했다.

5. 1943년 말 유럽대륙을 수복할 시기가 무르익었다. 각 피점령국 내에서 저항조직이 연합군을 고대하고 있었다. 비행기 출격으로 상륙군을 엄호할 필요성 때문에 기지의 도약적인 전진이 필요했다. 드와이트 아이젠하워(Dwight Eisenhower, 1890~1969, 미국 제34대 대통령—역자주) 총사령관은 튀니지에서 시실리로, 시실리에서 이탈리아로 진격했고 이

때 주앵 장군이 지휘한 프랑스군이 주역을 담당했다. 일부에서는 이 방향으로 계속 진격해 다시 발칸 지방에 상륙한 뒤 전 지중해 전투를 감행하는 것이 최선이라고 주장했다. 그러나 1943년 11월에 열린 테헤란 회담에서 루스벨트와 이오시프 스탈린(Iosif Stalin, 1879~1953, 소련 수상 역임─역자주)의 주장에 따라 유럽 요새에 대한 주력 공격은 프랑스에서 하고 영국을 출격 기지로 한다는 작전계획을 결정했다.

연합군 총사령관으로 임명된 아이젠하워 장군은 우선 공군 폭격부대로 독일의 공업지대를 파괴하는 데 주력했다. 그동안 그는 항구 구축과 영불 해협 해저 송유관 부설 등 노르망디 상륙작전을 세밀히 추진했다. 이 계획은 코탕탱 반도를 분단 및 고립시키고 셰르부르 항구를 단시일 내에 점령한다는 것이었다. 공격 지대를 안전하게 봉쇄하고 독일군의 증원을 저지하기 위해 불행히도 이 지대의 교량과 철도를 파괴해야 했다. 당시 노르망디 지방의 일부 도시와 루앙 시청 같은 재건할 수 없는 기념물 등을 파괴한 탓에 프랑스는 막대한 피해를 보았다.

1944년 6월 6일 상륙작전을 강행해 완벽한 성공을 거두었다. 연합군은 코탕탱과 셰르부르를 점령했고 센 강으로 포위된 독일군 제7군단은 전멸했다. 제공권을 상실한 순간부터 독일군 사령부는 1940년의 프랑스군처럼 절망 상태에서 탈출할 방법이 없었다. 1944년 8월 중순 조지 패튼George Patton 장군의 기갑부대는 도중에 이렇다 할 저항도 받지 않고 파리로 계속 진격했다.

6. 파리에서 발생한 여러 사건을 이해하려면 저항활동을 구성한

다양한 요소의 본질을 이해할 필요가 있다. 저항활동은 연합군 상륙 이전과 이후 모두 해방군에게 최대한 협력하고 점령군에 대해서는 대동단결했으나 그 모든 성분이 동질적인 것은 아니었다. 저항활동은 다양한 정치적 신조에 따라 움직인 국민전선, 해방단, 전투단, 의용대 등의 집단과 비정치적 군사조직인 비밀군단, 일명 군사저항조직으로 구성되었다.

"저항활동에 참여한 모든 사람이 외국의 권력과 질서에 대한 혁명을 원했고 특히 비시 정부의 권력 및 질서를 무너뜨리길 바랐다. 소수는 제3공화국의 권력과 질서, 다른 극소수는 현재의 사회·경제체제와 권력 및 질서에 대한 혁명을 원했다."

프랑스는 여러 가지 전통적인 신조가 혼합되어 있었고 그때는 단지 공동의 적 앞에서 일시적으로 결속한 것에 불과했다. 어떤 사람은 모든 시대의 기사처럼 순수하게 싸웠고 어떤 사람은 자코뱅 당원처럼 공화체제를 재건하려고 싸웠으며, 또 다른 사람은 6월 혁명을 주도한 사람들처럼 사회주의적 민주정치를 수립하기 위해 싸웠다. 하지만 모두가 조국 해방을 우선시하고 있었다. 연합군은 공중에서 무기를 공급해 프랑스의 국내군F.F.I.과 공산당계인 의용대, 유격대F.I.P.의 무장을 도왔다. 1943년 5월 모든 운동이 통합되어 레지스탕스전국평의회를 결성했다. 처음에는 막스라는 암호명으로 불린 장 물랭Jean Moulin이 의장이었고 독일군이 막스를 처형한 후에는 조르주 비도Georges Bidault가 이를 계승했다. 일반 위원으로는 알렉상드로 파로디Alexandre Parodi가 국민해방위원회를 대표해 이 평의회에 참가했다.

7. 독일군 철수가 임박해지자 수도를 정부 없이 방치할 수는 없었으므로 파리에서는 권력이양이란 중대한 문제가 불거졌다. 그런데 수일에 걸친 성과 없는 협상으로 '프랑스 국가'는 사라졌다. 워싱턴의 권고에 따라 페탱 원수와 피에르 라발(Pierre Laval, 1883~1945, 비시 정부 부주석 역임—역자주)이 정권을 의회에 이양하려 했지만 이 조치를 독일군, 저항파, 알제 정부 모두가 반대했다. 이 계획은 실패로 돌아갔고 페탱 원수는 독일로 강제 연행되었다. 제3공화국이 그를 계승할지 아니면 제4공화국을 새로 수립해야 할지와 관련해 문제가 복잡해졌다. 저항파의 극좌분자는 일찌감치 8월 19일부터 파리에서 폭동을 일으켜 일반 정세를 혁명에 유리한 방향으로 이끌려고 했다. 독일군의 디트리히 폰 콜티츠Dietrich Von Choltitz 파리방위사령관과 체결한 정전협정을 파리해방위원회가 부결하면서 드디어 21일 파기되었다.

수도 파리는 자력으로 해방했음을 선언하고 가급적 빨리 연합군이 도착해 저항파를 지원함으로써 파리 파괴를 저지할 것을 요망하는 메시지를 라디오에 내보냈다. 아이젠하워 장군은 파리에 입성하는 최초의 사단이 프랑스군이기를 희망해 필립 르클레르 드 오트클로르Philippe Leclerc de Hauteclocque 장군 휘하의 제2기갑사단을 선봉부대로 내세웠다. 8월 24일 목요일 최초의 프랑스 전차가 도착했고 다음 날 폰 콜티츠 사령관이 항복 조약에 정식으로 서명했다. 파리 해방은 프랑스뿐 아니라 전 세계에 승리의 상징이 되었다. 남아메리카, 미국, 영국에서 수많은 군중이 자유의 승리를 경축했다. 파리에서는 8월 26일 드 골 장군이 개선문에서 노트르담 대성당까지 환호와 갈채를 받으며 가두행진을 했다. 그런데 바로 대성당 현관 앞에서 아직도 진상이 불분명한 총격 사건이 발생했다.

8. 8월 15일 타시니 장군 휘하 프랑스 제1군단을 포함한 강력한 연합군이 남부 프랑스에 상륙했다. 이 군단은 동부전선의 노르망디에서 진격해오는 군단과 합류하기 위해 독일군의 저항을 받지 않고 론 계곡을 따라 북상했다. 독일군은 최후의 순간을 맞이했다. 루아르 강 이남에서는 보르도와 생나제르의 남서 일부를 제외하고 점령군이 이미 철수했다. 아이젠하워는 언제든 원하기만 하면 이 지역을 항복시킬 수 있음을 알고 라인 강과 지크프리트선을 돌파하기 위해 부대를 집결시켰다. 그동안 영국군과 캐나다군으로 편성된 몽고메리군이 프랑스 북부와 벨기에를 해방했다. 노르망디 상륙 후 100일 만에 연합군은 오스텐트부터 스위스 국경에 걸쳐 독일로 진격할 준비를 완료했다.

전투는 한겨울 내내 계속되었다. 12월에 대한 방비가 취약한 아르덴 지역에서 독일군이 반격을 하자 잠시 나무르, 리에주, 스당이 혼란에 빠졌다. 남부에서는 새로운 독일군의 위협을 받은 스트라스부르가 참혹한 보복을 받게 될 순간 프랑스군이 구출했다. 히틀러군의 최후의 발악은 지속적인 효과가 없었고 연합군은 라인 강을 건너 독일로 진격했다. 4월 미국군과 러시아군이 엘베 강에서 만났다. 히틀러는 자살했고 5월 7일 랑스의 조그마한 학교 건물 안에서 독일군은 무조건 항복에 서명했다. 이제 일본을 타도하는 일만 남았다. 프랑스 연합함대, 그중에서도 특히 순양함 리슐리외호가 최후의 전투에 참가했다. 대일본 전쟁도 9월 2일 항복문서 조인으로 끝났고 드디어 제2차 세계대전은 막을 내렸다.

—

chapter 11

해방 후의 프랑스

—

1. 1944년 9월 프랑스의 합법정부는 무엇인가? 1942년 11월 이후 대다수 프랑스 국민에게 거부당한 비시 정부는 이미 독일군이 해체했다. 아무도 이 정권을 지지하지 않았고 처음에 제3공화국의 정통적인 후계자로서 선의를 보이던 사람들까지도 이를 포기했다. 제4공화국과 그 체제를 재건할 수 있을까? 중대한 과오를 범한 의원을 제명한 뒤 의회를 소집해 국민의회로 보강한 다음 필요에 따라 1875년의 헌법을 개정하고 정통 공화국 대통령을 선출할 수도 있었다. 이 조치는 프랑스를 과도정부에서 구출하고 공허한 토론을 회피하는 한편 공직 경험이 풍부한 사람의 협력을 확보하는 이점이 있었다. 그렇지만 이 방안은 채택되지 않았다. 많은 고난을 겪은 국민은 그 고난에 대해 책임을 져야 할 사람들에게 원한을 품고 무언가 새로운 것을 희망했다. 무엇보다 런던과 알제 또는 국내 레지스탕스파에서 위험한 여건을 무릅쓰고 투쟁해온 사람들이 그 지도권을 계속 보유하는 것

이 정당하다고 생각했다. 결국 프랑스공화국은 임시정부가 관리하고 제헌의회를 선출해 여기서 제정한 헌법을 국민투표로 확인하도록 결정을 내렸다.

2. 임시정부 구성에서 아직 각 파가 합의해야 할 문제가 남아 있었다. 당시 대다수 국민은 드 골 장군이 대통령에 선출되기를 희망했다. 알제의 각료들은 수도가 해방되자마자 파리로 옮겨왔으나 저항파의 요망을 무시할 수는 없었다. 타협을 이끌어냄으로써 레지스탕스전국평의회에서 능력을 입증한 비도와 앙리 테트젱Henri Teitgen 같은 새로운 인물이 임시정부에 참가해 알제 대표들과 함께 과업을 추진했다. 우선 전쟁을 끝내고 제헌의회를 선출할 필요가 있었다. 선거법에 관한 결정사항은 앞으로 있을 여러 선거에 지배적인 영향을 미쳤다.

선거법은 각 선거구 단순선거에서 비례대표제인 연기명투표로 바뀌었다. 이 제도 때문에 대규모 정당 출현이 유리해졌고 정당은 당선자를 통솔하기가 쉬웠으며 당선자는 유권자에게 직접 예속되지 않았다. 알제 정부는 이미 1940년 독일에 정권을 이양하는 데 찬성한 의원들에게 입후보 자격을 주지 않는다는 법령을 공포했다. 이에 따라 제3공화국의 정치가가 거의 다 추방되었고 선거구에서 개인적인 명성을 자랑하는 정치가가 많았던 급진당이 막대한 타격을 입었다. 여기에다 여성에게도 투표권을 부여하면서 급진당은 가톨릭교회의 영향력이 커질 거라고 생각했다. 제1차 투표 결과에 따라 거의 동수를 차지한 공산당과 통일사회당, 구그리스도교 민주당에 가장 가까운 가톨릭 신사회주의 정당인 인민공화운동파M.R.P. 등 3대 정당이 새로운 프랑스를 지배하게 되었다. 나머지 표는 급진파와 독립파가 나눠가졌고 우익은 거의 모습을 보이지 않았다.

3. 해결을 기다리는 난제가 산적했다. 무엇보다 헌법제정, 통화 정상화, 식량 확보, 교통 재정비 등이 시급했다. 전쟁의 참상이 국토를 완전히 쑥대밭으로 만들어놨기 때문이다. 전사자와 총살 또는 3분의 2가 돌아오지 않은 국외 추방자 등 점령시대의 희생자를 비롯해 식량 부족으로 인한 사망률 증가, 공습에 따른 살상으로 인구는 1939년보다 줄어들었다. 약 200만 개의 주택이 파괴되었고 그중 50만 개는 수리가 불가능했다. 모든 교량, 철도, 철도 역사, 제방 등도 재건해야 했다. 대도시마다 주택난이 심각했는데 특히 황폐한 지방에서 피난민이 한없이 유입된 파리가 극심했다. 집세가 1914년 전쟁 이래 법령에 따라 저액으로 동결되는 바람에 건물 주인들은 현존 건물을 유지하기조차 힘들었고 신축은 엄두도 내지 못했다.

공장의 기계는 대부분 철거되어 의료품, 주방도구, 가구 등 모든 물자가 부족했다. 프랑스의 '양 젖줄'로 불리던 농업과 목축이 비료, 농기구, 사료, 인력 부족으로 거의 완전히 황폐화했다. 포도원도 절반 이상이 다시 심지 않으면 안 될 정도였다. 1939년에는 소비 식량의 87퍼센트를 자급하고 식용유, 커피, 코코아, 사탕만 수입했는데 1945년에는 자급률이 65퍼센트로 떨어져 수입에 의존해야 했지만 외화 부족과 수송이라는 난제가 있었다. 여기에다 점령비 명목으로 독일에 지불한 3,000억 프랑과 자체 전쟁비용이 극심한 인플레이션을 초래했다. 달러 환율은 전시 중에 1달러당 50프랑으로 고정되었으나 공식 환율은 130프랑으로 절하되었고 암거래 시세는 더욱 떨어졌다. 무기대여법은 전쟁이 끝나기까지 계속되었기 때문에 이후에는 차관에 의존해야 했다. 프랑화의 구매력은 1913년을 100으로 했을 때 1926년 18.2, 1946년 9월 1.8이었다. 1946년 세출은 1913년의 50억 프랑에 비해 6,000억 프랑으로 팽창했다. 총예산 대비 군사비는 1945년 72퍼센트였고 평화 시인 1946년에도 38퍼센트에 달했다. 1946년의 세입 부족은 2,150억 프랑을 기록했으며 세출은 국민소득의 약 38퍼센트였다.

4. 한마디로 프랑스 정부의 재정은 심각한 상태였다. 국제적인 위치상 강대국에 참여할 수는 있었으나 군사력으로는 자원과 생산력이 풍부한 국가에 대항할 수 없었다. 국내적으로도 이미 1939년에 비능률적이던 생산구조를 재건할 필요가 있었다. 프랑스에서는 700만의 농민이 4,000만 인구를 간신히 부양했으나 미국에서는 850만 농민이 1억 3,600만 인구를 부양하고도 수출이 가능했다. 1인당 생산량이 미국은 프랑스의 3~4배인 셈이었다. 미국은 기계를 효율적으로 이용했고 그 기반은 석탄, 유류, 천연가스, 수력전기 등 풍부한 에너지 자원이었다. 프랑스는 에너지 자원의 38퍼센트를 수입했고 이 수입을 가산해도 1인당 24마력에 불과했으나 미국은 1인당 170마력에 달했다. 프랑스의 문제점은 공장 시설 개선이 핵심이었다. 프랑스가 수입하는 대부분의 식료품, 몇몇 직물공업 원료, 일부 석유류는 국내에서도 생산이 가능한 것이었다. 그러나 국내 생산을 확대하려면 꾸준히 조직을 정비할 용기와 열성을 가진 거시적인 정부가 필요했다.

5. 프랑스는 인력, 에너지, 원료 등 모든 것이 빈약했지만 독특하고 귀중한 자원과 능력이 전혀 없는 것은 아니었다. 프랑스는 여러 세대에 걸쳐 천재적인 과학자, 유능한 외교관, 예술가, 국민의 예지, 노동자와 농민의 근면성, 우수한 장인, 도시와 농촌의 우아한 풍토, 매력적인 사교생활 등 자랑할 만한 것이 꽤 많았다. 외국에서의 프랑스의 명성은 여전히 프랑스 역사의 극적인 특수성, 자유를 위한 영웅적인 투쟁, 기적적인 회복 능력, 작가, 예술가, 건축가 등에서 연유했다. 프랑스가 부활하려면 그런 문화를 수출하고 외국 관광객을 유치하는 일이 긴요했다. 심각한 분열을 초래한 전쟁을 겪은 직후에다 정당이 경제와 문화를 사상에 예속시키려는 현실 속에서 이런 계획을 추진하는 것은 매우 힘든 일이었다. 프랑스의 모든 문제는 무엇보다 정치에서 비롯되었다.

6. 정치적 균형과 안정은 이뤄지지 않았고 출발부터 드 골 장군과 제헌의회 사이에 분쟁이 일어났다. 드 골 장군이 반대한 것은 공산당과 사회당이 요망하고 인민공화운동파가 지지한 계획경제와 중요 산업의 국영화가 아니었다. 실제로 광산, 은행, 보험업, 일부 중공업 등은 정부가 소유주에게 보상금을 지급하고 국영화했다. 장군은 경제와 재정 문제보다 프랑스의 위대성과 세계에서의 위치에 관심이 있었고 군사비 문제로 의회와 충돌하면서 1946년 1월 21일 사표를 제출했다. 잠시 임시정부의 수반을 사회당 출신인 펠릭스 구앵Felix Gouin이 계승했다. 그러는 동안 헌법 초안을 제정했고 의회의 다수파는 프랑스 혁명의 전통에 따라 전권을 행사하는 단일내각으로서 국가를 통

치하고자 했다. 이 헌법안이 국민투표로 부결되면서 1946년 5월 5일 부결에 찬동한 인민공화운동파가 제1당이 되었고 당수인 조르주 비도가 임시정부의 새로운 수반이 되었다. 제2회 헌법제정의회는 선거인의 요망에 따라 초안을 수정해 제3공화국의 상원보다 권한이 줄어든 공화국 참의원을 창설했다. 드 골 장군은 제2회 국민투표에서도 부표否票를 던지도록 권고했다. 그는 대통령의 권한이 무력하다고 생각했던 것이다. 헌법 초안은 근소한 차이로 통과되었고 드디어 제4공화국이 탄생했다.

7. 5년 임기로 선출된 의회는 공산당 168석, 사회당 93석, 인민공화운동파 160석, 좌익연합(급진파와 그 동조자) 59석, 기타 82석, 회교도 12석으로 구성되었다. 공산당이 제1당이었고 공산당과 사회당이 합당해 마르크스주의 절대다수파를 구성하는 데는 근소한 표가 부족할 뿐이었다. 하지만 사회당이 분열하면서 일부는 공산당과 프롤레타리아 전선을 결성하려 했고 또 일부는 계획경제정책을 유지하면서 급진파의 정치적 자유주의와 접근하려 했다. 어떤 사람이 다음과 같이 기록했다.

"하나의 분계선이 모든 사회당원의 심장을 분단하고 있다."

연립내각을 조직하지 못한 탓에 제3공화국의 존경을 받던 레옹 블룸이 임시로 사회당 단독 내각을 조직해 헌법 절차를 완성할 것을 승인했다. 그는 참의원과 공화국 대통령을 선출하기까지 원만하고 순조롭게 통치했다. 전통에 따라 베르사유에 모인 하원이 1947년 1월 16일 사회당원 뱅상 오리올(Vincent Auriol, 1884~1966, 제4공화국 제16대 대통령—

역자주)을 7년 임기인 대통령으로 선출했다. 레옹 블룸이 계속 집권하기를 거부하면서 사회당의 폴 라마디에Paul Ramadier가 공산당, 사회당, 인민공화운동파, 좌익연합 등 4당 내각을 조직하는 일을 맡았다. 에두아르 에리오가 하원의장으로 선임되었고 제4공화국의 중요한 지위는 제3공화국의 구정치인에게 일임했다. 드 골 장군은 의회 외부에서 대통령 통치제를 핵심으로 하는 헌법개정을 계속 주장했고 이를 위해 프랑스 인민연합을 결성하고 반공적인 국민의 참여를 호소했다.

1947년 1월 무렵 프랑스는 해방 당시 황폐한 국토를 목격한 외국인들이 예상한 것보다 전반적으로 개선된 듯했다. 그러나 식량 사정은 아직 기대와 거리가 멀었고 전쟁 피해자들에게 재건은 지지부진하게 느껴졌으며 특별재판은 여전히 계속되고 있었다. 그들은 대혁명 후의 나폴레옹만큼 현명하게 혼란과 내분을 수습하지 못했다. 그렇지만 프랑스 국민은 근면하게 노력했고 1944~1945년에 혼란했던 농촌의 질서를 현저하게 복구했다. 특히 교통기관 재정비, 교량 개수, 정상적인 철도 운행, 일용품 보급 등이 이루어졌다. 물론 흉년으로 인해 빵 보급이 불안정했고 육류도 부족했으며 연료 공급도 다가오는 겨울철을 보장하지 못할 형편이었으나 1944년의 불안한 상태에 비하면 전반적으로 나아졌고 서서히 안정을 찾아갔다.

제4, 5공화국

HISTOIRE DE LA FRANCE

chapter 1

제4공화국의 성립과 종말

—

제4공화국은 출범 초기부터 혼란스러운 환경에 놓여 있었다. 어느 정권이 집권하든 시국 자체가 위급했고 더구나 헌법이 위기를 극복하는 데 적합하지 않았다. 헌법을 제정한 사람들이 감히 미국 같은 대통령 책임제를 채택하지 못하고 의회 책임제를 고수했기 때문이다. 결국 제4공화국은 두 가지 제도의 결합만 구체화한 셈이었다. 공화국 대통령은 내각 수반을 임명할 권한을 소유했으나 하원의원 과반수(재적수의 반수에 한 표를 더한 것)의 인준을 받아야 취임할 수 있었다. 그런데 과반수를 얻는 것이 결코 쉽지 않았다. 제1차 내각은 가톨릭 공화파인 인민공화운동파와 사회당, 공산당의 연립내각이었다. 즉, 3파가 서로 협력해 활동하던 저항조직의 연장인 연립정권이었다. 하지만 공산당이 혁명을 준비하는 데 필요한 요직을 장악하려는 당의 노선을 계속 고집해 지속적인 협조가 불가능했다. 권력을 내놓은 드 골 장군은 의회 외부에서 연설과 집회를 통해 투쟁했다. 공산당은 드 골이 독재정

치를 꿈꾼다고 규탄하며 자영위원회를 조직할 것을 요구했고 프랑스
인민연합은 부득이 우익으로 선회했다. 초당파적 운동으로 시작된 조
직은 결과적으로 하나의 정당이 되었다.

1947년 말 공산당은 연립내각에서 다른 두 파와 완전히 절연했다.
그때까지 물가와 임금동결을 지지하던 공산당이 이제 와서 돌연히
임금인상과 파업 전술을 들고 나온 것이다. 이러한 정책 전환은 많은
프랑스 국민이 동결에 불만을 품고 있던 때라 큰 환영을 받았다. 정
부가 보조를 중지하자 물가가 폭등했는데 석탄은 76퍼센트, 설탕은
50퍼센트나 상승했고 12월에 폭력을 동반한 총파업이 발생했다. 북
부 지방을 휩쓴 광산 노동자들은 열차 운행을 가로막고 공장 폐쇄를
요구했으며 이 폭동은 곧 전국으로 퍼져 나갔다. 한동안은 제4공화국
이 전복될 것 같았다. 하지만 정부가 승리했고 레옹 블룸은 '제3세력'
이라는 새로운 정당을 결성하자고 제안했다. 이 정당의 목적은 한 정
당의 독재에 굴복하기를 거부하는 사람, 한 개인에게 전권을 부여하
기를 반대하는 사람 등 모든 공화주의자가 단결하는 데 있었다.

제3세력의 집권

결국 '제3세력'이 집권했으나 그들도 당면 문제를 타개하는 것은 불
가능해 보였다. 내각 자체가 이질적인 요소로 구성되는 바람에 중요
한 안건마다 내각 구성원들의 의견이 대립했기 때문이다. 이 불완전
한 당이나마 꾸려가는 유일한 방법은 국민에게 이 정권 외에 다른 정
권이 더 이상 없음을 분명히 인식시키는 것뿐이었다. 제4공화국의 초
기 지도자들은 시대에 뒤떨어진 정치 수법으로 심하게 비판을 받았

다. 과감히 실천해야 할 난제가 산적한 상황에서 정부가 적절히 대처하지 못한 것은 유감스런 일이지만, 설령 정력적인 수상이 등장해 일을 추진해도 이러한 정치 풍토 때문에 곧 물러났다.

아무튼 표면으로 드러나진 않았으나 프랑스는 상당수 과업을 성취하고 있었다. 프랑스 국민은 언제나 통치자의 업적을 찬양하기보다 과오를 규탄하는 경향이 강하다. 사실은 장 모네가 주창한 국가부흥 계획인 모네플랜Monnet Plan이 미국의 마셜플랜Marshall Plan과 더불어 많은 성과를 냈다. 과오를 지적하는 사람들도 제4공화국이 전국적인 전쟁 피해 문제를 해결하고 도로, 항만, 교량, 철도, 철도역 등을 재건했을 뿐 아니라 새로운 전기 개발 및 공장 시설 근대화를 추진했다는 사실을 잊어서는 안 된다. 1948~1953년에 전력 생산은 230억 킬로와트에서 420억 킬로와트로, 정유공장에서 생산하는 모터용 유류는 280만 톤에서 2,200만 톤으로, 시멘트는 340만 톤에서 800만 톤으로 늘어났다. 동시에 자동차 공업이 눈부신 발전을 거듭했다.

프랑스는 모든 일을 전쟁 이전의 불황 상태에서 재출발했고 그간 겪은 점령 당시의 손상마저 떠안은 상태였다. 다행히 오랫동안 우려하던 인구 문제가 갑자기 상승곡선을 보이기 시작했다. 이는 장기적으로 유익한 일이었으나 당장은 어린이 수효가 급증해 지역사회에 과중한 부담을 안겨주었다. 우선 학교를 증설해야 했다. 아무튼 이 모든 업적을 감안해도 단명에 그친 제4공화국의 통치는 그리 찬양할 만하지 않다.

선거법과 재정 문제

1951년 총선거가 다가오자 현행 선거법을 수정하는 문제가 대두되었다. 전쟁 전에 프랑스의 투표제도는 선거구마다 2명을 뽑는 중선거구제였지만 1946년부터 비례대표제를 실시했다. 수학적인 견지로 보면 매우 공정한 제도라고 할 수 있으나 실제로는 세계 어느 나라에서든 비례대표제는 원활한 정국 운영에 필요한 안정적인 과반수를 획득하는 일이 거의 없었다. 1951년 제한 없는 비례대표제를 허용했다면 2대 야당인 공산당과 좌익연합이 계속해서 의회의 과반수를 차지했을 것이다. 그러면 사사건건 반대하는 그들 때문에 정부 활동이 거의 불가능했으리라.

비례대표제에 개인투표제를 가미한 새로운 선거법을 제정하면서 정당에는 상호간에 명부 순위를 작성할 권한이 생겼다. 이에 따라 투표율이 50퍼센트 이상인 도 단위에서는 모든 투표가 개인명부에 집중되었고 기타 지방에서는 비례대표제를 그대로 유지했다. 이 제도는 예상대로 공산당과 좌익연합의 당선자를 줄이는 효과를 냈다. 공산당은 과거와 같은 표를 얻었음에도 의석수가 절반으로 줄었고 좌익연합은 121석을 차지했으며 독립파라고 자칭하는 보수파가 처음으로 의석을 얻었다.

이제 정부는 연립 3정파가 독립파를 포섭해서 형성한 '제4세력'이 과반수를 확보함으로써 행정을 효율적으로 집행할 수 있을 것으로 보였다. 그런데 의회가 열리자 불행히도 이렇다 할 명분도 없이 다시 분열이 일어났다. 인민공화운동파는 급진당과 사회당으로 분열하고 사회당이 야당으로 전향한 것이다.

경제 상태도 계속 고전을 면치 못했다. 의원들은 공공사업비 지출은 지지했으나 조세법에는 전적으로 반대하고 나섰다. 대외 수입은 늘고 수출은 줄어들면서 에드가 포르Edgar Faure는 외화지불준비금이 3일분밖에 없다고 경고해야 했다. 그는 매우 적절한 증세안을 제출했으나 부결되면서 난국을 눈앞에 둔 채 사임했다.

오리올 대통령은 지방 출신 공업가 앙투안 피네Antoine Pinay에게 새 정부의 조각을 위촉했다. 그는 각료로 지낸 경력이 있었고 대통령은 무엇보다 그의 건전한 양식을 높이 평가했다. 그는 의회의 인준을 얻었는데 이는 공산당과의 동조를 기피한 '드 골파'의 지지를 얻었기 때문이다. 그는 금을 기준으로 하는 무과세 국채를 발행해 인플레이션을 억제하는 데 성공했다. 하지만 국민에게 보다 많은 세금 부담을 안겨주는 정책을 제안하면서 의회의 불신임을 받아 사퇴했다. 의회는 누적된 이해관계로 얽힌 압력에서 벗어날 능력을 완전히 상실한 듯했다. 여기에다 인도차이나 전쟁과 여러 가지 국제적인 의무 분담 때문에 대규모 차관이 필요해져 국가 채무가 대폭 늘어났다.

1953년 말 국민의회와 참의원이 공화국 대통령을 새로 선출하기 위해 베르사유에 모였다. 오리올 대통령은 임기 동안 대통령직의 위신과 명성을 높였다. 그는 7년간 한 번도 무정부 상태를 조성하지 않고 영예롭게 은퇴한 것이다. 절차에 따라 강직하고 애국적인 노르망디 출신의 상원의원 르네 코티(René Coty, 1882~1962, 제4공화국 제17대 대통령―역자주)가 대통령으로 선출되었다. 그는 프랑스와 프랑스연합이 처한 최악의 난국을 타개해야 할 과업과 운명을 떠맡았다.

프랑스 연합

1944년에 열린 브라자빌(Brazzaville, 콩고공화국 수도) 회의에서는 프랑스의 해외 영토를 제국이 아닌 프랑스연합이라 부르기로 했다. 주민에게는 단계적인 절차를 통해 프랑스의 정치기구 안에서 자주적인 지위를 누릴 희망을 주었다. 식민지 제국이란 용어는 몇 가지 이유로 평판이 좋지 않았다. 1) 프랑스의 전쟁 기간에 많은 병력을 제공한 원주민에게 자기 거주지의 정부에 참여할 권한을 부여하는 것은 정당하고 적절한 일이다. 2) 서로 이유는 달랐으나 미국과 소련이 식민지 존재를 적극 반대하고 원주민들에게 자주독립의 희망을 고취했다. 3) 아시아인과 아랍인이 자신의 역량을 자각하기 시작했다.

그런데 프랑스연합 내의 각 민족은 저마다 사정이 달랐고 제각각 독특한 해결 방법을 요구했다. 알제리는 프랑스 영토의 일부로서 내무성의 통치를 받았고 기타 중남부 아프리카는 해외 영토성이 관할했다. 모로코와 튀니지는 보호령으로 프랑스 외무성의 보호 아래 회교 군주와 지사가 통치했다. 인도차이나와 베트남은 프랑스가 수립한 왕조의 황제가 통치했다. 라오스와 캄보디아는 인도차이나의 연맹국가였지만 일부는 공산주의자 호치민Ho Chi Minh의 수중에 들어갔다. 이 모든 원주민에게 개혁을 약속한 프랑스는 국내 문제에 정신을 빼앗겨 폭발적인 사태가 발생하기까지 식민지의 애로사항을 해결하려는 노력을 기울이지 못했다.

북아프리카의 아랍연맹이 각국의 민족주의를 자극하면서 모든 상황이 급격히 변화했다. 이제 토양은 충분히 손질된 셈이었다. 프랑스는 새로운 세대를 교육했고 그들은 국민에게 자유정신을 가르쳤다. 적절한 시기에 개혁을 실시했다면 북아프리카 주민들을 만족시켰을 테지만 시기를 놓치는 바람에 불만만 낳았다. 튀니지의 펠라가

(Fellaghas, 북부아프리카 빨치산)를 비롯한 많은 조직이 식민지에 거주하는 프랑스인과 프랑스에 충성을 바치던 회교도를 위협했다. 프랑스가 그들의 폭력행위와 암살 사건에 탄압으로 대응하면서 양측의 감정이 첨예하게 대립했다. 모로코에서 프랑스 당국은 회교 군주 시디 모하메드 벤 유세프Sidi Mohammed Ben Youssef를 폐위하고 두 왕자를 제거하는 것이 평화를 확보하는 길이라고 여겨 벤 아라파Ben Arafa를 국왕으로 내세웠으나 곧 이것이 잘못임을 깨달았다. 무질서 상태가 더욱 악화되면서 살상 사건이 더욱 빈발했던 것이다.

인도차이나에서는 1947년 호치민과 협상이 이뤄지면서 수많은 병사와 장교를 잃지 않았고 또 수십억 프랑의 전비도 탕진하지 않았다. 한국전쟁이 끝나고 중공군이 군수물자에 여유가 생기면 인도차이나에서의 군사 활동을 재개하리라는 것은 쉽게 예상할 수 있는 일이었다. 장 드 라트르 드 타시니Jean de Lattre de Tassigny 장군이 지휘하는 동프랑스군의 사기는 매우 양호했다. 그러나 프랑스로 귀국한 그가 사망하면서 그조차 감히 행할 수 없던 전쟁 종결을 다른 사람이 할 수는 없었다. 공식적인 사실은 아니지만 다수의 동조자가 있던 북베트남군이 인도차이나 3분의 2를 지배하고 있었다. 프랑스 군대는 용감하게 싸웠으나 적의 침투공작에 가로막혀 막대한 손해를 무릅쓰고 획득한 근거지를 포기했다. 국내의 유능한 정치가들은 점차 이 전쟁이 무익하고 위험하다는 것을 인식했으나 미국은 계속 전투를 고집했다. 디엔비엔푸 함락으로 1만 2,000명의 우수한 수비대가 포로로 잡혔고 하노이 시와 사이공 근방이 위협을 받았다. 공표하지 않은 많은 영웅적인 활동이 있었지만 승부는 패배로 끝났다.

망데스-프랑스 내각

인도차이나 사태로 인해 조제프 라니엘Joseph Laniel 내각이 사직하자 대통령은 피에르 망데스-프랑스(Pierre Mendés-France, 1907~1982)에게 조각을 위촉했다. 신임 수상은 군사적, 정치적 용기로 명성이 높은 사람이었다. 1945년 드 골 장군의 각료로 일한 그는 벨기에서 경제부흥에 성공한 정책과 같은 국민긴축정책을 추진해 유명해졌지만, 이 정책이 부결되자 사임했었다. 1954년 6월 17일 그는 의회에서 신임 연설을 했다.

"인도차이나에서의 휴전은 가급적 빨리 추진해야 한다."

4주일 내에 소기의 목적을 달성하겠다고 말한 그는 7월 20일에 해결 방안을 하원에 보고할 것이며 그렇지 않으면 사임하겠다고 했다. 또한 경제개혁안과 유럽 군대에 관한 계획을 제출할 것을 약속하고 북아프리카에서 자유주의적인 정책을 추구할 뜻을 밝혔다. 비공산계 320표에 공산당 99표를 가산해 압도적인 과반수를 장악한 그는 내각을 정당의 세력과 관계없이 조직했다. 의회 내외에서 적지 않은 비판이 나돌았으나 실제로 그에게 반대하는 의원은 93명에 불과했다. 국가 전반적으로 조속한 해결이 필요한 문제가 산적해 있었기에 은근히 그를 적대시하던 사람들도 그를 지지하지 않을 수 없었다.

당시 제네바에서는 회담이 열리고 있었다. 여기에는 인도차이나의 평화 문제를 좌우하는 중국 대표가 참석했고 프랑스는 먼저 그들과 접촉한 뒤 베트남 대표와 협상을 진행해 다년간 고질이던 전쟁을 마무리했다. 의회는 비준을 끝내고 휴회로 들어갔다. 며칠 후 망데스-프랑스는 주앵 원수와 함께 튀니지를 방문해 지사와 회담한 후 튀니지의 내정 독립을 허용하는 평화안을 가지고 귀국했다. 두 번째로 중대한 문제를 해결한 셈이었다. 모두가 만족할 만한 것은 아니었으나 이 차선책은 많은 사람의 찬성을 얻었다. 한편 에드가 포르는 재정·경제 부문에서 우수한 성과를 거둘 만한 18개월 경제계획의 마지막 손질을 하고 있었다.

프랑스에서 유럽의 재건 문제는 여전히 의견이 대립하고 있었다. 로베르 쉬망Robert Schuman은 룩셈부르크에 본부를 둔 초국가적 유럽 석탄·강철공동체를 설립할 계획을 구체화하고 있었다. 프랑스의 많은 유럽주의자가 제2의 기구로 유럽방위공동체C.E.D. 결성을 희망했다. 수차례나 독일군에 유린당한 국가로서 독일의 재무장을 용인하는 것은 쉽지 않은 일이었으나 유럽방위공동체는 독일의 군부를 하나의 공동체로 통합하는 이점이 있었다. 망데스-프랑스는 유럽방위공동체가 의회의 인준을 받을 수 없으리라 여겨 이 문제에 그다지 열의를 보이지 않고 의회의 자유재량에 일임했다. 의회는 유럽방위공동체안을 토의도 하지 않고 폐기했고 유럽주의자들은 그들의 계획이 좌절되자 크게 분노했다. 망데스-프랑스는 북대서양 조약을 항상 준수하고 영국군이 계속 유럽에 주둔한다는 조건 아래 독일을 나토NATO 회원국으로 받아들이는 데 찬성한다고 밝혔다. 유럽방위공동체 지지자들은 그에 대한 실망과 원한을 감추지 않았다.

신속하게 결단을 내리는 망데스-프랑스 정부의 방식은 매우 인기가 좋았다. 이 불안정한 시기에도 여전히 진부한 자세를 버리지 못한 의회는 비판을 받았다. 대다수 의원은 그들의 융합을 해칠 우려가 있는 안건을 제출하지 않는 수상을 고맙게 생각했다. 하지만 1955년

2월 정부의 북아프리카 정책에 관한 신임 투표에서 망데스-프랑스 수상은 패했고, 369 대 210표로 에드가 포르 수상의 취임이 인준을 받았다. 헌법 수정 이후 수상 인준은 단순과반수, 즉 재적이 아니라 재적수의 과반수로 가능했던 것이다.

알제리와 모로코

포르 정부는 알제리의 위급한 사태에 직면했다. 프랑스에 반대하는 사람들이 고립된 농장 심지어 도시에까지 침범하고 있었다. 그때까지 프랑스 육군은 대부분 북아프리카에 주둔했으나 알제리의 분쟁을 해결하고 경비태세를 강화하기 위해 증원병을 파견해야 했다. 포르는 모로코에서 전왕 모하메드 벤 유세프를 복위시켜 완전한 평화는 아니어도 비교적 안정된 상태를 회복했다. 국왕은 프랑스 거주민의 권익을 보장하겠다고 약속했고, 프랑스는 선거 이후 모로코의 독립을 논의하기로 합의를 보았다.

총선거는 1956년 6월 또는 7월에 실시할 예정이었다. 그런데 헌법 조항에 따르면 2개 내각이 18개월 이내에 신임투표로 사퇴할 경우 대통령이 의회를 해산할 수 있었다. 의회가 에드가 포르를 불신임하자 그는 이 권한을 행사했다. 당시 두 사람의 급진당 지도자 망데스-프랑스와 포르는 불화를 겪었고 급진당은 양분되었다. 총선거는 1월 2일 실시했는데 주요 정당은 공산당, 공화전선(사회당과 망데스-프랑스의 급진파), 포르파R.G.R., 사회주의 공화당(드 골 장군은 자신의 명의를 사용하는 것을 거부했다), 생세레Saint-Céré의 출판업자가 이끄는 푸자디스트당Poujadists이었다. 일부 소매업자와 수공업자로 구성된 푸자디스트당은 처음에는 납세 거부조직이었으나 선거 직전 과격하고 선동적인 선거운동을 시작했다. 투표 결과 공산당이 150석, 푸자디스트당이 52석을 확보했는데 신규 의회 3분의 1이 현 정부 반대파라는 것이 분명해지면서 놀라움과 혼란이 초래되었다. 사회주의 공화당은 극소수파로 전락했고 우익중도파도, 좌익중도파도 과반수를 장악하지 못했다. 기 몰레Guy Mollet를 수반으로 한 소수파 사회당 내각이 조직되어 의회의 인준을 받은 뒤 긴박한 안건 해결 때문에 간신히 1년 이상 집권했다.

가장 긴급하고 중요한 것은 북아프리카 문제였다. 모로코와 튀니지는 군림하던 왕들이나 책임감이 있는 지도자들과 협상이 가능했으므로 프랑스와 문화 관계를 계속 유지하면서 완전한 독립을 달성했다. 반면 알제리 문제는 보다 복잡했다. 알제리는 국가를 형성한 적이 없어서 통일체제가 전적으로 프랑스의 역할에 달려 있었기 때문이다. 더구나 많은 프랑스 거주민이 그곳에서 이미 여러 세대 동안 정착해 왔다. 그들은 국민해방전선F.L.N.이 지배하는 알제리의 독립정권은 그들의 재산소유권을 보장하지 않을 거라고 생각했다. 국민해방전선은 독자적인 완전 독립이 아니면 승인하지 않겠다고 밝혔다. 기 몰레는 알제리를 방문한 후 전쟁으로 해결하기로 결정하고 40만 이상의 병력을 현지로 파견했다.

프랑스와 국제정세

국제정세는 아직도 불안정했다. 러시아는 근동과 아프리카에서 분쟁을 유발해 서방 진영의 기득권을 제거하려 했다. 이집트의 가말 압델 나세르(Gamal Abdel Nasser, 1918~1970) 대령은 파키스탄부터 모로코에 이르는 아랍제국 수립을 꿈꾸고 있었다. 특히 그는 수에즈 운하를 국유화함으로써 자신의 역량을 과시하려 했다. 이 사건으로 심각한 손실을 보게 된 영국과 프랑스는 운하를 탈환하기 위해 원정군을 준비했다. 이 작전은 군사적인 견지로는 용이한 일이었으나 외교적으로는 미소 양국의 반대로 불가능했다. 영국은 행동 개시를 앞두고 국론이 심하게 분열되자 계획을 포기했다. 이 좌절은 영불 간의 친선관계를 손상할 정도는 아니었으며 1957년 4월 엘리자베스 여왕은 파리에서 열렬한 환영을 받았다.

유럽은 유럽연합을 구상하고 있었다. 유럽경제공동체EEC와 유럽원자력공동체EURATOM가 프랑스를 위시해 독일, 이탈리아, 베네룩스 3국(벨기에, 네덜란드, 룩셈부르크) 등 유럽 6개국의 유대를 강화했고 영국도 이 조직과 밀접한 관련을 맺고자 했다. 몰레는 이 두 가지 계획을 의회에 제출하려는 시점에 사퇴했다. 기타 각료들이 그대로 유임한 상태에서 부르제-모누리Bourgès-Maunoury가 수상이 되었다가 펠릭스 가이야르Felix Gaillard로 바뀌었다. 연립내각의 치명적인 불안정성을 본 프랑스 국민은 헌법의 근본적인 개정이 불가피하며 그것도 가급적 빠른 시일 내에 추진해야 한다고 판단했다.

제4공화국의 종말

1958년 초기에는 정권의 기반이 매우 불안정했다. 의회에는 다수파가 없었고 알제리와의 협상정책에 극단적인 지지자와 과격한 반대자만 존재해 현지의 군인과 거주민들 사이에 불온한 공기가 짙어지고 있었다. 가이야르 내각이 붕괴하자 알제리의 프랑스 거주민은 자치를 용인하는 정부가 집권하게 될까 봐 두려워했다. 5월 13일 알제에서 혁명가들이 정부 청사를 포위했다. 그들은 공안위원회를 조직한 후 알제리를 프랑스의 일부로 완전히 통합할 것을 요구했다. 일부 장군도 공안위원회에 참여했고 알제리군은 필요할 경우 통합을 실현할 목적으로 프랑스의 최고 권력을 장악할 준비를 완료했다고 밝혔다.

파리에서는 의회의 인준을 받은 피에르 프리믈랭Pierre Pflimlin 수상이 현 정세하에서는 정부를 통솔할 방법이 없음을 시인했다. 군부와 경찰마저 그를 지지하지 않았으며 대통령이 질서유지를 호소해도 아무런 성과가 없었다. 내란 가능성이 엿보였고 사실상 언제든 폭발할 것처럼 전반적인 분위기가 험악했다. 제각각 정치적 견해가 다른 많은 사람이 이 혼란으로 인한 국가 붕괴를 막을 인물로 한 사람을 떠올리고 있었다. 그는 바로 드 골 장군이었다. 그는 오랫동안 정치권에서 벗어나 있었고 근래의 정치 분쟁에도 전혀 관여하지 않았다. 그는 한적하게 은퇴생활을 누리고 있었지만 전시에 보여준 그의 역량은 프랑스 국민의 뇌리에서 사라지지 않았다. 특히 그는 군부의 존경을 한 몸에 받았고 이제 군인들은 그에게 호소하려 했다. 드 골은 국가에 봉사할 마음의 준비는 되어 있으나 헌법 절차에 따르지 않고는 정권을 인수하지 않겠다는 요지의 성명서를 발표했다. 코티 대통령은 즉각 이 목적을 위해 합법적인 절차를 취하기로 했다.

여러 정당의 지도자와 전임 대통령 뱅상 오리올이 드 골 장군과 접촉했다. 그들은 장군이 공적 활동에서 은퇴한 후 다년간의 사색 덕분에 원숙한 인간미와 굳은 신념을 갖춘 온화한 인물이 되었음을 알았다. 또한 그들은 장군의 의도가 공화국체제를 지속하는 데 있음을 알아챘다. 그는 내각을 조직한 후 의회의 표결로 그의 신임을 결정해달라고 했다. 그리고 만약 자신이 취임하면 의회를 휴회하고 행정부의 권한을 강화하는 신헌법의 세부조항을 마련하겠다고 말했다. 그는 필요한 의석을 얻었고 의회와의 교섭에도 고도의 정치력을 갖췄음을 입증했다. 그의 각료 명단에는 새로운 인물과 기 몰레, 프리믈랭도 들어 있었다. 법무상 미셸 드브레Michel Debré가 헌법 초안을 작성한 뒤 각료회의를 거쳤고 폴 레이노는 의장인 자문위원회와 각료회의에 제출했다. 채택된 원안에 따르면 의원은 불신임 투표로 정부를 불신임할 수 있고, 국가의 최고 권력자인 대통령이 의회 해산권과 국민투표 시행권을 보유했다. 해외 영토는 독립과 통합 중 하나를 선택하는 자유를 허용했다.

드 골 장군은 직접 마다가스카르, 중남부 아프리카, 프랑스의 대도시 등을 순방하며 헌법의 취지를 설명했다. 그에 대한 열렬한 환영은 결선 투표의 성공을 예시하고 있었다. 1958년 9월 28일 새 헌법에 대한 국민투표를 실시했고 예외적으로 높았던 투표율은 프랑스, 알제리, 기타 해외 영토에서 국민을 설득하는 방법이 많은 관심을 환기시켰음을 입증했다. 새 헌법은 프랑스 본국에서 79.3퍼센트, 알제리와 중남부 아프리카에서 그보다 높은 압도적 비율로 승인을 받았다. 기니만 반대투표를 했는데 이것은 독립을 원한다는 의사 표시였다. 프랑스에서 자유를 회복한 일반 국민의 신임 투표는 드 골 장군에 대한 존경과 격려의 구체적인 표시였다. 하지만 제도라는 것은 인위적인 것이므로 미래에 대해서는 아무도 확신할 수 없다. 다행히 되살아난 통일 감정은 희망과 안정의 시기를 맞이한 듯한 여러 징조를 보여주었다.

chapter 2

—

제5공화국 출범

—

10월 5일 헌법이 공포되었고 제5공화국이 출범했다. 1958년 11월 말 의원 선거를 실시했는데 드 골 장군을 지지하는 정당이 절대다수를 차지했다. 급진당, 사회당, 공산당은 많은 의석을 잃었다. 새 헌법은 대통령 선출을 광범위한 선거인단에 위임했다. 이제 국가원수 선출을 의회가 아니라 프랑스의 각 지방을 대표하는 선거인이 담당한 것이다. 코티 대통령은 이미 사의를 표명했으므로 가망성 있는 유일한 후계자는 국민 절대다수의 신임을 받던 드 골 장군뿐이었다. 12월 21일 그는 프랑스공화국과 프랑스연합의 대통령으로 선출되었다. 드 골 대통령은 미셸 드브레를 수상으로 임명했고 그는 1959년 1월 15일 의회에서 각료 명단과 시정 방침을 발표했다. 수상은 453표의 찬성, 56표의 반대, 27표의 기권으로 인준을 받았다.

드 골 대통령의 지방 순행은 그의 인기를 그대로 반영했다. 프랑스 국민은 그들이 되찾은 자신감이 외국의 태도에까지 영향을 미친다는

제7장 제4, 5공화국 ——— 815

것을 감지했다. 곧 자본이 프랑스로 쏟아져 들어왔고 과거의 음울하던 정세는 일변했다. 그동안 프랑스 통화는 외국의 불신을 받았으나 1년도 채 지나지 않아 외화보유고가 20억 달러에 달했고 새로운 차관을 요청하는 대신 과거의 차관을 상환할 정도가 되었다. 경제적 지위가 강화됨에 따라 프랑스는 자주적인 외교정책을 추진하기 시작했다. 프랑스 정부는 유럽을 통합하는 구상을 지지했고 경제공동체와 프랑스가 보다 중요한 역할을 담당할 것을 강조하는 대서양공동체 등의 결성에도 찬성했다. 정부가 당면한 중요한 기본 문제는 다음과 같았다.

1) **알제리:** 1959년 9월 16일 드 골 대통령은 연설을 통해 알제리의 미래를 자유투표로 선택하는 자결 방식을 제의했다. 그리고 국민해방전선이 정전협상을 하기 위해 파리에 대표를 파견하는 것을 보장하기로 약속했다. 국민해방전선은 약정된 조건으로는 정전협상에 응할 수 없다는 취지의 회답을 보내왔다.

2) **프랑스연합:** 드 골 대통령 주재 아래 연합위원회를 구성했다. 이 위원회가 관할한 각 지역은 두 그룹으로 나뉘었다. 하나는 프랑스와 정치적 유대를 계속하겠다는 그룹이고 다른 하나는 독립은 하되 프랑스와의 경제적, 문화적 유대는 이어가겠다는 그룹이었다. 이 선택은 헌법으로 허용했고 기니는 국민투표로 이미 독립을 택했다.

3) **핵무장:** 프랑스 정부는 프랑스의 안전을 확보하는 데는 현존 핵무기를 전량 파괴(가능성이 거의 없음)하거나 아니면 프랑스가 기존의 핵 보유 클럽에 가입하는 것밖에 없다고 생각했다. 여기에 대해서는 여러

가지 반대 의견이 있었다. 경제적으로는 지출이 막대하다는 것이고, 정치적으로는 프랑스의 안전보장은 나토가 책임을 진다는 것이었다. 정부는 국가방위를 전적으로 동맹국가의 선의에만 의존해서는 안 된다는 점을 강조했다.

4) 세계정세: 1959년 말에 이르러 국제적인 긴장이 약간 완화되기 시작했다. 니키타 흐루시초프(Nikita Khrushchyov, 1894~1971, 소련 공산당 총리─역자주)의 미국 방문으로 미소 정상회담도 이뤄질 것 같았다. 프랑스는 이 회담이 유익하다고 보고 사전에 면밀한 준비를 서둘렀다. 프랑스와 독일의 관계는 어느 때보다 원만했고 이탈리아와도 역시 친선관계를 유지했다. 국위선양과 더불어 보다 강력해진 프랑스 정부는 평화유지를 위해 동맹국과 협조하기를 희망했다.

국가의 상태

프랑스의 인구는 전후 현저하게 출생률이 상승했다. 부양가족에 대한 정부의 새로운 보조정책이 그 중요한 이유 중 하나였다. 생활과 출산에 대한 경비보조, 현물 지급, 여러 가지 특전 등으로 자녀 출산을 장려한 것이다. 19세기 소시민은 한 아들에게만 토지를 상속하지 않으면 농토가 영세화하는 제약이 있었으나 이제는 상속이 가계에 미치는 영향이 대단치 않아 그런 염려가 사라진 것도 눈에 띄는 변화였다. 대다수가 자신의 소득으로 생활했기 때문이다. 같은 이유로 젊은이들은 일찌감치 결혼했고 이전처럼 양친의 보조를 바라지 않았다. 출산도 과거보다 덜 고생스럽고 덜 위험하고 덜 성가신 일이 되었다. 한 가족의 자녀는 2, 3명을 오르내렸고 젊은 내외는 대부분 3명의 자녀를 희망했다.

같은 기간에 사망률은 떨어졌다. 우선 위생 개선으로 유아사망률이 감소했고 항생제가 치명적이던 성인의 여러 가지 질병을 비교적 손쉽게 치유했다. 나아가 외과 분야가 현저하게 발전했다. 요컨대 1958년에 프랑스의 인구는 약 4400만에 달했다.

인구 증가 추세로 프랑스 정부는 2차적인 현상에 대비해야 했다. 1939~1945년의 전시에는 자연적으로 출생률이 떨어졌고 이로 인해 1960~1962년에 사회활동을 할 수 있는 청년의 수효가 현저하게 감소했다. 이어 1946~1956년에 집중적으로 출생한 어린이를 수용할 학교를 연차적으로 준비해야 했다. 즉, 유치원, 초등학교, 고등학교, 기술전문학교, 고등교육기관 등의 증설이 필요했다. 이들을 위한 교육 문제, 취업 문제, 주택 문제에 대한 계획을 사전에 수립할 필요가 있었던 것이다. 그중에서도 주택 문제는 가장 중요하고도 힘든 일이었다. 인구 증가와 더불어 많은 인구가 도시로 유입되었고 특히 북아프리카와 프랑스의 농촌에서 막대한 인구가 파리로 이동했다. 파리 외에는 살 만한 곳을 찾을 수 없었기 때문이다.

농업과 공업

프랑스의 농촌 인구는 1250만 명에 달했고 그중에서 750만 명이 농업에 종사했는데 이는 영국의 5퍼센트, 네덜란드의 20퍼센트에 비해 아주 높은 33.5퍼센트에 해당한다. 그런데 농민계급은 매년 도시로 이주했다. 농촌에 남아 있는 젊은이들은 보다 적은 노력으로 과학적으로 영농할 수 있는 기계를 원했다. 농토를 버리고 공장으로 가려는 젊은이도 트랙터만 있으면 농토를 지키려 했다. 트랙터가 반드시 경제적으로 유리한 투자는 아니지만 심리적으로 꼭 필요한 도구였다. 모든 젊은 농민이 농업을 보다 과학적으로 운영하기를 희망했다. 이를 위해서는 지도가 필요했으나 불행히도 기술 지도자가 부족했다. 다른 일과 마찬가지로 정부는 수년 동안 이 방면에서도 효과적인 정책을 펼쳤다. 우선 '시범농장'이 근대 영농기술을 가르쳐 지방 농민의 지도를 담당했다. 목초가 부족하던 로제르에서는 기술 지도로 낙농 생산이 배로 늘어났고 인구 유출이 심하던 일부 농촌이 새로 농가를 지어야 할 정도로 활력을 되찾았다.

공업 분야에서는 생산비용이 대폭 늘어났는데, 이는 복지를 위한 불가피한 경비 부담 때문이었다. 프랑스의 사회보장제도는 다른 나라보다 완벽한 까닭에 사회적 부담이 컸다. 또한 같은 종류의 노동에서 여성과 남성은 모두 동일한 임금을 받았다. 공정한 국제협정이 전반적으로 이 제도를 실시하도록 권장했으나 여전히 그 제도를 채택하지 않은 나라가 많았다. 일부 공업 분야에서 프랑스는 독일, 벨기에, 심지어 미국의 공장에까지 시설재를 공급했다. 프랑스는 전기기관차를 전 세계에 수출했고 화학염료 생산에서 독일과 스위스를 앞질렀다. 철광석 생산에서는 유럽 제2위, 알루미늄은 제1위를 차지했다.

프랑스는 미래를 준비하기 위해 종합계획처와 국토계획처를 신설했는데, 특히 후자는 노동력 흡수와 수용시설 설치가 비교적 용이한 소도시 또는 농촌으로 공업을 분산시키는 방안을 검토했다. 예를 들면 과거에 포도 재배와 상업으로만 유명하던 보르도 지방에 목재공장과 정유공장을 건립해 서로 적지 않은 이득을 보았다. 지리학자 장 프랑수아 그라비에Jean François Gravier는 저서《파리와 프랑스의 사막

Paris et le désert Français)에서 파리는 날이 갈수록 팽창하고 지방은 공지로 변해간다고 지적하고 있다. 실제로 도시의 행정비용은 인구 증가로 인해 몇 배로 증가했다. 1949년 통계에 따르면 파리의 1인당 경비는 2만 5,000프랑이고 보르도는 8,000프랑인데 반해 인구 3,000명의 도시는 3,000프랑이었다. 도시 인구 증가로 매일 많은 사람이 교통난으로 귀중한 시간을 낭비하는 폐단도 있었다.

구매력과 여론의 선도

프랑스는 생활비가 비싼 편이었는데 그 중요한 요인은 1914년 전에 국민소득의 12퍼센트밖에 들지 않던 정부 예산이 40퍼센트로 증가했기 때문이다. 국가기관을 운영하는 데 막대한 경비가 들어가면서 생활비가 올랐다는 얘기다. 그렇지만 공무원들은 불만을 표출했다. 1939년 이전에 비해 공무원은 늘어났고 이들은 과거보다 보수가 비교적 박한 편이었다. 공무원의 봉급으로는 두 차례 세계대전 중간 시기(1918~1939)의 생활수준을 유지할 수 없었다. 이는 수입이 많든 적든 누구에게나 해당된 일이었다. 과거에 고급 공무원은 사회적 위신을 유지할 수 있었지만 고등법원장이나 도지사의 생활까지 어려워졌던 것이다. 전임자보다 직무가 더 어려워서가 아니라 경제적으로 돈이 부족했기 때문이다. 대통령의 의전대원까지도 자녀교육에 커다란 곤란을 느끼는 형편이었다. 대학교수도 가족이 있으면 가계수지를 맞추기가 힘들었다. 과거에 프랑스의 공무원은 개인적인 수입이 있었고 또 부인이 지참금을 가져왔다. 그 지참금이라는 개념은 상속이란 개념과 함께 옛이야기가 되어버렸다.

전쟁 이후 프랑스의 신문은 그 성격이 바뀌었다. 파리의 신문은 수적으로 줄었고 유독 〈프랑스 수아르France Soir〉만 100만 부 이상 발행했다. 그래도 파리의 신문은 정부와 의회에 강력한 영향력을 행사했다. 파리 외의 지방신문도 1939년 전까지는 감히 누리지 못하던 권위와 위상을 유지했다. 〈서부 프랑스Ouest-France〉, 〈북부의 소리La Voix du Nord〉, 〈파리-노르망디Paris-Normandie〉, 리옹의 〈진보신문Le Progrès〉, 〈도피네 해방신문Le Dauphiné libéré〉, 〈신 중서지방 공화보La Nouvelle République du Centre-Ouest〉, 〈니스 조간신문Nice-Matin〉, 〈남서신문Sud-Ouest〉 기타 10개의 지방지가 수백만의 독자를 확보하고 있었다. 특히 지방지의 중요한 기사는 매일 아침 라디오로 널리 전파를 탔다. 파리는 국가의 중추적인 도시였으나 국가정치는 파리의 지식 계급, 특히 발자크 시대에 전능적인 기능을 발휘하던 살롱이 아니라 일하는 사람, 낚시질이나 쇠공 굴리기를 즐기며 시골 카페에서 정담을 주고받는 지방 촌락의 많은 사람이 좌우했다. 가령 초등학교 교장, 우체국장, 트럭 운전기사가 정치사상을 전파했다. 19세기에는 파리 거리에서 혁명이 발생했지만 파리의 경찰력은 점차 양적, 질적으로 강화되었고 정부는 창의적인 면에서는 무력해도 자체 방위에서는 대단히 강력해졌다. 선거에서 국가의 노선을 결정하는 것은 바로 지방의 여론이었다.

프랑스 문화의 위상

프랑스 문학은 계속해서 세계를 선도하며 국제적인 명성을 유지했다. 양차 세계대전 중에 최후의 대가였던 발레리, 클로델, 지드, 알랭 등은 모두 해방 후에 세상을 떠났다. 그들의 뒤를 이은 세대에도 우수한 작가가 많았다. 프랑수아 모리아크François Mauriac, 쥘 로맹Jules Romains, 장 콕토Jean Cocteau, 앙리 드 몽테를랑Henri de Montherlant, 장 지오노Jean Giono, 에밀 앙리오Emile Henriot, 장 폴 사르트르Jean-Paul Sartre, 알베르 카뮈Albert Camus, 자크 샤르돈Jacques Chardonne을 비롯해 기타 많은 작가가 활동했다. 물론 젊은 작가들이 인생의 어두운 면에 치우친 비관주의 경향으로 비난을 받고 해방 초기의 소설과 영화가 공포를 강조하는 데 치우친 것도 사실이다. 이러한 경향은 점령시대를 상징하는 잔학행위, 전란 시기에 겪은 심각한 고난 그리고 일부 미국 소설가의 영향 때문이었다.

연극, 특히 파리의 극단은 여전히 과거의 명성을 유지했다. 연기와 완벽한 무대장치, 고전적 전통을 살린 연출은 외국 관광객뿐 아니라 코미디 프랑세즈와 마리니 극단의 세련됨을 보아온 국내 관객에게도 깊은 감명을 주었다. 1954년 프랑스 극단이 모스크바를 방문한 것은 중요한 국제적 사건이었고 러시아 국민에게 서방 예술이 여전히 진정한 미를 지니고 있음을 과시하는 데 큰 도움을 주었다. 프랑스 연극은 캐나다와 미국에도 적지 않은 영향을 미쳤다. 어느 분야에서든 완벽을 기하려 하는 취향은 프랑스가 영원히 잃지 않는 특성이다. 요리사든 의상업자든 화가든 완벽한 형태에 대한 애정과 자기 기술에 완벽성을 꾀하려는 정신이 예술을 꽃피우는 분위기를 조성했고 덕분에 단순한 관광객뿐 아니라 외국의 작가와 예술가도 마음이 끌려 프랑스를 찾았다. 프랑스의 문학, 예술의 명성과 '감미롭고 아름다운 프랑스'에 대한 외국인의 애정은 결코 식지 않았다.

—

chapter 3

결론: 프랑스가 나아가야 할 길

—

1. 개인이 자기 나름대로 자신의 인생을 영위하듯 국가와 국민에게
도 이러한 자유의사가 있는 법이다. 프랑스는 계속해서 스스로 선택
한 존재로 남을 것이다. 그러나 그 자유는 과거의 전통과 현재의 능력
이란 제한을 받는다. 역사는 미래를 규정하는 것이 아니라 과거를 연
구해 미래에 영향을 줄 인자를 기록하는 일이다. 한 물리학자가 이렇
게 말했다.

"백년전쟁 때 부르고뉴의 장 상 푀르가 이 길을 지나갔다고 한들
나와 무슨 관계가 있겠는가? 그는 두 번 다시 이 길을 지나가지 않을
것이다."

그러나 그의 후손이 또다시 그 길을 지나갈 것이고 그들은 그곳에
서 같은 토지, 같은 자연, 같은 국민성을 발견하리라. 프랑스는 우연
히도 유럽대륙의 서단부에 위치한 까닭에 전 역사를 통해 늘 외적의
위협과 침략을 받았다. 이에 따라 국민은 스스로를 보호할 만한 강대

한 권력을 희구하는 마음이 강했고 초창기 로마제국 속령부터 샤를마뉴 황제, 루이 14세, 보나파르트, 구체제의 지방 감찰관 같은 제3공화국 지사에게 질서 유지를 기대했다. 프랑스는 지중해와 대서양 문화, 로마와 독일의 문명과 맞닿아 있어 언제나 그들과 적응하면서 새로운 생활양식을 창조해야 했다. 기사도, 우아한 궁정생활, 낭만적인 연애, 샤르트르 대성당과 베르사유 궁전 등은 프랑스의 창조물로 세계적인 영향을 주었다.

2. 영국은 이웃이자 동시대의 국가였으나 프랑스는 전적으로 다른 역사를 이어왔다. 1066년의 정복으로 수립된 영국 왕정은 곧 지방 권력의 자유를 허용할 만한 실력을 갖췄다. 프랑스 왕정은 초창기부터 몹시 불안정했기에 국가를 단계적으로 건설하면서 한편으로는 지방의 전제 권력과 투쟁해야 했다. 프랑스가 절대군주제로 향한 이유가 여기에 있다. 외적의 포위와 국내 봉건제도가 조성하는 이중의 위험 때문에 프랑스인은 강력한 중앙집권제도를 관대하게 받아들였다. 그들은 오랫동안 일정액의 세금을 납부했지만 영국인이 대헌장 발포 후부터 향유한 것과 같은 국정 참여를 요구한 것은 훨씬 나중의 일이었다.

중앙집권제도가 빚어낸 결과는 첫째, 영지에서 떠나 있던 소수의 상류 귀족과 일반 대중 사이에 깊은 이질감을 조성했다. 이로 인해 대혁명의 잔인한 만행, 유혈의 참극, 국가의 존립이 위급한 시기를 제외한 다른 때에 국가 통일을 교란하는 사태가 벌어졌다. 둘째, 영국인은 국정에 참여하고 있었으므로 자발적으로 법을 준수했으나 프랑스인은 자신들의 의사를 표시할 길이 없어서 폭도가 되는 길을 택했다.

17세기에는 궁정생활과 파리가 프랑스의 정신활동을 전적으로 지배했기 때문에 고전을 존중하는 사상, 분석을 위주로 하는 전통, 추상론에 대한 애호심 등을 낳았다. 동시에 현실의 실무를 등한시하는 경향이 농후해지면서 정치사상은 활발했으나 실질적인 분야에 미숙해 타협정신보다 당파적인 대립 감정이 노골적으로 나타났다. 프랑스인은 현실적인 앵글로-색슨인에 비해 정치사상 투쟁이 위험할 정도로 두드러졌다. 영국과 미국에서는 정치제도, 교회의 권한, 자유 또는 비종교 학교에 관한 투쟁은 일어나지 않았다. 프랑스에서는 대학의 이성주의가 이미 중세기에 프랑스인을 이론에 열중하는 국민으로 만드는 데 기여했다. 또한 프랑스에서는 의회제도의 기본 요소인 반대 세력이 너무 빈번히 이단자로 처단되었다.

3. 프랑스는 외적 침략과 내란으로 멸망할 듯한 때가 적지 않았다. 다른 나라 국민은 여러 번이나 프랑스가 멸망할 거라고 생각했으나 언제나 단시일 내에 외적을 축출했고 파멸 직전에 중도파가 국가 통일에 성공했다. 미국의 한 역사가는 다음과 같이 기술하고 있다.

"프랑스는 어느 시대나 무궁한 생명력과 재난에서 신속히 재기하는 회복력 그리고 최악의 고난에도 좌절하지 않는 불굴의 용기와 강인성을 입증하고 있다. 수 세기 동안 우리는 프랑스가 내란으로 분열되고 적군에 제압당해도 곧 비상한 재생력을 발휘해 세계를 놀라게 하는 것을 여러 번 보았다."

이는 백년전쟁, 종교전쟁, 총통부 시대, 티에르 시대에 나타난 틀림없는 사실이고 지금도 엄연한 사실이다. 프랑스인은 영국인에 지지 않을 만큼 본질적으로 강인하나 그 양상은 현저하게 다르다. 영국인은 외적에게 패전할 수도 있음을 용납하지 않지만 패전을 경험해본 프랑스는 프랑스가 우세한 외적에게 점령될 수도 있음을 긍정한다. 그러나 정복이 오랫동안 지속되는 일은 없었고 언제나 외적을 축출했다는 것도 잘 알고 있다. 일단 침략을 당하면 프랑스인은 굳게 단결한다. 저항운동은 프랑스 역사에서 고전적인 현상이다.

"영토는 빼앗겨도 정신은 빼앗기지 않는다."

이 같은 자각은 위기가 심각할수록 기적적인 위력을 발휘한다.

4. 자신의 운명에 대한 프랑스인의 확고한 신념, 즉 프랑스는 영원히 멸망하지 않는다는 확신은 영광에 빛나는 장구한 역사적 기록이 뒷받침한다. 프랑스 국민은 귀족의 체통과 특전을 인정한 현명한 조상의 후손으로서 반사작용에 익숙하다. 프랑스인은 영국인, 독일인, 미국인보다 행정 규칙을 준수하지 않는 경향이 있으나 대신 어떤 완전한 이상이 하나의 지상 명령으로 부과되면 설령 성문화하지 않은 법이라도 준수한다. 외견상 혼란 상태처럼 보이면서도 언제나 국가조직에 엄존하는 질서, 분열 상태인 듯하면서도 국민사상을 결속시키는 통일성, 부조리 상태인 것 같으면서도 유지되는 양식 그리고 집약적인 이상을 구현하는 사물에 대한 존경심 등은 이 같은 사실을 입증한다. 이처럼 위대하고 고귀한 행동, 우수한 작품, 아름답고 우아한 모든 사물을 비롯해 능숙한 연사와 지식인의 자질에 대한 존경 및 찬양은 자화자찬하는 대상을 야유하길 좋아하는 습성에도 불구하고 프랑

스인이 깊이 간직하고 있는 감정이다.

"그들만큼 수많은 내각을 갈아치우고 또다시 같은 사람을 불러내 정권을 맡기며, 그들만큼 위대한 인물을 태연히 부당하게 처단하고 또다시 같은 사람을 높은 자리에 앉히는 국민은 별로 없다."

5. 지속적인 기적으로 이뤄진 프랑스의 역사는 타국의 역사보다 훨씬 더 극적이다. 프랑스는 과거의 그리스처럼 자신의 전쟁 이야기에 전 세계 국민의 마음을 끌어당길 만큼 열광시키는 비상한 능력이 있다. 잔 다르크, 프랑스의 왕들, 프랑스 대혁명, 마른 전투, 레지스탕스 활동 등의 이야기는 프랑스뿐 아니라 전 인류의 유산 중 일부를 구성한다. 영국이 근대 세계에서 로마의 제국적인 체제와 법제적인 전통을 유지했다면 파리는 문학과 예술에서 아테네의 역할을 담당했다고 볼 수 있다. 프랑스만큼 자신의 언어와 문학에 존경과 찬양을 바치는 나라는 없다. 프랑스는 사상을 분명히 표현할 수 있는 정확한 언어를 창조했고 그 언어를 통해 국경을 넘어 널리 진출한 지적 제국을 보유하고 있다.

최근 5세기 동안 프랑스적인 사물은 모두 세계적이었고 세계적인 것은 모두 프랑스적인 사물이었다. 프랑스의 작가들은 전 세계에서 서양문명의 선교사 역할을 했으며 그들의 조국인 프랑스는 유럽대륙의 자유를 수호하는 군사적, 도의적 전위부대 역할을 담당했다. 전위부대의 임무란 언제나 험난한 법이다. 전위부대는 늘 위험에 직면하며 주력부대가 3년이란 공백을 두고 나타났을 때 전위부대는 이미 붕괴 상태에 이른다. 프랑스 국민의 과업은 위험했고 앞으로도 위험할 것이기에 더욱 명예로운 일이기도 하다.

  6. 일부에서는 명예로운 과거와 이에 따른 의무감이 크게 동요하는 혼란한 세상에서 프랑스에 너무 과중한 책임이 아니냐는 의문을 보인다. 그들은 이렇게 말한다.

  "프랑스 국민은 과거의 전통 때문에 분수 이상의 생활방식을 유지하고 있다."

  프랑스의 영향을 전적으로 군사력만으로 평가한다면 이 말은 타당한 견해라고 할 수 있다. 하지만 프랑스의 영향은 사실 지적이고 정신적이다. 프랑스는 앞으로도 세계에서 반드시 중요한 역할을 수행하는 한편 인근 나라와 친밀한 통일을 유지할 것이다. 과거의 적응력이 미래의 성공을 확실히 보장하리라고 믿는다.

부록

—

메로빙거 왕조

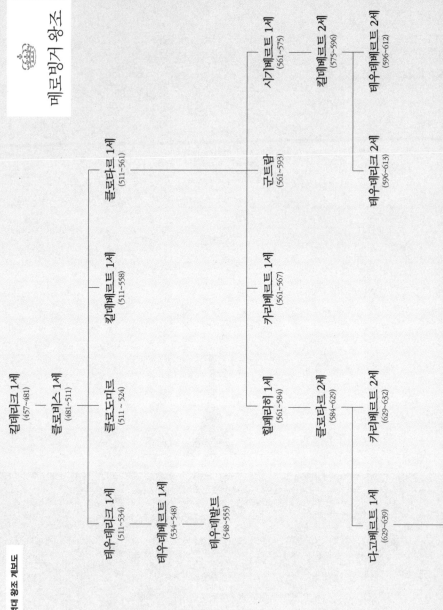

힐데리크 1세
(457~481)

클로비스 1세
(481~511)

클로도메르
(511 ~ 524)

킬데베르트 1세
(511~558)

클로타르 1세
(511~561)

테우데리크 1세
(511~534)

테우데베르트 1세
(534~548)

테우데발트
(548~555)

힐페리히 1세
(561~584)

카리베르트 1세
(561~567)

군트람
(561~593)

시기베르트 1세
(561~575)

클로타르 2세
(584~629)

킬데베르트 2세
(575~596)

테우데리크 2세
(596~613)

테우데베르트 2세
(596~612)

카리베르트 2세
(629~632)

다고베르트 1세
(629~639)

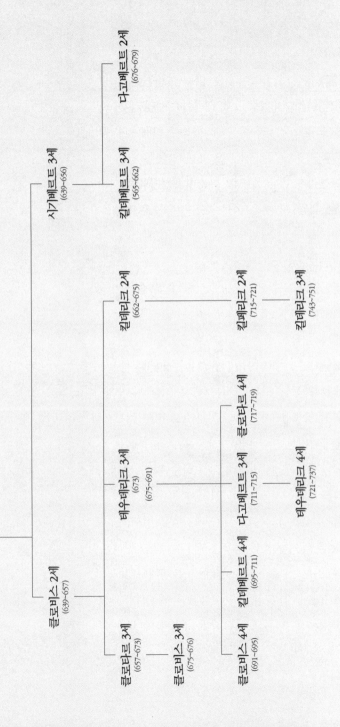

클로비스 2세
(639~657)

시기베르트 3세
(639~656)

다고베르트 2세
(676~679)

질데베르트 3세
(565~662)

힐데리크 2세
(662~675)

킬데리크 2세
(715~721)

킬데리크 3세
(743~751)

테우데리크 3세
(673)
(675~691)

클로타르 3세
(657~673)

클로비스 3세
(675~676)

클로비스 4세
(691~695)

힐데베르트 4세
(695~711)

다고베르트 3세
(711~715)

클로타르 4세
(717~719)

테우데리크 4세
(721~737)

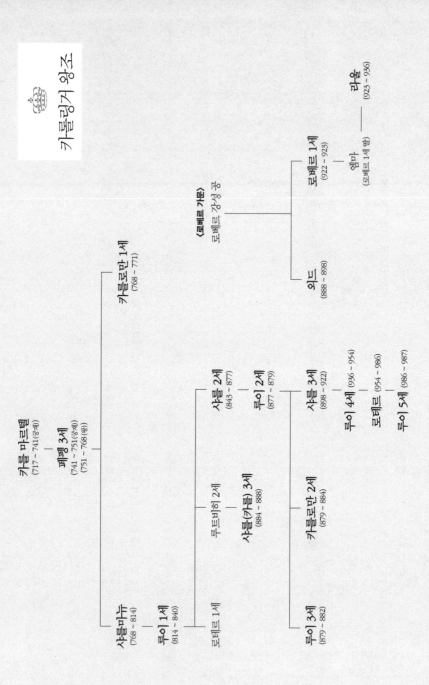

카롤링거 왕조

카롤 마르텔
(717 ~ 741(궁재))

페팽 3세
(741 ~ 751(궁재))
(751 ~ 768(왕))

카를로만 1세
(768 ~ 771)

샤를마뉴
(768 ~ 814)

루이 1세
(814 ~ 840)

로베르 1세

루트비히 2세

샤를 2세
(843 ~ 877)

샤를(카를) 3세
(884 ~ 888)

루이 2세
(877 ~ 879)

카를로만 2세
(879 ~ 884)

루이 3세
(879 ~ 882)

샤를 3세
(898 ~ 922)

루이 4세
(936 ~ 954)

로베르
(954 ~ 986)

루이 5세
(986 ~ 987)

《로베르 가문》
로베르 강성 공

외드
(888 ~ 898)

로베르 1세
(922 ~ 923)

엠마
(로베르 1세 딸)

라울
(923 ~ 936)

카페 왕조

라울
|
위그 대공

위그 카페 (987~996)

로베르 2세 (996~1031)

앙리 1세 (1031~1060)

필리프 1세 (1060~1108)

루이 6세 (1108~1137)

루이 7세 (1137~1180)

필리프 2세 (1180~1223)

루이 8세 (1223~1226)

루이 9세 (1226~1270)

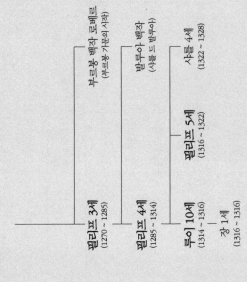

필리프 3세 (1270~1285)

부르봉 백작 로베르 (부르봉 가문의 시작)

필리프 4세 (1285~1314)

발루아 백작 (샤를 드 발루아)

루이 10세 (1314~1316)

필리프 5세 (1316~1322)

샤를 4세 (1322~1328)

장 1세 (1316~1316)

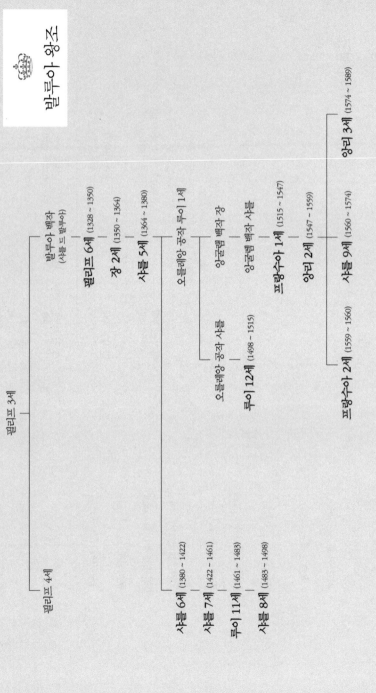

프랑스 발루아 왕조

필리프 3세

발루아 백작 샤를
(샤를 드 발루아)

필리프 4세

필리프 6세 (1328 ~ 1350)

장 2세 (1350 ~ 1364)

샤를 5세 (1364 ~ 1380)

오를레앙 공작 루이 1세

앙굴렘 백작 장

앙굴렘 백작 샤를

샤를 6세 (1380 ~ 1422)

샤를 7세 (1422 ~ 1461)

루이 11세 (1461 ~ 1483)

샤를 8세 (1483 ~ 1498)

오를레앙 공작 샤를

루이 12세 (1498 ~ 1515)

프랑수아 1세 (1515 ~ 1547)

앙리 2세 (1547 ~ 1559)

샤를 9세 (1560 ~ 1574)

프랑수아 2세 (1559 ~ 1560)

앙리 3세 (1574 ~ 1589)

부르봉 왕조

루이 9세 후손 부르봉 왕조
(앙리 3세의 후사가 없어 다시 카페 왕조 방계인
부르봉 가문으로 왕위 계승)

〈부르봉-오를레앙〉가문

앙리 4세
(1589 ~ 1610)

루이 13세
(1610 ~ 1643)

오를레앙 공작
필리프 1세

오를레앙 공작
필리프 2세

오를레앙 공작
루이 오를레앙

오를레앙 공작
루이-필리프 1세

오를레앙 공작
루이-필리프 2세

루이 필리프 1세
(1830 ~ 1848)

루이 14세
(1643 ~ 1715)

루이 드 프랑스
(왕세자)

부르고뉴 공작 루이
(왕세자)

루이 15세
(1715 ~ 1774)

루이-페르디낭
(왕세자)

루이 18세
(1815 ~ 1824)

루이 10세
(1824 ~ 1830)

루이 16세
(1774 ~ 1792)

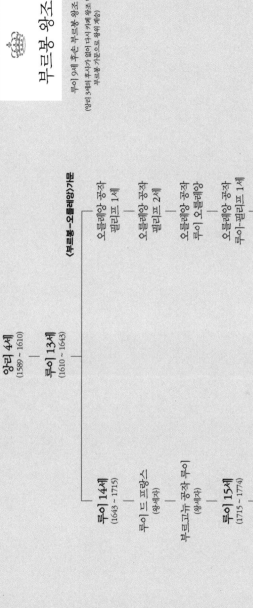

보나파르트 왕조

샤를 마리 보나파르트

나폴레옹 1세
(1804 ~ 1814)

나폴레옹 2세
(1815 ~ 1815)

루이 나폴레옹 보나파르트

나폴레옹 3세
(1848 ~ 1870)

부록2 | 프랑스 역대 대통령

제2공화국

나폴레옹 3세
(루이 나폴레옹 보나파르트, 제1대 대통령, 1848~1852)

제3공화국

루이 아돌프 티에르 (제2대 대통령, 1871~1873) — 파트리스 드 마크마옹 (제3대 대통령, 1873~1879) — 쥘 그레비 (제4대 대통령, 1879~1887) — 마리 프랑수아 사디 카르노 (제5대 대통령, 1887~1894)

장 카시미르 페리에 (제6대 대통령, 1894~1895) — 펠릭스 포르 (제7대 대통령, 1895~1899) — 에밀 루베 (제8대 대통령, 1899~1906) — 아르망 팔리에르 (제9대 대통령, 1906~1913) — 레몽 푸앵카레 (제10대 대통령, 1913~1920)

폴 데샤넬 (제11대 대통령, 1920) — 알렉상드르 밀랑 (제12대 대통령, 1920~1924) — 가스통 두메르그 (제13대 대통령, 1924~1931) — 폴 두메르 (제14대 대통령, 1931~1932) — 알베르 르브룅 (제15대 대통령, 1932~1940)

제4공화국

뱅상 오리올 (제16대 대통령, 1947~1954) — 르네 코티 (제17대 대통령, 1954~1959)

제5공화국

샤를 드 골 (제18대 대통령, 1959~1969) — 조르주 퐁피두 (제19대 대통령, 1969~1974) — 발레리 지스카르 데스탱 (제20대 대통령, 1974~1981) — 프랑수아 미테랑 (제21대 대통령, 1981~1995)

자크 시라크 (제22대 대통령, 1995~2007) — 니콜라 사르코지 (제23대 대통령, 2007~2012) — 프랑수아 올랑드 (제24대 대통령, 2012~)

인명

용어

787, 789
국민해방전선(F.N.L) 811, 816
국민회의 33, 683
국제연맹 560, 756, 761, 765
국채 402, 496, 506, 639, 673, 720, 740,
  805
귀족정치 29, 269
그리스도교 35, 36, 37, 38, 42, 44, 50, 52,
  54, 57~59, 64, 78, 80, 92, 93, 95, 96, 99,
  101, 105, 106, 116, 120, 121, 142, 145,
  148, 158, 161, 165, 172, 176, 179, 181,
  183, 184, 192, 201, 202, 204, 216, 233,
  249, 260, 273~275, 277, 278, 291, 441,
  598, 599, 602, 603, 647, 663, 742
급진파 276, 678, 694, 701, 703, 721, 722,
  757, 759, 763, 764, 769, 794, 797
길드 80, 106, 119, 120, 392

ㄴ

나토(NATO) 809, 817
낭트 칙령 254, 273, 335, 336, 413, 485
내각책임제 429, 544
노동조합 638, 737, 758
노동총동맹(C.G.T) 732, 737, 758
노르망어 75, 77
노트르담 대성당 167, 252, 474, 505, 511,
  571, 627, 790

ㄷ

도덕문학 114, 115
동로마제국 54, 59, 64, 79

동업조합 80, 119, 162, 271, 392
드레퓌스 사건 708, 722, 726, 735, 736,
  742, 743, 745, 762

ㄹ

〈라 마르세예즈〉 454, 461, 576, 597, 653,
  658, 707, 735, 746
라인란트 진주 사건 761
라틴어 32, 33, 35, 36, 39, 42, 43, 53, 69,
  105, 110, 167, 182, 216, 218, 220, 221,
  270, 301, 394, 411, 441, 507
《레 미제라블》 425, 604, 661
레지스탕스전국평의회 789, 793
로카르노 조약 761, 765, 766
로타링기아(로렌) 63, 66, 140, 149, 153,
  205, 230, 371, 659, 679, 683, 688, 689,
  713, 732, 738, 756
롬바르드족 54, 55, 57, 97, 119
《루이 14세의 시대》 341, 343
르네상스 104, 105, 158

ㅁ

마르크스주의 721, 797
무월 18일 495, 496, 536, 549, 616
무훈시 110~112, 114, 120, 121, 165, 274,
  685
문예부흥 62, 180~185, 189, 203, 209,
  210, 212, 220, 225, 273~277, 661, 745

HISTOIRE DE LA FRANCE